Gut gekocht für meine Gäste

Zur Handhabung

Dieses Buch enthält Menüvorschläge für die verschiedensten Gelegenheiten. Die meisten bestehen aus Vorspeise, Hauptgericht und Dessert, man kann sie jedoch nach Belieben vereinfachen, erweitern oder ändern. Wie ein Menü richtig zusammengestellt wird, ist auf Seite 16–17 zu finden. Bei den Rezepten wurden die Zutaten in Gruppen zusammengefaßt, und zwar so, wie sie im Küchenschrank oder Kühlschrank stehen und auch auf dem Einkaufszettel gruppiert werden, zum Beispiel alle Fleischprodukte zusammen, alle Molkereiprodukte und so weiter. Die Rezepte sind mit Symbolen versehen:

 = preisgünstig

 = normal

 = teuer

 = wenig Kochkenntnisse erforderlich

 = normale Kochkenntnisse erforderlich

 = gute Kochkenntnisse erforderlich

Fotos: Culinas PR AG, Luzern
Zeichnungen: Günther Biste und Peter Freitag, Schwäbisch Gmünd

Printed in Germany

ISBN 3 87070 198 6

Marianne Kaltenbach

Gut gekocht für meine Gäste

Ein kulinarisches Handbuch für perfekte Gastgeber

Verlag Das Beste Stuttgart · Zürich · Wien

Inhalt

Herzlich willkommen, liebe Leser

Gute Freunde und Bekannte zu Hause zu empfangen gehört zu den schönsten Stunden des Lebens. Ich jedenfalls bin Gastgeberin aus Leidenschaft und führe seit Jahren ein offenes Haus mit vielen Gästen. Gelungene Feste, große und kleine, gehören zu meinen besten Erinnerungen.

In dieser langen Zeit habe ich viel Erfahrung sammeln können, und langsam entstand auch der Wunsch, alle diese praxisnahen Tips in einem Buch zusammenzufassen. Das Ergebnis ist nun dieser Ratgeber für kleine und große Einladungen.

Natürlich bringt auch das kleinste Fest Arbeit mit sich, vor allem dann, wenn zum Essen eingeladen wird. Und weil eben das Kochen bei Einladungen und Parties eine wichtige Rolle spielt, wurde der größte Teil des Buches diesem Thema gewidmet. Es enthält über 130 Menüvorschläge für die verschiedensten Gelegenheiten sowie die Rezepte für die in den Menüs enthaltenen Gerichte. Das heißt aber nicht, daß diese Gerichte nur für Gäste gekocht werden sollen – man kann ja auch sich selbst ab und zu mit einem besonderen Essen verwöhnen.

Zum guten Essen gehört auch der richtige Wein. Wie man ihn auswählt und wie man mit ihm umgeht, wird ebenfalls beschrieben. Gastgeber, die noch mehr darüber wissen wollen, finden im dritten Teil dieses Buches eine kleine Weinkunde sowie ein Abc der bekanntesten Spirituosen und viele Tips, wie man Aperitifs und andere Getränke serviert.

Allerdings gehört noch mehr dazu, ein guter Gastgeber zu sein, als nur für Essen und Trinken zu sorgen. Man muß rechtzeitig mit der Planung und der Organisation beginnen, damit alles reibungslos abläuft. Man braucht auch Ideen für die Gestaltung der Einladungen, für die Tischdekoration, den Blumenschmuck und den schön gedeckten Tisch.

Vor allem junge Gastgeber und Gastgeberinnen, die noch keine große Erfahrung haben, werden den ersten Teil des Buches zu nutzen wissen, damit sie ihre Gäste gekonnt empfangen und perfekt bewirten können. So gerüstet, kann man seine Gäste in Ruhe erwarten. Und man nimmt alle Mühe gern in Kauf, wenn sie von Erfolg gekrönt wird.

Gutes Gelingen wünscht Ihnen

Marianne Kaltenbach

Gäste empfangen – eine Kunst

Wer gerne zünftige Parties feiert und einen geräumigen Keller hat, kann ihn mit wenigen Mitteln in ein gemütliches Partylokal verwandeln (Seite 12)

Gastfreundschaft beginnt mit der Planung

Für Einladungen gibt es die verschiedensten Anlässe. Es kann der Wunsch sein, gute Freunde zu sich nach Hause zu bitten, oder irgendeine Feier im Familienkreis, die auf dem Kalender steht. Vielleicht war man selbst eingeladen und muß sich revanchieren, oder man gehört einfach zu den Menschen, die gern Parties veranstalten.

Nun macht es sicher hin und wieder Spaß, die eine oder andere Einladung zu improvisieren, und es gibt auch Gastgeber, die alles leicht aus dem Stegreif organisieren können. Viele Ungeübte fühlen sich jedoch etwas verloren, wenn sie ein Fest vorbereiten sollen, weil es ihnen an Routine fehlt. Dabei kann man sich mit guter Planung vieles erleichtern und die eigentliche Feier dann um so entspannter genießen.

Wer wird eingeladen?

„Wie die Gäste, so die Feste", sagt ein Sprichwort. Nicht zu Unrecht, denn wenn man Leute einlädt, die nicht zusammenpassen, wird die Feier selten ein Erfolg. Am besten notiert man erst einmal alle in Frage kommenden Namen und versucht dann, die richtige Mischung zusammenzustellen. Natürlich spielt bei der Auswahl auch die Art der Einladung eine wichtige Rolle.

Bei kleinen Feiern beispielsweise kommen die Gäste näher miteinander in Kontakt, und es sollen sich Gespräche entwickeln. Eine gute Basis dafür sind gemeinsame, aber auch ganz gegensätzliche Interessen, denn daraus können sich angeregte Unterhaltungen ergeben. In einem solchen kleineren Kreis sollten die Gäste nach Möglichkeit von Herkunft und Alter her miteinander harmonieren. Besonders unangenehm fallen in diesem Rahmen Menschen auf, die nicht am Gespräch teilnehmen.

Bei einer Einladung von über zehn Personen spielt der einzelne eine weniger wichtige Rolle. Wenn es sich um eine Party handelt, bilden sich bei dieser Gästezahl bereits kleine Gruppen. Bei einem Essen mit so vielen Personen muß man allerdings mit viel Geschick die passenden Leute zusammensetzen.

Bei großen Parties kann man es wagen, ganz verschiedene Leute zusammen einzuladen, denn es gibt immer einige, die die Unterhaltung in Gang halten, und die Stilleren haben die Möglichkeit, einen Gesprächspartner zu finden.

Bei der Planung sollte man aber nicht nur im Auge haben, wen man einlädt, sondern auch, wie viele Personen man überhaupt unterbringen und bewirten kann. Dabei spielen verschiedene Aspekte eine Rolle, und zwar nicht nur die Größe

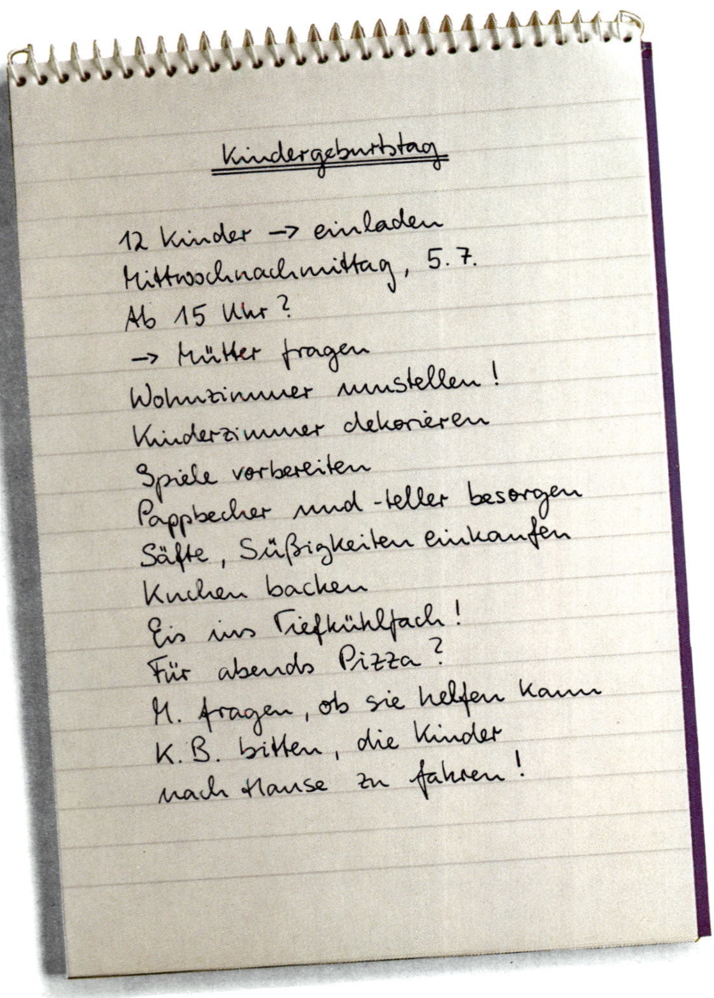

der Wohnung, sondern auch die finanziellen Möglichkeiten und nicht zuletzt die eigenen Kochkünste. Es hat keinen Sinn, sich in irgendeiner Hinsicht bei Einladungen zu übernehmen, denn damit tut man weder sich selbst noch den Gästen einen Gefallen.

Wenn alle Überlegungen im Hinblick auf die Gäste abgeschlossen sind, macht man eine Liste mit den eingeladenen Personen, auf der man die Zusagen abhakt und Besonderheiten wie Hotelreservierungen, Verspätungen und so weiter vermerkt.

Die Räumlichkeiten

Bei jeder Einladung, die man plant, muß man natürlich auch die in der eigenen Wohnung gebotenen Möglichkeiten mit berücksichtigen und die Art des Festes auf die Räumlichkeiten abstimmen.

Förmliche Einladungen zum Essen zum Beispiel lassen keinen Spielraum für Improvisationen. Hier kann man nur so viele Gäste einladen, daß jeder bequem sitzen kann. Am Eßtisch muß die Sitzhöhe stimmen. Vielleicht kann man da und dort mit einem Kissen etwas nachhelfen, wenn einige Stühle zu niedrig sind. Die Lage der Tischbeine spielt ebenfalls eine Rolle; die Gastgeber sollten die unbequemsten Plätze einnehmen. Bei einem förmlichen Essen muß das ganze Programm gut durchdacht werden.

Größere Einladungen kann man etwas zwangloser gestalten, denn jeder Gast weiß meistens aus eigener Erfahrung, daß eine normale Wohnung nicht den Komfort einer Party im Restaurant oder im Hotel bietet. Außerdem kann es unterhaltsamer sein, wenn nicht alles piekfein ist.

Bei einer Cocktailparty zum Beispiel muß man die Möbel so zusammenrücken, daß alle Platz haben. Sitzgelegenheiten sind in diesem Fall nicht so wichtig, da eine solche Party meistens von kurzer Dauer ist.

Bei kalten oder warmen Buffets müssen die Tische nicht alle Eßhöhe haben, aber man braucht hier vor allem Abstellflächen. Jeder Gast sollte sein Glas und den Teller irgendwo absetzen können. Anrichten, Truhen, Beistelltische und so weiter eignen sich dazu ebensogut wie Tische. Mit ein paar Handgriffen kann man außerdem leicht ein paar Zusatztische herbeizaubern, indem man zum Beispiel Gartentische in die Wohnung holt oder Holzkisten verkehrt herum auf den Boden stellt und alles mit Tischtüchern abdeckt. Man kann auch Holzbretter auf Böcke legen und die Bretter mit selbstklebender Folie beziehen. Fehlende Stühle borgt man bei Freunden aus.

Parties – stets willkommen

Diese zwanglose Art, mit Freunden oder Bekannten zusammenzukommen, ist nicht ohne Grund sehr beliebt. Man kann viele Leute auf einmal einladen, alles in Ruhe vorbereiten, und auch dem Essen wird hier weniger Bedeutung beigemessen als am festlich gedeckten Tisch. Dies kann für Ungeübtere, die sich im Servieren nicht so sicher fühlen, eine große Erleichterung sein.

Am besten stellt man eine Party unter ein bestimmtes Motto, dann ist für die Vorbereitungen schon ein gewisser Rahmen abgesteckt, und die Eingeladenen wissen ebenfalls, was sie erwartet. Parties kann man natürlich mit einer beliebigen Anzahl von Leuten feiern, aber wenn man mehr als acht bis zehn Personen einladen will, empfiehlt sich diese Einladungsform.

Die Surprise-Party

Diese Idee setzt sich immer mehr durch: Man lädt gute Freunde und unkomplizierte Bekannte ein, und jeder bringt etwas mit. Man muß sich allerdings vorher etwas abstimmen, damit alles zusammenpaßt.

Zunächst macht man eine grobe Liste mit den benötigten Getränken und den vorgesehenen Gerichten. Dann werden die Aufgaben telefonisch unter den Eingeladenen verteilt. Meistens stiftet der Gastgeber die Getränke. Wenn die Gäste nachher doch Einzelflaschen mitbringen, stellt man sie entweder für den privaten Gebrauch zur Seite oder hebt sie für die Handvoll Gäste auf, die am Schluß noch beim Aufräumen helfen. Das gehört übrigens auch bei dieser Party dazu.

Was das Essen angeht, so sollte man dafür sorgen, daß ein möglichst kunterbuntes Buffet entsteht. Das sieht sehr lustig aus, und jeder Beteiligte hat Spaß daran, wenn er seine eigenen Kreationen vorführen kann. Wichtig ist, daß ein großer Tisch bereitsteht, auf dem alles schön angeordnet werden kann. Einen Stapel Teller, Gläser, Bestecke und Servietten stellt man ebenfalls dazu, so daß sich jeder selbst bedienen kann.

Als guter Gastgeber sollte man übrigens auch bei einer Surprise-Party immer noch eine Kleinigkeit wie eine Mitternachtssuppe oder einen kleinen Imbiß zu vorgerückter Stunde bereithalten – das sorgt für einen guten Ausklang.

Die Büroparty

In vielen Firmen gibt es in jedem Jahr mindestens eine Party, meistens um die Weihnachtszeit herum. Hinzu kommen dann ab und zu kleinere Feiern, etwa weil eine Kollegin oder ein Kollege befördert wurde oder ausscheidet oder weil ein Dienstjubiläum begangen wird. Kollegen, die viel vom Essen und Trinken verstehen, werden bei solchen Anlässen gern um Rat gefragt oder sogar mit der Organisation betraut.

Auch hier sollte man sich auf einer kleinen Checkliste notieren, was man alles besorgen muß. Je nach Finanzlage kann man entweder einfach alles vom Feinkosthändler kommen lassen oder Hausgemachtes servieren.

Hier ein paar Ideen für die Ausstattung von Büroparties: Man backt einen Schinken in Brotteig (S. 139) und baut dazu ein Salatbuffet (S. 146–154) auf. Man backt verschiedene süße und pikante Kuchen und stellt sie zu einem Kuchenbuffet (S. 136) zusammen. Man kauft verschiedene Wurstsorten am Stück und stellt mehrere Brotsorten dazu, so daß sich jeder Gast nach Lust und Laune davon abschneiden kann. Man veranstaltet eine Käseparty mit den verschiedensten Käsesorten und frischen Früchten wie Birnen und Trauben. Wenn es eine elektrische Kochplatte im Büro gibt, kann man darauf im Schnellkochtopf laufend Kartoffeln in der Schale zubereiten und zum Käse anbieten. Man lädt zu einer Butterbrotparty: Frisches knuspriges Stangenweißbrot wird längs aufgeschnitten und dick mit Butter bestrichen; dazu werden diverse Beläge wie kalter Braten, verschiedene Wurstsorten und Rohschinken gestellt, und jeder belegt sich sein Brot selbst.

Die Kellerparty

Wer einen geräumigen Keller hat, kann ihn mit wenigen Mitteln in ein zünftiges Partylokal verwandeln. Man dekoriert die Wände mit Plakaten, Fischernetzen, Wandtellern oder ähnlichen Urlaubssouvenirs. Die Beleuchtung sollte originell sein, und die passende Musik gehört ebenfalls dazu. Tische oder Abstellflächen lassen sich, wie auf Seite 11 beschrieben, improvisieren. Stühle kann man mieten, ausleihen oder aus Bierfäßchen und Brettern selbst bauen.

Bei einer Kellerparty kann man ruhig Pappteller verwenden; für Wein braucht man allerdings richtige Gläser. Wenn man ein Bierfaß aufstellt, passen natürlich am besten Steinkrüge dazu. In einer Ecke kann man

Für das Kostümfest braucht man eine Menge Requisiten und bunte Dekorationen

gut eine Bar improvisieren, an der man selber ausschenkt oder an der sich jeder bedient.

Zu dieser zünftigen Umgebung paßt dann ein entsprechend rustikales Essen, etwa wie es bei der Büroparty vorgeschlagen wird. Oder man serviert ein deftiges Eintopfgericht, das in der Küche zubereitet und in großen Kochtöpfen heruntergetragen wird. Dazu schmeckt frisches Bauernbrot besonders gut. Danach kann man ein einfaches Dessert oder Kuchen und heißen Kaffee anbieten.

Die Einweihungsparty

Wenn man in eine neue Wohnung oder in ein neues Haus eingezogen ist, sind Freunde und Bekannte meistens neugierig und wollen gern wissen, wie man jetzt wohnt. So sollte man die Einweihungsparty schon bald nach dem Einzug abhalten, auch wenn man sich selber noch nicht ganz heimisch fühlt.

Bei diesem Fest sind die neuen Räume wichtiger als das Essen. Deshalb macht man sich die Sache leicht. Zuerst gibt es einen Aperitif mit pikanten Kleinigkeiten (S. 40–51), dann folgt ein Rundgang (bei einer großen Gästezahl am besten in Gruppen), und anschließend greift jeder zu einem unkompliziert gehaltenen Buffet, etwa mit verschiedenen Terrinen wie auf Seite 185 und 140 beschrieben, einfachen Salaten, einer Käseplatte, Brot und Rotwein.

Die Kostümparty

Besonders zur Faschingszeit sind solche Feste beliebt, und meist wird ein Riesenspaß daraus. Das Thema für die Kostümparty sollte nicht zu eng begrenzt sein, damit sich jeder Gast ohne Schwierigkeit eine Verkleidung basteln oder ausleihen kann. Bewährt haben sich zum Beispiel Apachenball, Tausendundeine Nacht, Piratenball, eine Nacht in Hongkong, Atelierfest (von Rembrandt bis Dalí) und Burgfest.

Hier ist die Dekoration des Partyraumes besonders wichtig. Am besten räumt man dafür das größte verfügbare Zimmer aus und improvisiert Sitze in der ganzen Wohnung. Das Essen wird so geplant, daß kleine Tische und Abstellflächen genügen. Der Spaß steht im Vordergrund, und die Verpflegung darf ganz einfach sein. Man kann beispielsweise ein Spaghettifestival (S. 278–280) oder eine Suppenparty mit Würstchen veranstalten. Geeignet ist auch ein Bauernbuffet, bestehend aus rustikaler Suppe, warmen und kalten Würsten, Fleischkäse und Schinken, Kartoffelsalat, Käse und Dessert.

Wenn man das Essen auf das Motto des Abends abstimmen will, braucht man natürlich mehr Zeit und ein paar Leute, die einem zur Hand gehen.

Der Männerabend

Der Abschied vom Junggesellendasein ist zum Beispiel ein ausgesprochenes Männerfest. Da wird unter Kollegen und Freunden richtig gefeiert. Ist der Gastgeber Hobbykoch, wird er es sich nicht nehmen lassen, selbst für seine Gäste zu kochen. Versteht er jedoch nichts davon, wird er bei einem Partyservice ein komplettes Essen oder Buffet bestellen.

Geeignet ist etwa Spanferkel mit Kartoffelsalat oder Sauerkraut und Bier dazu, ein rustikales Buffet (S. 136) oder ein warmes Buffet mit Eintöpfen, Schmorgerichten und ähnlichem.

Bei einem Männerabend sollten auf jeden Fall ausreichend Getränke zur Verfügung stehen, die man aber so zusammenstellt, daß nicht zuviel durcheinander getrunken wird. Eine deftige Mitternachtsverpflegung sollte man ebenfalls vorbereiten.

Am besten organisiert man für die Heimfahrt der Gäste Taxis, damit niemand mit Alkohol im Blut Auto fahren muß.

Geschirr für die Party

Wenn nicht allzu viele Leute kommen, reichen die eigenen Vorräte an Geschirr, Gläsern und Bestecken meist aus. Größere Parties kann man manchmal vom Essen her so planen, daß man mit dem vorhandenen Bestand zurechtkommt.

Wenn man allerdings mehrmals im Jahr große Feste gibt, kauft man am besten ganz einfache, billige Teller und Gläser hinzu, die für solche Zwecke verwendet werden. Schönes Geschirr und kostbare Gläser sollte man bei Parties ohnehin im Schrank lassen, damit man sich nicht ärgern muß, wenn etwas kaputtgeht.

Niemand erwartet übrigens bei solchen Festen, daß Geschirr, Gläser und Bestecke einheitlich sind. Deshalb kann man sich auch gut einmal etwas ausleihen.

In größeren Städten gibt es außerdem Partydienste, die für solche Abende Geschirr, Gläser und Bestecke vermieten. Wenn man das Essen vom Feinkosthändler oder aus dem Restaurant kommen läßt, wird auf Wunsch ebenfalls alles, was man dazu benötigt, mitgeliefert.

Wer hilft beim Servieren?

Nicht jeder hat genügend Familienmitglieder, die alle bei der Bewirtung der Gäste mithelfen können. In diesem Fall ist man auf Hilfspersonal angewiesen, das man speziell für die Party über die obenerwähnten Partydienste oder auch über Feinkostgeschäfte und Hotels, bei denen man etwas für die Feier bestellt, engagieren kann.

Von den Gastgebern erwartet man, daß sie sich gutgelaunt unter die Gäste mischen und nicht die meiste Zeit in der Küche verbringen. Deshalb ist ein guter Geist, der im Hintergrund die vielen undankbaren Arbeiten verrichtet, bei einer großen Party unerläßlich.

Eine Hilfe beim Servieren kann ebenfalls sehr angenehm sein, und schließlich sind die Aufräumarbeiten nach einer Party wesentlich einfacher, wenn jemand zwischendurch bereits abgewaschen und Geschirr zusammengestellt hat. Das Geld, das man dafür ausgibt, macht sich sicher dadurch bezahlt, daß man die Party viel entspannter genießen kann.

Für Parkplätze sorgen

Nicht alle Gäste können mit dem Taxi kommen und wieder nach Hause fahren. Bei der Planung der Party sollte man also nach Möglichkeit schon im voraus wissen, wie viele Autos zu erwarten sind, damit man sich überlegen kann, wo sie parken können. Gibt es große Parkplatzprobleme, ist es gut, wenn der Hausherr bei der Ankunft Anweisungen gibt. Wenn sich ein öffentlicher Parkplatz in der Nähe der Wohnung befindet, kann man ihn auf einem kleinen Plan einzeichnen, der der Einladung beiliegt.

Beim Einparken muß man darauf achten, daß jeder Autofahrer ungehindert wieder wegfahren kann. Gäste, die immer wieder herausgerufen werden, weil sie ihren Wagen an einen anderen Platz stellen müssen, können Aufbruchstimmung verursachen.

Die Gästekartei – nützlich bei der Planung einer Einladung

Die Nachbarn informieren

Vor einer Einladung, bei der es voraussichtlich etwas lauter zugehen wird, sollte man seinen Nachbarn Bescheid sagen oder sie ebenfalls einladen, wenn es ins Programm paßt.

Wenn man sie nicht gleich mit einladen kann, sollte man ihnen am nächsten Tag, als kleine Entschädigung für die gestörte Nachtruhe, ein Blumensträußchen, Pralinen oder ähnliches bringen. Das wird sie sicher versöhnlich stimmen.

Nützlich: die Gästekartei

Perfekte Gastgeber führen eine kleine Kartei. Das ist praktisch, wenn man darangeht, für eine bestimmte Einladung die Gästeliste zusammenzustellen.

Man legt für jeden Gast eine Karteikarte an, auf der man Name, Adresse, Telefonnummer und so weiter notiert. Außerdem kann man hier zum Beispiel gut Vorlieben oder Abneigungen des jeweiligen Gastes vermerken, damit man ihn nicht zur falschen Party oder zum falschen Essen einlädt.

Hilfreich ist es auch, wenn man auf die Karte schreibt, welche Gerichte oder Menüs man dem einzelnen bereits vorgesetzt hat, um Wiederholungen zu vermeiden.

Die verschiedenen Rezepte für die Menüs sammelt man am besten nach Sachgruppen in einem Ordner und numeriert sie durch. Dann braucht man nur noch die Nummern auf die Karteikarten zu übertragen und muß nicht jedesmal das ganze Menü aufschreiben.

All das klingt hier sicher komplizierter, als es in der Praxis ist. Wenn man die Kartei einmal angelegt hat, benötigt man für die laufenden Nachträge und die Neuaufnahmen nur noch wenige Minuten oder höchstens eine halbe Stunde. Wenn man nur gelegentlich Besuch bekommt, braucht man natürlich keinen großen Karteikasten; hier genügt auch ein einfaches Ringbuch mit Register.

Damit sind die theoretischen Überlegungen, die man vor einer Einladung anstellen sollte, abgeschlossen, und man kann sich nun den praktischen Vorbereitungen zuwenden.

Richtige Vorbereitung zahlt sich aus

Aufregung und unnötige Arbeit kann man sich ersparen, indem man auch die kleinste Einladung gut organisiert. Nützliches Hilfsmittel ist hier wieder der Notizblock, auf dem man die wichtigsten Punkte festhält. Bevor die Gäste kommen, kann man anhand dieser Aufzeichnungen alles noch einmal genau überprüfen.

Wenn vieles schon vorbereitet ist, kann man sich vor dem Eintreffen der Gäste einen Moment entspannen, denn nichts wirkt ungemütlicher als abgehetzte Gastgeber. Die Gäste fühlen sich schuldig, so viele Umstände verursacht zu haben.

Die folgenden Abschnitte geben ein paar Hinweise, wie die Vorbereitungen ablaufen sollten, von der Einladung über die Menüzusammenstellung bis hin zum Einkauf und Kochen. Anhand eines Zeitplans wird gezeigt, wie man sich die einzelnen Arbeiten am besten einteilt.

Die Gäste einladen

Maßgebend für die Form der Einladung sind weitgehend noch die Regeln des Knigge. Allerdings sind die Sitten etwas weniger streng geworden. Niemand ist mehr beleidigt, wenn er kurzfristig zu einem ungezwungenen Fest eingeladen wird. Bei einem offizielleren Anlaß sollte man sich doch an bestimmte Grundregeln halten.

Dazu gehört, daß man die Leute, die man einladen will, zwei bis drei Wochen im voraus davon in Kenntnis setzt.

Für kleine Einladungen genügt ein Telefonanruf; zu förmlichen Festen und Parties bittet man in schriftlicher Form. Schriftliche Einladungen können ganz unterschiedlich gestaltet sein. Gedruckte Karten verwendet man meistens nur für formelle Gelegenheiten oder für eine große Party. Wer sehr oft solche Verpflichtungen hat, kann sich eine Standardeinladungskarte drucken lassen, auf der nur noch der Name des Gastes, Datum und Uhrzeit von Hand eingesetzt werden.

Für kleinere intime Feiern eignen sich handgeschriebene Einladungen auf dem Briefpapier der Gastgeber oder auf einer hübschen Karte besser. Sie zeigen dem Eingeladenen bereits, daß man sich Mühe gibt, ihn persönlich anzusprechen. Auch originelle, selbst hergestellte Einladungen, die nicht aufwendig, sondern hübsch und lustig sein sollten, sorgen schon im voraus für gute Laune.

Die Form der Einladung richtet sich nach dem Anlaß

Doch für welche äußere Form man sich auch entscheidet, inhaltlich sollten alle Einladungen genaue Einzelheiten enthalten, damit es weder Mißverständnisse noch Rückfragen gibt. Außer dem Namen des Eingeladenen werden Ort, Datum und Uhrzeit sowie die Art des Festes (Abendessen, Cocktail, Party und so weiter) vermerkt. Falls erforderlich, sollte man den Gästen mitteilen, welche Kleidung erwünscht ist. Um Zu- oder Absage bittet man ebenfalls auf der Einladung; eventuell legt man eine Anmeldekarte bei. Der genaue Absender mit Adresse und Telefonnummer muß selbstverständlich auch vermerkt sein.

Wenn man etwas abseits wohnt oder das Haus schwer zu finden ist, legt man der Einladung am besten einen kleinen Plan bei, damit die Gäste nicht lange suchen müssen.

Das Menü zusammenstellen

Ein Menü soll in jeder Hinsicht harmonisch sein, das heißt, es muß nicht nur den Gaumen, sondern auch das Auge erfreuen. In der klassischen Küche gibt es für die Menüzusammenstellung gewisse Regeln, die heute nicht mehr genau befolgt werden. Das ist bedauerlich, denn jedes Gericht sollte in einer Speisenfolge richtig zur Geltung kommen, und keines darf das andere übertrumpfen wollen. Dabei können Gegensätze durchaus reizvoll sein. Bei der Zusammenstellung sollte man darauf achten, daß man weder zu ausgefallene Kombinationen noch langweilige oder zu ähnliche Gerichte aufeinanderfolgen läßt. Sicher bekommt man im Lauf der Zeit etwas Übung in diesen Dingen; für den Ungeübten sind im folgenden die wichtigsten Punkte, auf die es ankommt, zusammengefaßt.

Sommerparty

Tomatensalat
mit Schafskäse

*

Gefüllte Fischröllchen
in Thunfischsauce
Stangenweißbrot

*

Umgekehrt gebackene
Aprikosentorte

Ohne Aufwand
gut gekocht

Geräucherte Forelle
mit Meerrettichrahm

*

Hähnchen in Bratfolie
Blattspinat
Berner Rösti

*

Himbeeren
mit Mandelguß

Grundregeln Wiederholungen innerhalb eines Menüs sollte man vermeiden; dies gilt für die Zutaten, die Zubereitungsart und das Aussehen. Hier ein paar Beispiele, wie man es nicht machen darf: nie zweimal gleiche Fleischsorten, wie Wachteln und Hähnchen, Entenleber und Kalbsleber oder zweimal Innereien, verwenden; nicht Currysauce und eine gleichfarbige Creme zum Dessert auftischen; nicht zweimal Rahmsaucen oder andere gleichartige Saucen einplanen; nicht das Hauptgericht mit Früchten garnieren und Fruchtsalat als Nachspeise reichen; keine Tomaten als Vorspeise, wenn zu einem anderen Gericht noch Tomatensauce serviert wird; nach einem Käsegericht keine Käseplatte als Dessert anbieten; keine Nudeln und kein Kartoffelpüree zu weißem Gemüse wie Blumenkohl oder Schwarzwurzeln auf den Tisch bringen; zu einem Saucengericht nichts Überbackenes servieren; nicht zweimal die gleiche Beilage wie Kartoffeln, Reis oder Teigwaren in einem Menü aufeinanderfolgen lassen.

Diese Liste könnte man beliebig verlängern, aber wenn man einmal das Prinzip begriffen hat, wird man jedes Menü automatisch nach dem Zusammenstellen genau unter die Lupe nehmen. Meistens sieht man die Fehler tatsächlich erst, wenn man es aufgeschrieben hat. Aber in diesem Stadium kann man alles leicht korrigieren, weil noch nichts eingekauft oder gekocht wurde.

Ausnahmen Bei bestimmten originellen oder ausgefallenen Menüs entfallen die oben erwähnten Grundregeln, zum Beispiel, wenn ein Menü ganz in Weiß oder in einer anderen Farbe gehalten ist. Das ist

Vegetarischer
Abend

Salatherzen
mit Joghurtsauce

*

Spinatsuppe
mit Ei

*

Pastetchen
mit Gemüse

*

Zabaione
Winzerart

Gourmetmenü

Avocados mit rotem Kaviar
*
Delikate Karottensuppe
*
Lammkoteletts im Frack
Flageolettbohnen
*
Zimteis mit Karameläpfeln

zwar vom Feinschmeckerstandpunkt aus oft nicht tragbar, hat aber einen gewissen Snobappeal. Oder wenn die Speisenfolge aus den gleichen Grundzutaten besteht, etwa bei einem Fisch- oder einem Jagdmenü. Oder bei gewissen Gourmetmenüs, die als Geschmacksprobe (ähnlich wie bei einer Weinprobe) gedacht sind.

Speisenfolge Auch hier gibt es klassische Regeln, die stets empfehlenswert sind, auch wenn sie heute nicht mehr überall beachtet werden. So werden immer kalte vor warmen Speisen serviert (die einzige Ausnahme bildet das Sorbet als Zwischengang); leichte Gerichte werden den schweren vorangestellt, und helles Fleisch wird vor dunklem Fleisch gereicht; geschmacklich fein ausgewogene Speisen sollten immer vor den intensiv gewürzten (zum Beispiel Gerichten mit Zwiebeln oder Knoblauch) im Menü plaziert werden.

Anzahl der Gänge Heute erwartet der Gast nicht unbedingt ein komplettes Menü. Man kann die Vorspeise ohne weiteres durch einen Salat ersetzen oder notfalls ganz weglassen. Ein süßer Abschluß ist ebenfalls nicht Bedingung; man kann statt dessen auch Käse anbieten.

Menüs mit überladenen Gerichten sind nicht mehr gefragt. Auch mehr als drei Gänge zählen heute zu den Seltenheiten, es sei denn, es ist ein besonders festlicher Anlaß oder man serviert Gourmetmenüs mit Miniportionen (S. 90–117). Nicht jedes Menü muß Fleisch enthalten; vegetarische Gerichte (S. 292–315) sind oft hoch willkommen, wenn sie phantasievoll zubereitet sind.

Man sollte seine Gäste nicht überfüttern, also nur vernünftige Portionen servieren und üppige Beilagen weglassen. Wenn das Menü besonders leicht sein soll, reicht man als Nachspeise frische Früchte oder Kompott. Nicht vergessen darf man, daß es oft Kleinigkeiten wie Aperitifgebäck, Brot, Butter und Getränke sind, die ins Gewicht fallen. Um dem Gastgeber das Zusammenstellen der Menüs in dieser Hinsicht zu erleichtern, sind Joule und Kalorien in den Rezepten dieses Buches angegeben. Wenn man selbst irgendwo Gast ist, sollte man über diese Dinge nicht nachdenken, sondern einfach das Angebotene genießen.

Essen mit guten Freunden

Brokkolisuppe
*
Schweinshaxe in Rotweinsauce
Hausgemachte Nudeln
*
Quarkpudding mit Erdbeeren

Familienessen

Omelett mit Avocados
Grüner Salat
*
Gefüllter Weihnachtskarpfen
Salzkartoffeln
*
Charlotte mit glasierten Maronen
Weihnachtsgebäck

Rezeptauswahl Am besten bestimmt man zuerst das Hauptgericht und wählt Vorspeise und Dessert, falls es beides geben soll, passend dazu. Wenn das Hauptgericht besonders leicht ist, kann es ohne weiteres durch ein etwas üppigeres Dessert ergänzt werden. Kleine Vorspeisen sind überaus beliebt und geben dem Menü zudem eine festliche Note. Deshalb sollte man nach Möglichkeit nicht darauf verzichten.

Gourmetmenüs Von Feinschmeckern sehr geschätzt sind erlesene Menüs mit fünf bis sieben Gängen. Sie stellen oft große Anforderungen an die Gastgeber, und man sollte solche Menüs nur auftischen, wenn die geladenen Gäste wirklich großen Spaß daran haben. Nicht nur der Kochaufwand ist hier groß, sondern man braucht auch einiges an Geschirr. Die Platten fallen allerdings weg, denn bei Gourmetmenüs wird jedes Gericht gleich auf dem Teller angerichtet.

Für die Zusammenstellung gelten hier wieder die eingangs erwähnten Grundregeln. Gerade bei solchen umfangreichen Menüs sollten sich die verschiedenen Gänge voneinander unterscheiden, so daß die einzelnen Gerichte voll zur Geltung kommen. Die wichtigste Regel lautet: Die Portionen müssen wirklich klein sein!

Damit der Aufwand nicht zu groß wird, sollten in einem Menü zwei bis drei Gerichte enthalten sein, die vorbereitet werden können. Eine Terrine, ein Salat oder kalter Fisch können schon fertig sein, und man kann sie sogar am nächsten Tag noch verwenden, wenn etwas übrigbleibt. In jedem Fall sollte man so planen, daß es nicht allzu viele Reste gibt.

Getränke Wenn ein Menü gekonnt zusammengestellt ist, gehören natürlich auch die passenden Getränke dazu. Welches Getränk zu welchem Essen paßt, zeigt die Tabelle auf Seite 480–481. Vor dem Essen serviert man einen Aperitif (S. 459). Am besten reduziert man hier die Auswahl auf ein Minimum oder serviert allen dasselbe Getränk. Mineralwasser und Saft sollten immer zusätzlich zur Verfügung stehen.

Zu vielen Gerichten, vor allem zu den deftigen, paßt ausgezeichnet Bier (S. 453–455). Für die Weinwahl gibt es ein paar allgemeingültige Regeln. Danach sollte zu Vorspeisen ein trockener, herber Weißwein und zu Zwischengerichten ein leichter, milder Weißwein serviert werden. Beim Hauptgericht paßt zu weißem Fleisch (Kalb oder Geflügel) ein trockener Weißwein oder ein leichter roter; dunkles Fleisch wie Rind oder Wild verlangt nach einem kräftigen Rot- oder einem fülligen Weißwein, während zu weißem Fisch ein spritziger Weißwein angebracht ist. Zu jeder leichten Mahlzeit paßt sehr gut ein kühler Rosé. Käse verträgt sich mit jedem Wein gut; bei sehr pikanten Sorten kann man einen schwereren Wein wählen.

Wenn man in einer Speisenfolge verschiedene Weine serviert, dann sollte man innerhalb der Weinsorten auf diese Reihenfolge achten: weiß vor rot, leicht vor kräftig, trocken vor süß, herb vor lieblich, mild vor würzig, zartblumig vor bukettreich, jung vor alt. Näheres über die einzelnen Weinsorten, die Lagerung und Trinktemperatur ist auf Seite 436–450 zu finden.

Sobald feststeht, welche Getränke man bei der bevorstehenden Einladung servieren will, muß man überlegen, ob genügend Kühlraum vorhanden ist.

Im Winter ist das Problem nicht so groß, weil die Kellertemperatur niedriger ist und man vielleicht auch im Garten oder auf dem Balkon Getränke bereitstellen kann. Während der warmen Jahreszeit ist man auf den Kühlschrank angewiesen, der natürlich bei größeren Festen oft nicht ausreicht. Am besten besorgt man sich dann bei einer Brauerei Eis, legt es in größere Behälter und gibt die Flaschen darauf.

Und noch zwei Hinweise: Mineralwasser sollte bis zum Schluß immer gekühlt bereitstehen. Man gewöhnt sich am besten an, jede Flasche sofort zu ersetzen, die aus dem Kühlschrank genommen wird, damit keine Engpässe entstehen.

Den Einkauf organisieren

Wenn das Menü zusammengestellt und die Getränke bestimmt sind, ist man mit der Vorbereitung schon ein ganzes Stück weiter. Man läßt nun am besten den Kochvorgang der einzelnen Gerichte vor dem inneren Auge ablaufen und schreibt alle Zutaten auf, die man benötigt. Aus dieser Liste streicht man alles heraus, was bereits zu Hause in genügender Menge vorrätig ist.

Wegen der Übersichtlichkeit sollte man auf dem Einkaufszettel die Zutaten schon so zu Gruppen zusammenfassen, wie man sie nachher auch in den einzelnen Geschäften oder in den Ständen im Supermarkt findet. Dann läuft man nicht Gefahr, doch noch etwas zu vergessen.

Wenn man etwas telefonisch vorbestellen oder sich ins Haus liefern lassen will, schreibt man diese Dinge auf eine Extraliste und vermerkt gleich, bis wann sie abgeholt beziehungsweise gebracht werden sollen.

Außerdem muß man an dieser Stelle erneut überdenken, wie man den Tisch decken will und ob man für die Tischdekoration noch etwas braucht. Alles, was dazu noch besorgt werden muß, wie Kerzen oder Blumen, schreibt man ebenfalls mit auf die Einkaufsliste.

Damit man nicht alles an einem Tag besorgen muß, kann man bestimmte Dinge, die nicht tagfrisch sein müssen, auch schon vorher einkaufen. Dazu zählen zum Beispiel die Getränke, Grundnahrungsmittel wie Zucker, Reis, Mehl, Öl, Essig, Salz, getrocknete Gewürze und vieles mehr.

Wenn die Einkäufe schließlich im Haus sind, kontrolliert man anhand der ursprünglichen Liste alles noch einmal nach.

Kochen nach Zeitplan

Ebenso wie alles andere kann man auch das Kochen entsprechend vorbereiten, so daß man seine Gäste entspannt empfangen kann. Je nachdem, wieviel Routine man hat, fällt es leichter oder schwerer, den Ablauf in der Küche genau vorzuprogrammieren.

Für ein kleines Essen reicht meistens schon ein grober Zeitplan, aus dem stichwortartig

Auch der Einkauf sollte mit Hilfe einer genauen Liste geplant werden

hervorgeht, was man vorbereiten kann und was man unmittelbar vor dem Servieren noch machen muß.

Größere und schwierigere Essen erfordern allerdings eine genauere Übersicht. Man zerlegt sozusagen das Menü und jedes Gericht in seine Bestandteile und schreibt die Reihenfolge auf, in der man die verschiedenen Arbeiten verrichten muß.

Es gibt bei vielen Gerichten Dinge, die man schon im voraus erledigen kann. Das ist vor allem für diejenigen von Vorteil, die ihre Zeit genau einteilen müssen. Aber auch eine Einladung, bei der ein Anlaß wie Taufe, Geburtstag, Verlobung, Hochzeit, Konfirmation oder Kommunion im Vordergrund steht, kann man unbeschwerter genießen, wenn man sich am Tag des Festes nur noch mit wenigen Küchenarbeiten belastet. Das muß man schon bei der Menüzusammenstellung berücksichtigen.

So kann man beispielsweise Suppen sehr gut im voraus zubereiten und kühl stellen oder einfrieren. Sie werden dann vor dem Servieren erhitzt und nach Bedarf mit Rahm oder Eigelb gebunden. Kalte Vorspeisen lassen sich ebenfalls oft vorbereiten, indem man etwa die Sauce für einen Salat im voraus anrührt oder eine Terrine (S. 184) schon fertig im Kühlschrank stehen hat.

Auch die Hauptgerichte müssen nicht alle im letzten Augenblick gekocht werden. Alle Schmorgerichte eignen sich beispielsweise bestens zum Vorkochen; häufig schmecken sie aufgewärmt sogar noch besser. Aufläufe oder Gratins kann man meist so weit fertigmachen, daß man sie vor dem Servieren nur überbacken muß.

Desserts müssen am Einladungstag nicht mehr viel Zeit kosten, wenn man etwa tiefgekühlte Früchte rechtzeitig aufgetaut hat, Eis im Tiefkühlfach bereitliegt oder ein Kompott fertig im Kühlschrank steht. Gebäck und die meisten Kuchen kann man, wenn sie nicht mit Sahne verziert sind, ebenfalls im voraus backen und einfrieren oder in gut schließenden Dosen aufbewahren. Einen gewissen Brotvorrat kann man tiefgefroren aufbewahren; denn aufgebacken schmeckt alles wieder herrlich frisch.

Wenn alles gut vorbereitet ist, kann man kleine Merkzettel für jedes Gericht schreiben, auf denen jeweils steht, was noch zu machen ist, zum Beispiel „Rahm zufügen, etwas einkochen, würzen“ oder „Ofen einschalten für den Gratin“ oder „Rahmeis aus der Tiefkühltruhe nehmen“. Dann hat man auch für die letzte Phase vor dem Servieren noch kleine Gedächtnisstützen.

Auf der nächsten Seite wird anhand eines Menüs aus dem Kapitel „Internationale Küche, zu Hause serviert“ ein solcher Zeitplan vorgestellt.

Kochen nach Zeitplan – so geht man vor

Am Beispiel eines Menüs aus dem Kapitel „Internationale Küche, zu Hause serviert“ (S. 382–433) wird hier gezeigt, wie man die Zubereitung der verschiedenen Gerichte in einzelne Arbeitsschritte sinnvoll einteilen kann.

Provenzalisches Menü

Zum Aperitif:
Pissaladière (Blechkuchen)
*
Bouillabaisse (Fischsuppe)
*
Selle d'agneau aux herbes
(Lammrücken mit Kräutern)
Tian de courgettes
(Zucchinigratin)
Petersilienkartoffeln
*
Barba jouan niçois
(Aprikosenkrapfen)

am Vortag	Teig für den Blechkuchen zubereiten.
5–6 Stunden vor dem Essen	Die Aprikosenkrapfen zubereiten. Ein Backblech mit einem bemehlten Tuch auslegen, die Krapfen darauf anordnen, mit einem zweiten Tuch abdecken und im Kühlschrank aufbewahren. Friteuse vorbereiten. Den Teig für den Blechkuchen ausrollen und ein Backblech damit belegen. Kühl stellen.
3–4 Stunden vor dem Essen	Die Füllung für den Blechkuchen vorbereiten. Die Zwiebeln kochen, den Guß bereitstellen. Sud für die Fischsuppe herstellen. Weißbrotscheiben backen. Tomaten schälen. Die Suppe zubereiten. Fische putzen; wenn nötig, schuppen, auf eine Platte legen, mit Klarsichtfolie abdecken und im Kühlschrank aufbewahren. Alle Zutaten für den Lammrücken bereitstellen; Kräuter hacken. Kartoffeln schälen. Zucchinischeiben anbraten. Alles für den Gratin vorbereiten und in die Form schichten. Käse und geriebenes Brot bereitstellen.
18.25 Uhr	Backofen auf 220 °C vorheizen.
18.35 Uhr	Zwiebeln und Guß mischen, auf den Teig gießen und den Blechkuchen in den Ofen schieben.
19.00 Uhr	Aperitif und Blechkuchen servieren.
19.40 Uhr	Suppe aufkochen, große Fische hineingeben.
19.50 Uhr	Kleine Fische in die Suppe geben.
20.00 Uhr	Lammrücken in den Ofen schieben. Kartoffeln aufsetzen.
20.10 Uhr	Suppe servieren.
Essenszeit	Gratin in den Ofen schieben.
kurz vor dem Servieren	Die Kräutermischung für den Lammrücken in Butter andünsten und über das Fleisch verteilen. Lammrücken und Kartoffeln anrichten. Gratin in der Form auf den Tisch bringen. Aprikosenkrapfen portionsweise fritieren. Mit Puderzucker bestreuen.

Wichtig Für Lamm und Gratin Kasserollen oder Formen verwenden, die nebeneinander in den Backofen passen. Geht das nicht, kann man das Lamm auch auf dem Herd braten.

Die Einladung erhält den passenden Rahmen

Bei jeder Feier, die man gestalten will, spielt der äußere Rahmen eine wichtige Rolle. Ein liebevoll gedeckter Tisch, ein geschickt aufgebautes Buffet, ein gemütlich ausgeleuchteter Raum, dezente Musik – all das kann wesentlich zum Gelingen des Festes beitragen und Gäste und Gastgeber in eine heitere Stimmung versetzen.

Was alles dazugehört, um die verschiedensten Einladungen auszustatten, wird im folgenden näher beschrieben. Bei der Auswahl des passenden Rahmens sollte man stets die eigenen Möglichkeiten im Auge behalten und sich nichts zumuten, das nicht zu einem paßt. Vieles ergibt sich oft schon aus den Räumlichkeiten oder dem finanziellen Spielraum, den der einzelne hat. Dabei muß eine schlichtere Einladung oder ein weniger aufwendig gestaltetes Essen nicht schlechter sein oder den Gästen das Gefühl geben, ihnen werde zuwenig geboten. Die Herzlichkeit, mit der die Gäste empfangen und bewirtet werden, ist letztlich ausschlaggebend.

Die Tischordnung

Die Frage, wie man die Gäste am Tisch plaziert, ist nicht nur bei offiziellen Einladungen oder größeren Familienfesten von Bedeutung. Auch bei ungezwungeneren Feiern oder wenn nicht alle Gäste miteinander bekannt sind, sollte man darauf achten, daß die Tischnachbarn gut zueinander passen. Die richtige Mischung ist gar kein Problem, wenn man ein paar Grundregeln kennt.

Für die Gastgeber gibt es zwei Möglichkeiten: Sie sitzen an der Tischmitte einander gegenüber oder an beiden Tischenden. Wenn man für das Servieren kein Hilfspersonal hat, sollte die Gastgeberin in der Nähe der Küche Platz nehmen.

Prominente oder Ehrengäste, wie zum Beispiel der Chef und seine Frau oder Gäste aus dem Ausland, setzt man neben die Gastgeber. Ist es eine Dame, wird sie neben den Hausherrn gesetzt, einen männlichen Gast plaziert man neben die Gastgeberin. Wenn zwei Prominente kommen, sitzt jeder an der Schmalseite eines rechteckigen Tisches, so daß beide gleichrangig behandelt werden. Runde Tische machen in dieser Hinsicht keine Probleme.

Damen und Herren setzt man in der Regel immer abwechselnd. Wenn mehr Damen als Herren anwesend sind, bleiben die Ältesten und die Jüngsten ohne männlichen Tischpartner. Ehepaare werden meistens auseinandergesetzt. Verlobte läßt man beisammen.

Bei einem Familienfest werden die Ehrenplätze neben den Gastgebern für die ältesten Familienmitglieder reserviert; danach wird nach dem Alter plaziert.

Wenn bei einer Einladung Kinder dabei sind, werden sie an das Tischende oder an einen Extratisch gesetzt.

Bei besonderen Familienfesten gibt es weitere Regeln, die man beachten sollte:

Taufe Ehrengäste sind Pate und Patin wie auch der Pfarrer, falls er ebenfalls an der Einladung teilnimmt.

Kommunion und Konfirmation Bei diesem Anlaß werden den Großeltern die Ehrenplätze zugewiesen, dann kommen der Pfarrer, falls anwesend, und anschließend die Paten.

Verlobung Der zukünftige Schwiegervater wird rechts neben die Mutter der verlobten Tochter oder des verlobten Sohnes gesetzt, die zukünftige Schwiegermutter neben den Vater. Die Verlobten werden im Mittelpunkt plaziert. Die beiden Familien sollten untereinander gemischt sitzen, damit Kontakte entstehen. Kinder können zusammen an einem Tisch sitzen.

Hochzeit In die Mitte der Tafel setzt man die Jungverheirateten. Links neben die junge Frau kommt der Schwiegervater oder eventuell der Pfarrer. Rechts vom jungen Ehemann sitzt seine Schwiegermutter.

Die Tischkarten

Wenn mehr als sechs Personen an einer Tafel versammelt sind, benötigt man unbedingt Tischkarten. Es ist eben peinlich, wenn die Gäste nicht wissen, wo sie Platz nehmen dürfen, und von den Gastgebern umständlich herumdirigiert werden müssen.

Tischkarten können sehr einfach sein, die Hauptsache ist, sie sind hübsch beschriftet. Man kann sie ohne Mühe selbst herstellen. Dazu schneidet man am besten aus stärkerem Zeichenkarton Rechtecke aus. Diese werden in der Mitte längs mit einem scharfen Messer leicht eingeritzt; dann schreibt man in den unteren Teil mit Filzstift schön die Namen und falzt die

Karten schließlich entlang der eingeritzten Linie, so daß sie gut stehen.

Für bestimmte Anlässe kann man die Tischkarten auch noch mit Zeichnungen oder persönlichen Motiven ausschmücken. Solche hübschen Exemplare nehmen die Gäste gern als Andenken an ein gelungenes Fest mit nach Hause.

Auf dem Tisch stehen die Karten oberhalb des Gedecks, oder man legt sie auf die Serviette, wenn diese nicht gefaltet wird.

Sehr hübsch sind auch Tischkarten aus Keramik. Sie haben den Vorteil, daß man sie abwaschen und immer wieder verwenden kann. Vor dem Beschriften mit wasserfestem Filzstift reibt man sie am besten mit Spiritus ab.

Besonders viel Phantasie läßt man natürlich bei Tischkarten für Kinderfeste walten. So kann man beispielsweise kleine, mit Namen versehene Fähnchen in Mohrenköpfe stecken und jedem Kind auf den Teller stellen. Oder man macht die köstlichen Rahmkaramellen von Seite 286 und beschriftet sie mit Schokoladenglasur aus dem Spritzbeutel. Um die Weihnachtszeit kann man auch sehr gut Lebkuchen backen und die Namen der Kinder mit Liebesperlen darauf „schreiben".

Bei ungezwungenen Einladungen unter Freunden oder sehr guten Bekannten kann man zu Beginn mit den Tischkarten auch ein Spielchen machen. Sind zum Beispiel genauso viele Herren wie Damen eingeladen, gestaltet man die Karten so, daß sie paarweise zusammenpassen. Nun gibt man die für die Damen in ein Körbchen und die für die Herren in ein anderes. Die Tischpartner finden sich anhand der gleichen oder sich ergänzenden Tischkarten. Erkennungszeichen können eine Farbe, eine Zeichnung oder halbierte Sprüche sein, die sich ergänzen. Auch berühmte Paare wie Max und Moritz oder Romeo und Julia eignen sich für das Spiel.

Die Menükarte

Bei kleinen Einladungen zum Essen wird die Speisenfolge meist mündlich bekanntgegeben. Aber auch schon bei vier bis sechs Personen kann eine ansprechend gestaltete Menükarte die ganze Einladung aufwerten.

Man sollte die Menükarte nicht zu groß anlegen, damit sie auf dem Tisch nicht stört. Beschriften kann man sie mit der Maschine oder von Hand. Wenn man eine gleichmäßige und gut leserliche Handschrift hat, wirkt es natürlich persönlicher, wenn man die Speisenfolge selbst aufschreibt. Dabei muß man darauf achten, daß die einzelnen Zeilen auf dem Blatt rechts und links der Mittelachse gleichmäßig verteilt sind und daß sie im richtigen Abstand zueinander stehen; am besten übt man zuerst mit einem Muster. Wenn man nicht alle Karten einzeln schreiben will, kann man auch gute Fotokopien machen.

Wer zeichnerisch begabt ist, kann die Karte ausschmücken. Hier ein paar Ideen dazu: Initialen der Gastgeber; Blumen; Motiv des Tafelgeschirrs; deko-

Ein origineller Einfall – eine Schiefertafel mit dem Menü in französischer Sprache

rative Küchengeräte, Bestecke oder Gläser; Gegenstände, die auf einen bestimmten Anlaß hinweisen wie Hochzeit, Taufe und so weiter.

Geübte können vielleicht bei besonders festlichen Einladungen das Menü mit Tusche und Spezialfeder auf Pergamentpapier schreiben, aufrollen und mit einem Bändchen zusammenbinden. Das wirkt besonders elegant.

Sehr gut sehen auf dem festlich gedeckten Tisch kleine hübsche Menüständer aus Silber aus. Dann stellt man nur einige dieser Ständer auf die Tafel und steckt beidseitig beschriftete Menükarten hinein.

Wenn man am Tisch nicht genügend Platz hat, um Menükarten auszulegen, kann man die Speisenfolge beispielsweise auch mit angerührtem Kreidemehl auf einen Spiegel schreiben, der an der Wand hängt. Das ist originell und schafft eine Bistro-Atmosphäre. Wer es rustikal liebt, kann auch eine Schiefertafel beschriften (siehe Foto oben) oder ein Plakat mit der Speisenfolge an eine Staffelei hängen.

Die festliche Tafel

Tischdecken ist eine der schönsten Beschäftigungen, wenn man Gäste erwartet. Als Gastgeber hat man es in der Hand, mit Farbe und Form eine attraktive Tafel zu zaubern. Ein einfach oder rustikal gedeckter Tisch kann so schön aussehen wie eine festliche Tafel mit Damast und Silber, wenn alles zusammenpaßt. Mit einer hübschen Tischdekoration kann man Akzente setzen, die das Ganze abrunden.

Die festliche Tafel erfordert natürlich besonders viel Liebe und Sorgfalt. Für ein aufwendigeres Menü braucht man im allgemeinen mehr Bestecke, Gläser und Kleinigkeiten als sonst. Und doch sollte eine festliche Tafel nicht überladen wirken. Alles muß harmonisch geordnet sein und eine gewisse Ruhe ausstrahlen. Wichtig ist das Tischtuch, und hier eignet sich Damast nach wie vor am besten.

Das große Gedeck für das festliche Menü. Die kleinen Fotos zeigen die wichtigsten Servierbestecke

Man sollte die Tischdecke farblich auf das Service abstimmen – Ton in Ton, in einer unaufdringlichen Kontrastfarbe oder passend zum Dekor des Geschirrs.

Teller, Bestecke und Gläser müssen ganz exakt angeordnet werden; die Servietten – bei einer festlichen Tafel müssen sie aus Stoff sein – kann man dekorativ falten (S. 28). In die leeren Räume auf dem Tisch verteilt man sinnvoll Kerzenständer und die Tischdekoration (S. 30).

Früher hatte man in jedem Haushalt ein gutes Service, das für besondere Gelegenheiten hervorgeholt wurde. Heute muß nicht mehr alles so genau zusammenpassen; man kann Gerichte gut in Kupferkasserollen oder anderem neutralem Anrichtegeschirr servieren, denn so etwas harmoniert mit jedem Geschirrmuster. Allerdings sollte man nie verschiedene Dekors zusammen auf den Tisch bringen.

Das große Gedeck Wenn man für ein festliches Menü den Tisch nach allen Regeln der Kunst decken will, muß man einige Vorschriften beachten.

Zunächst werden die Teller im Abstand von 50 bis 60 cm aufgelegt. Bei einem großen Gedeck gibt es Platzteller, auf denen die Teller mit den Vor- und Hauptspeisen jeweils abgestellt werden. Wenn man keine Platzteller hat, kann man ersatzweise auch normale Speiseteller nehmen. In jedem Fall sollte man sie mit einer kleinen runden Decke aus Spitze, Stoff oder Tortenpapier belegen, damit die darauf gestellten Teller nicht rutschen. Wenn man bei einem Menü von Anfang an Brot und Butter serviert, plaziert man links oberhalb des Platztellers den Brotteller. Wird dann zu einem Gang Salat gereicht, tauscht man ihn gegen den Salatteller aus.

Das gesamte Besteck, das man für die Speisenfolge braucht, liegt bereits über und neben dem Platzteller. Nach englischer Art werden die Gabeln und Löffel so hingelegt, daß die Spitze und die Vertie-

fung nach oben zeigen. Verfechter der alten französischen Methode legen die Gabeln mit den Spitzen nach unten und die Löffel entsprechend mit der Wölbung nach oben.

Links vom Teller plaziert man von außen nach innen die Gabel für die Vorspeise, die Gabel für das Fisch- oder Zwischengericht, die Gabel für das Fleischgericht; rechts vom Teller liegen von außen nach innen das Messer für die Vorspeise, der Suppenlöffel, das Fischmesser (oder, falls man kein Fischbesteck besitzt, eine zweite Gabel) und das Messer für das Fleischgericht. Die Schneiden der Messer zeigen stets nach innen. Über dem Teller liegen der Löffel für das Dessert und darüber Gabel und Messer für den Käse. Das Buttermesser wird in der Regel quer auf den kleinen Brotteller gelegt.

Messerbänke stellt man rechts oben neben den Teller. Wenn Suppen in Tassen serviert werden, legt man Vorspeiselöffel auf, weil normale Suppenlöffel zu groß wären.

Neben den reinen Eßbestekken braucht man für die Bewirtung noch einige Servierbestekke; auf der gegenüberliegenden Seite sind die wichtigsten abgebildet. Was man zum Servieren von Fleisch benötigt, zeigt das kleine Foto oben (von links nach rechts): Bratenlöffel, Bratengabel, Wetzstahl, Tranchiermesser, Tranchiergabel. Meistens braucht man außerdem ein Salatbesteck, Suppenvorleger und Saucenlöffel (Foto darunter, von links nach rechts).

Das Salatbesteck wird in die Salatschüssel gelegt; mit den Saucenlöffeln bestückt man die Saucieren. Jede Schüssel, die herumgereicht wird, sollte nach Möglichkeit mit einem Vorlegebesteck ausgestattet sein, weil ein normales Besteck beim Weitergeben leicht in das Gericht rutscht.

Für besondere Speisen wie Austern, Schnecken oder Hummer gibt es eine Reihe von Spezialbestecken, ebenso für Fondue- oder Gourmetgerichte. Die Abbildung auf Seite 27 zeigt, wie die gängigsten Spezialbestecke aussehen. Eine solche Sonderausstattung sollte man sich aber nur anschaffen, wenn man die entsprechenden Speisen öfter servieren will.

Wenn Teller und Bestecke schön plaziert sind, stellt man die benötigten Gläser rechts oberhalb des Tellers auf. Die Anzahl richtet sich natürlich danach, wie viele verschiedene Getränke man zu den einzelnen Gängen reichen will. Das klassische Gedeck besteht aus Wasser-, Rot- und Weißweinglas. Das größte Glas (meist das Wasserglas) wird links plaziert, dann folgen die anderen der Größe nach. Ist Champagner oder Sekt vorgesehen, stellt man das Sektglas links neben das Wasserglas.

Das Wasserglas bleibt während der gesamten Speisenfolge auf dem Tisch stehen; alle anderen Gläser, ebenso wie das gebrauchte Geschirr und die Bestecke, werden nach jedem Gang abgeräumt.

Und noch ein Wort zum Servieren: Wenn nicht genügend Hilfspersonal zur Verfügung steht, können Schüsseln mit Beilagen oder Platten mit Fleisch von Gast zu Gast weitergereicht werden. Den Wein beziehungsweise ein anderes Getränk für den entsprechenden Gang kann man schon vor dem Servieren einschenken. Man gießt immer von rechts die Getränke ein, bietet die Gerichte jedoch von links an. Wie man bestimmte Speisen serviert und ißt, wird auf Seite 38–39 näher erläutert.

Der rustikale Tisch

Weniger formell und meist auch viel gemütlicher geht es zu, wenn man ein kleineres oder ländliches Menü servieren will. Bei einer rustikalen Tafel kann man seiner Phantasie freien Lauf lassen. Man braucht kein komplettes Service, denn hier darf alles bunt sein. Ein kariertes Tischtuch, eine grobe Leinendecke oder auch hübsche Tischsets passen sehr gut, wenn man einen Tisch mit unempfindlicher Platte hat.

Die Speisenfolge besteht bei solchen Einladungen meistens nur aus Vorspeise, Hauptgericht und Dessert. Das Tischdecken unterscheidet sich also nicht sehr vom Alltag. Derbes Steingutgeschirr, vielleicht ein paar dekorative Keramikteller, die man von einer Reise mitgebracht hat, Bretter, Bestecke mit Holzgriffen, Zinnkrüge und -becher – mit all diesen Dingen kann man, je nachdem was man besitzt, die rustikale Tafel decken.

Der rustikal gedeckte Tisch darf ruhig farbenfroh sein

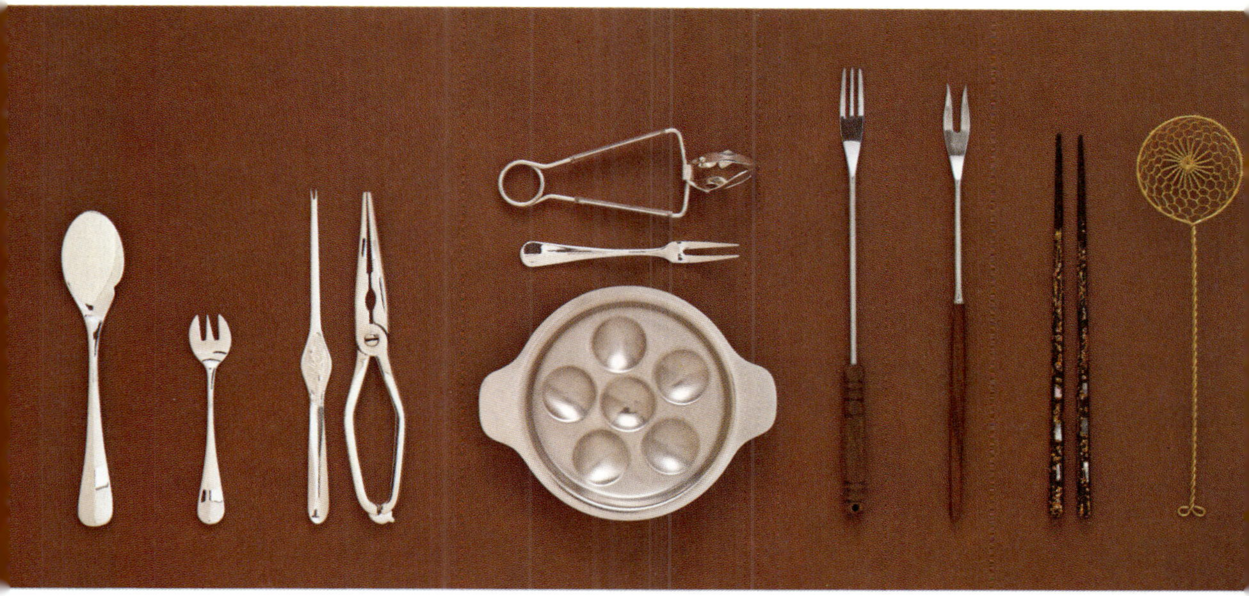

Wichtige Spezialbestecke (von links nach rechts): Gourmetlöffel zum Auslöffeln delikater Saucen; Austerngabel; Hummergabel und -zange; Zange, Gabel und Pfännchen für Schnecken; Käsefonduegabel, Fleischfonduegabel; Eßstäbchen; Netzlöffel für chinesisches Fondue

Die Tischdekoration sollte natürlich zu alldem passen; man wählt also möglichst einfache Sträuße aus Wiesenblumen oder schönen Gräsern. Im Herbst und Winter kann man auch aus Strohblumen dekorative Gestecke anfertigen. Einige Vorschläge für Tischdekorationen sind auf den Seiten 30–33 zu finden.

Wenn das Menü unkomplizierter ist, muß man auch mit den Getränken keinen so großen Aufwand treiben. Man braucht also nur Bier- oder Weingläser und allenfalls Wassergläser. Den Wein kann man bei so einem Anlaß ebenfalls rustikal im Steinkrug oder in der Karaffe servieren.

Diese Form des Tischdeckens eignet sich immer dann, wenn ungezwungene Freundesabende, Garten- oder Grillfeste oder ähnlich lockere Zusammenkünfte auf dem Programm stehen. Auch unverhoffter Besuch läßt sich auf diese Weise vorzüglich bewirten.

Fröhliche Frühstückstafel

Der Auftakt am Morgen kann für den ganzen Tag bestimmend sein. Hat man daher Gäste über Nacht im Hause gehabt oder lädt man jemanden speziell zum Frühstück ein, so sollte man auch diese Tafel mit Liebe dekken. Dabei kommt es in erster Linie darauf an, daß der ganze Tisch fröhlich aussieht. Frühstücksgeschirr gibt es in reicher Auswahl in den schönsten Farben und Dekors. Es muß nicht alles stur zusammenpassen; man kann ohne weiteres Schälchen, Platten, Kannen und so weiter, die vielleicht sonst Einzelstücke sind, mit auf den Tisch bringen.

Ein Gedeck besteht hier aus Teller und Kaffee- oder Teetasse, Messer und Gabel, Kaffeelöffel, Eierbecher und Eierlöffel. Ein Saftglas, Schälchen und Löffel für Müsli, Corn-flakes oder Haferflocken zählen schon zu der erweiterten Ausstattung, sollten aber auf einem liebevoll gedeckten Frühstückstisch nicht fehlen. Ein schöner Brotkorb kann ebenfalls Blickfang sein; ein dekorativer Toastständer, hübsche Marmeladengläser, Joghurtbecher oder ein rustikaler Milchkrug sorgen nicht nur für das leibliche Wohl, sondern auch dafür, daß der Tisch eine Augenweide für den Gast ist. Gut machen sich ferner schön dekorierte Aufschnitt- und Käseplatten und eine Schale mit frischem Obst. Beim Frühstück bedient sich jeder weitgehend selbst; man reicht sich die entsprechenden Gegenstände zu. Als Gastgeber sorgt man dafür, daß stets frischer Kaffee oder Tee, frisch gekochte Eier, frisch gerösteter Toast und so weiter zur Verfügung stehen.

Bei einer reichgedeckten Frühstückstafel braucht man kaum Tischdekoration, allenfalls einen kleinen Strauß Frühlingsblumen oder ähnliches. Eine Tischdecke in freundlichen Farben mit einem dezenten Muster eignet sich gut.

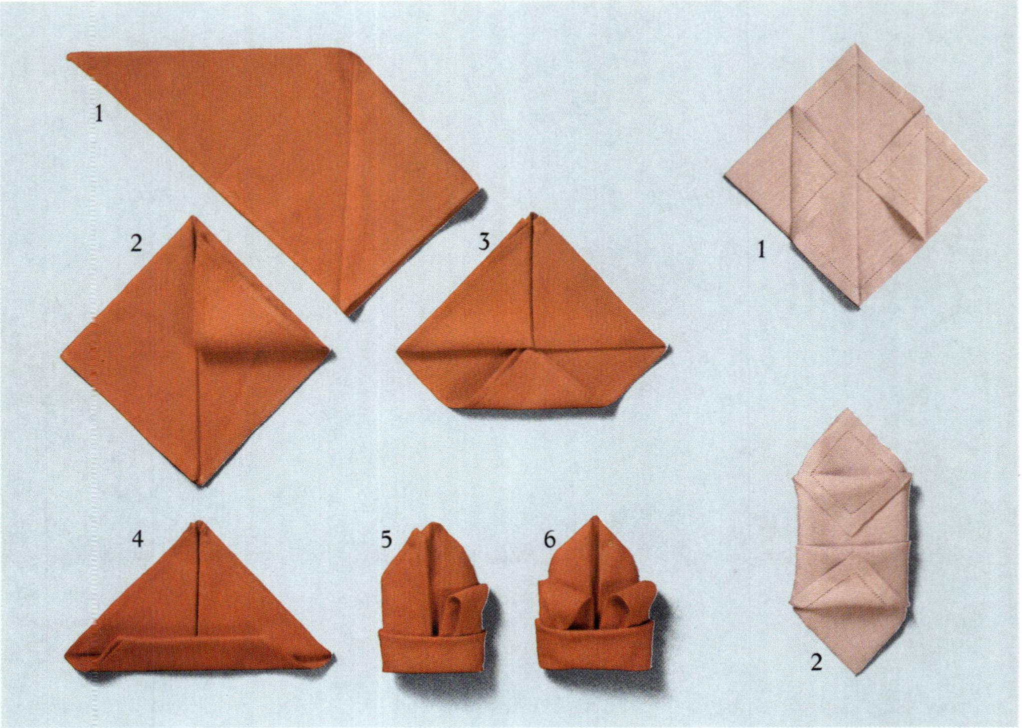

Servietten falten

Zu einem schön gedeckten Tisch gehören auch Servietten. Oben ein paar Vorschläge, wie man sie falten kann. Links: Die Serviette öffnen, diagonal falten und die Spitzen der Diagonallinie auf die untere Ecke legen (1). Dieselben Spitzen auf die oben liegende Ecke hochklappen (2), die untere Spitze bis zur Mittellinie nach oben legen (3). Die untere Kante nochmals einschlagen, so daß ein Umschlag entsteht (4). Die seitlichen Ecken nach hinten biegen und ineinanderstekken. Die oberen Spitzen locker in den Umschlag stecken (5 und 6). Rechts: Die zum Quadrat zusammengelegte Serviette mit den offenen Kanten nach oben hinlegen; die obere Ecke ganz nach unten klappen, dann die Spitze bis zur Mittellinie zurückfalten. Die jetzt oben liegende lose Ecke bis zur Mittellinie nach unten klappen (1). Die seitlichen Spitzen nach hinten schlagen (2).

Hübsch falten kann man auch zwei verschiedenfarbige Servietten. Links unten: Zwei gleich große Servietten aufeinanderlegen und zum Quadrat falten; an der offenen Ecke zwei Lagen fassen und einrollen. Rechts unten: Zwei gleich große Servietten ganz öffnen, diagonal falten und aufeinanderlegen. Die Spitzen der oberen Serviette zurück- und die untere Kante nach oben einschlagen, so daß ein Umschlag entsteht. Alle seitlichen Spitzen nach hinten schlagen.

In ein Glas gesteckt, gerollt oder nach klassischer Art gefaltet – auch so sehen Servietten hübsch aus

Platzsparend ist ein Buffet, das auf mehreren Ebenen aufgebaut ist

Die Tee- und Kaffeetafel

Die Tee- oder Kaffeestunde soll gemütlich sein und zum Plaudern einladen. Alles sollte auf dem Tisch bereitstehen, damit man seine Gesprächspartner nicht allzu oft verlassen muß.

Für die Teekanne gibt es Stövchen oder Rechauds zum Warmhalten. Heißes Wasser zum Verdünnen hat man in einer hübschen Warmhaltekanne zur Hand. Für Kaffee gibt es ebenfalls Warmhaltekrüge in allen Preislagen und in verschiedenen Formen. Allerdings haben diese Kannen weniger Charme als die Kaffee- und Teekannen unserer Großmütter, die unter einer selbstgemachten Haube warm gehalten wurden. Wer noch ein solches Prachtstück besitzt und dazu vielleicht ein passendes Service, kann es heute wieder zu Ehren kommen lassen.

Sehr praktisch für eine Kaffee-Einladung sind Kaffeemaschinen. Die Glaskannen wirken allerdings auf einem schön gedeckten Kaffeetisch nicht so gemütlich; am besten füllt man den Kaffee in eine Porzellankanne um, wenn er durchgelaufen ist.

Ganz besonders attraktiv sieht die Tee- oder Kaffeetafel mit Geschirr im Nostalgiestil aus. Oft findet man heute die zum Dekor des Geschirrs passende Tischdecke mit kleinen Servietten. Sonst kann man das Tischtuch auch Ton in Ton oder in einer Kontrastfarbe wählen. Alles sollte heiter und behaglich wirken. Neben den herkömmlichen Kuchenplatten kann man auch Etageren aufstellen; sie nehmen auf dem Tisch weniger Platz weg und sehen dekorativ aus. Für hausgemachte Kuchen finden sich auf den Seiten 260–273 zahlreiche Vorschläge.

Ein Buffet aufbauen

Welche Möbel sich für den Aufbau eines Buffets eignen, wurde bereits auf Seite 11 kurz beschrieben. Wenn man viele Gerichte auf kleinem Raum plazieren muß, kann man mit Kisten und festen Kartons Podeste aufbauen – vorausgesetzt, das Buffet steht an der Wand. Auf den verschiedenen Ebenen bringt man mehr unter, ohne die Grundfläche zu vergrößern.

Die Hauptfläche bedeckt man am besten zunächst mit einer weichen Unterlage (Molton, alte Wolldecke und so weiter und belegt dann alles mit Tischtüchern. Farbige Tischdecken wirken hier meist besser als weiße; man kann auch sehr hübsche Papiertischtücher kaufen.

Dann wird das Buffet aufgebaut. Links außen stellt man Teller, Bestecke, Brot und Servietten bereit. Ist der Tisch dafür zu klein, finden diese Dinge auf einem Beistelltisch Platz. Anschließend folgen Salate, Fisch und Vorspeisen. In der Mitte des Tisches stehen Fleischgerichte und, falls vorgesehen, warme Speisen.

Auf der rechten Seite des Buffets werden Käse und Desserts plaziert. Wenn man den Nachtisch nicht mehr unterbringen kann, trägt man ihn erst auf, wenn sich alle von den anderen Speisen genügend bedient haben. Zu jedem Gericht gehört das passende Vorlegebesteck.

Gläser, Wein und andere Getränke zur Selbstbedienung stellt man besser auf einen Extratisch, damit am Buffet nichts verschüttet wird.

Auf einem der hintersten Podeste läßt man etwas Platz für einen schönen Blumenstrauß oder eine Früchteschale.

Ein elegantes Arrangement für festliche Anlässe

Tische – hübsch dekoriert

Zu einem sorgfältig gedeckten Tisch gehört auch eine liebevolle Tischdekoration. Einige Anregungen dazu werden im folgenden gegeben. Allgemein gilt jedoch, daß keine Dekoration auf der Tafel so angeordnet oder so hoch sein darf, daß sie dem Gast die Sicht auf sein Gegenüber verdeckt. Man will sich doch am Tisch unterhalten, und „durch die Blume" wird dies fast unmöglich. Kleine niedrige Arrangements oder Gestecke sind also empfehlenswert. Denn was nützt das schönste Gebinde, wenn es die Gäste stört?

Wenn die Einladung unter einem bestimmten Motto steht, bietet es sich an, die Tischdekoration darauf abzustimmen. Abende mit internationaler Küche lassen sich zum Beispiel besonders hübsch gestalten. Rezeptvorschläge sind auf den Seiten 382–433 zu finden. Anregungen für den jeweils passenden Tischschmuck werden auf Seite 32–33 gegeben.

Im Frühjahr Jetzt sehnt man sich nach den ersten Frühlingsblumen; so kann man sie präsentieren: kleine Porzellan- oder Glaskörbchen mit Kunstmoos füllen und Frühlingsblumen mit feinem Grün hineinstecken; kleine Frühlingssträußchen auf die Servietten oder links neben jedes Gedeck legen; Osterglocken kürzen und über den ganzen Tisch verteilen; zu Ostern die Mitte des Tisches mit kleinen bunten Zuckereiern dekorieren, kleine Biskuits in Hasenform backen und gemischt mit Zuckereiern auf das Tischtuch legen, Eierbecher mit winzigen Blümchen füllen; kleine rechteckige Schalen kaufen, mit kleinen Blumen bestecken und in einer Reihe als Band über die ganze Tischmitte ziehen.

Im Sommer Das Angebot an bunten Blumen und Früchten ist jetzt groß, so daß man eine reiche Auswahl für die Tischdekoration hat: kleine Arrangements mit bunten Sommer-

Bunte Blumen und kleine Muschelschalen für den Sommertisch

blumen in hübsche Körbchen stecken oder die Blumen durch Kirschen ersetzen; Ährensträußchen mit Kornblumen neben die Teller legen; kleine Schüsseln mit frischen Kräutern oder bunten Blumen füllen; ein Buffet mit einer sehr großen Früchteschale dekorieren oder einen Korb mit frischem Sommergemüse aufstellen; einfache Wiesenblumen zu Sträußchen binden und auf dem Tisch verteilen oder neben die Gedecke legen; kleine Steinguttöpfe mit Butterblumen füllen.

Im Herbst Tischdekorationen in warmen Herbstfarben passen zu dieser beschaulichen Jahreszeit sehr gut: bunte Herbstblätter über den Tisch verstreuen – besonders passend für ein Wildmenü; kleine Kupferpfännchen oder Kuchenformen aus Ton oder Kupfer mit Kunstmoos füllen und mit typischen Herbstblumen wie Astern oder Chrysanthemen füllen, die farblich auf das Tischtuch oder das Geschirr abgestimmt sind; kleine Rosen in winzigen Zinnkännchen arrangieren; alte Tischgarnituren für Essig und Öl sammeln, die Flaschen durch kleine Gläser ersetzen und mit Blumen füllen; Weinblätter und Trauben neben das Gedeck legen.

Im Winter In der kalten Jahreszeit möchte man es zu Hause besonders behaglich haben, und die Tischdekoration sollte darauf abgestimmt sein: Christrosen mit kleinen Tannenzweigen in flache Behälter stellen; Gewürzsträußchen oder Gebinde aus Strohblumen aufstellen; hübsche Seidenblumen auf die Servietten legen, die jeder Gast mit nach Hause nehmen kann; zu Weihnachten Wal- oder Erdnüsse in der Schale mit Gold- oder Silberspray einsprühen und auf dem Tisch verteilen, kleine rote Äpfel und verschiedene Nüsse, gemischt mit kleinen gebackenen Sternen, als Band in der Tischmitte anordnen, für jeden Gast ein kleines Lebkuchenherz backen und mit einem lustigen Spruch bekleben (es gibt bunte Aufkleber zu kaufen), Weihnachtsgebäck aus Mürbeteig glasieren und mit Liebesperlen bunt dekorieren.

Warme Herbstfarben für beschauliche Stunden

Festliche Anlässe Zu einer besonders festlichen Tafel gehört auch ein entsprechender Tischschmuck; er darf ruhig etwas prunkvoll sein: Aus einer Spiegelplatte eine hübsche Form ausschneiden und an den Rändern etwas abschleifen lassen, in die Mitte des Tisches legen und ein Blumenarrangement darauf stellen; Seidenbänder, die farblich zum Geschirrdekor oder zu den Blumen passen, drapieren oder zu Schlingen formen und oben zwischen die Gedecke legen, eventuell mit goldenem Filzstift beschriftet; kleine Kerzenständer und dazu passende Tischkärtchen oder Serviettenringe aus bunter Keramik aufstellen (wirkt am besten auf pastellfarbenem oder weißem

Für den Weihnachtstisch

Ein Fächer und bunte Schälchen für die fernöstliche Tafel

Tischtuch); versilberte Saucieren mit zarten Blumen füllen.

Fernöstliche Tafel Seerosen oder Chrysanthemen ohne Stiel in flache, mit Wasser gefüllte Glasschalen legen; kleine exotische Schälchen, Stäbchen, Originalkörbchen für Reis und andere Zutaten, ein Service für Reiswein auf einem feinen bestickten Tischtuch oder auf Bastuntersetzern dekorieren; schwarze Platzteller auf ein rotes Tischtuch stellen.

Amerikanisches Menü Menükarte mit der Nationalflagge der USA oder der Skyline von New York verzieren; ein blaues Tischtuch mit kleinen weißen Kartonsternen und kleinen Muschelschalen dekorieren.

Italien bittet zu Tisch Italienische Keramik mit passendem Tischtuch decken; kleine italienische Fähnchen aufstellen; rote und weiße Blumen, mit Grün durchsetzt und mit Schleifchen in den Landesfarben geschmückt, auf dem Tisch verteilen; italienisches Motiv auf die Menükarte kleben; eventuell auf der Anrichte hohe, schmale Gläser mit dreifarbigen Spaghetti und eine dekorative Chiantiflasche aufstellen.

Französischer Abend Wenn das Menü aus einer bestimmten Gegend, zum Beispiel aus der Provence, stammt, den Tisch mit entsprechendem Geschirr decken, auf jede Serviette ein kleines Provencekräutersäckchen legen, das jeder Gast als Andenken mitnehmen kann; winzige Holzkellen mit blau-weiß-roten Bändchen neben jedes Gedeck legen; die Menükarte mit einem französischen Motiv schmücken, vielleicht mit einem Urlaubsfoto, das man selbst aufgenommen hat; wenn französische Weine das Hobby des Hausherrn sind, kann er als Kellermeister mit Schärpe und Probiertasse auftreten.

Karibische Souvenirs Schalen mit exotischen Früchten aufstellen; den Tisch mit kleinen, frischen Ananas dekorieren (den Boden etwas abschneiden, damit sie gut stehen); Menükärtchen mit Ausschnitten aus Reiseprospekten (karibische Landschaft, Ozeandampfer und so weiter) verzieren.

Spanisches Festessen Spanische Tonschüsseln mit Blumen

Erinnerungen an Mexiko

füllen; für spanische Hintergrundmusik sorgen; Tisch in den Landesfarben Rot und Gelb dekorieren (etwa rote Nelken und Mimosen); Purrón als Trinkgefäße auftischen, aber nur im Freien oder im Keller, weil man leicht etwas verschüttet.

In Rußland zu Gast Tischsets mit russischer Stickerei oder bäuerlich-russisch anmutendes Tischtuch auflegen, dazu weiße oder passende einfarbige Teller decken; Tisch mit vielen verschieden hohen und unterschiedlich geformten Bienenwachskerzen dekorieren (auf feuerfeste Unterlage oder Spiegel stellen); russische Püppchen als Souvenir neben jedes Gedeck legen; eine festliche Tafel mit viel Silbergeschirr decken.

Erinnerungen an Mexiko Tischdekoration mit kleinen Landesflaggen oder mit kleinen roten und grünen Pfefferschoten auf weißem Tischtuch arrangieren; einen mit Kräutern oder Blumen gefüllten Kürbis in die Mitte des Tisches stellen; rustikales Geschirr auf mexikanische Stoffuntersetzer stellen; kleine mexikanische Tongefäße, mit Blumen gefüllt, neben jedes Gedeck stellen.

Griechische Tafelfreuden Tisch mit Weinblättern schmükken; kleine Joghurtgläser mit Blumen füllen; orientalisch anmutende Gefäße und Platzteller verwenden; bäuerliches Tischtuch mit braunen Keramiktellern decken; kleine griechische Tonbecher als Blumenvasen benutzen; in die Mitte eines runden Tisches eine Tonschale mit Auberginen, Paprikaschoten, Zitronen und Tomaten stellen.

Die Stimmung im Raum

Bereits beim Betreten der Wohnung oder des Hauses sollte der Gast von einer wohligen Atmosphäre umfangen werden. Eine wichtige Rolle spielen dabei die Lichtquellen. Hartes Licht sollte man vermeiden; Deckenlampen sind oft zu grell, Tisch- und Stehlampen wirken dagegen gemütlich. Bei großen Parties und sehr großen Räumen können Kristalleuchter eine festliche Atmosphäre verbreiten, aber bei anderen Anlässen oder Räumlichkeiten sollte man auf solche Festbeleuchtung verzichten. Dezentere Lichtquellen sind behaglicher.

Bei Tisch ist Kerzenlicht am schönsten; allerdings sollten so viele Kerzen brennen, daß man noch sieht, was auf dem Teller liegt. Bei kleinen Einladungen wirkt auch ein Lampenschirm, der über der Mitte des Tisches hängt, sehr gemütlich. Das ganze Licht konzentriert sich beim Essen auf den Mittelpunkt des Geschehens.

In entsprechend eingerichteten Räumen sind auch kleine Punktstrahler sehr praktisch, weil man sie nach Belieben ausrichten kann.

Neben der Beleuchtung spielt auch die Raumtemperatur eine wichtige Rolle. Vor dem Eintreffen der Gäste sollte man immer gut durchlüften und dann, wenn die Gäste alle da sind, die Heizung zurückschalten. Wenn viele Leute im Raum sind, steigt die Temperatur ohnehin wieder. Wenn geraucht wird, muß diskret gelüftet werden; ein offenes Fenster direkt neben den Gästen kann vor allem im Winter unangenehm sein.

Ob man der Einladung eine musikalische Untermalung gibt, hängt von der Art der Gesellschaft und von den Gästen ab. Bei größeren Parties gehört Musik einfach dazu, denn es wird ja meistens auch getanzt. Bei Einladungen zum Essen muß man sehr vorsichtig sein; oft ist es besser, wenn man sich in Ruhe unterhalten kann. Klassische Musik sollte nur gespielt werden, wenn alle Gäste wirklich zuhören wollen. Als Hintergrundmusik paßt am besten angenehme Unterhaltungsmusik.

Am Tag der Einladung: Was der Gastgeber nicht vergessen darf

- Kontrollieren, ob alles im Haus ist; notfalls fehlende Dinge noch rasch einkaufen (zum Beispiel Blumen oder Brot).
- In der Küche alles bereitstellen. Gemüse putzen, vorkochen, aufräumen, Geschirr spülen, Anrichtegeschirr hinstellen.
- Rotwein chambrieren, sonstige Getränke in den Kühlschrank legen, Aperitif bereitstellen, Gebäck dazu, falls erforderlich, aufbacken.
- In der Toilette und im Badezimmer Handtücher, Seife, Kosmetiktücher, Toilettenpapier, Nadelkissen mit Faden und Sicherheitsnadeln, Kamm, Watte und Kölnisch Wasser zurechtlegen; am Eingang Schirmständer und Blumenvasen bereitstellen; Ersatzkerzen für den Tisch, Glühbirnen, Telefonnummer für Taxi, eventuell Fahrpläne, Fleckenspray und Kopfschmerztabletten zur Hand haben.
- Den Tisch decken: empfindliche Tischplatten mit Molton abdecken; selten gebrauchte Tischtücher und Servietten notfalls aufbügeln; Blumen oder übrige Tischdekoration arrangieren; Kerzenhalter putzen und, wenn nötig, mit Papiermanschetten aus Tortenpapier versehen, damit nichts auf die Tischdecke tropft; Rechauds putzen und notfalls mit neuen Kerzen bestücken; Salz- und Pfefferstreuer nicht vergessen.
- Das Menü nochmals gründlich studieren und die Speisenfolge vor dem geistigen Auge ablaufen lassen.

Betreuung und Bewirtung der Gäste

Wenn die Vorbereitungen alle abgeschlossen sind, kann man sich ganz darauf konzentrieren, die Gäste zu empfangen und sie während der Einladung zu betreuen. Die einzelnen Phasen, die es im Verlauf einer Feier zu meistern gilt, werden im folgenden kurz angesprochen. Denn auch hier geht es nicht ohne eine gewisse Planung.

Empfang an der Tür

Je nach Art und Größe der Einladung werden die Gäste am Eingang vom Hausherrn, von der Gastgeberin oder vom Hilfspersonal empfangen. Man sollte sich vorher darauf einigen, wer welche Aufgaben übernimmt, nämlich beim Ablegen hilft, Blumen und Geschenke entgegennimmt, die Blumen in Vasen stellt und die Gäste ins Wohnzimmer oder in den Partyraum führt. Wenn jeder seine Aufgabe kennt, kommt erst gar keine Hektik auf. Schon vor Eintreffen der Gäste sollte man einige Vasen in verschiedenen Größen bereitstellen. Außerdem kann man sich überlegen, an welchen Stellen im Zimmer man die einzelnen Sträuße aufstellen wird, damit die Gäste sie gut sehen können.

Bei größeren Einladungen gibt es in der Wohnung oft Garderobenprobleme. Man muß damit rechnen, daß jeder Gast mit einem Mantel kommt. Bei Regenwetter kommen dazu nasse Schirme und eventuell Stiefel, die ausgezogen werden. Meist dient das Schlafzimmer für diesen Abend als Garderobenablage. Nur liegen dann alle Mäntel unübersichtlich übereinander, was auch nicht ideal ist. Wenn man häufig Besuch hat, lohnt es sich, einen zerlegbaren Garderobenständer anzuschaffen, den man anschließend auseinandernehmen und in einem Karton aufbewahren kann. Dazu kauft man sich billige Kleiderbügel; wenn sehr viele Gäste kommen, kann man eventuell noch selbstgeschriebene Garderobennummern ausgeben, damit beim Aufbruch nichts durcheinanderkommt.

Wenn zu einer Feier viele Geschenke überreicht werden, notiert derjenige, der die Geschenke abnimmt, am besten jedesmal darauf den Namen des Überbringers. Dann kann sich der Gastgeber, wenn er nicht gleich Zeit zum Öffnen hat, später noch schriftlich oder telefonisch bedanken.

Die Gäste vorstellen

Wenn man die Gäste vom Gang ins Wohnzimmer geleitet hat, bietet man ihnen einen Aperitif an und macht die einzelnen Personen miteinander bekannt. Auch hier sollten die Gastgeber vorher festlegen, wer welche Aufgabe übernimmt.

Handelt es sich um eine formelle Einladung, geht es beim Vorstellen förmlich zu: Der Jüngere wird mit dem Älteren bekannt gemacht und der Herr der Dame vorgestellt. Bei einer ungezwungenen Feier kann man alles etwas lockerer handhaben.

Oft ist es nützlich, wenn man außer dem Namen ganz kurz etwas über den Beruf oder die Hobbys seiner Gäste sagt. Daraus ergibt sich dann meist schon der erste Gesprächsstoff. Ob man beim Vorstellen Titel erwähnen will, ist Auffassungssache. Die Ehefrauen von Professoren, Ärzten und anderen

Titelträgern werden heute nur noch schlicht mit dem Namen vorgestellt, außer wenn sie selbst einen Titel haben.

Bewirtung bei Tisch

Heute hat fast niemand mehr Hauspersonal. Das wissen die Gäste, und sie nehmen deshalb auch in Kauf, daß die Bedienung nicht so perfekt wie im Restaurant ist.

Je nach Menü und Art der Einladung gibt es für den Gastgeber verschiedene Möglichkeiten, die Bewirtung zu gestalten. Immer nützlich sind bestimmte Hilfsmittel wie ein Servierwagen, mit dem man Gerichte auftragen und wieder abräumen kann, verschiedene Beistelltische, auf denen Platten, Schüsseln und so weiter bereitgestellt werden, oder Warmhalteplatten, auf denen auch schon Teller vorgewärmt und später Speisen abgestellt werden können.

Was nun das eigentliche Servieren angeht, so sollte unter denen, die dem Gastgeber dabei helfen wollen, wieder im voraus ausgemacht werden, wer welche Aufgabe übernimmt, beispielsweise das Anrichten in der Küche, das Auftragen, das Vorlegen, das Abräumen und nicht zuletzt das Nachfüllen der Getränke. Wie man Wein richtig kredenzt und welche Gläser man benötigt, ist auf Seite 450 nachzulesen.

Doch wie geht man nun am Tisch vor? Bei ungezwungenen Einladungen stellt man die Platten auf den Tisch, und die Gastgeberin legt die Speisen auf die Teller. Diese werden mit Hilfe der Gäste verteilt. Man kann aber auch Platten und Schüsseln mit Vorlegebesteck herumreichen, und jeder bedient sich.

Bei Menüs, die mehrere Gänge umfassen, bewährt sich Tellerservice. Alles wird in der Küche schön angerichtet und den Gästen der Reihe nach vorgesetzt. Nach Knigge serviert man zuerst den Damen dem Alter nach und dann den Herren ebenfalls in der Reihenfolge nach Alter. Neu ist die Auffassung, man solle zuerst die Herren bedienen, damit die Damen garantiert warmes Essen bekommen.

Handelt es sich um ein ganz formelles Essen und ist man auch dann nicht in der glücklichen Situation, einen geschulten Kellner zu haben, muß man dem Hilfspersonal beibringen, wie serviert wird: Man präsentiert jedem Gast die Platte von links, damit er sich selbst auflegen kann. Der Service beginnt bei den Ehrengästen, genauer bei der Dame, die rechts neben dem Hausherrn sitzt; dazu siehe auch Seite 21. Anschließend werden alle Damen bedient. Dann beginnt man bei dem Herrn rechts neben der Gastgeberin und fährt bei den übrigen Herren fort. Die Platte wird hinausgetragen und für den zweiten Service neu angerichtet.

Das Personal kann man auch beauftragen, von der Platte gleich auf die Teller aufzulegen und die Teller dann in derselben Reihenfolge wie oben beschrieben vor die Gäste zu stellen.

Wenn die Teller ausgewechselt werden müssen, stellt man sich hinter den Gast, nimmt den Teller mit der linken Hand weg und ersetzt ihn von rechts durch einen sauberen Teller.

Die Teller werden übrigens stets mit den Resten eingesammelt und erst in der Küche davon befreit. Geschirr sollte während des Essens immer unauffällig und ruhig abgeräumt und hinausgetragen werden.

Wirkliche Feinschmecker rauchen nicht im Verlauf der Mahlzeit. Wenn die Gäste es aber trotzdem tun, plaziert man Aschenbecher ganz in ihrer Nähe und wechselt sie häufig gegen saubere aus.

Wird nach dem Essen Kaffee gereicht, läuft alles am elegantesten ab, wenn man ihn in einem zweiten Raum bereitstellen kann. Dann kann ein hilfreicher Geist in aller Ruhe den Eßtisch abräumen, ohne zu stören. Geht das nicht, muß man nur das Nötigste hinaustragen, bevor man den Kaffee serviert. Ein allzu gut aufgeräumter Tisch mahnt zum Aufbruch.

Ungemütlich wird es auch, wenn die Gastgeberin in der Küche verschwindet, um abzuwaschen, und man dazu möglicherweise noch die Geräusche hört. Wenn man Gäste zum Essen einlädt, muß man in Kauf nehmen, daß es nachher noch Arbeit gibt.

Anders ist es bei ganz ungezwungenen Einladungen oder Festchen. Dann helfen alle spontan mit, es geht lustig zu, und die Gäste freuen sich, wenn sie den Gastgebern behilflich sein können. Dies gilt auch, wenn Jugendliche ihre Freunde einladen; von ihnen darf man erwarten, daß sie mithelfen.

Servierprobleme gibt es kaum, wenn man den Gästen ein warmes oder kaltes Buffet anbietet. Jeder bedient sich selber; allenfalls stellt sich der Gastgeber hinter das Buffet und legt den Gästen auf, beispielsweise bei warmen Gerichten, größeren Braten und so weiter.

Das Gästebuch

Dem einen macht es Spaß, sich mit einem lustigen Spruch, einem Kompliment oder einer Zeichnung in einem Album zu verewigen. Andere wiederum mögen es gar nicht und fühlen sich überrumpelt, wenn sie dazu aufgefordert werden, weil ihnen im Moment gar nichts Witziges oder Tiefsinniges einfällt. Für die Gastgeber ist ein solches Buch voller Erinnerungen an schöne Feste auf jeden Fall etwas Kostbares. Jeder freut sich ganz besonders, wenn er gelegentlich auch den Eintrag und die Unterschrift einer prominenten Persönlichkeit darin vorzeigen kann.

Das Gästebuch sollte man erst herumreichen, wenn die Stimmung auf dem Höhepunkt ist. Wenn man merkt, daß es bei einigen auf Ablehnung stößt, sollte man sie nicht drängen, sondern lieber auf einen Eintrag verzichten. Man kann jedoch den Gästen die Aufgabe erleichtern, indem man die Seite bereits mit einer Überschrift oder Illustration versieht. Dann fühlt sich kein Gast verpflichtet, etwas Geistreiches oder Originelles hineinschreiben zu müssen. Im schlimmsten Fall genügt eine Unterschrift.

Das Fest geht zu Ende

Wenn der Abend zur Neige geht und man mit leichtem Unbehagen an das Aufstehen am nächsten Tag denkt, wäre es an der Zeit, daß sich die Gäste auf den Heimweg machten. Jedes Fest sollte eben aufhören, wenn es am schönsten ist. So bleibt die Erinnerung an die Einladung positiv, und man bereut auch am nächsten Morgen nichts, wenn man im normalen Rahmen gefeiert hat.

Es gibt aber Unentwegte, die bis in die Morgenstunden hinein feiern können, ohne müde zu werden, Gäste, denen erst im nachhinein bewußt wird, daß sie das Fest zu lange ausgedehnt und die ihnen gewährte Gastfreundschaft etwas strapaziert haben. Für die Gastgeber ist es oft schwierig, den Schlußpunkt zu setzen. Man will doch nicht einfach seine Gäste hinauskomplimentieren. Bei guten Bekannten jedoch kann man es sich bestimmt erlauben, auf den nächsten Morgen hinzuweisen, besonders wenn es sich um einen Werktag handelt, an dem nicht ausgeschlafen werden kann. Bei solchen Andeutungen wird auch dem hartnäckigsten Gast einfallen, daß es für ihn an der Zeit ist, sich langsam zurückzuziehen.

Bei einer größeren Party verabschieden sich die Gäste meist gruppenweise. Zuerst gehen diejenigen weg, die einen zwingenden Grund haben: Sie müssen früh aufstehen, verreisen, erwarten Besuch am nächsten Tag und so weiter. Etwas später gehen dann die Gäste, die Rücksicht auf die Gastgeber nehmen wollen und es auch nicht gewohnt sind, allzu lange aufzubleiben. Zuletzt bleiben manchmal einige sitzen, die einfach weiterfeiern wollen oder die zum engeren Bekanntenkreis gehören. Oft sind gerade diese späten Stunden die nettesten. Es entwickeln sich interessante Gespräche, durch das Zusammenrücken und die aufgelockerte Stimmung, die die Zungen löst, kommt man sich näher.

Kluge Gastgeber haben für solche Verlängerungen einer Einladung noch eine kleine Stärkung bereit. Vielleicht ein Süppchen, das man nur noch aufkochen muß und ganz unkompliziert in Tassen servieren kann, oder einen schon vorbereiteten pikanten Kuchen oder einen kleinen Snack, der zu einem letzten Glas Wein paßt. Im Rezeptteil dieses Buches sind viele Anregungen für solche Happen zu finden.

Nach so einem Imbiß merken meist auch die ausdauerndsten Gäste, daß die Party eigentlich zu Ende ist. Wenn jedoch mit diesen Hilfsmitteln immer noch keine Wirkung erzielt wird, kann man diskret einen Schlummertrunk anbieten, ein letztes Bier oder einen Kräutertee für die Damen, der, wie man beiläufig erwähnen kann, einen guten Schlaf schenkt (S. 471). Eine kleine Aufmerksamkeit – etwa ein Blumensträußchen – für die weiblichen Gäste macht sich zusätzlich gut als Schlußpunkt eines Festes (siehe oben).

Besondere Speisen richtig serviert

	Vorbereiten und Servieren
Artischocken	Nur der Boden und der untere Teil der Blätter sind eßbar. Vor dem Kochen den Stiel herausziehen oder möglichst kurz abschneiden. Die Artischocke oben um ein Drittel stutzen; alle Schnittflächen mit Zitronensaft bestreichen. In Salzwasser gar kochen (30–40 Minuten). Die Artischocken gut abgetropft ganz servieren. Fingerschale (heißes Wasser mit einem Stück Zitrone) auf den Tisch stellen. Man zupft die Blätter aus, tunkt sie in eine Sauce und saugt sie aus. Wenn alle Blätter entfernt sind, wird das „Heu" ausgezupft und der Boden mit Messer und Gabel gegessen.
Austern	Die Auster zum Öffnen mit der flachen Schale nach oben zwischen ein gefaltetes Küchentuch legen. Den oberen Teil des Tuches zurückschlagen und die Auster mit der linken Hand festhalten. Die Spitze des Austernmessers in die kleine Öffnung im Gelenk stechen und die Schale durch Drehen des Messers aufbrechen. Den Muskel durchtrennen; die obere Schale entfernen. Die Auster mit dem Messer aus der Schale lösen. Darauf achten, daß keine Flüssigkeit verschüttet wird. Die geöffneten Austern auf zerstoßenem Eis mit Zitronenstücken servieren. Man führt die Auster mit der Austerngabel (S. 27) zum Mund und trinkt das Austernwasser aus der Schale. Nach Belieben wird die Auster vor dem Verzehr mit einigen Tropfen Zitronensaft beträufelt. Dünngeschnittenes Graham- oder Roggenbrot mit Butter schmeckt am besten dazu.
Avocados	Unmittelbar vor dem Servieren längs halbieren, den Stein entfernen und die Schnittflächen mit Zitronensaft beträufeln. Die Avocados nicht zu kalt auf den Tisch bringen. Nach Belieben mit wenig Pfeffer bestreuen, mit etwas Zitronensaft begießen und auslöffeln.
Froschschenkel	Meist werden sie gebraten, im Teig gebacken oder in einer Sauce serviert. Froschschenkel werden aus der Hand gegessen; man knabbert das Fleisch von den Knöchelchen ab. Mit Fingerschale (heißes Wasser mit einem Stück Zitrone) servieren.
Hummer und Langusten	Sie müssen schnell und fachgerecht getötet werden, indem man sie lebend in sprudelnd kochendes Wasser wirft oder ihnen einen Schlag auf den Kopf gibt. Man kocht sie zugedeckt 5–10 Minuten, halbiert sie vom Rücken her zum Schwanzende hin und knickt die Scheren (beim Hummer) und die Beine an. Magen (kleiner Sack beim Kopf), Gallensack und Darm (beides am Schwanzende) werden entfernt. Das Hummerbesteck besteht aus Hummerzange und langer Hummergabel (S. 27); die Scheren werden meistens in der Küche so angeknackt, daß der Gast nur noch die Gabel braucht. Das Hummerfleisch wird mit der normalen Eßgabel aus dem Panzer geholt und mit dem Fischmesser geschnitten. Wer mag, löffelt den Rogen und das Meergrün aus. Zum Schluß holt man mit der Hummergabel das Fleisch aus den Scheren und den Beinen. Langusten werden genauso gegessen; sie haben keine Scheren, sondern lange, kräftige Fühler. Mit Fingerschale (heißes Wasser mit einem Stück Zitrone) servieren.
Kaviar	Echter Kaviar ist als Konserve oder Halbkonserve in verschiedenen Qualitäten erhältlich: Beluga (Korngröße 1–2 mm); Ossietr (Korngröße um 1 mm); Sevruga (Korngröße unter 1 mm). Kaviar muß im Kühlschrank bei 1–2 °C gelagert werden. Die Dose oder das Glas öffnen, eventuell in eine Schale umfüllen und auf Eis servieren. Nach Belieben Zitronenstücke dazu reichen. Mit Toast und Butter servieren; manche mögen auch Kartoffeln in der Schale dazu. Nach russischer Art trinkt man zum Kaviar russischen Tee und eisgekühlten Wodka.

Krebse	Krebse werden lebend gekauft und einzeln mit dem Kopf voran in einen sprudelnd kochenden Sud gegeben, damit sie sofort getötet werden. Man bringt sie frisch abgekocht in der Schale auf den Tisch oder schält sie in der Küche und serviert sie in Sauce. Frischgekochte Krebse im Sud auf den Tisch bringen. Der Gast entfernt zuerst den Kopf, öffnet dann den Panzer auf der Bauchseite und zieht den Körper heraus. Kenner saugen Panzer und Kopf zuletzt aus. Die Scheren werden mit der Krebszange (wie Hummerzange) aufgeknackt, und das Fleisch wird mit der Krebsgabel (wie Hummergabel) herausgeholt. Die Beine werden angeknackt, und das Fleisch wird ebenfalls mit der Krebsgabel herausgezogen. Mit Fingerschale (heißes Wasser mit einem Stück Zitrone) servieren.
Krevetten, Krabben, Garnelen	Meist tiefgekühlt ohne Kopf im Angebot; kleine Krevetten sind bereits gekocht und geschält erhältlich. Man kann sie im Sud gar kochen (5–10 Minuten) oder größere auch schonend grillen. Frischgekocht mit Zitronenhälften und eventuell mit Mayonnaise servieren. Bei kleinen Krabben mit der einen Hand den Kopf festhalten, mit der anderen den Körper geradebiegen, dann etwas drehen und aus der Schale ziehen. Bei größeren Garnelen oder Krevetten zuerst den Kopf entfernen, die Schale am Bauch seitlich lösen und das Fleisch sorgfältig herausziehen. Mit Fingerschale (heißes Wasser mit einem Stück Zitrone) servieren.
Muscheln	Frische Muscheln bürstet man unter fließendem kaltem Wasser und zupft den Bart heraus. Anschließend werden sie in einem Sud kurz aufgekocht, bis sich die Schalen öffnen. Muscheln, deren Schalen sich nicht öffnen oder die unansehnlich sind, wirft man am besten weg (siehe auch S. 356/357). Man richtet die Muscheln in vorgewärmten Suppentellern an und begießt sie mit etwas Sud. Der Gast löst die Muscheln entweder mit einer leeren Schale oder einer Gabel und führt sie zum Mund. Der Sud wird ausgelöffelt.
Räucherlachs	Die Lachsseite auf einem Lachsbrett (im Fachhandel erhältlich) fixieren. Die Räucherhaut dünn abschneiden und aus dem Lachsfleisch herausragende Gräten mit einer Flachzange oder Pinzette herausziehen. Mit einem langen, dünnen Messer (Tranchelard oder Lachsmesser genannt) vom Schwanzende her etwa 2 mm dünne Scheiben schräg nach hinten schneiden, bis man auf die Haut kommt. Man kann auch das Elektromesser verwenden.
Scampi	Scampi müssen frisch sein; sie werden kalt abgespült, im Sud knapp gar gekocht oder je nach Rezept in rohem Zustand geschält und zubereitet. Im Sud gekochte Scampi noch lauwarm auf den Tisch bringen. Durch leichte Drehung den Kopf entfernen; den Panzer auf der Bauchseite seitlich mit den Fingern oder dem Fischbesteck öffnen und das Fleisch herausziehen. Mit Fingerschale (heißes Wasser mit einem Stück Zitrone) servieren.
Schnecken	Schnecken in speziellen Schneckenpfännchen erhitzen, bis die Kräuterbutter leicht blubbert. Man kann auch ein Kuchenblech mit Salz bestreuen und die Schnecken darauf heiß machen. Schneckenhäuser mit der Schneckenzange (S. 27) anfassen und die Schnecke mit der Schneckengabel (S. 27) herausziehen. In einen Dessertlöffel legen, mit der Butter aus dem Schneckenhäuschen begießen.
Spargel	Großzügig vom Kopf zum Stangenende hin schälen und im Sud 35–45 Minuten kochen (siehe auch S. 122). In der Regel wird Spargel aus der Hand gegessen: Die Spargelstange am Ende anfassen, den Kopf in die Sauce tauchen und den Spargel zum Mund führen. Man kann mit der Gabel nachhelfen. Mit Fingerschale (heißes Wasser mit einem Stück Zitrone) servieren.

Pikante Happen zum Cocktail und Aperitif

Zur Cocktailparty lädt man meist eine größere Gästezahl ein. Man serviert Drinks und reicht pikante Happen dazu. Für die Gäste ist es sehr angenehm, wenn alles auf Tabletts herumgereicht wird. Wenn dies nicht möglich ist, stellt man Essen und Getränke auf ein improvisiertes Buffet (Seite 29) oder auf Tischchen und andere Abstellflächen, die im Raum gut verteilt sind.

Bei solchen Anlässen wie auch zum Aperitif sind kleine knusprige Überraschungen eine willkommene Abwechslung zu den obligatorischen Kartoffelchips und Nüssen. Hat man genügend Zeit zur Verfügung, bereitet man kleine hübsche Snacks zu. Muß es dagegen rasch gehen, kann man aus gekauftem Blätterteig und wenig Zutaten gesalzenes Gebäck im voraus machen. Unmittelbar vor dem Eintreffen der Gäste wird es schnell erhitzt, denn frisch aus dem Backofen schmeckt es doppelt so gut. Da die kleinen Gebäckstücke reißenden Absatz finden, muß eine ausreichende Menge vorhanden sein. Sie müssen auch mundgerecht geformt sein. Die Gäste halten ja in der einen Hand ein Glas, die Damen haben meist eine Handtasche; daher sind kleine, feste Happen, die man bequem zum Mund führen kann, am besten geeignet. Besonders ärgerlich sind Canapés und andere Kleinigkeiten, die auseinanderfallen und möglicherweise Fettflecken auf den Kleidern hinterlassen.

Und noch ein Rat: Der Aperitif sollte nicht zu lange dauern. Stehen macht müde, und außerdem mag nicht jeder vor dem Essen viel trinken. Unter Aperitif versteht man alles, was den Appetit anregt. Wird dieser Auftakt zu lange ausgedehnt, vergeht der Hunger, und eine gewisse Unlust kommt auf.

Beim Aperitif im kleinen Kreis ist es einfacher. Die Gäste nehmen ihn sitzend ein, und man kann, falls erforderlich, kleine Teller und Gabeln, beispielsweise für gefüllte Pastetchen, bereitstellen. Ein solcher reichhaltiger Aperitif kann die Vorspeise ersetzen, besonders wenn es sich um eine weniger formelle Einladung handelt oder wenn der Gast nachher am Tisch selbst kocht (Seite 240–249).

Kleine pikante Überraschungen als Appetitanreger vor dem Essen oder als Begleitung zu Cocktails und Longdrinks

Rezeptvorschläge

Boquerones

Für 8 Personen
Arbeitsaufwand 20 Min.
188 kJ = 45 kcal/Portion
Man kann auch andere sehr kleine Fische auf diese Art zubereiten

250 g sehr frische Sardellen, 1/8 l Weißweinessig
Salz, Pfeffer, 2–3 Knoblauchzehen, 2 Eßl. gehackte Petersilie

- Sardellenköpfe entfernen. Fische aufschneiden und ausnehmen. Mittelgräte entfernen, Schwanz daran lassen. Waschen und trockentupfen. Mit dem Essig begießen. Über Nacht kalt stellen.
- Essig abgießen, Fische in kleinen Schüsseln verteilen und mit Salz, Pfeffer, Petersilie und durchgepreßtem Knoblauch bestreuen.

Ausgebackenes

Arbeitsaufwand 10 Min.

Bierteig: 150 g Mehl, wenig Salz, 1/4 l abgestandenes Bier, 2 Eier, 1 Eiweiß
Fritierteig: 180 g Mehl, 1 Teel. Salz, 1/4 l Weißwein, 1 Eiweiß

- Jeweils alle Zutaten außer dem Eiweiß zu einem glatten Teig verrühren. 2–3 Stunden stehenlassen. Kurz vor dem Gebrauch das steifgeschlagene Eiweiß darunterziehen.

Fritto misto

- Kleine Stücke Fleisch, Fisch, Gemüse und Früchte durch Bierteig ziehen und fritieren. Hartes Gemüse wie Blumenkohl vorkochen.

Sardellenküchlein

- Je eine gefüllte Olive mit einem Sardellenfilet umwickeln, in Fritierteig tauchen und fritieren.

Melonenfritters

- Kleine Stücke geschälter Melone mit Rohschinken umwickeln, in Fritierteig tauchen und fritieren.

Camemberthappen

- Weiße Rinde entfernen, Käse in kleine Würfel schneiden, durch Fritierteig ziehen und fritieren.

Salzmandeln

- Geschälte Mandeln gelb und knusprig fritieren. Auf Küchenpapier legen und mit feinem Salz bestreuen.

Knusperli nach Fischerart

- Schmale Streifen Fischfilet mit Zitronensaft beträufeln, mit Salz, Salbei und Pfeffer würzen. Eine Stunde kühl stellen. In Mehl wenden. Goldgelb fritieren.

Gebackene Tintenfische

- Tintenfische putzen und in 3 cm breite Ringe schneiden. Mit Zitronensaft beträufeln, mit Salz und Pfeffer bestreuen. 2 Stunden zugedeckt kalt stellen. Abtropfen lassen, durch Fritierteig ziehen und fritieren.

Gebackene Muscheln

- Miesmuscheln vorbereiten. Durch 2 mit einem Eßlöffel Milch verquirlte Eier ziehen, in Mehl wenden, panieren und fritieren. Mit Zitrone servieren.

TIP Die Happen auf Zahnstochern lauwarm servieren.

Salbeiblätter, in Hefeteig zu luftigen Küchlein gebacken

Salbeiküchlein

Gibt 20 Stück
Arbeitsaufwand 20 Min.
285 kJ = 69 kcal/Stück

20 Salbeiblätter
200 g Mehl, 1 Prise Zucker, 1 Teel. Salz, 5 g Hefe
2 Eiweiß
¼ l Weiß- oder Apfelwein
Öl zum Ausbacken, nach Belieben Zucker zum Bestreuen

- Das Mehl in eine vorgewärmte Schüssel sieben. Eine Vertiefung anbringen. Die Hefe mit dem Zucker und einem Eßlöffel lauwarmem Wasser gut verrühren und hineingeben. 10 Minuten stehenlassen.
- Wein und Salz hineingeben; rasch zu einem leicht flüssigen Teig mischen. Notfalls Wein zufügen. Zugedeckt mindestens eine Stunde bei Zimmertemperatur (am besten vor der Heizung) stehenlassen.
- Dann die steifgeschlagenen Eiweiß sorgfältig darunterziehen.
- Die gewaschenen und auf Küchenpapier getrockneten Salbeiblätter beim Stiel anfassen, durch den Teig ziehen und 1–2 Minuten bei 180 °C im Öl ausbacken.
- Sofort servieren.

Auch Pfefferminzblätter kann man auf diese Art backen

Blätterteigkrapfen

Gibt 16 Stück
Vorbereitung 25 Min.
Backzeit 15 Min.
841 kJ = 201 kcal/Stück

Weitere Füllungen: 1) 200 g Rahmquark, 150 g in Streifen geschnittener Schinken, 50 g gehackter Speck, 2 Eßl. gehackter Schnittlauch, 2 Teel. Senf. 2) 120 g Roquefort, 2 Eßl. Rahmquark, 1 Eßl. Rahm, 1 Ei, 50 g Walnußkerne (Baumnußkerne), schwarzer Pfeffer aus der Mühle. 3) 40 g Butter, 1 Eigelb, 2 kleine Dosen Sardellenfilets, 1 Eßl. Tomatenpüree

500 g Blätterteig
1 geräucherte Schweinswurst (etwa 300 g)
1 Ei
5 Eßl. Weißwein, 1 Eßl. Dijonsenf

- Die Wurst etwa 10 Minuten in schwach kochendem Wasser ziehen lassen. Herausnehmen, mit einer Gabel vorsichtig einstechen und den Saft in einer Schüssel auffangen.
- Die Wurst etwas abkühlen lassen. Die Haut abziehen und die Wurst in etwa 1 cm dicke Scheiben schneiden.
- Weißwein, Senf und Wurstsaft gut mischen. Die Wurstscheiben eine Stunde im Kühlschrank darin marinieren.
- Den Blätterteig 3 mm dick ausrollen. Kreise mit 8 cm Durchmesser ausstechen und die Hälfte mit Wurst belegen.
- Teigränder mit Eiweiß bestreichen, restliche Teigkreise darauf legen und gut andrücken. Mit Eigelb bestreichen, auf ein kalt abgespültes Backblech legen und bei 200 °C 15 Minuten backen.

Schinkenhörnchen

Gibt 24 Stück
Vorbereitung 15 Min.
Backzeit 15 Min.
417 kJ = 100 kcal/Stück

500 g Blätterteig
150 g Schinken
50 g Butter, 1 Eigelb
1 Teel. Dijonsenf, 1 Eßl. gehackter Estragon, Salz, Pfeffer

- Den Schinken hacken; mit Senf, Estragon und weichgerührter Butter mischen. Mit Pfeffer und Salz würzen.
- Teig 2 mm dick ausrollen; 10 × 12 × 12 cm große Dreiecke schneiden. Die kürzeste Seite mit einem Streifen Füllung belegen, die Ränder mit Wasser befeuchten, den Teig von der kürzesten Seite aus einrollen und zu Hörnchen formen. Mit Eigelb bestreichen.
- Bei 200 °C 15 Minuten backen. Die Backofentür in den letzten 5 Minuten einen Spaltbreit offen lassen.

Vom Umgang mit Blätterteig

Es lohnt sich kaum, selbst Blätterteig zu machen, denn der gekaufte ist von guter Qualität. Er ist leicht zu verarbeiten, wenn man ein paar Regeln beachtet:

Vor dem Ausrollen kühl aufbewahren und auch vor dem Backen 10–15 Minuten kalt stellen. Teigreste nicht zusammenkneten, sondern übereinanderlegen und wieder ausrollen. Immer mit einem scharfen Messer schneiden, damit die Ränder nicht zusammengedrückt werden; die Ränder nicht mit Ei bestreichen, damit die Teiglagen nicht verkleben, sonst geht das Gebäck nicht auf.

Blätterteiggebäck kann man gut einfrieren. Die Stücke werden auf fester Unterlage einzeln vorgefroren, dann in Behälter gefüllt. Vor dem Servieren schiebt man sie gefroren in den Backofen und backt sie 5–10 Minuten bei 200 °C auf.

Gefülltes Blätterteiggebäck, das warm gegessen wird, kann man im voraus backen. Vor dem Servieren wird es bei 150 °C kurz erwärmt.

Blätterteiggebäck

Blätterteigkonfekt

● Blätterteig 2 mm dick ausrollen. Halbmonde, Sterne und so weiter ausstechen, mit Eigelb bestreichen und mit Sesamsamen, Mohn oder Parmesan und Kümmel bestreuen. Bei 220 °C 10 Minuten backen.

Prussiens
Anleitung S. 47

● Blätterteig, wie gegenüber gezeigt, ausrollen, formen und bei 180 °C 15–20 Minuten backen.

Windrädchen

● Blätterteig 2 mm dick ausrollen. In 5 × 5 cm große Quadrate schneiden. Alle Ecken 2 cm einschneiden.
● Mit Eigelb bepinseln. Die Ecken so zur Mitte legen, daß Windrädchen entstehen. Nochmals mit Eigelb bepinseln. Mit geriebenem Käse bestreuen. Bei 200 °C 15 Minuten backen.
● In die Mitte jeweils eine halbe gefüllte Olive stecken.

Krawättchen

● Blätterteig 2 mm dick ausrollen. 13 cm lange und 1 cm breite Streifen schneiden. Mit Eigelb bestreichen und mit Reibkäse bestreuen. Beide Enden zur Mitte legen und andrücken. Oben mit Eigelb bestreichen und mit Mandelsplittern bestreuen. Bei 200 °C 10–15 Minuten backen.

Käsespiralen

● Blätterteig 2 mm dick ausrollen. 1 cm breite und 12 cm lange Streifen schneiden. Mit gesalzenem und gepfeffertem Eigelb bestreichen und mit geriebenem Käse bestreuen. Spiralen formen. Bei 200 °C 15 Minuten backen.

Camembertstengel mit Kümmel

● Blätterteigabfälle übereinanderlegen und 3 mm dick rechteckig ausrollen. 100–200 g Camembert mit 4 Eßlöffel Rahm und einem Ei vermischen. Die Hälfte des Teigs mit der Käsemasse bestreichen; mit Kümmel bestreuen. Den Teigrand befeuchten, die andere Hälfte überschlagen und am Rand andrücken. Auf ein kalt abgespültes Blech legen. Eigelb mit einigen Tropfen Öl verquirlen; den Teig damit bepinseln. Das Rechteck in 1,5 cm breite Streifen schneiden, diese aber beieinander lassen. Bei 200 °C 15 Minuten backen. Die erkalteten Streifen trennen.

Miniaturpastetchen

● Blätterteig 5 mm dick ausrollen. Kreise mit 4 cm Durchmesser ausstechen. In der Mitte einen kleineren Kreis als Deckel markieren. Mit Eigelb bestreichen. Bei 180 °C 10 Minuten backen. Die Pastetchen noch 5 Minuten im ausgeschalteten Backofen lassen. Nach dem Erkalten füllen. Einige Vorschläge:
Halbierte Krevetten mit Mayonnaise, Ketchup und Cognac; Gänselebermousse mit steifgeschlagenem Rahm, Schnittlauch, Salz und Pfeffer; Mayonnaise mit Zitronensaft, feingeriebenem Apfel, Currypulver, Cognac und steifgeschlagenem Rahm.

Blätterteigtäschchen

● Blätterteig ausrollen. 5 × 7 cm große Rechtecke schneiden oder Kreise ausstechen. Die Ränder befeuchten. Jedes Teigstück zur Hälfte mit Füllung belegen, die andere Hälfte überschlagen und den Rand andrücken. Eigelb mit einigen Tropfen Öl verquirlen; die Taschen damit bestreichen. Bei 200 °C 15 Minuten backen.

Prussiens – schnelle Aperitifhappen

Etwas Knuspriges zu einem Glas Wein bringt die Gäste in gute Stimmung. Hausgemachtes schmeckt meist besser und zeigt auch, daß man sich besondere Mühe gegeben hat. Man braucht deshalb nicht lange in der Küche zu stehen. Den Blätterteig kann man fertig kaufen, und die wenigen Zutaten, die es dazu braucht, hat man bestimmt im Kühlschrank. Im Handumdrehen entstehen diese hübschen Prussiens, die frisch gebacken am besten schmecken.

1. Den Blätterteig 4 cm dick zu einem 15 cm breiten Rechteck ausrollen

2. Eigelb mit Salz und Pfeffer verquirlen. Teig damit bepinseln und mit Reibkäse bestreuen

3. Die Teigplatte von beiden Längsseiten her zur Mitte hin gleichmäßig einrollen

4. Die Rolle etwas plattdrücken und mit dem Messer in 1 cm dicke Scheiben schneiden

5. Mit 2 cm Abstand aufs Blech setzen, etwas plattdrücken und wieder mit wenig Käse bestreuen

Am besten schmecken die Prussiens frisch aus dem Backofen

Hackfleischfüllung Hackfleisch mit feingehackter Zwiebel, Majoran, Rosmarin, Salz und Pfeffer in wenig Öl andünsten. Mit einem Teelöffel Mehl bestäuben, mit Rotwein löschen und die Flüssigkeit einkochen lassen.
Sardellenfüllung Pro Tasche eine feingehackte Sardelle und 3 gehackte grüne Oliven mit etwas Ketchup mischen.
Salbeifüllung Je ein Stückchen Greyerzer, Speck und ein kleines Salbeiblatt oder eine Prise Salbeipulver hineingeben.
Käsefüllung Teig mit Senf bestreichen. Geriebenen Greyerzer, mit Eigelb und Rahm verrührt, darauf geben.
Quarkfüllung Rahmquark schaumig rühren; mit Kräutern, Paprika, Salz und Pfeffer würzen. Nach Belieben kleingehackte Fleisch- oder Schinkenreste oder grobgehackte Walnüsse darunterziehen.
Fleischfüllung Feingehackte Sardelle, Braten- und Schinkenreste sowie Petersilie mit durchgepreßtem Knoblauch, etwas Olivenöl und schwarzem Pfeffer gut mischen.

Fleischweggen am Meter

Gibt 20 Stück
Vorbereitung 35 Min.
Backzeit 20 Min.
443 kJ = 106 kcal/Stück

300 g Blätterteig, 1 Teel. Mehl
1 rohe Bratwurst, 150 g gehacktes Schweinefleisch
1 Eßl. Butter, 2 Eier
1 Bund Petersilie, ½ Zwiebel
je 1 Prise Majoran, Koriander, Salz, Pfeffer

- Die ausgedrückte Bratwurst mit dem Schweinefleisch, einem verquirlten Ei, Mehl und Gewürzen mischen.
- Zwiebel und Petersilie fein hacken; in der Butter kurz dünsten. Abkühlen lassen; zur Fleischmasse geben.
- Den Teig 2 mm dünn ausrollen. 4 etwa 40 cm lange und 10 cm breite Streifen ausrädeln.
- Das Brät zu fingerdicken Rollen formen; so auf die Mitte der Teigstreifen legen, daß beidseitig etwa 1 cm frei bleibt. Einen Streifenrand mit verquirltem Eiweiß bestreichen und die Ränder gut verschließen. Die Teigrollen auf ein gebuttertes Blech legen. Mehrmals mit einer Gabel einstechen, mit Eigelb bestreichen und 20 Minuten bei 220 °C goldgelb backen.
- Lauwarm servieren; am Tisch aufschneiden.

Speckstangen am Meter

Gibt 30 Stück
Vorbereitung 30 Min.
Backzeit 40–45 Min.
598 kJ = 143 kcal/Stück

500 g Mehl, 1 Teel. Backpulver, 1 Teel. Salz
2 Eßl. Butter, ¼ l Milch, 1 Ei, 1 Eigelb
250 g Speck

- Den grobgehackten Speck in einer Bratpfanne auslassen und die Grieben abkühlen lassen.

● Das Mehl mit dem Backpulver sieben; mit Grieben, Salz und der weichen Butter zerreiben. Das verquirlte Ei und so viel Milch beifügen, daß ein Teig entsteht.
● Diesen auf einem gebutterten Backblech so ausrollen, daß eine etwa 1 cm hohe Teigplatte entsteht. 3 cm breite Streifen markieren und die ganze Teigfläche mit Eigelb bestreichen.
● Bei 180 °C 40–45 Minuten backen. Nach dem Auskühlen in Streifen, dann in 2 cm lange Stücke schneiden.

Schinkenstrudel

Gibt 20 Stück
Vorbereitung 35 Min.
Backzeit 30 Min.
436 kJ = 104 kcal/Stück

350 g Mehl, 1 Prise Salz
1 Ei, 1 Eßl. Butter, 2 Eßl. Rahmquark, etwas Rahm
200 g gehackter Schinken
2 Teel. Senf, 1 Eßl. gehackter Schnittlauch, Dill, Pfeffer

● ⅛ l handwarmes Wasser mit Ei, Salz und flüssig gemachter Butter verquirlen. Das Mehl zufügen. Kneten, bis der Teig nicht mehr klebt. Zugedeckt in einer gewärmten Schüssel eine Stunde bei Küchentemperatur ruhenlassen.
● In 4 Stücke teilen und dünn ausrollen. 15 cm breite und 40 cm lange Streifen ausrädeln.
● Schinken, mit Senf verrührten Quark und Schnittlauch mischen. Wenig Dill und Pfeffer zugeben.
● Teigstreifen bis 1 cm vom Rand mit Füllung belegen; längs zu 3 cm breiten Strudeln aufrollen.
● Bei 200 °C 30 Minuten backen. Dabei mit Rahm bestreichen. Lauwarm servieren; am Tisch schneiden.

Pissaladière

Zwiebelkuchen provenzalische Art – köstlich zum Aperitif.

Gibt 12 Stück
Vorbereitung 35 Min.
Backzeit 50 Min.
1176 kJ = 281 kcal/Stück

1 kg Zwiebeln, 2 Tomaten, 50 g schwarze Oliven
12 Sardellenfilets
4 Eßl. Olivenöl, 1 Teel. Essig
250 g Mehl, 1 Teel. Zucker, 1 Beutel Trockenhefe
2 Eßl. Butter, ⅛ l Rahm, 2 Eier
1 Lorbeerblatt, 1 Gewürznelke, ½ Teel. Pizzagewürz,
3 Teel. Salz, ½ Teel. grobgemahlener schwarzer Pfeffer

● Zwiebeln in Streifen schneiden; in je einem Eßlöffel Olivenöl und Butter 5 Minuten glasig dünsten. Essig, Lorbeerblatt, Gewürznelke und Pizzagewürz beifügen. Zudecken und 15 Minuten schmoren lassen. Nach und nach 4 Eßlöffel Wasser beifügen. 10 Minuten ohne Deckel weiterdünsten, bis alle Flüssigkeit verdampft ist. Mit einem Teelöffel Salz und dem Pfeffer würzen.

- Die Hefe mit dem Zucker und 3 Eßlöffel lauwarmem Wasser verrühren. 15 Minuten ruhenlassen.
- Mehl, restliches Salz, 5 Eßlöffel Wasser, Hefe und 3 Eßlöffel Olivenöl rasch zu einem glatten Teig kneten. Zu einer Kugel formen und zugedeckt bei Küchentemperatur 20 Minuten gehen lassen.
- Ein Backblech mit wenig Olivenöl bestreichen; mit dem ausgerollten Teig belegen, dabei einen Rand von 3 cm hochziehen. Teig mit einer Gabel mehrmals einstechen.
- Eier mit Rahm verquirlen. Mit den kalten Zwiebeln und 4 gehackten Sardellen mischen. Auf dem Teig verteilen.
- Tomaten in kochendes Wasser tauchen, schälen, halbieren, entkernen und in Würfel schneiden. Mit Salz und Pfeffer würzen; häufchenweise auf die Zwiebeln geben.
- Restliche Sardellenfilets und Oliven dekorativ auf der Füllung anordnen. Einen Eßlöffel Butter in Flocken darüber verteilen. 50 Minuten bei 220 °C backen. Warm servieren.

Nach dem klassischen Rezept aus Nizza wird der Kuchen ohne Eierguß zubereitet, ist aber weniger saftig

Bruschetta

Gibt 40 Stück
Vorbereitung 20 Min.
Backzeit 30 Min.
486 kJ = 116 kcal/Stück

1 kg Mehl, 1 Eßl. Salz
75 g Hefe
4 Eßl. Olivenöl
6 gehackte Salbeiblätter

Bruschetta – Hefeteiggebäck aus Italien zum Aperitif

- Die Hefe mit ⅛ l Wasser verrühren. So viel Mehl zugeben, bis ein Vorteig entsteht. 10 Minuten an einem warmen Ort (maximal 35 °) gehen lassen.
- Vorteig auf dem mit Mehl bestreuten Tisch leicht flach klopfen. Restliches Mehl mit etwa ¼ l Wasser und Salz in die Mitte geben. Alles gut kneten. Teig mehrmals auf den Tisch schlagen. 4 Stunden gehen lassen.
- Teig 1 cm dick ausrollen. Auf ein mit Öl und Salz bestrichenes Blech legen. Alle 6 cm eine Vertiefung eindrücken. Wenig Salz, Salbei und Öl darüber geben.
- Bei 280 °C 30 Minuten goldgelb backen.

500 g Zwiebeln in feine Streifen schneiden, in kaltem Wasser einweichen, gut abtropfen lassen, in Öl glasig dünsten, salzen, auf den Fladen verteilen und mit Olivenöl beträufeln

Gougère

Ein pikanter Käsekranz aus Burgund.

Gibt 16 Stück
Vorbereitung 20 Min.
Backzeit 25 Min.
663 kJ = 159 kcal/Stück
Foto S. 42

80 g Butter, 180 g Greyerzer oder Emmentaler, 4 Eier
200 g Mehl, ½ Teel. Backpulver, ½ Teel. Salz

- Aus ¼ l Wasser und allen Zutaten außer Käse einen Brandteig (S. 269) machen. 15 Minuten ruhenlassen.
- Die Hälfte des Käses reiben und unter den Teig ziehen. In eine bemehlte Ringform mit 32 cm Durchmesser füllen und aufs Backblech stürzen. Restlichen Käse in kleine Würfel schneiden und in den Teigring stecken.
- Im vorgeheizten Backofen bei 190 °C 25 Minuten goldbraun backen. Sofort heiß servieren.

Aus dem gleichen Teig kleine Stäbchen mit dem Spritzbeutel auf ein Backblech drücken und goldgelb backen

Canapés

Tatarbrötchen

- Tatarfleisch mit Eigelb, Senf, Ketchup, Mayonnaise, Tabasco, Cognac, gehacktem Sardellenfilet, Salz, Pfeffer und feingehackter Zwiebel gut verrühren. Auf gebuttertes Toastbrot streichen; mit Kapern und Zwiebelringen garnieren.

Roquefortcanapés

- 2 Teile Roquefort mit einem Teil Butter und wenig Armagnac zu einer streichfähigen Masse verarbeiten. Auf dünne, gebutterte Roggen- oder Vollkornbrotscheiben streichen und mit gerösteten Mandeln, Oliven oder Paprikawürfelchen garnieren.

Minicanapés

- Weißbrotscheiben mit Butter bestreichen, belegen, in kleine dreieckige Canapés schneiden und garnieren. Vorschlag: Camembert oder Brie mit gehackten Nüssen; Räucherlachs mit Zwiebelringen und Kapern; Salami mit gefüllten Oliven; Schinken mit Ei und Radieschenscheiben; Selleriesalat mit roten Kirschen; Rohschinken mit Melonenkugeln; Zunge mit Paprikaschoten; Quark mit Kräutern; Emmentaler mit Salzgurkenscheiben.

Das gemütliche Essen mit guten Freunden

Es gibt verschiedene Gründe, warum man Gäste zum Abendessen einlädt. Manchmal möchte man mit ihnen zusammen ein exquisites Essen genießen oder gar zelebrieren, und hier sollte eben das Essen, von angeregten Gesprächen begleitet, den Mittelpunkt des Abends darstellen. Manchmal wiederum ist die Einladung eine gesellschaftliche Pflicht, die absolviert werden muß. Sehr oft hat man dagegen einfach Lust auf einen gemütlichen Abend mit Freunden, und weil Essen und Trinken nun mal zur Gemütlichkeit beitragen, lädt man zu einem ungezwungenen Schmaus ein, der weder den Geldbeutel der Gastgeber zu stark belastet noch übermäßig viel Zeit kostet.

Dieser Spielart der Abendgesellschaft ist das nachfolgende Kapitel gewidmet, also Gerichten, die entweder vorbereitet werden können oder während des Aperitifs brutzeln und die Gastgeber nicht in Anspruch nehmen. Der Tisch wird einfach und vielleicht ein wenig bunt gedeckt, und als Getränk serviert man einen Landwein in rustikalen Gläsern. Am besten erwähnt man schon bei der Einladung, daß es ganz zwanglos zugehen soll; man gibt noch einen kleinen Hinweis darauf, welche Kleidung erwartet wird, zum Beispiel, daß die Herren auch ohne Krawatte willkommen sind. Dann wissen auch die Damen, woran sie sind.

Die Menüs, die an solchen Abenden im Kreis guter Freunde serviert werden, dürfen ruhig etwas bodenständig sein. Es ist ja kein Geheimnis, daß gute Rezepte aus Großmutters Küche besonders geschätzt werden – und nicht zuletzt von ganz verwöhnten Gästen.

Eine deftige Schweinshaxe in Rotweinsauce (Seite 61) für den ungezwungenen Abend mit Freunden

Menüvorschläge

Menü I

Fleischbrühe
mit Mark S. 353

*

Fleischtopf
auf besondere Art S. 62

*

Rhabarberstrudel S. 156

Menü II

Eier im Töpfchen
mit Kräutern S. 57

*

Schwäbische
Maultaschen S. 64
Gemischter Salat

*

Äpfel in Weinsauce S. 67

Menü III

Spinatsalat
mit Knoblauchbrot S. 56

*

Lammragout
Auckland S. 60

*

Apfelkuchen
nach irischer Art S. 68

Menü IV

Eier verano bonito S. 57

*

Kalbsbrust
nach Großmutterart S. 60
Kartoffelpfannkuchen S. 66
Grüne Bohnen

*

Erdbeeren
in Cognacsauce S. 67

Menü V

Kleiner Muschelgratin
mit Safran S. 55

*

Warme Kohlterrine S. 63
Salzkartoffeln

*

Apfelmus
nach Großmutterart S. 68

Menü VI

Brokkolisuppe S. 58

*

Schweinshaxe
in Rotweinsauce S. 61
Hausgemachte
Nudeln S. 83

*

Quarkpudding
mit Erdbeeren S. 155

Menü VII

Stielmangold
mit Rahm S. 55

*

Kalbsroulade
mit Kräutern S. 58

*

Birnenjalousien S. 68

Kleiner Muschelgratin mit Safran

Für 4 Personen
Vorbereitung 30 Min.
Koch- und Backzeit 15 Min.
1109 kJ = 265 kcal/Portion

2 kg Miesmuscheln (Moules)
3 Schalotten
2 Eigelb, ⅛ l Rahm
¼ l Weißwein, 3 Eßl. trockener Wermut
½ Lorbeerblatt, 5 Pfefferkörner, 1 Prise Safran, 1 Knoblauchzehe,
¼ Teel. Dillspitzen, Salz, Pfeffer

- Die Muscheln putzen und den Bart entfernen.
- Mit Weißwein, gehackten Schalotten, Lorbeerblatt, Pfefferkörnern und Knoblauchzehe aufkochen, bis sich die Schalen öffnen.
- Den Sud durch ein Sieb in ein Pfännchen gießen und zusammen mit dem Wermut auf die Hälfte einkochen.
- Unterdessen die Eigelb mit dem Rahm und einer Prise Salz im Wasserbad zu einer sämigen Creme schlagen.
- Die Muscheln aus den Schalen lösen und in flache, mit wenig Butter bestrichene Portionsförmchen oder in eine Auflaufform geben.
- Den eingekochten Sud mit der Eicreme mischen und unter kräftigem Rühren im Wasserbad nochmals erwärmen. Mit Dill, Safran, Salz und Pfeffer abschmecken.
- Die Sauce über die Muscheln verteilen. Kurz überbacken.

Zum Muschelgratin eine Rahmsauce mit Safran

Stielmangold mit Rahm

Für 4 Personen
Vorbereitung 15 Min.
Kochzeit 20 Min.
627 kJ = 150 kcal/Portion

1 kg Stielmangold (Krautstiele)
1 Eßl. Zitronensaft
⅛ l Rahm
Salz, Pfeffer, Muskat

- Stielmangold putzen (Blätter und braune Ränder entfernen), längs halbieren und in 2 cm lange Stücke schneiden.
- In wenig Salzwasser mit Zitronensaft weich kochen.
- Unterdessen den Rahm auf die Hälfte einkochen und mit wenig Salz, Pfeffer und Muskat abschmecken.
- Den Stielmangold abgießen, gut abtropfen lassen und zum Rahm geben.
- In einer vorgewärmten Schüssel anrichten.

Spinatsalat mit Knoblauchbrot

Für 4 Personen
Arbeitsaufwand 20 Min.
1870 kJ = 447 kcal/Portion

250 g junger, zarter Blattspinat, 100 g frische Champignons
50 g dünngeschnittener Frühstücksspeck
50 g gesalzene Butter
5 Eßl. Olivenöl, 2 Eßl. Weinessig, 1 Eßl. Zitronensaft
1 Teel. Dijonsenf, 4 Knoblauchzehen, 1 Teel. Kräuter der Provence, ½ Teel. Paprika
Salz, Pfeffer aus der Mühle
4 etwa 2 cm dicke Scheiben Stangenweißbrot (Baguette) oder 4 kleine Brötchen

Statt Spinat andere Blattsalate wie Radicchio (Ciccorino) oder Endivie verwenden

- Den Spinat waschen und gut abtropfen lassen oder wie Salat schwenken.
- Den Speck in feine Streifen schneiden und in der Bratpfanne kurz anbraten.
- Die Champignons waschen, in Scheiben schneiden und sofort mit dem Zitronensaft mischen.
- Den Knoblauch durchpressen und mit der Butter vermischen.

Spinatsalat mit Champignons, dazu pikantes Knoblauchbrot

Den Salat mit italienischer Kräutermischung würzen

- Olivenöl, Senf, Weinessig und Kräuter gut mischen. Mit Salz, Pfeffer und Paprika pikant würzen.
- Die Weißbrotscheiben oder Brötchen kreuzweise einschneiden und die Einschnitte dick mit Knoblauchbutter bestreichen. In den gut vorgeheizten Backofen (220 °C) geben und backen, bis die Butter schmilzt.
- Spinat und Champignons unter die Sauce ziehen und mit dem noch warmen Knoblauchbrot servieren.

TIP Wer auf Kalorien achten muß, kann Speck und Knoblauchbrot weglassen. Allerdings büßt das Gericht wesentlich an Geschmack ein!

Eier im Töpfchen mit Kräutern

Für 4 Personen
Vorbereitung 5 Min.
Kochzeit 6 Min.
798 kJ = 190 kcal/Portion

4 sehr frische Eier, 20 g Butter, 4 Eßl. Rahm
2 Eßl. feingehackte Kräuter (Schnittlauch, Estragon, Kerbel)
Salz, Pfeffer

Petersilie oder geriebenen Käse oder gehackten Schinken über die Eier streuen

- 4 kleine feuerfeste Förmchen gut ausbuttern.
- Die Eier sorgfältig aufschlagen und in die Förmchen geben. Mit Salz, Pfeffer und der Hälfte der Kräuter bestreuen. Den Rahm darüber verteilen.
- Die Förmchen in ein Wasserbad stellen und im Backofen bei 150 °C oder zugedeckt auf dem Herd etwa 6 Minuten ziehen lassen.
- Mit den restlichen Kräutern bestreuen und sofort servieren.

Eier verano bonito

Für 4 Personen
Arbeitsaufwand 20 Min.
1352 kJ = 323 kcal/Portion

4 frische Eier, 120 g Joghurt
100 g Mayonnaise, 2 Eßl. Ketchup, 1 Eßl. Sherry, 3 Spritzer Tabasco
1 mittelgroße Salzgurke, 50 g schwarze Oliven
100 g Kresse, 1 Kopfsalat
½ Teel. geriebene Orangenschale, 1 Teel. gehackte Petersilie,
1 Teel. gehackter Schnittlauch, 1 Eßl. gehackte gemischte Kräuter (Majoran, Basilikum, Thymian, Rosmarin), Salz, weißer Pfeffer

Kresse und Kopfsalat durch Feldsalat (Nüßlisalat) ersetzen

Die Sauce mit 3 Eßlöffel steifgeschlagenem Rahm verfeinern

- Die Eier in Salzwasser 8 Minuten kochen, mit kaltem Wasser abschrecken und schälen.
- Die Salzgurke fein hacken. Kresse und Salatblätter gut waschen und abtropfen lassen.
- Sherry, Mayonnaise, Ketchup, Joghurt und Orangenschale mit dem Schneebesen verrühren. Mit Salz, Pfeffer und Tabasco pikant würzen. Kräuter und Salzgurke darunterziehen.
- Portionsschalen mit Salatblättern und Kresse auslegen, die Eier darauf legen, mit der Sauce überziehen und mit den Oliven garnieren.

Brokkolisuppe

Für 4 Personen
Vorbereitung 20 Min.
Kochzeit 30 Min.
735 kJ = 175 kcal/Portion

750 g Brokkoli, 1 große Zwiebel
2 Eßl. Butterschmalz (Gourmetbutter), 4 Eßl. Sauerrahm
3/4 l Fleischbrühe
1/2 Lorbeerblatt, 1/2 Teel. Thymian, 1 Eßl. gehacktes Basilikum,
1 Eßl. gehackter Schnittlauch, Salz, Pfeffer

- Die Brokkoliröschen sorgfältig abschneiden. In wenig Fleischbrühe weich kochen und beiseite legen.
- Die Zwiebel hacken und in der Butter 2–3 Minuten dünsten.
- Den restlichen Brokkoli und die Zwiebel mit der Brühe und dem Lorbeerblatt 25 Minuten weich kochen.
- Das Lorbeerblatt entfernen und das Gemüse passieren.
- Das Püree aufkochen. Den Sud der Brokkoliröschen dazugießen. Mit Salz, Pfeffer, Thymian und Basilikum würzen. Sauerrahm und Brokkoliröschen zugeben und erhitzen, aber nicht kochen lassen.
- In Suppentassen anrichten und mit Schnittlauch bestreuen.

TIP Den Sauerrahm vor dem Beifügen mit einem Schneebesen verrühren; so bildet er keine Klümpchen.

Kalbsroulade mit Kräutern

Für 6 Personen
Vorbereitung 30 Min.
Bratzeit 90 Min.
1840 kJ = 439 kcal/Portion
Anleitung S. 59

1200 g Kalbsbrust ohne Bein, 200 g Bauernbratwurstmasse
1 große Zwiebel, 1 Karotte, 1 kleines Stück Sellerieknolle
2 Eßl. Rahm, 2 Eßl. Butterschmalz (Gourmetbutter)
1/8 l Weißwein
1/4 l klare Bratensauce oder Kalbsfond (S. 482)
1 Kräuterstrauß (Basilikum, Thymian, Petersilie),
3 Knoblauchzehen, Salz, Pfeffer

Anstelle von Kalbsbrust eignet sich auch entbeinte Lammschulter

- Zwiebel, Kräuter und 2 Knoblauchzehen fein hacken, zusammen mit dem Rahm zur Bratwurstmasse geben und gut vermischen.
- Die Kalbsbrust auf einem Stück Alufolie ausbreiten und beidseitig mit Salz und Pfeffer würzen. Die Kräutermasse darauf verteilen. Aufrollen und mit festem Küchenfaden zusammenbinden.
- Das Butterschmalz erhitzen. Das Fleisch auf allen Seiten gut anbraten und im vorgeheizten Backofen bei 190 °C schmoren.
- Die Karotte und das Selleriestück putzen, kleinschneiden und zum Fleisch geben. Kurz dünsten und mit dem Weißwein ablöschen.
- Das Fleisch von Zeit zu Zeit mit dem Bratensaft begießen.
- Nach 90 Minuten Bratzeit das Fleisch in Alufolie wickeln und im ausgeschalteten Backofen warm halten.
- Die klare Bratensauce in die Pfanne gießen und den Bratensatz gut lösen. Auf die Hälfte einkochen.
- Nach Bedarf nachwürzen und den inzwischen ausgetretenen Bratensaft zugeben.
- Das Fleisch aufschneiden und die Sauce separat servieren.

Eine Kalbsroulade füllen und binden

Dieser gefüllte Braten läßt sich gut vorbereiten. Das Fleisch wird vom Metzger so geschnitten, daß ein großes Rechteck entsteht. Alles andere ist im Nu gemacht, und auch Ungeübten bereitet die Arbeit keine Schwierigkeiten. Der Vorteil ist, daß man die Kalbsroulade fix und fertig einen Tag im Kühlschrank aufbewahren kann, bevor man sie schmort. Das Aroma der Kräuter kann sich dadurch sogar noch besser entfalten, und wenn die Gäste kommen, braucht man den Braten nur noch in den Backofen zu schieben. Man serviert die Roulade aufgeschnitten in Scheiben und reicht die Sauce separat dazu.

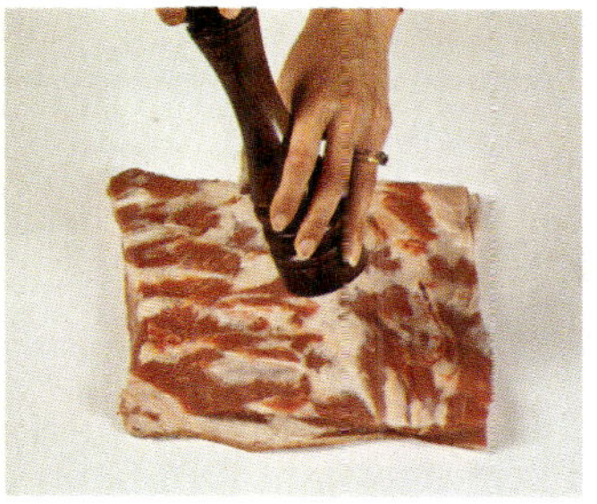

1. Die Kalbsbrust auf Alufolie ausbreiten und beidseitig mit Salz und Pfeffer bestreuen

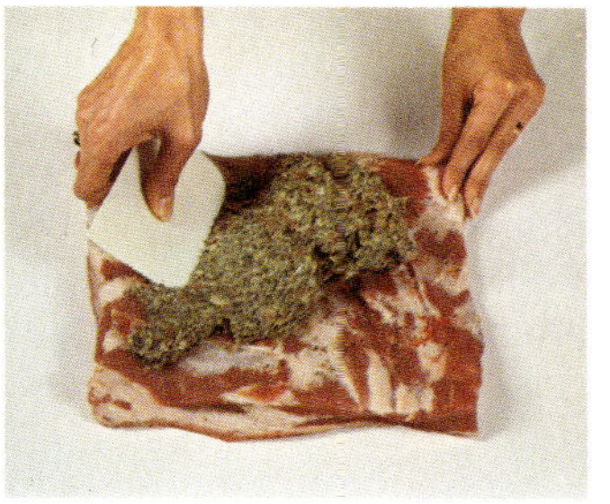

2. Die vorbereitete Kräutermasse gleichmäßig so verteilen, daß die Ränder frei bleiben

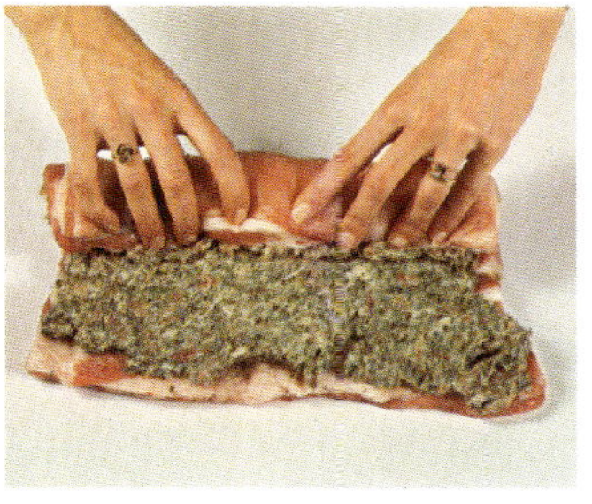

3. Das Fleischstück nun mit beiden Händen ohne Druck von unten nach oben aufrollen

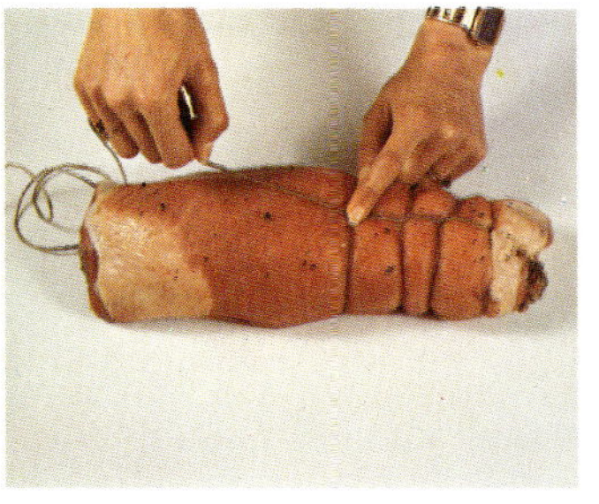

4. Mit festem Küchenfaden zusammenbinden; seitlich darf keine Füllung herausquellen

Die mit Kräutern, Zwiebeln und Bratwurstmasse gefüllte Kalbsroulade

Kalbsbrust nach Großmutterart

Für 4 Personen
Vorbereitung 15 Min.
Bratzeit 1 Std. 30 Min.
1590 kJ = 380 kcal/Portion

1 kg Kalbsbrust am Stück
2 Eßl. Butterschmalz (Gourmetbutter)
¼ l Weißwein
1 Zwiebel, 1 Karotte
½ Teel. edelsüßer Paprika, ½ Teel. Zitronenpfeffer, 1 Teel. Rosmarinnadeln, ¼ Teel. gerebelter Salbei, 1 Teel. Muskat, 1 Lorbeerblatt, 1 Nelke
Salz, Pfeffer aus der Mühle

- Den Backofen auf 240 °C vorheizen.
- Die Butter mit Paprika, Zitronenpfeffer, Rosmarin, Salbei und Muskatnuß gut mischen. Die Kalbsbrust damit gleichmäßig bestreichen.

Schweinehals kann auch auf diese Art zubereitet werden

- Die Kalbsbrust in einen nicht zu hohen Bräter oder eine Auflaufform geben und 20 Minuten anbraten. Wenden und mit Bratensaft begießen.
- Nach weiteren 15 Minuten die Temperatur auf 180 °C reduzieren. Die Zwiebel mit dem Lorbeerblatt und der Nelke spicken und mit der Karotte zum Braten legen. Das Fleisch beidseitig salzen.

Weißwein durch Apfelwein ersetzen

- Den Weißwein in einem kleinen Pfännchen erwärmen. Alle 5–10 Minuten einen Eßlöffel Wein zum Fleisch geben, die Kalbsbrust ab und zu wenden und eine Stunde auf diese Art weiterbraten. Dabei die Backofentür einen Spalt breit offen lassen, damit der Dampf abziehen kann. Das Fleisch muß saftig bleiben, zart werden, aber außen knusprig sein. Nach etwa anderthalb Stunden sollte dies erreicht sein.
- Das Fleisch aus dem Ofen nehmen. Den Bratensatz mit 2–3 Eßlöffel Wasser lösen und aufkochen. Nach Belieben nachwürzen. Den Bratensaft einkochen. (Wer viel Sauce möchte, kann den Bratensatz mit klarer Bratensauce aus Würfeln verlängern.)
- Die Kalbsbrust auf einem Brett servieren. In etwa 1 cm dicke Scheiben schneiden. Den Saft separat reichen. Dazu passen Kartoffelpfannkuchen, Pommes frites oder Kartoffelsalat.

Lammragout Auckland

Für 4 Personen
Vorbereitung 15 Min.
Kochzeit 55 Min.
1959 kJ = 468 kcal/Portion

600 g entbeinte Lammschulter oder -keule
2 Eßl. Butterschmalz (Gourmetbutter)
¼ l klare Bratensauce, 2 Eßl. Sojasauce
2 Zwiebeln, 6 geschälte Tomaten (aus der Dose), 150 g grüne Erbsen (tiefgekühlt oder aus der Dose)
20 g getrocknete Steinpilze, 1 Knoblauchzehe, 1 Teel. Rosmarinnadeln, Salz, Pfeffer

- Die Steinpilze 15 Minuten in ¼ l kaltem Wasser einweichen. Die Tomaten im Sieb abtropfen lassen. Die Zwiebeln hacken und die Tomaten halbieren.

Lammragout Auckland, ein rustikales Gericht, das auch aufgewärmt gut schmeckt

Anstelle von Steinpilzen Pfifferlinge (Eierschwämme) verwenden

- Das Fleisch in 3 cm große Würfel schneiden.
- Das Butterschmalz erhitzen und das Fleisch darin unter Wenden anbraten.
- Zwiebeln und halbierte Tomaten 5 Minuten mitdünsten.
- Steinpilze samt Einweichwasser, Sojasauce, durchgepreßten Knoblauch und Rosmarinnadeln beifügen. 50 Minuten zugedeckt auf kleinem Feuer kochen.
- Erbsen und klare Bratensauce darunterrühren (tiefgekühlte Erbsen 10 Minuten vor Ende der Kochzeit beifügen). Mit Salz und Pfeffer nachwürzen.

TIP Dieses Gericht läßt sich vorkochen und braucht nur kurz aufgewärmt zu werden, wenn die Gäste kommen. In einem rustikalen Ton- oder Keramiktopf sieht es sehr hübsch aus.

Schweinshaxe in Rotweinsauce

Für 4 Personen
Vorbereitung 25 Min.
Kochzeit 2 Std.
1770 kJ = 423 kcal/Portion

4 Portionen Schweinshaxe
1 Karotte, 1 Stück Sellerieknolle, 1 kleine Lauchstange, 1 Zwiebel, 2 Tomaten
2 Eßl. Butterschmalz (Gourmetbutter)
¼ l klare Bratensauce oder Kalbsfond (S. 482), ¼ l Fleischbrühe
¼ l Rotwein
2 Teel. gemischte Kräuter (Rosmarin, Thymian, Estragon),
1 Lorbeerblatt, 1 Gewürznelke, 3 Knoblauchzehen, Salz, Pfeffer

Wein in der Küche

Alle, die es schon versucht haben, wissen es: Wein verleiht selbst dem einfachsten Gericht ein besonderes Aroma. Allerdings kann Wein mit Korkgeschmack oder ein bereits zu Essig gewordener Rest eine Speise auch verderben. Das heißt nun sicher nicht, daß man den teuersten Burgunder für eine gute Sauce verwenden soll. Ein junger, körperreicher Wein eignet sich dafür am besten. Man findet auch in Literflaschen sehr gute Qualitäten.

Soll eine Sauce besonders delikat werden, lohnt es sich, gehaltvolle Weine mit einem ausgeprägten Bouquet auszuwählen. So wird ein Riesling, ein weißer Burgunder oder ein abgerundeter Frankenwein seinen typischen Geschmack an das Gericht weitergeben.

Beim Kochen mit Wein sollte man gewisse Grundregeln beachten. Der Wein darf dem Gericht nicht erst am Schluß beigefügt, sondern muß durch Einkochen etwas reduziert werden. Dabei verdunstet ein Teil des Alkohols, die Aromastoffe bleiben aber erhalten. Deftige Weinsaucen wie die zur Schweinshaxe (S. 61) dürfen auch ruhig aufgewärmt werden. Sie werden dadurch noch konzentrierter und kräftiger im Geschmack.

- Das Fleisch salzen, pfeffern und auf allen Seiten gut anbraten.
- Das geputzte und in kleine Stücke geschnittene Gemüse und die mit dem Lorbeerblatt und der Nelke gespickte Zwiebel zugeben und kurz mitdünsten. Mit dem Wein ablöschen.
- Die Tomaten kurz in kochendes Wasser tauchen, schälen und kleinschneiden. Mit den durchgepreßten Knoblauchzehen und den Kräutern zur Sauce geben. Etwas einkochen lassen.
- Das Fleisch etwa 2 Stunden schmoren bis es sehr weich ist. Von Zeit zu Zeit ein wenig Fleischbrühe nachgießen.
- Die Fleischstücke warm stellen, die Sauce mit der klaren Bratensauce verlängern und mit Salz und Pfeffer abschmecken.

Fleischtopf auf besondere Art

Für 6 Personen
Vorbereitung 45 Min.
Kochzeit 2 Std. 45 Min.
3157 kJ = 754 kcal/Portion

1200 g mageres Rindfleisch zum Sieden, 500 g Suppenknochen,
250 g Ochsenschwanz, 200 g gekochtes, gepökeltes Schweinefleisch
1 großer Kohl- oder Wirsingkopf, 2 Karotten, 2 Lauchstengel,
½ Sellerieknolle, 1 Zwiebel, 2 Petersilienzweige, 1 Eßl.
feingeschnittener Schnittlauch, 1 Eßl. gehackte Schalotten
1 Lorbeerblatt, 1 Nelke, 4 schwarze Pfefferkörner, Muskat
1 Eßl. Dijonsenf, 4 Eßl. Olivenöl, 1 Eßl. Weinessig
100 g grobes Salz, Salz
1 Glas Cornichons

- Die Suppenknochen mit dem Ochsenschwanz und 1 l Wasser 45 Minuten kochen (im Schnellkochtopf 15 Minuten).
- 1 l Wasser aufkochen, leicht salzen und die vom Strunk gelösten Kohlblätter darin ziehen lassen, bis sie weich werden. Abgießen.
- Das Schweinefleisch durch den Fleischwolf drehen. Mit der Hälfte des Senfs mischen. 2–3 Kohlblätter aufeinanderlegen, etwas Fleisch darauf geben und so einrollen, daß kleine Köpfe entstehen.
- Die Fleischbrühe durch ein Sieb gießen. 1 l Wasser zufügen, aufkochen und das Rindfleisch hineingeben. Salz, die ungeschälte, mit der Nelke und dem Lorbeerblatt gespickte Zwiebel, Pfefferkörner,

einen Petersilienzweig und etwas Muskat zufügen. 1½ Stunden kochen (im Schnellkochtopf 35 Minuten).
- Die Karotten schälen und halbieren. Den Lauch in Stücke schneiden. Die halbe Sellerieknolle schälen und in 6 Stücke teilen. Alle Gemüse in die Brühe geben und 30 Minuten ziehen lassen.
- Die kleinen gefüllten Kohlköpfe separat in wenig Fleischbrühe 30 Minuten weich dünsten.
- Olivenöl, Essig, den restlichen Senf, wenig Salz, Pfeffer, Schalotten und Kräuter zu einer pikanten Sauce vinaigrette mischen.
- Das Fleisch in Scheiben schneiden und auf einer vorgewärmten Platte anrichten. Mit dem Gemüse und den Kohlköpfchen garnieren. Dazu Sauce vinaigrette, grobes Salz oder Cornichons reichen.

Der Vinaigrette etwas durchgepreßten Knoblauch zufügen

Warme Kohlterrine

Für 6 Personen
Vorbereitung 35 Min.
Backzeit 90 Min.
2189 kJ = 523 kcal/Portion

350 g Bauernbratwurstbrät, 350 g gehacktes Kalbfleisch
1½ Eßl. Butter, 4 Eßl. Rahm, 3 Eßl. geriebener Käse, 5 Eier
3 Eßl. Mehl
1 Weißkohl, Wirsing oder Chinakohl (1 kg), 120 g gehackter Spinat (tiefgekühlt), 2 Schalotten
80 g Pimientos morrones (eingelegte rote spanische Paprikaschoten) oder geschälte rote Paprikaschoten
1 Lorbeerblatt, ½ Teel. Koriander, Thymian, 2 Knoblauchzehen, Salz, Pfeffer

Warme Kohlterrine mit Hackfleisch und hartgekochten Eiern

- Die Kohlblätter vom Strunk lösen, waschen und die Blattrippen wegschneiden. 10 Minuten in Salzwasser vorkochen, abgießen und auf saugfähiges Küchenpapier legen.
- 3 Eier in 5 Minuten weich kochen, nach dem Abschrecken und Erkalten sorgfältig schälen.
- Das Kalbfleisch in der Butter 5 Minuten leicht anbraten. Bratwurstbrät, feingehackte Schalotten, durchgepreßte Knoblauchzehen und Lorbeerblatt zugeben. 3–4 Minuten dünsten. Den Spinat beifügen und mit dem Mehl bestreuen. Gut mischen, von der Hitze nehmen und das Lorbeerblatt wieder entfernen.
- 2 Eier leicht verquirlen und mit Rahm und geriebenem Käse unter die Fleischmasse mischen. Mit Salz, Pfeffer, Thymian und Koriander würzen.
- Eine Kastenform (am besten beschichtet) von 20 cm Länge mit Kohlblättern dicht auslegen. Die Hälfte der Fleischmasse hineingeben. Die geschälten Eier mit den Paprikaschoten umwickeln und als Garnierung in die Mitte legen. Die restliche Fleischmasse darüber verteilen, mit Kohlblättern bedecken und alles gut andrücken.
- Mit Alufolie abdecken und 90 Minuten im Wasserbad garen (Kastenform in ein halbhoch mit Wasser gefülltes feuerfestes Gefäß stellen).
- In dicke Scheiben schneiden und heiß mit Bauernbrot, Nudeln oder Salzkartoffeln servieren. Nach Belieben eine rassige Tomatensauce dazu reichen.

Schwäbische Maultaschen

Für 6 Personen
Vorbereitung 45 Min.
Kochzeit 10 Min.
2320 kJ = 554 kcal/Portion

125 g gehacktes Schweinefleisch, 75 g gehacktes Rindfleisch,
75 g gekochtes, gepökeltes Schweinefleisch oder Bratenreste
350 g Mehl, 25 g Weißbrot oder ½ Brötchen
5 Eier, 70 g Butter
3 Zwiebeln, 125 g Spinat
1 Teel. Majoran, 1 Eßl. gehackter Schnittlauch, 1 Eßl. gehackte Petersilie
Salz, Pfeffer

- Das Mehl in eine große Schüssel sieben. Eine Vertiefung eindrücken, 3 Eier verquirlen und hineingeben. Mit Salz bestreuen. 5–6 Eßlöffel Wasser allmählich zufügen (der Teig soll nicht zu weich werden) und alles rasch zu einem glatten Teig verarbeiten. 2–3 Stunden kühl ruhen lassen.

Die Maultaschen mit Bratwurstbrät füllen

- Das Schweinefleisch oder die Bratenreste mit dem Wiegemesser fein schneiden. Brötchen oder Brot in heißem Wasser einweichen und auspressen.
- Eine Zwiebel fein hacken und in einem Eßlöffel Butter hell braten.
- Inzwischen den Spinat ohne Flüssigkeit leicht vordünsten, bis er zusammenfällt. Gut ausdrücken, zu den Zwiebeln geben und kurz mitbraten.
- Spinat und Zwiebeln mit dem Brot und dem feingeschnittenen Fleisch durch die feinste Lochscheibe des Fleischwolfs drehen.

Schwäbische Maultaschen, mit einer Zwiebelschwitze oder in der Brühe serviert

Gehacktes Schweine- und Rindfleisch, ein Ei und ein Eigelb sowie den Majoran dazugeben. Mit Salz und Pfeffer pikant abschmecken. Die Masse gründlich mischen.

- Zwei Zwiebeln in feine Streifen oder Ringe schneiden.
- Den Teig auf dem bemehlten Tisch möglichst dünn ausrollen und in Quadrate von 6 cm Seitenlänge schneiden. Die Ränder mit leicht verquirltem Eiweiß bestreichen, etwas Füllung in die Mitte geben und die Teigstücke zu Dreiecken zusammenklappen.
- 4 l Wasser aufkochen, salzen und die Maultaschen darin ziehen lassen, bis sie an die Oberfläche steigen und weichgekocht sind.
- Die restliche Butter erhitzen und die Zwiebelstreifen darin knusprig braten.
- Die Maultaschen abgießen, auf eine vorgewärmte Platte geben und die Zwiebelschwitze darauf verteilen. Mit Schnittlauch und Petersilie bestreuen.

Zur Abwechslung Tomatensauce dazu servieren
Die Maultaschen in hausgemachter Fleischbrühe servieren; die Zwiebelschwitze weglassen und die Vierecke etwas kleiner machen

TIP Maultaschen lassen sich gut einfrieren, daher lohnt es sich, die doppelte Menge zuzubereiten. Sie werden auf einem Backblech vorgefroren, dann in Beutel verpackt.

Kartoffelpfannkuchen

Für 4 Personen
Arbeitsaufwand 45 Min.
1365 kJ = 325 kcal/Portion

500 g Kartoffeln
3–4 Eßl. Mehl
etwa ¼ l Milch, 3 Eßl. Rahm oder Sauerrahm, 3 Eßl. Butterschmalz (Gourmetbutter), 4 Eier
Salz, Pfeffer, Muskatnuß

- Die Kartoffeln in der Schale weich kochen. Das Wasser abgießen, die Kartoffeln nochmals in den Topf geben und bei kleiner Hitze etwas verdampfen lassen. Warm schälen und passieren.
- Die Milch erhitzen, das Püree zugeben und gut mischen.
- Die Eier mit dem Rahm verquirlen. Mit dem erkalteten Püree und dem Mehl zu einem dickflüssigen Teig verarbeiten. Mit Salz, Pfeffer und Muskat abschmecken.
- In der Butter kleine Pfannkuchen backen.

Dem Teig etwas feingehackte Zwiebel oder in Würfel geschnittenen Magerspeck oder beides zufügen

TIP Diese Pfannkuchen können auch als Abendessen mit Salat serviert werden.

Äpfel mit süßer Füllung in einer Weißweinsauce

Äpfel in Weinsauce

Für 4 Personen
Vorbereitung 25 Min.
Backzeit 20–25 Min.
1441 kJ = 344 kcal/Portion

4 schöne Äpfel (feste Sorte)
1 Eßl. Butter, Butter für die Form
¼ l Weißwein
2 Eßl. Rosinen, 2 Eßl. Johannisbeergelee, 2 Eßl. Mandelstifte,
1 Teel. Vanilleextrakt
Weincreme
1 Orange (ungespritzt)
4 Eigelb
1 Eßl. Speisestärke, 3 Eßl. Zucker
⅛ l Sud der gekochten Äpfel

Schöne rote Äpfel ungeschält lassen

Die Äpfel mit Honig und gemahlenen Nüssen füllen
Apfelwein oder Apfelsaft statt Weißwein verwenden

Wenn es schnell gehen soll, die Vanillecreme durch eine Creme aus der Dose ersetzen

- Die Rosinen in kaltem Wasser einweichen. Die Äpfel schälen und das Kerngehäuse ausstechen; dabei darauf achten, daß die Äpfel auf der Unterseite nicht durchgestochen werden.
- Die Höhlungen mit den abgetropften Rosinen und dem Johannisbeergelee füllen. Die Äpfel ringsum mit Mandelstiften spicken.
- Die Äpfel in einer gebutterten Auflaufform anordnen. Mit Weißwein und Vanilleextrakt begießen.
- Im Backofen bei 200 °C weich dünsten (je nach Sorte 20–25 Minuten).
- Für die Weincreme Eigelb, Speisestärke, Orangenschale, Zucker und Apfelsud (aus der Auflaufform) im Wasserbad zu einer schaumigen Creme schlagen. Sobald die Creme am Schneebesen haften bleibt, vom Feuer ziehen, sonst gerinnt das Eigelb.
- Die Äpfel auf Desserttellern anrichten und die erkaltete Weincreme darüber geben.

Erdbeeren in Cognacsauce

Für 4 Personen
Arbeitsaufwand 20 Min.
2197 kJ = 525 kcal/Portion

500 g Erdbeeren, 1 Eßl. Zitronensaft
500 g Erdbeerrahmeis, ⅛ l Rahm
4 Eßl. Zucker, 4 Eßl. Cognac oder Weinbrand
Mandelsplitter zum Garnieren

Man kann auch andere oder tiefgekühlte Beeren verwenden

Vanillerahmeis paßt auch sehr gut

- Mandelsplitter in einer Bratpfanne ohne Fett hellgelb rösten.
- Große Dessertschalen vorkühlen.
- Erdbeeren waschen, gut abtropfen lassen und entstielen.
- 300 g davon mit Zucker, Cognac oder Weinbrand und Zitronensaft im Mixer pürieren.
- Rahm steif schlagen.
- Erdbeereis in 4 Portionen schneiden und in die Dessertschalen legen. Die restlichen Erdbeeren halbieren und darauf geben.
- Die Erdbeersauce darüber gießen. Mit Schlagrahm und mit den gerösteten Mandeln bestreuen.

TIP Wenn Kinder mitessen, ersetzt man den Cognac durch Fruchtnektar.

Birnenjalousien

Gibt 10 Stück
Vorbereitung 20 Min.
Backzeit 10 Min.
1686 kJ = 403 kcal/Stück

750 g Birnen (weiche Sorte), Saft von ½ Zitrone
500 g Blätterteig
130 g Zucker
100 g geriebene Mandeln
2 Eigelb, 150 g Rahmquark

Man kann auch Birnen aus der Dose verwenden

- Birnen schälen und halbieren. Kerngehäuse entfernen und Birnen in Stücke schneiden. Sofort mit Zitronensaft beträufeln.
- Den Blätterteig etwa 3 mm dick zu einem Rechteck ausrollen und in Stücke von 10 × 15 cm schneiden.
- Ein Backblech kalt abspülen und die Teigplätzchen darauf legen.
- In einer Schüssel die Eigelb mit 100 g Zucker schaumig schlagen. Rahmquark und Mandeln daruntermischen.
- Diese Masse so auf die Teigplätzchen streichen, daß ein Rand von 1,5 cm frei bleibt. Dicht mit Birnenstücken belegen und mit dem restlichen Zucker bestreuen.
- Im vorgeheizten Backofen bei 200 °C etwa 10 Minuten backen.

Apfelmus nach Großmutterart

Für 4 Personen
Arbeitsaufwand 10 Min.
1419 kJ = 339 kcal/Portion

1 kleine Dose Apfelmus
2 Eßl. grobgehackte Mandeln, 2 Eßl. grobgehackte Haselnüsse,
1 Eßl. Rosinen, 1 Eßl. Sultaninen
2 Eßl. Rum oder Cognac
4 Eßl. Zucker, 1 Teel. Zimt
⅛ l Rahm

- Die Rosinen und Sultaninen eine Stunde im Rum oder Cognac quellen lassen.
- Die Mandeln und die Haselnüsse in einer trockenen Bratpfanne hellgelb rösten.
- Den Zucker mit dem Zimt vermischen.
- Das Apfelmus mit Nüssen, Sultaninen und Rosinen bestreuen; mit Zimtzucker und kühlem, steifgeschlagenem Rahm servieren.

Apfelkuchen nach irischer Art

Gibt 12 Stück
Vorbereitung 30 Min.
Backzeit 20 Min.
928 kJ = 221 kcal/Stück

300 g tiefgekühlter Blätterteig
750 g Äpfel (weiche Sorte, z. B. Boskop)
2 Eßl. Butter, ⅛ l Rahm
80 g brauner Zucker, 1 Teel. Zimtpulver
2 Eßl. irischer Whiskey
weiße Bohnen zum Beschweren des Teigs

- Den Blätterteig so dünn wie möglich ausrollen. Eine Kuchenform mit 24 cm Durchmesser kalt ausspülen und mit dem Teig auslegen. Einen Rand hochziehen, der etwa 1 cm über den Rand der Form hinausragt. Den Teigboden sehr dicht mit einer Gabel einstechen. Mit Alufolie und weißen Bohnen belegen. 15 Minuten im vorgeheizten Backofen bei 200 °C blindbacken.
- Inzwischen die Äpfel schälen, entkernen und in nicht zu dünne Scheiben schneiden.
- Die Butter in einer großen Bratpfanne erhitzen. Die Äpfel zugeben und unter Wenden leicht anbraten.
- Mit Zucker und Zimt bestreuen. Leicht karamelisieren lassen.
- Mit Whiskey ablöschen. Zugedeckt einige Minuten dünsten, bis die Äpfel fast gar sind. Sie dürfen nicht zerfallen.
- Die Apfelschnitze auf dem vorgebackenen Teigboden anordnen. 5 Minuten vor dem Servieren in den auf 230 °C vorgeheizten Backofen schieben.
- Warm mit kühlem, leicht geschlagenem Rahm servieren.

Apfelkuchen nach irischer Art als Dessert oder zur Kaffeestunde

Wichtigen Besuch ohne Aufregung empfangen

Der eigene Chef, der des Ehepartners oder wichtige Geschäftsfreunde werden erwartet, und selbstverständlich sollen sie nach allen Regeln der Kunst verwöhnt werden. Oder andere hochgestellte Persönlichkeiten, denen man sich als Gastgeber von seiner besten Seite zeigen möchte, müssen empfangen und bewirtet werden. Bei solchen Gelegenheiten muß man sich ganz sicher fühlen. Alles soll möglichst perfekt sein und wie ein Uhrwerk ablaufen, ohne Hast und Aufregung – trotz eines anspruchsvollen Menüs und des wahrscheinlich fehlenden Servierpersonals.

Um diese Perfektion zu erreichen, gibt es einige Dinge, die unbedingt beachtet werden müssen. Vor allem sind die Vorbereitungen bei solchen Anlässen von höchster Wichtigkeit. Auch an das letzte und scheinbar unbedeutendste Detail muß schon im voraus gedacht werden. Das Menü wird so überlegt zusammengestellt, daß keine Probleme im letzten Augenblick entstehen können. An diesem Tag darf man kein Gericht kochen, das man nicht schon vorher einmal oder sogar mehrmals ausprobiert hat, denn die Ungewißheit, ob es nun auch gelingt, würde die Nerven zu stark strapazieren. Man macht am besten einen genauen Zeitplan, wie auf Seite 19 und 20 dieses Buches beschrieben. So kann es keine bösen Überraschungen geben.

Die Menüs im folgenden Kapitel bestehen aus drei Gängen, die vor dem Dessert noch mit einer Käseplatte erweitert werden können. Jeder Gang ist etwas Besonderes, ohne in der Zubereitung kompliziert zu sein. Die Blätterteighaube auf dem Consommé, die hübsch dekorierte Lachspastete oder die Krevetten in der aparten Kiwisauce sind Beispiele dafür, wie man mit einfachen Details eine große Wirkung erzielen kann.

Ein gediegener Rahmen, ein korrekt gedeckter Tisch – alles ist für den wichtigen Besuch bereit

Menüvorschläge

Menü I

Fischsuppe Marius S. 75

*

Hähnchen
Côte d'Azur S. 83
Trockenreis S. 431

*

Pfirsichmousse S. 88

Menü II

Gefüllte Artischocken S. 77

*

Lachspastete
mit Meerrettichsauce S. 78

*

Crêpes Suzette S. 258

Menü III

Meersüppchen S. 73

*

Kalbsbrust mit Kiwis S. 84
Kleine Maisfladen S. 87

*

Gefrorenes
Schokoladensoufflé S. 87

Menü IV

Gefüllte Forellen S. 76

*

Rinderfilet
belle parisienne S. 85
Gemüseplatte

*

Brombeerterrine
mit Vanillesauce S. 88

Menü V

Krevetten
in Kiwisauce S. 75

*

Hähnchenbrüste
Virginia S. 81
Hausgemachte
Nudeln S. 81

*

Fruchtsalat

Meersüppchen

Für 4 Personen
Vorbereitung 30 Min.
Kochzeit 60 Min.
1176 kJ = 281 kcal/Portion

200 g Crabmeat aus der Dose
500 g Rinderknochen, 300 g Ochsenschwanz
1 Karotte, 1 Lauchstange, 1 Selleriestange, 1 Zwiebel
250 g Stangenweißbrot (Baguette) oder Brötchen vom Vortag
1/8 l herber Sherry
2 Eigelb
1/2 Teel. Dillspitzen, 1 Prise Cayennepfeffer, Salz, Pfeffer

Crabmeat durch Scampi ersetzen und die angerichtete Suppe mit je einem ganzen Scampi garnieren

- Vom Brot die Kruste wegschneiden (für Paniermehl verwenden). Das Brot in kleine Stücke schneiden und in eine tiefe Schüssel legen.
- Knochen, Ochsenschwanz, halbierte Karotte, Lauch- und Selleriestange mit 1 l Wasser aufkochen und mehrmals abschäumen. Die ungeschälte Zwiebel halbieren und beifügen. Zugedeckt eine Stunde schwach kochen lassen.
- Das Crabmeat aus der Dose nehmen, gut abtropfen lassen, Knorpel entfernen und das Fleisch in Stücke schneiden. Die Hälfte davon mit 2–3 Eßlöffel Brühe im Mixer pürieren.

Meersüppchen mit Crabmeat – ein festlicher Auftakt

- 0,6 l Brühe über das Brot geben und 10 Minuten ziehen lassen.
- Das Brot mit der Brühe ebenfalls pürieren. Das Crabmeatmus zusammen mit dem pürierten Brot erwärmen.
- Die Eigelb mit dem Sherry schlagen und dazugeben. Unter Rühren erhitzen, aber nicht kochen lassen.
- Von der Herdplatte wegziehen. Die Crabmeatstücke zugeben und mit Salz, Pfeffer, Dill und Cayennepfeffer abschmecken. Die Suppe nochmals ganz kurz erhitzen, aber nicht kochen lassen, sonst zersetzt sich das Eigelb.
- In vorgewärmten Suppentassen anrichten und mit wenig Dill bestreuen.

TIP Die Suppe kann man einige Stunden im voraus zubereiten, man darf sie jedoch erst unmittelbar vor dem Essen mit Ei und Sherry binden.

Fischsuppe Marius mit einer Haube aus Blätterteig

Fischsuppe Marius

Für 6 Personen
Vorbereitung 40 Min.
Backzeit 10 Min.
1470 kJ = 350 kcal/Portion

500 g Miesmuscheln (notfalls aus der Dose), 200 g kleine Tintenfische, 500 g Seeteufel am Stück, 2 Sardellenfilets, 200 g Fischgräten
2 Zwiebeln, 1 Lauchstange
2 Eßl. Olivenöl
2–3 Fenchelsamen, 1 Teel. Kräuter der Provence, 1 Prise Safran, 1 Lorbeerblatt, 2 Knoblauchzehen, 1–2 kleine rote Pfefferschoten (scharfe), 1 Messerspitze Sambal Oelek, Salz, 4 ganze Pfefferkörner
1 Eigelb
400 g Blätterteig

- Die Muscheln sorgfältig putzen, den Bart entfernen und mit 1,5 l Wasser, Pfefferkörnern, Fischgräten, Salz und einer gehackten Zwiebel aufkochen, bis sie sich öffnen. Den Sud durch ein Sieb gießen, die Muscheln herausnehmen und die Schalen entfernen.
- Das Öl in einer großen Pfanne erhitzen und die gereinigten Tintenfische darin leicht anbraten (große zuerst in Ringe schneiden).
- Die zweite gehackte Zwiebel, den kleingeschnittenen Lauch und den in Stücke geschnittenen Seeteufel zufügen. 5 Minuten dünsten, dann mit dem Muschelsud ablöschen. Salz, Kräuter der Provence, Fenchel, Safran und Lorbeerblatt hineingeben. Auf kleinem Feuer 7–8 Minuten ziehen lassen.
- Die Pfefferschoten längs öffnen, von den Kernen befreien und in kleine Stücke schneiden. Zusammen mit den Sardellen und den Knoblauchzehen ganz fein hacken. In die Suppe geben und gut umrühren. Die Suppe nachwürzen und in 6 mittelgroße feuerfeste Suppentassen verteilen. Erkalten lassen.
- Den Blätterteig 2 mm dünn ausrollen. 6 Kreise etwa 4 cm größer als der Durchmesser der Suppentassen ausschneiden. Den äußeren Rand der Tassen mit Eigelb bestreichen. Die Teigkreise locker darüber legen und am Rand gut andrücken. Den Teig mit Eigelb bestreichen. Bei 220 °C 10–15 Minuten backen.
- Die Suppe sofort nach dem Backen servieren. Festlich sieht es aus, wenn man die Suppentassen auf mit Tortenpapier belegte Unterteller setzt.

Ohne Teigdeckel wird die Suppe zu einem Schlankheitsgericht

TIP Die Suppe läßt sich einige Stunden im voraus zubereiten und kühl aufbewahren. Den Blätterteig kann man ausrollen, ausschneiden und bis zum Backen in den Kühlschrank legen.

Krevetten in Kiwisauce

Für 4 Personen
Arbeitsaufwand 15 Min.
439 kJ = 105 kcal/Portion

3 Kiwis, 4 Eßl. feingehackte Petersilie, Kopfsalat- oder andere Salatblätter
300 g gekochte und geschälte Krevetten
2 Eßl. Speisequark
1 Teel. Dijonsenf
Salz, Pfeffer, 1 Prise Cayennepfeffer

● Die Kiwis sorgfältig schälen. 2 von ihnen kleinschneiden und im Mixer pürieren.
● Den Quark mit dem Senf gut verrühren und mit dem Kiwipüree mischen. Mit Salz, Pfeffer und Cayennepfeffer abschmecken.
● Die Petersilie darunterziehen.

Dieses Rezept läßt sich auch mit knapp gargekochtem Fisch zubereiten

● 4 Glasschalen mit Salatblättern auslegen. 2 Drittel der Krevetten darin verteilen. Mit der Sauce übergießen.
● Die dritte Kiwi in dünne Scheiben schneiden. Die Schalen mit den restlichen Krevetten und den Kiwischeiben garnieren.

TIP Die Quarksauce kann man ein paar Stunden im voraus zubereiten. Kiwis, die sehr viel Vitamin C enthalten, sollte man dagegen erst vor dem Gebrauch in Scheiben schneiden oder pürieren, damit der Vitamingehalt nicht abgebaut wird.

Gefüllte Forellen

Für 4 Personen
Vorbereitung 35 Min.
962 kJ = 230 kcal/Portion

4 frische Forellen zu je etwa 200 g, 200 g Forellenfilets
3/8 l Rahm, 1 Eiweiß
6 Eßl. herber Wermut
1 1/2 Eßl. frischer, gehackter Estragon, Salz, Pfeffer

Man kann auch Felchen oder Saiblinge auf diese Art zubereiten

● Die Forellen ausnehmen oder bereits ausgenommen kaufen. Alle Zutaten für die Füllung mindestens 1 Stunde im Kühlschrank gut vorkühlen; sie müssen unbedingt in sehr kaltem Zustand püriert werden, damit das empfindliche Eiweiß der Fische nicht ausflockt.
● Forellenfilets in kleine Stücke schneiden. Eventuell noch vorhandene Gräten entfernen. Mit 1/8 l Rahm, dem Eiweiß und 4 Eßlöffel herbem Wermut im Mixer pürieren. Die Masse mit Salz, Pfeffer und einem Eßlöffel Estragon abschmecken.
● Die Forellen leicht salzen und mit der Masse füllen. Bis zur Weiterverarbeitung in den Kühlschrank legen.
● Von einer Bratfolie in Schlauchform oder von Alufolie 2 Stücke etwa 25 cm länger als die Forellen abschneiden. Die Bratfolie an einem Ende schließen beziehungsweise aus der Alufolie eine offene Tasche bilden. Je 2 Forellen hineinlegen und mit je einem Eßlöffel Wermut begießen. Die Folien gut verschließen (Bratfolie mit einer feinen Nadel mehrmals anstechen). Die Pakete auf den kalten Rost des Backofens legen und in den auf 200 °C vorgeheizten Ofen schieben. 15 Minuten dünsten.
● Die Pakete aus dem Ofen nehmen und je ein Loch in die Oberseite der Folie schneiden. Den Kochsaft in ein Pfännchen abgießen. Den restlichen Estragon zugeben und die Flüssigkeit bis auf etwa 2 Eßlöffel einkochen lassen. Den restlichen Rahm zugeben und weiterkochen, bis die Sauce sämig wird. Nach Bedarf nachwürzen.
● Die Forellen aus der Folie nehmen und auf eine gut vorgewärmte Platte legen. Am Tisch häuten, auf Teller verteilen und die Sauce separat servieren.

TIP Die Forellen lassen sich einige Stunden im voraus füllen und, in Folie verpackt, bis zum Backen im Kühlschrank aufbewahren.

Artischocken mit einer pikanten Füllung aus Rohschinken

Gefüllte Artischocken

Für 4 Personen
Vorbereitung 30 Min.
Kochzeit 30–40 Min.
1519 kJ = 363 kcal/Portion

4 große Artischocken
½ Zitrone, 1 Eßl. gehackte Schalotten
150 g Rohschinken
2 Eßl. Rahm, 3 frische Eigelb, 80 g Tafelbutter
4 Eßl. Weißwein
Salz, Pfeffer aus der Mühle

- Das obere Drittel und den Stiel der Artischocken abschneiden. Die Schnittflächen sofort mit der halben Zitrone einreiben. Die Artischocken in schwach gesalzenem Wasser 30–40 Minuten kochen (im Dampfkochtopf 12 Minuten; Artischocken mit Wasser bedecken).
- Nach dem Erkalten die Blätter lösen und das Heu herauszupfen (S. 38).
- Die Artischockenböden in kleine, gut ausgebutterte feuerfeste Portionsförmchen legen.
- Den Rohschinken fein hacken. Das Artischockenfleisch mit einem Löffelrücken aus den abgezupften Blättern drücken und mit Rohschinken, Rahm und Pfeffer mischen.
- Den Weißwein mit den Schalotten und Pfeffer (etwa 4 Umdrehungen der Mühle) aufkochen, bis nur noch ungefähr ein Teelöffel Flüssigkeit vorhanden ist.

- Die Eigelb in eine kleine Schüssel geben und den eingekochten Weißwein durch ein Sieb dazugießen. Ein kleines Stück Butter zufügen und bei mittlerer Hitze so lange im Wasserbad schlagen, bis die Eier als Creme am Rührbesen hängenbleiben.
- Die Schüssel aus dem Wasserbad nehmen und die restliche Butter nach und nach flockenweise darunterrühren. Die Sauce mit Salz und Zitronensaft abschmecken.
- Die Rohschinkenmasse auf die Artischockenböden verteilen. Mit Alufolie bedeckt, in den heißen Backofen schieben und bei 240 °C 10 Minuten erwärmen. Herausnehmen, mit der Sauce überziehen und nochmals 1–2 Minuten überbacken.

TIP Schon mehrere Stunden im voraus kann man die Artischokken putzen und kochen und die Füllung zubereiten.

Lachspastete mit Meerrettichsauce

Für 4 Personen
Vorbereitung 35 Min.
Backzeit 45 Min.
4993 kJ = 1193 kcal/Portion
Anleitung S. 79

1 frischer Lachs (etwa 1200 g), 150 g Krevetten oder frische Krebse,
300 g Fischfleisch ohne Gräten (Hecht, Seeteufel, Seezunge usw.)
⅛ l Rahm, 2 Eier
1 Lattich oder Kopfsalat
2 Teel. frisch gehackter Dill, Salz, Pfeffer
500 g Blätterteig
Sauce
100 g Magerquark
4 Eßl. Mayonnaise, 1 Eßl. Ketchup
1 Tropfen Tabascosauce
1 Eßl. frisch geriebener Meerrettich
Salz, Pfeffer

- Den Lachs beim Fischhändler filetieren lassen. Die Gräten und den Kopf mitnehmen.
- Die Gräten und den Fischkopf im Dampfkochtopf mit ¼ l Wasser 50 Minuten kochen. Den Sud durch ein Sieb gießen und auf 2 Eßlöffel Flüssigkeit einkochen. Erkalten lassen und kühl stellen.
- Die Krevetten oder Krebse vorkochen und schälen.
- Alle Zutaten außer dem Salat kühl stellen.
- Die Salatblätter eine Minute in kochendes Wasser legen und gut abtropfen lassen.
- Fischfleisch, Rahm, Eiweiß und den erkalteten Fischsud in den Mixer geben und pürieren. Die Masse mit Salz, Pfeffer und Dill abschmecken.
- Die Krevetten oder Krebse halbieren und unter die Fischmasse mischen.
- Ein Stück Alufolie auf dem Tisch ausbreiten und die Hälfte der Salatblätter darauf legen.
- Die Lachsfilets mit Salz und Pfeffer bestreuen. Ein Lachsfilet auf die Salatblätter legen. Die vorbereitete Füllung darauf verteilen, dabei die Füllung vorn halbrund für den Kopf formen. Das zweite Filet darauf legen, mit den restlichen Salatblättern belegen und einwickeln.

Die Lachspastete – Schritt für Schritt

Ein spektakuläres Fischgericht, das viel komplizierter aussieht, als es in Wirklichkeit ist. Man muß sich allerdings genau an das Rezept halten, denn das gute Gelingen hängt von Einzelheiten ab.

Für die Zubereitung muß man sich etwas Zeit nehmen, aber es lohnt sich, denn die Gäste werden allein schon beim Anblick der Pastete begeistert sein. Außerdem hat sie den Vorteil, daß sie im voraus gemacht werden kann.

1. Die Gräten und den Kopf in ¼ l Wasser auskochen, den Sud durch ein Sieb abgießen und auf 2 Eßlöffel einkochen

2. Das Fischfleisch, den Rahm, das Eiweiß und den erkalteten Fischsud zusammen in den Mixer geben und pürieren

3. Die Masse gut würzen und die vorgekochten, geschälten und halbierten Krevetten oder Krebse daruntermischen

4. Die Hälfte der vorgekochten Salatblätter ausbreiten. Ein Filet darauf legen, dann die Füllung, dann das zweite Filet

5. Die restlichen vorgekochten Salatblätter auf das Lachsfilet legen und die Füllung mit den Filets gut einwickeln

6. Den Blätterteig ausrollen, in 2 Stücke teilen, das Fischpaket auf die eine Hälfte legen und die Fischform ausschneiden

7. Die zweite Teigplatte darauf legen, nochmals die Fischform ausschneiden und die Ränder fest andrücken

8. Den Fisch mit Teigresten dekorieren. Augen und Mund formen und mit einer Schere Schuppen markieren

- Den Blätterteig etwa 4 mm dick ausrollen und in 2 Stücke teilen. Das Fischpaket auf die eine Hälfte legen. Mit dem Teigrädchen die Fischform ausschneiden; dabei einen Rand von 2 bis 3 cm lassen.
- Die zweite Teigplatte darauf legen und ebenso in Fischform ausschneiden. Den unteren Teigrand mit Wasser bestreichen und die Ränder fest aufeinanderdrücken, damit beim Backen die Füllung nicht heraustreten kann.
- Den Fisch mit dem restlichen Teig dekorieren, beispielsweise Flossen anbringen und eine kleine Rosette als Auge aufsetzen. Nach Belieben auch den Mund formen. Die Schuppen können mit einem kleinen Teigausstecher oder mit einer Schere markiert werden, man muß dabei aber darauf achten, daß nur die Teigoberfläche eingeritzt wird.

Lachspastete mit Meerrettichsauce – köstlich im Geschmack und ein Fest fürs Auge

- Den Fisch mit Eigelb bestreichen und bei 220 °C 15 Minuten vorbacken.
- Dann die Hitze auf 200 °C reduzieren und in ungefähr 30 Minuten fertigbacken. Der Teig soll hellbraun werden.
- Alle Zutaten für die Meerrettichsauce gut miteinander verrühren.
- Die Fischpastete heiß auf einer langen Platte oder auf einem Holzbrett servieren und am Tisch in etwa 3 cm breite Scheiben schneiden (dies macht man am besten mit dem Brotmesser oder einem elektrischen Messer).
- Die Meerrettichsauce separat reichen.

TIP Einige Arbeiten kann man mehrere Stunden im voraus erledigen: den Fischsud zubereiten und einkochen; die Krevetten oder Krebse vorkochen und schälen; die Salatblätter blanchieren. 2 Stunden im voraus bereitet man die Füllung zu, füllt und dekoriert den Blätterteigfisch, der dann kühl gestellt wird. Man bestreicht ihn mit Eigelb erst unmittelbar vor dem Backen.
Die Meerrettichsauce läßt sich eine Stunde vor dem Essen bereiten; sie wird bis zum Essen im Kühlschrank aufbewahrt.

Hähnchenbrüste Virginia

Für 4 Personen
Vorbereitung 20 Min.
Bratzeit 15 Min.
2109 kJ = 504 kcal/Portion

8 Hähnchenbrüste ohne Haut und Knochen, 50 g geräucherte Rinderzunge
2½ Eßl. Butterschmalz (Gourmetbutter), ⅛ l Rahm, 50 g geriebener Greyerzer Käse
1 Teel. Mehl
1 Eßl. gehacktes frisches oder gerebeltes Basilikum, 2 Eßl. gehackte Petersilie
Salz, Pfeffer
⅛ l Madeira

Truthahnschnitzel lassen sich auf die gleiche Art zubereiten

- Die Hähnchenbrüste auf der dickeren Seite so einschneiden, daß eine kleine Tasche entsteht. (Tiefgekühlte Hähnchenbrüste mit Knochen muß man vorher auftauen lassen, die Haut abziehen, dann mit

Hausgemachte Nudeln

Wer seine Gäste besonders verwöhnen will, setzt ihnen hausgemachte Nudeln vor. Zugegeben, die Zubereitung erfordert einen größeren Arbeitsaufwand, aber das Ergebnis entschädigt für alle Mühe.

Das Grundrezept ist sehr einfach: Auf 500 g Mehl nimmt man fünf große Eier und etwas Salz. Das Mehl wird gesiebt, dann werden alle Zutaten zehn Minuten lang gut miteinander verknetet, bis ein gleichmäßiger Teig entsteht. Der Teig soll fest sein, aber nicht brüchig. Sollte er zu weich sein, kann man noch etwas Mehl zufügen. Bevor man ihn ausrollt, muß er 15–30 Minuten im Kühlschrank ruhen.

Das Ausrollen von Hand ist etwas mühsam, denn der Teig sollte so dünn wie möglich sein. Wenn man die Absicht hat, ab und zu hausgemachte Nudeln zu bereiten, ist der Kauf einer kleinen italienischen Nudelmaschine sehr zu empfehlen. Damit kann man den Teig mühelos ganz dünn auswalzen und anschließend die Nudeln in gewünschter Breite schneiden.

Die Nudeln werden bis zum Gebrauch auf ein bemehltes Tuch gelegt.

einem scharfen Messer die Rippen und Knochen ein wenig vom Fleisch lösen und herausziehen.) Basilikum und etwas Salz und Pfeffer hineingeben. Auch die Außenseite mit Salz und Pfeffer bestreuen.

- Die Hähnchenbrüste in 2 Eßlöffel Butter auf beiden Seiten je 5 Minuten auf kleinem Feuer braten.
- Den Madeira dazugießen, zudecken und 15 Minuten schmoren.
- Das Fleisch aus der Pfanne nehmen und in eine Auflaufform legen.
- Die Petersilie im Bratensatz leicht dünsten; mit dem Rahm ablöschen.
- Einen Teelöffel Butter mit einem Teelöffel Mehl zu einer Kugel verarbeiten, beifügen und auflösen. 2–3 Minuten sämig werden lassen und die Sauce über die Hähnchenbrüste gießen.
- Die Rinderzunge in Streifen schneiden und über das Fleisch verteilen. Mit dem geriebenen Käse bestreuen. Im vorgeheizten Backofen bei 190 °C Oberhitze 5 Minuten gratinieren, bis der Käse zerfließt.
- In der Form servieren. Nudeln passen gut dazu.

TIP Man kann das Gericht 2–3 Stunden im voraus zubereiten und in die Form füllen.

Hähnchen Côte d'Azur, mit den Kräutern der Mittelmeerländer gewürzt

Hähnchen Côte d'Azur

Für 4 Personen
Vorbereitung 20 Min.
Schmorzeit 45 Min.
Backzeit 15 Min.
2419 kJ = 578 kcal/Portion

2 kleine oder 1 großes Hähnchen (etwa 1600 g)
3 gehackte Zwiebeln, 2 große Tomaten, 1 kleine Dose Artischockenherzen
70 g schwarze Oliven
1 Knoblauchzehe, 1 Teel. Kräuter der Provence, 2 Lorbeerblätter,
1 Prise Safran
Salz, Pfeffer
1 Teel. Zucker
1 Eßl. Zitronensaft
2 Eßl. Olivenöl
1 Eßl. Tomatenpüree
1 Eßl. Butter
⅛ l Weißwein

- Die kleinen Hähnchen in je 4 Stücke, ein großes in 8 Stücke schneiden.

Geschälte Tomaten aus der Dose verwenden

- Die Tomaten kurz in kochendes Wasser tauchen, schälen und kleinschneiden. Die Oliven entsteinen und kleinschneiden.
- Die Hähnchenstücke im Olivenöl goldgelb anbraten. Mit Salz und Pfeffer würzen; die Zwiebeln und den durchgepreßten Knoblauch beifügen.
- 5 Minuten unter Wenden dünsten. Tomaten, Tomatenpüree, Kräuter der Provence, Lorbeerblätter, Safran und Oliven beifügen. Gut umrühren und mit dem Weißwein ablöschen. Den Saft aus der Artischockendose dazugießen und alles zugedeckt bei kleiner Hitze 30 Minuten schmoren lassen.
- Die Hähnchenstücke aus der Pfanne nehmen und die Sauce auf die Hälfte einkochen lassen.

Die Artischockenherzen durch Zucchinirädchen ersetzen

- Inzwischen die Artischockenherzen gut abtropfen lassen. In einem Eßlöffel Butter 5 Minuten dünsten.
- Die Tomatensauce mit Zitronensaft, Zucker, Salz und Pfeffer nachwürzen.
- Hähnchenstücke und Sauce in eine Auflaufform geben, Artischockenherzen und Oliven darüber verteilen. Bei etwa 220 °C Oberhitze 15 Minuten überbacken.
- In der Auflaufform servieren. Trockenreis oder Stangenweißbrot paßt gut dazu.

TIP Das Gericht kann man im voraus so weit vorbereiten, daß es nur noch knapp vor dem Essen überbacken werden muß.

Hähnchenbrüste – zart und preisgünstig

Aus diesen Hähnchenteilen lassen sich delikate Gerichte zubereiten. Vorausgesetzt natürlich, daß die Brüstchen zart sind. Will man sichergehen, kauft man am besten frisches Geflügelfleisch. Man kann die Brüste beim Händler abtrennen und entbeinen lassen; wenn nötig, nimmt man die restlichen Teile des Hähnchens mit nach Hause und verwendet sie für ein anderes Gericht oder friert sie ein. Es gibt auch tiefgekühlte Hähnchenbrüste, zum Teil bereits entbeint, sie sind aber nicht garantiert zart. Bevor man sie einem wichtigen Besuch vorsetzt, sollte man die Qualität im kleinen Kreis testen. Das läßt sich gut machen, weil ja das Fleisch preislich sehr günstig ist.

Kalbsbrust mit einer ungewöhnlichen Füllung aus Kiwis

Kalbsbrust mit Kiwis

Für 4 Personen
Vorbereitung 15 Min.
Bratzeit 1 Std. 30 Min.
1709 kJ = 408 kcal/Portion

800 g Kalbsbrust am Stück
2 Kiwis, 1 Zwiebel, ½ Lauchstengel, 1 Karotte, 1 kleines Stück Sellerieknolle
4 Eßl. Orangensaft, ½ Teel. geriebene Orangenschale
2 Knoblauchzehen, Muskatnuß, 1 Lorbeerblatt, 1 Nelke, Salz, Pfeffer
¼ l Weißwein, 3 Eßl. Cognac oder Weinbrand
2 Eßl. Butterschmalz (Gourmetbutter)

Den Braten mit Orangenscheiben füllen

- Vom Metzger eine Tasche in die Kalbsbrust schneiden lassen.
- Die Kiwis schälen und in Scheiben schneiden.
- Das Fleisch innen und außen mit Salz, Pfeffer und Muskatnuß einreiben. Die Tasche mit der Hälfte der Kiwischeiben füllen und mit Küchenfaden zunähen oder mit Zahnstochern verschließen.

● Das Fleisch von allen Seiten in einem Bräter in der Butter goldgelb anbraten. In den Backofen schieben und 20 Minuten bei 240 °C weiterbraten. Nun die mit Lorbeerblatt und Nelke gespickte Zwiebel, Karotte, Lauch und Sellerie zufügen und kurz anbraten. Den Weißwein zugeben und die Backofentemperatur auf 180 °C reduzieren. 70 Minuten weiterbraten; dabei von Zeit zu Zeit mit dem Bratensaft begießen. Die Ofentür einen Spaltbreit offen lassen.
● Das Fleisch aus dem Bräter nehmen und warm stellen. Orangensaft und -schale, durchgepreßten Knoblauch und einen Eßlöffel Cognac zufügen und den Bratensaft lösen. Etwas einkochen; notfalls einen Eßlöffel Wasser zufügen, wenn der Fond etwas sauer sein sollte.
● Die restlichen Kiwischeiben in 2 Eßlöffel Cognac in einem flachen Pfännchen nur kurz erwärmen, damit sie die schöne grüne Farbe behalten. Das Fleisch mit den Kiwischeiben garnieren und die Sauce separat servieren.

TIP Die Kalbsbrust kann man schon im voraus füllen und bis zum Braten kühl stellen.

Rinderfilet belle parisienne

Für 4 Personen
Vorbereitung 35 Min.
Backzeit 20 Min.
3076 kJ = 735 kcal/Portion

8 Rindermedaillons (Filets mignons) zu je 50 g, 40 g gehackter Schinken
1 Eßl. gehackte Zwiebel, 1 Teel. gehackte Schalotte, 1 geschälte Tomate, 100 g Champignons, nach Belieben 1 Eßl. gehackte Trüffel
2 Eßl. Butterschmalz (Gourmetbutter), 1 Eigelb
400 g Blätterteig
½ Teel. Thymian, ½ Mokkalöffel Zwiebelpulver, Salz, Pfeffer
⅛ l Madeira
1 Eßl. Ketchup
¼ l klare Sauce (Würfel oder Tube)
2 Eßl. Gänselebermousse

● Zwiebel und Schalotte in einem Eßlöffel Butter 5 Minuten dünsten. Unterdessen die Champignons hacken, beifügen und 2–3 Minuten mitdünsten. Die Tomate kleinschneiden, zugeben und unter wiederholtem Wenden dünsten, bis kein Saft mehr vorhanden ist.
● Schinken und Gänselebermousse unter die erkaltete Masse mischen und mit Salz, Pfeffer und einem viertel Teelöffel Thymian würzen. Der Thymian darf bei diesem Rezept unter keinen Umständen fehlen, da er viel zum unvergleichlichen Geschmack dieses Gerichtes beiträgt.
● Die Medaillons in einem Eßlöffel Butter auf beiden Seiten je eine Minute anbraten. Sofort aus der Pfanne nehmen und auf einen kalten Teller legen. Mit Salz und Pfeffer würzen.
● 4 Stück davon dicht mit Champignonfüllung belegen und je ein zweites Medaillon darauf legen. Erkalten lassen.
● Den Blätterteig 4 mm dick ausrollen. 4 Quadrate von 18 × 18 cm ausschneiden. Je ein gefülltes, vollständig erkaltetes Medaillon darauf legen, die Teigränder mit wenig Wasser befeuchten, Pakete for-

men und gut schließen. Mit verquirltem Eigelb bestreichen und mit einer Gabel mehrmals einstechen.

- Aus dem restlichen Teig beliebige Förmchen ausstechen und die Teigtaschen damit verzieren. Nochmals mit Eigelb bepinseln. 15–20 Minuten bei 220 °C backen.
- Den Bratensatz mit Madeira lösen. Ketchup, Zwiebelpulver, einen viertel Teelöffel Thymian und nach Belieben kleingehackte Trüffel zugeben.
- Die klare Sauce beifügen und so lange kochen, bis die Sauce leicht sämig wird.
- Die Filets auf vorgewärmten Tellern sehr heiß servieren. Die Sauce separat reichen.

TIP Dieses Gericht läßt sich im voraus zubereiten und im Kühlschrank 2–3 Stunden aufbewahren. Es braucht dann vor dem Essen nur noch gebacken zu werden.

Kleine Maisfladen – eine Beilage aus der amerikanischen Küche

Kleine Maisfladen

Gibt 8 kleine Fladen
Arbeitsaufwand 15 Min.
Ruhezeit (Teig) 60 Min.
1528 kJ = 365 kcal/Portion (2 Stück)

2 Eier, 1/8 l Milch, 20 g Butter, Butterschmalz (Gourmetbutter) zum Ausbacken
1/2 Dose Maiskörner
120 g Mehl
1/2 Teel. Salz

- Die Eier mit Salz und Milch gut verquirlen. Das Mehl nach und nach darunterrühren. Eine Stunde bei Küchentemperatur ruhen lassen.
- Die Maiskörner gut abtropfen lassen, auf einen Teller geben und mit einer Gabel leicht zerdrücken. Die Butter erwärmen, bis sie flüssig wird, und unter den Teig mischen.
- Eine kleine Bratpfanne mit Butterschmalz bestreichen und kleine Fladen backen.

TIP Die gebackenen Fladen kann man auf eine heiße Platte legen und, mit Alufolie zugedeckt, auf einem Rechaud warm halten, eventuell auch im sehr schwach geheizten Backofen, wenn es nicht zu lange dauert!

Gefrorenes Schokoladensoufflé

Für 6 Personen
Arbeitsaufwand 20 Min.
Kühlzeit 3–4 Std.
1980 kJ = 473 kcal/Portion

1/2 l Rahm, 4 Eigelb, 2 Eiweiß
80 g Zucker
100 g dunkle Schokolade
1 Teel. Instantkaffee

- Die Eigelb mit dem Zucker zu einer Creme schlagen.
- Die Schokolade zerbröckeln und im Wasserbad unter Zugabe von einem Eßlöffel Wasser mit dem Instantkaffee auflösen. Unter die Eicreme ziehen.
- Den Rahm, dann die Eiweiß steif schlagen. Beides sorgfältig unter die Creme ziehen.
- Eine große Souffléform oder 6 kleine Formen mit einer Pergamentpapiermanschette versehen, welche die große Form um etwa 2,5 cm, die kleinen um je 1,5 cm überragt.
- Die Schokoladencreme bis knapp unter den oberen Papierrand einfüllen. Die Form beziehungsweise die Förmchen ins Tiefkühlfach oder in die Tiefkühltruhe stellen.
- Nach 3–4 Stunden sind die Soufflés servierbereit.
- Vor dem Servieren sorgfältig die Papierstreifen entfernen und die Soufflés mit geraspelter Schokolade bestreuen.

TIP Das Schokoladensoufflé kann man bereits am Tag vorher zubereiten und einfrieren. Etwa 15 Minuten vor dem Servieren nimmt man es aus dem Tiefkühlgerät und läßt es bei Zimmertemperatur auftauen.

Brombeerterrine mit Vanillesauce

Für 6 Personen
Arbeitsaufwand 40 Min.
938 kJ = 224 kcal/Portion

400 g Brombeeren (evtl. tiefgekühlt)
½ l Orangensaft
¼ l Milch, 4 Eßl. Sauermilch, 3 Eigelb
120 g Zucker
6 Blatt Gelatine
1 Vanilleschote

Vanillesauce aus dem Beutel nehmen

- Die Milch mit der aufgeschlitzten Vanilleschote aufkochen. 40 g Zucker mit den Eigelb zu einer Creme schlagen. Die Eicreme mit der heißen Milch im Wasserbad schlagen, bis eine sämige Creme entsteht. Erkalten lassen, dann 1–2 Stunden kühl stellen.
- Den Orangensaft in einem Topf erwärmen und den restlichen Zucker darin auflösen. Die Gelatine in kaltes Wasser legen und quellen lassen. Dann gut ausdrücken und unter Rühren im warmen Orangensaft auflösen.

Anstelle von Brombeeren kann man auch Erdbeeren oder Heidelbeeren verwenden

- Die Hälfte des Orangensafts in eine Terrinenform füllen und im Kühlschrank fest werden lassen. Die Brombeeren darauf verteilen und mit dem restlichen Saft übergießen. Mit Folie abdecken. 2–3 Stunden im Kühlschrank erstarren lassen.
- Die Sauermilch unter die Vanillecreme mischen. Mit dem Rührbesen schaumig schlagen.
- Die Form kurz in heißes Wasser tauchen und die Terrine auf eine Platte stürzen. Nach Belieben mit Rahmrosetten und Brombeeren garnieren. Sofort mit der kühlen Vanillesauce servieren.

TIP Dieses Dessert kann man am Vortag zubereiten und kühl aufbewahren. Terrine und Sauce deckt man mit Klarsichtfolie gut ab, damit sie im Kühlschrank keine fremden Gerüche annehmen.

Pfirsichmousse

Für 4 Personen
Arbeitsaufwand 20 Min.
1699 kJ = 406 kcal/Portion

9 Pfirsiche (etwa 900 g)
1 Eßl. Zitronensaft
½ Teel. Mandelextrakt
¼ l Rahm, 2 Eiweiß
100 g + 1 Eßl. Zucker, 1 Prise Salz

Statt Pfirsiche andere Früchte, z. B. Beeren, verwenden; in diesem Fall den Mandelextrakt weglassen

- 8 Pfirsiche kurz in heißes Wasser tauchen. Die Haut sorgfältig abziehen, die Pfirsiche halbieren und den Stein entfernen. Die Früchte in kleine Stücke schneiden und sofort mit dem Zitronensaft im Mixer pürieren. 100 g Zucker dazumischen. Im Kühlschrank 10 Minuten ziehen lassen.
- Den Rahm mit einem Eßlöffel Zucker steif schlagen. Die Eiweiß mit dem Salz steif schlagen.
- Das Pfirsichpüree mit dem Mandelextrakt mischen. Ein wenig Rahm für die Garnierung zurückbehalten; den Rest, dann das Eiweiß unter das Püree ziehen.

- Die Mousse sofort nach der Zubereitung in Dessertschalen verteilen. 30 Minuten kalt stellen.
- Mit einer Rahmrosette und einem Pfirsichschnitz garnieren.

TIP Diese Mousse läßt sich nicht länger als etwa 2 Stunden im Kühlschrank aufbewahren; danach fällt sie etwas zusammen.

Pfirsichmousse, die zarte Krönung eines gelungenen Menüs

Anspruchsvolle Menüs für Feinschmecker

Dies ist ein Kapitel für Gastgeber, die weder Kosten noch Mühe scheuen, um ihre Gäste zu verwöhnen. Zu einem solchen Essen lädt man natürlich nur Gleichgesinnte ein, die den Aufwand zu schätzen wissen. Sind Hobbyköche oder -köchinnen dabei, helfen sie vielleicht sogar in der Küche mit.

Anspruchsvolle Gerichte können meist erst im letzten Augenblick – „à la minute" – zubereitet werden. Man muß sich nach jedem Gang für ein paar Minuten in die Küche zurückziehen, um rasch etwas zu braten, eine Sauce zu vollenden oder eine Speise anzurichten. Wenn man die richtigen Leute eingeladen hat, spielt das keine Rolle.

Sie überbrücken die kleinen Pausen durch ein interessantes Gespräch, denn es handelt sich ja um Kenner, die sehr genau wissen, daß anspruchsvolle Gerichte nicht einfach aufgewärmt oder aus einem großen Topf geschöpft werden können. Und entsprechend groß wird ihre Begeisterung sein, wenn die kulinarischen Kunstwerke auf den Tisch kommen.

Höhepunkte der Kunst, Gäste zu verwöhnen, sind die Gourmetmenüs. Ein solches Menü umfaßt in der Regel fünf bis sieben Gänge und wird so raffiniert zusammengestellt, daß man hinterher keinesfalls übersättigt ist, zumal die Portionen entsprechend klein sind. Einige Folgen dieses abendfüllenden Vergnügens können schon tagsüber vorbereitet werden, zum Beispiel eine kalte Vorspeise, ein Sorbet als Zwischengericht, der Käsegang und auch das Dessert. So reduziert man die Arbeit auf ein normales Maß. Die einzelnen Gänge werden auf Tellern angerichtet, die nach Bedarf vorgewärmt werden. Das sieht hübscher aus, man spart dabei Platten und Vorlegebestecke, und alles läuft bedeutend ruhiger ab.

Auf den folgenden Seiten sind die Rezepte für die Gourmetmenüs mit einem entsprechenden Hinweis versehen. Wer diese Gerichte im Rahmen einer weniger üppigen Speisenfolge servieren möchte, braucht die angegebenen Mengen nur zu verdoppeln.

Ein schlichter Rahmen für erlesene Speisen. Hier Seezungenfilets in Wermutsauce (Seite 103)

Menüvorschläge

Menü I

Salat Cäsar S. 96
*
Süppchen
nach Fischerart S. 98
*
Kalbshaxe Manfredo S. 105
Hausgemachte
Nudeln S. 83
*
Halbgefrorenes
mit Zimt S. 114

Menü II

Frühlingssalat
mit Kalbsbries S. 93
*
Heilbutt in der Folie S. 98
Salzkartoffeln
*
Poularde
in Champagnersauce S. 109
Reis
*
Käse
*
Ananas und Kiwis
mit Eiweißhaube S. 114

Menü III

Avocados
mit rotem Kaviar S. 94
*
Delikate
Karottensuppe S. 96
*
Lammkoteletts
im Frack S. 108
Flageolettbohnen
*
Zimteis
mit Karameläpfeln S. 257

Menü IV

Fenchelsalat
Orangerie S. 93
*
Kleine Pasteten
mit Fischklößchen S. 100
*
Hühnerconsommé
mit Gemüse S. 299
*
Kalbsrippenstück
aus dem Backofen S. 107
Zucchinigratin S. 391
Kartoffelschnee
*
Birnen
in Ingwerwein S. 116

Gourmetmenü I

Steinbutt-Tatar S. 102
*
Seezungenfilets
in Wermutsauce S. 103
*
Entenleber mit Apfel S. 104
*
Kräutersüppchen
mit Kalbsbries S. 97
*
Wildhasenrücken in
Trauben-Orangen-Sauce
S. 110
Kartoffelpfannkuchen S. 66
*
Warmer Camembert
auf Roggenbrot S. 112
*
Feigen
mit Brombeersauce S. 117

Gourmetmenü II

Avocados
in Kräutervinaigrette S. 95
*
Scampi mit Melone
und Lauch S. 100
*
Spargelküchlein S. 104
*
Wachteln
mit Gänselebersauce S. 110
Rosenkohltimbale S. 111
*
Fenchelsorbet S. 113
*
Französischer Brie
mit Roggenbrot
*
Pfirsich
mit Himbeersauce S. 113

Fenchelsalat Orangerie

Für 4 Personen
Arbeitsaufwand 15 Min.
498 kJ = 119 kcal/Portion

600 g Fenchelknollen, 2 Orangen, nach Belieben Salatblätter
2 Eßl. Zitronensaft, 1 Eßl. Orangensaft, 1 Teel. geriebene Orangenschale
2 Eßl. Mayonnaise
1 Eßl. Ketchup
1 Teel. Cognac
1 Eßl. Rahm, 2 Eßl. Joghurt
Salz, Cayennepfeffer, ½ Teel. Dillspitzen
4 schwarze Oliven

● Fenchelknollen putzen, waschen, quer in 1 cm breite Scheiben, dann in Streifen schneiden. Mit dem Zitronensaft beträufeln.

Die Orangen lassen sich durch Mandarinen, Clementinen oder Nektarinen ersetzen

● Von den Orangen zuerst die Schale abreiben, sie dann mit einem scharfen Messer so schälen, daß die innere weiße Haut mit entfernt wird. Die geschälten Orangen bei den Trennhäutchen bis zur Mitte so einschneiden, daß geschälte Schnitze herausgelöst werden können.

● Mayonnaise, Joghurt, Rahm, Ketchup, Orangenschale, Cognac und Orangensaft gut miteinander verrühren. Mit Dill, Salz und Cayennepfeffer würzen.

Zur Abwechslung auch Krevetten oder gekochten Fisch dazugeben

● Die Sauce über den Fenchel gießen und mischen. Den Salat entweder in Dessertschalen oder auf einer mit Salatblättern belegten Platte anrichten und mit den Orangenschnitzen und Oliven garnieren.

TIP Blutorangen eignen sich besonders gut.

Frühlingssalat mit Kalbsbries

Für 4 Personen
Arbeitsaufwand 45 Min.
791 kJ = 189 kcal/Portion

1 Karotte, ½ Lauchstange, 100 g Kopfsalat, 30 g Kresse, 2 Bund Radieschen, 100 g frische Champignons
150 g Kalbsbries (Kalbsmilch, Milken)
1 Knoblauchzehe, 1½ Eßl. gehackte frische Kräuter (Schnittlauch, Kerbel, Estragon, Pfefferminze)
2 Eßl. gehackte Walnußkerne (Baumnußkerne)
2 Eßl. Olivenöl, 1½ Eßl. Zitronensaft, 1 Teel. Dijonsenf
Salz, Pfeffer
1 Eßl. Butter

Das Bries kann man in Fleischbrühe vorkochen und bis zur Verwendung im Sud erkalten lassen

● Die Karotte schälen, den Lauch putzen, beides kleinschneiden. In ½ l Wasser aufkochen lassen. Ein Sieb auf den Topf setzen, das Bries darauf legen und zugedeckt 5 Minuten im Dampf garen.

● Das Bries etwas abkühlen lassen, dann alle Unreinheiten entfernen.

Statt Kopfsalat Feld- (Nüßli-) oder Eisbergsalat verwenden

● Kopfsalat und Kresse gut waschen und abtropfen lassen. Radieschen und Champignons in feine Scheiben schneiden und sofort mit wenig Salz und einem Eßlöffel Zitronensaft mischen.

Statt Olivenöl Sonnenblumen- oder Erdnußöl verwenden

- Den restlichen Zitronensaft mit Olivenöl, durchgepreßtem Knoblauch und Senf gut verrühren; einen Eßlöffel Kräuter daruntermischen. Eine Stunde ziehen lassen.
- Kopfsalat, Kresse, Radieschen und Champignons unmittelbar vor dem Servieren in einer großen Schüssel mit der Sauce gut vermengen.

Kalbsbries durch kleingeschnittene Geflügelleber ersetzen

- Unmittelbar vor dem Servieren das Kalbsbries in kleine Stücke zerzupfen und rasch in der Butter anbraten.
- Den Salat auf Suppenteller verteilen. Mit den warmen Briesstückchen und den Walnüssen garnieren und mit den restlichen Kräutern bestreuen.

TIP Das Kalbsbries kann man am Vortag kochen und putzen und bis zum Gebrauch im Sud lassen.

Avocados mit rotem Kaviar

Sind keine Avocados erhältlich, kann man das Menü mit einem bunten Salat eröffnen.

Für 4 Personen
Arbeitsaufwand 20 Min.
1234 kJ = 295 kcal/Portion

4 Avocados, 1 kleine Zwiebel
1 Eßl. Zitronensaft, 1 Teel. geriebene Zitronenschale
2 Eßl. gehackte Kresse
1 kleines Glas (28 g) roter Kaviar (Keta- oder Lachskaviar)
2 Eßl. Sauerrahm (25% Fett), 20 g Butter
1 Teel. Wodka
1 Prise Cayennepfeffer, Salz, Pfeffer
8 Crackers

- Die Avocados längs halbieren und den Kern entfernen. Die Schnittflächen sofort mit Zitronensaft bestreichen. 4 Avocadohälften schälen, in Würfel schneiden und sofort mit der gehackten Zwiebel im Mixer pürieren.
- Das Avocadopüree mit Salz, Pfeffer und geriebener Zitronenschale abschmecken. 4 Eßlöffel davon mit Dreiviertel des Kaviars mischen.
- Die restlichen 4 Avocadohälften an der Unterseite gerade schneiden, damit sie gut stehen, und die Mischung in die Höhlungen füllen. Den restlichen Kaviar darüber verteilen.
- Das restliche Avocadopüree mit Sauerrahm, Kresse und Wodka mischen. Mit Salz und Cayennepfeffer nachwürzen.
- Die Crackers zuerst mit der Butter bestreichen, dann mit der Avocadomischung belegen.
- Die gefüllten Avocados auf Desserttellern kühl servieren. Die Crackers dazulegen. Als Getränk paßt Champagner oder Sekt sehr gut dazu.

TIP Die Avocados müssen reif sein. In einem Plastiksack reifen sie bei Zimmertemperatur rasch nach. Die Avocados kann man im voraus zubereiten und füllen, dann mit Klarsichtfolie überziehen und im Kühlschrank aufbewahren.

Avocados in Kräutervinaigrette

Gibt 4 kleine Portionen für das Gourmetmenü
Arbeitsaufwand 10 Min.
586 kJ = 140 kcal/Portion

1 Avocado, 4 kleine oder 2 große Erdbeeren
1 Eßl. Zitronensaft
4 kleine Pfefferminzblätter
Vinaigrette
½ Eßl. gemischte Kräuter (Kerbel, Schnittlauch, Petersilie), ganz wenig Knoblauch, 1 Tropfen Dijonsenf, 1 kleine Prise Zucker, Salz, weißer Pfeffer aus der Mühle
2 Eßl. Maiskeim- oder Traubenkernöl
1 Teel. Sherryessig

- Die Avocados schälen, halbieren und entkernen. Gleichmäßige Schnitze schneiden und diese sofort mit Zitronensaft beträufeln.
- Die Schnitze dekorativ auf Tellern anordnen.
- Alle Zutaten für die Vinaigrette mischen.
- Die Sauce unmittelbar vor dem Servieren über die Avocados verteilen.
- Mit den entstielten, gegebenenfalls halbierten Erdbeeren und je einem Pfefferminzblatt garnieren.

TIP Die Vinaigrette kann man im voraus zubereiten.

Avocados in Kräutervinaigrette, dekorativ angerichtet

Salat Cäsar

Für 6 Personen
Arbeitsaufwand 20 Min.
1285 kJ = 307 kcal/Portion

2–3 Salatköpfe
2 Eßl. Roquefort, 2 Eßl. geriebener Parmesan, 2 Eßl. Butter, 4 sehr frische Eier
6 gewässerte Sardellenfilets
6 Eßl. Olivenöl, 4 Eßl. Weinessig
3 Knoblauchzehen, 1 Teel. Salatkräuter (Kerbel, Estragon, Petersilie), ½ Teel. Paprika, Salz, Pfeffer
2 Scheiben Toastbrot

Eisbergsalat oder zarter Lattich eignet sich auch gut

- Den Kopfsalat gut putzen und waschen.
- 2 Sardellenfilets und den Roquefort mit einer Gabel gut zerdrücken. Eine Koblauchzehe durchpressen und mit dem Öl, Essig, Paprika und den Salatkräutern zugeben. Mit Salz und Pfeffer würzen.
- Das Toastbrot in kleine Würfel schneiden und in der Butter hellgelb rösten. Mit den restlichen 2 durchgepreßten Knoblauchzehen beträufeln.
- 4 Sardellenfilets fein hacken.
- Die Eier 3–4 Minuten kochen, dann kalt abspülen. Inzwischen die Brotwürfel mit der Salatsauce mischen.
- Unmittelbar vor dem Servieren die gut abgetropften Salatblätter mit der Sauce vermischen. Die Eier über dem Salat aufschlagen und den Inhalt mit Hilfe eines Löffels herausholen. Den Salat nochmals mischen. Mit den gehackten Sardellenfilets und dem Parmesan bestreuen und sofort servieren. Stangenweißbrot paßt gut dazu.

Delikate Karottensuppe

Für 4 Personen
Vorbereitung 15 Min.
Kochzeit 30 Min.
1319 kJ = 314 kcal/Portion

400 g Karotten, 1 Zwiebel, 1 Kartoffel
1 Eßl. Butter, 5 Eßl. Rahm, 1 Eigelb
1 Speckschwarte, ¾ l Fleischbrühe
½ Teel. Kerbel, 20 g Kresse, 1 Eßl. feingeschnittener Schnittlauch
Salz, Pfeffer, ½ Teel. Zucker

Karotten durch Kürbisfleisch ersetzen
Karotten aus der Dose erst zufügen, wenn die Kartoffel gar ist

- Die Zwiebel fein hacken und in der Butter glasig dünsten.
- Die Karotten schälen und in Scheiben schneiden. Die Kartoffel schälen und vierteln.
- Speckschwarte, Fleischbrühe, Karotten und Kartoffel zu der Zwiebel geben. 30 Minuten kochen.
- Die Speckschwarte herausnehmen und das Gemüse passieren. Wieder in den Topf geben. Mit Kerbel, Zucker, Pfeffer und, wenn nötig, mit noch etwas Salz würzen.
- Unmittelbar vor dem Servieren das Eigelb mit dem Rahm verrühren und zur Suppe geben. Unter Rühren die Suppe erhitzen, aber nicht ganz kochen lassen, sonst gerinnt das Eigelb.

Die Kresse weglassen oder durch ein wenig Kerbel ersetzen

- Die Kresse fein hacken und mit dem Schnittlauch in eine vorgewärmte Suppenschüssel geben. Die Suppe darüber gießen und sofort servieren.

Delikate Karottensuppe, mit Eigelb und Rahm verfeinert

Kräutersüppchen mit Kalbsbries

Gibt 4 kleine Portionen für das Gourmetmenü
Arbeitsaufwand 15 Min.
975 kJ = 233 kcal/Portion

100 g Kalbsbries
1/8 l Rahm, 2 Eßl. steifgeschlagener Rahm, 1 Eßl. Butterschmalz (Gourmetbutter), 1/2 Eigelb
1 Eßl. trockener Wermut
1/4 l Fleischbrühe
3 Eßl. gemischte gehackte Kräuter (Kerbel, Estragon, Sauerampfer, Schnittlauch usw.), 1 Prise Muskat, Salz, Pfeffer
2 Scheiben Toastbrot

Man kann auch Kalbshirn verwenden

- Die Brotscheiben in kleine Würfel schneiden und im Butterschmalz goldgelb backen.
- Das Bries einige Stunden wässern. In Salzwasser kurz vorkochen.
- Im Sud abkühlen lassen, dann alle Blutgefäße, die Haut und alle Unreinheiten entfernen. In kleine Stücke zerzupfen.
- Fleischbrühe, Rahm und Eigelb mit dem Rührbesen schaumig schlagen. Unter ständigem Rühren erwärmen. Mit Salz, Pfeffer, Muskat und Wermut abschmecken.
- Kräuter, Bries und Schlagrahm unter die Suppe ziehen und in Mokkatassen heiß servieren. Mit den Brotwürfeln bestreuen.

Süppchen nach Fischerart

Für 4 Personen
Vorbereitung 25 Min.
Kochzeit 20 Min.
1239 kJ = 295 kcal/Portion

250 g Meerfisch (Seeteufel, Kabeljau usw.), 250 g Fischgräten
1 Eßl. Kochbutter, ⅛ l Rahm, 2 Eigelb
1 kleine gehackte Zwiebel, 1 kleines Stück Sellerieknolle, 1 Karotte, 2 Lauchstangen
1 l Fleischbrühe
5 Eßl. Weißwein, 1 Eßl. herber Wermut
1 Eßl. geschnittener Schnittlauch, 1 Lorbeerblatt, 5 weiße Pfefferkörner, 1 Prise Safran, Salz, Pfeffer

- Die Fischstücke von den Gräten befreien und in 1½ cm große Würfel schneiden. Alle Fischgräten mit Zwiebel, Lorbeerblatt, Pfefferkörnern, Sellerie, Karotte, ¼ Lauchstange und Fleischbrühe 20 Minuten kochen (im Schnellkochtopf etwa 6 Minuten).
- Den Topf öffnen und den Sud auf die Hälfte einkochen lassen. Durch ein Sieb in einen zweiten Topf gießen.
- Den restlichen Lauch in etwa 4 cm lange Stücke, dann längs in sehr feine Streifen schneiden.
- Die Fischwürfel mit dem Safran 1–2 Minuten in der Butter leicht andünsten. Aus der Pfanne nehmen, mit Salz und Pfeffer würzen und beiseite stellen. Den Lauch in den Bratfond geben und unter Wenden kurz dünsten. Mit dem Weißwein begießen, zudecken und einige Minuten auf kleiner Hitze ziehen lassen (der Lauch soll noch leicht knackig bleiben). Von der Hitze wegziehen.

Besonders fein wird die Suppe, wenn man Safranfäden verwendet

- Rahm und Eigelb mit einer Gabel verrühren. Etwas heißen Fischsud darauf gießen, dabei ständig rühren. Die Mischung zum restlichen Fischsud geben. Unter Rühren erhitzen, aber nicht ganz kochen lassen, sonst gerinnt das Eigelb! Den Wermut zufügen und nach Bedarf noch etwas würzen.

Die Suppe kann noch mit Scampi, Krevetten oder Miesmuscheln angereichert werden

- Die Fischstücke zum Lauch geben. Nochmals ganz kurz erwärmen.
- Fisch und Lauch in vorgewärmte kleine Suppentassen verteilen. Die Suppe darüber gießen, mit Schnittlauch bestreuen und sofort servieren. Besonders festlich sieht die Suppe aus, wenn man eine Rahmrosette darauf gibt und den Schnittlauch darüber streut.

TIP Die Suppe kann am Vortag gekocht werden, wird aber erst unmittelbar vor dem Servieren mit Rahm und Eigelb gebunden.

Heilbutt in der Folie

Für 4 Personen
Vorbereitung 30 Min.
Backzeit 40 Min.
1808 kJ = 432 kcal/Portion

800 g Heilbutt oder Steinbutt am Stück
2 Eßl. Kochbutter, 40 g Tafelbutter
2 Eßl. Zitronensaft, ⅛ l Weißwein, 4 Eßl. Anisschnaps
50 g Stangenweißbrot (Baguette) vom Vortag
1 gehackte Zwiebel, 2 Knoblauchzehen, 2 Eßl. gehackte Petersilie, 1 Teel. Fenchelkörner
Salz, Pfeffer

Heilbutt in der Folie gegart, ein leichtes und bekömmliches Zwischengericht

Noch feiner wird das Gericht mit Schalotten statt Zwiebeln Den ganzen Anisschnaps kann man gleich zugeben und aufs Flambieren (siehe unten) verzichten

- Das Brot fein reiben. Den Backofen auf 230 °C vorheizen.
- Den Fisch trocknen und mit Salz und Pfeffer einreiben.
- Zwiebel, durchgepreßten Knoblauch, Petersilie und Fenchelkörner mischen. In der Kochbutter 5 Minuten dünsten. Mit Salz und Pfeffer würzen.
- Zitronensaft, Weißwein und einen Eßlöffel Anisschnaps zugeben. Die Hälfte dieser Mischung auf ein großes Stück Alufolie geben. Den Fisch darauf legen. Gut, aber locker einpacken. Im Ofen 30 Minuten bei 220 °C dünsten.
- Die Folie öffnen. Die graue Haut des Fisches mit einem Fischbesteck oder zwei Gabeln sorgfältig abziehen. Die restliche Zwiebel-Petersilie-Mischung auf den Fisch verteilen. Die Brotkrümel darüber streuen und mit der in Flocken geschnittenen Tafelbutter belegen. Das geöffnete Paket in eine Auflaufform legen und 10 Minuten im Backofen bei Oberhitze überbacken. Das Brot soll leicht Farbe annehmen.
- Am besten in der Folie servieren. Am Tisch den restlichen Anisschnaps im Schöpflöffel über einer Kerzenflamme erwärmen, anzünden und brennend über den Fisch gießen.
- Mit dem Fischmesser Portionsstücke schneiden, sorgfältig von den Gräten abheben, die Gräten herausziehen und die untere Hälfte des Fischstücks ebenfalls in Portionen teilen.

TIP Feines, schaumig geschlagenes Kartoffelpüree oder Salzkartoffeln passen gut zu diesem Gericht.

Scampi mit Melone und Lauch

Gibt 4 kleine Portionen für das Gourmetmenü
Arbeitsaufwand 35 Min.
908 kJ = 217 kcal/Portion

je nach Größe 4–8 Scampi
1 junger Lauchstengel, 1 Schalotte, ½ Melone
1 Eßl. Kochbutter, 30 g Tafelbutter, 1 Eßl. Rahm
4 Eßl. weißer Portwein, 1 Eßl. trockener Sherry
1 kleine Prise Cayennepfeffer, Salz, Pfeffer

- Die zarten grünen Blätter des Lauches in sehr feine Streifen schneiden. Von der Melone sehr kleine Kugeln ausstechen.
- Die Scampi schälen, dabei den Darm entfernen (tiefgekühlte Scampi zuerst ganz auftauen lassen).
- Die Schalotte fein hacken und in der Kochbutter kurz andünsten. Den Lauch zufügen und 2–3 Minuten dünsten. Mit 4 Eßlöffel Wasser ablöschen.
- Den Siebaufsatz mit wenig Butter bestreichen. Die Scampi hineinlegen und im Dampf garen.
- Die Melonenkugeln ebenfalls im Dampf kurz erhitzen. Auf einem Kerzenrechaud warm stellen.
- Die Kochflüssigkeit bis auf etwa einen Eßlöffel einkochen. Sherry und Portwein zufügen.
- Den Rahm beifügen, dann die in kleine Stücke geschnittene Tafelbutter zugeben und unter Schwenken der Pfanne zerfließen lassen. Mit Salz, Pfeffer und Cayennepfeffer pikant abschmecken. Die Sauce auf die Scampi verteilen. Mit den Melonenkugeln garnieren.

Scampi auf gebutterte Alufolie legen und bei kleiner Hitze grillen. Austretende Flüssigkeit zur Sauce geben

Statt Sherry kann man Weißwein verwenden

Kleine Pasteten mit Fischklößchen

Für 4 Personen
Vorbereitung 45 Min.
Backzeit 10 Min.
3939 kJ = 941 kcal/Portion

400 g Fischfleisch ohne Gräten (Hecht, Felchen, Seeteufel)
250 g Blätterteig
2 Eigelb, 1 Eiweiß, ½ l Rahm, 2 Eßl. Butter
⅛ l trockener Wermut
4 Cherrytomaten
1 Teel. Zitronensaft, ½ Teel. geriebene Zitronenschale
1 Eßl. gehackte Schalotte, 1 Teel. Dillspitzen, Salz, Pfeffer

- Fischfleisch, Eiweiß, Rahm und Zitronensaft eine Stunde kühl stellen.
- Eine einfache Fischform auf ein Stück Karton zeichnen und ausschneiden. Den Blätterteig 5 mm dick ausrollen. Die Kartonschablone darauf legen und 8 Fische ausschneiden. Bei 4 von ihnen ein Oval in der Mitte ausschneiden. Die Ränder der restlichen Fischformen mit etwas Wasser bestreichen und jeweils eins der in der Mitte ausgeschnittenen Blätterteigstücke darauf legen. Auf ein kalt abgespültes Blech legen und 10 Minuten kühl stellen. Die Ränder mit einem Eigelb bestreichen. 10 Minuten bei 220 °C hellgelb backen.
- Das Fischfleisch in kleine Stücke schneiden. Mit Eiweiß, ¼ l Rahm, Zitronensaft und Zitronenschale im Mixer pürieren. Mit einem halben Teelöffel Dillspitzen, Salz und Pfeffer würzen.

Delikate Scampi, im Dampf gegart

Im Dampfaufsatz garen ist eine ideale Kochmethode für zarte Fische, Meeresfrüchte und Gemüse. Man braucht dazu nur einen zum Topf passenden Siebeinsatz. Besonders interessant bei dieser Zubereitungsart ist, daß man gleichzeitig mit dem Dämpfen einen konzentrierten Sud für die Sauce herstellen kann. Man gibt Zwiebeln, Kräuter und andere aromatische Zutaten mit wenig Wasser, Wein oder Brühe in den Topf. Daraus entsteht der Dampf, der das Kochgut in einigen Minuten gart. So bleiben die ganzen Aroma- und Nährstoffe erhalten, und zarte Fische oder Meeresfrüchte werden nicht im Sud ausgelaugt.

1. Die Schale auf der Bauchseite seitlich aufschneiden. Das Fleisch vorsichtig herausziehen

2. Die zarten grünen Lauchblätter in Streifen schneiden; aus der Melone Kugeln ausstechen

3. Lauch und Scampi im gebutterten Siebeinsatz über dem Schalottensud garen

4. Im letzten Moment die Melonenkugeln beigeben, damit sie erwärmt werden

In kleinen Portionen angerichtet – der Höhepunkt eines Gourmetmenüs

● Einen großen Topf mit einem Stück Pergamentpapier oder Backfolie auslegen. Diese mit einem Eßlöffel Butter bestreichen. Mit einem Mokkalöffel kleine Kugeln von der Fischmasse abstechen. Diese auf Pergamentpapier verteilen. ½ l Salzwasser erhitzen und über die Klößchen gießen. Aufkochen, bis die Klößchen an die Oberfläche steigen. (Am besten macht man zuerst ein Probeklößchen. Ist die Masse zu fest, kann man ein wenig Rahm nachgeben.)

Die Tomaten können weggelassen werden

● Die Tomaten kreuzweise einschneiden und ins heiße Wasser legen. Nach ein paar Sekunden herausnehmen und schälen.
● Die Schalotten in einem Eßlöffel Butter glasig dünsten. Mit dem Wermut ablöschen. Etwas einkochen lassen. ¼ l Rahm zugießen und unter Rühren kochen, bis die Sauce sämig wird. ½ Teelöffel Dillspitzen zugeben und nachwürzen.
● Das restliche Eigelb verquirlen und etwas Sauce darauf gießen. Wieder in die Sauce geben, diese erhitzen, aber nicht kochen lassen.
● Die Pastetchen im Ofen nochmals kurz erhitzen. Auf vorgewärmten Tellern anrichten, mit den Klößchen füllen und mit der Sauce übergießen. Die Tomaten auf die Pastetchen setzen. Nochmals etwas Dill darüber streuen und sofort servieren.

Steinbutt-Tatar

Gibt 4 kleine Portionen für das Gourmetmenü
Arbeitsaufwand 15 Min.
837 kJ = 200 kcal/Portion

500 g sehr frischer Babysteinbutt ohne Gräten
1½ Schalotten, 3 Eßl. geriebener Rettich, 4 Tomaten,
100 g Zucchini oder Gurke
4 Eßl. Zitronensaft
½ Eßl. Olivenöl
½ Eßl. Rahmquark
½ Eßl. gehackte Petersilie, einige Kapern, 1 ganz kleine Prise Dill,
1 ganz kleine Prise Cayennepfeffer, ½ Teel. Dijonsenf, Salz, Pfeffer

Man kann auch Forellenfleisch verwenden

● Das sehr kalte Fischfleisch in Stücke schneiden, dann fein hacken. In eine Schüssel geben, mit 2 Eßlöffel Zitronensaft begießen und 10 Minuten kühl stellen.
● Die Schalotten fein hacken.
● Mit einem Juliennemesser feine Streifen von der geschälten Zucchini oder Gurke abziehen, bis die Kerne zum Vorschein kommen.
● Von den Tomaten einen Deckel abschneiden. Das Tomatenfleisch mit den Kernen sorgfältig herausnehmen. Die Tomaten innen mit Salz und Pfeffer bestreuen.
● Olivenöl, Senf und Quark gut miteinander verrühren. Fischfleisch, Petersilie, Schalotten, Rettich und den restlichen Zitronensaft mit der Sauce gut vermischen und mit Salz, Pfeffer und Dill abschmecken. Das Tatar in die ausgehöhlten Tomaten füllen.
● Die Zucchini- oder Gurkenstreifen auf Teller verteilen, eine Vertiefung anbringen und die gefüllten Tomaten hineinstellen. Mit dem Dill und einigen Kapern bestreuen. Toast und Butter dazu servieren.

TIP Dieses Gericht muß sehr kurz vor dem Essen zubereitet werden. Bis zum Servieren wird es, mit Klarsichtfolie abgedeckt, im Kühlschrank aufbewahrt.

Steinbutt-Tatar – eine Vorspeise für Feinschmecker

Seezungenfilets in Wermutsauce

Gibt 4 kleine Portionen für das Gourmetmenü
Vorbereitung 20 Min.
Backzeit 10 Min.
1142 kJ = 273 kcal/Portion
Foto S. 90

4 kleine Seezungenfilets
1 Schalotte
6 Eßl. Weißwein, 1 Eßl. herber Wermut
1 Eßl. Butterschmalz (Gourmetbutter), 20 g Tafelbutter,
6 Eßl. Rahm
1 kleines Salbeiblatt, Salz, Pfeffer

- Die Schalotte hacken und im Butterschmalz kurz andünsten. Eine feuerfeste Form mit wenig Butter bestreichen und die Schalotten darin verteilen.
- Die Seezungenfilets mit Salz und Pfeffer bestreuen, einmal zusammenfalten, auf die Schalotten legen und mit dem Weißwein begießen. Mit einem mit Butter bestrichenen Stück Alufolie bedekken. Im Backofen bei etwa 150°C 10 Minuten dünsten.
- Den Saft in eine Pfanne absieben. Bis auf 3 Eßlöffel Flüssigkeit einkochen.
- Rahm und Wermut zugeben. Nochmals bis auf die Hälfte einkochen.
- Den Topf von der Hitze wegziehen. Die in kleine Stücke geschnittene Butter mit einem Holzlöffel unter die Sauce arbeiten. Die Sauce vorsichtig bei ganz kleiner Hitze unter Rühren erwärmen, aber nicht mehr kochen lassen.
- Die Seezungenfilets auf vorgewärmten Tellern anrichten und mit der Sauce überziehen.

Spargelküchlein

Gibt 4 kleine Portionen für das Gourmetmenü
Arbeitsaufwand 25 Min.
Kochzeit 30 Min.
724 kJ = 173 kcal/Portion

4 Spargelstangen
50 g Räucherlachs
1 Eiweiß, ½ Eßl. Rahmquark
⅛ l Weißwein
5 Eßl. Mehl
½ Teel. Zucker
4 Eßl. Mayonnaise
1 Prise Dillspitzen, Salz, Pfeffer
Erdnußöl zum Fritieren

- Das Mehl mit dem Weißwein verrühren, salzen und mindestens eine Stunde ruhen lassen.
- Für die Sauce Mayonnaise, Rahmquark, Dillspitzen, Salz und Pfeffer gut mischen. Eine Stunde im Kühlschrank ziehen lassen.
- Den Spargel schälen und in etwa 5 cm lange Stücke schneiden. In viel Salzwasser mit dem Zucker knapp weich kochen (die Spitzen erst 5 Minuten später zugeben).
- Das Eiweiß steif schlagen und unter den Teig heben.
- Die Spargelstücke abtropfen lassen und einzeln in wenig Räucherlachs einwickeln. Durch den Teig ziehen und im heißen Öl (etwa 180 °C) schwimmend ausbacken.
- Die Küchlein auf Küchenpapier abtropfen lassen und sofort servieren. Die Sauce separat reichen.

TIP Teig und Sauce lassen sich einige Stunden im voraus zubereiten, das Eiweiß wird aber erst unmittelbar vor dem Backen unter den Teig gehoben. Auch den Spargel kann man vorkochen.

Entenleber mit Apfel

Gibt 4 kleine Portionen für das Gourmetmenü
Vorbereitung 20 Min.
Kochzeit 10 Min.
560 kJ = 134 kcal/Portion

200 g frische Entenleber
1 Apfel, ½ Teel. Zitronensaft
¼ l Apfelwein, 4 Eßl. Madeira
1 Eßl. Butterschmalz (Gourmetbutter), 20 g Tafelbutter
1 kleine Prise Cayennepfeffer, Salz, Pfeffer
nach Belieben wenig grünes Gemüse (Schnee-Erbsen, Brokkoli, Blattspinat) und etwas Blätterteig zum Garnieren

Hühner- oder Kaninchenleber, die billiger ist, kann man auch verwenden; diese vor dem Braten 5–10 Minuten in heiße Milch legen

- Den Apfel schälen, in 4 Scheiben schneiden, das Kernhaus entfernen und die Scheiben sofort mit Zitronensaft einreiben.
- Den Apfelwein aufkochen, die Apfelscheiben hineingeben und knapp gar kochen. In der Kochflüssigkeit lassen und warm stellen.
- Die Entenleber häuten. Alle Blutgefäße entfernen, möglichst ohne die Leber zu beschädigen (eventuell vom Feinkosthändler machen lassen).
- Die Leber in 4 Scheiben schneiden. Im Butterschmalz auf beiden Seiten rasch anbraten.

Zur Entenleber auf Apfelscheiben eine geschmacklich abgestimmte Sauce mit Apfelwein

- Aus der Pfanne nehmen. Mit wenig Salz und Pfeffer bestreuen und warm stellen.
- Den Bratensatz mit 2 Eßlöffel Kochsaft vom Apfel ablöschen. Auf die Hälfte einkochen, dann den Madeira zufügen. Nochmals etwas einkochen.
- Von der Hitze wegziehen. Die Tafelbutter in Flocken mit einer Gabel unter die Sauce mischen. Mit Salz, Pfeffer und Cayennepfeffer würzen.
- Die Apfelscheiben aus dem Saft nehmen, gut abtropfen lassen und auf vorgewärmten Tellern anrichten.
- Die Entenleberscheiben darauf legen. Mit der konzentrierten Sauce begießen.
- Nach Belieben mit dem Gemüse und einer kleinen Blätterteigente garnieren.

Kalbshaxe Manfredo

Für 3 Personen
Vorbereitung 25 Min.
Kochzeit 2 Std. 20 Min.
2356 kJ = 563 kcal/Portion

1 Kalbshaxe (etwa 700 g), ½ l Fleischbrühe
6 entsteinte Dörrzwetschgen, 3 Scheiben Ananas aus der Dose
1 Zwiebel
1 Eßl. Butterschmalz (Gourmetbutter), 2½ Eßl. Tafelbutter,
4 Eßl. Rahm
1 Eßl. Cognac
1½ Teel. Rosmarinnadeln, 1 Lorbeerblatt, 1 Nelke, ½ Zimtstange,
1 Prise Cayennepfeffer, Salz, Pfeffer aus der Mühle

Statt Kalbshaxe Schweinshaxe verwenden

- Die Zwiebel mit dem Lorbeerblatt und der Nelke spicken. Mit der Kalbshaxe und der Fleischbrühe 2 Stunden kochen.

Cognac durch Zwetschgenwasser ersetzen

- Dörrzwetschgen im Cognac einlegen.
- Den Backofen auf 240 °C schalten.
- Die Dörrzwetschgen mit der halben Zimtstange und 4 Eßlöffel Wasser 15 Minuten kochen.
- Die Kalbshaxe aus dem Sud nehmen, mit Küchenpapier trocknen und in eine feuerfeste Form legen. Das Butterschmalz schmelzen und die Kalbshaxe damit begießen. 20 Minuten im Backofen bei 240 °C von allen Seiten bräunen.
- Das Fleisch aus dem Ofen nehmen, auf einer vorgewärmten Platte anrichten. Einen Teelöffel Rosmarinnadeln mit 2 Eßlöffel Tafelbutter in einem Schmelzpfännchen erwärmen, bis die Butter leicht Farbe annimmt. Durch ein Sieb über die mit Salz und Pfeffer gewürzte Haxe gießen.
- Den Bratenfond in der Form mit ⅛ l Fleischsud lösen und aufkochen. Rahm, restliche Rosmarinnadeln und Cayennepfeffer beifügen. Auf kleinem Feuer etwas eindicken lassen.

Noch besser schmeckt frische Ananas. Die Scheiben eine Stunde vorher mit wenig Zucker bestreuen

- Die Ananasscheiben ganz kurz in der restlichen Tafelbutter wenden.
- Die Ananasscheiben halbieren, zum Fleisch legen und mit je einer Dörrzwetschge garnieren. Nudeln mit frisch geriebenem Käse passen gut dazu.

TIP Die Kalbshaxe kann am Vortag oder bereits einige Stunden vor dem Essen gekocht werden. Man läßt sie im Sud erkalten. Wenn sie kalt in den Backofen kommt, muß sie ungefähr 10 Minuten länger braten.
Die Dörrzwetschgen kann man ebenfalls am Vortag in Cognac einlegen.

Kalbshaxe Manfredo mit Ananasscheiben und Dörrzwetschgen

Kalbsrippenstück aus dem Backofen

Für 6 Personen
Vorbereitung 20 Min.
Bratzeit 40 Min.
2105 kJ = 503 kcal/Portion

1200 g Kalbskotelett am Stück
4 Eßl. Butterschmalz (Gourmetbutter)
1 Zwiebel, 1 Karotte
¼ l Weißwein, ⅛ l klare Bratensauce
12 Scheiben Stangenweißbrot (Baguette)
1 Eßl. Dijonsenf, ½ Teel. Rosmarinpulver, 1 Prise Cayennepfeffer,
1 Lorbeerblatt, 1 Nelke, 2 Knoblauchzehen, Salz, Pfeffer

Man kann auch ein Bratenstück ohne Knochen verwenden, es ist jedoch weniger saftig

- Beim Metzger die Kotelettknochen oben nicht stutzen, aber den Kamm entfernen lassen, damit das Fleisch sich beim Servieren besser schneiden läßt.
- 2 Eßlöffel Butter bei Zimmertemperatur weich werden lassen und mit dem Senf mischen.
- Das Fleisch mit Salz, Pfeffer und Rosmarin bestreuen. Mit der Senfbutter bestreichen, in eine Folie wickeln und mindestens 5 Stunden im Kühlschrank ruhen lassen.
- Das Fleisch bei 250 °C langsam rundum anbraten (etwa 20 Minuten). Die Temperatur auf 220 °C reduzieren. Den Wein zugießen und die mit Lorbeerblatt und Nelke bespickte Zwiebel sowie die Karotte dazulegen. Mit Alufolie bedecken und 40 Minuten schmoren lassen; von Zeit zu Zeit mit Bratensaft begießen. Das Fleisch soll gut durchgebraten sein, aber nicht vom Knochen fallen.

Den Wein durch Apfelwein ersetzen

Halbe Äpfel mitschmoren und zum Servieren mit einem halben Walnußkern garnieren

- Das Fleisch aus dem Bräter nehmen und warm stellen. Den Bratensatz mit der klaren Bratensauce lösen, in ein kleines Pfännchen gießen und stark aufkochen. Mit Salz, Pfeffer, Rosmarin und Cayennepfeffer nachwürzen.
- 2 Eßlöffel Butter erhitzen, die durchgepreßten Knoblauchzehen beifügen und die Weißbrotscheiben darin goldgelb rösten.
- Den Braten auf einem Brett zu Tisch bringen und in Koteletts aufschneiden. Zu jedem Kotelett 2 Brotscheibchen legen und separat Bratkartoffeln oder Kartoffelschnee servieren.

Das Geheimnis einer guten Sauce

Für die Zubereitung einer wirklich guten Sauce muß man sich Zeit nehmen. Nur mit viel Sorgfalt läßt sich eine meisterhafte Sauce hervorzaubern. Dabei sollte man auf folgende Punkte achten:

Frische Zutaten bester Qualität sind unerläßlich. Alles, was man vor dem Anrichten für die Zubereitung oder die Vollendung der Sauce noch braucht, stellt man bereit.

Ein Merkmal einer guten Sauce ist die richtige Konzentration. Sie wird erreicht, indem man die dazu benötigte Flüssigkeit einkocht oder die Sauce vor dem Anrichten eindickt.

Eine Sauce muß auch Charakter haben. Dieser entsteht durch den Grundsud, den Fleischsaft oder durch gewisse Aromen. Keinesfalls darf man aber überwürzen.

Wichtig ist auch die richtige Konsistenz einer Sauce. So dürfen gebundene Saucen niemals zu dick und klare Saucen nie zu wäßrig sein.

Rahmsaucen dürfen nie wie undefinierbare Milchmischungen aussehen. Auch hier ist das Eindicken wichtig. Bei Rahmsaucen zu gebratenem Fleisch muß die Rahmzugabe im richtigen Verhältnis zum Bratenfond stehen, damit die Sauce das Fleischaroma behält.

Nebst einem guten Rezept braucht man für die Saucenzubereitung etwas Fingerspitzengefühl und Übung. Aber sehr bald findet man Spaß daran, und von Mal zu Mal gelingen auch schwierige Saucen besser.

Lammkoteletts in einer knusprigen Hülle aus Blätterteig

Lammkoteletts im Frack

Für 4 Personen
Vorbereitung 25 Min.
Backzeit 15 Min.
3935 kJ = 940 kcal/Portion

8 Lammkoteletts, 4 dünne Scheiben Schinken
500 g Blätterteig, 1 Teel. Mehl
3 grobgehackte Zwiebeln, 150 g feingeschnittene Champignons
1 Teel. Zitronensaft, 2 Tropfen Worcestersauce
2½ Eßl. Butter, 2 Eßl. Milch, 3 Eßl. Rahm, 2 Eigelb
Thymian, Majoran, Muskatnuß
Salz, Pfeffer

Wer Lamm nicht mag, kann Kalbskoteletts verwenden

- Die Lammkoteletts mit Salz, Pfeffer, Thymian und Majoran gut würzen.
- Die Zwiebeln in einem Eßlöffel Butter weich dünsten; sie dürfen dabei keine Farbe annehmen. Die Champignons mit dem Zitronensaft mischen. Zu den Zwiebeln geben und 5 Minuten mitdünsten.
- Beides durch ein Sieb streichen oder im Mixer pürieren.
- Das Mehl mit einem halben Eßlöffel Butter 1–2 Minuten dünsten. Die Milch zugeben; gut rühren. Den Rahm beifügen und zu einer dicken Béchamelsauce kochen. Das Zwiebel-Champignon-Püree zu-

geben und mit Muskatnuß, Worcestersauce, Salz und Pfeffer würzen. Die Mischung vollständig erkalten lassen.

- Die Koteletts beidseitig in einem Eßlöffel Butter anbraten.
- Den Blätterteig 3 mm dick ausrollen. 8 Rechtecke ausschneiden, die zusammengefaltet etwa 2 cm größer sind als die Koteletts. Je ein Kotelett auf ein Teilstück legen. Die Füllung auf das Fleisch verteilen. Mit je einer halben Schinkenscheibe bedecken und in den Teig einpacken. Pakete formen, die die Form von Koteletts haben. Ein Ende des Päckchens etwas in die Länge ziehen, damit ein kleiner Stiel entsteht. Die Päckchen mit einer Rosette aus Teigresten verzieren und mehrmals mit einer Gabel einstechen.
- Mit verquirltem Eigelb bestreichen und 15 Minuten bei 200 °C backen. Den Stiel mit kleinen Manschetten aus Papier oder Alufolie garnieren. Heiß servieren.

TIP Diese Lammkoteletts lassen sich vorbereiten und bis zum Backen im Kühlschrank aufbewahren.

Poularde in Champagnersauce

Für 4 Personen
Vorbereitung 30 Min.
Kochzeit 60 Min. (Sud) + 20 Min.
3207 kJ = 763 kcal/Portion

1 Poularde bester Qualität (etwa 1600 g)
2 Eßl. Kochbutter, 60 g Tafelbutter, ½ l Rahm
1 Karotte, 2 Eßl. gehackte Schalotten, nach Belieben 1 schwarze Trüffel, 1 Lorbeerblatt
Salz, Pfeffer
1 Pikkoloflasche trockener Champagner

- Die Poularde halbieren, dabei den Rückenknochen herausschneiden. Jede Hälfte in 4 Stücke zerlegen. Die Haut und möglichst auch die größten Knochen entfernen.

Sud durch Instanthühnerbrühe ersetzen

- Knochen, Rückenknochen, Hals und gereinigten Magen mit ¼ l Wasser, Lorbeerblatt und längs halbierter Karotte 60 Minuten kochen. Durch ein Sieb gießen und den Sud auf die Hälfte einkochen lassen.
- Unterdessen bei kleiner Hitze die Poulardenstücke 10 Minuten in der Butter wenden. Das Fleisch darf keine Farbe annehmen und darf nicht austrocknen.

Statt Champagner Sekt oder Weißwein verwenden

- Die Schalotten zufügen und 2–3 Minuten mitdünsten. Mit Salz und Pfeffer bestreuen und mit ⅛ l Champagner ablöschen. Halb zugedeckt einkochen lassen.
- Den eingekochten Geflügelsud zufügen. Zugedeckt 20 Minuten schmoren lassen.
- Sobald die Poulardenstücke gar sind, aus der Pfanne nehmen und warm stellen. Den restlichen Champagner und die feingehackte Trüffel zur Sauce geben. Stark einkochen, bis nur noch ungefähr 6 Eßlöffel Sauce übrigbleiben.
- Den Rahm zufügen. 2–3 Minuten kochen. Die Tafelbutter in kleine Stücke schneiden. Die Pfanne von der Hitze wegziehen. Die Butterstückchen zufügen und mit einer Gabel unter die Sauce rühren. Nicht mehr kochen. Mit Salz und Pfeffer abschmecken. Die Poulardenstücke mit der Sauce überziehen.

Wachteln mit Gänselebersauce

Gibt 4 kleine Portionen für das Gourmetmenü
Vorbereitung 20 Min.
Kochzeit 10 Min.
820 kJ = 196 kcal/Portion

4 küchenfertige Wachteln
20 g Gänseleber aus der Dose
⅛ l Wildfond (S. 482)
½ Teel. gehackte Schalotten, ½ Teel. geriebene Orangenschale
1 Eßl. Butterschmalz (Gourmetbutter), 2 Eßl. Rahm
½ Eßl. Cognac oder Weinbrand, 4 Eßl. Weißwein

- Die Wachteln mit Salz und Pfeffer bestreuen.
- In der heißen Butter auf allen Seiten schön braun braten. Die Schalotte zufügen und kurz andünsten. Mit Cognac oder Weinbrand begießen und flambieren. Etwa 10 Minuten halb zugedeckt schmoren. Von Zeit zu Zeit etwas Wein zugießen.
- Dann die Wachteln herausnehmen und warm stellen.
- Für die Sauce den Bratensatz mit dem restlichen Weißwein lösen. Den Wildfond dazugeben. Etwas einkochen lassen.
- Mit der Orangenschale, Salz und Pfeffer abschmecken und mit dem Rahm und der Gänseleber verfeinern. Kurz aufkochen.
- Die Wachteln mit Rosenkohltimbale (S. 111) servieren. Die Sauce separat reichen.

Wildhasenrücken in Trauben-Orangen-Sauce

Gibt 4 kleine Portionen für das Gourmetmenü
Arbeitsaufwand 25 Min.
1594 kJ = 381 kcal/Portion

1 Wildhasenrücken
1½ Eßl. Butterschmalz (Gourmetbutter), 40 g Tafelbutter
2 Schalotten, 300 g Weintrauben, 2 Blutorangen, nach Belieben
50 g Walnüsse (Baumnüsse)
⅛ l Wildfond (S. 482)
Salz, Pfeffer, 1 Prise Cayennepfeffer

- Einige Trauben für die Garnierung beiseite legen und die restlichen auspressen. Die Orangen ebenfalls auspressen.
- Das Fleisch vom Rücken lösen. In einem Eßlöffel Butterschmalz auf allen Seiten anbraten. Würzen, aus der Pfanne nehmen und warm stellen.
- Die Schalotten hacken und im Bratensatz kurz andünsten. Den Trauben- und Orangensaft beifügen. Stark einkochen lassen.
- Den Wildfond dazugießen und nochmals ein wenig einkochen. Die Tafelbutter in Flocken zugeben. Bei mittlerer Hitze mit dem Kochlöffel rühren, bis die Sauce gebunden ist. Mit Salz, Pfeffer und Cayennepfeffer würzen.
- Die zurückbehaltenen Weintrauben und die Nüsse in dem restlichen Butterschmalz erhitzen.
- Das Fleisch in Scheiben schneiden, auf Tellern anrichten und mit der Sauce begießen. Die Weintrauben und Nüsse über das Gericht verteilen.
- Dazu Kartoffelpfannkuchen (S. 66) servieren, dabei die Mengen dem Gourmetmenü entsprechend verringern.

Wildhasenrücken in einer delikaten Sauce aus Trauben- und Orangensaft

Rosenkohltimbale

Gibt 4 kleine Portionen für das Gourmetmenü
Vorbereitung 20 Min.
Kochzeit 20 Min.
376 kJ = 90 kcal/Portion

200 g Rosenkohl, 1 Schalotte
6 Eßl. Fleischbrühe
½ Eßl. Butterschmalz (Gourmetbutter), 2 Eßl. Rahm, 1 Ei
Salz, Pfeffer

• Den Rosenkohl putzen. Die Schalotte hacken und im Butterschmalz andünsten. Den Rosenkohl zugeben, kurz mitdünsten, dann mit der Fleischbrühe löschen und weich kochen.

Gemüse – richtig gegart

Liebhaber der neuen Küche bereiten Gemüse in erster Linie fürs Auge zu. Es wird nur sehr kurz in Salzwasser gekocht, so daß die Farbe schön frisch bleibt. Nicht jeder aber liebt knackiges Gemüse, wie man es von der chinesischen Küche her bereits schon lange kennt. Auf der anderen Seite darf Gemüse keinesfalls verkocht werden. Der goldene Mittelweg ist sicher der richtige. Am besten überlegt man, was für Tischgäste man erwartet. Ist es überaus anspruchsvoller, kulinarisch bestens bewanderter Besuch, kann man sich einmal leisten, das Gemüse *à la nouvelle cuisine* auf den Tisch zu bringen, um zu zeigen, daß man sich auch in dieser Küche auskennt. Diese Zubereitungsart paßt zum Beispiel zu einem Gourmetmenü mit mehreren Gängen. Möchte man etwas konservativere Gäste verwöhnen, fährt man mit den konventionellen Kochmethoden besser. Man dünstet das Gemüse langsam in wenig Butter und serviert es so gegart, daß es noch gut aussieht und nicht zerfällt.

- Das Gemüse gut abtropfen lassen und mit dem Rahm im Mixer pürieren.
- Das Ei gut verrühren und zum Gemüsepüree geben. Mit Salz und Pfeffer abschmecken.
- 4 kleine, glatte Puddingförmchen mit wenig Butter bestreichen. Die Masse einfüllen. 20–25 Minuten im Wasserbad kochen.
- Stürzen und sofort servieren.

Warmer Camembert auf Roggenbrot

Gibt 4 kleine Portionen für das Gourmetmenü
Arbeitsaufwand 10 Min.
665 kJ = 159 kcal/Portion

2 Camembertecken, 1 Eßl. Butterschmalz (Gourmetbutter), 1 Ei
1 Eßl. Paniermehl
4 kleine Scheiben Roggen- oder Vollkornbrot

- Die Camembertecken halbieren, dann durch das verquirlte Ei ziehen und im Paniermehl wenden.
- Die Butter in einer großen Bratpfanne erhitzen. Die panierten Käsestücke rasch auf beiden Seiten anbraten.
- Auf die Brotscheiben legen und sofort warm servieren.

Fenchelsorbet, mit Anisschnaps parfümiert – ein erfrischendes Zwischengericht

Fenchelsorbet

Wenn das Fenchelsorbet als Bestandteil eines Gourmetmenüs vorgesehen ist, braucht man nur sehr wenig, da hier die Portionen sehr klein sind. Bei diesem Rezept lohnt es sich allerdings nicht, eine kleinere Menge davon zuzubereiten; der Rest läßt sich tiefgekühlt für eine spätere Gelegenheit aufbewahren.

Gibt 10 kleine Portionen für das Gourmetmenü
Vorbereitung 20 Min.
Kochzeit 20 Min.
820 kJ = 196 kcal/Portion

750 g Fenchel, 10 halbe Fenchelschalen
Saft von 1 Zitrone
350 g Zucker, 1 Prise Salz
¼ l Weißwein, 1 Eßl. Anisschnaps

- ¼ l Wasser mit dem Zucker zu einem Sirup kochen.
- Den Fenchel in Stücke schneiden, mit dem Weißwein und einer Prise Salz weich dämpfen.
- Den Fenchel im Mixer pürieren. Mit dem Zuckersirup, Zitronensaft und Anisschnaps mischen. In einer Sorbetmaschine gefrieren.
- Vor dem Servieren kurz auftauen lassen und mit dem Spritzbeutel in die halben Fenchelschalen verteilen.

Pfirsich mit Himbeersauce

Gibt 4 kleine Portionen für das Gourmetmenü
Arbeitsaufwand 20 Min.
1431 kJ = 342 kcal/Portion

4 kleine Scheiben Brioche oder Hefezopf
2 Eßl. Butterschmalz (Gourmetbutter)
2 reife Pfirsiche, 300 g Himbeeren, 1 Eßl. Zitronensaft
¼ l Weißwein
125 g Zucker
½ Vanilleschote
2 Kugeln Vanilleeis

- Den Wein mit 100 g Zucker und der aufgeschlitzten Vanilleschote 5 Minuten kochen.
- Die Pfirsiche kurz in heißes Wasser tauchen, schälen, halbieren und die Steine entfernen. Die halben Pfirsiche mehrmals mit einer dünnen Nadel einstechen, in den Sirup geben und bei kleiner Hitze 8–10 Minuten ziehen lassen. Sie sollen gar werden, dürfen aber nicht zerfallen.
- Inzwischen die Brioche- oder Zopfscheiben auf beiden Seiten im Butterschmalz goldgelb ausbacken und auf Teller verteilen.
- 150 g Himbeeren mit dem restlichen Zucker in 6 Eßlöffel Wasser 2–3 Minuten kochen. Im Mixer pürieren und anschließend durch ein Sieb streichen.
- Je eine halbe Eiskugel mit der Wölbung nach oben auf die Brotscheiben legen. Mit den halben Pfirsichen zudecken und mit der Sauce übergießen. Mit den restlichen Himbeeren garnieren.

TIP Die Pfirsiche und die Himbeersauce können vorgekocht werden; die Sauce wird dann vor dem Servieren wieder erwärmt.

Ananas und Kiwis mit Eiweißhaube

Für 8 Personen
Vorbereitung 35 Min.
Backzeit 3–4 Min.
1402 kJ = 335 kcal/Portion

2 Ananas, 2 Kiwis
500 g Mokkaeis
2 Eßl. Rum
4 Eiweiß
200 g Zucker, 1 Prise Salz

- Die Ananas mit dem Kraut der Länge nach halbieren. Das Fruchtfleisch vorsichtig aus der Schale lösen, in Würfel schneiden und mit 3 Eßlöffel Zucker und dem Rum mischen. Zusammen mit den Ananasschalen eine Stunde kühl stellen.
- Die Eiweiß mit dem Salz halbsteif, dann mit dem restlichen Zukker steif schlagen.
- Den Backofen auf 300 °C vorheizen.
- Die Kiwis schälen und in Scheiben schneiden. (Die Kiwischeiben dürfen nach dem Schneiden nicht zu lange liegenbleiben, sonst verfärben sie sich.)
- Unmittelbar vor dem Servieren das Mokkaeis in die Ananasschalen geben und die Ananaswürfel mit dem Saft darüber verteilen.
- Den Eischnee in einen Spritzbeutel mit glatter Tülle füllen und auf die Ananas geben. Mit einigen Kiwischeiben garnieren.
- Das Ganze bei Oberhitze überbacken. Die Eiweißhaube soll nur angebräunt werden. Am besten bleibt man vor dem Backofen stehen, bis das Eiweiß Farbe annimmt.

Den Eischnee mit einem Löffel auf die Ananas geben

Halbgefrorenes mit Zimt

Für 6 Personen
Arbeitsaufwand 35 Min.
Gefrierzeit 4 Std.
1540 kJ = 368 kcal/Portion
Anleitung S. 115

4 Eigelb, 2 Eiweiß, ½ l Rahm
80 g Zucker
4 Eßl. Heidelbeerkonfitüre
1 Eßl. Whisky
2 Teel. Zimtpulver, Zimtpulver zum Bestreuen

- Eigelb, Zucker und Zimt zu einer sämigen Creme schlagen.
- Rahm und Eiweiß steif schlagen.
- Den Schlagrahm unter die Zimtcreme mischen, den Eischnee sorgfältig daruntermengen.
- Kleine Förmchen mit Pergamentmanschetten versehen und die Masse einfüllen. Eine Stunde gefrieren lassen.
- Die Förmchen wieder aus der Tiefkühltruhe nehmen. Mit einem Löffel die noch nicht ganz gefrorene Masse in der Mitte aushöhlen.
- Die Heidelbeerkonfitüre mit dem Whisky mischen und in die Höhlung einfüllen. Mit der abgetragenen Eismasse zudecken und glattstreichen.
- Nochmals 2–3 Stunden gefrieren lassen, dann 10 Minuten vor dem Servieren aus der Kälte nehmen.
- Das Papier entfernen und die Oberfläche der Eissoufflés mit wenig Zimt bestreuen.

Man kann auch Brombeerkonfitüre mit Brombeerlikör verwenden

Halbgefrorenes mit Zimt – ein kühles Geheimnis

Ein Überraschungsdessert – denn das harmlos aussehende *Soufflé glacé* ist mit Heidelbeeren und Whisky gefüllt. Die Gäste werden sich fragen, wie dies bloß gemacht wird. Nichts einfacher als das, wie die Bilder auf dieser Seite zeigen. Eine anspruchsvolle Speise, die auch von Anfängern ohne große Mühe zubereitet werden kann. Und je hübscher die kleinen Förmchen, desto größer die Wirkung.

1. Pergamentpapierstreifen schneiden, mit Eiweiß bestreichen, um die Formen legen und andrücken

2. Die Masse bis etwa 2 cm über den Förmchenrand einfüllen und eine Stunde gefrieren lassen

3. Mit einem Löffel die noch nicht ganz gefrorene Masse in der Mitte aushöhlen

4. Die Heidelbeerkonfitüre mit dem Whisky mischen und in die Höhlung einfüllen

5. Die abgetragene Eismasse darauf geben; die Soufflés 2–3 Stunden gefrieren lassen

Zum Schluß braucht man nur noch das Papier zu entfernen und die Soufflés mit Zimt zu bestreuen

Zu den gekochten Birnen eine mit Ingwer gewürzte Rotweinsauce

Birnen in Ingwerwein

Für 4 Personen
Vorbereitung 10 Min.
Kochzeit 10 Min.
892 kJ = 213 kcal/Portion

4 Birnen
¼ l Rotwein
4 Eßl. Zucker
½ Zimtstange
2–3 Stückchen kandierter Ingwer, 1 Eßl. gehackte Pistazien
1 gehäufter Mokkalöffel Speisestärke

Halbe Birnen aus der Dose verwenden; nicht kochen, sondern mit heißem Gewürzwein übergießen

- Die Birnen waschen, schälen, halbieren und entkernen. Mit Rotwein, Zimtstange und Zucker knapp weich kochen.
- Den Ingwer hacken und zufügen.
- Die Birnen im Wein abkühlen lassen, dann je 2 Hälften mit der Wölbung nach oben in eine Schale legen.
- Die Maisstärke im erkalteten Wein gut auflösen. Unter Rühren aufkochen, bis die Sauce leicht sämig wird.
- Nochmals abkühlen lassen und über die Birnen gießen.
- Mit den gehackten Pistazien garnieren.

TIP Ganze Pistazien lassen sich leicht schälen, wenn man sie mit kochendem Wasser kurz überbrüht.
Die Birnen kann man am Vortag kochen und im Sud lassen.

Feigen mit Brombeersauce

Gibt 4 kleine Portionen für das Gourmetmenü
Arbeitsaufwand 15 Min.
715 kJ = 171 kcal/Portion

2 frische Feigen, 150 g Brombeeren, 1 Eßl. Zitronensaft
1 Eßl. Zucker
1 Eßl. Brombeerlikör oder Kirschwasser
1/8 l Rahm

- Die Feigen waschen, gut trocknen und mindestens eine Stunde kühl stellen.

Die Brombeeren lassen sich durch Himbeeren ersetzen

- Die Brombeeren mit 2 Eßlöffel Wasser, einem halben Eßlöffel Zitronensaft und Zucker aufkochen. Durch ein feines Sieb streichen, damit die Kerne zurückbleiben.
- Den Rahm steif schlagen.
- Das Brombeermark mit dem restlichen Zitronensaft und dem Likör mischen. Kühl stellen.

Statt Feigen geschälte Kiwis verwenden

- Mit der Hälfte des steifgeschlagenen Rahms mischen. In Dessertschalen anrichten und je eine halbierte Feige mit der gewölbten Seite nach unten hineinlegen.
- Den restlichen Rahm in einen Spritzbeutel füllen und auf jeder Schale eine Rahmrosette anbringen.

Feigen mit Brombeersauce, mit Rahmrosetten garniert

Große und kleine Feste im Kreis der Familie

Familienfeste müssen kein Grund zur Aufregung sein, auch wenn die Anzahl der Gäste den üblichen Rahmen übersteigt. Wenn man alles gut plant, kann man solchen Anlässen gelassen entgegensehen. Im ersten Teil dieses Buches erfährt man, wie man alles gut organisiert und ein passendes Menü zusammenstellt.

Meist steht das Essen nicht im Mittelpunkt eines Familienfestes. Die Verwandtschaft hat sich oft länger nicht gesehen, und man ist froh, einmal die letzten Neuigkeiten aus dem Familienkreis austauschen zu können. Am besten wählt man als Gastgeber gutbürgerliche Gerichte, da sie vielen zusagen.

Die Menüvorschläge in diesem Kapitel sind deshalb bewußt nicht zu ausgefallen gewählt. Auch an die praktische Seite wurde gedacht: Alle Gerichte lassen sich weitgehend vorbereiten und machen am Schluß nur noch wenig Arbeit. Denn schließlich möchte man an einem solchen Familientag als Gastgeber nicht die ganze Zeit in der Küche stehen. Die Vorspeisen in den Menüs kann man auch weglassen und dafür vor dem Dessert eine Käseplatte reichen. Für ältere Verwandte sollte man außer der Nachspeise vielleicht noch eine Torte bereithalten. Sie wird zum Kaffee sehr geschätzt und kann auch etwas später am Nachmittag serviert werden.

Für Familienfeste sollte der Tisch mit Blumen geschmückt sein, um dem Ganzen einen etwas feierlichen Rahmen zu geben. Vorschläge für die Tischdekoration sind auf den Seiten 30–32 zu finden. Bei wichtigen Anlässen wie Verlobung, Hochzeit oder Taufe spielt die Tischordnung eine Rolle. Wie die einzelnen Familienmitglieder am Tisch plaziert werden, steht auf Seite 21. Mehrere Kinder kann man zusammen an einen Tisch setzen. Dann können sie sich untereinander unterhalten, ohne dauernd von den Erwachsenen beobachtet zu werden.

Im Zweifelsfall sollte man bei Familienfeiern weniger Wert auf Perfektion legen und lieber dafür sorgen, daß es harmonisch und gemütlich zugeht. Dann werden sich alle Verwandten bestimmt wohl fühlen.

Ein Dessertwagen, an dem sich jeder auch noch mal selbst bedienen kann, paßt sehr gut für ein Familienfest

Menüvorschläge

Menü I

Spargel in Teigkruste S. 122

*

Kalbsbraten mit Speck
und Salbei S. 127
Kartoffeln
in der Folie S. 309
Zuckererbsen

*

Erdbeerschaum
mit Kirsch S. 131

Menü II

Ochsenschwanzsuppe
mit Curry S. 121

*

Hähnchen
mit Artischocken S. 128
Hausgemachte
Nudeln S. 83

*

Käseplatte mit Roggenbrot

*

Zwetschgenkompott
mit Orangen S. 131
Englischer
Früchtekuchen S. 267

Menü III

Eier Bénédictine S. 123

*

Gefüllte Hähnchenbrüste
mit Estragon S. 129
Blattspinat
Kartoffelkroketten
mit Mandeln S. 129

*

Mokkaeis-Gugelhupf S. 130

Menü IV

Feldsalat
mit gehacktem Ei

*

Seezungenfilets
auf Nudeln S. 124

*

Lammbraten
mit Maronen S. 126
Flageolettbohnen
Bratkartoffeln

*

Orangengratin S. 131

Menü V

Omelett
mit Avocados S. 121
Grüner Salat

*

Gefüllter
Weihnachtskarpfen S. 125
Salzkartoffeln

*

Charlotte mit glasierten
Maronen S. 132
Weihnachtsgebäck

Ochsenschwanzsuppe mit Curry

Für 4 Personen
Vorbereitung 25 Min.
Kochzeit 2 Std.
1340 kJ = 320 kcal/Portion

750 g Ochsenschwanz, in Stücke geschnitten
2 Karotten, ½ Lauchstange, 1 Stück Sellerieknolle, 1 Zwiebel
1 Lorbeerblatt, 1 Gewürznelke, Salz, weißer Pfeffer, 1 Prise Muskat,
1½ Teel. Currypulver
8 Eßl. Rahm, 2 Eigelb
4 Eßl. trockener Sherry

● Karotten, Lauch und Sellerieknolle putzen und kleinschneiden. Die Zwiebel ungeschält lassen, halbieren und die Schnittflächen in einer Bratpfanne ohne Zugabe von Fett anrösten. Die Ochsenschwanzstücke mit Karotten, Lauch, Sellerie, Zwiebel, Lorbeerblatt, Gewürznelke und 1 l Wasser 2 Stunden kochen.
● Die Suppe absieben und die Ochsenschwanzstücke auf ein Brett legen.
● Die Flüssigkeit in die Pfanne zurückgießen und 5 Minuten ohne Deckel stark einkochen lassen. Mit Salz, Pfeffer und Muskat würzen. Den Sherry beifügen.
● Die Eigelb mit 4 Eßlöffel Rahm verquirlen. Die Suppe von der Hitze wegziehen und die Ei-Rahm-Mischung unter Rühren beigeben. Wieder erhitzen, aber nicht kochen lassen. Mit einem Teelöffel Currypulver und wenig Salz und Pfeffer nachwürzen.
● Das Ochsenschwanzfleisch von den Knochen lösen und in kleine Würfel schneiden. Die Fleischwürfel und die gebundene Suppe in feuerfeste Tassen verteilen. Den restlichen Rahm steif schlagen und auf die Oberfläche der Suppe setzen. Das restliche Currypulver darüber stäuben.
● Die Tassen auf der obersten Schiene des auf 230 °C vorgeheizten Backofens bei Oberhitze eine Minute überbacken.

Omelett mit Avocados

Für 4 Personen
Arbeitsaufwand 15 Min.
1523 kJ = 364 kcal/Portion

8 Eier, 1 Eßl. Butter
2 Avocados, 2 Teel. Zitronensaft
Salz, Pfeffer
2 Teel. geröstete Mandelsplitter

● Die Avocados schälen. Mit einem Kartoffelausstecher kleine Kugeln ausstechen, mit Zitronensaft befeuchten und beiseite stellen.
● Das restliche Avocadofleisch vom Kern wegschneiden, zerkleinern und mit einer Gabel zerdrücken.
● Die Eier schaumig schlagen. Salz, Pfeffer und das zerdrückte Avocadofleisch zugeben.
● Die Butter in einer Bratpfanne zerfließen lassen. Die Eimasse hineingeben und unter Schütteln der Pfanne zu einem französischen Omelett backen, so daß die Eier fest, aber nicht trocken werden.
● Auf einer vorgewärmten Platte anrichten, mit den Avocadokugeln garnieren und mit gerösteten Mandelsplittern bestreuen.

Spargel in Teigkruste

Für 6 Personen
Vorbereitung 45 Min.
Backzeit 35 Min.
2486 kJ = 594 kcal/Portion

500 g gesalzener Mürbeteig (S. 205)
1 kg frisch gekochter Spargel (siehe unten), Spargelsud
200 g Scampi oder Riesenkrevetten
1 Eßl. Butter, ¼ l Rahm, 1 Eigelb
1 Prise Zucker
1 Prise Zitronenpfeffer
4 Eßl. Weißwein
300 g weiße Bohnen zum Beschweren des Teigs

Die Teigkruste weglassen und das Spargelragout in einer hübschen Form mit Trockenreis servieren; dann reicht die Menge nur für 4 Personen

- Etwa 2 Drittel vom Teig 3 mm dick ausrollen. Eine Charlotten- oder Timbaleform mit einem Eßlöffel Butter ausstreichen und mit Teig auslegen. Den Teig mit Pergamentpapier bedecken und mit weißen Bohnen beschweren. Aus dem restlichen Teig einen Deckel formen und mit Eigelb bestreichen.
- In dem auf 220 °C vorgeheizten Backofen den Teig in der Form 35 Minuten, den Deckel separat auf dem Backblech 10–15 Minuten backen.
- Die Scampi oder Riesenkrevetten schälen. Den Darm (braunen Faden) entfernen.
- In einer Pfanne wenig Wasser aufsetzen und einen Siebeinsatz hineinstellen. Wenn das Wasser kocht, die Scampi auf das Sieb geben und im Dampf 10 Minuten garen.
- ½ l Spargelsud in einer kleinen Pfanne auf die Hälfte einkochen (restlichen Sud für eine Suppe oder zum Verlängern einer Sauce aufbewahren).
- Das untere Drittel der Spargelstangen abschneiden. Den oberen Teil zusammen mit den Scampi zugedeckt warm stellen.
- Die Spargelabschnitte mit dem eingekochten Spargelsud und dem Weißwein im Mixer pürieren.
- Den Rahm zufügen. Auf kleinem Feuer etwas eindicken lassen und mit Salz und Zitronenpfeffer würzen.
- Die Spargelstücke halbieren. 4 Scampi zum Garnieren beiseite legen, die restlichen in Scheiben schneiden.
- Spargel und Scampi in die gebackene Form füllen. Die Sauce darüber geben und den Deckel aufsetzen. Sofort servieren.

So wird Spargel abgekocht

Zarter Spargel ist prall und beim Einritzen oder Anschneiden saftig. Beim Einkaufen erkennt man frischen Spargel an den Schnittflächen; sie dürfen niemals ausgetrocknet sein.

Spargel wird vom Kopf zum Stielende hin großzügig mit dem Spargelschäler abgezogen. (Grüner Spargel braucht nicht geschält zu werden.) Anschließend wäscht man ihn gut und bindet jeweils acht bis zehn Stück zu Bündeln zusammen. Wenn er nicht gleich gekocht wird, bewahrt man ihn in leichtem Zitronen- oder Essigwasser auf.

Schwach gesalzenes Wasser wird mit wenig Zucker und einem kleinen Stück Butter aufgekocht. Man gibt die Spargelbündel mit den Köpfen nach oben (eventuell in einem Spargeleinsatz) hinein und kocht sie 35–45 Minuten. Die Garzeit hängt von der Qualität des Spargels ab. Er soll beim Einstechen weich sein. Man läßt den Spargel sorgfältig abtropfen (die Spitzen dürfen nicht beschädigt werden) und richtet ihn auf einer Serviette an oder verwendet ihn, je nach Rezept, für ein Spargelgericht weiter.

Spargel und Scampi in einer kunstvollen Teigkruste

Eier Bénédictine

Für 4 Personen
Arbeitsaufwand 30 Min.
1670 kJ = 399 kcal/Portion

4 sehr frische Eier, 2 Teel. Butter, ⅛ l Rahm
4 fertige Blätterteighüllen (Pastetchen)
1 dünne Scheibe Gänselebermousse
20 g getrocknete Morcheln, 1 Eßl. feingehackte Schalotten oder Zwiebeln
2 Teel. Mehl
3 Eßl. weißer Essig, 1 Teel. Cognac
1 Prise Oregano, Salz, Pfeffer

- Die Morcheln eine Stunde in kaltem Wasser einweichen.
- Einen Teelöffel Butter mit 2 Teelöffel Mehl verkneten.
- Die Schalotten oder Zwiebeln in einem Teelöffel Butter 2–3 Minuten dünsten, ohne daß sie Farbe annehmen.
- Die Morcheln durch ein Sieb gießen und die Einweichflüssigkeit auffangen. Große Morcheln halbieren oder vierteln, dann alle Pilze zu den Schalotten oder Zwiebeln geben und zugedeckt 10 Minuten mitdünsten. Etwas Einweichflüssigkeit beifügen.
- Den Backofen auf 200 °C vorheizen. Die Blätterteighüllen auf einem Blech im Ofen heiß werden lassen. Unterdessen ¾ l Wasser mit dem Essig in eine große Pfanne gießen und aufsetzen.
- Die Morcheln mit Cognac flambieren und ⅛ l Einweichflüssigkeit dazugießen. 2–3 Minuten einkochen, dann Rahm und Oregano beifügen. Bei kleiner Hitze ziehen lassen. Die Mehlbutter flockenweise in die Sauce geben. Unter Rühren bei schwacher Hitze etwas eindicken lassen. Mit Salz und Pfeffer würzen.

- Die Eier einzeln in eine Tasse aufschlagen, in das schwach kochende Essigwasser gleiten und 4 Minuten ziehen lassen (S. 373).
- Mit der Schaumkelle herausheben und je ein Ei in die heißen Blätterteighüllen legen.
- Mit Sauce auffüllen und je eine Viertelscheibe Gänselebermousse darauf legen. Die Blätterteigdeckel auf die Pastetchen setzen und heiß servieren.

TIP Auch als kleines Abendessen eignet sich das Gericht, nach Belieben mit grünen Erbsen oder gedünstetem Spinat serviert.

Seezungenfilets auf Nudeln

Für 4 Personen
Vorbereitung 45 Min.
Kochzeit 30 Min.
2997 kJ = 716 kcal/Portion

4 Seezungenfilets, 300 g Fischgräten und -köpfe, 4 Scampi
½ grobgehackte Zwiebel, 1 feingehackte Schalotte, 1 Tomate
⅛ l Rahm, 1 Eßl. Butter
100 g schmale Nudeln
½ Teel. Speisestärke
⅛ l Sauce hollandaise (Beutel oder Glas)
2 ganze Pfefferkörner, ½ Lorbeerblatt, Salz, Pfeffer
⅛ l Weißwein

Seezungenfilets auf Nudeln, im Backofen kurz überbacken

- Die Scampi roh schälen. Den Darm (braunen Faden) entfernen.
- Zwiebel, Pfefferkörner, Lorbeerblatt, Fischköpfe und -gräten sowie die Scampischalen in ½ l Wasser 30 Minuten kochen. Den Sud durch ein Sieb gießen und auf die Hälfte einkochen.
- Die Nudeln *al dente,* also bißfest, kochen und abgießen. Mit 4 Eßlöffel Rahm mischen.
- Eine Auflaufform mit wenig Butter ausstreichen. Die Seezungenfilets und die Scampi hineinlegen. Mit der Schalotte sowie wenig Salz und Pfeffer bestreuen. Den Wein und ⅛ l Fischsud zugießen. Mit Alufolie abdecken. 10 Minuten im Ofen bei 200 °C ziehen lassen.
- Die Tomate einige Sekunden in kochendes Wasser legen, abschrecken und schälen. In kleine Würfel schneiden und in einem Teelöffel Butter 5 Minuten dünsten, bis alle Flüssigkeit verdampft ist. Unter die Sauce hollandaise mischen.
- Die Fischfilets aus dem Ofen nehmen. Eine zweite Auflaufform mit der restlichen Butter ausstreichen und die Nudeln hineinlegen. Die Seezungenfilets und Scampi darauf anordnen.
- Die Kochflüssigkeit der Seezungenfilets und Scampi in ein kleines Pfännchen gießen und auf die Hälfte einkochen. Die Speisestärke mit dem restlichen Rahm gut verrühren, zum Sud geben und unter Rühren 5 Minuten zu einer sämigen Sauce kochen. Mit Salz und Pfeffer abschmecken. Die Sauce über den Fisch verteilen. 10 Minuten im Backofen bei 200 °C erwärmen. Das Gericht mit der Sauce hollandaise überziehen und nochmals für 3–5 Minuten in den Backofen geben; wenn möglich, den Grill oder Oberhitze einstellen. Darauf achten, daß die Sauce nicht austrocknet. In der Form servieren.

Gefüllter Weihnachtskarpfen

Für 4 Personen
Vorbereitung 25 Min.
Backzeit 35 Min.
2552 kJ = 610 kcal/Portion

1 Karpfen von 1200–1500 g (am besten Spiegelkarpfen)
2 gehackte Zwiebeln, 50 g gehackte Champignons, 2 Zitronen
3½ Eßl. Butter, ⅛ l Milch, ⅛ l Rahm, 1 Ei, 3 Eigelb
1 Scheibe Weißbrot
½ Teel. Zitronenpfeffer, 2 Eßl. gehackte Petersilie, Salz, Pfeffer

- Den Karpfen vom Fischhändler schuppen und ausnehmen lassen.
- Das Brot in der lauwarmen Milch einweichen, gut ausdrücken und passieren.
- Zwiebeln, Petersilie und Champignons in einem Eßlöffel Butter kurz dünsten. Mit dem Brot, dem ganzen Ei, einem Eigelb, Salz und Pfeffer mischen.
- Den Fisch waschen, mit Küchenpapier abtupfen und mit der Mischung füllen. Mit Küchenfaden zunähen. Mit Salz und Pfeffer bestreuen, in eine mit einem halben Eßlöffel Butter bestrichene Auflaufform legen und mit der restlichen, flüssig gemachten Butter begießen.
- 15 Minuten im vorgeheizten Backofen bei 220 °C anbraten, dann mit dem Rahm begießen und bei 180 °C noch etwa 20 Minuten fertigschmoren. Bei Bedarf mit Alufolie abdecken (der Fisch darf keine Kruste bekommen).

Die Sauce wird milder, wenn man den Zitronensaft durch guten Elsässer Wein ersetzt

- 10 Minuten vor Ende der Schmorzeit die entstandene Flüssigkeit in ein kleines Pfännchen abgießen. Eine Zitrone auspressen und den Saft dazugießen. Aufkochen, dann vom Herd nehmen.
- Die restlichen 2 Eigelb in einer kleinen Schüssel verquirlen; die Sauce unter Rühren daruntermischen. Wieder in die Pfanne geben, mit Zitronenpfeffer nachwürzen und stark erhitzen, aber nicht kochen lassen.
- Die andere Zitrone in Stücke schneiden und den Karpfen damit garnieren. In der Form servieren; die Sauce separat dazu reichen.

Lammbraten mit Maronen

Für 4 Personen
Vorbereitung 30 Min.
Kochzeit 60 Min.
2825 kJ = 675 kcal/Portion

600 g Lammschulter ohne Bein
500 g Zwiebeln
1 kleine Dose Maronenpüree
4 Eßl. Butter, 2 Eßl. Rahm
4 Eßl. Weißwein
2 Eßl. geriebenes Stangenweißbrot (Baguette)
2 Eßl. gemischte Kräuter (Petersilie, Thymian, Basilikum, Majoran), Muskat, Salz, Pfeffer

Lammbraten, mit Maronenpüree gefüllt und mit Kräutern garniert

- Die Zwiebeln in feine Streifen schneiden. In 2 Eßlöffel Butter anbraten. Mit dem Weißwein beträufeln und zugedeckt 20 Minuten bei kleiner Hitze ziehen lassen.
- Abgießen (Flüssigkeit auffangen) und mit dem Rahm im Mixer pürieren. Mit Salz, Pfeffer und wenig Muskat würzen.
- Das Maronenpüree nach und nach zum Zwiebelmus in den Mixer geben und mischen, bis eine gleichmäßige Paste entsteht.
- Einen Eßlöffel Butter in einer flachen Bratkasserolle erhitzen. Das Fleisch hineinlegen und im vorgeheizten Backofen bei 250 °C auf allen Seiten gut anbraten. Die Temperatur auf 220 °C reduzieren, das Fleisch salzen und pfeffern, dann 15 Minuten weiterbraten.
- Den Braten herausnehmen, längs halbieren, mit dem Zwiebel-Maronen-Mus füllen und wieder zusammensetzen. In den Bräter zurückgeben, mit der von den Zwiebeln aufgefangenen Kochflüssigkeit begießen und in den Backofen schieben.
- Nach 5 Minuten Bratzeit mit dem geriebenen Brot bestreuen und 5–10 Minuten weiterbraten, bis das Brot leicht Farbe annimmt.
- Die Kräuter in einem Eßlöffel Butter anbraten.
- Das Fleisch aus dem Ofen nehmen und die Kräutermischung darauf verteilen. Nach Belieben den Bratenfond mit wenig Weißwein lösen und separat dazu servieren.

Kalbsbraten mit Speck und Salbei

Für 4 Personen
Vorbereitung 15 Min.
Bratzeit 35 Min.
1281 kJ = 305 kcal/Portion

600 g Kalbsbraten, 50 g magerer Speck in Scheiben
2 Karotten, 1 kleines Stück Sellerie, 1 Zwiebel
20 g Tafelbutter
1 Eßl. Tomatenpüree, 4 Eßl. klare Sauce
1 Prise gemahlene Muskatblüte, 1 Lorbeerblatt, 1 Nelke,
10 Salbeiblätter, 1 Knoblauchzehe, Salz, Pfeffer aus der Mühle

- Das Fleischstück alle 1,5–2 cm so einschneiden, daß es unten noch zusammenhält. Die Einschnitte mit Pfeffer bestreuen und mit je einem kleinen Speckstück und einem kleinen Salbeiblatt füllen. Das Fleisch längs mit Küchenfaden zusammenbinden.
- Karotten und Sellerie schälen und in kleine Stücke schneiden.
- Ein Stück Bratfolie in Schlauchform, etwa anderthalbmal so lang wie das Fleischstück, an einem Ende nach Vorschrift verschließen.
- Das Fleisch mit Muskatblüte und Salz gut einreiben, in die Folie schieben und die mit Lorbeerblatt und Nelke gespickte Zwiebel, Knoblauchzehe, Karotten und Sellerie dazugeben. Gut verschließen. Mit einer feinen Nadel die Folie mehrmals einstechen.
- Den Backofen auf 220 °C vorheizen. Die Folie auf den kalten Rost legen und auf der untersten Schiene 35 Minuten braten.
- Die Folie aus dem Ofen nehmen. Mit einer Schere auf der Oberseite ein Loch anbringen. Den Bratensaft in ein Pfännchen abgießen. Das Fleisch im ausgeschalteten Backofen warm halten.
- Den Saft mit der klaren Sauce mischen und auf die Hälfte einkochen lassen. Das Tomatenpüree beifügen und gut nachwürzen. Vom Herd wegziehen und die Tafelbutter flockenweise unter die Sauce rühren. Die Sauce separat zum Fleisch servieren.

Hähnchen mit Artischockenherzen und Champignons

Hähnchen mit Artischocken

Für 4 Personen
Vorbereitung 30 Min.
Kochzeit 35 Min.
1975 kJ = 472 kcal/Portion

2 Hähnchen zu je 600 g, 100 g Geflügelleber
1 Eßl. Tafelbutter, 1 Eßl. Butterschmalz (Gourmetbutter)
1 Eßl. Zitronensaft
150 g frische Champignons, 2 feingehackte Schalotten, 1 Dose Artischockenherzen
3 Eßl. trockener Sherry
¼ Teel. Oregano, Salz, Pfeffer

- Beide Hähnchen vierteln, dabei den Rückenknochen entfernen und beiseite legen. Die Hähnchenstücke in einer Edelstahlpfanne ohne Fett von allen Seiten anbraten. Den Rückenknochen, Hals und, wenn vorhanden, Magen und Herz mitbraten. Alles aus der Pfanne herausnehmen.
- Artischockenherzen und geputzte Champignons in feine Scheiben schneiden und rasch im Bratensaft der Hähnchen anbraten.
- Die Hähnchenstücke mit Salz, Pfeffer und Oregano würzen, auf das Gemüse legen und auf niedrigster Stufe 35 Minuten schmoren lassen. Ab und zu etwas Sherry zufügen.
- Sobald das Hähnchenfleisch gar ist, aus der Pfanne nehmen und warm stellen. Die Flüssigkeit in ein kleines Pfännchen abgießen und aufkochen. Die in kleine Stücke geschnittene Butter dazugeben und in der Sauce schmelzen lassen; dabei die Pfanne ständig schütteln.
- Die Geflügelleber in Scheiben schneiden und mit den Schalotten in einem Eßlöffel Butterschmalz rasch anbraten. Mit wenig Salz und Pfeffer abschmecken.
- Die Hähnchenstücke anrichten, etwas Gemüse darüber verteilen und mit der Sauce begießen. Die Geflügelleber darauf anrichten.

Frische Artischocken schmecken fast noch besser, für die Zubereitung braucht man aber mehr Zeit
Sherry durch Weißwein ersetzen

Gefüllte Hähnchenbrüste mit Estragon

Für 4 Personen
Vorbereitung 30 Min.
Bratzeit 10 Min.
2854 kJ = 682 kcal/Portion

Je nach Größe 4–8 Hähnchenbrüste mit oder ohne Knochen
80 g Butter, 3 Eßl. Butterschmalz (Gourmetbutter), 2 Eier
300 g altbackenes Weißbrot
2 Eßl. Mehl
1 Eßl. gehackter Estragon, Salz, Pfeffer

- Am Brustspitz beginnend, die Hähnchenbrüste häuten und, wenn nötig, von den Knochen befreien.
- Die Butter bei Küchentemperatur weich werden lassen. Mit dem Estragon sowie wenig Salz und Pfeffer mischen, zu einer Rolle formen und im Kühlschrank fest werden lassen.
- Die Brüste so einschneiden, daß eine kleine Tasche entsteht, und mit der Butter füllen. Bei großen Hühnerbrüsten die Butter nach Belieben zu einer schmalen Rolle formen und in das flachgeklopfte Fleisch einwickeln. 30 Minuten kalt stellen. (Die Estragonbutter muß fest werden, damit beim Braten wenig ausläuft.)
- Inzwischen das Weißbrot reiben.
- Die gefüllten Brüste mit Salz und Pfeffer bestreuen. Zuerst im Mehl, dann im verquirlten Ei wenden. Mit den Weißbrotkrumen panieren und die Panade gut andrücken.
- Das Butterschmalz erhitzen. Die Brüste bei nicht zu hoher Temperatur goldbraun braten.
- Auf einer gut vorgewärmten Platte anrichten. Verschiedene Gemüse oder grüne Erbsen passen am besten dazu.

Kartoffelkroketten mit Mandeln

Für 4 Personen
Arbeitsaufwand 25 Min.
2239 kJ = 535 kcal/Portion

800 g gekochte Salzkartoffeln oder Kartoffeln in der Schale
2 Eßl. Butter, 2 Eier, 1 Eigelb
1 Eßl. Mehl
100 g Mandelsplitter oder -blättchen
Salz, Pfeffer, Muskat
Öl zum Fritieren

Dem Krokettenteig etwas gehackten Schinken oder Trüffel beigeben

- Die weichgekochten, ausgedampften, aber noch warmen Kartoffeln durchpressen und sofort mit Butter, Mehl, 3 Eigelb und den Gewürzen verkneten. Die Masse muß gut zusammenhalten.
- Um sicher zu sein, einige Probekroketten formen und fritieren. Wenn der Teig zu naß ist oder nicht gut zusammenhält, mehr Eigelb oder Mehl zugeben.
- Den Kartoffelteig auf einem schwach bemehlten Brett zu fingerdicken Rollen formen und diese in 3–5 cm lange Stücke schneiden.
- Diese zuerst in verquirltem Eiweiß, dann in den Mandelsplittern wälzen und in mittelheißem Öl 3–4 Minuten goldbraun fritieren.

TIP Die Kroketten können einige Stunden vor dem Essen geformt und auch hellgelb vorfritiert werden.

Mokkaeis-Gugelhupf

Gibt 8 Portionen
Arbeitsaufwand 30 Min.
Gefrierzeit 4 Std.
1766 kJ = 422 kcal/Portion

4 Eigelb, 2 Eiweiß, 3¼ l Rahm
4 Teel. Rosinen
1 Eßl. gesüßtes Schokoladenpulver, 1 Teel. Instantkaffee
100 g Zucker
4 Eßl. Cognac

- Die Rosinen waschen, abtropfen und in Cognac einlegen. Den Kaffee in einem Eßlöffel heißem Wasser auflösen.
- Die Eigelb mit dem Zucker zu einer sämigen, weißlichen Creme schlagen. Die Eiweiß und den Rahm steif schlagen.
- 3 Viertel des Rahms unter die Eiercreme mischen. Sorgfältig auf den Eischnee gießen und locker vermengen. Die Rosinen mit dem Cognac und dem Kaffeekonzentrat beifügen.
- In eine Gugelhupfform füllen. 4 Stunden in der Tiefkühltruhe oder im Gefrierfach des Kühlschranks gefrieren lassen.
- Vor dem Servieren den Gugelhupf umgekehrt einen kurzen Augenblick unter den kalten Wasserstrahl halten und auf eine mit Tortenpapier belegte Platte stürzen.
- Das Schokoladenpulver durch ein Kaffeesieb darüber streuen. Mit Rosetten aus dem restlichen Schlagrahm garnieren.

Mokkaeis-Gugelhupf, mit Schokoladenpulver und Rahmrosetten verziert

Orangengratin

Für 2 Personen
Vorbereitung 20 Min.
Backzeit 20 Min.
1887 kJ = 451 kcal/Portion

2 Orangen, ½ Teel. Zitronensaft
½ Teel. Butter, 1 Ei, ⅛ l Rahm
1 Eßl. Zucker, ½ Eßl. Puderzucker, ½ Teel. Speisestärke
2 Eßl. bittere Orangenkonfitüre, 1 Eßl. Orangenlikör

- Die Orangen sorgfältig schälen, so daß auch die weiße Haut ganz entfernt wird. Mit einem scharfen Messer zwischen den Trennhäutchen geschälte Schnitze herausschneiden; dabei den Saft auffangen.
- Den aufgefangenen Orangensaft mit dem Zitronensaft, einem Eßlöffel Zucker und der Speisestärke gut mischen. In einer kleinen Pfanne zu dickem Sirup kochen. Mit der Orangenkonfitüre und dem Orangenlikör mischen.
- Die Orangenschnitze dekorativ in eine gebutterte Gratinform oder Portionsformen schichten. Das Ei mit dem Rahm verquirlen, mit dem vorbereiteten Orangensaft mischen und über die Orangen verteilen. 10–15 Minuten bei 180 °C im Ofen backen (der Guß darf nicht zu trocken werden). Dann auf Oberhitze umschalten, den Gratin mit dem Puderzucker bestreuen und kurz überbacken.

Zwetschgenkompott mit Orangen

Für 4 Personen
Vorbereitung 10 Min.
Kochzeit 45 Min.
1042 kJ = 249 kcal/Portion

200 g Dörrzwetschgen, 2 ungespritzte Orangen
1 l russischer Tee
5 Eßl. Zucker

- Die Dörrzwetschgen am Vorabend in Tee einlegen.
- Am nächsten Tag mit dem Zucker 45 Minuten kochen.
- Inzwischen die Orangen gut waschen, mit der Schale in dünne Scheiben schneiden und in eine Kompottschale legen.
- Das heiße Kompott darüber gießen und erkalten lassen.

Erdbeerschaum mit Kirsch

Für 4 Personen
Arbeitsaufwand 10 Min.
1984 kJ = 474 kcal/Portion

600 g Erdbeeren
1 Eßl. Kirschwasser
200 g Puderzucker
¼ l Rahm

Diese Speise läßt sich auch mit anderen Beeren, Pfirsichen oder Aprikosen zubereiten

- Die Erdbeeren entstielen und im Mixer pürieren. Durch ein feines Sieb streichen, damit die Kerne zurückbleiben. Mit Kirschwasser und Puderzucker verrühren. 3 Stunden kalt stellen.
- Vor dem Servieren den steifgeschlagenen Rahm unter das Erdbeerpüree mischen, dann in Dessertschalen füllen.

Charlotte mit glasierten Maronen

Gibt 8 Stück
Arbeitsaufwand 40 Min.
1515 kJ = 362 kcal/Stück
Anleitung S. 133

200 g Löffelbiskuits
4 Eigelb, ¼ l Milch, ¼ l Rahm
nach Belieben Rahm zum Garnieren
150 g Zucker
1 Vanilleschote
5 Blatt Gelatine
200 g glasierte Maronen (Marrons glacés), einige ganze, glasierte Maronen zum Garnieren
2 Eßl. Rum oder Whisky

- Die Milch mit der aufgeschlitzten Vanilleschote zum Kochen bringen. Von der Herdplatte wegziehen und stehenlassen.
- Die Gelatine in kaltes Wasser legen.
- Die Eigelb mit dem Zucker zu einer sämigen, weißlichen Creme schlagen. Die heiße Milch sorgfältig unter die Eicreme rühren. Dann die Creme wieder erhitzen und vor dem Kochen vom Feuer nehmen.
- Die Gelatine gut ausdrücken, zur heißen Creme geben und gut schlagen. Mit etwas Zucker bestreuen, damit die Creme beim Abkühlen keine Haut bekommt.
- Sobald die Creme fest zu werden beginnt (sie darf noch nicht richtig fest sein!), den steifgeschlagenen Rahm darunterziehen.
- Den Ring einer Charlotten- oder Springform mit Klarsichtfolie überziehen und auf eine Tortenplatte stellen. Die Löffelbiskuits an einem Ende gerade schneiden und im Ring dicht nebeneinanderstellen, das runde Ende nach oben (Abb. S. 133).
- Die glasierten Maronen zerbröckeln und mit dem Rum oder Whisky unter die Creme mischen.
- Die Creme vorsichtig in die Form füllen. Dabei darauf achten, daß die Löffelbiskuits nicht umfallen.
- 2–3 Stunden im Kühlschrank fest werden lassen.
- Vor dem Servieren den Rand der Springform vorsichtig entfernen. Die Charlotte mit den ganzen, glasierten Maronen und dem Schlagrahm garnieren.

In Cognac oder anderen Spirituosen eingelegte Marrons glacés verwenden; den Rum bzw. Whisky durch den Einlegesaft ersetzen

Nach dem Grundrezept (ohne glasierte Maronen und Rum oder Whisky) können die verschiedensten Charlotten zubereitet werden:

Charlotte mit Ananas Mit Rum parfümierte Ananasstückchen zufügen und mit Ananas und Schlagrahm garnieren.

Charlotte mit Früchten Beeren oder Aprikosen oder Pfirsiche pürieren oder kleinschneiden und unter die noch weiche Creme mischen, bevor der Rahm zugegeben wird. 1–2 Blatt Gelatine mehr verwenden. Mit ganzen Früchten und steifgeschlagenem Rahm garnieren.

Charlotte mit Haselnüssen oder Mandeln Der Milch geschälte, feingeriebene Haselnüsse oder Mandeln beifügen und alles aufkochen. Mehrere Stunden stehenlassen, dann durch ein Sieb streichen und nach dem Grundrezept weiterarbeiten.

Die Nüsse in der Creme lassen; die Charlotte wird etwas sandig und gröber in der Konsistenz

Charlotte mit Schokolade Der Grundcreme 150 g dunkle Schokolade, die zuvor in 2 Eßlöffel Wasser im Wasserbad aufgelöst wurde, zufügen.

Die Charlotte – eine Mischung aus Torte und Süßspeise

Eine selbstgemachte Charlotte ist immer ein großer Erfolg. Wenn die Anleitung genau befolgt wird, kann dieses herrliche Dessert auch von Anfängern in der Kochkunst zubereitet werden. Der Trick bei dieser Methode besteht darin, daß die Charlotte nicht gestürzt wird. Man muß sie nur noch aus der Kühle nehmen, sie vom Springformring befreien und schnell garnieren. Dies kann vor dem Essen geschehen.

1. Eigelb und Zucker zu einer Creme schlagen. Heiße Milch, dann Gelatine hineinrühren

2. Sobald die Creme fest zu werden beginnt, den steifgeschlagenen Rahm darunterziehen

3. Biskuits zurechtschneiden und im Springformring auf einer Platte nebeneinander anordnen

4. Die Creme vorsichtig einfüllen. Dabei darauf achten, daß die Löffelbiskuits nicht umfallen

5. Vor dem Servieren den Springformring entfernen und die Charlotte garnieren

Die fertige Charlotte kann sich sehen lassen!

Warme und kalte Buffets für jede Gelegenheit

Buffets sind besonders zu empfehlen, wenn es darum geht, viele Gäste ohne große Umstände zu bewirten. Im Privathaushalt ist es die ideale Einladungsform, wenn zu wenig Platz oder kein Servierpersonal vorhanden ist. Der reibungslose Ablauf verlangt allerdings eine gute Organisation; dazu siehe Teil I dieses Buches.

Ein Buffet kann einfach und rustikal oder elegant und raffiniert sein. Alles läßt sich ganz auf die Art der Einladung und auf den Geschmack der Gäste abstimmen. Eigene Kreationen, die im voraus zubereitet werden, kann man mit gekauften Gerichten ergänzen. So haben die Gastgeber Zeit und Muße, sich zwanglos unter die Gäste zu mischen.

Das klassische Delikatessenbuffet enthält alles von der Terrine über kaltes Fleisch und Salate bis zu Meeresfrüchten und Kaviar. Hier kann man vieles dazukaufen, es muß jedoch von bester Qualität sein, damit es nicht neben dem Hausgemachten abfällt. Im folgenden ist auch ein Vorschlag für ein eher konventionelles kaltes Buffet zu finden.

Zur Abwechslung sollte man auch einmal warme Speisen zu einem Buffet zusammenstellen. Ein garantierter Erfolg ist das rustikale Buffet, wenn Fleischliebhaber eingeladen sind. Die verschiedenen Braten werden auf Rechauds warm gehalten; lauwarm oder kalt schmecken sie allerdings ebenso gut. Den Schinken im Brotteig kann man vorbakken und dann im letzten Augenblick aufwärmen.

Immer beliebter werden Buffets mit pikanten Kuchen, die auch warm serviert werden. Zwei bis drei Sorten zur Auswahl genügen, dazu reichlich Salat. Das Dessert kann aus einem süßen Kuchen oder einem Fruchtsalat bestehen.

Die Variationsmöglichkeiten sind bei Buffets fast unendlich. Die Vorschläge in diesem Kapitel sind als Anregung gedacht, denn die Zahl der Gerichte und die Zusammenstellung kann man nach Belieben bestimmen. Interessant wird es jedoch erst ab zehn Personen, weil eine gewisse Auswahl an Speisen geboten werden muß, wenn die Bezeichnung Buffet gerechtfertigt sein soll.

Das kalte Buffet mit Klosterpastete (Seite 142) und Quarkpudding mit Erdbeeren (Seite 155) – eine problemlose Art, eine große Gästezahl zu bewirten

Buffetvorschläge

Rustikales Buffet

Halbwarme Gemüsesuppe S. 215

*

Schweinehals mit Knoblauch S. 221
Kalbskotelett am Stück S. 139
Lammrücken mit Kräutern S. 390
Schinken in Brotteig S. 139
Amerikanischer Kartoffelsalat S. 223
Mixed Pickles

*

Käseplatte
Verschiedene Brotsorten

*

Nüsse und Früchte

*

Quarkbirnen mit Burgundersauce S. 155

Kuchenbuffet

Pikanter Fischkuchen S. 145
Schinkentorte S. 143
Flammekueche S. 144
Krautstrudel S. 143
Spargelkuchen S. 145
Lauchkuchen Marianne S. 208
Kartoffeltorte Saint-Valéry S. 146

*

Grüner Salat
Tomatensalat

*

Rhabarberstrudel S. 156
Elsässischer Zwetschgenkuchen S. 192
Gedeckter Birnenkuchen S. 157

Salatbuffet

Vichyssoise S. 137

*

Horsd'œuvre
Spinatsalat mit Knoblauchbrot S. 56
Zucchinisalat mit Lammfleisch S. 148
Kabeljausalat mit Erbsen S. 164

*

Grapefruitsalat mit Krevetten S. 146
Thunfischsalat nach Kreolenart S. 147
Pikanter Fleischsalat S. 149
Tscherkessischer Hühnersalat S. 148
Eiersalat mit verschiedenen Saucen S. 150
Spargelsalat S. 151
Blumenkohlsalat Cinque Terre S. 151
Roher Champignonsalat S. 151
Verschiedene Gemüse, in Essig eingelegt

*

Verschiedene Brotsorten
Toast und Butter

*

Käseplatte

*

Johannisbeerquarktorte S. 263

Kaltes Buffet

Gazpacho andaluz S. 392

*

Salatbouquet mit Dips S. 152
Pikanter Fleischsalat S. 149
Wildterrine mit Orangensauce S. 140
Geflügelterrine S. 185
Cornichons, Gewürzgurken, eingelegte Zwiebeln
Lachspastete S. 78
Klosterpastete S. 142
Hasenrücken mit Brombeersauce S. 185
Senffrüchte

*

Russische Creme S. 194
Quarkpudding mit Erdbeeren S. 155

Delikatessenbuffet

Austern mit Zitrone S. 38
Krevettencocktail S. 356
Gelierte Meeresfrüchte
Dodin Bouffant S. 138
Räucherlachs mit Meerrettichsahne
Seeteufelsalat S. 414
Heringsfilets in Rahm

*

Gänseleberterrine S. 140
Roastbeef mit Tatarsauce
Rohschinken
Bündner Fleisch
Gefüllte Eier S. 150
Artischocken mit Vinaigrette S. 154

*

Stangenweißbrot

*

Gefüllte Ananas S. 433

Vichyssoise, eine Lauchcremesuppe, die kalt serviert wird

Vichyssoise

Für 6 Personen
Vorbereitung 30 Min.
Kochzeit 40 Min.
762 kJ = 186 kcal/Portion

¾ l Fleischbrühe
1 Eßl. Butter, ½ l Milch, 5 Eßl. Rahm
300 g Kartoffeln, 200 g Lauch, 1 Zwiebel
2 Eßl. feingeschnittener Schnittlauch, Majoran, Muskat, Salz, Pfeffer
Beilagen: Schinkenwürfel, Croutons, Mandelsplitter, gewürfelte Paprikaschoten und Tomaten, Zungenstreifen usw.

- Die Kartoffeln und den Lauch schälen, waschen und in Stücke schneiden. Die Zwiebel hacken. Zwiebel und Lauch in der Butter etwa 5 Minuten dünsten.
- Kartoffeln beigeben, mit Salz, Pfeffer, Majoran und Muskat würzen. Mit der Fleischbrühe aufgießen und kochen, bis Kartoffeln und Lauch gar sind.
- Das Gemüse im Mixer pürieren. Die Milch dazugießen; nach Bedarf nachwürzen und kalt stellen.
- Rahm steif schlagen; unter die Suppe ziehen. Anrichten und mit Schnittlauch bestreuen. Beilagen separat reichen.

Gelierte Meeresfrüchte Dodin Bouffant

Für 6 Personen
Vorbereitung 45 Min.
Kochzeit 60 Min.
845 kJ = 202 kcal/Portion

200 g Fischfilet (z. B. Seezunge, Seeteufel), 200 g gekochte, geschälte Krevetten, 200 g Mies- oder Jakobsmuscheln ohne Schale (aus der Dose oder tiefgekühlt), 500 g Fischgräten
200 g Rahmquark
½ l Weißwein, 1 Teel. Pernod
1 grobgeschnittene Zwiebel, 1 Karotte, 300 g Kresse
1 Lorbeerblatt, 6 weiße Pfefferkörner, 1 Teel. Dillspitzen, Salz, Pfeffer
8 Blatt Gelatine

- Gräten, Zwiebel, in Scheiben geschnittene Karotte, Lorbeerblatt, Pfefferkörner und einen halben Teelöffel Dillspitzen mit Wein, Salz und ¼ l Wasser 60 Minuten kochen.
- Den Fischsud durch ein Haarsieb in einen zweiten Topf gießen. Den Fisch in kleine Würfel schneiden. Im Sud 5 Minuten ziehen lassen. Abgießen und den Sud auffangen.
- Eine Ringform mit Karotten, Fischwürfeln, Krevetten und Muscheln so füllen, daß beim Stürzen ein hübsches Muster zum Vorschein kommt.

Kleine Puddingformen mit den Meeresfrüchten füllen und diese dann auf Einzelteller stürzen

Gelierte Meeresfrüchte Dodin Bouffant, dazu eine sahnige Kressesauce

● Den Fischsud auf die Hälfte einkochen. Die Gelatine 3–4 Minuten in kaltem Wasser quellen lassen, gut ausdrücken und im Sud auflösen. Pernod und einen halben Teelöffel Dillspitzen beifügen. Den Sud über die Meeresfrüchte verteilen. 3–4 Stunden im Kühlschrank gelieren lassen.
● Den Rahmquark schaumig schlagen. Die Kresse waschen, hacken und darunterziehen. Mit Salz und Pfeffer würzen.
● Die Ringform in heißes Wasser tauchen und stürzen. Die Kressesauce in den Ring füllen oder separat servieren.

Schinken in Brotteig

Für 12 Personen
Vorbereitung 20 Min.
Koch- und Backzeit 5 Std.
4081 kJ = 975 kcal/Portion

1 entbeinter Bauernschinken (4–5 kg)
3 kg Schwarzbrotteig vom Bäcker
1 verquirltes Ei
2 Eßl. Weißwein
1 Zwiebel
1 Eßl. Zucker, 6 Eßl. Senf, 1 Lorbeerblatt, 1 Gewürznelke

● Den Schinken mit der mit Lorbeerblatt und Nelke gespickten Zwiebel in 3 l Wasser eine Stunde kochen.
● Die Schwarte sorgfältig entfernen. Senf, Zucker und Weißwein gut mischen. Den Schinken damit bestreichen.
● Den Brotteig 1 cm dick ausrollen und mit Ei bestreichen. Den Schinken mit der Oberseite nach unten darauf legen und einpacken. Die Ränder mit Wasser befeuchten und zusammendrücken. Das Paket mit dem Verschluß nach unten auf ein Backblech legen.

Den Schinken vom Bäcker in Teig verpacken und backen lassen

● 30 Minuten stehenlassen, dann bei 170 °C 4 Stunden backen. Wenn nötig, nach einiger Zeit mit Alufolie abdecken.
● Den Schinken noch 20 Minuten im ausgeschalteten Ofen stehenlassen.
● Warm in nicht zu dünne Scheiben schneiden.

Kalbskotelett am Stück

Für 6 Personen
Vorbereitung 30 Min.
Bratzeit 90 Min.
2055 kJ = 491 kcal/Portion

1200 g Kalbskotelett am Stück
2 Eßl. Butterschmalz (Gourmetbutter)
1/8 l Weißwein
1 Zwiebel, 1 Karotte
1 Lorbeerblatt, 1 Gewürznelke, Rosmarin, Oregano, Salz, Pfeffer

● Das Fleisch salzen, pfeffern und mit der flüssig gemachten Butter begießen. Im Backofen bei 250 °C rundum anbraten.
● Die mit Lorbeerblatt und Nelke gespickte Zwiebel, Karotte, Gewürze und Weißwein zugeben. Bei 180 °C 60–90 Minuten braten. Ab und zu mit dem Saft begießen. Notfalls mit Alufolie abdecken, damit das Fleisch nicht zu braun wird.

Wildterrine mit Orangensauce

Für 8 Personen
Vorbereitung 30 Min.
Garzeit 90 Min.
2723 kJ = 651 kcal/Portion

500 g Hasen- oder Rehfleisch ohne Knochen, 300 g Schweinefleisch, 100 g Magerspeck, 150 g Spickspeck in Scheiben
2 Eßl. Butterschmalz (Gourmetbutter), 1/8 l Rahm, 1 Ei
1 Zwiebel, 100 g Walnußkerne (Baumnußkerne)
Salz, Pfeffer, Thymian, 1/2 Teel. Wacholderpulver oder Wildgewürz, 1 Lorbeerblatt
1/8 l Cognac
Sauce
5 Eßl. bittere Orangenkonfitüre
1 Eßl. Currypulver oder grüner Pfeffer, Salz, Pfeffer
1 Eßl. Whisky, nach Bedarf 1–2 Eßl. Orangensaft

Wildfleisch durch Schweine- oder Geflügelfleisch ersetzen

- Die Zwiebel hacken und in der Butter leicht andünsten.
- 200 g Wildfleisch in fingerdicke Streifen schneiden. Das restliche Wildfleisch mit dem Schweinefleisch und dem Magerspeck hacken. Mit Rahm, verquirltem Ei, Salz, Pfeffer, Thymian und Wacholderpulver oder Wildgewürz mischen. Cognac, Zwiebel und Nüsse zugeben und alles zu einer glatten Masse verarbeiten.
- Eine Terrinenform mit der Hälfte des Spickspecks auskleiden und abwechselnd Gehacktes und Wildfleisch einfüllen. Die Oberfläche glattstreichen, das Lorbeerblatt darauf legen und das Ganze mit Spickspeck bedecken.
- Die Terrine mit einem Deckel schließen und in Alufolie einpakken. Das Gefäß in ein Wasserbad stellen und 90 Minuten im Backofen bei 140 °C garen.
- Die Folie und den Deckel entfernen, ein Brett oder einen Teller auf die Fleischmasse legen und mit einem mit Wasser gefüllten Krug beschweren. 2 Stunden auskühlen lassen.
- In den Kühlschrank stellen. Vor dem Servieren die Spickspeckscheiben und das überschüssige Fett entfernen.
- Alle Zutaten für die Sauce gut mischen; nach Bedarf mit dem Orangensaft verdünnen. Falls man grünen Pfeffer verwendet, diesen vorher unter fließendem Wasser spülen.

Gänseleberterrine

Für 6 Personen
Vorbereitung 30 Min.
Garzeit 20 Min.
1311 kJ = 542 kcal/Portion

Statt Gänseleber kann man Entenleber verwenden

500 g frische, küchenfertige Gänseleber
Marinade: 2 Eßl. Portwein, 2 Eßl. Cognac, 1 Teel. Pfeffer, 1 Eßl. Salz

- Die Lebern von Hand in Stücke teilen. Die feinen Häutchen sorgfältig entfernen und die Nerven herausziehen. Die Leberstücke in eine Schüssel legen und mit einer Nadel mehrmals einstechen.
- Die Zutaten für die Marinade mischen und über die Leber gießen. Im Kühlschrank 12–24 Stunden marinieren.
- Den Backofen auf 140 °C erhitzen.
- Die Marinade in eine kleine Pfanne gießen. Bei mittlerer Hitze auf 2 Eßlöffel einkochen. Durch Filterpapier gießen.

Eine Wildterrine mit Hasen- oder Rehfleisch

Fleischterrinen sind vielseitig verwendbar. Sie werden nicht nur wie in diesem Kapitel als Bestandteil eines kalten Buffets zubereitet, sondern sind als Imbiß, als kleines Abendessen und vor allem als Vorspeise gut geeignet.

Das Wildfleisch, das in diesem Rezept verwendet wird, läßt sich durch Schweine- oder Geflügelfleisch ersetzen.

Weitere Hinweise für die Zubereitung von Terrinen sind auf Seite 184 zu finden.

1. Das Fleisch hacken und mit den restlichen Zutaten zu einer glatten Masse verarbeiten

2. Eine Terrinenform mit der Hälfte der Spickspeckscheiben gleichmäßig auslegen

3. Wildfleisch und Gehacktes lagenweise einfüllen; Lorbeerblatt und Speck darauf legen

4. Die Terrine mit Deckel in Alufolie wickeln und im Wasserbad garen

5. Folie und Deckel entfernen. Die Fleischmasse beschweren und auskühlen lassen

Vor dem Servieren sind die Speckscheiben und das überschüssige Fett entfernt worden

- Die Leber in eine kleine, feuerfeste Terrinenform füllen. In die Zwischenräume etwas Salz und die Marinade geben. Flachdrücken und die Terrine zudecken. In ein feuerfestes Gefäß stellen. Dieses mit warmem Wasser bis zur Höhe der Lebermasse auffüllen.
- Den Backofen auf 80 °C zurückschalten. Die Terrine 20 Minuten bei 80 °C Wassertemperatur garen. Erkalten lassen.

Klosterpastete

Für 12 Personen
Vorbereitung 60 Min.
Marinieren 3–4 Tage
Backzeit 75–90 Min.
2185 kJ = 522 kcal/Portion
Foto S. 135

400 g Schweinefilet, 400 g gekochter Schinken, 2 Kalbshirne
750 g gesalzener Mürbeteig (S. 205), 2 Eier
1 l guter Rotwein, 3 Eßl. Madeira
3 große Zwiebeln, 700 g zarter Lauch, 3 große Karotten,
100 g Cornichons, in dünne Scheiben geschnitten
3 Eßl. gehackte Petersilie, 10 Wacholderbeeren, 30 schwarze Pfefferkörner, 3 Gewürznelken, 2 Lorbeerblätter, Salz, Pfeffer
Sülzpulver für ¼ l Flüssigkeit

- Die Hälfte von Fleisch und Schinken in feine Scheiben schneiden. Zwiebeln und Karotten schälen, in dünne Scheiben schneiden und mit Fleisch- und Schinkenscheiben, restlichem Fleisch, Wacholderbeeren, Pfefferkörnern, Nelken und Lorbeerblättern 3–4 Tage im Rotwein stehenlassen. Täglich zweimal durchmischen. 2 Stunden vor Weiterverwendung herausnehmen und abtropfen lassen.
- Lauch in Stücke schneiden und in wenig Salzwasser weich dünsten. Mit Salz und Pfeffer abschmecken. Abtropfen lassen.
- Die Kalbshirne 2 Stunden wässern, putzen und enthäuten.
- Fleisch- und Schinkenstück, Hirne und Lauch durch den Fleischwolf drehen. Ein Ei, Petersilie, Salz und Pfeffer hineinrühren.
- Eine Springform mit 24 cm Durchmesser mit Butter bestreichen. 2 Drittel des Teiges 4 mm dick ausrollen und die Form damit auslegen. Dabei einen Rand von 5 cm hochziehen.
- Die Hälfte der Pastetenmasse auf den Boden der Form verteilen. Die Hälfte der marinierten Fleisch- und Schinkenscheiben dachziegelförmig einschichten. Die Cornichons darüber verteilen. Darauf restliche Fleisch- und Schinkenscheiben, dann Pastetenmasse geben.
- Den überstehenden Teigrand über die Füllung schlagen.
- Aus dem restlichen Teig einen Deckel in der Größe der Form ausrollen und zurechtschneiden. Den eingeschlagenen Rand mit Eiweiß bestreichen, den Deckel aufsetzen und gut andrücken.
- Das Eigelb mit einem Eßlöffel Wasser und einer Prise Salz gut verrühren. Die Pastete damit bestreichen. Mit Teigresten verzieren. Nochmals mit Eigelb bestreichen.
- In der Mitte der Pastete ein Dampfloch markieren. Die Pastete bei 180 °C 20 Minuten backen. Aus dem Ofen nehmen, das Dampfloch öffnen, dann 55–70 Minuten fertigbacken. Notfalls mit Alufolie abdecken. Gut abkühlen lassen.
- Die Sülze zubereiten und mit Madeira verfeinern. Etwas erkalten lassen, dann durch das Dampfloch in die Pastete füllen.
- Im Kühlschrank fest werden lassen. Frühestens nach 24 Stunden, nach Belieben mit Orangensauce (S. 140) servieren.

Schinkentorte

Für 8 Personen
Vorbereitung 25 Min.
Backzeit 50 Min.
2578 kJ = 616 kcal/Portion

6 Scheiben gekochter Schinken, 5 mm dick
250 g Schweinsbratwurstbrät
500 g Blätterteig
3 Eßl. Butter, 1 Ei
1 große gehackte Zwiebel, 2 Äpfel, 60 g Rosinen
2 Eßl. Calvados, ¼ Teel. Pfeffersauce, ½ Teel. Majoran, Salz, Pfeffer

- Die Zwiebel in 2 Eßlöffel Butter 10 Minuten glasig dünsten.
- Eine Springform mit 24 cm Durchmesser kalt ausspülen. 2 Drittel des Blätterteigs 3 mm dick ausrollen. Die Form damit belegen. Mit einer Gabel mehrmals einstechen.
- Die Äpfel schälen und reiben. Den Schinken in kleine Würfel schneiden. Die Rosinen waschen und abtropfen lassen.
- Zwiebel, Rosinen und Brät mischen. Pfeffersauce, Majoran und nach Bedarf Salz zufügen. Die Hälfte des Bräts auf den Teigboden verteilen. Die Äpfel mit Pfeffer bestäuben und darüber verteilen. Mit dem restlichen Brät und den Schinkenwürfeln bedecken.
- Aus dem restlichen Teig einen Deckel ausrollen. Die Ränder der Torte auf die Füllung zurückschlagen, mit Eiweiß bestreichen, den Deckel darauf legen und andrücken. Mit einer Gabel mehrmals einstechen; in der Mitte ein kleines Loch anbringen. Mit Eigelb bestreichen. Verzierungen aus Teigresten darauf kleben. Nochmals mit Eigelb bestreichen. 40–50 Minuten bei 200 °C goldgelb backen.
- 10 Minuten vor Ende der Backzeit den Calvados durch das Dampfloch gießen. Warm oder kalt am selben Tag servieren.

Krautstrudel

Für 6 Personen
Vorbereitung 45 Min.
Backzeit 50 Min.
2549 kJ = 609 kcal/Portion

1 kg Wirsing, 1 Zwiebel
200 g Magerspeck
350 g Mehl
1 Ei, 3 Eßl. Butter, ⅛ l Rahm, 1 Eßl. Öl
1 Teel. Kräuter der Provence, 1 Teel. Paprika, Koriander,
nach Belieben 1 Teel. Kümmel, Salz, Pfeffer

- ⅛ l handwarmes Wasser mit dem Ei, Öl und einer Prise Salz verquirlen. Das Mehl zufügen. Kneten, bis der Teig nicht mehr klebt. Unter einer gewärmten Schüssel eine Stunde ruhenlassen.
- Wirsing halbieren, Strünke entfernen, Kraut fein schneiden.
- Die Butter erhitzen. Die gehackte Zwiebel darin 3–4 Minuten dünsten. Wirsing, Kräuter und den gehackten Speck zugeben. Zugedeckt bei schwacher Hitze 15 Minuten schmoren.
- Mit Salz, Pfeffer, Koriander, Paprika und Kümmel würzen.
- Den Teig leicht ausrollen. Ein Tischtuch mit wenig Mehl bestreuen und den Teig darauf legen. Möglichst dünn ausrollen.
- Mit der Füllung belegen; dabei Rand frei lassen. Aufrollen. Bei 190 °C 30 Minuten backen; dabei öfter mit Rahm bestreichen.

Flammekueche vom Blech mit einer würzigen Zwiebelfüllung

Flammekueche

Für 6 Personen
Vorbereitung 30 Min.
Backzeit 20–25 Min.
2680 kJ = 640 kcal/Portion

130 g Magerspeck
2 große Zwiebeln
4 Eßl. Butter, 200 g Frischkäse oder Speisequark, ¼ l Rahm
425 g Mehl, ½ Teel. Zucker, 1 Beutel Trockenhefe
1 Teel. Salz, ¼ Teel. Pfeffer, Muskat

Weißbrotteig vom Bäcker oder eine Backmischung verwenden

- Hefe mit Zucker und 2 Eßlöffel lauwarmem Wasser anrühren. 10 Minuten stehenlassen.
- Das gesiebte Mehl, einen halben Teelöffel Salz und knapp ¼ l lauwarmes Wasser mit der Hefe zu einem Teig kneten. In eine vorgewärmte Schüssel geben und bei Küchentemperatur 40 Minuten ruhenlassen.
- Den Speck in feine Streifen schneiden.
- Die Zwiebeln ebenfalls in Streifen schneiden. In 2 Eßlöffel Butter unter Wenden hellgelb dünsten.
- Frischkäse oder Quark mit Zwiebeln und Rahm gut mischen. Mit Salz, Pfeffer und Muskat würzen.
- Ein Kuchenblech mit einem Eßlöffel Butter bestreichen.
- Den Teig 3 mm dick ausrollen. Das Blech damit belegen und einen Rand von 3 cm hochziehen.
- Die Zwiebelfüllung auf den Teigboden geben; die Speckstreifen darauf legen. Restliche Butter in Flocken darüber verteilen. Bei 210 °C 20–25 Minuten backen.

Spargelkuchen

Für 6 Personen
Vorbereitung 20 Min.
Kochzeit 30–40 Min.
Backzeit 45–50 Min.
2100 kJ = 502 kcal/Portion

250 g gesalzener Mürbeteig (S. 205)
1 kg Spargel
100 g Rohschinken, in Streifen geschnitten
4 Eier, 2 Teel. Butter, ¼ l Milch, ¼ l Rahm, 2 Eßl. geriebener Greyerzer
2 Eßl. Essig, ½ Teel. Zucker, Salz, Pfeffer, Muskat

- Eine Springform mit 24 cm Durchmesser mit einem Teelöffel Butter ausstreichen und mit dem 3 mm dick ausgerollten Teig belegen. Mehrmals mit einer Gabel einstechen.
- Spargel schälen, in 4 cm lange Stücke schneiden und in Essigwasser legen. 3 l Salzwasser aufkochen, Zucker, restliche Butter und abgetropften Spargel hineingeben. Bei schwacher Hitze 30–40 Minuten ziehen lassen; der Spargel darf nicht ganz gar sein. Abgießen; 5–7 Spargelspitzen für die Dekoration noch 5 Minuten kochen.
- Den Teigboden mit Spargel und Schinkenstreifen belegen. Eier, Milch und Rahm schaumig schlagen, den Greyerzer daruntermischen und würzen. Über Spargel und Schinken verteilen. Im Backofen auf der untersten Schiene bei 220 °C 45–50 Minuten goldgelb backen. Notfalls mit Alufolie abdecken.
- Den fertigen Kuchen mit den Spargelspitzen garnieren.

In wenig Butter angedünsteten gekochten Schinken verwenden

Spargel aus der Dose verwenden. Auch grüner Spargel schmeckt gut

Pikanter Fischkuchen

Für 6 Personen
Vorbereitung 25 Min.
Backzeit 35 Min.
2369 kJ = 566 kcal/Portion

250 g frische Forellenfilets, 250 g geräucherte Forellenfilets
300 g Mehl
160 g Butter, ⅜ l Rahm, 4 große Eier
1 Eßl. gehackte Schalotten, ½ Teel. Dillspitzen, Salz, Pfeffer aus der Mühle

- Mehl in eine Schüssel sieben, eine Vertiefung anbringen, 150 g Butter in Flocken und einen knappen Teelöffel Salz beigeben. Zwischen den Fingern zu gleichmäßigen Bröseln zerreiben. Eine halbe Tasse Wasser beigeben. Rasch zu einem Teig verarbeiten. Eine Stunde im Kühlschrank ruhenlassen.
- Einen Teelöffel Butter erhitzen. Die Schalotten darin andünsten. Die frischen Forellenfilets zugeben. Beidseitig eine Minute dünsten. Erkalten lassen.
- Den Teig 3 mm dick ausrollen. Eine Springform mit 27 cm Durchmesser mit der restlichen Butter bestreichen. Mit dem Teig auslegen und einen Rand von etwa 3 cm hochziehen. Mit einer Gabel mehrmals einstechen. Frische und geräucherte Forellenfilets abwechselnd auf den Teigboden legen. Mit Dill, abgetropften Schalotten, Salz und Pfeffer bestreuen.
- Eier und Rahm verquirlen. Mit Salz und Pfeffer abschmecken. Über die Fischfilets gießen. 35 Minuten bei 240 °C backen. Heiß servieren.

Meeresfisch und geräucherte Heringe oder Muscheln verwenden; dabei beachten, daß Heringe bereits stark gesalzen sind

Kartoffeltorte Saint-Valéry

Für 6 Personen
Vorbereitung 50 Min.
Backzeit 40 Min.
2819 kJ = 674 kcal/Portion

600 g Kartoffeln, 300 g Lauch, 1 gehackte Zwiebel
100 g feingehackter Magerspeck
250 g Mehl
4 Eßl. Weißwein
140 g Butter, ⅛ l Rahm, 3 Eigelb
1 Eßl. gehackte Petersilie, 2 Teel. Kräuter der Provence, Salz, Pfeffer

- Das Mehl in eine Schüssel sieben. 120 g Butter in Flocken und etwas Salz dazugeben. Zwischen den Fingern zu kleinen, gleichmäßigen Krümeln zerreiben. ⅛ l Wasser zufügen und alles rasch zu einem Teig kneten. Zu einer Kugel formen und 1–2 Stunden kühl ruhenlassen.
- Die Kartoffeln schälen und in dünne Scheiben schneiden; den Lauch putzen und in dünne Ringe schneiden.
- Zwiebel, Lauch und Speck 5 Minuten in einem Eßlöffel Butter dünsten. Kartoffelscheiben zufügen, wenden und leicht andünsten. Die Kräuter daruntermischen. Mit dem Wein ablöschen. Zugedeckt 5 Minuten dünsten. Mit Salz und Pfeffer würzen.
- Den Teig etwa 4 mm dick ausrollen. Eine Springform mit 20 cm Durchmesser mit einem Teelöffel Butter bestreichen und mit 2 Dritteln des Teiges auskleiden. Dabei einen Rand von 5 cm hochziehen. Aus dem restlichen Teig einen Deckel ausschneiden. In der Mitte ein Dampfloch markieren.
- Den Teigboden mit einer Gabel mehrmals einstechen. Die etwas abgekühlten Kartoffeln darauf geben. Den Teigrand auf die Füllung umschlagen. Mit einem Eigelb bestreichen, den Deckel auflegen und gut andrücken. Mit Teigresten verzieren.
- Die Torte zweimal mit Eigelb bestreichen. 10 Minuten bei 220 °C backen, dann das Dampfloch aufstechen.
- Den Rahm mit den 2 restlichen Eigelb, wenig Salz und Pfeffer mischen und durch die Öffnung gießen.
- 30 Minuten fertigbacken. Heiß servieren.

Grapefruitsalat mit Krevetten

Für 4 Personen
Arbeitsaufwand 20 Min.
883 kJ = 211 kcal/Portion

200 g gekochte und geschälte Krevetten
4 Grapefruits, ½ Zwiebel, 1 Fenchelknolle
1 Teel. Dijonsenf, Salz, Pfeffer

- Die Grapefruits mit einem scharfen Messer von oben so einschneiden, daß die abgelöste Schale eine Blüte bildet. Die weißen Häutchen von den Grapefruits entfernen. Die Schnitze aus den Trennhäuten herausschneiden. Den Saft dabei auffangen.
- Senf und Grapefruitsaft verrühren; salzen und pfeffern.
- Zwiebel in dünne Streifen schneiden. Fenchel quer in sehr dünne Scheiben schneiden. Krevetten abtropfen lassen.
- Alles mischen, in die Schalen füllen und kühl servieren.

Thunfischsalat nach Kreolenart

Für 4 Personen
Vorbereitung 25 Min.
Kochzeit 15 Min.
1339 kJ = 320 kcal/Portion

200 g weißer Thunfisch
200 g Langkornreis
1/8 l Rahm, 4 hartgekochte Eier
4 Eßl. Zitronensaft, 2 Eßl. Olivenöl
2 weiße Pfirsiche, je 1/2 rote und grüne Paprikaschote, 1 Stange Bleichsellerie, 50 g schwarze Oliven
1 Eßl. Dijonsenf, 1 1/2 Eßl. edelsüßer Paprika, 1 Prise scharfer Paprika, 1 Teel. Salatkräuter, Salz, Pfeffer

- Wasser mit Salz und einem Eßlöffel Paprika aufkochen. Reis zugeben und 18 Minuten kochen. Abgießen und erkalten lassen.
- Thunfisch abgießen und in kleine Stücke teilen.
- Pfirsiche kurz in heißes Wasser tauchen, schälen und kleinwürfeln. Paprikaschoten und Sellerie putzen und schneiden.
- Den Reis mit kaltem Wasser abspülen, gut abtropfen lassen und in eine Schüssel geben. Das Olivenöl hineinrühren. Paprikaschoten, Sellerie, Pfirsiche und Thunfisch beifügen.
- Den Rahm mit Senf, Zitronensaft, Salz, Pfeffer, Salatkräutern, restlichem edelsüßem und scharfem Paprika mischen.
- 2 Eier in Scheiben schneiden; die beiden anderen hacken und unter den Reis mischen.
- Die Sauce unmittelbar vor dem Servieren über den Salat gießen. Mit Oliven, Eischeiben und Paprikastückchen garnieren.

Statt Pfirsichen Äpfel oder Ananasstückchen verwenden

Anstelle von Rahm kann auch Joghurt und anstatt scharfen Paprikas Cayennepfeffer verwendet werden
Man kann diesen Salat auch in Portionstellern anrichten

TIP Der Salat läßt sich gut im voraus zubereiten; Pfirsichstückchen und Sauce erst vor dem Servieren dazugeben.

Thunfischsalat nach Kreolenart, ein Gericht aus der Karibik

Tscherkessischer Hühnersalat

Für 6 Personen
Arbeitsaufwand 30 Min.
1703 kJ = 407 kcal/Portion

600 g gekochtes Hähnchenfleisch ohne Haut und Knochen
½ l Hühnerbrühe
1 Brötchen
⅛ l Walnußöl (Baumnußöl)
4 Eßl. Zitronensaft
2 Zwiebeln, 1 Bund Petersilie
100 g halbe Walnußkerne (Baumnußkerne)
1 Eßl. edelsüßer Paprika, Salz, Pfeffer

- Am Vorabend das Brötchen in Würfel schneiden und in ¼ l Hühnerbrühe einweichen.
- Das gut ausgedrückte Brötchen, 75 g Walnußkerne, Walnußöl und die gehackten Zwiebeln pürieren. Mit der restlichen Hühnerbrühe und Paprika mischen. Mit Salz und Pfeffer würzen.
- Das Hähnchenfleisch in kleine Würfel schneiden und mit dem Zitronensaft mischen. Mit der Hälfte der Sauce gut mischen und eine Stunde kühl stellen.
- Den Salat bergartig anrichten, mit der restlichen Sauce begießen und mit Walnußkernen garnieren.

Man kann auch Olivenöl verwenden; der Geschmack wird dadurch allerdings etwas verändert und ist nicht mehr ganz typisch

Zucchinisalat mit Lammfleisch

Für 4 Personen
Vorbereitung 30 Min.
Kochzeit 40 Min.
1565 kJ = 374 kcal/Portion

300 g entbeinte Lammschulter
¼ l Fleischbrühe
2 Sardellenfilets
2 Eßl. Olivenöl
400 g Zucchini, 1 reife Tomate
1 Eßl. gehackte Petersilie, 3 Knoblauchzehen, ½ Teel. Kräuter der Provence, Salz, Pfeffer
Sauce: 4 Eßl. Olivenöl, 1 Eßl. Weinessig, ½ Teel. Kräuter der Provence, 1 Knoblauchzehe, Salz, Pfeffer

- Das Lammfleisch mit der Fleischbrühe aufsetzen. 25 Minuten kochen. Im Sud erkalten lassen.
- Die Zucchini ungeschält in dünne Scheiben schneiden. Die Zucchinischeiben im Olivenöl unter häufigem Wenden knapp gar dünsten. Die Temperatur so einstellen, daß die sich bildende Flüssigkeit verdunstet. Salz, Pfeffer, Kräuter und eine durchgepreßte Knoblauchzehe zufügen. Erkalten lassen.
- Das Lammfleisch in feine Scheiben schneiden.
- Alle Zutaten für die Sauce sämig rühren.
- Die Zucchini in eine runde Schüssel geben. Mit der Sauce begießen. Darüber in der Mitte das Lammfleisch anrichten.
- Die Tomate kurz in kochendes Wasser tauchen, schälen, halbieren, Saft und Kerne entfernen und in kleine Würfel schneiden. Die Sardellenfilets hacken, mit dem gehackten Knoblauch und der Petersilie mischen. Alles über den Salat verteilen.

Verschiedene Salate als Horsd'œuvre beim kalten Buffet

Pikanter Fleischsalat

Für 6 Personen
Arbeitsaufwand 15 Min.
1460 kJ = 349 kcal/Portion

600 g kaltes Siedfleisch
2 hartgekochte Eier
4 Eßl. Öl, 2 Eßl. Kräuteressig
200 g Pfifferlinge (Eierschwämme) aus dem Glas oder der Dose,
2 Salzgurken
je ½ grüne, gelbe und rote Paprikaschote, 2 Zwiebeln
4 Spritzer Tabasco, etwas Worcestersauce, 1 Teel. Dijonsenf,
1 Eßl. geriebener Meerrettich, Thymian, Rosmarin, Basilikum, Salz, Pfeffer

Wenn man zuwenig Fleisch hat, kann man noch Wurstscheiben dazugeben

- Fleisch und Salzgurken in feine Scheiben schneiden. Paprikaschoten in schmale Streifen, Zwiebeln in dünne Ringe schneiden.
- Senf, Essig, Öl, Worcestersauce, Tabasco, Salz, Pfeffer und Kräuter verrühren. Alle Zutaten dazugeben und gut mischen. Einige Stunden ziehen lassen. Anrichten und mit Eischeiben garnieren.

Eiersalat mit verschiedenen Saucen

Gekochte Eier in Scheiben schneiden, auf einer großen Platte anrichten und 4–5 verschiedene Saucen dazu servieren.

Sauce ravigote
Arbeitsaufwand 10 Min.
619 kJ = 148 kcal/Portion

8 Eßl. Öl, 2 Eßl. Estragonessig
1 Eßl. feingehackte Frühlingszwiebeln, je ½ Eßl. gehackte Petersilie, Schnittlauch, Kerbel und Estragon, 1 Eßl. Kapern, wenig Paprika, Salz, Pfeffer

- Essig und Öl sämig verrühren; übrige Zutaten hineinmischen.

Remouladensauce
Arbeitsaufwand 10 Min.
485 kJ = 116 kcal/Portion

2 feingehackte Sardellen
1 gehacktes hartgekochtes Ei
1 Glas oder 1 große Tube Mayonnaise, 1 Eßl. Dijonsenf
1 Eßl. gehackte Essiggurken, ½ Eßl. Kapern, 1 Eßl. gehackte Petersilie, Salz, Pfeffer

- Senf und Mayonnaise gut verrühren.
- Übrige Zutaten beigeben; kurz ziehen lassen. Ei darunterziehen.

Kalte Senfsauce
Arbeitsaufwand 5 Min.
280 kJ = 67 kcal/Portion

150 g Sauerrahm
3 Eßl. Mayonnaise, 2 Eßl. Senf, Salz, Pfeffer
1 Eßl. rote Paprikaschoten aus der Dose

- Rahm mit Mayonnaise und Senf verrühren. Feingeschnittene Paprikaschoten darunterziehen. Mit Salz und Pfeffer würzen.

Kingsauce
Arbeitsaufwand 5 Min.
230 kJ = 55 kcal/Portion

1 Becher Joghurt oder Sauerrahm, 100 g Rahmquark
1 Eßl. Cognac
1 Eßl. Tomatenketchup, 4 Tropfen Tabasco, 1 Messerspitze gemahlener Ingwer, 1 Eßl. grüner Pfeffer, Salz, Paprika

- Alle Zutaten miteinander verrühren. Nachwürzen.

Gefüllte Eier

Für 4 Personen
Arbeitsaufwand 15 Min.
615 kJ = 147 kcal/Portion

4 hartgekochte Eier, 1 Eßl. Rahmquark, 3 Eßl. Mayonnaise
Salz, Paprika
nach Belieben 30 g deutscher Kaviar, 50 g feingehackter Räucherlachs und 1 Eßl. dicker Sauerrahm, 1 Teel. leicht zerdrückter grüner Pfeffer, 1 Eßl. Estragon, Petersilie oder Schnittlauch

- Die Eier schälen und der Länge nach halbieren. Die Eigelb herausnehmen, durch ein Sieb streichen oder fein zerdrücken.
- Die mit Quark verrührte Mayonnaise unter die Eigelb mischen und pikant würzen. In die Eihälften füllen und mit Kaviar garnieren oder die Masse vorher mit einer der oben angegebenen Zutaten anreichern.

Spargelsalat

Für 4 Personen
Vorbereitung 30 Min.
Kochzeit 40 Min.
584 kJ = 140 kcal/Portion

1 kg frischer Spargel
1 Teel. Butter, 2 Eßl. Sauerrahm, 100 g Hüttenkäse
1 hartgekochtes Ei
1 Eßl. Olivenöl
1 Eßl. Zitronensaft, 2 Eßl. gehackte Kresse, 1 Teel. Dijonsenf, ½ Teel. Zucker, Salz, Pfeffer

Spargelreste oder Spargel aus der Dose verwenden. Auch Schwarzwurzeln lassen sich auf diese Art zubereiten

- Den Spargel schälen und das untere Drittel wegschneiden (für Suppe verwenden). Den Spargel zusammenbinden und in kochendes Salzwasser geben. Zucker und Butter zufügen. Je nach Größe etwa 40 Minuten kochen, dann im Sud erkalten lassen.
- Senf, Olivenöl, Zitronensaft und Sauerrahm verrühren. Mit Salz und Pfeffer abschmecken.
- Das Ei schälen, hacken und mit der Kresse vermischen.
- Den Spargel in 3–4 cm lange Stücke schneiden. Mit der Sauce begießen und zuerst mit Hüttenkäse, dann mit der Ei-Kresse-Mischung bestreuen.

Roher Champignonsalat

Für 4 Personen
Arbeitsaufwand 25 Min.
1439 kJ = 344 kcal/Portion

250 g frische Champignons, 100 g Blattsalat oder Kresse
100 g Räucherlachs
4 Eßl. Zitronensaft, 1 Eßl. Weißweinessig, 5 Eßl. Olivenöl
1 Teel. gehackter Kerbel, 1 Eßl. gehackte Petersilie, 1 Eßl. feingeschnittener Schnittlauch, Salz, Pfeffer

Den Lachs durch Rohschinken oder Zunge ersetzen

- Die Champignons putzen und in dünne Scheibchen schneiden. Mit 2 Eßlöffel Zitronensaft gut mischen.
- Lachs in Streifen schneiden. Salat waschen und schwenken.
- Essig, Öl, Salz, Pfeffer und Kerbel gut verrühren. Champignons und Lachsstreifen mit der Sauce mischen.
- Portionsschalen mit Blattsalat auslegen. Champignonsalat darauf geben. Mit Petersilie und Schnittlauch bestreuen.

Blumenkohlsalat Cinque Terre

Für 4 Personen
Vorbereitung 15 Min.
Kochzeit 15 Min.
657 kJ = 157 kcal/Portion

350 g Blumenkohlröschen
2 Eßl. gehackte Sardellenfilets
1 hartgekochtes Ei, 2 Eßl. Kaffeerahm
3 Eßl. Olivenöl, ½ Eßl. Weißweinessig, 2½ Eßl. Zitronensaft
2 Eßl. entsteinte und grobgehackte schwarze Oliven, 1 Eßl. Kapern, 1 Teel. Dijonsenf, 1 Teel. gehacktes Basilikum, Salz, Pfeffer aus der Mühle

● Die Blumenkohlröschen in Salzwasser 15 Minuten kochen. Sie dürfen nicht zerfallen! Abgießen, mit 2 Eßlöffel Zitronensaft beträufeln und etwas abkühlen lassen.
● Öl, Kaffeerahm, restlichen Zitronensaft, Senf und Essig gut verrühren. Sardellen und Oliven beifügen. Mit Basilikum, Salz und Pfeffer würzen. Über den Blumenkohl geben.
● Mit Kapern und gehacktem Ei oder Eischeiben garnieren.

Salatbouquet mit Dips

Verschiedene Salate je nach Jahreszeit wie Endivie, Kopfsalat, Radieschen, Stangensellerie, Tomaten, Cherrytomaten, roher Blumenkohl, Karotten, Gurken, frische Champignons, Fenchel, Rot- und Weißkohl, Chicorée, Avocados, Radicchio (Ciccorino) usw., hartgekochte Eier

● Salatgemüse gut waschen und nach Bedarf putzen oder schälen, aber ganz lassen. Alles in einer rustikalen Schale dekorativ anordnen und mitten auf den Tisch stellen.
● Jeder Gast nimmt etwas aus der Schale, schneidet es selbst und bereitet den Salat mit den verschiedenen Dips zu.

Dill-Dip
Für 6 Personen
Arbeitsaufwand 5 Min.
619 kJ = 148 kcal/Portion

100 g Mayonnaise, 100 g Sauerrahm
1 Eßl. feingehackte Zwiebel, 1 Eßl. gehackte Petersilie, 1 Eßl. Dillspitzen, Salz, Pfeffer

● Alle Zutaten in der oben angegebenen Reihenfolge mischen und eine Stunde stehenlassen.

Mohnsamen-Salatsauce
Für 6 Personen
Arbeitsaufwand 5 Min.
1297 kJ = 310 kcal/Portion

½ Zwiebel, 2 Eßl. Mohnsamen
4 Eßl. Weinessig, ¼ l Maiskeimöl
1 Teel. englisches Senfpulver, 1 Eßl. Zucker, Salz, Pfeffer

● Alle Zutaten außer den Mohnsamen im Mixer pürieren.
● Mohnsamen zufügen. Vor dem Servieren durchrühren.

Cocktailsauce
Für 6 Personen
Arbeitsaufwand 5 Min.
272 kJ = 65 kcal/Portion

1 Becher Joghurt, 100 g Quark
1 Eßl. Ketchup, 4 Tropfen Tabasco, je eine Messerspitze Zwiebel- und Ingwerpulver, Salz, Pfeffer
nach Belieben 1 Eßl. Cognac

● Quark mit Joghurt verrühren. Ketchup, Gewürzpulver und Cognac zugeben. Mit Salz, Pfeffer und Tabasco abschmecken.

Limonensauce
Für 6 Personen
Arbeitsaufwand 5 Min.
364 kJ = 87 kcal/Portion

3 Eßl. Mayonnaise, 120 g Quark
Saft und geriebene Schale von 1 Limone
Salz, Cayennepfeffer

● Die Mayonnaise mit dem Limonensaft und dem Quark gut verrühren. Die geriebene Limonenschale darunterziehen und die Sauce mit Salz und Cayennepfeffer abschmecken.

Ein buntes Salatbouquet mit verschiedenen Dips, eine Erfindung der amerikanischen Küche

Mangosauce
Für 6 Personen
Arbeitsaufwand 20 Min.
757 kJ = 181 kcal/Portion

3 Eigelb, 1/8 l Rahm
1 Mango, Saft von 1/2 Zitrone
Salz, Pfeffer

- Eigelb, Rahm und wenig Salz mit dem Rührbesen gut mischen. Im Wasserbad erhitzen und so lange schlagen, bis eine sämige Sauce entsteht. In ein kaltes Gefäß umgießen.
- Die Mango schälen, den Kern entfernen, das Fruchtfleisch kleinschneiden und im Mixer pürieren.
- Mit der Sauce mischen, mit Salz und Pfeffer abschmecken und vor dem Servieren kurz erwärmen; nicht kochen lassen.

Roquefortsauce mit Nüssen
Für 6 Personen
Arbeitsaufwand 5 Min.
426 kJ = 102 kcal/Portion

1 Becher Sauerrahm, 30 g Roquefort oder Blauschimmelkäse
2 Eßl. gemahlene Walnüsse, Salz, Pfeffer

● Käse gut zerdrücken. Mit Sauerrahm schaumig schlagen. Nüsse darunterziehen und mit Salz und Pfeffer abschmecken.

Süßsaure Meerrettichsauce
Für 6 Personen
Arbeitsaufwand 15 Min.
1155 kJ = 276 kcal/Portion

150 g Mayonnaise, 100 g Rahmquark
2 Eßl. geriebener Meerrettich, 1 Apfel, 1 Orange, 2 Tomaten
1 Teel. Dijonsenf, Salz, Pfeffer, nach Belieben 1 Eßl. Cognac

● Die Orange heiß waschen und die Schale abreiben.
● Mayonnaise, Quark und Meerrettich gut mischen. Geschälten Apfel in die Sauce reiben. Orange auspressen und den Saft zufügen.
● Die Tomaten schälen, entkernen und sehr klein schneiden. Unter die Sauce ziehen. Mit Senf, Cognac, Salz und Pfeffer abschmecken.

Orangen-Senf-Sauce
Für 6 Personen
Arbeitsaufwand 15 Min.
649 kJ = 155 kcal/Portion

4 Eßl. Weißwein
6 Eßl. Orangensaft, 1 Teel. geriebene Orangenschale
1 Eßl. Dijonsenf, Salz, Pfeffer
¼ l Rahm

Rahm durch Quark ersetzen: Sauce erkalten lassen, Quark zufügen, kalt servieren

● Wein mit Orangensaft und Schale auf ein Drittel einkochen.
● Rahm zufügen. Weiter einkochen, bis die Sauce sämig wird.
● Mit Senf, Salz und Pfeffer abschmecken. Warm servieren.

Thousand-Islands-Dressing
Für 6 Personen
Arbeitsaufwand 15 Min.
276 kJ = 66 kcal/Portion

½ Gurke, ½ rote Paprikaschote, ¼ Zwiebel
3 Eßl. Rahmquark, 3 Eßl. Mayonnaise, 2 Eßl. Tomatenketchup
1 Prise Cayennepfeffer, 1 Prise edelsüßer Paprika, Salz

● Die Gurke schälen, entkernen und in sehr kleine Würfel schneiden. Die Paprikaschote entkernen und würfeln.
● Mayonnaise, Quark und Tomatenketchup verrühren. Zwiebel hineinreiben. Mit Salz, Cayennepfeffer und Paprika abschmecken. Eine Stunde zugedeckt ziehen lassen; die Gemüsewürfel beigeben.

Dill oder andere Kräuter zufügen

Artischocken mit Vinaigrette

Für 4 Personen
Vorbereitung 20 Min.
Kochzeit 20–35 Min.
1230 kJ = 294 kcal/Portion

4 große Artischocken, ½ Zitrone, 5 Cornichons
3 hartgekochte Eier
2 Eßl. Weißweinessig, 6 Eßl. Oliven- oder Sonnenblumenöl
1 Teel. Dijonsenf, Kräuter nach Belieben, Salz, Pfeffer

● Oberes Drittel und Stiel der Artischocken abschneiden. Schnittflächen mit der halbierten Zitrone abreiben. In leicht gesalzenem Wasser 20–35 Minuten kochen. Im Sud erkalten lassen.
● Die hartgekochten Eigelb durch ein Sieb drücken. Mit Senf, Salz, Pfeffer und Essig gut mischen. Das Öl hineinrühren. Das feingehackte Eiweiß und die gehackten Cornichons dazugeben. Gut würzen und die Kräuter beifügen.
● Die Artischocken mit dem Boden nach oben abtropfen lassen. Auf einer Platte anordnen; die Sauce separat servieren.

Quarkbirnen mit Burgundersauce

Für 4 Personen
Vorbereitung 15 Min.
Kochzeit 15 Min.
833 kJ = 199 kcal/Portion

4 große Birnen, 2 Teel. Zitronensaft, 2 Teel. geriebene Haselnüsse,
2–3 Eßl. Rosinen
2 Eßl. Zucker
½ Teel. Zimt
2 Teel. Johannisbeergelee
¼ l Burgunderwein
8 Eßl. Speisequark

Halbe Birnen aus der Dose verwenden

- Die Birnen waschen, schälen, halbieren und das Kerngehäuse entfernen. Mit Zitronensaft bepinseln. In eine flache Pfanne legen. Zimt, einen Eßlöffel Zucker und ¼ l Wasser zufügen. Bei mittlerer Hitze zugedeckt etwa 7 Minuten köcheln lassen.
- Den Wein dazugießen und ein paar Minuten ohne Deckel bei kleiner Hitze weiterkochen. Die Birnen dürfen nicht zerfallen.
- Den Quark mit dem restlichen Zucker glattrühren, die gewaschenen Rosinen, das Johannisbeergelee sowie die Haselnüsse daruntermischen.
- Die Birnen abkühlen lassen. Die Kochflüssigkeit etwas einkochen.
- Jede Birnenhälfte mit Quarkmasse füllen und auf einer Platte anrichten.
- Die Weinsauce dazugießen oder separat in einer Sauciere auf den Tisch bringen.

Quarkpudding mit Erdbeeren

Für 8 Personen
Arbeitsaufwand 20 Min.
1155 kJ = 276 kcal/Portion
Foto S. 135

500 g Erdbeeren, Saft von 1 Zitrone, 1 Teel. geriebene Zitronenschale
4 Eier, 250 g Rahmquark, 250 g Speisequark, ¼ l Rahm
100 g Zucker
1 Prise Salz
10 Blatt Gelatine

So wird der Pudding fest

Besonders zarte Puddings aus Quark oder bayrische Cremes werden mit Gelatine zubereitet. Damit alles gut gelingt und kein unangenehmer Beigeschmack entsteht, muß man mit diesem Produkt richtig umgehen.

Die Gelatine, ein natürliches Produkt aus Knochen, wird meistens in Blättern verkauft. Diese Blätter werden vor der Weiterverwendung etwa zehn Minuten in kaltes Wasser gelegt. Dann drückt man sie fest aus und löst sie in heißer Flussigkeit, zum Beispiel in Fruchtsaft oder Creme, unter Rühren auf. Gelatine sollte nie gekocht werden.

Bei ganz delikaten Puddings passiert man die mit Gelatine vermischte Creme durch ein feines Sieb. Wird der Puddingmasse noch Schlagrahm oder Eischnee beigegeben, muß man damit warten, bis die fertige Creme leicht zu gelieren beginnt.

Anschließend läßt man die Puddings im Kühlschrank ganz fest werden. Zum Stürzen taucht man die Formen schnell und kurz in heißes Wasser.

- Die Eier trennen und die Eigelb mit dem Zucker zu einer sämigen Creme schlagen.
- Quark, Zitronenschale und Zitronensaft dazumischen.
- Die Gelatine in kaltem Wasser einweichen. Nach dem Aufquellen gut ausdrücken und in wenig heißem Wasser auflösen (nicht kochen!). Zur Quarkcreme geben.
- Das Eiweiß mit dem Salz steif schlagen. Sorgfältig unter die Masse ziehen.
- Einen Springformrand von 26 cm Durchmesser auf eine runde Platte stellen. Die Masse einfüllen und kühl stellen.

Je nach Jahreszeit kann man auch andere Beeren verwenden

- Die Erdbeeren waschen und halbieren. Vor dem Servieren den Springformrand entfernen.
- Den Pudding mit den Erdbeeren und dem steifgeschlagenen Rahm garnieren.

Rhabarberstrudel

Für 6 Portionen
Vorbereitung 45 Min.
Backzeit 40 Min.
1984 kJ = 474 kcal/Portion

230 g Mehl
1 Prise Salz
100 g Zucker, 1 Eßl. Puderzucker
100 g Butter, 4 Eßl. Rahm, 1 Ei
800 g Rhabarber, 2 Eßl. Zitronensaft, 50 g geriebene Mandeln,
45 g Rosinen, 3 Eßl. Pinienkerne
½ Teel. Zimt, ½ Teel. Mandelessenz

- 220 g Mehl auf ein Teigbrett oder in eine große Schüssel sieben. 4 Eßlöffel lauwarmes Wasser, 50 g flüssig gemachte Butter, Ei und Salz gut verrühren. Im Mehl eine Vertiefung anbringen. Die Flüssigkeit nach und nach hineingeben und mit dem Mehl mischen. Den Teig mit den Händen schnell kneten, bis er glatt ist. Zu einer Kugel formen, mit einer erwärmten Schüssel abdecken und mindestens 30 Minuten ruhenlassen.
- Rhabarber putzen; in 1 cm lange Stücke schneiden. Mit Zitronensaft, Zimt, Mandelessenz, Rosinen und Zucker mischen.
- Ein Tischtuch mit wenig Mehl bestreuen. Den Teig ausrollen und darauf legen. Möglichst dünn ausrollen.
- 2 Eßlöffel Butter erwärmen. Mit einem Pinsel auf den Teig gleichmäßig auftragen.
- Den Teig mit den Händen ausziehen, bis er durchsichtig wird. Den dicken Rand mit einer Schere abschneiden.

Anstelle der Mandeln kann man auch geriebenes Brot verwenden, das man vorher in etwas Butter geröstet hat

- 2 Drittel des Teiges mit Mandeln bestreuen und mit der Rhabarberfüllung belegen. Das freie Drittel mit der restlichen erwärmten Butter beträufeln.
- Einen Eßlöffel Butter erhitzen, die Pinienkerne darin rasch anbraten. Über die Füllung verteilen.
- Den Strudel von der belegten Seite her einrollen.
- Ein Backblech mit ganz wenig Butter bestreichen. Den Strudel hufeisenförmig darauf legen.
- Mit Rahm bestreichen und bei 200 °C 40 Minuten backen. Ab und zu mit Rahm bestreichen.
- Mit Puderzucker bestreuen. Lauwarm servieren.

Rhabarberstrudel, mit Puderzucker bestreut und lauwarm serviert

Gedeckter Birnenkuchen

Für 8 Personen
Vorbereitung 25 Min.
Backzeit 40 Min.
2363 kJ = 564 kcal/Portion

125 g Zucker, 120 g Mehl, 1 Prise Salz, ½ Päckchen Backpulver
120 g Butter, 3 Eier
4 Williamsbirnen, 8 Haselnüsse
1 Eßl. Honig, ½ Teel. Zimt, 1 Eßl. kandierter Ingwer

- Eier mit Zucker schaumig schlagen. 100 g flüssig gemachte, lauwarme Butter beigeben und kurz weiterrühren.
- Das mit Backpulver, Salz und Zimt gesiebte Mehl und den kleingeschnittenen Ingwer beifügen. Den Teig eine halbe Stunde ruhenlassen.
- 20 g Butter und den Honig langsam flüssig werden lassen und eine Springform mit 22 cm Durchmesser damit ausgießen.
- Die Birnen schälen, halbieren, entkernen und in die Höhlung je eine Haselnuß einsetzen. Sternförmig mit der Schnittfläche nach unten in die Form legen und 10 Minuten kühl stellen.
- Den Teig darüber verteilen und den Kuchen bei 180 °C 40 Minuten backen. Wenn nötig, mit Alufolie abdecken.
- Den Rand der Springform vorsichtig lösen, den Kuchen auf eine Platte stürzen und etwas auskühlen lassen. Lauwarm mit Doppelrahm oder halbsteif geschlagenem Rahm servieren.

Verlockende Gerichte für das Essen zu zweit

Ein Fest zu zweit ist immer etwas Besonderes. Gelegenheiten dazu gibt es viele: einen Geburtstag, den Hochzeitstag, den Wunsch, eine schöne Erinnerung an gemeinsam Erlebtes aufzufrischen, den Besuch eines guten Freundes oder einfach das Bedürfnis, den Alltag mit einem netten Abend zu beschließen.

Für zwei Personen zu kochen ist ein besonderes Vergnügen. Da kann man seine ganzen Künste entfalten. Man leistet sich Leckereien, die für mehrere Gäste vielleicht zu teuer wären, und bringt hübsch dekorierte Speisen auf den Tisch, deren Zubereitung bei einer größeren Personenzahl zu viel Arbeit und Zeit kosten würde.

Bei der Wahl der Menüs richtet man sich ausschließlich nach dem Gast. Ist er ein Gourmet, werden ihm mit viel Aufwand zubereitete kleine Gerichte serviert. Er wird auch dafür Verständnis haben, wenn man zwischendurch schnell mal in die Küche entschwindet, um ein Gericht im letzten Augenblick fertigzumachen. Ist er kulinarisch nicht so verwöhnt, muß man sich diese Mühe nicht machen. Dann passen weniger aufwendige, trotzdem aber schmackhafte Speisen. In jedem Fall sollte alles gut vorbereitet sein, damit keine unnötige Unruhe entsteht. Auch einen guten Tropfen darf man nicht vergessen.

Wichtig ist auch der Rahmen: gedämpfte Beleuchtung, vielleicht Kerzenschein, ein besonders hübsch gedeckter Tisch – alles trägt dazu bei, die richtige Atmosphäre zu schaffen. Allerdings ist beim Tête-à-tête weder Originalität noch materieller Aufwand die Hauptsache. Der Gast muß nur die Gewißheit haben, daß er im Mittelpunkt steht und daß man für ihn mit Liebe gekocht hat.

Zum Tête-à-tête ein hübscher Rahmen und attraktive Speisen, zum Beispiel Kaltes Herz (Seite 176); hier eine Variante mit Ananas

Menüvorschläge

Menü I

Pfannkuchen
mit Morcheln S. 162

*

Schweineschnitzel
mit Pfirsichen S. 169
Kartoffelpfannkuchen S. 66

*

Kaltes Herz S. 176

Menü II

Zanderfilets
in rosa Pfeffersauce S. 164

*

Delikate
Auberginenpastete S. 171

*

Nußeis
mit Heidelbeersauce S. 175

Menü III

Kabeljausalat
mit Erbsen S. 164

*

Kalbsfilet mit Bries
in Portweinsauce S. 169
Kartoffelschnee

*

Frische Ananas
mit Rum S. 174

Menü IV

Frühlingssalat S. 161

*

Küken
in Armagnacsauce S. 171
Nudeln

*

Erdbeeromelettchen S. 173

Menü V

Grüner Salat

*

Omelett mit Kalbsnieren
und Pilzen S. 166

*

Salzburger Nockerln S. 174

Menü VI

Salatherzen
mit Krevetten S. 163

*

Entrecôte
mit Kerbelsauce S. 167
Nudeln

*

Erdbeeren
mit Orangensabayon S. 176

Frühlingssalat mit einer leichten Joghurt-Rahm-Sauce

Frühlingssalat

Für 2 Personen
Arbeitsaufwand 25 Min.
1136 kJ = 272 kcal/Portion

250 g gekochter Spargel (Reste vom Vortag oder aus der Dose), 150 g grüne Bohnen, 50 g Champignons, 100 g zarte Karotten, einige Salatblätter
3 Eßl. Joghurt, 1½ Eßl. Rahm
½ Eßl. Essig, ½ Eßl. Zitronensaft
½ Eßl. gehackte Petersilie, 1 Messerspitze Senf, Salz, Pfeffer
nach Belieben 2 hartgekochte Eier

- Den Spargel in 4 cm lange Stücke schneiden.
- Die grünen Bohnen in Salzwasser 5 –7 Minuten kochen, abgießen und kalt abspülen.
- Die Champignons putzen, in feine Scheiben schneiden und sofort mit Salz, Pfeffer und Zitronensaft mischen.
- Die Karotten schälen und auf der Reibe in feine, lange Streifen schneiden.

- Falls sie zu dick sind, die Bohnen längs halbieren.
- Spargel, Champignons, Bohnen und Karotten mischen.
- Eine runde Platte mit Salatblättern belegen. Einige Spargelspitzen am Rand dekorativ anordnen.
- Joghurt, Rahm, Essig und Senf mit Salz und Pfeffer zu einer sämigen Sauce rühren und mit dem Salat sorgfältig vermischen. Auf den Salatblättern anrichten und mit der gehackten Petersilie bestreuen. Nach Belieben mit den längs halbierten hartgekochten Eiern garnieren.

TIP Den Salat erst im letzten Moment mit der Sauce mischen, damit er frisch bleibt.

Pfannkuchen mit Morcheln

Für 2 Personen
Arbeitsaufwand 30 Min.
2097 kJ = 501 kcal/Portion

20 g getrocknete Morcheln, 1 Schalotte
2 kleine Eier, ⅛ l Milch, 30 g frische Butter, 1 Eßl. Butterschmalz (Gourmetbutter), 4 Eßl. Rahm
8 Eßl. Mehl
1 Eßl. Cognac
1 Messerspitze Majoran, Salz, Pfeffer

Pfannkuchen, gefüllt mit Morcheln in Cognacsauce

- Die Morcheln gut waschen und eine Stunde in kaltem Wasser einweichen.
- Das Mehl in eine Schüssel sieben. Eine Prise Salz, Eier und Milch miteinander schlagen, dann mit dem Mehl zu einem glatten Teig verrühren. Eine Stunde bei Küchentemperatur stehenlassen.
- Die Schalotte fein hacken. In 20 g frischer Butter leicht dünsten. Die Morcheln gut abtropfen lassen; große Morcheln längs halbieren. Der Schalotte zufügen und kurz mitdünsten.
- 2 Eßlöffel Einweichwasser von den Morcheln dazugießen. Mit Majoran, Salz und Pfeffer würzen. 15 Minuten auf kleinem Feuer dünsten, bis die Morcheln weich sind; die Flüssigkeit sollte fast verdunsten.
- Den Cognac zufügen. 1–2 Minuten weiterköcheln lassen, dann den Rahm beigeben. Auf kleinem Feuer noch 5 Minuten schwach kochen lassen.
- Die restliche frische Butter in einer kleinen Pfanne erwärmen und unter den Teig rühren.
- In einer mittleren Bratpfanne 2 dünne Pfannkuchen im Butterschmalz backen. Sollte der Teig zu dickflüssig sein, etwas Milch zufügen. Die gebackenen Pfannkuchen zwischen 2 warmen Tellern warm halten.
- Die Pfannkuchen je zur Hälfte mit den Rahmmorcheln belegen, die andere Hälfte darüberklappen und sofort auf vorgewärmten Tellern anrichten.

TIP Die Morcheln muß man nach dem Dünsten eventuell mit einer Spur Mehl bestäuben, damit die Sauce nicht zu dünn wird und beim Füllen der Pfannkuchen ausläuft.

Salatherzen mit Krevetten

Für 2 Personen
Arbeitsaufwand 10 Min.
841 kJ = 201 kcal/Portion

1 kleiner oder ½ großer Salatkopf (Kopfsalat, Endivie, Eisberg)
50 g gekochte, geschälte Krevetten
1 Eßl. gehackte Hasel- oder Walnüsse (Baumnüsse)
½ Eßl. Zitronensaft
2 Eßl. Sonnenblumenöl
1 Prise Zucker, Salz
2 Eßl. Sauerrahm

- Die äußeren, harten oder welken Blätter des Salats entfernen, dann das Salatherz senkrecht in Portionsschnitze teilen. 10 Minuten in kaltes, leicht gesalzenes Wasser legen, anschließend abtropfen lassen und schwenken.
- Ein paar äußere Blätter ablösen und in 1 cm breite Streifen schneiden. Mit den Krevetten mischen und in die Mitte einer runden Schüssel geben. Die Salatherzen sternförmig darum herum anordnen.
- Die Nüsse in einer trockenen Bratpfanne hellgelb rösten.
- Öl, Zitronensaft, Sauerrahm, Zucker und Salz gut vermischen und über die Krevetten gießen.
- Den Salat mit den gerösteten Nüssen bestreuen.

Kabeljausalat mit Erbsen

Für 2 Personen
Arbeitsaufwand 20 Min.
887 kJ = 212 kcal/Portion

200 g Kabeljau (Scheiben)
500 g frische grüne Erbsen, 2 Tomaten, ½ kleine Zwiebel
2 frische Pfefferminzblätter
½ Eßl. Butterschmalz (Gourmetbutter), ½ Eßl. Sauerrahm
1 feingehacktes Sardellenfilet
Salz, Pfeffer

150 g tiefgekühlte Erbsen verwenden

- Die Erbsen enthülsen und in leicht gesalzenem Wasser knapp weich kochen (etwa 20 Minuten).
- Die Tomaten kreuzweise einschneiden, einige Sekunden in kochendes Wasser tauchen und schälen. Halbieren, etwas Saft und die Kerne ausdrücken, dann in kleine Würfel schneiden.
- Die gekochten Erbsen mit den Tomatenwürfeln mischen und in Portionsschalen verteilen.
- Die Kabeljauscheiben vom Mittelgrat befreien, in Würfel schneiden und in der Butter unter Wenden rasch dünsten, bis das Fischfleisch weiß wird. Mit Salz und Pfeffer bestreuen.
- Die Pfefferminzblätter hacken.
- Die halbe Zwiebel fein hacken und mit dem Sauerrahm und dem Sardellenfilet zu einer Sauce verrühren.
- Den noch lauwarmen Fisch auf die Erbsen verteilen. Mit der Sauce begießen und mit Pfefferminze bestreuen.

Zanderfilets in rosa Pfeffersauce

Rosa Pfeffer, in Feinkostgeschäften erhältlich, ist milder als der herkömmliche Pfeffer und verleiht Saucen einen besonderen Geschmack.

Für 2 Personen
Arbeitsaufwand 35 Min.
2218 kJ = 530 kcal/Portion

2 Zander- oder andere Fischfilets (etwa 300 g)
1 Eßl. Butterschmalz (Gourmetbutter), 1 Eßl. Tafelbutter, ⅛ l Rahm
1 Teel. Zitronensaft
½ Eßl. gehackte Schalotten, ½ Eßl. geschnittener Schnittlauch,
½ Eßl. gehackte Kresse
½ Eßl. rosa Pfeffer, 1 Prise Cayennepfeffer, Salz, Pfeffer
2 Eßl. weißer Portwein
2 kleine Scheiben Stangenweißbrot (Baguette)

- Die Zanderfilets mit Salz und Pfeffer würzen und mit einigen Tropfen Zitronensaft beträufeln. 15 Minuten im Kühlschrank ziehen lassen.
- Die Tafelbutter mit der Kresse und dem restlichen Zitronensaft gut mischen. Mit Salz und Pfeffer abschmecken.
- Die Schalotten in einem halben Eßlöffel Butter dünsten. Die Fischfilets dazulegen, die Hitze auf kleinste Stufe stellen, die Pfanne halb zudecken und den Fisch 5–8 Minuten dünsten.
- Die Fischfilets aus der Pfanne heben und warm stellen.

Zanderfilets in einer mit rosa Pfeffer pikant gewürzten Sauce

- Den Portwein und den rosa Pfeffer zu den Schalotten geben. Stark aufkochen, dann den Rahm dazugießen und so lange einkochen, bis die Sauce sämig wird. Mit Salz, Pfeffer und Cayennepfeffer abschmecken.
- Die Sauce auf eine vorgewärmte Platte gießen, die Fischfilets darauf anordnen und mit dem Schnittlauch bestreuen. Die Brotscheibe in einem halben Eßlöffel Butter rasch rösten und dicht mit der Kressebutter bestreichen. Je ein Schnittchen zu den Fischfilets legen.

Omelett mit Kalbsnieren und Pilzen

Richtig heißt dieses Gericht *Omelette du curé* (Omelett des Pfarrers). Dieses alte, klassische Rezept der französischen Küche wird je nach Gegend in den verschiedensten Varianten zubereitet, und man kann alles für die Füllung verwenden, was man gerade zur Hand hat. Oft enthält die Füllung Fischrogen, eine Variante, die dem Feinschmecker Brillat-Savarin (1755–1826) zugeschrieben wird.

Für 2 Personen
Arbeitsaufwand 20 Min.
1783 kJ = 426 kcal/Portion

100 g Kalbsnieren, 50 g Geflügelleber
2 frische Steinpilze, 2 Schalotten
½ Eßl. gehackte Petersilie, ½ Knoblauchzehe, Salz, Pfeffer, Muskatnuß
4 sehr frische Eier, 1½ Eßl. Butter
nach Belieben 1 Trüffel
⅛ l Fleischbrühe
4 Eßl. weißer Portwein

- Die Kalbsnieren vom Fett befreien und in kleine Würfel schneiden. Die Geflügelleber in Stücke schneiden. Beides in einem Teelöffel Butter sehr rasch anbraten, dann aus der Pfanne nehmen und beiseite stellen.
- Den Bratensatz mit dem Portwein ablöschen.

Omelett mit Kalbsnieren und Pilzen – ein Gericht der klassischen französischen Küche

Steinpilze aus der Dose oder tiefgekühlte Ware verwenden

- Die Steinpilze in Scheiben schneiden und in einem Teelöffel Butter mit den feingehackten Schalotten und der durchgepreßten Knoblauchzehe leicht anbraten. Zum Fleisch geben. Mit Salz und Pfeffer würzen.
- Die Trüffel in dünne Scheiben schneiden. Die Fleischbrühe aufkochen, die Trüffelscheiben zugeben und 5 Minuten kochen. Zugedeckt 10 Minuten ziehen lassen.
- Einen Eßlöffel Kochflüssigkeit von der Trüffel zu den Steinpilzen gießen, gut schwenken und zum Portwein geben.
- Die Eier mit 2 Eßlöffel Wasser schaumig rühren. Salz, Pfeffer und Muskatnuß zufügen.
- Die Hälfte der Kochflüssigkeit von der Trüffel zum Portwein geben und etwas einkochen, bis nur noch etwa 2 Eßlöffel Flüssigkeit vorhanden sind. Nieren, Leber, Trüffelscheiben und Steinpilze zugeben und bei sehr schwacher Hitze langsam erwärmen. Nochmals abschmecken.
- Inzwischen einen Teelöffel Butter in einer großen Bratpfanne erhitzen. Die Eier hineingießen. Sobald die Eimasse fest zu werden beginnt, mit einer Gabel immer wieder zur Pfannenmitte schieben.
- Sobald das Omelett fest wird, die Füllung darauf verteilen. Wichtig: Das Omelett muß unbedingt feucht bleiben! Mit der Petersilie bestreuen, das Omelett zusammenklappen und auf eine vorgewärmte Platte gleiten lassen. Sofort servieren.

TIP Die Füllung kann man kurz vor dem Essen vorbereiten, das Omelett muß jedoch unmittelbar vor dem Servieren zubereitet werden.

Entrecôte mit Kerbelsauce

Für 2 Personen
Arbeitsaufwand 20 Min.
3206 kJ = 766 kcal/Portion

350 g Entrecôte am Stück
1 Schalotte, 2 kleine Zucchini
3 Eßl. Butterschmalz (Gourmetbutter), 5 Eßl. Rahm
2 Teel. frisch gehackter Kerbel, ½ Teel. edelsüßer Paprika, 1 Prise Cayennepfeffer, Salz, Pfeffer aus der Mühle

Entrecôte – richtig gebraten

Entrecôtes, auch Rinderfilet wie Tournedos, Chateaubriand und T-bone-Steak schmecken nur wirklich gut, wenn sie nicht durchgebraten sind. Am besten brät man sie *à point, saignant* oder *bleu* und läßt sie beim Warmhalten auf dem Kerzenrechaud noch ein bis zwei Minuten durchziehen, damit der Fleischsaft beim Aufschneiden nicht ausläuft.

Diese Fleischstücke sollten auch erst nach dem Anbraten gesalzen werden, weil das Salz dem zarten Fleisch sonst Saft entzieht.

Die gewünschte Garstufe kann mit Hilfe eines Fleischthermometers ermittelt werden. Ist keines vorhanden, läßt sich dies auch durch Fingerdruck feststellen, wie es ja Profis tun:

bleu (stark blutig): Das Fleisch fühlt sich bei Fingerdruck noch sehr weich an.
saignant (blutig): Das Fleisch fühlt sich halbweich (wie die Lippen) an.
à point (noch rosa): Das Fleisch bietet dem Fingerdruck Widerstand (wie die Nasenspitze).
bien cuit (durch): Das Fleisch gibt bei Fingerdruck nicht mehr nach (fühlt sich wie das Kinn an).

- Das Fleisch eine halbe Stunde vor der Zubereitung aus dem Kühlschrank nehmen. Den Fettrand des Entrecôtes mehrmals einschneiden, damit er sich später beim Braten nicht zusammenzieht. Das Fleisch mit viel Pfeffer aus der Mühle bestreuen und zugedeckt bei Küchentemperatur liegenlassen.
- Die Schalotte fein hacken. Mit einem Teelöffel Kerbel in einem Eßlöffel Butter 3–4 Minuten leicht anbraten und beiseite stellen.
- Die Zucchini schälen und in sehr kleine Würfel schneiden.
- Das Entrecôte in der restlichen Butter auf beiden Seiten je 6–7 Minuten braten. Nach dem Wenden mit Salz bestreuen. So wird es *à point,* das heißt innen noch rosafarben. Will man es *saignant,* also innen noch blutig, genügen 3–4 Minuten pro Seite.
- Das Entrecôte nach dem Braten warm stellen.
- Die Zucchini in den Bratensatz geben, mit Paprika bestreuen und bei starker Hitze unter Wenden dünsten, bis nur noch sehr wenig Flüssigkeit in der Pfanne zurückbleibt.
- Schalotten, Kerbel und Rahm zufügen und nochmals einkochen, bis die Sauce sämig wird. Mit Salz und Cayennepfeffer abschmecken.
- Das Entrecôte quer zur Faser in etwa 1 cm dicke Scheiben schneiden. Die Sauce als Spiegel (Unterlage) auf vorgewärmten Tellern anrichten. Die Fleischstücke darauf legen und mit dem restlichen Kerbel bestreuen.

Entrecôte mit Kerbelsauce und Nudeln als Beilage

Kalbsfilet mit Bries in Portweinsauce

Für 2 Personen
Arbeitsaufwand 50 Min.
1625 kJ = 389 kcal/Portion

2 Kalbsfiletscheiben zu je 100 g, 100 g Kalbsbries (Kalbsmilch, Milken)
½ Eßl. gehackte Zwiebel, ½ Eßl. gehackter Lauch, ½ Eßl. gehackte Karotten, 1 Teel. gehackte Sellerie
1½ Eßl. Butter, 1½ Eßl. Rahm
1 Messerspitze Fleischextrakt
1 Prise Cayennepfeffer, 2 Prisen gehackter Thymian, Salz, Pfeffer
⅛ l weißer Portwein

- Das Bries 6 Stunden kalt wässern; mehrmals Wasser wechseln.
- Das Bries in ein Pfännchen geben, mit kaltem Wasser bedecken, wenig Salz zugeben und aufkochen. Mit einem Schaumlöffel herausnehmen, unter fließendem Wasser abschrecken und im Wasser erkalten lassen.
- Nach dem Erkalten abtropfen lassen, zwischen 2 Brettchen oder Teller legen und mit einem Gewicht oder einem gefüllten Krug beschweren. Nach etwa 2 Stunden das Bries häuten und alle Blutgefäße und Unreinheiten entfernen.
- Den Backofen auf 200 °C vorheizen. Eine kleine Auflaufform mit einem halben Eßlöffel Butter ausstreichen und das gehackte Gemüse hineingeben. Das Bries salzen, pfeffern und darauf legen; den Portwein zugießen. Ein dreifach zusammengefaltetes Pergamentpapier mit einem halben Eßlöffel Butter bestreichen und mit der gebutterten Seite nach unten auf das Bries legen. Bei 200 °C 10–15 Minuten garen lassen.
- Die Kalbsfiletscheiben in der restlichen Butter von beiden Seiten goldbraun braten, herausnehmen, mit Salz und Pfeffer würzen und warm stellen. Das fertiggegarte Bries dazulegen.
- Fond vom Bries durch ein Sieb zum Bratenfond gießen; stark einkochen. Fleischextrakt und Rahm zufügen. Nochmals einkochen, bis die Sauce sämig wird. Mit Cayennepfeffer abschmecken.
- Die Kalbsfiletscheiben quer einschneiden, so daß eine Tasche entsteht. Je eine Scheibe Bries, die vorher nach Geschmack mit wenig Salz und Pfeffer nachgewürzt wird, mit wenig Thymian bestreuen und hineinschieben. Mit Sauce begießen und mit dem restlichen Thymian bestreuen.

Man kann die Filets auch weglassen und nur Bries auf diese Art im Ofen zubereiten; in diesem Fall den Thymian durch Kerbel ersetzen

Wenn es ganz festlich sein soll, das Fleisch zusätzlich mit einer dünnen, rasch gebratenen Scheibe Kalbsleber füllen

Schweineschnitzel mit Pfirsichen

Für 2 Personen
Vorbereitung 15 Min.
Bratzeit 20 Min.
1725 kJ = 412 kcal/Portion

2 Scheiben magerer Schweinehals
2 Pfirsichhälften aus der Dose
1 Teel. Johannisbeergelee
½ Eßl. grüner Pfeffer (Madagaskar), ¼ Teel. Thymian, 1 Prise Cayennepfeffer, Salz, Pfeffer
1 Teel. gekörnte Bratensauce
4 Eßl. Marsala
½ Eßl. Butterschmalz (Gourmetbutter)

Anstelle von Marsala kann man auch Weißwein verwenden

- Die Pfirsiche abgießen, in Schnitze schneiden und mit dem Marsala beträufeln. Den Saft aus der Dose aufheben.
- Das Fleisch mit Pfeffer und Thymian gut würzen. Die Butter erhitzen und das Fleisch darin auf beiden Seiten goldbraun anbraten. Etwas Bratenfett abgießen. Das Fleisch mit Salz bestreuen und mit der Hälfte des Marsalas von den Pfirsichen 20 Minuten zugedeckt schmoren lassen.
- Das Fleisch aus der Pfanne nehmen und warm stellen. Den Bratensatz mit dem restlichen Marsala ablöschen. Stark aufkochen und auf die Hälfte reduzieren.
- Das Johannisbeergelee beifügen und nochmals aufwallen lassen. Die Sauce mit der Bratensauce ganz leicht binden. Mit Cayennepfeffer abschmecken.
- Kurz vor dem Servieren den abgespülten grünen Pfeffer zur Sauce geben.
- Die Pfirsichschnitze im Dosensaft aufwärmen und dekorativ auf dem Fleisch anordnen. Die Sauce darüber verteilen.

Schweineschnitzel mit Pfirsichen in einer Marsalasauce

Küken in Armagnacsauce

Für 2 Personen
Vorbereitung 25 Min.
Bratzeit 20 Min.
2846 kJ = 680 kcal/Portion

1 Küken (Poussin) von etwa 500 g
1½ Eßl. Butter, ⅛ l Rahm
2 gehackte Schalotten
4 Eßl. Armagnac, 4 Eßl. Portwein
1 Prise Cayennepfeffer, 1 Prise Muskatnuß, Salz, Pfeffer, Thymian

- Das Küken halbieren, dabei den Rückenknochen herausschneiden. Die Haut abziehen.
- Einen Eßlöffel Butter erhitzen und das Küken darin sorgfältig unter wiederholtem Wenden anbraten. Nach Belieben den Rückenknochen mitbraten.
- Eine feuerfeste Form mit einem halben Eßlöffel Butter bestreichen. Die Schalotten auf dem Boden der Form verteilen. Die Kükenhälften mit Salz, Pfeffer und wenig Thymian bestreuen und auf die Schalotten legen.
- Den Armagnac in einem kleinen Pfännchen erwärmen, über das Küken gießen und nach Belieben flambieren. Die Form in den auf 240 °C vorgeheizten Backofen stellen. Nach 5 Minuten den Portwein zugießen und 10 Minuten weiterbraten. Nach Bedarf mit Alufolie bedecken, damit das Küken nicht zu dunkel wird.
- Den Bratensaft in eine Pfanne abgießen und das Küken bei 150 °C zugedeckt im Ofen warm halten.
- Den Bratensaft bis auf etwa einen Eßlöffel einkochen lassen. Den Rahm beifügen und unter Rühren kochen, bis die Sauce sämig wird. Die Sauce mit wenig Thymian, Muskatnuß, Cayennepfeffer und, wenn nötig, mit Salz und Pfeffer abschmecken.
- Die Kükenhälften auf eine vorgewärmte Platte legen und die Sauce dazugießen oder die Sauce auf vorgewärmte Teller verteilen und je eine Kükenhälfte darauf legen.

Anstelle von Armagnac eignet sich auch Cognac

Statt Portwein kann man Sherry verwenden; die Sauce wird dadurch etwas herber

TIP Mit wenig frischer Gartenkresse oder etwas grünem Gemüse (Brokkoli oder Blattspinat) angerichtet, sieht das Gericht besonders hübsch aus.

Delikate Auberginenpastete

Für 2 Personen
Vorbereitung 25 Min.
Backzeit 25 Min.
3545 kJ = 844 kcal/Portion

1 Aubergine, 2 Tomaten, 4 Schalotten, 50 g frische Champignons
1 Knoblauchzehe, ½ Eßl. gehacktes Basilikum, ½ Eßl. gehackte Petersilie, Muskatnuß, Salz, Pfeffer
2 Eßl. Butterschmalz (Gourmetbutter), 3 Eßl. Rahm, 1 Ei, 1 Eigelb
250 g Blätterteig

- Die Aubergine schälen, in sehr kleine Würfel schneiden und mit Salz bestreuen. 10 Minuten ziehen lassen.
- Die Tomaten einige Sekunden in kochendes Wasser tauchen, die Haut abziehen, halbieren, auspressen und ebenfalls würfeln.
- Schalotten, Champignons und Knoblauch fein hacken.

- Eine kleine Kuchenform von 18 cm Durchmesser kalt ausspülen. 2 Drittel des Blätterteigs 3 mm dick ausrollen und das Blech damit auslegen. Mit einer Gabel mehrmals einstechen.
- Die Auberginenwürfel mit kaltem Wasser abspülen. Auf Küchenpapier legen und abtrocknen. In der Butter hellbraun braten. Mit einer Bratschaufel das überschüssige Fett ausdrücken, dann die Auberginenwürfel aus der Pfanne nehmen.
- Tomaten, Schalotten, Champignons und Knoblauch nun in die Pfanne geben und kurz dünsten. Alles Gemüse mischen und mit Salz und Pfeffer pikant würzen. Erkalten lassen.
- Die Gemüsefüllung auf den Teigboden verteilen. Mit Basilikum und Petersilie bestreuen.
- Aus dem restlichen Teig einen Deckel ausrollen. In der Mitte ein Dampfloch markieren, aber noch nicht öffnen. Die Teigränder des Bodens nach innen über die Füllung legen. Mit Eigelb bestreichen und den Teigdeckel gut andrücken. Nach Belieben mit einem Teiggitter verzieren. Mit Eigelb bestreichen und 15 Minuten bei 220 °C backen.
- Unterdessen Ei und Rahm verquirlen. Mit wenig Salz, Pfeffer und Muskatnuß würzen. Das Gebäck kurz aus dem Ofen nehmen, das Dampfloch öffnen, den Eiguß hineingießen und 10 Minuten weiterbacken.
- Heiß oder lauwarm auf den Tisch bringen.

Eine delikate Auberginenpastete, in zartem Blätterteig gebacken

Erdbeeromelettchen

Gibt 4 Omelettchen
Arbeitsaufwand 30 Min.
2494 kJ = 596 kcal/Portion (2 Stück)

1 Ei, 4 Eßl. Milch, 1 Teel. Tafelbutter, 1 Eßl. Butterschmalz (Gourmetbutter)
4 Eßl. Rahm
250 g Erdbeeren, Schale von ½ Orange, 3 Eßl. Orangensaft,
1 Eßl. Zitronensaft
5 Eßl. Mehl, 1 kleine Prise Salz, 2½ Eßl. Zucker
1½ Eßl. Orangenlikör
2 Eßl. Erdbeerkonfitüre

Dieses Dessert kann auch mit Himbeeren oder Brombeeren zubereitet werden

- Das Mehl sieben und mit Ei, Salz und Milch glattrühren. 2 Stunden ruhen lassen.
- Die Tafelbutter schmelzen und lauwarm unter den Teig mischen.
- Die Hälfte der Erdbeeren waschen, entstielen und in Scheiben schneiden. Mit einem Eßlöffel Zucker bestreuen und einem halben Eßlöffel Orangenlikör und dem Orangensaft begießen. 10–15 Minuten ziehen lassen.
- Den Rahm in einen Topf gießen. Vorsichtig bei kleiner Hitze etwas einkochen. Den Saft von den Erdbeeren dazugießen. Wieder einkochen, dann nochmals einen halben Eßlöffel Orangenlikör und

Hauchdünne Omelettchen mit einer Füllung aus Rahm und Erdbeeren

die durch ein Sieb gestrichene Erdbeerkonfitüre beifügen. Nochmals einkochen lassen und beiseite stellen.

- Die Orangenschale dünn abschälen und kurz in kochendes Wasser legen. Abgießen und in sehr feine Streifen schneiden.
- 1½ Eßlöffel Zucker in einem kleinen Pfännchen mit 1½ Eßlöffel Wasser erhitzen und kochen, bis der Zucker leicht Farbe annimmt. Die Orangenschale hineingeben, gut rühren und mit Zitronensaft und einem halben Eßlöffel Orangenlikör ablöschen.
- Die restlichen Erdbeeren waschen und entstielen. 4 schöne Beeren beiseite legen, die übrigen im Mixer pürieren. Mit dem Zuckersirup mischen.
- Aus dem Teig 4 etwa 15 cm große, sehr dünne Omelettchen in einem Eßlöffel Butterschmalz backen. Wenn nötig, den Teig mit wenig Wasser oder Milch verdünnen; die Pfannkuchen müssen wirklich dünn werden.
- Die Rahmmischung auf kleinem Feuer nochmals erwärmen. Die marinierten Erdbeeren daruntermischen. Die Omelettchen damit füllen, dann einrollen oder zusammenfalten.
- Die gefüllten Omelettchen auf eine vorgewärmte Platte legen. Mit den ganzen Erdbeeren garnieren und mit der Erdbeersauce begießen oder diese separat servieren.

Ananas – einfach und raffiniert serviert

Ganz exotisch und besonders dekorativ sehen Ananas aus, wenn die Frucht zu kleinen Drachenbooten geschnitten wird. So wird's gemacht:

Die Ananas mitsamt dem Kraut in Längsrichtung vierteln. Das harte Mark wegschneiden. Das Ananasfleisch von der Schale lösen und quer in 1 cm dicke Stücke schneiden.

Die Ananasscheiben versetzt wieder auf die Schale legen. Mit etwas Zucker bestreuen und ziehen lassen, bis er sich auflöst.

Nach Belieben mit Rum, Kirschwasser oder Likör beträufeln.

Salzburger Nockerln

Für 2 Personen
Vorbereitung 15 Min.
Backzeit 5–8 Min.
1150 kJ = 274 kcal/Portion

1 Eßl. Butter, 4 Eßl. Milch, 3 Eigelb, 3 Eiweiß
60 g Zucker, 3 Eßl. Puderzucker, 1 Prise Salz, 1 Eßl. Mehl
½ Teel. Vanilleextrakt

- Eine kleine Auflaufform mit wenig Butter bestreichen. Die Milch mit einem Eßlöffel Zucker und einigen Tropfen Vanilleextrakt mischen und hineingießen. 15 Minuten vor dem Servieren in den auf 240 °C vorgeheizten Backofen schieben.
- Eigelb, 1½ Eßlöffel Puderzucker und einige Tropfen Vanilleextrakt schaumig schlagen. Die bei Zimmertemperatur weichgewordene Butter dazurühren. Weiterrühren, bis die Masse luftig ist.
- Das Mehl dazusieben.
- Die Eiweiß mit Salz steif schlagen. Zucker nach und nach dazugeben. Der Eischnee soll sehr steif werden, muß aber noch glänzen und darf nicht flockig werden, sonst geht er nachher nicht mehr auf.
- Die Eigelbmasse auf den Eischnee gießen und vorsichtig unterheben.

- Diese Mischung in 2 großen Kugeln auf die kochende Milch geben. Die Backofentemperatur auf 180 °C reduzieren und die Kugeln 5–8 Minuten backen, bis sie hellgelb werden und stark aufgegangen sind.
- Mit dem restlichen Puderzucker bestreuen. In der Auflaufform auf den Tisch bringen. Mit einem Löffel große Nockerln ausstechen und auf die Teller verteilen.

TIP Es ist sehr wichtig, daß ganz frische Eier verwendet werden. Bei diesem Rezept kann man alles vorbereiten, den Eischnee darf man jedoch erst im letzten Moment unter die Masse ziehen.

Salzburger Nockerln, ein typisches Beispiel der berühmten österreichischen Mehlspeisen

Nußeis mit Heidelbeersauce

Für 2 Personen
Arbeitsaufwand 10 Min.
1879 kJ = 449 kcal/Portion

½ großer oder 1 kleiner Block Nußeis
200 g Heidelbeeren, ½ Eßl. Zitronensaft
1 Eßl. Zucker

- Das Eis 15 Minuten vor dem Servieren aus dem Tiefkühlfach nehmen.
- Heidelbeeren, Zucker und Zitronensaft mischen. 15 Minuten ziehen lassen.
- Im Mixer pürieren.
- Das Eis in Würfel schneiden, in vorgekühlte Dessertschalen verteilen und mit der Sauce übergießen.

Kaltes Herz

Für 2 Personen
Arbeitsaufwand 30 Min.
2018 kJ = 482 kcal/Portion
Foto S. 158

2 kleine Eigelb, 1/8 l Rahm
100 g Himbeeren, 1 kleine Zitrone
2 Eßl. Kirschwasser
80 g Zucker
40 g Löffelbiskuits

- Die Eigelb mit der Hälfte des Zuckers zu einer sämigen Creme schlagen.

Auch Erdbeeren oder andere pürierte Früchte eignen sich sehr gut für dieses Rezept

- Einige Himbeeren für die Garnierung beiseite legen, den Rest im Mixer pürieren und mit dem Saft der Zitrone mischen.
- Den Rahm sehr steif schlagen. Das Himbeerpüree und die Eiercreme mit der Hälfte des Rahms mischen.
- Den restlichen Zucker mit 6 Eßlöffel Wasser und dem Kirschwasser erwärmen. Die Löffelbiskuits damit tränken.

Man kann natürlich auch eine runde Form oder Portionsförmchen verwenden

- Eine Herzform bis zu einem Drittel der Höhe mit der Himbeercreme füllen. Mit den Löffelbiskuits bedecken. Mit Creme auffüllen, mit Klarsichtfolie zudecken und in der Tiefkühltruhe oder im Tiefkühlfach des Kühlschranks gefrieren lassen.
- 15 Minuten vor dem Servieren herausnehmen und mit dem restlichen Rahm und einigen zurückbehaltenen Beeren garnieren.

Erdbeeren mit Orangensabayon

Für 2 Personen
Arbeitsaufwand 30 Min.
1255 kJ = 300 kcal/Portion
Anleitung S. 177

250 g Erdbeeren, 3 Eßl. Orangensaft, wenig geriebene Orangenschale
2½ Eßl. Zucker, 25 g dunkle Schokolade
3 kleine Eigelb
½ Eßl. Orangenlikör

- Die Erdbeeren waschen, entstielen und halbieren. Mit einem Eßlöffel Zucker bestreuen und mindestens eine Stunde kühl ruhen lassen.
- Die Schokolade reiben.
- Die Eigelb mit 1½ Eßlöffel Zucker in ein Pfännchen geben und mit dem Rührbesen schlagen, bis eine sämige, weißliche Creme entsteht. Das Pfännchen in ein Wasserbad stellen und bei Mittelhitze weiterschlagen.

Statt Orangenlikör Cognac verwenden

- Nach und nach Orangensaft und Orangenlikör zufügen, bis eine schaumige Masse entsteht. Die geriebene Orangenschale zugeben.
- Die Erdbeeren in Gläser verteilen. Den heißen Sabayon darübergießen. Mit Schokoladenspänen bestreuen.

TIP Will man die Nachspeise im voraus zubereiten, weicht man ein Blatt Gelatine in kaltem Wasser ein, erhitzt ein wenig Orangensaft, drückt die Gelatine gut aus und löst sie im Saft auf. Dann mischt man sie unter den Sabayon, den man noch lauwarm über die Erdbeeren verteilt. Das Dessert wird dann kalt gegessen.

Erdbeeren mit Orangensabayon – delikat und festlich

Wer seine Gäste mit diesem herrlichen Dessert überraschen will, muß nicht unbedingt gut kochen können. Das Rezept sollte man jedoch Schritt für Schritt genau lesen und befolgen. Wichtig ist es, alle Zutaten vorher bereitzustellen, denn die Schaumcreme wird erst im letzten Augenblick geschlagen, damit sie schön luftig bleibt. Die Erdbeeren können ja im voraus geputzt und kalt gestellt werden. Die Creme wird am besten im Wasserbad zubereitet. So kann sie auf gar keinen Fall mißlingen. Auch wichtig: Für diese Süßspeise darf man nur ganz frische Eier verwenden!

1. Die Erdbeeren waschen, entstielen, halbieren, mit Zucker bestreuen und kalt stellen

2. Die Schokolade reiben; dazu die grobe Seite einer Allzweckreibe verwenden

3. Wasserbad vor dem Essen bereitstellen. Eigelb mit Zucker im gewärmten Topf sämig schlagen

4. Nach und nach Orangensaft und Orangenlikör zufügen; alles zu einer sehr schaumigen Creme schlagen

Die noch warme Sabayonsauce wird über die Beeren gegossen

Terrine-de-poisson

Die festliche Einladung zu später Stunde

Ab und zu geht man mit guten Freunden ins Theater, in die Oper oder zu einer Cocktailparty, und anschließend möchte man den Abend, der so schön angefangen hat, festlich ausklingen lassen. Vorher reicht die Zeit meist nicht aus, zu Hause in Ruhe ein Essen zu bereiten. Um ins Restaurant zu gehen, ist die Zeit ebenfalls zu knapp, und spät am Abend gibt es fast überall nur noch kleine kalte Happen.

Also warum nicht zum Ausklang die Freunde nach Hause einladen? Natürlich nicht spontan und unvorbereitet, wenn man kulinarische Genüsse bieten möchte. Leckere Kleinigkeiten brauchen schon einiges an liebevoller Vorbereitung. Wenn man nach Hause kommt, sollte alles bereitstehen: der gedeckte Tisch, gekühlter oder chambrierter Wein, die kleine Vorspeise sowie alle Zutaten und Geräte für die Zubereitung eines leichten Hauptgerichts, das dann mit wenigen Handgriffen im Nu aus der Küche gezaubert werden kann. Das Dessert wartet ja bereits in der Tiefkühltruhe oder im Kühlschrank.

Dieses Kapitel enthält attraktive Menüs, die auf solche Situationen abgestimmt sind, leichte, exklusive Gerichte, die in kleinen Portionen aufgetragen werden, damit der Magen am späten Abend nicht allzusehr belastet wird.

Und noch ein Tip! Sobald man nach Hause kommt, zieht man sich am besten um. Kein Mensch erwartet, daß man sich im Smoking oder im Abendkleid in die Küche stellt, um der Sauce den letzten Schliff zu geben.

Oft gehören solche Abende zu den schönsten überhaupt. Man plaudert bei einem exquisiten Essen über die gemeinsam erlebten geistigen Genüsse – ein wahrhaft harmonischer Ausklang.

Festlicher Ausklang eines schönen Abends. Ideal zum Dessert ein feiner Obstsalat (Seite 195)

Menüvorschläge

Menü I

Entenleber mit Lauch S. 186
Stangenweißbrot
*
Aprikosentorte Colette S. 190

Menü II

Lauchkuchen Marianne S. 208
*
Traubencreme S. 193

Menü III

Pikant gefüllte Äpfel im Schlafrock S. 188
*
Russische Creme S. 194

Menü IV

Burgunder Linsensuppe S. 181
*
Obstsalat feine Art S. 195

Menü V

Blätterteigtaschen mit pikanter Füllung S. 189
Grüner Salat
*
Grapefruitsorbet mit Sanddornsauce S. 194

Menü VI

Hasenrücken mit Brombeersauce S. 185
Toast und Butter
*
Karamelisierte Birnentorte S. 191

Menü VII

Forellenterrine mit Kressesauce S. 182
Toast und Butter
*
Reispudding mit Früchten S. 193

Menü VIII

Geflügelterrine S. 185
Stangenweißbrot und Butter
*
Elsässischer Zwetschgenkuchen S. 192

Burgunder Linsensuppe

Für 4 Personen
Vorbereitung 35 Min.
Kochzeit 15 Min.
2838 kJ = 678 kcal/Portion

350 g Linsen
2 Karotten, 1 große Zwiebel
1 Zweig Selleriekraut, 1 Teel. gehacktes Bohnenkraut, 2 Knoblauchzehen, 1 Eßl. gehackte Petersilie, 1 Lorbeerblatt, Salz, Pfeffer
2 Eßl. Butter, ⅛ l Rahm
1 Schinkenknochen ohne Fett, 100 g Schinken am Stück
1 l Fleischbrühe
2 Scheiben Weißbrot

● Die Linsen am Vorabend gut waschen, in eine Schüssel geben und mit gekochtem Wasser oder Mineralwasser bedecken.
● Die Zwiebel fein hacken und in einem Eßlöffel Butter in einem hohen Kochtopf leicht andünsten.
● Die Karotten schälen, in dünne Scheiben schneiden, zufügen und kurz mitdünsten.
● Die Linsen mit Einweichwasser, Schinkenknochen, Selleriekraut, Lorbeerblatt, Bohnenkraut, durchgepreßtem Knoblauch und kalter Fleischbrühe zugeben. Langsam aufkochen, dabei mehrmals abschäumen. Halb zugedeckt bei kleiner Hitze ziehen lassen, bis die Linsen gar sind (etwa 15 Minuten). Sollten sich auf der Oberfläche

Eine herzhafte Linsensuppe nach Burgunder Art

Linsen und Mineralwasser

Linsen und andere Hülsenfrüchte werden oft in Mineralwasser eingeweicht. Dies ist zu empfehlen, weil unser Wasser meist sehr kalkhaltig ist und das anschließende Garen beeinträchtigt.

Hülsenfrüchte lassen sich im Schnellkochtopf garen, ohne vorher eingeweicht werden zu müssen. Auch hier empfiehlt es sich, Mineralwasser zu verwenden.

Man sagt den Hülsenfrüchten nach, daß sie schwer verdaulich sind und Blähungen hervorrufen. Diese Nachteile können gemildert werden, wenn man in Hülsenfruchtgerichten etwas Bohnenkraut mitkocht. Dieses Kräutlein gibt den Gerichten außerdem einen besonders guten Geschmack.

Fettaugen bilden, die Suppe mit saugfähigem Küchenpapier etwas entfetten.

- 2 Schaumlöffel voll Linsen herausnehmen und beiseite stellen. Schinkenknochen, Lorbeerblatt und Selleriezweig entfernen. Die Suppe durch eine Passiermaschine treiben und wieder aufsetzen. Mit Salz und Pfeffer abschmecken.
- Den Schinken in kleine Würfel schneiden und zufügen. 5–10 Minuten ziehen lassen.
- Inzwischen das Brot in kleine Würfel schneiden und in einem Eßlöffel Butter knusprig braten.
- Den Rahm und die ganzen Linsen zur Suppe geben und nochmals erhitzen, aber nicht kochen lassen. In Suppentassen oder -tellern anrichten und mit Brotwürfeln und gehackter Petersilie bestreuen.

Die Brotwürfel weglassen; statt dessen geriebenen Käse (Greyerzer), eine Zwiebelschwitze oder Würste dazu servieren

TIP Diese Suppe kann man im voraus zubereiten; vor dem Servieren braucht man sie nur zu erhitzen und anzurichten. Daher ist sie auch als Mitternachtsimbiß zum Abschluß einer Party bestens geeignet.

Forellenterrine mit Kressesauce

Für 8 Personen
Vorbereitung 40 Min.
Garzeit 40 Min.
1268 kJ = 303 kcal/Portion
Anleitung S. 183

1 Eßl. Butter, 1 kleines Eiweiß, ¼ l Rahm
250 g Hechtfleisch ohne Gräten, 500 g Forellenfilets,
200 g geräucherte Forellenfilets ohne Haut
2 Schalotten
80 g Weißbrot ohne Rinde
Salz, Pfeffer, 2½ Eßl. Dillspitzen, 1 Eßl. Dijonsenf
1 Beutel Sülzpulver
1 Eßl. trockener Wermut, 1 Eßl. Madeira
Sauce
1 Becher Sauerrahm
100 g feingehackte Kresse
Salz, Pfeffer

- Die Schalotten fein hacken und in der Butter leicht andünsten, dann erkalten lassen. Wichtig: Alle Zutaten für die Fischmasse müssen sehr kühl verarbeitet werden.
- Das Brot in kleine Würfel schneiden und in eine Schüssel geben. Das Eiweiß leicht schlagen und mit 2 Eßlöffel Rahm über das Brot verteilen.

Eine Forellenterrine für Kenner

Das Besondere an dieser Terrine ist die Kombination von frischen und geräucherten Forellenfilets mit der einfachen, aber besonders delikaten Kressesauce. Man kann jede beliebige rechteckige oder ovale Form auf diese Art füllen. Je sorgfältiger die Filets zugeschnitten und eingesetzt werden, desto schöner wird das Ergebnis. Wenn man die Form mit Klarsichtfolie auslegt, läßt sich die Terrine problemlos stürzen.

1. Das leichtgeschlagene Eiweiß und den flüssigen Rahm über die Brotwürfel gießen. Kalt stellen

2. Erkaltete Schalotten, Hechtfleisch und Brot pürieren, durch ein Sieb streichen und würzen

3. Die Form mit Butter bestreichen. Klarsichtfolie hineinlegen und darauf die Forellenfilets

4. Ein Drittel der Hechtmasse darüber geben; an den Wänden hochziehen. Räucherfilets einlegen

5. Mit der restlichen Fischmasse bedecken und die vorstehende Folie darüber schlagen

Die fertige Fischterrine wird noch gesülzt und mit Dill bestreut

- Das Hechtfleisch in Streifen schneiden. Mit Salz und Pfeffer bestreuen.
- Erkaltete Schalotten, Brot und Hechtfleisch zweimal durch die feinste Scheibe des Fleischwolfs drehen oder im Mixer pürieren. Die Masse durch ein feines Sieb streichen, dann mit einem Holzlöffel rühren, bis sie glatt und geschmeidig ist.
- Den restlichen Rahm steif schlagen und nach und nach zusammen mit einem Eßlöffel Dill, dem Wermut und dem Senf unter die Fischmasse heben.
- Die frischen Forellenfilets mit Salz, Pfeffer und wenig Dill bestreuen.
- Eine lange, schmale Terrinenform mit Butter bestreichen und mit Klarsichtfolie auslegen.
- Die Forellenfilets so zurechtschneiden, daß man die Form mit ihnen quer auslegen kann, ohne daß etwas vorsteht. Ein Drittel der Hechtmasse darüber geben; dabei die Masse an den Terrinenwänden hochziehen.
- Die geräucherten Forellenfilets hineinlegen und mit der restlichen Fischmasse bedecken. Die Form mehrmals auf ein zusammengefaltetes Tuch klopfen, damit alle Hohlräume ausgefüllt werden.
- Die Terrine mit einem Deckel schließen und in Alufolie einpakken. In ein Wasserbad stellen und 40 Minuten bei 140 °C garen.
- Nach dem Erkalten stürzen und die Folie entfernen.

Anstelle von Madeira kann man Weißwein verwenden

- Das Sülzpulver nach Vorschrift, jedoch mit einem Eßlöffel Wasser weniger als angegeben auflösen und mit dem Madeira verfeinern. Die Terrine mit dem Gelee überziehen. Mit dem restlichen Dill bestreuen.
- Für die Sauce den Sauerrahm mit den übrigen Zutaten gut mischen und kühl stellen.

TIP Die Forellenterrine kann man bereits am Vortag zubereiten. 2–3 Stunden vor dem Servieren wird sie aus dem Kühlschrank genommen, gestürzt und gesülzt.
Die fertige Sauce läßt sich ebenfalls einen Tag im Kühlschrank aufbewahren.

So gelingt die Terrine

Terrinen sind Pasteten ohne Teigkruste. Ihren Namen verdanken sie dem Ton- oder Porzellangefäß, in dem sie gegart werden.

Die Zubereitung ist nicht schwierig, man muß jedoch ein paar Regeln beachten:

Das Gefäß wird meist mit grünem Speck (Spickspeck) ausgelegt, bevor die Fleisch- oder Fischmasse eingefüllt wird. Damit die Terrine nicht zu fest wird, müssen die Speckscheiben möglichst dünn sein. Man legt sie am besten zwischen zwei Lagen Alufolie und walzt sie mit dem Nudelholz dünn aus.

In der Fleischmasse dürfen keine Hohlräume entstehen. Man legt ein zusammengefaltetes Tuch auf den Tisch und schlägt die Terrine beim Füllen mehrmals auf das Tuch, damit die Masse sich gut setzt und die Luftlöcher sich füllen.

Das Wasser im Wasserbad darf nie stark kochen, sondern nur ziehen. Wenn es trotzdem zu stark verdunstet, füllt man kochendes Wasser nach.

Um festzustellen, ob die Terrine gar ist, sticht man sie mit einer Fleischgabel an. Der austretende Saft muß ganz klar sein.

Die Fettschicht, die sich auf der erkalteten Terrine bildet, hilft das Gericht haltbar zu machen. Sie darf erst beim Anschneiden entfernt werden.

Hat die Terrine keine eigene Fettschicht, kann man sie mit zerlassener Butter versiegeln, wenn sie nicht sofort gegessen wird.

Geflügelterrine

Für 6 Personen
Vorbereitung 35 Min.
Garzeit 2 Std.
2101 kJ = 502 kcal/Portion

500 g Geflügelfleisch ohne Knochen, 300 g Geflügelleber,
100 g Magerspeck, 150 g Magerspeckscheiben
⅛ l Rahm, 1 Ei
6 Eßl. Cognac
⅛ l flüssige Sülze
1 Lorbeerblatt, Thymian, Salz, Pfeffer

- Das Geflügelfleisch in fingerdicke Streifen schneiden.
- Die Leber und den Magerspeck fein hacken (oder vom Metzger hacken lassen). Mit Rahm, Ei, Salz, Pfeffer und Thymian mischen. Den Cognac dazugeben und alles zu einer homogenen Masse verarbeiten.
- Eine Terrine mit der Hälfte der Speckscheiben auslegen und abwechselnd Lebermasse und Geflügelfleisch einfüllen. Mit Lebermasse aufhören.
- Die Form mehrmals auf den Tisch klopfen, damit sich der Inhalt setzt. Das Lorbeerblatt darauf legen. Mit den restlichen Speckscheiben belegen.
- Im Wasserbad im vorgeheizten Backofen bei 80 °C 2 Stunden garen.
- Erkalten lassen. Das überschüssige Fett entfernen und mit der kalten, noch flüssigen Sülze begießen.

Hasenrücken mit Brombeersauce

Für 4 Personen
Vorbereitung 30 Min.
Garzeit (Fleisch) 15 Min.
Kochzeit (Sauce) 10 Min.
2398 kJ = 573 kcal/Portion

1 Hasenrücken, 1 große Dose (etwa 300 g) Gänselebermousse bester Qualität
1 Eßl. Butter, ⅛ l Rahm
Salz, Pfeffer aus der Mühle, 6 Wacholderbeeren, 1 Teel. Thymian
⅛ l Fleischsülze (aus Pulver zubereitet)
1 Eßl. Cognac
Sauce
350 g Brombeeren
100 g Zucker
½ Zimtstange, 1 Prise Nelkenpulver, 2 Prisen Cayennepfeffer, Salz
1 Messerspitze Fleischextrakt

Den Hasenrücken roh vom Knochen lösen und kurz in der Pfanne braten

- Den Hasenrücken mit Salz und Pfeffer würzen. Ein Stück Alufolie mit der Butter bestreichen und den Hasenrücken darauf legen.
- Die Wacholderbeeren mit dem Nudelholz zerdrücken und über das Fleisch verteilen. Einpacken und 10 Minuten im auf 220 °C vorgeheizten Backofen garen. Den Ofen ausschalten und das Paket noch ungefähr 5 Minuten darin lassen.
- 300 g Brombeeren mit dem Zucker bestreuen und eine Stunde ziehen lassen.
- Die Sülze mit dem Cognac verfeinern.
- Die Gänselebermousse mit dem Thymian gut mischen.

Rund um den Hasenrücken

Viele Hausfrauen und Hobbyköche sind etwas ängstlich, wenn es darum geht, einen Hasen- oder Rehrücken zu braten. Wenn diese Fleischstücke aber in Aluminiumfolie zubereitet werden, können sie gar nicht austrocknen. Wie man dabei vorgeht, ist im Rezept *Hasenrücken mit Brombeersauce* (S. 185) beschrieben. Die Bratzeit richtet sich nach der Größe des Fleischstücks. Ein Rehrücken muß demnach etwas länger im Backofen bleiben.

Es gibt aber eine noch einfachere Methode: Man kann das Fleisch bereits roh vom Knochen lösen, und zwar schneidet man oben längs des Rückenknochens mit einem gutgeschliffenen Messer etwa 1 cm tief ein. Danach wird das Fleisch mit einem Löffelrücken vorsichtig vom Knochen gelöst. Die beiden kleinen Filets auf der Unterseite des Rückenknochens werden auf die gleiche Art herausgetrennt. Nun kann man die Rückenstücke wie ein Rinderfiletsteak kurz in der Pfanne braten, was sehr schnell geht und gut überwacht werden kann. Auf diese Art bleibt das Fleisch sehr saftig und kann nach Wunsch *à point* zubereitet oder durchgegart werden.

- Den Rahm steif schlagen und mit dem Bratensaft aus der Folie unter die Masse ziehen. Nach Bedarf mit Salz und Pfeffer nachwürzen.
- Den Hasenrücken aus der Folie nehmen. Den Rückenknochen sorgfältig herauslösen und die Wacholderbeeren entfernen. Das Fleisch leicht schräg in etwa 1 cm dicke Scheiben schneiden. Die Tranchen mit Gänselebermousse bestreichen. Den Rücken wieder zusammensetzen und auf eine längliche Platte legen.

Wird der Hasenrücken sofort nach der Zubereitung serviert, kann man auf das Sülzen verzichten

- Die Hälfte der Sülze unter die restliche Gänselebermasse mischen und das Fleisch damit ganz umhüllen. Mit der restlichen Sülze bestreichen.
- Gezuckerte Brombeeren, Zimtstange und Nelkenpulver etwa 10 Minuten kochen. Cayennepfeffer, etwas Salz und Fleischextrakt beifügen (die Sauce soll pikant sein).
- Den Hasenrücken mit den restlichen Brombeeren garnieren. Die Sauce separat auf den Tisch bringen.

TIP Sowohl der gesülzte Hasenrücken als auch die Brombeersauce können mehrere Stunden im voraus zubereitet werden.

Entenleber mit Lauch

Für 4 Personen
Arbeitsaufwand 20 Min.
1933 kJ = 462 kcal/Portion

300 g frische Entenleber
300 g Lauch
2 Eßl. Butterschmalz (Gourmetbutter), 1 Teel. Tafelbutter
Salz, Pfeffer aus der Mühle, 1 Prise Cayennepfeffer
⅛ l Madeira

Frische Gänseleber verwenden

- Die Entenleber sorgfältig häuten und alle Blutgefäße herausziehen (eventuell vom Feinkosthändler machen lassen).
- Den Lauch zuerst längs halbieren, dann in 1½ cm lange Stücke schneiden.
- Einen Eßlöffel Butter mit einer Prise Salz erhitzen. Die Lauchstücke darin leicht anbraten; der Lauch muß leicht knackig bleiben und darf seine Farbe nicht verlieren.

● Den Lauch abgießen, in 4 Portionsschalen verteilen und, mit Alufolie bedeckt, im Backofen warm stellen.
● Die Entenleber in etwa 4 mm dicke Scheiben schneiden. Die restliche Butter erhitzen und die Leber darin sehr rasch wenden. Auf den Lauch verteilen und mit Salz und Pfeffer würzen.
● Das überschüssige Fett weggießen. Den Madeira zum Bratenfond geben und auf großem Feuer stark einkochen. Die Pfanne von der Hitze wegziehen. Die Tafelbutter zufügen und unter die Sauce ziehen; dies macht man am besten mit einer Gabel, während man die Sauce in der Pfanne schwenkt. Mit Salz und Cayennepfeffer abschmecken.
● Die Sauce über Lauch und Leber verteilen. Mit frischem Stangenweißbrot (Baguette) servieren.

TIP Den Lauch kann man im voraus knapp gar kochen, so daß er nur noch erwärmt werden muß. Die geputzte, in Scheiben geschnittene Leber wickelt man in Klarsichtfolie und legt sie bis zum Gebrauch in den Kühlschrank.

Entenleber mit Lauch in feiner Madeirasauce

Pikant gefüllte Äpfel im Schlafrock

Für 6 Personen
Vorbereitung 40 Min.
Backzeit 35 Min.
2307 kJ = 552 kcal/Portion

6 große Äpfel, 2 Eßl. Zitronensaft, 2 Eßl. gehackte Schalotten oder Zwiebeln
100 g Geflügelleber, 200 g geschnetzeltes Geflügelfleisch ohne Knochen
2 Eßl. Butterschmalz (Gourmetbutter), 3 Eßl. Rahm, 1 Ei
500 g Blätterteig
Salz, Thymian
2 Eßl. Calvados

- Die Äpfel schälen und von oben entkernen und aushöhlen. Sofort mit dem Zitronensaft bestreichen, damit sie sich nicht verfärben.
- Die Geflügellebern halbieren und ganz kurz in der Butter anbraten. Aus der Bratpfanne nehmen, dann das Geflügelfleisch hineingeben und ebenfalls kurz dünsten.

Gekochtes Hühnerfleisch statt Leber verwenden; dieses nicht mehr anbraten und dünsten

Äpfel im Schlafrock, mit Geflügelfleisch pikant gefüllt

- Die Schalotten oder Zwiebeln beifügen und 2–3 Minuten weiterdünsten.
- Lebern, Geflügelfleisch, Rahm, Thymian, ausgehöhltes Apfelfleisch und Salz im Mixer pürieren.
- Die ausgehöhlten Äpfel innen mit einem Eßlöffel Calvados beträufeln. Den restlichen Calvados unter das Püree mischen und die Äpfel damit füllen.
- Den Blätterteig ausrollen und in 6 Quadrate schneiden. Die gefüllten Äpfel darin einpacken. Die Ränder mit Eiweiß bestreichen und gut verschließen.
- Den Teig mit dem verquirlten Eigelb bestreichen. Nach Belieben mit Teigresten dekorieren und nochmals mit Eigelb bestreichen.
- Auf ein kalt abgespültes Backblech legen und 35 Minuten im vorgeheizten Backofen bei 200 °C backen. Die Äpfel können auch auf feuerfesten Portionsschälchen gebacken und angerichtet werden. Beilagen passen nicht dazu.

TIP Die vorbereiteten Apfeltaschen kann man im Kühlschrank aufbewahren und unmittelbar vor dem Essen backen.

Blätterteigtaschen mit pikanter Füllung

Für 4 Personen
Vorbereitung 25 Min.
Backzeit 35 Min.
3775 kJ = 902 kcal/Portion

4 Hähnchenbrustfilets ohne Haut und Knochen, 200 g Hähnchenfleisch ohne Knochen, 100 g Bauernbratwurstbrät
2 Eßl. gehackte Schalotten oder Zwiebeln, 50 g gehackte Champignons, 100 g große Spinatblätter, 1 schwarze Trüffel aus der Dose
1 Eßl. Butter, 2 Eßl. Rahm, 1 Eigelb
Salz, Pfeffer, Rosmarin, 1 Prise Thymian
500 g Blätterteig

- Die Hähnchenbrustfilets auf der dickeren Seite in Längsrichtung so einschneiden, daß eine Tasche entsteht.
- Die Trüffel in dünne Scheiben schneiden und in die Taschen schieben.
- Das Hähnchenfleisch durch den Fleischwolf drehen. Mit dem Bratwurstbrät und dem Thymian mischen.
- Die Schalotten und die Champignons in der Butter kurz dünsten. Mit dem Rahm zur Fleischmasse geben, gut mischen und mit Salz und Pfeffer abschmecken.
- Den Blätterteig 3 mm dick ausrollen und Kreise mit einem etwa 4 cm größeren Durchmesser als die Länge der Hähnchenbrustfilets ausschneiden. 10 Minuten kühl stellen.

Die Spinatblätter durch Wirsing- oder Lattichblätter ersetzen

- Inzwischen die Spinatblätter entstielen und in Salzwasser rasch abbrühen, bis sie weich werden. Sofort abgießen, kalt abspülen und die einzelnen Blätter auf Küchenpapier legen.
- Die Brustfilets auf beiden Seiten mit der vorbereiteten Masse dick bestreichen und in die Spinatblätter wickeln. Je ein Filet auf die eine Hälfte eines Teigkreises legen, den Teigrand befeuchten, die andere Hälfte darüber klappen und die Ränder ringsum mit einer Gabel fest zusammendrücken.

- Mit Eigelb bestreichen und mit einer Gabel mehrmals einstechen. Jede Tasche mit einer Teigrosette verzieren. Nochmals mit Eigelb bestreichen und im vorgeheizten Backofen 35 Minuten bei 240 °C backen.
- Heiß mit grünem Salat servieren.

TIP Die Teigtaschen kann man vorbereiten (dabei muß die Füllung kalt in den Teig kommen) und erst unmittelbar vor dem Servieren backen. Der gewaschene Salat bleibt in einer Plastikdose oder -tüte im Kühlschrank mehrere Stunden frisch. Die angerührte Sauce läßt man bei Zimmertemperatur stehen und hebt sie vor dem Servieren unter den Salat.

Aprikosentorte Colette

Gibt 8 Stück
Vorbereitung 40 Min.
Backzeit 15 Min.
1450 kJ = 346 kcal/Stück

700 g Aprikosen
4 Eßl. Zitronensaft, 1 Teel. geriebene Zitronenschale
1 Eßl. geröstete Mandelsplitter
160 g Zucker, 120 g Mehl, 1 Teel. Backpulver
5 Eier, 60 g Butter, 1/8 l Rahm
3 Blatt Gelatine
1/8 l Marsala
3 Eßl. Aprikosenkonfitüre

Aprikosen aus der Dose oder Pfirsiche verwenden

Fertigen Tortenboden kaufen

- 300 g Aprikosen entsteinen und in kleine Würfel schneiden. Mit dem Zitronensaft vermischen.
- Die Gelatine in kaltem Wasser einweichen.
- 100 g Zucker mit 3 Eigelb schaumig schlagen. Die Butter schmelzen und lauwarm dazurühren. Das Mehl mit dem Backpulver sieben und abwechselnd mit 3 steifgeschlagenen Eiweiß darunterziehen.
- Eine Springform von 24 cm Durchmesser mit wenig Butter bestreichen. Den Teig hineingießen und im vorgeheizten Backofen 15 Minuten bei 180 °C backen. Nach der halben Backzeit mit Alufolie abdecken.
- Den Springformring lösen und das Biskuit erkalten lassen.
- Den restlichen Zucker mit 2 Eigelb schlagen, bis eine weißliche Creme entsteht.
- Den Marsala in einem Pfännchen erwärmen und die ausgepreßte Gelatine darin auflösen. Unter die Eimasse ziehen und 10 Minuten kühl stellen.
- Die restlichen Eiweiß steif schlagen und mit dem ebenfalls steifgeschlagenen Rahm, den Aprikosenwürfeln samt Saft und der geriebenen Zitronenschale unter die Eimasse mischen.
- Das erkaltete Biskuit auf eine Platte stellen. Den Springformrand wieder anbringen. Die Aprikosencreme einfüllen und 3 Stunden kalt stellen.
- Die restlichen Aprikosen (etwa 10 Stück) halbieren und mit der Wölbung nach oben dekorativ auf der Torte anordnen.
- Die Aprikosenkonfitüre durch ein Sieb streichen. Die Aprikosenhälften damit bestreichen und mit den gerösteten Mandelsplittern garnieren.

Aprikosentorte Colette, eine gelungene Kombination aus Biskuit, Creme und Früchten

Karamelisierte Birnentorte

Gibt 8 Stück
Vorbereitung 25 Min.
Backzeit 40 Min.
1733 kJ = 414 kcal/Stück

220 g Mehl, 1 Prise Salz, 5 Eßl. Zucker
100 g + 1 Teel. Butter, ⅛ l Rahm, 3 Eier
1000 g reife Birnen
1 Eßl. Zitronensaft
2 Eßl. Birnenbranntwein

Wenn es schnell gehen muß, Birnen aus der Dose und gekauften Blätter- oder Mürbeteig verwenden

- Das Mehl in eine Schüssel sieben und 100 g Butter in Flocken hineingeben. Ein verquirltes Ei, Salz und etwa 2 Eßlöffel kaltes Wasser zugeben. Mit kühlen Fingern vermischen und rasch zu einem festen Teig zusammenfügen; nicht zu stark kneten, sonst wird der Teig zäh. Mindestens 3 Stunden kühl ruhen lassen.
- Die Birnen schälen, halbieren, entkernen und sofort mit Zitronensaft bestreichen, damit sie sich nicht verfärben (harte Birnen etwas vorkochen). Eine Birne ganz lassen; den Stiel nicht entfernen und das untere Ende gerade schneiden, damit sie stehen kann.

- Eine Springform von 28 cm Durchmesser mit einem Teelöffel Butter bestreichen. Den Teig 3–4 mm dick ausrollen und die Form damit auslegen. Mit einer Gabel mehrmals einstechen. Ein Stück Alufolie darauf legen, mit weißen Bohnen beschweren und 10 Minuten bei 180 °C blind vorbacken.
- Die gut abgetropften Birnen mit der Rundung nach oben sternförmig auf dem Teig anordnen. Die ganze Birne in die Mitte setzen.
- Die Eier verquirlen, mit dem Rahm und dem Birnenbranntwein vermischen und über die Birnen gießen. Mit 2 Eßlöffel Zucker bestreuen. 20 Minuten bei 220 °C backen.
- Den restlichen Zucker darüber streuen und bei starker Oberhitze 10 Minuten weiterbacken. Die Oberfläche soll braune, karamelisierte Flecken bekommen; dazu kann man den Backofengrill kurz einschalten, muß aber aufpassen, daß der Zucker nicht verbrennt.

TIP Dieser Kuchen kann zwar im voraus gebacken werden, lauwarm schmeckt er jedoch am besten.

Elsässischer Zwetschgenkuchen

Für 6 Personen
Vorbereitung 30 Min.
Backzeit 45 Min.
2632 kJ = 629 kcal/Portion

250 g Mehl, 130 g Zucker, 1 Prise Salz
¼ Teel. Vanilleextrakt, ½ Teel. geriebene Zitronenschale
800 g halbierte Zwetschgen
5 Eier, 120 g Butter, ⅛ l Milch, 4 Eßl. Rahm
nach Belieben 2 Eßl. Zwetschgenwasser

- Das Mehl in eine große Schüssel sieben. Eine Vertiefung hineindrücken und 4 Eßlöffel Zucker, Salz, geriebene Zitronenschale und ein verquirltes Ei hineingeben. Alles gut vermischen. Die in Flocken geschnittene Butter beigeben und rasch zu einem festen Teig zusammenkneten. Eine Stunde kühl ruhen lassen.
- Den Backofen auf 220 °C vorheizen. Restliche Eier, Milch, Rahm, Vanilleextrakt, 3 Eßlöffel Zucker und nach Belieben einen Eßlöffel Zwetschgenwasser zu einem Guß verrühren.
- Eine Springform von 30 cm Durchmesser mit wenig Butter bestreichen. Den Teig 3 mm dick ausrollen und die Form damit auslegen. Einen Rand von etwa 3 cm hochziehen und mit einer Gabel dekorieren. Den Teigboden mehrmals einstechen.
- Den Guß darüber gießen. 15 Minuten bei 220 °C backen. Sobald der Guß zu stocken beginnt, den Kuchen aus dem Ofen nehmen.
- Die Zwetschgen auf folgende Art auf den Kuchen legen: Zuerst einen Kranz von halben Zwetschgen mit der Schnittfläche nach oben anordnen, dann je eine halbe Zwetschge mit der Schnittfläche nach unten quer über 2 Zwetschgenhälften legen. So fortfahren, bis der Teigboden ganz dicht belegt ist. Nochmals 30 Minuten backen. Den Rand eventuell mit Alufolie abdecken.
- Nach Belieben einen Eßlöffel Zwetschgenwasser mit 2 Eßlöffel Zucker in einem Pfännchen kochen, bis ein sämiger Sirup entsteht.
- Den Kuchen nach dem Backen aus der Form nehmen und auf ein Gitter stellen. Den lauwarmen Zuckersirup darüber verteilen. Lauwarm oder kalt servieren.

Tiefgekühlte Zwetschgen (gefroren auflegen) oder halbe Zwetschgen aus dem Glas verwenden; in letzterem Fall den Teigboden 10 Minuten blind vorbacken, dann den Guß mit einem Eßlöffel Mehl binden, einfüllen und die Zwetschgen darauf geben

Reispudding mit Früchten

Für 8 Personen
Vorbereitung 30 Min.
Kochzeit 40 Min.
1768 kJ = 401 kcal/Portion

½ l Milch, 1 l Rahm
200 g Rundkornreis, 1 Prise Salz, 320 g Zucker
2 Teel. Vanilleextrakt, 4 Blatt Gelatine
400 g Beeren (Himbeeren, Erdbeeren, Johannisbeeren, Brombeeren, Heidelbeeren, je nach Saison, auch gemischt)
8 Eßl. Kirschwasser, ½ l Himbeersauce

- Die Milch mit dem Salz aufkochen. Den Reis zufügen und bei kleiner Hitze ziehen lassen, bis die Milch aufgesogen ist.
- Nach und nach unter ständigem Rühren ½ l Rahm und 200 g Zucker beifügen. Bei schwacher Hitze weiterkochen, bis der Reis gar ist (etwa 40 Minuten).

Orangenlikör statt Kirschwasser verwenden

- 300 g Beeren in eine Schüssel geben. Mit dem restlichen Zucker, Vanilleextrakt und Kirschwasser mischen.
- Die Gelatine in kaltes Wasser legen. Nach einigen Minuten ausdrücken, in 5–6 Eßlöffel heißem Wasser auflösen und unter den gekochten, noch warmen Reis mischen. Fast ganz abkühlen lassen.
- Den restlichen Rahm steif schlagen. Zuerst die marinierten Beeren, dann 2 Drittel des Rahms unter den Reis mischen.
- Eine Puddingform mit glatten Wänden mit wenig Butter bestreichen, den Reis einfüllen und kalt stellen.
- Vor dem Servieren den Reis stürzen und mit dem restlichen Rahm und den zurückbehaltenen Beeren garnieren.
- Die Himbeersauce separat servieren.

Traubencreme

Für 6 Personen
Arbeitsaufwand 20 Min.
1527 kJ = 365 kcal/Portion

4 Eigelb, 2 Eiweiß, ¼ l Rahm
3 Eßl. Zitronensaft, wenig geriebene Zitronenschale
500 g weiße und rote Trauben, gemischt
⅛ l herber Weißwein
150 g Zucker
4 Blatt Gelatine

Man kann diese Creme auch ohne Alkohol zubereiten; man verwendet statt dessen Traubensaft

- Die Eigelb mit dem Zucker rühren, bis eine Creme entsteht. Wein, Zitronensaft und Zitronenschale beigeben.
- Die Gelatine in kaltem Wasser einweichen, ausdrücken und in 3 Eßlöffel heißem Wasser auflösen. Unter die Eimasse ziehen und die Creme kühl stellen, bis sie zu gelieren beginnt.
- Die Eiweiß steif schlagen und mit dem ebenfalls steifgeschlagenen Rahm locker darunterziehen.
- Die Trauben waschen, halbieren und unter die Creme mischen.
- In Dessertschalen verteilen und fest werden lassen. Die Schalen mit Trauben und eventuell Weinblättern garnieren.

TIP Die Creme läßt sich am Nachmittag zubereiten und im Kühlschrank aufbewahren.

Russische Creme

Für 6 Personen
Arbeitsaufwand 10 Min.
1913 kJ = 457 kcal/Portion

¼ l Rahm, 6 Eigelb
200 g Zucker
9 Eßl. Rum
Löffelbiskuits

- Die Eigelb mit dem Zucker zu einer weißlichen Creme schlagen.
- Den Rahm steif schlagen und unter die Eicreme ziehen. 1–2 Stunden kühl stellen.
- Vor dem Anrichten die Creme gut rühren und den Rum daruntermischen.
- In Dessertschalen anrichten, nach Belieben mit etwas Schlagrahm garnieren und Löffelbiskuits dazu reichen.

Anstelle von Rum kann man auch Cognac verwenden

Grapefruitsorbet mit Sanddornsauce

Für 4 Personen
Arbeitsaufwand 25 Min.
2386 kJ = 570 kcal/Portion

5 Grapefruits (gelbe Sorte)
12 Stück Würfelzucker, 200 g + 1 Teel. Zucker
1 Teel. Stärkemehl
⅛ l gehaltvoller Weißwein
250 g Sanddornmark

- Eine Grapefruit mit heißem Wasser gut waschen und mit Küchenpapier abtrocknen. Die Zuckerwürfel an der Schale abreiben und in eine Schüssel legen. 200 g Zucker und den Weißwein zugeben (2 Eßlöffel zurückbehalten). Stehenlassen, bis der Zucker sich ganz aufgelöst hat (etwa 2 Stunden).
- 4 Grapefruits halbieren und auspressen. Den Saft zum Zuckersirup geben. Die Mischung gefrieren lassen. Nach einer Stunde nochmals gut durchrühren. (In einer kleinen Haushaltseismaschine gelingt das Sorbet noch besser, und man muß es nicht durchrühren.)
- Eine Grapefruit so schälen, daß alle weißen Häutchen entfernt werden. Mit einem scharfen Messer zwischen den Trennwänden der Frucht Schnitze auslösen; dabei den Saft auffangen. Einen Teelöffel Zucker, den zurückbehaltenen Weißwein, das Stärkemehl und den aufgefangenen Grapefruitsaft unter Rühren aufkochen. Das Sanddornmark zugeben, von der Herdplatte wegziehen und so lange rühren, bis die Sauce sämig wird.
- Große Gläser bis zur Hälfte mit Sorbet füllen; dabei kann man Kugeln formen oder das Sorbet weich werden lassen, gut durchrühren und locker in die Gläser füllen. Mit einigen Grapefruitschnitzen garnieren. Die Sauce darüber verteilen oder separat reichen. Sofort servieren, sonst zerläuft es.

Etwas Wodka oder Gin darüber gießen

TIP Das Sorbet und die Sauce kann man schon am Vormittag zubereiten; das Sorbet nimmt man eine halbe Stunde vor dem Servieren aus dem Gefriergerät. Angerichtet wird alles erst im letzten Augenblick.

Obstsalat feine Art

Für 6 Personen
Arbeitsaufwand 20 Min.
1511 kJ = 361 kcal/Portion

1 Grapefruit, 2 Äpfel, 1 frische Ananas, 4 Mandarinen, Clementinen oder Tangerinen, 2 Orangen, 1 Eßl. Zitronensaft
2 Eßl. Orangenkonfitüre, 2 Eßl. Honig
50 g Sultaninen oder Korinthen, 1 Eßl. Mandelblättchen
3 Eßl. Rum, 1 Eßl. Maraschino
¼ l Rahm

- Die Grapefruit sorgfältig schälen, so daß auch die innere Haut entfernt wird. Zwischen den Trennhäuten geschälte Schnitze herausschneiden.
- Die Äpfel schälen und in feine Scheiben schneiden. Sofort mit Zitronensaft mischen.
- Die Ananas schälen und zuerst in Scheiben, dann in Fächer schneiden (das harte Mittelstück entfernen).
- Mandarinen und Orangen in Scheiben oder, wenn man genug Geduld und Zeit hat, wie die Grapefruit in geschälte Schnitze schneiden.
- Die Orangenkonfitüre mit Honig, Rum und Maraschino mischen. Mit den Früchten und Sultaninen oder Korinthen vermengen.
- Die Mandeln in einer trockenen Bratpfanne goldgelb rösten.
- Den Salat in Gläser verteilen und mit steifgeschlagenem Rahm und den Mandeln garnieren.

TIP Den Obstsalat kann man einige Stunden im voraus zubereiten. Unmittelbar vor dem Servieren wird er in Schalen gefüllt und garniert.

Obstsalat feine Art für besondere Gelegenheiten

Kleine Leckerbissen für den geselligen Abend

Ab und zu trifft man sich mit Freunden oder Nachbarn zum Kartenspiel, zu einer Partie Schach oder um sich ganz einfach ein bißchen nett zu unterhalten. Bei solchen Anlässen erwartet man natürlich nicht, daß ein komplettes oder aufwendiges Essen serviert wird. Die Gastgeber wollen bei diesen geselligen Abenden ja nicht in der Küche stehen, sondern sich mit ihren Gästen vergnügen. Deshalb steht das Kulinarische hier nicht im Mittelpunkt; allerdings möchte man seinen Gästen doch eine kleine pikante Überraschung bieten, die nicht alltäglich ist. Eine große Auswahl solcher Leckerbissen ist in diesem Kapitel zu finden.

Am einfachsten ist es natürlich, wenn man rasch einige Brote belegt, bevor die Gäste eintreffen. Mit den verschiedenen Zutaten kann man im Nu die schönsten Sandwiches zaubern, die nicht nur den Gaumen, sondern auch das Auge erfreuen. Bei solchen Anlässen immer beliebt sind Salate, die auch den Vorteil haben, sehr gut im voraus zubereitet werden zu können.

Besonderen Anklang finden kleine warme Spezialitäten wie Toasts oder pikante Kuchen aus dem Backofen. Beides kann man schon am Nachmittag so weit fertigmachen, daß man alles nur noch in den Backofen oder unter den Grill schieben muß, wenn der Abend beginnt.

Dazu einen guten Rat: Am besten stellt man die Garzeit auf dem Küchenwecker ein und nimmt ihn mit ins Wohnzimmer, wenn man in der Zwischenzeit Karten spielt oder sich unterhält, damit man vor lauter Ablenkung nichts anbrennen läßt.

Bei einem so ungezwungenen Abend sollte auch der Imbiß zwischendurch ganz locker serviert werden. Praktisch ist es, wenn man alles zu einem kleinen Buffet zusammenstellt, an dem sich jeder selbst bedienen kann. Als Getränke eignen sich Landwein und Bier.

Als Gastgeber darf man auf jeden Fall sicher sein, daß man selbst die angeregteste Diskussionsrunde oder die eifrigsten Schachspieler mit diesen leckeren Kleinigkeiten erfreuen wird.

Beim geselligen Abend mit guten Freunden ist zwischen Spiel und Unterhaltung ein herzhafter Imbiß stets willkommen

Rezeptvorschläge

Etagenbrot in Variationen

Diese Riesenbrote, eine amerikanische Erfindung, sind auch unter dem Namen Clubsandwiches bekannt.

Gibt 1 Stück
Arbeitsaufwand 25 Min.
3750 kJ = 896 kcal/Stück

4 Scheiben Toastbrot
1. Etage: 2 kleine Scheiben Käse, 2 Salatblätter, 1 Teel. Senf, wenig Essig und Öl, Salz, Pfeffer
2. Etage: 50 g gekochtes oder gebratenes Hähnchenfleisch, 1 dünne Scheibe Roastbeef, 1 Teel. Quark, 1 Eßl. Mayonnaise, 1 Teel. Zitronensaft, 1 Prise Dill
3. Etage: 1 Sardine, 2–3 Scheiben hartgekochtes Ei, 3–4 dünne Zwiebelringe, 1 Eßl. Mayonnaise, 1 Teel. Rahm
Garnierung: 3 Stückchen Tomate, 1 Salzgurke oder 2 Cornichons, 2 Scheiben hartgekochtes Ei

Als Belag eignen sich auch Räucherlachs mit Spargelspitzen; Camembert mit Radieschenscheiben; Gänselebermousse mit rohen Champignons und gerösteten Speckscheiben; Hüttenkäse mit geriebenen Äpfeln und Pfeffer

- Eine Scheibe Toast mit Senf bestreichen. Salatblätter mit etwas Essig und Öl sowie mit Salz und Pfeffer würzen. Brot mit Salat und Käse belegen. Mit der zweiten Toastscheibe abdecken.
- Mayonnaise, Zitronensaft und Quark gut verrühren. Das Hähnchenfleisch in feine Scheiben schneiden. In die Sauce geben, mit Salz, Pfeffer und Dill abschmecken. Den Geflügelsalat auf das Brot verteilen, mit Roastbeef und der dritten Toastscheibe abdecken.
- Die Sardinen darauf legen. Die Mayonnaise mit dem Rahm verrühren und darüber verteilen. Mit Eischeiben und Zwiebelringen belegen. Mit der letzten Brotscheibe bedecken.
- Mit Tomaten, Ei und Salzgurke oder Cornichons garnieren. Einen Spieß durch den Sandwich stechen und sofort servieren.

Etagenbrot in Variationen – ein originelles Sandwich

Gefüllter Pumpernickel schmeckt herzhaft und pikant

Gefüllter Pumpernickel

Gibt 1 Stück
Arbeitsaufwand 15 Min.
3536 kJ = 845 kcal/Stück

4 Scheiben Pumpernickel
30 g gesalzene Butter, 1 Eßl. Sauerrahm
je 1 Scheibe geräucherter Schinken, Kalbsbraten und Roastbeef
2 Dörrpflaumen
1 Eßl. Kornbranntwein oder Gin

- Die Dörrpflaumen halbieren und in eine Tasse geben. Mit Kornbranntwein oder Gin beträufeln und eine Stunde ziehen lassen.
- Die Butter schaumig rühren und die Brote damit bestreichen.
- Das Fleisch auf die Pumpernickel verteilen. Etwas Sauerrahm darüber geben und mit den Dörrpflaumen belegen. Brote aufeinanderlegen, das vierte mit dem Belag nach unten.

Feines Leberwurstbrot

Gibt 1 Stück
Arbeitsaufwand 15 Min.
3223 kJ = 770 kcal/Stück

4 dünne Scheiben Roggenbrot
20 g Butter
100 g Leberwurst, 2 Scheiben knusprig gebratener Frühstücksspeck
dünn geschnittene Tomatenscheiben, 1 Stückchen Tomate,
1 Gewürzgurke, 1 Teel. frisch geriebener Meerrettich

- Die Brote mit Butter bestreichen, mit den verschiedenen Zutaten belegen, aufeinanderschichten und mit Gewürzgurkenscheiben, einem Stückchen Tomate und etwas Meerrettich anrichten.

Schottische Eier

Für dieses pikante Gericht wird in Schottland ausschließlich Hackfleisch vom Lamm verwendet. Man kann aber auch gemischtes Hackfleisch nehmen oder Rinderhackfleisch, das mit feingehacktem Schinken und Brät vermischt wird.

Gibt 5 Stück
Vorbereitung 25 Min.
Backzeit 5–7 Min.
2427 kJ = 580 kcal/Stück

500 g Hackfleisch
2 Zwiebeln
5 hartgekochte Eier, 1 Ei
75 g Paniermehl, 1 Eßl. Mehl
1 Eßl. Senf, 1 Teel. Tomatenpüree, 1 Eßl. gehackte Petersilie, 1 durchgepreßte Knoblauchzehe, Salz, Pfeffer, Paprika, 1 Prise Muskat
Öl zum Fritieren oder Braten

- Das Hackfleisch mit 50 g Paniermehl, feingehackten Zwiebeln, Petersilie, Senf, Tomatenpüree und allen Gewürzen vermischen und kneten, bis die Masse gut zusammenhält. In 5 Portionen teilen.
- Die Eier schälen, in Mehl wenden, mit der Fleischmasse umhüllen, durch das verquirlte Ei ziehen und in Paniermehl wälzen.
- In heißem Öl ausbacken (5–7 Minuten) oder braten.
- Erkalten lassen, halbieren und auf Salatblättern anrichten.

Schottische Eier – eine ideale Zwischenmahlzeit

Roqueforttoast mit Birne – eine delikate Kombination

Roqueforttoast mit Birne

Gibt 1 Stück
Vorbereitung 10 Min.
Kochzeit 20 Min.
1469 kJ = 351 kcal/Stück

1 Scheibe Toastbrot, Model- oder Zopfbrot
10 g Butter, 30 g Roquefort
1 Prise Zucker, Pfeffer aus der Mühle
2 Eßl. Weißwein
½ Birne, 1 Teel. Johannisbeergelee

Wenn es schnell gehen soll, Birnen aus der Dose nehmen Gorgonzola verwenden; nach dem Überbacken mit Nüssen und Weintrauben garnieren

- Die Birnenhälfte schälen, das Kerngehäuse entfernen und mit dem Zucker und dem Weißwein gar kochen.
- Das Brot entrinden, in der Butter hellgelb rösten und in eine feuerfeste Form geben. Mit Käse und Birne belegen.
- Birne mit dem Gelee füllen; im Backofen überbacken, bis der Käse geschmolzen ist. Mit Pfeffer würzen.

Kleine Schinkentoasts

Gibt 12 Stück
Vorbereitung 5 Min.
Backzeit 10 Min.
1536 kJ = 367 kcal/Stück

12 Scheiben rundes Toastbrot
25 g Butter, 150 g Greyerzer
12 Scheiben Rohschinken
12 kleine Salbeiblätter, schwarzer Pfeffer aus der Mühle

- Die Brotscheiben beidseitig mit wenig Butter bestreichen. Auf jedes Brot eine Scheibe Schinken, ein Salbeiblatt und etwas Käse geben. Im Backofen bei 180 °C überbacken, ohne daß der Käse Farbe annimmt. Mit Pfeffer bestreut servieren.

Toast Maharani

Gibt 8 Stück
Arbeitsaufwand 20 Min.
2863 kJ = 684 kcal/Stück

400 g Schweinegeschnetzeltes
8 Scheiben Toastbrot
1 große Zwiebel, 100 g Champignons, 8 halbe Pfirsiche und 1 Eßl. Saft aus der Dose, 1 Banane, 1 Eßl. geröstete Mandelsplitter
1 Eßl. Butterschmalz (Gourmetbutter), 1/4 l Milch, 3 Eßl. Rahm
1 Eßl. Speisestärke, 1 Teel. gekörnte Fleischbrühe
2 Eßl. Currypulver, Salz

- Das Schweinefleisch in Butterschmalz anbraten.
- Die Zwiebel hacken; die Champignons in Scheiben schneiden. Beides mit der Hälfte des Currypulvers zum Fleisch geben. Zugedeckt 10 Minuten schmoren lassen. Fleisch mit Champignons aus der Pfanne nehmen, schwach salzen und warm stellen.
- Milch mit Speisestärke und gekörnter Brühe verquirlen. Zum Bratensatz geben. 5 Minuten bei schwacher Hitze unter Rühren kochen. Das restliche Currypulver, den Rahm und den Pfirsichsaft beigeben. Nach Bedarf salzen.
- Die Brotscheiben toasten und auf vorgewärmte Teller legen.
- Das Fleisch mit den Champignons und der in Scheiben geschnittenen Banane in die Sauce geben und nur noch erwärmen.
- Auf die Toasts verteilen und mit je einem halben Pfirsich und den gerösteten Mandelsplittern garnieren.

Toast Maharani mit Pfirsich und Mandeln

Indischer Currytoast

Gibt 1 Stück
Arbeitsaufwand 15 Min.
2327 kJ = 556 kcal/Stück

1 Scheibe Toastbrot
20 g Butter, 3 Eßl. Rahm
2 dünne Scheiben Schweinefilet
½ Banane, einige Tropfen Zitronensaft
1 Teel. gehackte Zwiebel
1 Teel. Currypulver, Salz
½ Teel. Mango-Chutney

- Die Brotscheibe entrinden, in der Butter hellgelb rösten und warm stellen.
- Die halbe Banane in Scheiben schneiden und mit Zitronensaft beträufeln.
- Das Fleisch kurz anbraten und auf die Toastscheibe legen.
- Die Zwiebel im Bratensatz mit etwas Butter dünsten, das Currypulver zugeben, kurz mitdünsten, dann mit dem Rahm ablöschen.
- Wenig Salz und Mango-Chutney zugeben. Etwas einkochen lassen.
- Die Sauce über dem Toast verteilen und mit einer oder auch mehreren Bananenscheiben garnieren, die man zuvor schnell in Butter erhitzt hat.

Waadtländer Ramequins, eine Schweizer Spezialität

Waadtländer Ramequins

Für 4 Personen
Vorbereitung 5 Min.
Backzeit 25 Min.
2331 kJ = 557 kcal/Person

Als Snack einzeln in feuerfesten Förmchen backen

8 Scheiben Toastbrot
8 Scheiben Emmentaler (3 mm dick), 2 Eier, 3/8 l Milch, 30 g Butter
1/4 l Weißwein
Salz, Pfeffer, Muskat

- Brot mit Weißwein leicht tränken. Mit Käsescheiben belegen und dachziegelartig in eine gebutterte Auflaufform schichten.
- Eier mit Milch verquirlen und gut würzen. Die Hälfte über die Ramequins gießen. Bei 220 °C 10 Minuten backen.
- Die restliche Eimilch darüber geben und noch 15 Minuten hellbraun fertigbacken.

Champignonquiche

Gibt 6 Stück
Vorbereitung 20 Min.
Backzeit 25 Min.
1854 kJ = 443 kcal/Stück

350 g Mürbeteig (siehe unten)
2 Eßl. Butter
2 Schalotten, 600 g frische Champignons, 1 Eßl. Zitronensaft
1 Knoblauchzehe, 1 Eßl. gehackte Petersilie, Salz, Pfeffer, Muskat
Béchamelsauce
2 Eßl. Butter, 1/4 l Milch, 1/8 l Rahm, 2 Eßl. geriebener Greyerzer
2 Eßl. Mehl

- Die gehackten Schalotten 5 Minuten in der Butter dünsten. Die gewaschenen, in Scheiben geschnittenen und mit Zitronensaft beträufelten Champignons beigeben. 10 Minuten dünsten und würzen.
- Unterdessen für die Sauce das Mehl in der Butter kurz dünsten, von der Hitze wegziehen, mit der Milch und dem Rahm ablöschen, leicht würzen und unter Rühren 10 Minuten köcheln lassen.
- Die Champignons unter die Sauce mischen. Erkalten lassen.
- 6 Förmchen mit Teig auslegen. Die Füllung hineingeben und mit Käse bestreuen. Bei 200 °C 25–30 Minuten backen.

Mürbeteig

Je nachdem, ob man Mürbeteig für Pasteten, pikante Törtchen oder für Böden von Obstkuchen und Torten verwenden will, kann man ihn salzig oder süß zubereiten. Die Grundbestandteile sind 1 Teil Zukker, 2 Teile Fett und 3 Teile Mehl. Der Teig wird um so mürber, je größer der Fettanteil gegenüber dem Mehlanteil ist. Hier die Grundrezepte:

Süßer Mürbeteig 300 g Mehl auf ein Backblech sieben und in der Mitte eine Mulde eindrücken. 100 g Zucker hineinschütten und 200 g kalte, kleingeschnittene Butter auf dem Mehlrand verteilen. Alles rasch von außen nach innen zu einem Teig verkneten.

Salziger Mürbeteig 250 g Mehl auf ein Backblech sieben und in der Mitte eine Mulde eindrücken. 125 g kleingeschnittene Butter auf dem Mehlrand verteilen. 1 Ei und 2 Messerspitzen Salz in die Mulde geben und rasch zu einem Teig verkneten. Dabei nach Bedarf Wasser zufügen.

Den Teig zu einer Kugel formen und eine Stunde kühl ruhen lassen.

Mürbeteig kann man auch tiefgekühlt kaufen.

Pizza di Sardegna, in Portionsförmchen gebacken

Pizza di Sardegna

Gibt 6 Stück
Vorbereitung 20 Min.
Backzeit 20 Min.
1636 kJ = 390 kcal/Stück

350 g gesalzener Mürbeteig (S. 205) oder tiefgekühlter Pizzateig
150 g Greyerzer, in dünne Scheiben geschnitten, 4 Sardellen
12 geschälte Tomaten aus der Dose, 2 Schalotten, 8 grüne Oliven
3 Eßl. Senf, 1 Eßl. Tomatenmark, 2 Eßl. Olivenöl
je 1 Prise Thymian, Oregano und Rosmarin, 1 Knoblauchzehe, Salz, Pfeffer

- Die kleingeschnittenen Tomaten mit Salz, Pfeffer, durchgepreßtem Knoblauch und den Kräutern würzen.
- 6 feuerfeste Förmchen mit dem Teig auslegen. Mit Senf bestreichen und den Greyerzer darüber verteilen.
- Die Schalotten fein hacken und im Öl leicht andünsten. Die Tomaten beifügen und dünsten, bis die Flüssigkeit verdampft ist.
- Das Tomatenmark und die gehackten Sardellen zugeben, erkalten lassen und auf die kleinen Pizzas verteilen.
- 20 Minuten bei 200 °C backen; mit gehackten Oliven bestreuen.

Karottenkuchen

Gibt 8 Stück
Vorbereitung 20 Min.
Koch- und Backzeit 55 Min.
1619 kJ = 387 kcal/Stück

350 g tiefgekühlter Blätterteig oder Mürbeteig (S. 205)
600 g Karotten, 1 kleine Zwiebel, 1 Eßl. gehackte Petersilie
1 Eßl. Butter, 3 Eier, ¼ l Rahm, 3 Eßl. geriebener Greyerzer
100 g magerer Speck, Salz, Pfeffer, Muskat

Karottenkuchen – vitaminreich und wohlschmeckend

- Die geschälten Karotten in Scheiben schneiden.
- Den Speck in Streifen schneiden und in der Butter 5 Minuten leicht anbraten. Aus der Pfanne nehmen und die gehackte Zwiebel hineingeben. 2–3 Minuten dünsten.
- Die Karotten und 2–3 Eßlöffel Wasser beifügen und 15 Minuten zugedeckt schwach kochen lassen. Mit Salz und Pfeffer würzen.
- Inzwischen eine Springform mit 26 cm Durchmesser mit Butter bestreichen (bei Blätterteig nur kalt ausspülen) und mit dem 3 mm dick ausgerollten Teig belegen. Den Rand etwa 8 cm hochziehen, nach innen biegen und fest andrücken. Mit einer Gabel verzieren. Den Teigboden mit einer Gabel mehrmals einstechen.
- Die Karotten (ohne Flüssigkeit) mit den Speckstreifen mischen (einige als Garnierung zurückbehalten).
- Die Eier mit Rahm, Käse, wenig Salz, Pfeffer und einer Prise Muskat mischen. Die Petersilie über die Karotten streuen und alles mit der Eier-Rahm-Mischung begießen.
- Die restlichen Karotten darüber verteilen und den Kuchen im vorgeheizten Ofen bei 220 °C 30–35 Minuten backen. Nach 10–15 Minuten mit Alufolie bedecken.

Zwiebelküchlein

Gibt 6 Stück
Vorbereitung 15 Min.
Koch- und Backzeit 35 Min.
2432 kJ = 581 kcal/Stück

350 g gesalzener Mürbeteig (S. 205)
1 kg Zwiebeln
2 Eßl. Butter, ⅛ l Rahm, 3 Eier, 1 Eigelb
100 g magerer Speck
⅛ l Weißwein, Salz, Pfeffer, Muskat

Man kann auch Schinkenwürfel verwenden

- Die Zwiebeln schälen und in Ringe schneiden. In eine Bratpfanne geben und zusammen mit dem feingewürfelten Speck und der Butter hellgelb dünsten. Ab und zu wenden.
- Dann Weißwein, Salz, Pfeffer und Muskat beigeben und alles bei schwacher Hitze etwa 15 Minuten schmoren lassen. Der Wein sollte dabei stark einkochen.
- Rahm, Eier und Eigelb gut verquirlen und die erkaltete Zwiebelmasse darunterziehen.
- Die Füllung in 6 mit Teig ausgelegte Förmchen verteilen, glattstreichen und im Backofen 20 Minuten bei 200 °C backen.

Lauchkuchen Marianne

Gibt 8 Stück
Vorbereitung 20 Min.
Koch- und Backzeit 40–45 Min.
1990 kJ = 476 kcal/Stück

450 g gesalzener Mürbeteig (S. 205)
500 g Lauch, 1 Zwiebel
100 g Rohschinken
1 Eßl. Weißwein
Salz, Pfeffer, Muskat
2 Eßl. Butterschmalz (Gourmetbutter), 3 Eier, ¼ l Rahm,
3 Eßl. geriebener Greyerzer, 20 g Butterflocken

- Den Lauch putzen und die harten Blätter entfernen. In dünne Ringe schneiden. Die Zwiebel hacken.
- Den Rohschinken in feine Streifen schneiden.
- Lauch und Zwiebel in der Butter dünsten. Weißwein zugeben und 5–10 Minuten unter Wenden bei kleiner Hitze knapp gar dünsten. Die Lauchflüssigkeit soll fast ganz verdampfen.
- Den sehr gut abgetropften Lauch mit dem Rohschinken mischen.
- Eier, Käse und Rahm gut verquirlen. Mit Salz, Pfeffer und Muskat würzen.
- Den Teig 3 mm dick ausrollen. Eine Kuchenform mit 24 cm Durchmesser mit wenig Butter ausfetten und mit dem Teig auslegen. Mehrmals mit einer Gabel einstechen. Den Lauch gleichmäßig auf dem Teig verteilen und den Eierguß darüber gießen.
- 30–35 Minuten bei 230 °C Unterhitze backen. Wenn nötig, mit Alufolie abdecken, damit die Oberfläche nicht zu dunkel wird.
- Den Kuchen kurz aus dem Ofen nehmen, die Butterflocken darauf verteilen und in 5 Minuten fertigbacken.

Statt Rohschinken kann man gekochten Schinken oder Räucherlachs nehmen
Für Snacks den Teig und die Füllung in 8 feuerfeste Förmchen verteilen

In Teig verpackt

- Beim Ausrollen nur wenig Mehl verwenden, damit der Teig geschmeidig und zart bleibt.
- Darauf achten, daß der Teig gleichmäßig dick ausgerollt wird.
- Runde Teigböden und Teigdeckel werden entlang dem Kuchenformrand ausgerädelt.
- Vor dem Füllen den Mehlstaub mit einer weichen Bürste vom Teig gut entfernen, sonst halten die Teigränder nicht zusammen. Die Teigränder vor dem Verschließen mit wenig Wasser oder verquirltem Eiweiß bestreichen.
- Nie heiße Füllungen auf einen Teigboden geben.
- Bei Pies und anderen gedeckten Kuchen im Teigdeckel als Dampfloch eine Öffnung anbringen. Es kann mit einer Teigrosette verziert werden. Damit die Öffnung nicht einsinkt, eine Rolle aus Alufolie oder eine Dressiertülle einsetzen.

Schnell und pikant – Lauchkuchen

Pikante Kuchen eignen sich vorzüglich für rustikale Buffets oder auch als kleine Mahlzeit. Man kann sie in Ruhe vorbereiten und braucht sie dann nur noch in den Backofen zu schieben, bevor die Gäste kommen. Der feine Geschmack dieses Lauchkuchens wird sicher alle begeistern. Am besten paßt ein gutes Glas Wein dazu.

1. Den Lauch putzen und die harten Blätter entfernen; in feine Ringe schneiden

2. Den Lauch und die gehackte Zwiebel andünsten, dann mit Weißwein ablöschen

3. Lauch gut abtropfen und auskühlen lassen; mit Schinken vermischt, kalt auf den Teig geben

4. Eier, Käse und Rahm gut verquirlen. Mit Salz, Pfeffer und Muskat gut abschmecken

5. Unmittelbar vor dem Backen den Eierguß gleichmäßig über Lauch und Schinken verteilen

Lauchkuchen Marianne – appetitlich und wohlschmeckend

Gedeckter Kuchen mit Thunfischfüllung

Gibt 8 Stück
Vorbereitung 25 Min.
Koch- und Backzeit 60 Min.
3549 kJ = 848 kcal/Stück

400 g Mürbeteig (S. 205)
2 Zwiebeln, 1 grüne Paprikaschote, 200 g Champignons
1 kleine Dose geschälte Tomaten, 100 g schwarze Oliven
1 große Dose weißer Thunfisch (etwa 200 g)
2 Eßl. Butterschmalz (Gourmetbutter), 4 Eßl. Rahm,
2 Eier, 1 Eigelb
½ Teel. Thymian, 1 Lorbeerblatt, 1 Knoblauchzehe, Salz, Pfeffer

- Die Zwiebeln in feine Streifen, die entkernte Paprikaschote in kleine Würfel und die Champignons in Scheiben schneiden. Alles in der Butter 10 Minuten dünsten.
- Die geschälten Tomaten ohne Flüssigkeit, das Lorbeerblatt und die entsteinten, kleingeschnittenen Oliven beigeben. 20 Minuten unter Wenden bei kleiner Hitze dämpfen, bis keine Flüssigkeit mehr zurückbleibt.
- Mit Salz, Pfeffer, Thymian und durchgepreßtem Knoblauch würzen. Lorbeerblatt entfernen und die Mischung erkalten lassen.
- Den Thunfisch aus der Dose nehmen, abgießen und mit einer Gabel zerkleinern. Unter die Gemüsemasse mischen. Den Rahm mit den Eiern verquirlen, würzen und unter das Gemüse mischen.
- Die Hälfte des Teiges 3 mm dick ausrollen. Eine Kuchenform mit 22 cm Durchmesser mit wenig Butter ausstreichen und mit dem Teig auslegen. Den Teigboden mehrmals mit einer Gabel einstechen.

Gedeckter Kuchen mit Thunfischfüllung, hübsch garniert

- Die Füllung darauf verteilen. Den restlichen Teig als Teigdeckel aufsetzen. Am Rand gut andrücken. Ebenfalls dicht einstechen. Mit Eigelb bestreichen und 30 Minuten bei 220 °C backen. Warm oder kalt, aber noch am selben Tag, mit grünem Salat servieren.

Sellerie-Orangen-Küchlein

Gibt 6 Stück
Vorbereitung 20 Min.
Koch- und Backzeit 40 Min.
1561 kJ = 373 kcal/Stück

350 g Mürbeteig (S. 205)
600 g Sellerieknolle, 2 Eßl. Zitronensaft, 1/8 l Orangensaft,
1 Eßl. geriebene Orangenschale, 1 Orange zum Garnieren
1/8 l Rahm, 20 g Butter
Salz, Pfeffer
weiße Bohnen zum Beschweren des Teigs

- Die geschälte und in Stücke geschnittene Sellerieknolle mit dem Zitronensaft in leicht gesalzenem Wasser weich kochen.
- Abgießen und passieren. Den Rahm und die Butter daruntermischen, mit Salz und Pfeffer pikant würzen.
- Die Orangenschale und den Saft darunterziehen.
- 6 feuerfeste Förmchen ausbuttern, mit Teig auslegen und diesen 15 Minuten im vorgeheizten Ofen bei 180 °C blind backen.
- Das Püree einfüllen und noch 10 Minuten fertigbacken.
- Mit Orangenschnitzen garnieren.

Sellerie-Orangen-Küchlein – ein fruchtig-frischer Imbiß

Sommerparties für Garten, Terrasse und Balkon

An lauen Sommerabenden gibt es nichts Schöneres, als eine Party im Freien oder auf dem Balkon zu feiern. Man genießt die gute Luft und sitzt zwanglos mit Freunden zusammen. Wenn es dazu noch etwas Gutes zu essen gibt, ist der Abend perfekt.

Für die Gastgeber sind meist schon die Vorbereitungen eine Freude, wenn sie nicht durch unsicheres Wetter getrübt wird. In unseren Breiten sollte man entweder eine Ausweichmöglichkeit für schlechtes Wetter haben oder solche Freiluftparties nur kurzfristig ansetzen. Wenn die Witterung mitmacht, heißt es nur noch, alles gut zu organisieren.

Man muß für genügend Sitzgelegenheiten sorgen, vieles aus der Wohnung ins Freie tragen und an die Beleuchtung für den späten Abend denken. Dafür kann man zum Beispiel Windlichter aus farbigen Bechern mit Rechaudkerzen anfertigen oder Lampions aufhängen.

Beim Essen sollte es einfach zugehen; niemand erwartet kulinarische Wundergerichte bei einem solchen Fest. Wenn man einen Grill hat, ist das Problem bereits gelöst. Vielleicht übernimmt der Hausherr das Grillen, oder man läßt es die Gäste sogar selbst tun, wenn die Feuerstelle groß genug ist.

Findet das Fest auf der Terrasse oder auf dem Balkon statt, ist man als Gastgeber näher an der Küche und kann deshalb auch etwas Warmes servieren. Die gefüllten Fischröllchen oder die Ochsenbrust in grüner Sauce zum Beispiel sind schmackhafte Hauptgerichte für einen solchen Anlaß.

Aber nicht nur abends kann man draußen feiern. Ein spätes Frühstück, auch Brunch genannt, im Grünen oder auf dem Balkon kann ebenso reizvoll sein. Eine solche Einladung ersetzt das Mittagessen, beginnt frühestens um 11 Uhr und kann bis in den Nachmittag dauern. Für einen Brunch stellt man am besten ein hübsches Buffet auf, an dem sich jeder selbst bedienen kann.

Wenn sich mehrere Leute draußen versammeln, geht es meist etwas lauter zu. Als Gastgeber sollte man deshalb vorher bei den Nachbarn um Verständnis bitten – oder sie gleich mit einladen.

Feiern in frischer Luft macht Appetit. Schinken und Käse vom Brett und dazu ein guter Landwein finden immer Anklang

Menüvorschläge

Menü I

Halbwarme Gemüsesuppe
S. 215
*
Schweinehals mit Knoblauch S. 221
Kartoffeln in der Folie mit Sauerrahm S. 309
*
Dolce della nonna S. 224

Menü II

Marinierter Fisch S. 218
*
Hähnchen im Kräutermantel S. 219
Kümmelkartoffeln S. 223
*
Kiwitorte S. 227

Menü III

Tomatensalat mit Schafskäse S. 215
*
Gefüllte Fischröllchen in Thunfischsauce S. 218
Stangenweißbrot
*
Umgekehrt gebackene Aprikosentorte S. 226

Menü IV

Pomelosalat S. 216
*
Ochsenbrust mit grüner Sauce S. 222
Salzkartoffeln
*
Käseplatte
*
Kirschkuchen nach Großmutterart S. 228

Brunch im Freien

Früchtemüsli mit Joghurt S. 224
Äpfel mit Hüttenkäse S. 311
*
Käsekuchen mit Roquefort
S. 223
*
Rollkuchen S. 229
Quarkkuchen mit Früchten und Nüssen S. 225
*
Kaltes Fleisch, Käse, Marmelade
Butter, verschiedene Brote

Menü V

Auberginenkaviar S. 216
Toast und Butter
*
Schinken amerikanische Art S. 220
Amerikanischer Kartoffelsalat S. 223
*
Johannisbeerschaumtorte
S. 225

Halbwarme Gemüsesuppe

Für 6 Personen
Vorbereitung 30 Min.
Kochzeit 3 Std.
2080 kJ = 697 kcal/Portion

2 große Kartoffeln, 2 Karotten, 1 Selleriestange, 2 kleine Zucchini, 1 große Tomate, 1 große Zwiebel, 1 kleiner Wirsing, 200 g grüne Erbsen (frisch oder tiefgekühlt), 1 kleine Dose rote oder weiße Bohnen
50 g Magerspeck mit Schwarte
200 g Rundkornreis
100 g geriebener Parmesan
1 Knoblauchzehe, 2–3 Salbeiblätter, 6 Basilikumblätter, 1 Bund Petersilie, Salz, Pfeffer

- Kartoffeln, Karotten, Selleriestange, Zucchini und Tomate kleinwürfeln.
- Speck ohne Schwarte, Knoblauch und Zwiebel fein hacken. In eine Pfanne geben und andünsten.
- Das kleingeschnittene Gemüse, Speckschwarte und Salbei zufügen. Kurz mitdünsten, dann mit 3 l Wasser auffüllen. Salzen, pfeffern und 2½ Stunden bei kleiner Hitze kochen.
- Den Wirsing in Streifen schneiden und mit den enthülsten Erbsen zugeben. Weiterkochen und nach 20 Minuten den Reis zufügen. Kurz vor dem Anrichten die abgetropften Bohnen, das feingeschnittene Basilikum und die gehackte Petersilie beigeben.
- In Suppentassen verteilen und mit dem geriebenen Parmesan dicht bestreuen.
- Mit Folie bedecken und bei Küchentemperatur erkalten lassen (nicht in den Kühlschrank stellen); dann servieren.

Tomatensalat mit Schafskäse

Für 4 Personen
Arbeitsaufwand 20 Min.
745 kJ = 178 kcal/Portion

6 schöne, feste Tomaten
150 g Schafskäse
10–12 Basilikumblätter, 2 Knoblauchzehen, Salz, Pfeffer aus der Mühle
1 Eßl. Zitronensaft
4 Eßl. Olivenöl

- Den Käse einige Stunden vor dem Servieren in Scheiben schneiden und in ein Gefäß legen.
- Die Basilikumblätter in feine Streifen schneiden und mit durchgepreßtem Knoblauch, Olivenöl und Zitronensaft über die Käsescheiben verteilen.
- Die Tomaten oben kreuzweise leicht einschneiden. Einige Sekunden in heißes Wasser tauchen, dann sorgfältig schälen und in 5 mm dicke Scheiben schneiden.
- Die Scheiben in ein Gemüsesieb legen, mit wenig Salz bestreuen und etwas abtropfen lassen.
- Die Tomatenscheiben auf einer flachen Platte anrichten. Den Käse mit der Sauce darüber verteilen. Mit viel Pfeffer bestreuen.

Auberginenkaviar

Dieses russische Auberginenpüree schmeckt auch herrlich als Brotaufstrich.

Für 4 Personen
Vorbereitung 30 Min.
Backzeit 30 Min.
933 kJ = 223 kcal/Portion

2 große Auberginen, 1 große Zwiebel, 1 reife Tomate
2 hartgekochte Eier
4–5 Eßl. Öl
Salz, Pfeffer

- Die Auberginen längs halbieren. Auf ein Kuchenblech legen, mit Alufolie abdecken und im Backofen bei 180 °C backen, bis das Auberginenfleisch weich wird.
- Das Fruchtfleisch sorgfältig mit einem Löffel aus den Schalen herausholen.
- Die Tomate einige Sekunden in kochendes Wasser tauchen, schälen, halbieren, entkernen, leicht auspressen und zusammen mit dem Auberginenfleisch und wenig Öl im Mixer pürieren.
- Restliches Öl zufügen und das Püree mit der feingehackten Zwiebel mischen. Mit Salz und Pfeffer abschmecken. Mehrere Stunden kühl stellen.
- Eine halbe Stunde vor dem Servieren aus dem Kühlschrank nehmen und mit Eischeiben garnieren.
- Mit Toast und Butter servieren.

Die Zwiebel durch feingehackten Knoblauch ersetzen

Pomelosalat

Für 4 Personen
Arbeitsaufwand 25 Min.
895 kJ = 214 kcal/Portion
Anleitung S. 217

2 Pomelos, 1 gelbe Grapefruit
1 krauser Endiviensalat, 100 g Champignons, 1 Schalotte,
50 g schwarze Oliven
100 g gekochte, geschälte Krevetten
½ Teel. scharfer Senf
2 Eßl. Oliven- oder Sonnenblumenöl
1 Bund Schnittlauch, Salz, Pfeffer

- Zunächst die beiden Pomelos, wie auf Seite 217 beschrieben, vorbereiten.
- Dann den Endiviensalat gut putzen, waschen und in Streifen schneiden.
- Die Champignons ebenfalls putzen, waschen und in dünne Scheiben schneiden.
- Die Grapefruit auspressen, die Hälfte des Saftes mit den Champignons mischen. Den restlichen Grapefruitsaft mit Senf, gehackter Schalotte, Öl, Salz und Pfeffer zu einer pikanten Salatsauce verrühren.
- Endiviensalat, Champignons, Pomeloschnitze und Krevetten mit der Sauce mischen. Gleichmäßig in die beiden vorbereiteten Pomeloschalen verteilen.
- Mit Oliven und feingeschnittenem Schnittlauch garnieren.

Dekorativ gefüllte Zitrusfrüchte

Pomelos, Grapefruits, Orangen und andere Zitrusfrüchte lassen sich dekorativ zurechtschneiden, aushöhlen und füllen. Einmal mit einem pikanten Salat, ein andermal süß als Nachspeise.

Am besten zeichnet man die Zickzacklinien auf der Frucht mit einem Bleistift vor und schneidet dann entlang der Linien mit einem kleineren scharfen und spitzen Messer. So entstehen hübsche Servierschalen, die auf jeder Tafel sehr festlich wirken.

1. Mit der Messerspitze in die Schale stechen und entlang der Zickzacklinie schneiden

2. Das Fruchtfleisch im Innern ganz durchschneiden und den Deckel abheben

3. Fruchtfleisch herauslösen, auf einen Teller legen und den Saft dabei auffangen

4. Zwischen den Trennhäuten sorgfältig geschälte Schnitze herausschneiden

So sieht die Frucht aus, wenn sie gefüllt ist

Marinierter Fisch

Für 4 Personen
Arbeitsaufwand 15 Min.
548 kJ = 131 kcal/Portion

400 g Seezungen- oder Seeteufelfilet
5 Zitronen, 3 Tomaten, ½ Zwiebel, 80 g ganze grüne Oliven
Oregano, 1 Bund Petersilie, Chilipulver oder 1 Messerspitze Sambal Oelek, Salz, Pfeffer

- Den Fisch in etwa 1 cm große Stücke schneiden und mit dem ausgepreßten Saft der Zitronen 3 Stunden marinieren.
- Die Tomaten einige Sekunden in kochendes Wasser tauchen, schälen, halbieren, die Kerne herauspressen und die Tomatenhälften in kleine Würfel schneiden. Zwiebel und Petersilie sehr fein hacken.
- Den größten Teil des Zitronensafts weggießen; die Fischstücke mit Tomatenwürfeln, Zwiebeln, Petersilie und Oliven mischen.
- Mit Salz, Pfeffer und Chilipulver oder Sambal Oelek würzen.

Gefüllte Fischröllchen in Thunfischsauce

Für 4 Personen
Vorbereitung 30 Min.
Kochzeit 10 Min.
2218 kJ = 530 kcal/Portion

12 (etwa 600 g) Goldbutt- oder andere Fischfilets ohne Haut,
10 Sardellenfilets, 170 g Thunfisch aus der Dose
2 Eßl. Rahmquark
¼ l Weißwein
125 g Mayonnaise
1 Zwiebel, 1 Zitrone, 2 Eßl. Zitronensaft
2 Gewürzgurken, 6 Cornichons, 1 Eßl. Kapern
2 Teel. gehackte Petersilie, ½ Lorbeerblatt, 1 Gewürznelke, Salz, Pfeffer

- Sardellenfilets eine Stunde kalt wässern. Den Thunfisch zur Hälfte zerpflücken.
- Die Gewürzgurken und 8 Sardellenfilets fein hacken. Mit Petersilie, 2 Eßlöffel Mayonnaise und Rahmquark mischen. Mit Pfeffer und Salz nachwürzen. (Vorsicht: Die Sardellen sind bereits gesalzen!)
- Die Fischfilets auf einer Folie ausbreiten. Mit der Füllung bestreichen und einrollen. Mit Küchenfaden zubinden oder mit einer Rouladennadel feststecken. Die Rouladen aufrecht in einen Topf stellen.
- Die mit Lorbeerblatt und Gewürznelke gespickte Zwiebel mit Wein, ¼ l Wasser und wenig Salz aufkochen. Nach 10 Minuten den Sud von der Hitze wegziehen. Sobald er nicht mehr kocht, durch ein Sieb über die Fischröllchen gießen. Zugedeckt 10 Minuten ziehen lassen und die Fischröllchen im Sud erkalten lassen.
- Den restlichen Thunfisch mit einer Gabel zerpflücken. Mit 2 Sardellenfilets, Zitronensaft und einer halben Tasse Fischsud im Mixer pürieren. Diese Sauce mit der restlichen Mayonnaise mischen. Nach Bedarf mit wenig Salz und Pfeffer nachwürzen.
- Die Fischröllchen aus dem Sud nehmen, gut abtropfen lassen, Faden oder Rouladennadeln entfernen, auf einer Platte anrichten und mit der Sauce begießen. Mit Cornichons, Kapern und dünnen Zitronenscheiben garnieren.

Man kann die Fischfilets auch mit Räucherlachsscheiben füllen

Gefüllte Fischröllchen in Thunfischsauce mit Cornichons und Kapern

Hähnchen im Kräutermantel

Für 4 Personen
Vorbereitung 20 Min.
Bratzeit 40–50 Min.
1444 kJ = 345 kcal/Portion

1 großes oder 2 kleinere Brathähnchen
2 Eßl. Butter
1 Eßl. Senf, 2–3 Zweiglein Estragon, Rosmarin oder Basilikum,
1 Teel. Paprika, Salz, Pfeffer

- Die Butter bei Küchentemperatur weich werden lassen.
- Das Hähnchen mit dem Rücken auf den Tisch legen. Die Finger beim Hals unter die Haut schieben und das Fleisch lösen, bis es nicht mehr mit der Brust verbunden ist.
- Danach die ganze Hand zwischen Fleisch und Haut schieben und mit den Fingern sorgfältig weiterlösen, bis die Haut der Schenkel auch völlig gelöst wird. Die Haut auf der Rückseite ebenso lösen.

- Die gewaschenen und gut abgetropften Kräuter mit Salz und Pfeffer bestreuen und behutsam unter die Haut schieben, die dabei nicht verletzt werden darf.
- Die Haut wieder fest andrücken und das Hähnchen in die ursprüngliche Form bringen (am besten mit Küchenfaden zusammenbinden).
- Das Hähnchen innen salzen, pfeffern und mit Senf bestreichen. Ein Kräuterzweiglein und ein Stückchen Butter hineingeben.

Man kann das Hähnchen auch am Spieß braten

- Das Hähnchen außen ebenfalls salzen und pfeffern. Mit Butter bestreichen. In eine Auflaufform legen. Im vorgeheizten Backofen bei 220 °C je nach Größe 40–50 Minuten knusprig braten. Von Zeit zu Zeit mit dem Bratensaft begießen.
- 10 Minuten vor Ende der Bratzeit mit Paprika bestreuen.

Schinken amerikanische Art

Für 12 Personen
Vorbereitung 30 Min.
Koch- und Backzeit 3 Std.
3583 kJ = 856 kcal/Portion

1 Beinschinken (etwa 4 kg)
Sud: 6 Eßl. Weißweinessig, 6 Eßl. Zucker, 6 Pfefferkörner, 4 Wacholderbeeren, 6 Gewürznelken, 1 grüne Paprikaschote
Glasur: 2 Eßl. Honig, 2 Eßl. Senf, 4 Eßl. Pfirsichsaft aus der Dose
Garnierung: 12 Gewürznelken, 12 halbe Pfirsiche aus der Dose

In Cola oder Ginger-Ale gekocht, schmeckt der Schinken besonders mild

- Pfefferkörner und Wacholderbeeren zerdrücken. Mit den übrigen Zutaten in 3 l Wasser aufkochen.
- Den Schinken 2½ Stunden darin ziehen lassen.
- Aus der Brühe nehmen, die Schwarte entfernen und die Fettschicht kreuzweise einschneiden.

Anstelle von Honig kann man die gleiche Menge Zucker verwenden

- Den Honig mit Senf und Pfirsichsaft gut mischen.
- Den Schinken in einer Auflaufform bei 220 °C 30 Minuten backen. Von Zeit zu Zeit mit der Glasur bepinseln.
- 10 Minuten im ausgeschalteten Ofen stehenlassen.
- 3 Pfirsichhälften in Stücke schneiden. Mit Nelken auf dem Schinken befestigen. Restliche Pfirsichhälften im Sud erwärmen und zum Schinken auf die Platte legen.

So grillt man große Fleischstücke

Große Fleischstücke, wie zum Beispiel Schweinehals, werden am besten am Spieß oder in einem Kugelgrill langsam gebraten. Gerade Schweinefleisch muß durchgegart sein; größere Stücke benötigen dazu mindestens zwei Stunden. Auf einem normalen Grillrost kann das Fleisch außen sehr schnell dunkel werden, ohne daß es innen durchgebraten ist. Für das gleichmäßige Garen ist es auch wichtig, daß man den Abstand zur Glut stets reguliert.

Der kugelförmige Grill hat besonders für den Balkon enorme Vorteile. Weil er fast keinen Rauch abgibt, ist das Grillen damit auf Balkons von Mietshäusern erlaubt. Die Warmluft zirkuliert im Grill, so daß man fast von einem Backofen im Freien sprechen kann. In dem großen Innenraum kann man überdies gleichzeitig Kartoffeln, Gemüse und so weiter garen. Nach Erlöschen der Glut bleibt das Fleisch in der Kugel noch lange warm.

Allerdings ist dieser Grill nicht für Grillfeste außerhalb des Gartens oder des Balkons geeignet, da er für den Transport etwas zu voluminös ist. Aber für den, der zu Hause grillt und keinen festgemauerten Grill hat, ist diese Grillform sicher ideal.

Schinken, amerikanische Art, mit Pfirsichen umlegt

Schweinehals mit Knoblauch

Für 6 Personen
Vorbereitung 15 Min.
Grillzeit 2–2½ Std.
3298 kJ = 788 kcal/Portion

1200 g Schweinehals
6 rote oder grüne Paprikaschoten
2 Eßl. scharfer Senf
1½ Eßl. Olivenöl
2 Knoblauchzehen, 3 ganze Knoblauchknollen, 1 Teel. gehackter Oregano oder Majoran, wenig Rosmarinnadeln, Salz, Pfeffer

- Senf, 2 durchgepreßte Knoblauchzehen, Kräuter, einen Eßlöffel Olivenöl und viel Pfeffer gut mischen. Das Fleisch damit bestreichen, in Alufolie wickeln und mindestens 24 Stunden kühl ruhenlassen.
- Das Fleisch auspacken, mit Salz bestreuen und am Spieß oder in der Folie 2–2½ Stunden grillen.
- Eine Stunde vor Ende der Grillzeit die Knoblauchknollen ungeschält quer halbieren. Jede Hälfte in Alufolie einwickeln und auf dem Grill mitschmoren lassen.
- Die Paprikaschoten längs halbieren, entkernen und in breite Streifen schneiden. Mit dem restlichen Olivenöl bestreichen, auf eine Alufolie legen, mit den Rosmarinnadeln und etwas Pfeffer bestreuen. Beidseitig etwa 10 Minuten auf der Folie grillen.
- Das Fleisch in Scheiben schneiden. Den Knoblauch auspacken, die weichgeschmorten Zehen auskratzen und den Inhalt auf das Fleisch verteilen.
- Mit den Paprikaschoten garnieren.

Ochsenbrust mit grüner Sauce

Für 6 Personen
Vorbereitung 20 Min.
Kochzeit 2–2½ Std.
2528 kJ = 604 kcal/Portion

1200 g Ochsenbrust
1 Zwiebel, 1 Stange Lauch, 1 Stück Sellerieknolle, 1 Karotte
Salz, Pfeffer, Majoran, 1 Lorbeerblatt, 2 Nelken, 1 Knoblauchzehe, 1 kleines Bund Petersilie
Sauce
6 Eßl. Öl, 2 Eßl. Weißweinessig
Salz, Pfeffer aus der Mühle
1 Eßl. Zitronensaft, 1 Zwiebel, 1 Knoblauchzehe, 1 Eßl. gehacktes Selleriekraut, 2 Eßl. gehackte Petersilie, 2 Eßl. feingeschnittener Schnittlauch, 2 Eßl. gemischte Kräuter (Zitronenmelisse, Liebstöckel, Basilikum, Borretsch, Estragon), 1 Eßl. gehackte Kresse
2 hartgekochte Eier

- Die mit Lorbeerblatt und Nelken gespickte Zwiebel, Salz, Pfeffer, in Stücke geschnittene Lauchstange, Sellerie, Karotte, Petersilie, Majoran und Knoblauchzehe in 2 l Wasser aufkochen.
- Das Fleisch hineingeben und zugedeckt 2–2½ Minuten kochen. Von Zeit zu Zeit abschäumen.
- Für die Sauce Öl, Essig und Zitronensaft gut mischen. Die Zwiebel fein hacken, die Knoblauchzehe durchpressen und beides zufügen.
- Die Eier halbieren, das Eigelb durch ein Sieb in die Sauce pressen. Eiweiß hacken und mit den Kräutern beifügen. Mit Salz und Pfeffer würzen.
- Das Fleisch heiß servieren; am Tisch in nicht zu dünne Scheiben schneiden. Die Sauce separat servieren.

Ochsenbrust, mit grüner Sauce und Salzkartoffeln serviert

Käsekuchen mit Roquefort

Gibt 8 Stück
Vorbereitung 15 Min.
Backzeit 30–35 Min.
3290 kJ = 786 kcal/Stück

400 g Blätter- oder Mürbeteig (S. 205)
150 g Roquefort, ¼ l Rahm, 2 Eier
1 Teel. Mehl
Pfeffer, Muskat, wenig Salz, 1 Prise Cayennepfeffer

● Eine Kuchenform mit 22 cm Durchmesser mit dem 3 mm dick ausgerollten Blätter- oder Mürbeteig auslegen. Mehrmals mit einer Gabel einstechen.

Man kann auch halb Roquefort, halb Greyerzer verwenden

● Roquefort in kleine Würfel schneiden und auf dem Teigboden verteilen.
● Aus Rahm, Eiern, Mehl, Pfeffer, Muskat, wenig Salz und Cayennepfeffer einen Guß rühren und über den Käse verteilen.
● Den Kuchen im vorgeheizten Backofen zuerst 10 Minuten bei 250 °C, dann noch 20–25 Minuten bei 200 °C backen.

TIP Lauwarm schmeckt diese Spezialität am besten.

Kümmelkartoffeln

Für 4 Personen
Vorbereitung 10 Min.
Backzeit 30 Min.
858 kJ = 205 kcal/Portion

800 g Kartoffeln
1 Eßl. Öl
Kümmel, Salz

● Ein Backblech mit Alufolie belegen; diese mit einem Eßlöffel Öl bepinseln.
● Die Kartoffeln sehr gut waschen, aber nicht schälen. Der Länge nach halbieren und dann mit der Schnittfläche nach oben auf das Backblech legen.
● Mit Kümmel und wenig Salz bestreuen und die Kartoffeln im vorgeheizten Backofen bei 180 °C etwa 30 Minuten backen, bis sie hellgelb und gar sind.

Amerikanischer Kartoffelsalat

Für 4 Personen
Vorbereitung 30 Min.
Kochzeit 30 Min.
1280 kJ = 306 kcal/Portion

600 g Kartoffeln, ½ Eisbergsalat, 1 grüne Paprikaschote, 1 Zwiebel
2 Eßl. grobgehackte Walnüsse (Baumnüsse) oder Haselnüsse
2 Eßl. Zitronensaft
1 Becher Joghurt, 1 Eßl. Butter
2 Eßl. Öl
4 Eßl. Ketchup, 1 Eßl. scharfer Senf
1 Prise Zucker, Salz, Pfeffer aus der Mühle, 1 Knoblauchzehe
2 Sardellenfilets
2 Scheiben Toastbrot

- Die Kartoffeln in der Schale knapp weich kochen und abgießen.
- Joghurt, Zitronensaft, Öl und Ketchup mischen. Senf, Salz, Pfeffer, Zucker und kleingehackte Sardellen dazugeben. Alles zu einer Sauce verrühren.
- Das Toastbrot kleinwürfeln und in der Butter goldgelb rösten.
- Die Knoblauchzehe halbieren und eine große, nicht zu tiefe Salatschüssel damit ausreiben.

Den Salat mit Schinken- oder Zungenwürfeln ergänzen

- Die Kartoffeln schälen und in 2 mm dicke Scheiben schneiden. In die Salatschüssel geben und mit der Sauce begießen.
- Den Eisbergsalat waschen und kleinschneiden.
- Die Paprikaschote halbieren, entkernen und in sehr kleine Würfel schneiden. Salatstücke, Paprikawürfelchen und die feingeschnittene Zwiebel kranzartig auf dem Kartoffelsalat anrichten.
- Die restliche Sauce darüber gießen. Mit den Brotwürfeln und den Nüssen garnieren.

Dolce della nonna

Für 4 Personen
Arbeitsaufwand 15 Min.
1733 kJ = 414 kcal/Portion

6 Eigelb, 450 g Mascarpone oder Rahmquark
150 g Löffelbiskuits
150 g Zucker
0,2 l starker Kaffee, nach Belieben 1½ Eßl. Kaffeelikör,
1½ Eßl. Schokoladenpulver

- 2 Eßlöffel Zucker im Kaffee auflösen und erkalten lassen.
- Nach Belieben Likör beifügen und die Mischung über die nebeneinandergelegten Biskuits träufeln.
- Die Eigelb mit dem restlichen Zucker zu einer sämigen, weißlichen Creme schlagen. Mascarpone oder Quark zufügen und gut mischen.
- Löffelbiskuits und Creme lagenweise in eine Schüssel einfüllen. Mit Creme abschließen.
- Im Kühlschrank 4–6 Stunden ziehen lassen.
- Vor dem Servieren mit dem Schokoladenpulver bestreuen.

Früchtemüsli mit Joghurt

Für 4 Personen
Arbeitsaufwand 10 Min.
1428 kJ = 340 kcal/Portion

4 Becher Joghurt
8 Eßl. gemischte Getreideflocken oder Cornflakes
4 Eßl. Zucker
Früchte je nach Jahreszeit (Bananen, Orangen, Äpfel, Beeren),
nach Belieben 1 Teel. Zitronensaft

- Die Früchte schälen und kleinschneiden oder reiben (Beeren evtl. ganz lassen).

Rosinen oder gehackte Nüsse beifügen

- Mit Zucker und Joghurt mischen. Nach Belieben Zitronensaft beifügen. Zum Schluß die Flocken daruntermischen.

Quarkkuchen mit Früchten und Nüssen

Gibt 8 Stück
Vorbereitung 25 Min.
Backzeit 25 Min.
1720 kJ = 411 kcal/Stück

Teig: 125 g Mehl, ½ Teel. Salz, 100 g Rahm- oder Speisequark, 90 g Butter
Füllung: 50 g Rosinen, 50 g gemischte kandierte Früchte (Backmischung), 40 g gemahlene Mandeln, 50 g grobgehackte Walnußkerne, 1 Ei, 250 g Rahmquark, 3 Eßl. Sauerrahm, 70 g Puderzucker, 3 Eßl. Mehl, 3 Eßl. Rum

- Mehl in eine Schüssel sieben und das Salz dazumischen. Den Quark und die in Flocken geschnittene Butter dazugeben. Mit kühlen Fingern rasch zu einem gleichmäßigen Teig verarbeiten, aber nicht kneten. Eine Stunde kühl stellen.
- Die gewaschenen Rosinen in Rum einlegen und eine halbe Stunde ziehen lassen.
- Ei, Quark, Puderzucker und Sauerrahm verquirlen. Nach und nach das Mehl darunterarbeiten. Mandeln, Walnüsse, Rosinen mit Rum und kandierte Früchte dazumischen.
- Den Teig 3 mm dick ausrollen. Eine mit wenig Butter bestrichene Kuchenform mit 22 cm Durchmesser damit auslegen. Einen Rand hochziehen und die Füllung hineingeben.
- Den restlichen Teig in 1,5 cm breite Streifen schneiden. Diese Streifen gitterartig über den Kuchen legen.
- 25 Minuten im vorgeheizten Backofen bei 220 °C backen. Den ausgekühlten Kuchen mit Puderzucker bestreuen.

Johannisbeerschaumtorte

Gibt 8 Stück
Vorbereitung 35 Min.
Backzeit 30 Min.
1268 kJ = 303 kcal/Stück

125 g Mehl, 1 Prise Salz, 250 g Zucker, 1 Eßl. Puderzucker
70 g Butter, 1 großes Ei, 6 Eiweiß
400 g abgestreifte Johannisbeeren, ½ Teel. geriebene Zitronenschale, ½ Teel. geriebene Orangenschale

- Das Mehl in eine große Schüssel sieben und eine Vertiefung hineindrücken. 50 g Zucker, eine Prise Salz, die geriebene Zitronenschale und ein verquirltes Ei hineingeben und alles gut vermischen.
- Die in Flocken geschnittene Butter beigeben. Rasch zu einem festen Teig zusammenkneten. Eine Stunde kühl ruhen lassen.
- Den Teig 2 mm dick ausrollen. Einen Kreis für eine Springform mit 24 cm Durchmesser ausschneiden. Die Form mit Butter bestreichen und mit Teig belegen; dabei einen Rand von 2 cm hochziehen. Den Teigboden mit einer Gabel mehrmals einstechen. Im vorgeheizten Backofen bei 200 °C 20 Minuten backen. Erkalten lassen.
- Die Eiweiß und Eigelb sehr sauber voneinander trennen. Die Eiweiß mit dem restlichen Zucker zu sehr steifem Schnee schlagen. Die geriebene Orangenschale und die Johannisbeeren sorgfältig darunterziehen, die Masse in den vorgebackenen Teigboden füllen und glattstreichen. Mit dem Puderzucker bestäuben und bei 250 °C 10 Minuten backen. Die Torte sofort auf einer Platte anrichten.

Tiefgefrorene Johannisbeeren unaufgetaut verarbeiten

Umgekehrt gebackene Aprikosentorte

Gibt 8 Stück
Vorbereitung 20 Min.
Backzeit 30 Min.
1343 kJ = 321 kcal/Stück

125 g Mehl, 1 Prise Salz, 50 g Puderzucker, 50 g Zucker
120 g Butter
750 g Aprikosen
½ Teel. Zimt
nach Belieben 1 Eßl. Aprikosenlikör

- Das Mehl mit 70 g Butter zwischen den Fingern zu gleichmäßigen Krümeln zerreiben. Mit dem Salz und einem Eßlöffel Wasser rasch zu einem Teig verarbeiten und zu einer Kugel formen. Zugedeckt eine Stunde kühl stellen.
- Eine Springform mit 24 cm Durchmesser mit 30 g Butter ziemlich dick bestreichen und mit dem Puderzucker bestreuen.
- Die Aprikosen waschen, abtrocknen, halbieren, entsteinen und die Hälften mit der gewölbten Seite nach unten in die Form legen; sehr dicht nebeneinander anordnen, damit möglichst keine Hohlräume entstehen. Die übrigen Aprikosenhälften darüber legen. Mit Zucker und Zimt bestreuen und mit der restlichen, in Flocken geschnittenen Butter belegen. 15 Minuten im vorgeheizten Backofen bei 260 °C backen.
- Sobald der Zucker am Rand der Form karamelisiert ist, den Kuchen aus dem Ofen nehmen. Den Teig 3 mm dick ausrollen.

Die Aprikosentorte wird zum Schluß mit Aprikosenlikör beträufelt

Einen Kreis mit einem Durchmesser von 1,5 cm größer als die Form ausschneiden, über die Aprikosen legen und seitlich gut bis zum Boden der Form hinunterdrücken. Mit einer Gabel mehrmals einstechen.

- Die Backofentemperatur auf 220 °C reduzieren und 15 Minuten weiterbacken. Der Teig soll goldbraun werden.
- Die Form aus dem Ofen nehmen. 3–4 Minuten ruhenlassen, dann auf eine Tortenplatte stürzen.
- Mit dem Aprikosenlikör beträufeln. Lauwarm oder kalt servieren.

TIP Man kann diese Torte im voraus zubereiten und vor dem Servieren kurz aufbacken, bis sie lauwarm ist. Beschichtete Springformen eignen sich nicht sehr gut für diese Zubereitungsart. Am besten sind Formen aus Schwarzblech.

Kiwitorte

Gibt 8 Stück
Vorbereitung 35 Min.
Backzeit 30 Min.
1092 kJ = 261 kcal/Stück

6 Kiwis, 1 Teel. geriebene Orangenschale, ¼ l Orangensaft
300 g Mürbeteig (S. 205)
2 Eigelb, 3 Eiweiß, Butter für die Form
100 g Zucker, 1 Prise Salz, 1 Teel. Speisestärke
4 Blatt Gelatine
1 Eßl. Orangenlikör

- Eine Springform mit 24 cm Durchmesser mit wenig Butter bestreichen. Den Teig 3 mm dick ausrollen und die Form damit belegen; dabei einen Rand von 4 cm hochziehen.
- Die Gelatine in kaltem Wasser einweichen.
- Den Teig mit Pergamentpapier belegen und mit weißen Bohnen beschweren. 30 Minuten im vorgeheizten Backofen bei 220 °C blind backen.
- Die Eigelb mit 4 Eßlöffel Zucker zu einer weißlichen Masse schlagen.
- Die Eiweiß mit einer Prise Salz steif schlagen. Den restlichen Zucker beifügen und weiterschlagen, bis der Schnee sehr fest ist.
- Eiercreme, Orangenlikör und Orangenschale unter das Eiweiß ziehen.
- ⅛ l Orangensaft erwärmen und die ausgepreßte Gelatine darin auflösen. Den abgekühlten Teigboden mit dieser Masse füllen, glattstreichen und 15 Minuten kühl stellen.
- Die Kiwis schälen, in dünne Scheiben schneiden und dachziegelartig auf dem Kuchen anordnen.
- Den restlichen Orangensaft mit der Speisestärke aufkochen, bis der Saft wieder klar ist.
- Etwas erkalten lassen, dann über die Kiwischeiben verteilen. (Der Saft darf nicht heiß über die Kiwischeiben gegeben werden, sonst verlieren sie ihre schöne grüne Farbe.)
- Vor dem Servieren mit geschlagenem Rahm garnieren.

TIP Dieser Kuchen sollte spätestens 2–3 Stunden nach Fertigstellung gegessen werden.

Kirschkuchen nach Großmutterart mit Zuckerguß

Kirschkuchen nach Großmutterart

Gibt 8 Stück
Vorbereitung 45 Min.
Backzeit 50–60 Min.
2067 kJ = 494 kcal/Stück

500 g schwarze Kirschen, 80 g geriebene Mandeln
4 Eiweiß, 3 Eigelb, 120 g Butter
1 Teel. Backpulver, 5 Eßl. Speisestärke, 200 g Zucker, 3 Eßl. Puderzucker, 1 Prise Salz
160 g Kirschkonfitüre
5 Eßl. Kirschwasser, ½ Teel. Mandelessenz
75 g geriebenes Schwarzbrot vom Vortag

Weichselkirschen aus der Dose oder tiefgekühlte Kirschen verwenden; sehr gut abtropfen lassen

- Die Kirschen entsteinen, in eine Schüssel geben und mit 2 Eßlöffel Kirschwasser begießen.
- Die Eiweiß mit einer Prise Salz steif schlagen.
- Die Eigelb und den Zucker zu einer sämigen Creme schlagen. Speisestärke und Backpulver sieben und mit den Mandeln und dem geriebenen Brot dazumischen. Einen Eßlöffel Kirschwasser und die Mandelessenz beifügen. Die Butter leicht erhitzen, bis sie flüssig wird. Etwas abkühlen lassen und zum Teig geben. Den Teig auf die steifgeschlagenen Eiweiß geben und alles mit einem Löffel gut mischen. Die Kirschen samt dem Einlegesaft darunterziehen.
- Eine Springform mit 24 cm Durchmesser mit wenig Butter bestreichen und den Teig einfüllen. Im vorgeheizten Backofen 50–60 Minuten bei 180 °C backen.

● Den Kuchen auf einem Gitter erkalten lassen. Aus der Konfitüre einige Kirschen für die Garnierung heraussuchen. Die Konfitüre durch ein Sieb streichen, den Kuchen damit überziehen.
● Den Puderzucker in eine kleine Schüssel sieben. Mit 2 Eßlöffel Kirschwasser verrühren und auf den Kuchen gießen; die Glasur darf unregelmäßig über den Rand hinunterlaufen. Die ganzen Kirschen aus der Konfitüre auf der Glasur anordnen.

Rollkuchen

Gibt 6 Stück
Vorbereitung 50 Min.
Backzeit etwa 40 Min.
2650 kJ = 633 kcal/Stück

110 g Zucker, 50 g Puderzucker, 300 g Mehl, 1 Prise Salz
20 g Hefe
3 Eßl. Milch, 2 Eßl. Rahm, 50 g Butter, 3 Eier, 1 Eigelb
2 Eßl. Aprikosenkonfitüre
80 g Sultaninen, 150 g geriebene Haselnüsse, 100 g gemischte kandierte Früchte (Backmischung)
2 Eßl. Zitronensaft, ½ Teel. Mandelessenz

● Die Hefe in einer Schüssel zerbröckeln. Einen Teelöffel Zucker und 2 Eßlöffel lauwarmes Wasser dazugeben. 10 Minuten gehen lassen. Eine Prise Salz und 4 Eßlöffel Zucker in der lauwarmen Milch auflösen.
● Das Mehl in eine Schüssel sieben, die aufgelöste Hefe hinzugeben und mit wenig Mehl bedecken. Die verquirlten Eier und die zimmerwarme Butter zum Mehl geben. Alles zusammen mit der Milch zu einem festen, geschmeidigen Teig kneten, bis er sich von der Schüssel löst. In eine bemehlte, vorgewärmte Schüssel legen und mit einem Tuch bedecken. 1½ Stunden an einem etwa 35 °C warmen Ort (Backofen, Heizkörper) aufgehen lassen. Wenn die Teigmenge sich verdoppelt hat, nochmals rasch durchkneten.
● Die Konfitüre durch ein Sieb streichen und leicht erwärmen.
● Sultaninen waschen und mit Haselnüssen, restlichem Zucker, Rahm, Mandelessenz und kandierten Früchten gut mischen.
● Eine Springform mit 22 cm Durchmesser mit wenig Butter bestreichen. Ein Drittel des Teigs 2–3 mm dick ausrollen. Die Form damit belegen und seitlich einen Rand hochziehen.
● Den restlichen Teig viereckig ausrollen. Mit der Konfitüre bestreichen und die Füllung darauf verteilen. Einrollen und in 6 gleichmäßige Stücke schneiden. Diese nebeneinander mit etwa 1–2 cm Abstand auf den Teigboden stellen.
● Den Kuchen nochmals etwa 45 Minuten in der Wärme gehen lassen, dann 20 Minuten in den Kühlschrank stellen.
● Den Backofen auf 190 °C vorheizen, den Kuchen mit dem verquirlten Eigelb bestreichen und etwa 40 Minuten backen. Notfalls mit Alufolie abdecken, damit er nicht zu dunkel wird.
● Nach dem Erkalten Puderzucker und Zitronensaft mit einem Eßlöffel Wasser aufkochen. Den Rollkuchen damit bestreichen.

Nach diesem Rezept lassen sich auch einzelne kleine Rollkuchen backen

TIP Der Rollkuchen kann vor oder nach dem Backen ohne Glasur tiefgekühlt werden. Bereits gebackene Kuchen werden beim Auftauen nochmals etwa 10 Minuten bei 180 °C aufgebacken.

Vergnügte Runde um das Holzkohlenfeuer

Glückliche Besitzer einer Wohnung mit offenem Kamin können ihre Gäste auch am gemütlichen Holzkohlenfeuer verwöhnen. Bei einer solchen Party wird natürlich in der Hauptsache gegrillt. Am besten tun dies die Gastgeber, denn mehr als zwei bis drei Leute können am Kamin nicht hantieren.

Im Gegensatz zum Grillen unter freiem Himmel hat man hier die Möglichkeit, etwas raffiniertere Spezialitäten zuzubereiten. Der Weg zur Küche ist ja nicht weit. Allerdings muß man sich nicht darauf versteifen, immer ein komplettes Menü anzubieten. Bei ungezwungenen Einladungen genügt eine kleine, aber dafür nicht alltägliche Grillspezialität. Maiskolben vom Grill zum Beispiel munden, mit frischer Butter bestrichen, herrlich. Auch gegrillte Steinpilze sind etwas Besonderes. Will man seine Gäste noch mehr verwöhnen, wählt man zur Abwechslung Scampi als Vorspeise und serviert anschließend zarte, in Rahm marinierte Hähnchenbrüste.

Beim Grillfest am Kamin sitzt man oft etwas improvisiert, weil es nun einmal am besten schmeckt, wenn man beim Essen in die Glut schauen kann. Der gemütliche Sessel hat jedoch dann nicht die richtige Sitzhöhe für einen normalen Eßtisch, und so muß man den Teller manchmal auch auf den Knien halten. Das Menü darf deshalb nicht zu kompliziert sein, damit der Balanceakt nicht zu anstrengend wird. Auf jeden Fall muß man für genügend Beistelltische sorgen, damit die Gäste ohne Mühe etwas abstellen können. Serviert man Gerichte aus der Folie, sollten auch Behälter für Abfall bereitstehen.

Und noch etwas: Wer Gäste am eigenen Kamin bewirten will, muß ein gutes Feuer machen können und seinen Kamin genau kennen, damit sich kein unangenehmer Rauch entwickelt, der die Gäste belästigt. Während alle warten, bis sich die richtige Glut zum Grillen gebildet hat, serviert man einen gemütlichen Aperitif.

Ein saftiges Stück Fleisch schmeckt vom Holzkohlenfeuer besonders gut; hier die würzigen lackierten Koteletts (Seite 238)

Menüvorschläge

Menü I

Kräutertomaten S. 233

*

Schweinekoteletts
im Silbermantel S. 238
Kümmelkartoffeln S. 223

*

Eisbecher Frou-Frou S. 365

Menü II

Geflügelleberspießchen S. 234
Polenta S. 235

*

Lackierte Koteletts S. 238
Knoblauchbrot S. 56

*

Gefüllte Birnen S. 239

Menü III

Maiskolben vom Grill S. 233

*

Forelle nach Art
von Navarra S. 234
Kartoffeln
in der Folie S. 309

*

Äpfel in der Folie S. 239

Menü IV

Steinpilze vom Grill S. 233
Knoblauchbrot S. 56

*

Lammchops
mit Joghurtsauce S. 237
Gedünstete Paprikaschoten

*

Frische Beeren mit Rahm

Menü V

Scampi
mit Dillbutter S. 234
Weißbrot

*

Hähnchenbrüste
in Rahmmarinade S. 237
Trockenreis S. 431

*

Frischer Fruchtsalat

Menü VI

Schweinefiletspieße
mit Paprikasauce S. 237
Gegrillte Auberginen S. 238
Stangenweißbrot

*

Zimtbananen S. 239

Steinpilze vom Grill

Für 4 Personen
Vorbereitung 10 Min.
Grillzeit 8–10 Min.
452 kJ = 108 kcal/Portion
Foto S. 232

12 mittelgroße Steinpilze
1 Eßl. Öl
20 g Butter
2 Knoblauchzehen, 2 Eßl. gehackte Petersilie, Salz, Pfeffer

- Die Steinpilze waschen, die Stielenden abschneiden und mit Küchenpapier trocknen.
- Den Grill mit Alufolie belegen. Diese mit Öl bestreichen und die Pilze mit der gewölbten Seite nach oben darauf legen. 4 Minuten grillen, dann wenden. Mit Salz, Pfeffer, durchgepreßtem Knoblauch und Petersilie bestreuen.
- In jeden Hut ein Butterflöckchen geben.

Kräutertomaten

Für 4 Personen
Vorbereitung 10 Min.
Grillzeit 10–15 Min.
263 kJ = 63 kcal/Portion

4 große, schöne Tomaten
1 Eßl. Olivenöl
Basilikum, Rosmarin, Thymian, 1 Knoblauchzehe, 1 Eßl. gehackte Petersilie, Salz, Pfeffer
1 Eßl. geriebenes Weißbrot

- Die Tomaten halbieren, mit Salz bestreuen, abtropfen lassen, auf der gewölbten Seite mit Öl bestreichen; halbgar grillen.
- Brot, Petersilie, Kräuter, durchgepreßten Knoblauch und Pfeffer mischen; auf die Tomaten verteilen und diese fertiggrillen.

Maiskolben vom Grill

Für 4 Personen
Vorbereitung 25 Min.
Grillzeit 10–15 Min.
1402 kJ = 335 kcal/Portion

4 Maiskolben, frisch oder tiefgekühlt
3 Eßl. Öl
100 g gesalzene Butter
Salz, weißer Pfeffer

- Frische Maiskolben von Blättern und Fäden befreien. 15 Minuten in leicht gesalzenem Wasser vorkochen. Tiefgekühlte Maiskolben können gefroren ins Wasser gegeben werden.
- Das Wasser abgießen und die Maiskolben auf Küchenpapier trocknen lassen. Das Öl mit Salz und Pfeffer würzen; die Maiskolben damit bestreichen.
- Auf dem Holzkohlenrost unter ständigem Wenden etwa 10 bis 15 Minuten grillen. Ab und zu mit dem Öl bestreichen.
- Die Butter in Scheiben schneiden und auf den Maiskolben schmelzen lassen. Die Maiskolben werden aus der Hand gegessen.

Geflügelleberspießchen

Für 4 Personen
Vorbereitung 15 Min.
Grillzeit 20 Min.
1532 kJ = 366 kcal/Portion
Anleitung S. 235

400 g Geflügelleber, 100 g sehr dünn geschnittener Magerspeck
2 Eßl. Butterschmalz (Gourmetbutter)
1 Teel. Thymian, 1 Teel. frische, feingehackte Salbeiblätter, Salz, Pfeffer

- Butterschmalz mit Thymian und Salbei langsam erhitzen.
- Die Geflügellebern halbieren, zugeben und kurz braten.
- Vom Feuer nehmen und mit Salz und Pfeffer bestreuen. Die Leberstücke einzeln in Speckscheiben wickeln.
- Auf den heißen Grill geben und goldgelb grillen.

Forelle nach Art von Navarra

Für 4 Personen
Vorbereitung 25 Min.
Grillzeit 20 Min.
1846 kJ = 441 kcal/Portion

4 pfannenfertige Forellen zu je 250 g
150 g Rohschinken
200 g frische Champignons
3½ Eßl. Butter, 1 Ei
1 Teel. Cognac, ⅛ l Sherry
1 Eßl. gehackte Petersilie, ½ Teel. gehackte Rosmarinnadeln, Salz, Pfeffer

- Die Forellen innen und außen mit Salz und Pfeffer würzen.
- 100 g Champignons und 50 g Rohschinken hacken. Sofort in einem halben Eßlöffel Butter unter Wenden andünsten; Petersilie und Rosmarin beifügen. Die Mischung erkalten lassen.
- Das Ei verquirlen, mit Salz, Pfeffer und Cognac abschmecken und unter die erkaltete Masse mischen.
- Die Forellen damit füllen, mit Küchenfaden zunähen und auf 4 Stück gebutterte Alufolie legen.
- Die restlichen Champignons in Scheiben und den Rohschinken in feine Streifen schneiden. In der restlichen Butter kurz andünsten. Mit Sherry ablöschen. Gut würzen und über die Forellen verteilen.
- Die Folien verschließen. Etwa 20 Minuten grillen. Forellen in der Folie auf vorgewärmten Tellern anrichten.

Die Forellen ungefüllt auf die Folien legen; etwas mehr Champignons und Rohschinken dünsten und über die Forellen verteilen

Scampi mit Dillbutter

Für 4 Personen
Vorbereitung 15 Min.
Grillzeit 30 Min.
1067 kJ = 255 kcal/Portion

8 große Scampischwänze in der Schale (tiefgekühlt)
60 g Tafelbutter, 2 Eßl. Rahm
1 Eßl. Zitronensaft, 1 Eßl. Olivenöl
1 Teel. Anisschnaps
1 Teel. gehackte frische Dillspitzen, 1 Knoblauchzehe, 1 Prise Cayennepfeffer, Salz, Pfeffer

Geflügelleberspieße – einfach und originell

Dies ist ein preisgünstiges Grillgericht, das sich gut vorbereiten läßt. Wenn die Gäste da sind, sind die Spieße im Nu gegrillt und serviert. Man kann dafür auch tiefgekühlte Hühnerlebern verwenden, die man vor dem Grillen aber immer im Kühlschrank auftauen muß.

Eine nicht alltägliche Beilage ist die italienische Polenta, ein in Salzwasser zu Brei gegarter Maisgrieß, der, wenn er erkaltet ist, in Scheiben geschnitten und dann beidseitig in Butter gebraten wird.

1. Butterschmalz mit Thymian und Salbei in einer Pfanne langsam erhitzen

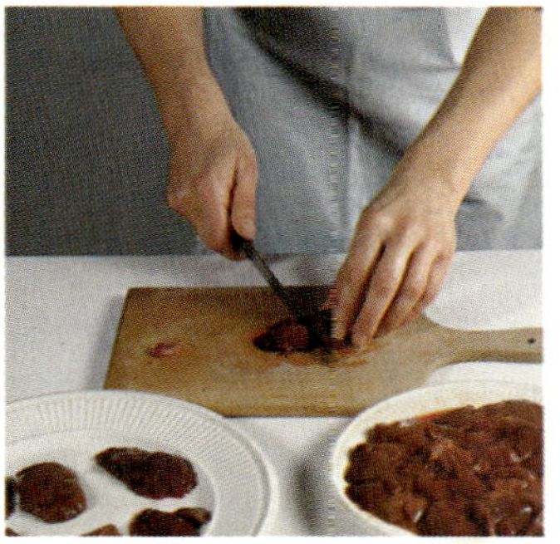

2. Die Geflügellebern sorgfältig säubern und mit einem scharfen Messer halbieren

3. In das heiße Butterschmalz zu den Kräutern geben und sehr kurz anbraten

4. Die Leberstücke mit Salz und Pfeffer bestreuen und einzeln in Speckstreifen wickeln

5. Auf Metallspieße stecken und auf dem heißen Rost grillen, bis sie goldgelb sind

Sehr gut passen zu den Spießchen Polenta und italienischer Wein

Den Dill durch Estragon ersetzen

- Die Tafelbutter bei Küchentemperatur etwas weich werden lassen; Dill, durchgepreßten Knoblauch, Rahm und Anisschnaps zugeben und alles mit dem Schneebesen gut mischen. Mit Salz, Pfeffer und Cayennepfeffer würzen.
- Auf ein Stück Alufolie geben und einrollen. Im Kühlschrank fest werden lassen. 20 Minuten vor dem Essen herausnehmen.

Auch tiefgekühlte Langustenschwänze eignen sich sehr gut

- Die Scampi im Kühlschrank auftauen lassen. Auf der Bauchseite mit einer Schere beidseitig aufschneiden und die Unterseite des Panzers entfernen. Den Darm (braunen Faden) abziehen.
- Die Scampi mit Zitronensaft beträufeln und mit wenig Pfeffer bestreuen. Ein großes Stück Alufolie mit Olivenöl bestreichen und auf den heißen Grill legen. Die Scampi mit der Schale nach unten darauf legen. 10 Minuten garen, dann wenden und weitere 5 Minuten grillen.
- Die Butter in Scheiben schneiden. Auf die Scampi verteilen und auf dem Grill schmelzen lassen.
- Die Scampi auf vorgewärmte Teller legen. Die Butter, die auf die Alufolie ausgeflossen ist, darüber verteilen.

Gegrillte Schweinefiletspieße mit einer feurigen Paprikasauce

Hähnchenbrüste in Rahmmarinade

Für 4 Personen
Vorbereitung 10 Min.
Grillzeit 10–15 Min.
1184 kJ = 283 kcal/Portion

4 Hähnchenbrüste ohne Haut und Knochen
1/8 l Rahm
1 Teel. frischer, gehackter Estragon, Salz, weißer Pfeffer

- Die Hähnchenbrüste lagenweise mit Estragon, Pfeffer und wenig Rahm in ein Gefäß legen. Mit dem restlichen Rahm begießen, zudecken und mindestens 2–3 Stunden kühl stellen. Das Fleisch abtropfen lassen und beidseitig mit wenig Salz bestreuen.
- Den Grill mit Alufolie belegen; die Fleischstücke darauf beidseitig je 5–8 Minuten grillen. Mit wenig Pfeffer bestreuen.

Lammchops mit Joghurtsauce

Für 4 Personen
Arbeitsaufwand 15 Min.
1293 kJ = 310 kcal/Portion

8 Lammchops
1 Eßl. Öl
1/2 Teel. Kreuzkümmel, 1/2 Teel. Paprika, Salz, Pfeffer
Sauce: 1/8 l Joghurt, 4 durchgepreßte Knoblauchzehen, 2 Eßl. geschälte, geriebene Mandeln, Salz, weißer Pfeffer

- Alle Zutaten für die Sauce verrühren; zugedeckt kühl stellen.
- Salz, Pfeffer, Kreuzkümmel und Paprika gut mischen. Mit einem Eßlöffel Öl verrühren und die Chops damit bestreichen.
- 1–2 Stunden in Folie gewickelt in den Kühlschrank legen.
- Je 2 Chops flach auf dünne Metallspieße stecken. Beidseitig je 3–4 Minuten grillen. Mit der Joghurtsauce servieren.

Schweinefiletspieße mit Paprikasauce

Für 4 Personen
Vorbereitung 20 Min.
Grillzeit 15–20 Min.
1423 kJ = 340 kcal/Portion

1 großes Schweinefilet ohne Fett
wenig Öl
Rosmarin, Salz, Pfeffer
Sauce: 4 Eßl. Olivenöl, 2 Eßl. roter Weinessig, 4 grüne Paprikaschoten, 1 kleine rote, scharfe Pfefferschote, 1 große Zwiebel, 4 Eßl. gehackte Petersilie, 1/2 Teel. Chilipulver, wenig Salz

- Für die Sauce die Paprikaschoten und die Pfefferschote halbieren, entkernen und sehr klein würfeln. Die Zwiebel hacken und alles im Olivenöl 3–4 Minuten dünsten; die Petersilie dazugeben, kurz wenden. Mit Essig ablöschen, mit Chilipulver und Salz würzen.
- Das Schweinefilet zuerst quer, dann der Länge nach halbieren. Würzen, mit Öl bestreichen, dann der Länge nach aufspießen.
- Auf dem Grill langsam braten. Nachwürzen und heiß mit der Sauce servieren.

Mit Joghurtsauce oder mit Zwiebeln, Tomaten, Oliven und scharfen Pfefferschoten servieren

Schweinekoteletts im Silbermantel

Für 4 Personen
Vorbereitung 15 Min.
Bratzeit 30 Min.
1398 kJ = 334 kcal/Portion

4 Schweinekoteletts zu je 200 g
4 Schalotten oder kleine Zwiebeln, 100 g Champignons, 4 Tomaten
1 Teel. Öl, 1 Eßl. Butter
1 Knoblauchzehe, 1 Eßl. gehackte Petersilie, ½ Eßl. Rosmarinnadeln, Salz, Pfeffer

Kalbskoteletts oder beliebige Schnitzel nehmen

- Die Koteletts beidseitig mit Salz und Pfeffer würzen und mit Rosmarinnadeln bestreuen. 4 Stück Alufolie mit Öl bestreichen; je ein Kotelett darauf legen.
- Die Tomaten kreuzweise einschneiden, kurz in kochendes Wasser tauchen, schälen und kleinschneiden.
- Die Butter erhitzen, die halbierten Schalotten oder Zwiebeln darin hellgelb dünsten. Die in Scheiben geschnittenen Champignons und die Tomaten zugeben; 5 Minuten mitdünsten.
- Mit Salz, Pfeffer und durchgepreßtem Knoblauch würzen. Die Mischung auf die Koteletts verteilen. Die Folie zuerst oben, dann seitlich locker zu einem Paket verschließen.

Schnitzel 10 Minuten kürzer braten

- 30 Minuten grillen. Die Folien öffnen und noch 3 Minuten auf dem Grill belassen. Mit der Petersilie bestreuen.

Lackierte Koteletts

Für 4 Personen
Vorbereitung 10 Min.
Grillzeit 15–20 Min.
2875 kJ = 687 kcal/Portion
Foto S. 230

1 kg Lamm- oder Schweinekoteletts
Marinade: 1 Eßl. Zucker, 3 Eßl. Honig, 6 Eßl. Sojasauce, einige Tropfen Tabasco, 1 Eßl. Essig, 2 Prisen Nelkenpulver, 2 durchgepreßte Knoblauchzehen, wenig Salz

- Die Zutaten für die Marinade mischen, die Koteletts damit bestreichen und in Alufolie über Nacht ziehen lassen.
- 15–20 Minuten auf der geöffneten Folie grillen; dabei mehrmals mit der Marinade bestreichen. Mit scharfen Saucen servieren.

Gegrillte Auberginen

Für 4 Personen
Vorbereitung 10 Min.
Grillzeit 3–4 Min.
230 kJ = 55 kcal/Portion

2 Auberginen, 1 Eßl. Zitronensaft
1 Eßl. Olivenöl
1 Eßl. gehackte Petersilie, ½ Knoblauchzehe, Salz, Pfeffer

- Auberginen in 1 cm dicke Scheiben schneiden, salzen, pfeffern, mit Zitronensaft beträufeln. 10 Minuten ziehen lassen.
- Die Auberginenscheiben trockentupfen, mit Öl bestreichen und beidseitig auf nicht zu starker Glut 3–4 Minuten grillen.
- Mit Petersilie und durchgepreßtem Knoblauch bestreuen.

Zu den Zimtbananen paßt steifgeschlagener Rahm sehr gut

Frische Früchte auf dem Grill

Äpfel in der Folie
Für 4 Personen
Vorbereitung 5 Min.
Grillzeit 10 Min.
464 kJ = 111 kcal/Portion

2 große Äpfel, 1 Eßl. Zitronensaft, 20 g Butter
1 Teel. Zimt, 4 Teel. Zucker, nach Belieben 2 Eßl. Calvados

- Die geschälten Äpfel in Ringe schneiden. Mit Zitronensaft, Zimt und Zucker auf gebutterte Alufolie verteilen. Grillen, bis sie Farbe annehmen. Nach Belieben mit Calvados flambieren (S. 256).

Gefüllte Birnen
Für 4 Personen
Vorbereitung 10 Min.
Grillzeit 5–6 Min.
489 kJ = 117 kcal/Portion

8 geschälte Birnenhälften (frisch oder aus der Dose), 2 Teel. geriebene Mandeln, 20 g Butter, 2 Teel. Zucker, 4 Teel. Marsala

- Marsala mit Mandeln und Zucker mischen; in die Birnen füllen.
- Je eine Birnenhälfte in Alufolie einschlagen, 5–6 Minuten grillen.

Zimtbananen
Für 4 Personen
Vorbereitung 10 Min.
Grillzeit 20 Min.
1414 kJ = 338 kcal/Portion

4 große Bananen, ⅛ l Orangensaft
60 g Butter
100 g brauner Zucker, 2 Teel. Zimtpulver

- 4 Rechtecke aus Alufolie mit Butter bestreichen.
- Bananen schälen, längs halbieren und auf die Folien legen; den Saft über die Bananen gießen. Restliche Butter in Flocken schneiden und über die Bananen verteilen. Mit Zucker und Zimt bestreuen.
- Die Folien verschließen und etwa 20 Minuten grillen.

Am Tisch gekocht – ein großer Spaß für alle

Kochen am Tisch – in erster Linie denkt man dabei an das Käsefondue und an die ebenso beliebte Variante dieses Kochspiels, das Fondue Bourguignonne, bei dem in Würfel geschnittenes Rinderfilet in siedendheißes Öl getaucht und mit verschiedenen Saucen gegessen wird. Ganz neu sind die Fonduearten, bei denen Fleisch- oder Fischstückchen in heißer Bouillon gegart werden, eine Zubereitungsart, die von vielen geschätzt wird, weil sie leicht und bekömmlich ist.

Eins haben alle Fondues gemeinsam: Sie sorgen für gute Laune. Die Gäste rükken zusammen um den Tisch, damit alle aus demselben Topf essen können, und gleich wird es gemütlich.

Nicht minder gemütlich ist es beim Raclette, besonders wenn man ein Tischgerät mit kleinen individuellen Pfännchen benutzt, so daß jeder Gast sich selbst bedienen kann. Das Raclette wird zwar besser, wenn es auf einem klassischen Racletteofen zubereitet wird, weil die Käserinde mitschmilzt und eine wohlschmeckende Kruste bildet. Das Gerät hat jedoch den Nachteil, daß es nur von einem bedient werden kann, und für die Gäste entstehen oft längere Wartezeiten.

Ein großer Spaß ist auch das Grillen am Tisch. Jeder Gast legt sein Grillgut auf den Tischgrill und würzt nach Belieben. Die verschiedenen Zutaten kann man als Buffet zur Selbstbedienung zusammenstellen oder portionsweise auf dem Tisch anrichten. Eine solche Grillparty ist meist abendfüllend, und man muß für genügend Reserven an Fleisch und Beigaben sorgen. Als Höhepunkt kann ein flambiertes Dessert (Seite 256–259) geboten werden.

Eine exotische Note haben der chinesische Feuertopf und das japanische Sukiyaki. Beide Gerichte benötigen einige Vorbereitungen, finden aber immer Anklang.

Um welche Spielart des Kochens am Tisch es sich auch handelt – hier ist Vorsicht geboten, damit kein Mißgeschick passiert. Alle Geräte müssen einwandfrei sein und einen festen Stand haben, und das Fondue Bourguignonne, bei dem heißes Öl verwendet wird, darf nur in einem Metalltopf zubereitet werden.

Eine exotische Variation des Themas Kochen am Tisch: Sukiyaki (Seite 246), ein beliebtes Gericht der japanischen Küche

Menüvorschläge

Menü I

Chinesischer Feuertopf S. 248
Reis
*
Exotischer Fruchtsalat

Menü II

Rohschinken
oder Bündner Fleisch
*
Käsefondue S. 243
Brotwürfel
*
Orangensalat
mit Zitroneneis S. 404

Menü III

Fleischtopf
Schweizer Art S. 245
*
Traubencreme S. 193

Menü IV

Mixed Grill S. 244
Risotto
*
Flambierte Ananas S. 256

Menü V

Feldsalat
*
Raclette S. 243
Kleine gekochte Kartoffeln
*
Himbeerköpfchen S. 313

Menü VI

Sukiyaki S. 246
Reis
*
Frische Ananas S. 174

Menü VII

Fondue
Bourguignonne S. 244
Verschiedene Saucen
Brot, Pommes Chips
oder Reis
*
Frischer Fruchtsalat

Menü VIII

Grüner Salat
*
Fischfondue S. 245
Verschiedene Saucen
Salzkartoffeln
*
Erdbeeromelettchen S. 173

Raclette – eine Schweizer Käsespezialität mit Kartoffeln und pikanten Beilagen

Raclette

Für 4 Personen
Arbeitsaufwand 10 Min.
4131 kJ = 987 kcal/Portion

800 g Raclettekäse
800 g kleine, in der Schale gekochte Kartoffeln
je 100 g Cornichons, Maiskölbchen, Mixed Pickles, Perlzwiebeln, in Essig eingelegte Pfifferlinge (Eierschwämme) oder andere Essigkonserven nach Belieben

Speckscheibe knusprig braten, Zwiebelscheibe rösten, Paprikastreifen oder Tomatenscheiben dünsten und mit Käse belegen

- Den Käse in 2–3 mm dicke Scheiben in der Größe der Pfännchen schneiden. Mit der Pfeffermühle und den verschiedenen Beilagen auf den Tisch stellen.
- Jeder legt seine Käsescheiben in ein Pfännchen, läßt sie auf dem Racletterechaud schmelzen und bedient sich mit den Beilagen.

Käsefondue

Für 4 Personen
Arbeitsaufwand 15 Min.
4859 kJ = 1161 kcal/Portion

je 300 g grobgeriebener Greyerzer und Emmentaler
750 g Schwarz- oder Weißbrot
3/10 l spritziger Weißwein, 2–3 Gläschen Kirschwasser
1 Knoblauchzehe, nach Bedarf 1 Teel. Zitronensaft, Pfeffer aus der Mühle, Muskat
3 Teel. Speisestärke

- Die Knoblauchzehe halbieren. Das Tongefäß (Caquelon) damit ausreiben. Den Wein hineingießen und aufkochen.

Statt Emmentaler kann man Freiburger Vacherin nehmen oder mehr Greyerzer mit etwas Jurakäse

- Den Käse zufügen und mit einem Holzlöffel mit Loch in Form einer Acht rühren, damit keine Klumpen entstehen. Hat der Wein zu wenig Säure, so daß der Käse sich schlecht auflöst, etwas Zitronensaft zugeben.
- Speisestärke mit Kirschwasser verrühren, zum Käse geben und weiterrühren, bis das Fondue glatt und gebunden wird.
- Mit dem Rechaud auf den Tisch stellen; das Fondue muß weiterkochen. Die Gäste rühren mit einem Brotstück an der Gabel weiter, bis mit dem Essen angefangen wird.
- Jeder Gast taucht seine Brotwürfel in die Käsecreme. Am Schluß die Kruste in der Mitte des Tongefäßes mit der Fonduegabel lösen.

Fondue Bourguignonne

Für 4 Personen
Arbeitsaufwand 15 Min.
2026 kJ = 484 kcal/Portion

800 g Rinderfilet oder -hüfte
1 l Erdnußöl oder 1 kg Butterschmalz (Gourmetbutter),
4 Eßl. Olivenöl
schwarzer Pfeffer

Verschiedene Fleischsorten nehmen; auf unterschiedliche Garzeiten achten

- Das Fleisch 12–24 Stunden vor dem Essen in kleine Würfel schneiden, in eine Schüssel geben, mit dem Olivenöl begießen und mit Pfeffer bestreuen. Mit Folie abdecken, kühl stellen.
- Eine Stunde vor dem Servieren herausnehmen.
- Das Öl in einem Fleischfonduegefäß bis zum Rauchpunkt erhitzen und auf ein Spiritusrechaud stellen.
- Jeder Gast brät seine Fleischwürfel selbst und taucht sie nach Belieben in verschiedene Saucen (S. 249).

Mixed Grill

Für 4 Personen
Arbeitsaufwand 10 Min.
3771 kJ = 901 kcal/Portion

8 Nürnberger Bratwürstchen (Cipollatawürstchen), 4 dünne Speckscheiben, 4 Scheiben Schweinefilet, 4 Scheiben Kalbsfilet, 4 Scheiben Rinderfilet vom spitzen Stück oder Rinderhüfte, 4 kleine Lammkoteletts, 4 Scheiben Kalbs-, Schweine- oder Lammnieren, 4 Scheiben Kalbs- oder Schweineleber
4 frische Eier, Butterschmalz (Gourmetbutter)
8 Auberginenscheiben, 8 Tomatenscheiben, 2 in Streifen geschnittene Paprikaschoten
nach Belieben Salz, Pfeffer, Tabasco, Worcestersauce, Kräuter

Filets durch Fleischkäse und Wurstscheiben ersetzen

- Einen Topf mit zimmerwarmem Butterschmalz und einen Bratpinsel auf den Tisch stellen; damit bestreicht jeder sein Fleisch vor dem Grillen.

Die Fleischstücke mit Cognac flambieren (S. 257)

- Jeder grillt seine Fleischstücke selbst und würzt sie nach Wunsch. Die Eier zu Spiegeleiern braten, das Gemüse ebenfalls grillen.

Grillen am Tisch mit vielen Fleischsorten, Gemüse und Spiegeleiern

Fleischtopf Schweizer Art

Für 4 Personen
Arbeitsaufwand 20 Min.
1523 kJ = 364 kcal/Portion

600 g zartes Rinder-, Kalb-, Hähnchen- oder Lammfleisch, am besten gemischt, vom Metzger hauchdünn geschnitten
verschiedenes Gemüse, in Stücke oder Scheiben geschnitten
2 l Fleisch- oder Hühnerbrühe, 4 Eier, 2 Eßl. Sherry
Ketchup, Sambal Oelek, Vinaigrette, Sauce Tatar, Meerrettichrahm

- Gemüse mit langer Kochzeit, wie Blumenkohl, Brokkoli oder Karotten, kurz blanchieren.
- Jeder Gast steckt Fleisch oder Gemüse an lange, zweizackige Spieße, kocht sie in der Brühe, die im Topf auf dem Rechaud steht, und tunkt sie in die Saucen. Am Schluß die Brühe in Suppentassen verteilen und je ein rohes Ei hineinschlagen.

Fischfondue

Für 4 Personen
Arbeitsaufwand 25 Min.
1134 kJ = 271 kcal/Portion

600 g fester Seefisch ohne Gräten, 4 große geschälte Scampi, 4 große geschälte Krevetten, 8–12 vorgekochte Miesmuscheln
1 l herber Weißwein, 1 Eßl. Anisschnaps oder Cognac
½ l Gemüsebrühe, 2 Eßl. Rahm
1 Nelke, 1 Lorbeerblatt, 6 Pfefferkörner, ½ Teel. Dill, 1 Bund Petersilie, 3 Salbeiblätter, Salz, 1 Zwiebel

- Die Zwiebel mit Lorbeerblatt und Nelke spicken und in der Gemüsebrühe aufkochen. Die übrigen Gewürze in einem Mullsäcklein 30 Minuten in der Brühe zugedeckt ziehen lassen.
- Den Sud mit dem Weißwein mischen, die Gewürze herausnehmen und den Sud nochmals erwärmen.
- In einem Tongefäß (Caquelon) auf dem Fonduerechaud auf den Tisch stellen. Meeresfrüchte und in Würfel geschnittenes Fischfleisch hübsch anrichten.
- Jeder spießt Fisch oder Meeresfrüchte auf und kocht sie in der Brühe. Als Saucen passen Aïoli (S. 249) und Rouille (S. 390).
- Zuletzt den Fischsud mit Anisschnaps oder Cognac und Rahm verfeinern, nochmals aufkochen und in Suppentassen verteilen.

Sukiyaki

Für 4 Personen
Arbeitsaufwand 30 Min.
3528 kJ = 843 kcal/Portion
Anleitung S. 247

600 g zartes Rindfleisch (Hüfte, Zwischenrippenstück), 1 kleines Stück Rindernierenfett oder Speckschwarte
200 g Tofu (Sojabohnenquark aus dem Reformhaus)
1 kleine Dose Bambussprossen, 8 große schwarze, getrocknete Pilze, 100 g frische Sojabohnenkeime, 100 g zarte Spinatblätter,
2 Lauchstangen oder Fenchelknollen, 2 Karotten, 2 große Zwiebeln, 50 g Brunnenkresse
8 frische Eier, 4 Portionen gekochter Reis
Sauce
1/8 l Gemüse- oder Fleischbrühe, 1/8 l Sojasauce, 1/8 l Sake oder trockener Sherry, 1 Teel. Zucker, 1/2 Teel. Ajinomoto (japanisches Glutamat)

- Die Pilze eine Stunde in kaltem Wasser einweichen.
- Das Fleisch leicht anfrieren und in sehr dünne, etwa 5 cm lange Rechtecke schneiden.
- Tofu und Bambussprossen in kleine Stücke schneiden. Spinatblätter und Brunnenkresse gut waschen und trocknen. Den zarten Teil des Lauchs oder den Fenchel schräg in dünne Scheiben schneiden. Von den geschälten Karotten mit dem Schälmesser Streifen abziehen und die Zwiebeln in feine Scheiben schneiden.
- Für die Sauce den Zucker in einer Pfanne leicht karamelisieren lassen. Sojasauce, Sake oder Sherry dazugeben und mit der Hälfte der Fleischbrühe und mit Ajinomoto nachwürzen.
- Alle Zutaten auf einem Tablett dekorativ anordnen.
- Einen niedrigen Schmortopf aus Gußeisen auf das Spiritusrechaud stellen. Etwas Rindernierenfett darin zergehen lassen, oder den Topf mit der Speckschwarte ausreiben.
- Jeder läßt zuerst etwas Fleisch im heißen Topf leicht anbraten, dann folgen nach Belieben Gemüse, Pilze und Tofu. Mit der Fonduegabel wenden. Von der vorbereiteten Sauce zugießen und alles kurz schmoren lassen. Nach Bedarf ein wenig Brühe nachgießen.
- Jeder erhält 2 Schälchen. Eines enthält Reis und das andere 2 verquirlte Eigelb. Fleisch und Gemüse werden aus dem Topf gefischt, mit dem Eigelb vermischt, auf den Reis gelegt und mit Stäbchen oder einer Gabel gegessen.

Farbenfrohes Kochspiel Sukiyaki

Viel Spaß haben die Gäste, wenn sie dieses von der japanischen Küche inspirierte Gericht am Tisch selbst zubereiten können. Sukiyaki kann man mit unseren saisonalen Gemüsen zubereiten, aber die exotische Note erhält es durch Zutaten wie getrocknete Pilze, Bambussprossen, Sojabohnenkeime und die raffinierte Sauce.

1. Das angefrorene Rindfleisch in dünne Rechtecke schneiden und auf einem Teller anrichten

2. Fenchel, Tofu sowie Bambussprossen, Karotten und Zwiebeln zurechtschneiden

3. Den Zucker in einer Pfanne leicht karamelisieren lassen und die Sauce zubereiten

4. Fleisch in dem mit einer Speckschwarte ausgeriebenen Topf beidseitig anbraten

5. Gemüse nach Belieben, Tofu und Sauce zugeben und alles kurz schmoren lassen

Beim Sukiyaki tunkt man Fleisch und Gemüse in Eigelb und ißt Reis dazu

Mit Originalfeuertopf und Sieblöffeln ein stilechtes chinesisches Kochspiel

Chinesischer Feuertopf

Für 4 Personen
Arbeitsaufwand 15 Min.
1536 kJ = 367 kcal/Portion

1 mittelgroßes Hähnchen oder 600 g Geflügelfleisch ohne Haut und Knochen
1 Dose Crabmeat oder 200 g geschälte Krevetten oder Scampi
200 g frische Champignons, je 1 rote und grüne Paprikaschote,
200 g Sellerieknolle, 200 g Kohl, 1 kleine Dose Bambussprossen
1 l Hühnerbrühe
Sambal Oelek, Sojasauce und andere scharfe Saucen (S. 249)

Hühnerfleisch durch Lammfleisch ersetzen, dann wird die Brühe besonders kräftig

- Das enthäutete, entbeinte Hähnchen- oder Geflügelfleisch in kleine, nicht zu dicke Stücke, die Champignons und den Sellerie in dünne Scheiben, die Paprikaschoten, Bambussprossen und den Kohl in Streifen schneiden.
- Das Crabmeat in Stücke teilen (Knorpel entfernen).
- Alle Zutaten hübsch angerichtet auf den Tisch geben und die heiße Fleischbrühe auf einem Rechaud in die Mitte stellen.
- Die Zutaten werden mit Fondugabeln, Sieblöffeln oder chinesischen Stäbchen in die Hühnerbrühe getaucht und gekocht. Am Schluß die Brühe aus Tassen trinken.

Saucen zu Fleisch- und Fischfondues

Sauce Madagaskar
Für 4 Personen
Arbeitsaufwand 15 Min.
904 kJ = 216 kcal/Portion

2 kleine Zwiebeln, 1 Eßl. geriebener Meerrettich
⅛ l Rahm, 10 g Tafelbutter
3 Eßl. Olivenöl, 6 Eßl. Weißwein, 1 Eßl. Fleischbrühe
1 Eßl. grüner Pfeffer, Salz, 1 Teel. Paprika, 4 Knoblauchzehen

- Zwiebeln und Knoblauchzehen fein hacken und im Öl rösten.
- Paprika, Meerettich, Weißwein, Fleischbrühe und gehackten grünen Pfeffer beifügen, etwas einkochen lassen. Rahm zufügen und vorsichtig salzen. Die Butter in 2–3 Flocken darunterrühren.

Sauce Aïoli
Für 4 Personen
Arbeitsaufwand 15 Min.
1251 kJ = 299 kcal/Portion

½ verquirltes Eigelb, ⅛ l Olivenöl
3 Knoblauchzehen, 1 Teel. Zitronensaft, Salz, Pfeffer

- Knoblauch durchpressen. Eigelb beifügen, Öl tropfenweise hineinrühren. Die Masse mit Zitronensaft, Salz und Pfeffer würzen.

Senf-Quark-Sauce
Für 4 Personen
Vorbereitung 10 Min.
Kochzeit 10 Min.
246 kJ = 59 kcal/Portion

150 g Quark, 1 hartgekochtes Ei, 1 Teel. Öl
2 Eßl. Dijonsenf, 1 Teel. Zitronensaft, Salz, Pfeffer

- Eigelb zerdrücken, Senf dazumischen, Öl tropfenweise zugeben. Zitronensaft und Quark daruntermischen, würzen.

Tatarquark
Für 4 Personen
Arbeitsaufwand 10 Min.
221 kJ = 53 kcal/Portion

200 g Quark
1 Teel. Senf, 1 Teel. Kapern, 1 Teel. feingehackte Essiggurken
1 Messerspitze Kräutersalz (aus dem Reformhaus), 1 Messerspitze Paprika, Dill, Schnittlauch, Petersilie, 1 Zwiebel, Saft von ½ Zitrone

- Senf mit Zitronensaft verrühren, unter den Quark ziehen.
- Die Zwiebel reiben und mit den gehackten Kräutern, Kapern und Gurken dazumischen. Mit Kräutersalz und Paprika würzen.

Pikante Apfelsauce
Für 4 Personen
Arbeitsaufwand 10 Min.
443 kJ = 106 kcal/Portion

2 Äpfel, ½ Zwiebel, 3 Eßl. Dijonsenf, Salz, Pfeffer
8 Eßl. Sauerrahm, 2 hartgekochte Eier

- Gehackte Eier mit Sauerrahm verrühren. Zwiebel und Äpfel hineinreiben. Mit restlichen Zutaten gut mischen.

Haselnußsauce
Für 4 Personen
Arbeitsaufwand 5 Min.
749 kJ = 179 kcal/Portion

200 g Speisequark, 4 Eßl. Rahm, 2 Eßl. Mayonnaise
30 g geriebene Haselnüsse
3 Tropfen Worcestersauce, 2 Teel. Zitronensaft, Salz, Pfeffer

- Alle Zutaten gut verrühren und pikant abschmecken.

Avocadosauce
Für 4 Personen
Arbeitsaufwand 10 Min.
380 kJ = 91 kcal/Portion

1 reife Avocado, 1 Zwiebel, 1 große geschälte Tomate
1 Eßl. gehackte Petersilie, 1 kleines Stück scharfe Pfefferschote oder 1 Messerspitze Sambal Oelek, Salz, Pfeffer

- Avocado halbieren, Fleisch herauskratzen und zerdrücken.
- Tomate und Zwiebel feinhacken, zum Avocadofleisch geben. Mit wenig Salz und Pfeffer sowie der feingehackten Pfefferschote oder dem Sambal Oelek würzen. Alles sehr gut mischen.

Marnier

Flambieren – Feuerzauber aus der Kupferpfanne

Mit dem Flambieren ist es ein bißchen so wie mit dem Schaugeschäft: Man muß sich sicher fühlen, bevor man den Auftritt vor den Gästen wagt. Wenn man es dann aber beherrscht, findet man dankbare Zuschauer. Perfektion zu erreichen ist mit ein wenig Mut und Übung nicht schwer.

Allerdings liegt der Reiz des Flambierens vor allem darin, daß man es nur hin und wieder vorführt. Wenn dieselben Gäste wiederkommen, sollte man also nicht jedesmal flambieren. Innerhalb eines Menüs genügt ein Gericht, das so zubereitet wird; meist ist es das Hauptgericht oder das Dessert.

Menüs, bei denen ein Gang flambiert wird, müssen besonders sorgfältig zusammengestellt werden, damit der Feuerzauber voll zur Geltung kommt. Zu den flambierten Tournedos zum Beispiel paßt als Vorspeise ein bescheidenes, aber exquisites Süppchen; den flambierten Kalbsfilets schickt man als Ouvertüre gefüllte Avocados voraus. Wenn das Dessert flambiert wird, sollten die ersten beiden Gänge nicht zu überladen sein, damit jeder Gast noch mit Appetit auf die Süßspeise wartet.

Wie beim Kochen am Tisch muß der Gastgeber vor dem Flambieren stets darauf achten, daß alle Geräte und Zutaten bereitstehen. Man kann während der „Zeremonie“ nicht mehr unterbrechen, um etwas Fehlendes zu holen, denn alles muß wie ein Uhrwerk laufen. Am besten hält man sich genau an das Rezept, was die Dosierung der Spirituosen, das Einkochen der Sauce und so weiter angeht, dann kann nichts schiefgehen. Was man schon vorher in der Küche vorbereiten kann, ist ebenfalls bei jedem Rezept angegeben.

Besonders eindrucksvoll wirkt das Flambieren, wenn sich alles im Halbdunkel abspielt. Die Gäste erleben den Feuerzauber intensiver, und das Ganze scheint ein wenig geheimnisvoll. Wer als Gastgeber ein solches Schauspiel gut zu inszenieren versteht, wird sicher viel Bewunderung ernten.

Wer die Kunst des Flambierens beherrscht, kann seine Gäste mit Köstlichkeiten wie zum Beispiel Crêpes Suzette (Seite 258) verwöhnen

Menüvorschläge

Menü I

Kräutersüppchen
mit Kalbsbries S. 97
*
Flambierte Tournedos
mit Estragon S. 256
Hausgemachte
Nudeln S. 83
*
Zimteis
mit Karameläpfeln S. 257

Menü II

Avocados
mit rotem Kaviar S. 94
*
Flambierte Kalbsfilets
mit Whisky S. 254
Kräuterreis
*
Feigen
mit Brombeersauce S. 117

Menü III

Räucherlachs
mit Toast und Butter
*
Flambierte Kalbsnieren
Marianne S. 254
Trockenreis S. 431
*
Himbeeren
mit Mandelguß S. 346

Menü IV

Artischocken
mit Vinaigrette S. 154
*
Scampi
in Cognacsauce S. 253
Pistazienreis
*
Eismeringue
mit Erdbeersauce S. 346

Menü V

Meersüppchen S. 73
*
Hähnchen
Côte d'Azur S. 83
Trockenreis S. 431
*
Crêpes Suzette S. 258

Menü VI

Delikate
Karottensuppe S. 96
*
Lammbraten
mit Maronen S. 126
Flageolettbohnen
Bratkartoffeln
*
Flambierte Früchte S. 256

Menü VII

Fenchelsalat Orangerie S. 93
*
Heilbutt in der Folie S. 98
Salzkartoffeln
*
Flambiertes Omelett S. 259

Menü VIII

Frühlingssalat
mit Kalbsbries S. 93
*
Kalbsrippenstück
aus dem Backofen S. 107
Zucchini
mit Basilikum S. 311
Kartoffelpüree
*
Flambierte
Zwetschgen S. 258

Scampi in Cognacsauce – eine edle Zusammenstellung

Scampi in Cognacsauce

Für 4 Personen
Vorbereitung 20 Min.
Flambieren am Tisch 8–10 Min.
1335 kJ = 319 kcal/Portion

16 große Scampi
1 kleine Zwiebel, 3 Schalotten, 3 Tomaten (evtl. aus der Dose)
40 g Butter, 3 Eßl. Rahm
1–2 Knoblauchzehen, 2 Eßl. gemischte Kräuter (Basilikum, Rosmarin, Bohnenkraut, Salbei, Thymian), ½ Lorbeerblatt, 3 Pfefferkörner, 1 Prise Cayennepfeffer, Salz
⅛ l Weißwein, 3 Eßl. Cognac

Riesenkrevetten eignen sich ebenfalls

- Die Scampi roh schälen. Den Darm (brauner Faden) entfernen.
- Die Schalen mit der grobgeschnittenen Zwiebel, dem Lorbeerblatt, den Pfefferkörnern und dem Weißwein im Schnellkochtopf 5 Minuten auskochen. Den Sud passieren, wieder in den Topf geben und bis auf 2 Eßlöffel Flüssigkeit einkochen lassen.
- Frische Tomaten schälen, kleinschneiden und den Saft auspressen. Schalotten fein hacken.
- Die Hälfte der Butter in der Flambierpfanne erhitzen. Schalotten und Scampi zugeben. Unter Wenden 2–3 Minuten dünsten, bis die Scampi weiß werden. Mit dem Cognac flambieren.
- Die Tomaten und die Hälfte der Kräuter zugeben; 1–2 Minuten weiterdünsten. Den vorbereiteten Sud zugeben. Erhitzen und den Rahm zufügen. Etwas eindicken lassen.
- Restliche Butter darunterziehen. Mit Salz und Cayennepfeffer abschmecken. Mit den restlichen Kräutern bestreuen.

Flambierte Kalbsfilets mit Whisky

Für 4 Personen
Vorbereitung 15 Min.
Flambieren am Tisch 15 Min.
1075 kJ = 257 kcal/Portion

8 Scheiben Kalbsfilet zu je 60–70 g
1 Zwiebel, 3 Eßl. feine Lauchstreifen
2 Eßl. Rahm, 1½ Eßl. Butterschmalz (Gourmetbutter), 1 Eßl. Butter
1 Eßl. Whisky, 1 Eßl. Marsala, 1 Eßl. Weißwein
⅛ l Kalbsfond (S. 482) oder klare Bratensauce
2–3 Tropfen Worcestersauce, 1 Teel. Ketchup, Paprika, Salz, Pfeffer

- Die Zwiebel in der Küche fein hacken und mit Lauchstreifen in einem halben Eßlöffel Butterschmalz dünsten.
- Die Filetscheiben in der Flambierpfanne in einem Eßlöffel Butterschmalz beidseitig braten.
- Mit Whisky flambieren, das Fleisch herausnehmen, mit Salz und Pfeffer bestreuen; auf einem Kerzenrechaud warm stellen.
- Den Bratensatz mit Kalbsfond oder Bratensauce ablöschen. Worcestersauce, Ketchup und Paprika zugeben und aufkochen.
- Die Sauce mit Marsala und Weißwein verlängern. Nochmals köcheln lassen, bis sie sämig wird. Zwiebel und Lauch in die Sauce geben und erwärmen. Das Fleisch wieder hineinlegen, den Rahm zugeben und zuletzt die Butter in der Sauce zerfließen lassen.

Flambierte Kalbsnieren Marianne

Für 4 Personen
Vorbereitung 15 Min.
Flambieren am Tisch 20 Min.
1841 kJ = 440 kcal/Portion
Anleitung S. 255

2 ganze Kalbsnieren mit leichter Fettschicht, 1 kleine Scheibe Gänseleberpastete
3 Schalotten, 50 g frische Champignons
60 g Butter
⅛ l trockener Sherry, 3 Eßl. Whisky
⅛ l Kalbsfond (S. 482) oder klare Bratensauce
1 Prise Thymian, 1 Eßl. gehackte Petersilie, Salz, Pfeffer

- Ungefähr eine Stunde vor dem Essen die Nieren im eigenen Fett in einer Bratpfanne ringsum hellbraun anbraten. 2–3 Eßlöffel des flüssigen Fettes in ein Töpfchen gießen. Die Nieren in der Pfanne erkalten lassen. Schalotten und Champignons hacken.
- Alle Zutaten sowie 2 Flambierpfannen bereitstellen.
- Die Nieren in 1 cm dicke Scheiben schneiden. Das abgegossene Nierenfett in einer Flambierpfanne erhitzen. Die Nierenscheiben beidseitig darin sehr kurz anbraten. Mit Whisky flambieren, mit Salz und Pfeffer bestreuen; auf einem Kerzenrechaud warm stellen.
- 20 g Butter in der zweiten Flambierpfanne erhitzen. Die Schalotten darin andünsten. Champignons zufügen, kurz weiterdünsten, mit Sherry ablöschen, aufkochen und die Gänseleberpastete in der Sauce auflösen. Den Kalbsfond zufügen. Etwas eindicken lassen; mit Salz, Pfeffer und Thymian abschmecken.
- Die restliche Butter in Flocken zur Sauce geben und auflösen.
- Die Sauce über die warmgestellten Nierenscheiben gießen, gut mischen und mit Petersilie bestreuen.

Flambierte Kalbsnieren

Am Tisch flambierte Gerichte sollte man zunächst einmal im kleinen Kreis üben, dann hat man bald die nötige Routine, um auch auf größeren Einladungen damit zu glänzen. Bei diesem Rezept ist es wichtig, daß alle Zutaten bereitstehen, denn nachher muß alles sehr schnell gehen. Noch ein Tip: Die Nieren dürfen nicht in der Sauce kochen, sonst werden sie hart.

1. Alle Zutaten und Geräte bereitstellen; die vorgebratenen Nieren in Scheiben schneiden

2. Nierenfett in einer Flambierpfanne erhitzen und die Nieren beidseitig kurz anbraten

3. Mit dem Whisky flambieren, würzen und alles auf einem Kerzenrechaud warm stellen

4. Schalotten und Champignons in der anderen Pfanne dünsten, mit Sherry ablöschen, aufkochen

5. Gänseleber und Kalbsfond zufügen, abschmecken und den Rest Butter in Flocken zugeben

Die flambierten Nieren mit der Sauce begießen und mit Petersilie bestreuen

Flambierte Tournedos mit Estragon

Für 4 Personen
Vorbereitung 10 Min.
Flambieren am Tisch 15 Min.
1553 kJ = 371 kcal/Portion

4 Scheiben Rinderfilet zu je 150 g
2 Eßl. Butterschmalz (Gourmetbutter), 20 g Butter, 3 Eßl. Rahm
3 Schalotten
3 Eßl. Cognac oder Armagnac
1 Eßl. Dijonsenf, 1 Teel. grobkörniger Senf
⅛ l Kalbsfond (S. 482) oder klare Sauce
1 Teel. gehackter Estragon, Salz, Pfeffer

- Die Schalotten in der Küche hacken.
- Butterschmalz in der Flambierpfanne erhitzen. Die Fleischstücke beidseitig 2–3 Minuten *(saignant)* braten.
- Mit Cognac oder Armagnac flambieren.
- Aus der Pfanne nehmen, mit Salz und Pfeffer bestreuen und auf einem Kerzenrechaud zugedeckt warm stellen.
- Die Schalotten im Bratensatz andünsten, den Kalbsfond oder die klare Sauce zufügen. Den Senf darin verrühren, den Estragon zugeben und aufkochen. Mit Rahm verfeinern und etwas eindicken lassen. Die Butter flockenweise zufügen, mit Salz und Pfeffer abschmecken.

Flambierte Früchte

Pfirsiche mit Kirschen
Für 4 Personen
Vorbereitung 5 Min.
Flambieren am Tisch 10 Min.
782 kJ = 187 kcal/Portion

8 halbe Pfirsiche und einige Herzkirschen aus der Dose
20 g Butter
2 Eßl. Zucker
3 Eßl. Kirschwasser, 2 Eßl. Pfirsichbranntwein

- Zucker und Butter in der Flambierpfanne zerfließen lassen.
- Die Pfirsichhälften zugeben und erhitzen; mit Pfirsichbranntwein parfümieren. Die Kirschen zufügen, das Kirschwasser darüber gießen und die Früchte damit flambieren.

Ananas
Für 4 Personen
Vorbereitung 15 Min.
Flambieren am Tisch 10 Min.
2180 kJ = 521 kcal/Portion

1 frische Ananas, 1 Eßl. Zitronensaft
6 Eßl. Zucker
⅛ l Kirschwasser, Cognac oder Rum
20 g Butter, ⅛ l steifgeschlagener Rahm
4 Kugeln Vanilleeis

- Die Ananas mit einem scharfen Messer schälen, in 8 Scheiben schneiden und den harten Strunk in der Mitte entfernen. Mit 2 Eßlöffel Zucker bestreuen und ziehen lassen.
- Den restlichen Zucker in der Flambierpfanne hellgelb karamelisieren. Die Butter zugeben und die Ananasscheiben darin gut erwärmen. Mit Kirsch, Cognac oder Rum flambieren. Zum Schluß den Zitronensaft zugeben.
- Auf Teller verteilen, je eine Kugel Vanilleeis dazulegen und mit der Sauce begießen. Mit aufgespritzten Rahmrosetten garnieren.

Ananasscheiben mit frisch gemahlenem schwarzem Pfeffer bestreuen

Zimteis mit flambierten Karameläpfeln und Sultaninen

Zimteis mit Karameläpfeln

Für 4 Personen
Vorbereitung 10 Min.
Flambieren am Tisch 15 Min.
1887 kJ = 451 kcal/Portion

4 Kugeln Zimteis (S. 114)
3 Äpfel, 1/8 l Orangensaft, 1 Eßl. Zitronensaft, 80 g Sultaninen
30 g Butter
150 g Zucker, 3 Eßl. Calvados

- Die Äpfel schälen und die Kerngehäuse herausstechen. Die Äpfel in etwa 1 cm dicke Ringe schneiden und sofort mit Zitronensaft beträufeln. Sultaninen in kaltem Wasser einweichen.
- Die Butter und den Zucker in der Flambierpfanne erhitzen. Die Apfelringe beidseitig darin karamelisieren. Mit dem Calvados begießen und flambieren. Auf Tellern anrichten.
- Abgetropfte Sultaninen und Orangensaft in der Sauce stark aufkochen. Eis auf die Äpfel setzen; die heiße Sauce darüber gießen.

Richtig flambieren will gelernt sein

- Vor dem Eintreffen der Gäste alles bereitstellen und prüfen, ob das Rechaud betriebsbereit ist.
- Die Zutaten in der Küche sorgfältig vorbereiten, damit nachher beim Flambieren nichts mehr gesucht werden muß.
- Fleisch immer auf starker Flamme anbraten, damit es Farbe bekommt und keinen Saft abgibt.
- Zum Flambieren müssen Speisen und Spirituosen heiß sein, sonst brennen sie nicht.
- Nicht mit Zündhölzern hantieren. Die Flambierpfanne leicht schräg halten, damit die Flüssigkeit vom Kocher Feuer fangen kann.
- Vor dem Einkochen der Sauce Fleisch oder Fisch aus der Pfanne nehmen und warm stellen.

Flambierte Zwetschgen

Für 4 Personen
Vorbereitung 10 Min.
Flambieren am Tisch 10 Min.
2323 kJ = 555 kcal/Portion

4 Kugeln Zimteis (S. 114) oder Vanilleeis
20 Dörrzwetschgen oder -pflaumen ohne Stein
20 g Butter, ⅛ l steifgeschlagener Rahm
⅛ l Zwetschgenwasser
¼ l schwarzer Tee
4 Eßl. Zucker

Dörraprikosen nehmen, mit Aprikosenbranntwein oder -likör flambieren und mit Pistazien- oder Nußeis servieren

Armagnac, Cognac oder Weinbrand eignen sich ebenfalls

- Die Zwetschgen oder Pflaumen etwa 2 Stunden vor dem Essen in eine Schüssel geben und mit dem Tee begießen. Nach einer Stunde mit 2 Eßlöffel Zucker im Tee rasch aufkochen, bis sie weich sind.
- Die Butter und den restlichen Zucker in der Flambierpfanne schmelzen lassen; die abgetropften Zwetschgen darin erhitzen.
- Mit dem Zwetschgenwasser flambieren.
- In Teller verteilen und mit Zimt- oder Vanilleeis und Rosetten aus steifgeschlagenem Rahm garnieren.

Crêpes Suzette

Für 6 Personen
Vorbereitung 30 Min.
Flambieren am Tisch 15 Min.
1553 kJ = 371 kcal/Portion
Foto S. 250

3 ungespritzte Orangen, 1 Zitrone
⅛ l Orangenlikör
1 Eßl. Butter
12 Stück Würfelzucker, 1 Eßl. Grießzucker
Teig: 125 g Mehl, 2 Eier, ¼ l Milch, 30 g zerlassene Butter, 2 Eßl. Butter, nach Belieben 1 Teel. Orangenlikör, 25 g Vanillezucker, 1 Prise Salz

- Für den Teig das Mehl in eine Schüssel sieben. Die Eier in die Mitte geben. Salz, Vanillezucker und Milch zufügen und alles mit dem Schneebesen mischen. Die zerlassene Butter hinzufügen und den Teig mindestens 2 Stunden stehenlassen.
- Vor Gebrauch eventuell noch mit ein wenig Milch und dem Teelöffel Orangenlikör verdünnen.
- In 2 Eßlöffel Butter sehr dünne kleine Pfannkuchen backen, noch warm auf einen Teller schichten und mit einem zweiten Teller zudecken, damit sie feucht bleiben.
- Die Zuckerwürfel an den gewaschenen Orangen abreiben; dann die Orangen und die Zitrone auspressen.
- Einen Eßlöffel Butter in der Flambierpfanne schmelzen. Die Zuckerwürfel hineingeben und weich werden lassen.
- Gut vermischen, bis eine hellgelbe Masse entsteht. Mit dem Fruchtsaft ablöschen und einkochen, bis die Sauce sämig wird.
- Die Pfannkuchen zweimal zusammenfalten und in die Orangensauce legen. Gut durchtränken und heiß werden lassen.
- Den Orangenlikör darüber gießen, mit dem Grießzucker bestreuen und flambieren.
- Die Crêpes auf Tellern anrichten, den Saft noch etwas einkochen lassen und darüber verteilen.

Omelett, mit Rum oder Anisschnaps flambiert – ein luftiges Dessert

Flambiertes Omelett

Für 4 Personen
Vorbereitung 10 Min.
Back- und Flambierzeit 20 Min.
1218 kJ = 291 kcal/Portion

5 frische Eier, 1 Eßl. Butter
½ Teel. Vanilleextrakt, 100 g Zucker, 2 Eßl. Puderzucker, 1 Prise Salz, 3 Eßl. Rum oder Anisschnaps

- Die Eier trennen. Eigelb mit Vanilleextrakt und Zucker zu einer weißlichen Creme schlagen. Eiweiß mit dem Salz steif schlagen.
- Eine flache, ovale Auflaufform mit Butter ausstreichen.
- Die Eigelbcreme mit dem Eischnee locker mischen. Einen Eßlöffel Rum oder Anisschnaps darunterziehen.
- Die luftige Masse in die Form häufen. Mit dem Teigschaber längs einen Schnitt anbringen. Mit Puderzucker bestäuben.
- 15 Minuten im vorgeheizten Backofen bei 180 °C backen; das Omelett darf leicht Farbe annehmen.
- Den restlichen Rum oder Anisschnaps in einen Schöpflöffel geben, über einer Kerzenflamme erwärmen, entzünden und brennend über das Omelett gießen.

Orangenlikör oder Kirschwasser nehmen

Behaglicher Nachmittag bei Tee und Kaffee

Einladungen zum Nachmittagstee oder -kaffee haben etwas Nostalgisches an sich und scheinen sogar fast zu einer vergangenen Epoche zu gehören. In unserer gehetzten Zeit, in der beinahe jeder unter Termindruck steht, trifft man sich höchstens zwischen zwei Einkäufen kurz im Café. Viele Menschen, vor allem Berufstätige, haben auch gar keine Muße mehr, eine gemütliche Stunde am Nachmittag einzuschalten. Und doch sollte man sich dafür die Zeit nehmen, zumindest am Wochenende. Der Sonntag bietet sich dazu an, auch die Feiertage zu Ostern, Pfingsten oder Weihnachten.

Der hübsch gedeckte Tisch, ein paar Blumen, Tee, nach allen Regeln der Kunst aufgebrüht, oder der köstliche Duft von Kaffee und hausgemachten Kuchen laden ein zur gemütlichen Plauderstunde mit Freunden, Nachbarn oder Familienangehörigen. Auch ältere Menschen, die meist nicht mehr so gern abends ausgehen, schätzen eine Einladung am Nachmittag.

Eine spät angesetzte Teestunde kann oft auch ein Abendessen ersetzen – eine Gepflogenheit, die in Großbritannien heimisch ist und dort als „high tea“ bezeichnet wird. Da gibt es natürlich nicht nur Süßes, sondern zu den besten Teesorten auch die verschiedensten Sandwiches, Canapés und andere pikante Kleinigkeiten. Entsprechende Rezepte sind in anderen Kapiteln dieses Buches enthalten, beispielsweise auf den Seiten 43–51 und 199–211.

Eine solche Einladung zum Tee zieht sich meist bis in die frühen Abendstunden hin und hat den großen Vorteil, daß die Gäste nicht allzu spät – vor allem sonntags – wieder zu Hause sein können.

Gemütliche Stunden bei Tee und Kaffee; dazu Früchtekuchen (Seite 267) und Windbeutel (Seite 269)

Rezeptvorschläge

Johannisbeerquarktorte

Gibt 8 Stück
Arbeitsaufwand 30 Min.
1561 kJ = 373 kcal/Stück

100 g Butterkekse oder schwach gesalzene Crackers
2 Eßl. geriebene Walnüsse (Baumnüsse)
1 Teel. Butter, 700 g Rahmquark
4 Eier
500 g Johannisbeeren
4 Eßl. Zitronensaft
4 Eßl. Johannisbeerkonfitüre
8 Blatt Gelatine
1 Prise Salz
150 g Zucker

- Die Butterkekse oder Crackers zerbröckeln und mit den Nüssen und der Konfitüre gut mischen.

Johannisbeerquarktorte mit einem Boden aus Keksen oder Crackers

- Den Rand einer Springform von 22 cm Durchmesser mit Butter bestreichen und auf eine Tortenplatte stellen. Die Keksmasse gleichmäßig darin verteilen.

Johannisbeeren lassen sich durch andere Beeren oder kleingeschnittene Früchte ersetzen

- 200 g Johannisbeeren mit 2 Eßlöffel Wasser kurz aufkochen und durch ein Sieb streichen.
- Die Gelatine in kaltes Wasser legen.
- Die Eigelb mit dem Zucker zu einer sämigen Creme schlagen. Quark, Zitronensaft und Salz gut verrühren und dazumischen.
- Die Gelatine ausdrücken und im heißen Johannisbeersaft auflösen. Zur Quarkcreme geben.
- Die Eiweiß steif schlagen und unter die Masse ziehen.
- Die restlichen Johannisbeeren abstreifen und daruntermischen. Die Füllung auf den Keksboden gießen. Im Kühlschrank etwa 4 Stunden fest werden lassen.
- Den Springformrand entfernen und die Torte kühl servieren. Nach Belieben mit Beeren, gerösteten Mandelsplittern oder Schlagrahm garnieren.

Aprikosenschaumtorte

Gibt 8 Stück
Vorbereitung 30 Min.
Backzeit etwa 40 Min.
2298 kJ = 549 kcal/Stück

250 g Mehl, 250 g Zucker, 1 Prise Salz
125 g Butter
3 Eigelb, 8 Eiweiß
1 Teel. geriebene Zitronenschale, 2 Teel. geriebene Orangenschale
150 g Aprikosenkonfitüre
100 g geriebene Mandeln

- Die Butter bei Küchentemperatur weich werden lassen.
- Das Mehl in eine große Schüssel sieben und eine Vertiefung hineindrücken. 100 g Zucker, Salz, Zitronenschale und die verquirlten Eigelb hineingeben und gut vermischen.
- Die weich gewordene Butter rasch mit dem Mehl verkneten. 1–2 Stunden kühl ruhen lassen.
- Ein Kuchenblech von etwa 26 cm Durchmesser mit wenig Butter bestreichen. Den Teig 3 mm dick ausrollen und das Blech damit auskleiden; dabei einen 3 cm hohen Rand hochziehen. Den Teigboden mit einer Gabel in kleinen Abständen einstechen. Mit Alufolie oder Pergamentpapier belegen, mit weißen Bohnen beschweren und bei 220 °C 15–20 Minuten blind vorbacken. Der Teig soll dabei nur leicht Farbe annehmen.
- Den Kuchen aus dem Ofen nehmen. Bohnen und Folie entfernen.
- Die Backofentemperatur auf 120 °C reduzieren.
- Konfitüre und Mandeln mischen und auf den Teigboden verteilen. Die Eiweiß zuerst mit 2 Eßlöffel Zucker halbsteif, dann mit dem restlichen Zucker zu sehr festem Schnee schlagen. Die Orangenschale daruntermischen. In einen Spritzbeutel füllen und dekorativ auf den Kuchen verteilen.
- In den etwas abgekühlten Backofen geben und etwa 20 Minuten fertigbacken; die Eiweißmasse darf nur hellgelb werden.
- Den Kuchen auf einer Platte auskühlen lassen. Am selben Tag servieren.

Aprikosenschaumtorte

Apfeltorte mit Mandelfüllung

Gibt 8 Stück
Vorbereitung 30 Min.
Backzeit 40 Min.
1649 kJ = 394 kcal/Stück

120 g Mehl, 165 g Zucker, 1 Prise Salz
150 g Butter, 2 Eigelb, 3 Eßl. Rahm
4 Äpfel (etwa 400 g), 40 g geriebene Mandeln, 3 Eßl. Mandelblättchen
½ Teel. Vanilleextrakt

- Das Mehl in eine Schüssel sieben und eine Vertiefung hineindrücken. 3 Eßlöffel Zucker, 70 g in Flocken geschnittene Butter, Salz und 2 Eßlöffel sehr kaltes Wasser hineingeben. Rasch mit kühlen Händen zu einem Teig verarbeiten. Über Nacht im Kühlschrank ruhenlassen.
- Die Äpfel schälen, das Kernhaus entfernen und das Apfelfleisch in kleine Würfel schneiden. 70 g Butter mit 5 Eßlöffel Zucker in einer Bratpfanne erhitzen. Die Apfelwürfel darin andünsten, bis sich der Zucker hellgelb färbt.
- Die Eigelb mit 3 Eßlöffel Zucker und dem Vanilleextrakt zu einer weißlichen Creme schlagen. Die geriebenen Mandeln und den Rahm darunterziehen.
- Den Teig 3 mm dick ausrollen. Eine Springform von 24 cm Durchmesser mit Butter bestreichen und mit Teig belegen. Dabei einen Rand von 3 cm hochziehen. Den Teigboden mehrmals mit

einer Gabel einstechen, Alufolie oder Pergamentpapier darüber legen und mit weißen Bohnen beschweren. Den Teig im vorgeheizten Backofen bei 190 °C blind backen.

● Die Apfelmasse auf den Teigboden verteilen und den Mandelguß darüber geben. Mit den Mandelblättchen bestreuen. Nochmals 20 Minuten bei 180 °C backen.

● Am besten schmeckt diese Torte, wenn sie noch leicht lauwarm ist. Nach Belieben kühlen, halbsteif geschlagenen Rahm dazu servieren.

Aprikosen aus der Dose oder gekochte Dörraprikosen mit etwas Weißwein und Zucker pürieren und als Sauce zur Torte servieren

TIP Diese Torte kann auch als kleines süßes Abendessen serviert werden; nach Belieben reicht man vorher einen Salat.

Apfeltorte mit Mandelfüllung, auch als kleines Abendessen geeignet

Englischer Früchtekuchen

Gibt 20 Scheiben
Vorbereitung 20 Min.
Backzeit 60 Min.
966 kJ = 238 kcal/Scheibe
Foto S. 260

5 kleine Eier, 200 g Butter, ⅛ l Sauerrahm
250 g Zucker, 1 Eßl. Puderzucker
250 g Mehl, 1 Teel. Backpulver
1 Prise Salz
1 Eßl. Zitronensaft, 1 Teel. geriebene Zitronenschale
150 g gemischte kandierte Früchte (Backmischung),
2 Eßl. Sultaninen
1 Eßl. Rum

- Die Eier mit dem Zucker zu einer weißlichen Creme schlagen. Die Butter leicht erwärmen und flüssig mit dem Rahm zur Eiercreme geben. Alles gut verrühren.
- Mehl, Salz und Backpulver mischen, nach und nach zur Eimasse sieben und daruntermischen.
- Zitronensaft, Zitronenschale und Rum beifügen. 3–4 Minuten stehenlassen.
- Zuletzt die mit Mehl bestäubten Sultaninen und die kandierten Früchte gut im Teig verteilen. Die Masse in eine mit Butter bestrichene Kastenform (Cakeform) füllen.
- Im vorgeheizten Backofen 60 Minuten bei 180 °C backen. Zur Probe eine Nadel in den Teig stecken; er darf nicht an ihr hängenbleiben. Nach Bedarf die Backzeit noch etwas verlängern.
- Den Kuchen nach dem Erkalten leicht mit Puderzucker bestäuben.

Pariser Ring mit Himbeercreme

Gibt 6 Stück
Vorbereitung 30 Min.
Backzeit 35 Min.
1494 kJ = 357 kcal/Stück

150 g Mehl, 1 Prise Salz, 75 g Zucker, 1 Eßl. Puderzucker
50 g Butter, 100 g Rahmquark, ⅛ l Rahm, 2 Eier
300 g Himbeeren
½ Teel. geriebene Orangenschale
1 Eßl. Orangenlikör

- ¼ l Wasser, Salz, einen Eßlöffel Zucker, Orangenschale und Butter zusammen aufkochen. Den Topf von der Hitze wegziehen, das gesiebte Mehl auf einmal zugeben und mit einem Holzlöffel verrühren. Dann bei kleiner Hitze so lange weiterrühren, bis sich der Teig von Topfwand und -boden löst (etwa 3 Minuten). Den Topf von der Hitze wegziehen und die Eier eins nach dem anderen gründlich unter den Teig rühren (siehe auch *Windbeutel* S. 269).
- Den Boden einer Springform von 24 cm Durchmesser mit Backfolie belegen. Auf ein rundes oder rechteckiges Kuchenblech legen.
- Den Teig in einen Spritzbeutel ohne Tülle füllen und einen etwa 4 cm breiten Rand auf den Springformboden drücken. 15 Minuten kühl stellen.
- Das Kuchenblech mit dem Teigring in den auf 180 °C vorgeheizten Backofen schieben und 35 Minuten backen.

Teekochen – eine alte Kunst

Die Teekanne darf nur für schwarzen Tee benutzt und nicht mit Spülmittel, sondern nur mit heißem Wasser ausgespült werden. Die Kanne bekommt mit der Zeit einen Teebelag; dadurch wird der Tee besonders gut.

Die Teekanne sollte man immer mit heißem Wasser vorwärmen. Wasser für den Tee muß stets frisch aufgesetzt werden. Pro Tasse gibt man einen halben bis ganzen Teelöffel Teeblätter in die vorgewärmte Kanne und gießt zuerst wenig kochendes Wasser darauf, läßt alles einen Moment ziehen und füllt dann auf.

Tee kann, ganz nach Wunsch, anregend oder beruhigend wirken. Nach ein bis drei Minuten löst sich nur das Tein, das anregend wirkt. Von der vierten Minute an wird das Tannin frei. Es baut Tein ab und wirkt dadurch beruhigend.

Damit der Tee gleichmäßig stark wird, rührt man ihn vor dem Einschenken kurz mit einem Löffel um. Wer leichten Tee liebt, kann ihn mit separat serviertem heißem Wasser verdünnen.

Nur zum Ostfriesentee gibt es Rahm, sonst serviert man Milch; wird Zitrone gewünscht, genügen ein paar Tropfen. Zuerst kommt Zucker (am besten brauner Zukker) in die Tasse, dann wird Milch darüber gegossen und mit Tee aufgefüllt. Diese Reihenfolge sei für den Geschmack ausschlaggebend, sagen die Engländer.

- 2–3 Minuten abkühlen lassen. Das Gebäck vom Blech lösen und auf ein Gitter stellen.
- Den Rahm steif schlagen und mit Quark und Zucker mischen. Himbeeren und Orangenlikör sehr sorgfältig darunterziehen.
- Den Ring nach dem Erkalten waagrecht durchschneiden und mit der Himbeermasse füllen. Mit Puderzucker bestäuben und auf ein rundes Tortenpapier gleiten lassen.

Gefüllte Windbeutel

Gibt 10 Stück
Vorbereitung 20 Min.
Backzeit 40 Min.
1301 kJ = 311 kcal/Stück
Anleitung S. 269

50 g Butter, ½ l Rahm, 2 Eßl. eiskalte Milch
4 Eier
130 g Mehl, 1 Prise Salz, 2 Eßl. Zucker, 2 Eßl. Puderzucker
1 Teel. Vanillezucker
1 Teel. geriebene Zitronenschale

- Das Mehl auf ein Stück Küchenpapier sieben.
- ¼ l Wasser, Salz, 1 Eßlöffel Zucker, Zitronenschale und Butter zusammen aufkochen. Den Topf von der Hitze entfernen und das Mehl auf einmal zugeben.
- Mit einem Holzlöffel verrühren und bei kleiner Hitze so lange weiterrühren, bis sich der Teig von Topfwand und -boden löst (etwa 3 Minuten).
- Den Topf wieder von der Hitze entfernen. Ein Ei nach dem anderen verquirlen und gründlich unter den Teig rühren. Vom letzten Ei vorerst nur die Hälfte beigeben und den Rest nur hinzufügen, falls der Teig zu fest sein sollte. (Er muß weich, jedoch so fest sein, daß daraus Kugeln auf ein Blech gesetzt werden können, ohne daß sie zusammenfallen.)
- Den Teig 30 Minuten in den Kühlschrank stellen.
- Mit 2 Eßlöffeln Teigkugeln in der Größe von kleinen Mandarinen im Abstand von 4 cm auf das Blech setzen.

Windbeutel

Die Zubereitung von Brandteig (Brühteig) ist keine Hexerei. Man muß allerdings genau vorgehen, damit luftige Küchlein daraus entstehen. Das Mehl muß so lange gekocht werden, bis sich der Teig von der Topfwand gut löst, und die Eier müssen richtig dosiert werden. Windbeutel, ob groß oder klein, lassen sich auf viele Arten füllen: klassisch mit Rahm oder feinen Cremes, aber auch pikant mit Gänseleber- oder Schinkenmousse, Käsecreme oder Kräuterquark. Bei den salzigen Windbeuteln läßt man Zucker und Zitronenschale weg.

1. Wasser, Butter, Salz, Zucker und Zitronenschale aufkochen. Topf von der Hitze wegziehen

2. Mehl auf einmal zufügen. Teig bei kleiner Hitze kochen, bis er sich von der Topfwand löst

3. Die verquirlten Eier nach und nach darunterrühren. Das letzte Ei nur nach Bedarf zufügen

4. Kugeln abstechen und auf ein gebuttertes Blech legen. Während des Backens die Füllung bereiten

5. Die Windbeutel mit der Schere quer aufschneiden und mit Hilfe eines Spritzbeutels füllen

Die Windbeutel werden vor dem Servieren noch mit Puderzucker bestreut

• Im vorgeheizten Backofen bei 180 °C 40 Minuten backen. Die Backofentür muß während der ersten 30 Minuten unbedingt geschlossen bleiben, sonst fallen die Küchlein zusammen.

Dem Rahm etwas geschmolzene dunkle Schokolade zufügen oder die Windbeutel mit dicker Vanillecreme füllen

• Rahm, restlichen Zucker und Vanillezucker mit der eiskalten Milch steif schlagen.

• Die Windbeutel nach dem Erkalten mit einer Schere seitlich aufschneiden. Mit Rahm füllen und mit dem Puderzucker bestäuben. Sofort auftragen.

Brombeertörtchen nach Wiener Art

Gibt 8 Törtchen
Vorbereitung 20 Min.
Backzeit 25 Min.
1795 kJ = 429 kcal/Stück

250 g Mehl, 1 Prise Salz, 5 Eßl. Zucker
125 g Butter, 2 Eigelb, 1/8 l Rahm, 2 Eßl. Milch
500 g Brombeeren, 3 Eßl. geriebene Mandeln, 1 Eßl. gehobelte Mandeln
1/2 Teel. Zimt, 3 Eßl. Johannisbeergelee

Tiefgekühlten Blätter- oder Mürbeteig verwenden

• Das Mehl in eine Schüssel sieben. Die Butter in Flocken schneiden, zugeben und von Hand mit dem Mehl zerreiben, bis sich eine feinkrümelige Masse bildet. Eine Vertiefung anbringen, 3–4 Eßlöffel Wasser und das Salz beigeben und rasch zu einem Teig verarbeiten.

Brombeertörtchen nach Wiener Art, mit Schlagrahm und Mandeln dekoriert

Vorsicht: nicht kneten, sonst wird der Teig zäh! Zu einer Kugel formen und mindestens 2–3 Stunden kühl ruhenlassen.

● Ein Eigelb mit 3 Eßlöffel Zucker zu einer weißlichen Creme schlagen. Milch, Mandeln und Zimt daruntermischen.

● Den Teig 3 mm dick ausrollen. Tartelettenformen von 10 cm Durchmesser mit wenig Butter bestreichen und mit Teig auslegen. Die Ränder mit verquirltem Eigelb bestreichen und die Mandelmasse auf den Teigboden verteilen. 25 Minuten im vorgeheizten Backofen bei 200 °C backen. Nach 10 Minuten mit Alufolie abdekken, damit die zarte Füllung nicht austrocknet.

Statt Brombeeren kann man Erdbeeren, Johannisbeeren oder Himbeeren verwenden; tiefgekühlte Früchte auftauen und gut abtropfen lassen

● Aus dem Ofen nehmen und auf einem Gitter erkalten lassen. Mit Brombeeren belegen und mit 2 Eßlöffel Zucker bestreuen.

● Das Johannisbeergelee in einem Pfännchen leicht erwärmen, bis es flüssig wird. Auf die Brombeeren verteilen.

● Den Rahm steif schlagen. In einen Spritzbeutel mit gezackter Tülle einfüllen und Rahmrosetten auf die Törtchen spritzen. Die Mandeln in einer trockenen Bratpfanne hellgelb rösten und die Törtchen damit bestreuen.

Kirschschnitten Marianne

Gibt 12 Stück
Vorbereitung 40 Min.
Backzeit 40 Min.
899 kJ = 215 kcal/Stück

600 g entsteinte schwarze Kirschen oder Sauerkirschen,
40 g geschälte, gemahlene Mandeln
100 g + 2 Eßl. Butter, 4 kleine Eier
100 g Zucker, 1 Teel. Puderzucker, 200 g Mehl, 1 Prise Salz
¼ Teel. Vanilleextrakt, 1 Teel. Zimt
1 Eßl. Kirschwasser

● 100 g Butter in kleine Stücke schneiden. Mit 2 Eßlöffel Zucker, Vanilleextrakt, Salz, gesiebtem Mehl und 4 Eßlöffel Mandeln in eine Schüssel geben. Mit kühlen Fingern zu gleichmäßigen Krümeln zerreiben. 3 Eier verquirlen und zugeben. Sehr rasch zu einem Teig verarbeiten, in Folie einwickeln und 24 Stunden im Kühlschrank ruhenlassen.

Man kann auch Sauerkirschen aus der Dose verwenden

● Die entsteinten Kirschen in eine Schüssel geben. Mit 2 Eßlöffel Zucker und dem Kirschwasser mischen.

● Ein rechteckiges Kuchenblech mit wenig Butter bestreichen. Den Teig 4 mm dick ausrollen. Einen 10 cm breiten Streifen in der Länge des Blechs schneiden.

● Ein Ei verquirlen. Den Teigstreifen beidseitig mit ein wenig Ei bestreichen. 1 cm breite und hohe Teigränder aufsetzen. Den Teigstreifen mit den Kirschen belegen.

● Das restliche Mehl mit 3 Eßlöffel Zucker und 2 Eßlöffel Butter, einem Eßlöffel Mandeln und dem Zimt mischen und mit den Fingern rasch zu Streuseln zerbröseln. Auf die Kirschen verteilen.

● Im vorgeheizten Backofen 40 Minuten bei 180 °C backen.

● Nach dem Erkalten mit dem Puderzucker bestreuen und in 12 Schnitten schneiden.

TIP Aus den Teigresten kann man kleine, runde, 3 mm dicke Plätzchen ausstechen; sie werden etwa 15 Minuten gebacken.

Buttertaler

Gibt etwa 50 Stück
Vorbereitung 30 Min.
Backzeit 8–10 Min.
384 kJ = 91 kcal/Stück

250 g Butter, 1 Eigelb
400 g Zucker, 1 Päckchen Vanillinzucker, 1 Prise Salz
375 g Mehl
geriebene Schale von ½ Zitrone

- Die Butter in einer Pfanne schmelzen und etwas bräunen. Durch ein Tuch gießen, damit die Rückstände entfernt werden.
- Abkühlen lassen und dann schaumig rühren. 250 g Zucker, eine Prise Salz, Vanillezucker, gesiebtes Mehl und Zitronenschale dazugeben. Aus dem Teig gleichmäßige Rollen von etwa 5 cm Durchmesser formen und in Alufolie wickeln. Über Nacht im Kühlschrank ruhenlassen.
- Den Backofen auf etwa 190 °C vorheizen. Die Teigrollen rundherum mit dem verquirlten Eigelb bestreichen und im restlichen Zucker wälzen.
- 5 mm dicke Scheiben abschneiden, auf ein ungefettetes Backblech legen und auf der mittleren Schiene 8–10 Minuten backen.
- Die Plätzchen mit einem breiten Messer sofort vom Backblech abheben und auf einem Kuchengitter erkalten lassen.

TIP Die Buttertaler eignen sich auch als Beigabe zu Desserts wie Fruchtsalat oder Cremes.

Blätterteig Wilhelm Tell

Gibt 15 Stück
Vorbereitung 15 Min.
Backzeit 15–20 Min.
686 kJ = 164 kcal/Stück

500 g Blätterteig
4 Eßl. Zucker
75 g Himbeerkonfitüre
½ Teel. Zimt, ¼ Teel. Nelkenpulver

- Den Blätterteig 3 mm dick zu einem etwa 15 × 32 cm großen Rechteck ausrollen. Von unten nach oben auf die Hälfte zusammenfalten. 2 Drittel der oberen Teighälfte nach unten klappen, dann ein

Der Fünfuhrtee – ein frühes Abendessen

Eine originelle Einladung ist der Fünfuhrtee der Engländer. Er kann, zum Beispiel an einem Sonntag, ein Abendessen ersetzen. Ein solches Treffen mit Freunden ist gemütlich, macht wenig Arbeit und endet meistens etwas früher als eine konventionelle Einladung. Servieren kann man bei dieser Gelegenheit Toast, Butter, Konfitüre, belegte Brote, kalte und warme Kleinigkeiten, Kuchen, Gebäck und Desserts. Die Zusammenstellung bleibt der Phantasie überlassen. Am besten stellt man alles auf den Tisch, und jeder Gast bedient sich selbst nach Lust und Laune. Als Getränk wird in erster Linie Tee, als Beigabe Whisky und Rum serviert.

Dieser Fünfuhrtee läßt sich genausogut in eine ausgedehnte Kaffeestunde umwandeln. Dann wird eventuell zum Auftakt etwas Wein oder Bier serviert und danach der Kaffee mit den süßen Spezialitäten.

Drittel wieder nach oben zurückfalten. Das Teigstück wenden und die ungefaltete Hälfte ebenso zusammenlegen.

- Die so entstandene „Ziehharmonika" mit einem scharfen Messer in 1 cm dicke Stücke schneiden.
- Ein beschichtetes Backblech mit kaltem Wasser abspülen oder ein unbeschichtetes mit Backpapier auslegen. Die Teigstücke mit mindestens 3 cm Abstand darauf legen. Mit dem Zucker bestreuen und im vorgeheizten Backofen 15–20 Minuten bei 180 °C goldbraun backen.
- Das Gebäck aus dem Ofen nehmen, vom Blech lösen und auf einem Kuchengitter erkalten lassen.
- Die Konfitüre mit dem Zimt und dem Nelkenpulver gut mischen. Die Hälfte der Gebäckstücke auf der Unterseite in der Mitte dicht mit Konfitüre bestreichen. Die restlichen Blätterteigstücke mit der ungezuckerten Seite nach unten über Kreuz auf die bestrichenen Stücke legen.

TIP Blätterteiggebäck muß frisch serviert werden, damit es gut schmeckt. Man kann dieses Gebäck einfrieren, vor dem Servieren kurz aufbacken und erst dann mit Konfitüre füllen.

Blätterteig Wilhelm Tell, mit Himbeerkonfitüre gefüllt

MARKUS
YVON

Fröhlich-bunte Feste für Kinder und ihre Gäste

Kinder können sich noch richtig freuen. Ein kleines Fest zu Hause mit den Kameraden ist ein Ereignis – auch wenn es für die Eltern anstrengend sein kann. Die Gelegenheit sollte man nutzen, die eigenen Kinder in die Vorbereitungen mit einzubeziehen: Kinder sind ja die Gastgeber von morgen. Man gibt ihnen einen Teil der Verantwortung für das Gelingen der Party, und spielend lernen sie, wie sie ihre Gäste mit kleinen Aufmerksamkeiten verwöhnen können. Außerdem haben Kinder bekanntlich großen Spaß am Kochen, Backen und Basteln. Man nimmt ihnen nur das Schwierigste ab – die Organisation des Festes – und läßt sie sowohl an den Vorbereitungen als auch an der Durchführung teilhaben.

Daß es natürlich etwas Gutes zu essen geben muß, ist klar. Allerdings ist die Qualität meist weniger wichtig als die optische Wirkung des Gebotenen. Lustige Tischkarten, eine schön geschmückte Geburtstagstorte mit Kerzen, Kuchen mit origineller Dekoration, möglichst selbst gebastelt, finden viel mehr Anklang als perfekt zubereitetes, aber langweilig aussehendes Gebäck.

Bei Jugendlichen muß man den größeren Appetit berücksichtigen. Und ungezwungen muß es zugehen. Am besten stellt man ihnen etwas Deftiges auf den Tisch und läßt sie selbst schalten und walten – zum Beispiel Spaghetti mit verschiedenen Saucen auf Rechauds, damit sie sich nach Lust und Laune bedienen können, und danach ein feines Dessert. Im Gegensatz zu den kleineren Kindern schätzen sie die optischen Details nicht mehr – das kommt später wieder –, und Schnickschnack ist verpönt.

Vergessen darf man übrigens nicht, daß Kinder und Jugendliche nicht nur Süßes lieben. Auch Pikantes ist gefragt. Und Mineralwasser, Saft und andere alkoholfreie Getränke müssen reichlich vorhanden sein. Bei den lustigen Spielen wird der Durst entsprechend groß.

Bunt, lustig und vor allem ungezwungen muß es bei Parties für Kinder und Jugendliche zugehen

Menüvorschläge

Für Zwölf- bis Sechzehnjährige

Menü I

Spaghettifestival
mit Bologneser Sauce S. 278
Kräutersauce S. 279
Käse-Rahm-Sauce S. 279
Sauce Michelangelo S. 280
Gemischter Salat

*

Zwetschgenkuchen
mit Vanilleeis S. 284

*

Sangria
ohne Alkohol S. 474

Für Sechs- bis Zwölfjährige

Menü II

Schokoladenfondue S. 280
Fruchtschalentee
mit Zitrone

*

Tischdekoration:
Mohrenköpfe
mit Namensschildchen

Für Kinder bis acht Jahre

Menü III

Pikante Spießchen S. 277

*

Schokoladentorte S. 282

*

Kinderpunsch S. 476

*

Tischdekoration:
Rahmkaramellen
mit aufgespritztem
Namen S. 286

Für Acht- bis Zwölfjährige

Menü IV

Gefüllter Obelix S. 277

*

Quarkclowns S. 281

*

Johannisbeersaft

Adventsbasteln

Lebkuchen-
Eisenbahn S. 288

*

Grittibänzen S. 287

Imbiss

Belegte Brote S. 277

*

Frappé S. 478

Für Sechs- bis Zwölfjährige

Menü V

Biskuitclown S. 284

*

Götterspeise
Tuttifrutti S. 282

*

Früchtebowle S. 474

Pikante Spießchen

Dünne Scheiben Pumpernickel oder Kastenbrot in kleine Vierecke schneiden und darauf mit Zahnstochern je ein Stück Käse, ein Stück Schinken, eine Eischeibe, ein Stück Fleischkäse, eine Salzgurkenscheibe, eine Olive, ein Radieschen, ein Stück Ananas, eine Traube usw. stecken.
Ein Spießchen soll nur so groß sein, daß es ohne Abbeißen in den Kindermund gesteckt werden kann. Man rechnet pro Kind 6–8 Spießchen.

Belegte Brote

Belegte Brote sind natürlich nichts Neues. Man kann sie aber für Kinder besonders lustig gestalten.
Der Phantasie kann man beim Garnieren freien Lauf lassen. Oder noch besser: Die Kinder richten die Brote selber her. Aus Olivenscheiben werden Augen, aus Karotten- oder Gurkenstreifen Mund und Nase geformt, aus Eischeiben entstehen lustige Tiere. Und welch eine Vielfalt von Figuren kann man aus Radieschen schneiden!

TIP Die Brote sollten nicht zu groß und nicht zu dick belegt sein, damit die Kinder möglichst viele verschiedene versuchen können.

Gefüllter Obelix

Gibt 4 Stück
Vorbereitung 60 Min.
Backzeit 20 Min.
3231 kJ = 772 kcal/Stück

500 g Blätterteig
75 g geriebener Greyerzer Käse, 25 g Butter, 1 Ei, 2 Eßl. Kaffeerahm
75 g Schinken
½ Teel. Senf, Salz, Pfeffer, Paprika
1 Teel. gehackte Petersilie
Garnierung: Sesamsamen, Mohnsamen, geschälte Mandeln, Kümmel, Teigreste

● Ein Kind zeichnet einen 20–22 cm großen, dickbauchigen Obelix. Wichtig sind nur die Konturen; die Details werden beim Garnieren ausgefüllt.
● Den Blätterteig dünn ausrollen und mit Hilfe der Schablone 6–8 Figuren ausschneiden.
● Den Greyerzer Käse mit feingewürfeltem Schinken, Senf, Petersilie, weichgerührter Butter, Kaffeerahm und Gewürzen mischen.
● Bei der Hälfte der Figuren je einen großen Löffel Füllung auf die Bauchgegend geben; dabei ringsum einen 1 cm breiten Rand frei lassen.

- Den Teigrand mit Eiweiß bestreichen. Je eine Teigfigur darauf legen und gut andrücken.
- Nun den Obelix mit den restlichen Zutaten so garnieren, daß er möglichst echt wirkt, die Hosen streifenweise mit Eiweiß bestreichen und mit Mohn- oder Sesamsamen bestreuen usw.
- Zum Schluß alle Teigstücke mit Eigelb bestreichen und die Figuren etwa 20 Minuten bei 180 °C backen.
- Heiß oder kalt servieren.

TIP Bei diesem Rezept können Kinder tüchtig mithelfen, allerdings empfiehlt es sich, den Blätterteig, der ja rasch verarbeitet werden muß, für kleinere Kinder auszurollen.

Entscheidend sind die Vorbereitungen

Kindereinladungen sind zwar ein großer Spaß, für die Mutter jedoch meist auch eine große Belastung, weil es so viel vorzubereiten gibt. Die Kinder kann man ohne weiteres an den Vorbereitungen für das Fest beteiligen; sie können beispielsweise die Tischkärtchen und Einladungen schreiben, den Tisch dekorieren und, wenn sie älter sind, auch Kuchen backen usw.

Es ist unbedingt ratsam, für eine Kinderparty nebst allen Leckereien auch genügend Spiele vorzubereiten. Um so besser, wenn diese Vorbereitungen sich als überflüssig erweisen – es macht nichts, wenn der Nachmittag ganz anders verläuft als geplant. Aber es darf kein Leerlauf entstehen, sonst beginnen die Kinder herumzutoben, es gibt Tränen und Streit, und die fröhliche Stimmung ist bald dahin.

Bologneser Sauce

Für 4 Personen
Vorbereitung 25 Min.
Kochzeit 90 Min.
1163 kJ = 278 kcal/Portion

50 g Magerspeck oder Schinken, 200 g gehacktes Rindfleisch,
100 g gehacktes Schweinefleisch
1 Karotte, 1 Stück Sellerieknolle oder 1 Zweiglein Selleriekraut,
1 kleine Zwiebel
1 Eßl. Olivenöl oder Butter
1 Knoblauchzehe, 1 Eßl. gehackte Petersilie
1 Gewürznelke, 1 Lorbeerblatt, 1 Prise Muskatnuß, ½ Teel. Majoran, Salz, Pfeffer
1 Messerspitze Fleischextrakt
2 Eßl. Tomatenmark
⅛ l Rotwein
¼ l Fleischbrühe

- Das Gemüse kleinhacken und zusammen mit dem ebenfalls kleingehackten Speck oder Schinken in Olivenöl oder Butter kurz anbraten.
- Das Fleisch und die durchgepreßte Knoblauchzehe zugeben. Unter Wenden braten.
- Gewürze, Fleischextrakt, Tomatenmark und Wein zugeben. Alles auf sehr kleinem Feuer mindestens anderthalb Stunden schwach kochen lassen (im Dampfkochtopf 30 Minuten). Die Fleischbrühe nach und nach zugeben.
- Vor dem Anrichten die Petersilie daruntermischen.

20 g getrocknete Steinpilze mitkochen

Zum Schluß etwas Rahm beifügen

Käse-Rahm-Sauce

Für 4 Personen
Vorbereitung 15 Min.
Kochzeit 10 Min.
1942 kJ = 464 kcal/Portion

Statt Mascarpone einen anderen Rahmfrischkäse verwenden

¼ l Rahm, 200 g Mascarpone, 70 g geriebener Parmesan
1 Teel. frischer, gehackter Thymian, Salz, Pfeffer

- Den Rahm in einer Pfanne langsam erwärmen. Den Mascarpone in Stücke schneiden, beigeben und unter Rühren schmelzen.
- Die Gewürze und den Parmesan zugeben und unter Rühren schwach kochen lassen, bis eine sämige Sauce entsteht.

Spaghettifestival mit verschiedenen Saucen

Kräutersauce

Für 4 Personen
Arbeitsaufwand 20 Min.
1498 kJ = 358 kcal/Portion

1–2 gehackte Sardellenfilets beigeben

1 Eßl. Butter, 100 g geriebener Parmesan
1 Knoblauchzehe, 1 Bund Petersilie, 1 Bund Schnittlauch, andere frische Kräuter wie Basilikum, Majoran usw. nach Belieben
6 Eßl. Olivenöl
Salz, Pfeffer

- Die durchgepreßte Knoblauchzehe mit den feingehackten Kräutern zerstoßen. Butter und Käse darunterarbeiten.
- Das Öl tropfenweise wie für eine Mayonnaise unter Rühren beifügen.
- Mit wenig Salz und Pfeffer nachwürzen.

TIP Diese Sauce kann man sehr schnell im Mixer herstellen.

Sauce Michelangelo

Für 4 Personen
Vorbereitung 15 Min.
Kochzeit 25 Min.
1557 kJ = 372 kcal/Portion

250 g Schinken
150 g Champignons, 500 g Tomaten oder 1 mittlere Dose geschälte Tomaten, 1 Zwiebel
1 Eßl. Butter, ⅛ l Rahm
Salz, Pfeffer, Rosmarin, Basilikum, 1 Knoblauchzehe

● Den Schinken in Würfel schneiden, die Champignons putzen und in feine Scheiben schneiden. Frische Tomaten einige Sekunden in kochendes Wasser legen, dann schälen und in kleine Würfel schneiden. Tomaten gut abtropfen lassen. Zwiebel und Knoblauch fein hacken.
● Die Butter schmelzen, Zwiebel und Knoblauch darin dünsten. Schinken und Champignons zugeben und ebenfalls mitdünsten. Tomaten, Rosmarin und Basilikum beifügen und alles etwa 20 Minuten kochen.
● Wenn die Sauce ziemlich stark eingekocht ist, den Rahm dazugießen und alles nochmals erhitzen. Zum Schluß die Sauce mit Salz und Pfeffer abschmecken.

Schokoladenfondue

Für 4 Personen
Arbeitsaufwand 20 Min.
3763 kJ = 899 kcal/Portion

200 g Vollmilchschokolade
⅛ l Rahm
400 g Weißbrot
4 Pfirsiche, 4 Bananen, 4 Scheiben Ananas, 4 Birnen

● Den Rahm mit der zerkleinerten Schokolade in einer Fonduepfanne erwärmen und so lange rühren, bis die Schokolade geschmolzen ist. Ist das Fondue zu dick, etwas Rahm nachgießen.
● Das Brot in mundgerechte Stücke schneiden und in einem Körbchen anrichten. Die Früchte ebenfalls in Stücke schneiden und in Schälchen geben.
● Die Pfanne auf den Spirituskocher stellen und wie bei einem Käsefondue die Brot- und Früchtestücke in die Schokolade tauchen.

Andere Früchte je nach Saison verwenden

TIP Auch Erwachsene mögen das Schokoladenfondue. Für sie gibt man ihm etwas Kirschwasser oder Cognac bei.

Die kleinen Gäste müssen sich wohl fühlen

Selbstverständlich verwendet man nicht das teuerste Geschirr und auch nicht die elegante Tischdecke. Bunte Papiertischtücher und -servietten sehen hübsch aus und sind praktischer – vor allem beim Schokoladenfondue.

Kostbare und zerbrechliche Gegenstände entfernt man rechtzeitig aus dem Zimmer. Wenn die Kinder spielen, könnte es Scherben geben!

Die kleinen Gäste freuen sich, wenn sie von der Party etwas mit nach Hause nehmen dürfen. Dafür eignen sich beispielsweise die eßbaren Tischkärtchen, denn zu essen gibt es bei der Party selbst bestimmt mehr als genug.

Schokoladenfondue, ein Riesenspaß für alle Kinder

Quarkclowns

Gibt 6 Stück
Arbeitsaufwand 25 Min.
1377 kJ = 329 kcal/Stück

150 g Rahmquark, 250 g Speisequark, ¼ l Rahm, 1 Ei
70 g Zucker
2 Teel. Zitronensaft, 2 Teel. geriebene Zitronenschale
4 Blatt Gelatine
2 Eßl. Rosinen, 2 Eßl. grobgehackte Haselnüsse, einige Mandeln
6 Eistüten
pürierte Beeren oder Fruchtsalat

250 g pürierte Früchte beigeben (5 Blatt Gelatine verwenden)

- Den Quark mit Ei, Zucker, Zitronensaft und Zitronenschale verrühren. Einen Eßlöffel Rosinen und die Haselnüsse daruntermischen.
- Die Gelatine in kaltem Wasser einweichen und in 3 Eßlöffel heißem Wasser auflösen. Ebenfalls zur Quarkmasse geben.
- Am Schluß den steifgeschlagenen Rahm darunterrühren. Diese Masse in kalt ausgespülte Förmchen füllen und mindestens 2 Stunden im Kühlschrank fest werden lassen.
- Vor dem Servieren die Förmchen kurz in heißes Wasser tauchen, auf Teller stürzen und die umgekehrten Eistüten als Hütchen aufsetzen. Mit den restlichen Rosinen und den Mandeln die Gesichter stecken.
- Auf pürierten Beeren oder mit einem Kranz von Fruchtsalat servieren.

Götterspeise Tuttifrutti

Für 8 Personen
Arbeitsaufwand 20 Min.
2180 kJ = 521 kcal/Portion

300 g Butterkekse oder Nußmakronen, 6 Scheiben Pumpernickel
800 g Aprikosen, 300 g Brombeeren, 300 g Himbeeren
4 Eßl. Zucker, 1 Beutel Vanillezucker
Schokoladenstreusel
¼ l Rahm, 300 g Rahmquark

- Die Kekse zerbröckeln und auf den Boden einer Glasschale geben.
- Die Aprikosen halbieren, entsteinen und mit 2 Eßlöffel Zucker und ganz wenig Wasser kurz aufkochen. Die Aprikosen aus der Pfanne nehmen und den Saft heiß über die Kekse gießen.
- 2 Drittel der Aprikosen darauf legen.
- Den Quark mit 3 Eßlöffel Rahm, dem restlichen Zucker und dem Vanillezucker halbfest und schaumig schlagen. Ein Drittel davon über die Aprikosen streichen und den zerdrückten Pumpernickel darüber streuen.
- Dann abwechselnd mit einer Schicht Beeren und einer Schicht Quarkcreme auffüllen.
- Den restlichen Rahm steif schlagen und die Götterspeise mit Rahmrosetten, den restlichen Aprikosen und den Schokoladenstreuseln garnieren.

Schokoladentorte

Gibt 12 Stück
Vorbereitung 90 Min.
Backzeit 45–60 Min.

Teig
200 g Butter, 8 Eier, ½ l Milch
400 g Zucker, 140 g dunkle Schokolade
500 g Mehl, 2 Päckchen Backpulver
200 g gemahlene Mandeln
Füllung
6–8 Eßl. Himbeerkonfitüre, 60 g Schokoladenraspel
4 Eßl. Zucker
4 Blatt Gelatine
300 g Rahmquark, ⅕ l Rahm
Glasur
200 g dunkle Schokolade, 150 g Puderzucker
60 g Butter, 3–4 Eßl. Milch
Garnierung
Gummibärchen, Zuckerplätzchen, Zuckerperlen, Schokoladenlinsen, Kerzen usw.

- Die Butter weich und schaumig rühren. Eier und Zucker abwechselnd dazugeben. Die Schokolade fein reiben und mit den Mandeln darunterziehen. Zum Schluß die Milch und das mit dem Backpulver gesiebte Mehl darunterrühren.
- Den Teig in 2 Springformen von 22 bzw. 20 cm Durchmesser verteilen und 45–60 Minuten bei 180 °C backen.

- Etwas auskühlen lassen, dann die beiden Kuchen aus der Form lösen und je einmal waagrecht durchschneiden. Auf jede untere Hälfte 3–4 Eßlöffel Konfitüre verteilen.
- Für die Füllung den Rahmquark mit dem Zucker verrühren und die Schokoladenraspel dazugeben.
- Die Gelatineblätter in kaltem Wasser einweichen und dann in 3–4 Eßlöffel sehr heißem, aber nicht siedendem Wasser auflösen. Zur Quarkmasse geben.
- Wenn die Masse fest zu werden beginnt, den geschlagenen Rahm darunterziehen und kurze Zeit kühl stellen.
- Die mit Konfitüre bestrichenen Kuchenhälften nun 1 cm dick mit der Füllung bestreichen und jeweils die zweite Hälfte aufsetzen.
- Nun die beiden Torten aufeinanderlegen und kühl stellen.
- Alle Zutaten für die Glasur vermischen und auf kleiner Hitze langsam schmelzen, bis die Glasur schön glänzend ist. Sofort über die Torte gießen und mit einem Spachtel über die ganze Fläche, auch an den Seiten, gleichmäßig verteilen.
- Die Torte mit der Garnierung belegen, solange die Glasur noch weich ist, dann bis zur Verwendung kühl stellen.

TIP Auch die Kerzen einstecken, solange die Glasur noch weich ist, sonst bekommt sie Sprünge.

Schokoladentorte – eine herrliche Überraschung zum Kindergeburtstag

Zwetschgenkuchen mit Vanilleeis

Gibt 12 Stück
Vorbereitung 45 Min.
Backzeit 30 Min.
2984 kJ = 713 kcal/Stück

500 g Mehl
1 Teel. Salz
250 g Butter
Belag
1500 g Zwetschgen, 250 g gehackte Walnußkerne (Baumnußkerne)
⅝ l Milch, 4 Eier
5 Eßl. Paniermehl, 2 Teel. Speisestärke
5 Eßl. Zucker
1 Block Vanilleeis

● Das Mehl auf die Arbeitsfläche sieben und mit dem Salz vermischen. Die Butter in Stücke schneiden und mit dem Mehl zwischen den Händen fein verreiben. Die Mischung zu einem Kranz formen, nach und nach etwa ¼ l Wasser beigeben und kneten, bis ein elastischer Teig entsteht. Mindestens 30 Minuten ruhen lassen.
● Den Teig ausrollen. Ein etwa 42 × 36 cm großes Blech mit wenig Butter bestreichen und mit dem Teig belegen. Mit einer Gabel einige Male einstechen, dann das Paniermehl und die Hälfte der Walnüsse darüber streuen.
● Die Zwetschgen waschen, halbieren, entsteinen und mit der Schnittfläche nach oben dicht an dicht auf den Teig legen.
● Eier, Milch, Zucker und Speisestärke miteinander verquirlen und über die Zwetschgen gießen. Die restlichen Walnüsse darüber streuen und den Kuchen im vorgeheizten Backofen bei 200 °C etwa 30 Minuten backen.
● Das Vanilleeis in Scheiben schneiden. Aus diesen Scheiben Herzen ausstechen und auf jedes Kuchenstück ein Herz legen. Das Eis soll auf dem lauwarmen Kuchen flüssig werden.

TIP Den Kuchen im voraus zubereiten, nicht ganz fertigbacken und kurz vor dem Servieren nochmals in den Ofen schieben.

Biskuitclown

Gibt 12 Stück
Vorbereitung 20 Min.
Backzeit 40–50 Min.
1146 kJ = 274 kcal/Stück einschließlich Glasur

5 Eier, 80 g Butter
150 g Zucker
70 g Mehl, 70 g Kartoffelmehl
½ Teel. Backpulver
1 Teel. geriebene Zitronenschale

● Zucker, Zitronenschale und Eigelb zu einer weißlichen Creme schlagen.
● Mehl, Kartoffelmehl und Backpulver sieben; locker unter die Eicreme mischen.
● Die Butter erwärmen, bis sie flüssig ist. Abkühlen lassen, aber immer noch flüssig teelöffelweise unter den Teig mischen.
● Die Eiweiß steif schlagen und locker unter den Teig heben.

Für einen dunklen Biskuitboden 50 g Kakao- oder Schokoladenpulver mit dem Mehl sieben

Biskuitclown mit lustig-bunten Glasuren

● Eine Springform mit Clownsdekor mit wenig Butter bestreichen. Den Teig einfüllen und im vorgeheizten Backofen bei 180 °C 40–50 Minuten backen. Nadelprobe machen: Eine in den Teig gestochene Stricknadel muß sauber herauskommen; wenn noch Teig daran klebt, muß der Kuchen 5–10 Minuten weiterbacken.
● Den fertigen Kuchen aus der Form nehmen, erkalten lassen und mit einer der folgenden Glasuren dekorieren.

TIP Springformen mit dem Clownsdekor sind im Handel erhältlich. Der Kuchen läßt sich aber auch in einer normalen Springform mit flachem Boden zubereiten.

Glasuren für den Biskuitclown

Butterglasur für 1 Kuchen
Arbeitsaufwand 5–10 Min.

125 g Puderzucker
80 g Butter
2 Tropfen Zitronensaft
nach Belieben geriebene Schokolade, Rahm, Vanilleextrakt, Rumaroma, 1–2 Eßl. Zitronensaft, Safran, Rote-Rüben-Saft (Randensaft), Spinatsaft

● Den Zucker mit einem Eßlöffel heißem Wasser, der flüssiggemachten Butter und dem Zitronensaft mit dem Rührbesen oder Handrührgerät glattrühren.

- Diese weiche und streichfähige Glasur kann mit geriebener Schokolade, Rahm, Vanilleextrakt, Rumaroma oder 1–2 Eßlöffel Zitronensaft ergänzt oder mit Safran, Rote-Rüben-Saft oder Spinatsaft gefärbt werden. Wenn die Glasur mit einer Flüssigkeit ergänzt oder gefärbt wird, muß man entsprechend mehr Puderzucker nehmen

Schokoladenglasur für 1 Kuchen
Arbeitsaufwand 15 Min.

100 g dunkle Schokolade
120 g Puderzucker
2 Teel. frische Butter

- Die Schokolade in kleine Stücke brechen. Im Wasserbad vorsichtig schmelzen. Den gesiebten Puderzucker, 3 Eßlöffel Wasser und die Butter zufügen. Gut verrühren und noch warm über den Kuchen gießen oder mit dem Pinsel auftragen.

Eiweißglasur für 1 Kuchen
Arbeitsaufwand 15 Min.

250 g Puderzucker
1 Eiweiß
1 Eßl. Butter
nach Belieben Vanilleextrakt, Zitronensaft, Fruchtessenz, Rote-Rüben-Saft (Randensaft), Safran, Kurkuma, Spinatsaft

- Die Butter schmelzen und abkühlen lassen.
- Den Puderzucker und das Eiweiß miteinander verrühren, bis eine dicke, gleichmäßige Creme entsteht. Die Butter zufügen.
- Die Eiweißglasur nach Belieben mit Vanilleextrakt, Zitronensaft oder Fruchtessenzen aromatisieren oder mit Rote-Rüben-Saft, Safran, Kurkuma, Spinatsaft usw. färben. Bei Verwendung von flüssigen Aroma- oder Farbstoffen etwas Puderzucker zufügen.

Eiweißspritzglasur für 1 Kuchen
Arbeitsaufwand 5 Min.

1 Portion Eiweißglasur (oben)
Zitronensaft
Puderzucker
Farbstoffe wie für Eiweißglasur

- Die Eiweißglasur mit etwas Zitronensaft und so viel Puderzucker mischen, bis die Masse steif wird.
- Die Glasur wie die gewöhnliche Eiweißglasur färben.
- In einen Spritzbeutel mit sehr kleiner, glatter Tülle oder in kleine, selbstgeformte Tütchen aus Pergamentpapier füllen und die gewünschten Garnierungen auf den Kuchen spritzen.

Rahmkaramellen

Gibt etwa 12 Tischkärtchen
Arbeitsaufwand 45 Min.

375 g Zucker
½ l Rahm, Butter für das Blech
Glasur
50 g dunkle Schokolade, 40 g Puderzucker
1 Teel. Butter, 1 Eßl. Milch

- Zucker und Rahm so lange unter Rühren einkochen, bis die Masse braun wird und Fäden zieht.

• Eine Marmorplatte oder ein Backblech mit Butter bestreichen, die Karamelmasse darauf gießen und mit einem nassen Spachtel 5 mm dick verteilen.
• Noch warm mit einem geölten Messer in 3 × 8 cm große Rechtecke schneiden.
• Für die Glasur alle Zutaten vorsichtig erwärmen und glattrühren. Die Glasur in einen Spritzbeutel einfüllen und die Namen der Gäste aufspritzen.

Rahmkaramellen und Mohrenköpfe mit Namensschildchen als Tischdekoration

Grittibänzen

Diese Teigmännchen gibt es in der deutschen Schweiz zum Nikolaustag.

Gibt 6 Stück
Vorbereitung 20 Min.
Backzeit 30 Min.
4495 kJ = 1074 kcal/Stück
Anleitung S. 289

1 kg Mehl
1 Eßl. Salz, 2 Eßl. Zucker
180 g Butter, ½ l Milch, 2 Eier
40 g Hefe
Garnierung
Mandeln, Haselnüsse, Rosinen, Hagelzucker

- Das Mehl sieben und mit dem Salz vermischen. Die Butter bei kleiner Hitze schmelzen und die Milch dazugießen. Die Flüssigkeit soll lauwarm sein.
- Die Hefe mit dem Zucker verrühren und zu der Flüssigkeit gießen.
- Ein Ei verquirlen und ebenfalls beifügen.
- Nun die ganze Mischung zum Mehl gießen, verrühren und anschließend etwa 10 Minuten kneten, bis der Teig elastisch und glatt ist.
- Den Teig in die Schüssel zurücklegen, mit der nassen Hand an der Oberfläche etwas befeuchten und mit einem Tuch zudecken. Mindestens 2 Stunden an einem warmen, zugfreien Ort gehen lassen.
- Den Teig formen (Abb. S. 16), mit Eigelb bestreichen und garnieren.
- Nochmals gehen lassen oder, wenn es schnell gehen soll, die Grittibänzen in den kalten Ofen schieben, diesen auf 180 °C schalten und die Ofentür während der ersten 10 Minuten offen lassen (so können die Teigmännchen nochmals aufgehen); dann die Ofentür schließen.
- 30 Minuten bei 180 °C backen.

TIP Die Kinder brauchen vielleicht etwas Anleitung zum Formen der Grittibänzen, aber beim Garnieren läßt man sie am besten nach eigener Phantasie arbeiten. So entstehen die lustigsten und vielfältigsten Figuren. Beim Garnieren müssen Nüsse und Rosinen tief in den Teig hineingesteckt werden, sonst halten sie nicht auf dem aufgegangenen Teig.

Lebkuchen-Eisenbahn

Gibt 1 Lokomotive und 1 Wagen
Vorbereitung (Teig) 30 Min.
Backzeit 10 Min.
Anleitung S. 291

200 g Honig
150 g Zucker, 200 g Puderzucker, 1 Prise Salz
600 g Mehl, 1 Päckchen Backpulver
75 g Butter, 2 Eier, Butter für das Blech
½ Teel. Nelkenpulver, ½ Teel. Zimt, 1 Prise Mazis
Garnierung
Zuckerplätzchen, Mandeln, Schokoladenlinsen usw.

- Für den Teig Honig, Zucker und Butter zusammen erwärmen. Salz, Mehl, Gewürze und Backpulver in einer Schüssel vermischen, die Honigmasse beigeben und mit den verquirlten Eiern zu einem festen Teig verkneten. Diesen etwa 3 mm dick auf ein mit Butter bestrichenes Blech streichen und mit einem in heißes Wasser getauchten Spachtel glattstreichen. Im sehr heißen Ofen 8–10 Minuten backen.
- Nun den Teig nach der Schablonenzeichnung (S. 290) ausschneiden.
- Aus dem Puderzucker und 2 Eßlöffel Wasser eine dicke Glasur anrühren.
- Die Seitenteile damit auf den Boden kleben und so lange abstützen, bis die Glasur angetrocknet ist.

So entstehen die lustigen Grittibänzen

Die Zubereitung des Hefeteigs ist für Kinder etwas schwierig. Am besten gibt man ihnen den fertigen Teig, hilft beim Formen der Figuren und überläßt ihnen dann ganz das Dekorieren. Die Teigmännchen eignen sich nicht nur für eine Kinderparty in der Adventszeit oder für den Nikolaustag. Das ganze Jahr hindurch kann man aus diesem Hefeteig beliebige Figuren formen, zu Ostern beispielsweise Tauben oder Hasen, zum Geburtstag Fische, Meerjungfrauen, Häuschen und noch vieles mehr.

1. Aus dem Teigstück einen langen Laib formen. Etwas Teig für Dekoration zurückbehalten

2. Mit dem Messer Einschnitte im Laib für die Schultern, Arme und Beine anbringen

3. Aus Teigresten Mütze, Halstuch usw. formen; die Arme einkerben, die Beine zu Zöpfen flechten

4. Bevor die restliche Garnierung angebracht wird, die Grittibänzen mit Eigelb bestreichen

5. Augen und Mund mit Rosinen oder Mandeln markieren. Nach Lust und Laune dekorieren

So verschieden können die Grittibänzen gestaltet werden

- Alle weiteren Teile festkleben. Vorsichtige Kinder können jetzt schon mit dem Garnieren beginnen, sicherer ist es jedoch, wenn die Glasur trocken ist. Sollte trotzdem eine Wand einstürzen, kann sie auch mit Zahnstochern befestigt werden.
- Zum Schluß die Räder mit einem halben Zahnstocher in der Mitte durchstechen und seitlich an den Bodenteilen befestigen.
- Zum Garnieren die Zuckerplätzchen und Schokoladenlinsen auf einer Seite mit wenig Zuckerglasur bestreichen und eine Weile an der vorgesehenen Stelle festhalten.
- Den Wagen kann man mit den restlichen Süßigkeiten füllen und mit einem Zahnstocher an die Lokomotive anhängen.

TIP Es empfiehlt sich, den Teig 1–2 Tage im voraus zu backen, weil er frisch noch zu locker ist.
Die Seitenwände kann man auch mit Hilfe eines Spritzbeutels mit weißer oder dunkler Glasur dekorieren. Dies macht man am besten, ehe die Teile zusammengesetzt werden, sonst fließt die Glasur nach unten.

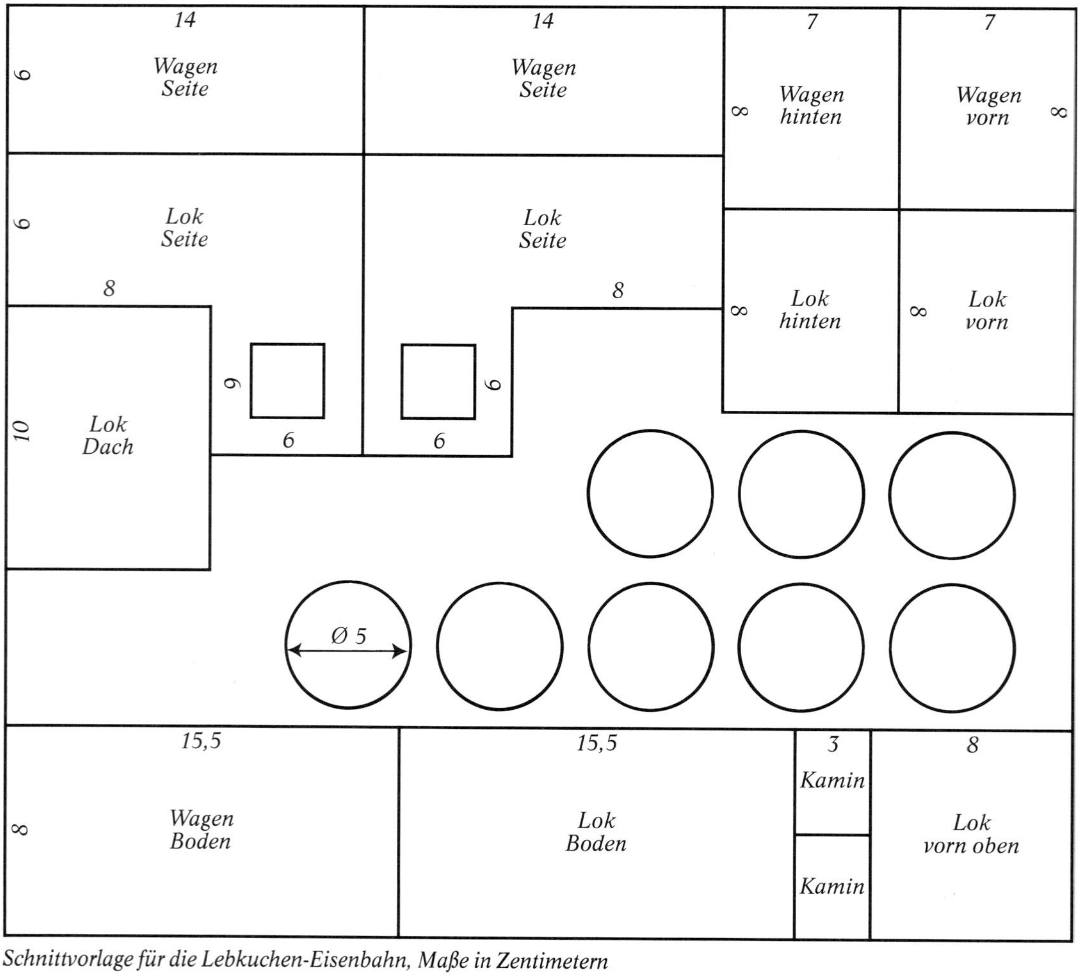

Schnittvorlage für die Lebkuchen-Eisenbahn, Maße in Zentimetern

Die Lebkuchen-Eisenbahn – ein großer Spaß

Mit dem unempfindlichen Lebkuchenteig können die Kinder nach Herzenslust basteln. Am besten rollt man den Teig für die Kinder zu einem großen Rechteck aus, damit sie nach dem Backen die gezeichneten Vorlagen ohne Mühe auflegen können. Alles andere kann man ihnen überlassen. Etwas Lustiges wird sicher daraus entstehen, auch wenn die Anweisungen nicht genau befolgt werden. Hauptsache, die Kinder haben Spaß daran.

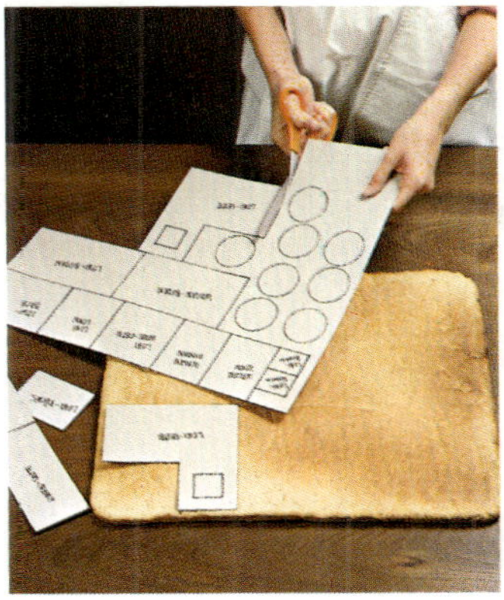

1. Die Vorlage auf Seite 17 auf festes Papier übertragen und mit einer Schere ausschneiden

2. Die Teile auf den Teig legen und mit einem Messer oder Ausstecher ausschneiden

3. Alle Teile übersichtlich ordnen. Zuerst die Räder mit Zahnstochern befestigen

4. Mit dem Aufbau beginnen. Alle Teile mit dicker Puderzuckerglasur zusammenkleben

5. Schokoladenlinsen usw. mit Zuckerglasur bestreichen und die Bahn damit dekorieren

Der Anhänger wird mit Zuckerzeug gefüllt, die Bahn ist abfahrbereit!

Leichte Kost – raffiniert und abwechslungsreich

Wer häufig eingeladen wird, viel auf Reisen ist oder beruflich stark beansprucht wird, ist meist für leichte Kost dankbar. Bekommt man schwere Menüs vorgesetzt, greift man möglicherweise gern zu, bereut es aber spätestens, wenn man anschließend nicht schlafen kann, Magendrücken bekommt oder wenn die Waage am nächsten Tag wieder ein paar Gramm mehr Gewicht anzeigt. Das wirft Schatten selbst auf das gelungenste Fest.

Auch betagtere Gäste ziehen abends leichtere Gerichte vor. Viele Menschen müssen aus Gesundheitsgründen vorübergehend oder ständig auf schwere Speisen verzichten. Und heute macht sich der Trend – vor allem unter jüngeren Menschen – zu vegetarischer Kost bemerkbar.

Als aufmerksamer Gastgeber berücksichtigt man selbstverständlich die Angewohnheiten und Bedürfnisse der Gäste und versucht, möglichst leichte Speisen zu servieren. Dabei spielt die geschickte Zusammenstellung des Menüs eine große Rolle. Schließlich soll es keine Diätkost, sondern auch ein kulinarisches Erlebnis sein.

Man beginnt am besten mit einer vitaminreichen Vorspeise, zum Beispiel einem hübsch angerichteten Salat. Bei den weiteren Gängen verzichtet man auf viel „Füllmaterial" und schwere Saucen. Warum nicht einmal ganz ohne Fett kochen, Fleisch oder Fisch schonend im Dampf garen oder dünsten und mit gekonnt zubereitetem Gemüse servieren? Und selbst ein vegetarisches Menü muß nicht einseitig sein – nur auf die richtige Zusammenstellung kommt es an. Auch ein leichtes Essen wäre ohne ein gutes Dessert unvollständig. Eine feine Obstspeise, eventuell mit Süßstoff gesüßt, setzt dem Ganzen die Krone auf.

Kabeljau, ohne Fett und Wasser gegart (Seite 301) – leichte Kost, die vorzüglich schmeckt

Menüvorschläge

VEGETARISCH

Menü I

Gemischter Salat
*
Champignongratin S. 307
*
Eier in Zwiebelsauce S. 308
*
Äpfel mit Hüttenkäse S. 311

Menü II

Grapefruitcocktail S. 295
*
Hühnerconsommé
mit Gemüse S. 299
*
Seehecht mit Dill S. 301
Salzkartoffeln
*
Birnenauflauf
mit Quark S. 313

VEGETARISCH

Menü III

Salatherzen
mit Joghurtsauce S. 298
*
Spinatsuppe
mit Ei S. 300
*
Pastetchen
mit Gemüse S. 306
*
Zabaione
Winzerart S. 313

Menü IV

Eisbergsalat
Port-au-Prince S. 297
*
Kalbskotelett
in der Folie S. 302
Schwarzwurzeln
mit Tomaten S. 309
*
Himbeerköpfchen S. 313

Menü V

Vitamincocktail S. 296
*
Kalbshaxe
im Kräutersud S. 305
Zucchini
mit Basilikum S. 310
Stangenweißbrot
*
Heidelbeerschale S. 312

OHNE FETT
UND WASSER GEKOCHT

Menü VI

Geflügelsalat
Zhel Zahav S. 297
*
Kalbsragout
mit Tomaten S. 304
Kartoffeln
in der Folie S. 309
Blattspinat
*
Pfirsiche
mit Beerenquark S. 314

OHNE FETT
UND WASSER GEKOCHT

Menü VII

Kabeljau mit Lauch S. 301
*
Paprikahuhn S. 302
Trockenreis S. 431
*
Zimtäpfel S. 314

Grapefruitcocktail

Für 4 Personen
Arbeitsaufwand 25 Min.
804 kJ = 192 kcal/Portion

4 Grapefruits, 1 Avocado, 1 Tomate
2 Eßl. Rahmquark
½ Teel. Mango-Chutney nach Belieben, 50 g schwarze Oliven
1 Teel. Currypulver, wenig Salz

- 2 Grapefruits so halbieren, daß an beiden Hälften ein gezackter Rand entsteht. Die Schnitze sorgfältig zwischen den Trennhäuten herausschneiden. Die restlichen 2 Grapefruits so schälen, daß auch die weiße Haut entfernt wird. Entlang den Trennhäuten so einschneiden, daß man geschälte Schnitze erhält.
- Die Avocado halbieren, den Stein entfernen, in kleine Würfel schneiden und sofort mit den Grapefruitschnitzen mischen.
- Den Rahmquark mit Currypulver und Mango-Chutney zu einer Sauce verrühren. Mit Salz leicht nachwürzen.
- Das Grapefruitfleisch mit den Avocadowürfeln in die Grapefruitschalen füllen, mit der Sauce begießen und mit den entsteinten, kleingeschnittenen Oliven und nach Belieben mit einem Tomatenschnitz garnieren.

Krevetten, feingeschnittenen Schinken, Räucherlachs oder Karotten dazumischen

Grapefruitcocktail, in der Fruchtschale hübsch angerichtet

Vitamincocktail mit Grapefruit und Kiwi

Vitamincocktail

Für 4 Personen
Arbeitsaufwand 15 Min.
352 kJ = 84 kcal/Portion

2 Grapefruits, 1 Kiwi
100 g Feldsalat (Nüßlisalat)
1 Eßl. gehackter Schnittlauch
1 Prise Cayennepfeffer, Salz, Pfeffer
3 Eßl. Speisequark
1 Eßl. Mayonnaise, 1 Eßl. Ketchup
1 Teel. Cognac

● Die Grapefruits so schälen, daß auch die weiße Haut entfernt wird. Entlang den Trennhäuten so einschneiden, daß man geschälte Schnitze erhält.

- Die Kiwi schälen und in feine Scheiben schneiden.
- Mayonnaise, Speisequark, Ketchup und Cognac miteinander zu einer Sauce verrühren. Zum Schluß mit Salz, Pfeffer und Cayennepfeffer abschmecken.
- Schalen oder Gläser mit Feldsalat auslegen und etwas Sauce darüber geben.
- Grapefruitschnitze und Kiwischeiben mischen und auf den Salat verteilen. Etwas Sauce darüber geben und mit Schnittlauch bestreuen.

TIP Der Salat sollte möglichst kurz vor dem Essen zubereitet werden. Grapefruits und Kiwi enthalten sehr viel Vitamin C, das sich sehr rasch abbaut, wenn man die Früchte stehenläßt.

Eisbergsalat Port-au-Prince

Für 4 Personen
Arbeitsaufwand 15 Min.
724 kJ = 173 kcal/Portion

½ Kopf Eisbergsalat
20 g halbe Pecan- oder Walnüsse
5 Eßl. Joghurt, 1 Eßl. Butter
2 Eßl. Mayonnaise, 1 Eßl. Ketchup
1 Eßl. Rum
1 Eßl. Zitronensaft
2 Knoblauchzehen, 1 Teel. Dijonsenf, 2 Prisen Cayennepfeffer, Salz
2 Toastbrotscheiben

Wer auf die schlanke Linie achtet, läßt die Brotwürfel weg und fügt den Knoblauch der Sauce bei

- Das Toastbrot in sehr kleine Würfel schneiden und in der Butter leicht rösten. Die Würfel in eine Schüssel legen und mit dem durchgepreßten Knoblauch beträufeln.
- Den halben Salatkopf waschen und einmal längs, dann einmal quer schneiden. Nochmals waschen, kurze Zeit in Salzwasser legen, gut abtropfen lassen und schwenken.
- Die Mayonnaise mit Joghurt, Ketchup, Rum, Senf, Zitronensaft und Cayennepfeffer gut verrühren. Nach Bedarf etwas Salz zugeben.
- Den Salat mit den Nüssen mischen und in eine Salatschüssel oder in Portionsschalen geben. Mit der Sauce begießen und mit den Brotwürfeln bestreuen.

Geflügelsalat Zhel Zahav

Für 4 Personen
Arbeitsaufwand 30 Min.
1360 kJ = 325 kcal/Portion

400 g geschnetzeltes Geflügelfleisch
½ Zwiebel, 2 Orangen, 2 Avocados, 4 Blätter Eisberg- oder Kopfsalat
1 Eßl. Zitronensaft
¼ l Weißwein
1 Gewürznelke, 1 Lorbeerblatt, 1 Spritzer rote Pfeffersauce, 2 Eßl. Currypulver, Salz, Pfeffer
1 Becher Joghurt

● Die Zwiebel mit Nelke und Lorbeerblatt spicken und mit dem Weißwein, einem Eßlöffel Curry sowie wenig Salz und Pfeffer 3–4 Minuten kochen.

Reste von gebratenem oder gekochtem Huhn verwenden

Anschließend das Geflügelfleisch hineingeben; mit einer Gabel die einzelnen Stückchen voneinander lösen. 2–3 Minuten im Sud ziehen lassen.

● Das Fleisch in ein Sieb gießen. Den Sud auffangen und auf etwa 6 Eßlöffel einkochen. Erkalten lassen.

Schmeckt auch gut mit Grapefruits

● Die Orangen so schälen, daß auch die innere Haut entfernt wird. Entlang den Trennhäuten mit einem scharfen, spitzen Messer geschälte Schnitze herausschneiden.

● Die Avocados schälen, halbieren, den Kern entfernen und die Schnittflächen sofort mit dem Zitronensaft bestreichen. In kleine Schnitze schneiden.

● Die Früchte mit dem kalten Fleischsud mischen.

● Den Joghurt mit dem restlichen Currypulver und der Pfeffersauce verrühren und mit wenig Salz abschmecken.

● Geflügelfleisch und Früchte auf die Salatblätter verteilen und mit der Sauce begießen.

TIP Noch schmackhafter wird dieser Salat, wenn man Hühnerbrüste kocht und das Fleisch nach dem Erkalten in Scheiben schneidet.

Salatherzen mit Joghurtsauce

1

Für 4 Personen
Arbeitsaufwand 15 Min.
349 kJ = 83 kcal/Portion

1 großer Salatkopf
2 Orangen, 1 Zitrone
3 Eßl. gehackter Schnittlauch
1 Becher Joghurt
Salz, Pfeffer

● Den Salat von den äußeren Blättern befreien, vierteln und in schwach gesalzenes Wasser legen.

● Die äußere Schale der Orangen und der Zitrone möglichst dünn abschälen und in feine Streifen schneiden.

● Die Schale mit wenig Wasser 2–3 Minuten kochen, abgießen und erkalten lassen.

● Orangen und Zitrone sorgfältig schälen, dabei auch die innere Haut entfernen; mit einem scharfen, spitzen Messer zwischen den Trennhäuten einschneiden und geschälte Schnitze herauslösen. Den Saft dabei auffangen.

Man kann auch Sauerrahm verwenden, die Sauce wird aber etwas gehaltvoller

● Den Joghurt mit dem Saft und einem Eßlöffel Schnittlauch verrühren. Mit Salz und Pfeffer abschmecken.

● Die gut abgetropften Salatherzen in eine Schüssel geben, mit den Orangen- und Zitronenschalen, den geschälten Schnitzen und dem restlichen Schnittlauch garnieren.

● Die Joghurtsauce separat reichen.

TIP Eisbergsalat läßt sich am besten vierteln und schmeckt auch besonders gut.

Salatherzen mit Joghurtsauce

Hühnerconsommé mit Gemüse

Für 6 Personen
Vorbereitung 15 Min.
Kochzeit 75 Min.
653 kJ = 156 kcal/Portion

1 Brathähnchen (etwa 600 g)
1 Karotte, 150 g Lauch, 1 kleines Stück Sellerieknolle
4–5 Wacholderbeeren, 1–2 Salbeiblätter, wenig Thymian
Salz, Pfeffer

- Das Hähnchen häuten und die größten Knochen entfernen. Brust und Schenkel beiseite legen und für ein anderes Gericht verwenden.
- Das Knochengerippe mit dem daran hängenden Fleisch halbieren oder vierteln. In einen Topf legen, mit Wasser bedecken und mit Wacholderbeeren, Salbei und Thymian eine Stunde kochen (im Schnellkochtopf 20 Minuten).

Man kann auch ein junges Suppenhuhn oder Geflügelteile verwenden

- Die Brühe absieben und wieder in den Topf geben. Auf 2 Drittel einkochen.
- Karotte, Lauch und Sellerie putzen und in sehr feine Streifen schneiden. Separat in wenig Brühe knapp weich kochen.
- Die Brühe nach dem Einkochen erkalten lassen. Die Fettschicht entfernen. Die Brühe wieder aufkochen und nach Belieben durch einen Papierfilter gießen, damit sie klar wird. Die Gemüsestreifen und eventuell noch etwas Hühnerfleisch zufügen, mit Salz und Pfeffer würzen und heiß in kleinen, vorgewärmten Tassen servieren.

TIP Die Brühe läßt sich auf Vorrat zubereiten und tiefkühlen.

Spinatsuppe mit Ei

Für 4 Personen
Arbeitsaufwand 20 Min.
900 kJ = 215 kcal/Portion

1 gehackte Zwiebel, 500 g tiefgekühlter Spinat
1 Eßl. Butter, 4 Eßl. Rahm, 4 Eßl. geriebener Käse, 4 Eier
¾ l Fleischbrühe
3 Eßl. Weißweinessig
Salz, Pfeffer, Salbeipulver

Spinatsuppe, mit einem verlorenen Ei angereichert

● Die Zwiebel in der Butter leicht anbraten. Den Spinat mit der Brühe dazugeben und langsam erhitzen.

Das verlorene Ei durch ein pflaumenweich gekochtes (6 Minuten) ersetzen

● ¾ l Wasser mit dem Essig aufkochen. Jedes Ei einzeln in eine Suppenkelle oder Tasse aufschlagen und sorgfältig ins schwach kochende Wasser gleiten lassen. Bei kleiner Hitze 2–3 Minuten kochen (siehe auch S. 372).
● Die Suppe mit Salz, Pfeffer und Salbeipulver pikant würzen. Mit dem Rahm und dem Käse verfeinern.
● In vorgewärmten Suppentassen anrichten und je ein gut abgetropftes verlorenes Ei darauf legen.

Kabeljau mit Lauch

Für 4 Personen
Vorbereitung 15 Min.
Kochzeit 30 Min.
703 kJ = 168 kcal/Portion
Foto S. 292

800 g Kabeljau am Stück (Schwanzstück)
300 g Lauch, ½ Zwiebel,
1 Eßl. Zitronensaft, 1 Teel. Worcestersauce
1 Knoblauchzehe, Salz, Pfeffer
20 g Tafelbutter

Den Fisch in 2½ cm dicke Scheiben schneiden (Kochzeit dann nur 10 Minuten)

Dem Lauch 1–2 Eßlöffel Rahm zufügen

● Den Fisch mit Salz, Pfeffer, Zitronensaft und Worcestersauce würzen.
● Den Lauch in ½ cm breite Streifen schneiden und die Zwiebel fein hacken. Beides mit der durchgepreßten Knoblauchzehe 1–2 Minuten ohne Fett (S. 305) leicht anbraten. Mit Salz und Pfeffer würzen. Den Topf zudecken und den Lauch 10 Minuten auf kleinster Stufe dünsten.
● Den Fisch mit Salz und Pfeffer bestreuen, zum Lauch geben und das Gericht noch weitere 20 Minuten im zugedeckten Topf schmoren lassen.
● Die Sauce abschmecken und mit der Butter verfeinern.

Seehecht mit Dill

Für 4 Personen
Vorbereitung 10 Min.
Kochzeit 8 Min.
1040 kJ = 249 kcal/Portion

4 Scheiben Seehecht (Colin) zu je 150 g
60 g Butter
1 Zitrone
2 Teel. Dill, Salz, Pfeffer

● Die Fischscheiben in eine sehr gut schließende Kasserolle legen.
● Die Zitrone so schälen, daß auch die weiße Haut entfernt wird. In Scheiben schneiden und über den Fisch verteilen. Mit Salz und Pfeffer würzen, mit Dill bestreuen und zudecken. Langsam erwärmen und 6–8 Minuten auf kleinster Stufe garen.

Wer fettlos essen will, läßt die Butter weg und ißt den Fisch im eigenen Saft

● Die Butter in einem Schmelzpfännchen erhitzen, bis sie leicht Farbe annimmt.
● Den Fisch aus dem Topf nehmen, gut abtropfen lassen und mit der Butter begießen.

Paprikahuhn

Für 4 Personen
Vorbereitung 20 Min.
Kochzeit 45 Min.
1620 kJ = 387 kcal/Portion
Anleitung S. 303

1 Hähnchen
je 1 grüne, rote und gelbe Paprikaschote, 1 Zwiebel
2 Knoblauchzehen, 1 Eßl. Paprika, 1 Eßl. italienische Kräutermischung
Salz, Pfeffer

- Die Paprikaschoten entkernen und in kleine Würfel schneiden.
- Eine Edelstahlpfanne mit gut schließendem Deckel erhitzen. Das Hähnchen vierteln und ohne Zugabe von Fett von allen Seiten anbraten (S. 305).
- Die Zwiebel hacken. Zusammen mit den durchgepreßten Knoblauchzehen und den Paprikaschoten einige Minuten mitdünsten. Salz, Pfeffer und die Gewürze beifügen. Ohne Flüssigkeit zugedeckt 30–40 Minuten garen.
- Nach der halben Garzeit alles wenden und am Schluß das Gericht nochmals abschmecken.

Den Kochsaft stark einkochen und mit Sauerrahm und wenig Paprika binden

TIP Bekömmlicher wird das Gericht, wenn man die Paprikaschoten im Backofen oder auf der Herdplatte erhitzt, bis die Haut platzt, und sie dann schält.

Kalbskotelett in der Folie

Für 4 Personen
Vorbereitung 25 Min.
Backzeit 10 Min.
1561 kJ = 373 kcal/Portion

4 Kalbskoteletts zu je 200 g, 2 Scheiben Schinken
200 g frische Champignons, 150 g Kresse
1 Eßl. Zitronensaft
1 Eßl. Kochbutter, 40 g Tafelbutter
2 Eßl. Weißwein
Salz, Pfeffer

- Aus starkem Pergamentpapier 4 Rechtecke schneiden.
- Die Champignons waschen und in feine Scheiben schneiden. Den Zitronensaft mit dem Weißwein mischen und über die Champignons verteilen, damit sie sich nicht verfärben.
- Die Kresse gut waschen, abtropfen lassen und hacken.
- In jedes Kotelett seitlich eine Tasche schneiden. Je eine halbe Scheibe Schinken hineingeben. Die Koteletts beidseitig mit Salz und Pfeffer bestreuen.
- Die Folienstücke mit der Kochbutter bestreichen. Die Champignons mit 100 g Kresse mischen und die Hälfte auf die Folienstücke geben.
- Die Koteletts darauf legen. Mit der restlichen Champignon-Kresse-Mischung bedecken. Die Tafelbutter in Flocken schneiden und darüber verteilen.
- Die Folie gut verschließen; die seitlichen Ränder nach oben einrollen. Im vorgewärmten Backofen die Koteletts 10 Minuten bei 240 °C backen.

Den Schinken gehackt, mit Kresse und Champignons vermischt, in die Koteletts füllen. Mit einem Zahnstocher die Öffnung schließen. In diesem Fall den Zitronensaft weglassen und den Weißwein über die gefüllten Koteletts verteilen

Paprikahuhn – ohne Fett und Wasser gekocht

Diese Kochmethode ist für alle interessant, die auf ihre Gesundheit achten. Sie verhilft auch zur schlanken Linie, ohne daß man große Opfer bringen muß. Die Gerichte werden besonders leicht und schmecken dennoch ausgezeichnet. Deshalb darf man es wagen, auch seinen Gästen ein solches Gericht vorzusetzen. Nach diesem schmackhaften Hähnchen fühlt sich niemand übersättigt.

1. Die Paprikaschoten entkernen; in kleine Würfel schneiden. Zwiebel hacken. Knoblauch schälen

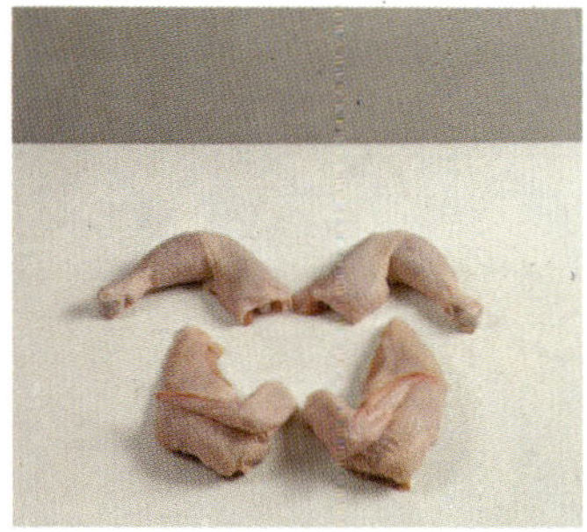

2. Das Hähnchen so in Stücke teilen, daß es gut in den Topf paßt. Nach Belieben häuten

3. Ohne Fett bei schwacher Hitze in einem Edelstahltopf mit starkem Boden leicht anbraten

4. Paprikaschotenwürfel, Zwiebel und durchgepreßten Knoblauch zufügen; kurz mitdünsten

5. Gut schließenden Deckel aufsetzen; alles ohne Wasser auf kleinster Stufe 30–40 Minuten garen

Das fertige Paprikahuhn ist sehr saftig, das Gemüse kräftig im Geschmack

Kalbskotelett, in der Folie gebacken

- Die Koteletts in der Folie auf den Tisch bringen, die Folie öffnen und die Koteletts auf vorgewärmte Teller legen. Den Saft aus der Folie darüber träufeln.

TIP Die Koteletts können vorbereitet, verpackt und bis zum Gebrauch im Kühlschrank aufbewahrt werden.

Kalbsragout mit Tomaten

Für 4 Personen
Vorbereitung 20 Min.
Kochzeit 60 Min.
833 kJ = 199 kcal/Portion

Kalbfleisch durch Lamm- oder Truthahnfleisch ersetzen

600 g Kalbsragout
10 Perlzwiebeln, 100 g Champignons, 5 Tomaten
1 Eßl. Tomatenmark
Salz, Pfeffer, Thymian, Rosmarin, 1 Nelke, 1 Lorbeerblatt

- Das Kalbfleisch ohne Fett (S. 305) in einer Edelstahlpfanne mit sehr gut schließendem Deckel anbraten.
- Die Perlzwiebeln schälen, die Champignons putzen und vierteln. Die Tomaten einige Sekunden in kochendes Wasser tauchen, schälen und kleinschneiden. Mit den Zwiebeln und den Champignons zum Fleisch geben. Mit wenig Salz, Pfeffer, Thymian und Rosmarin würzen. Die Nelke und das Lorbeerblatt beifügen. Zugedeckt bei kleinster Hitze eine Stunde schmoren.

TIP Im Winter sind die Tomaten bei uns etwas bleich und wenig aromatisch. Da verwendet man am besten geschälte aus der Dose.

Kalbshaxe im Kräutersud

Für 4 Personen
Vorbereitung 20 Min.
Kochzeit 2 Std.
1733 kJ = 414 kcal/Portion

1 große Kalbshaxe (etwa 1200 g)
2 Zwiebeln
je 1 Zweiglein Petersilie, Rosmarin, Basilikum und Estragon, 2 Salbeiblätter, 1 Teel. gehackter Estragon, 1 Lorbeerblatt, 1 Eßl. Dijonsenf
Salz, Pfeffer
¼ l Weißwein
50 g Tafelbutter, 4 Eßl. Rahm

- Die Zwiebeln grob schneiden. In einen mittelgroßen Topf oder einen Bräter geben. Lorbeerblatt, Kräuter, Salbeiblätter, Weißwein und ¼ l Wasser zugeben. Aufkochen und 30 Minuten zugedeckt ziehen lassen (im Schnellkochtopf 10 Minuten).
- Den Sud erkalten lassen und durch ein Sieb gießen.
- Die Butter bei Küchentemperatur weich werden lassen.
- Den Sud wieder aufkochen und dann mit Salz und Pfeffer abschmecken.
- Die ganze Kalbshaxe zugeben. Zugedeckt anderthalb Stunden bei kleiner Hitze ziehen lassen.
- Die Butter mit dem Rahm zu einer Creme schlagen. So lange rühren, bis die Mischung ganz weiß und geschmeidig wird und sich kleine Spitzen bilden.
- Senf und Estragon daruntermischen und mit Salz und Pfeffer abschmecken.
- Die Mischung mit dem Spritzbeutel mit gezackter Tülle in eine Schale spritzen und in den Kühlschrank stellen. 10 Minuten vor dem Anrichten wieder herausnehmen, damit sie weich ist und sofort auf dem Fleisch schmilzt.
- Die Kalbshaxe aus dem Sud nehmen (diesen für eine Suppe aufheben) und auf einem Brett am Tisch tranchieren. Jeder Gast kann nach Belieben seine Fleischstücke mit der aromatischen Butter belegen.

Die Butter als Beilage weglassen, dafür den Sud durch ein Sieb gießen und bis auf ein Viertel einkochen lassen, mit ein paar Butterflöckchen verfeinern und als Sauce servieren

Kochen ohne Fett und Wasser

Die richtige Zusammenstellung unserer täglichen Menüs ist für unsere Gesundheit von großer Bedeutung. Nicht minder wichtig ist die Qualität der verwendeten Nahrungsmittel und die gewählte Kochmethode. Mineralstoffe und Vitamine nützen uns nichts, wenn sie während des Kochvorgangs weitgehend zerstört werden.

Eine schonende Kochmethode, die immer beliebter wird, ist das Kochen ohne Fett und Wasser, das heißt das Garen im eigenen Saft. Diese Zubereitungsart bietet keine Probleme, wenn das richtige Kochgeschirr verwendet wird. Es sollte aus Edelstahl bestehen, muß einen guten Pfannenboden und einen dichtschließenden Deckel haben, damit der Dampf nicht entweichen kann. Die Nahrungsmittel werden nach dieser Methode bei kleinster Hitze langsam gegart, und es ist auch möglich, in diesem Kochgeschirr ohne Fett zu braten. Auch gelochte Einsätze sind erhältlich, die für das schnelle Garen im Dampf (speziell für Fische, zartes Gemüse usw.) sehr nützlich sind.

Die Vorteile dieser Kochmethode sind nicht nur vom diätetischen Standpunkt aus interessant. Die auf diese Art zubereiteten Gerichte sind auch geschmacklich hervorragend. Wer einige Kilogramm Gewicht verlieren möchte, wird bei dieser Zubereitungsart sein Ziel ohne große Opfer und auf angenehme Weise erreichen.

Pastetchen mit Gemüse

Für 4 Personen
Vorbereitung 15 Min.
Kochzeit 15 Min.
1628 kJ = 389 kcal/Portion

4 Blätterteighüllen
1 Eßl. Butter, 3 Eßl. Rahm. 1 Eigelb
800 g gemischtes Gemüse (Karotten, Erbsen oder Bohnen, Blumenkohlröschen usw.)
1 Eßl. Mehl
⅛ l Weißwein
2 Eßl. gehackter Schnittlauch, Salz, Pfeffer

Das Gemüse in einem Reisring servieren

- Das Gemüse putzen und in wenig Wasser garen.
- Die Blätterteighüllen in den mittelheißen Ofen schieben.
- Die Butter mit dem Mehl verkneten. Mit ¼ l Gemüsesaft und dem Weißwein unter ständigem Rühren zum Kochen bringen und einige Minuten schwach kochen lassen.
- Rahm und Eigelb gut verrühren, etwas Sauce dazugießen, alles vermischen und in die Sauce zurückgeben. Nochmals erhitzen, aber nicht kochen lassen.
- Das heiße Gemüse hineingeben. Mit Salz und Pfeffer nachwürzen und den Schnittlauch dazumischen.
- Die Pasteten aus dem Ofen nehmen. Die Deckel herauslösen, die Gemüsemischung hineinfüllen, die Deckel aufsetzen und das Gericht sofort servieren.

Pastetchen aus Blätterteig mit Gemüse

Champignongratin

Für 4 Personen
Vorbereitung 30 Min.
Backzeit 7 Min.
1016 kJ = 242 kcal/Portion

Champignons durch andere frische, auch gemischte Pilze ersetzen

1 kg frische Champignons, 100 g Schalotten
2 Eßl. feingehackter Schnittlauch, frisch geriebene Muskatnuß, Pfeffer, Salz
2 Eßl. Butterschmalz (Gourmetbutter), 200 g Rahmquark, 2 Eigelb

- Die Champignons waschen und in Scheiben schneiden. Die Schalotten fein hacken und in der Butter leicht anbraten. Die Champignons beifügen und kurz mitdünsten; sie müssen noch knackig bleiben. Erst zum Schluß mit Salz und Pfeffer würzen. Den entstandenen Saft in ein Pfännchen gießen.
- Die Champignons in einer flachen Auflaufform warm stellen.
- Den Saft auf 3 Eßlöffel einkochen.
- Unterdessen den Quark mit den verquirlten Eigelb mischen und mit Salz, Pfeffer und Muskatnuß pikant abschmecken. Mit dem eingekochten Saft und dem inzwischen wieder ausgetretenen Champignonsaft mischen. Über die Pilze verteilen und 5–7 Minuten unter dem heißen Grill oder bei größter Oberhitze gratinieren.
- Mit dem Schnittlauch bestreuen und in der Form servieren.

TIP Hübsch sieht dieser Gratin aus, wenn man ihn portionsweise in Eierpfännchen serviert.

Champignongratin, ein Gericht nicht nur für Vegetarier

Eier in Zwiebelsauce

Eier in Zwiebelsauce

Für 4 Personen
Arbeitsaufwand 30 Min.
1193 kJ = 285 kcal/Portion

8 Eier, ¼ l Milch, 2 Eßl. Butter, 3 Eßl. Rahm
4 Zwiebeln
2 Eßl. gehackter Schnittlauch, Majoran, Salz, Pfeffer
1 Eßl. Mehl

Eier nur pflaumenweich (6 Minuten) kochen, dann aber ganz lassen

- Die Eier in Salzwasser 9 Minuten kochen. Mit kaltem Wasser abschrecken und schälen.
- Die Zwiebeln fein hacken und in der Butter dünsten; sie dürfen dabei keine Farbe annehmen. Mit dem Mehl bestreuen und gut rühren. Vom Feuer nehmen, etwas abkühlen lassen, dann mit der Milch ablöschen.
- Wieder erhitzen und 10 Minuten kochen. Die Sauce durch ein Sieb streichen, gut würzen und nochmals erwärmen.
- Mit dem Rahm verfeinern oder, wenn die Sauce zu dick ist, mit wenig Milch verdünnen.
- Die Eier halbieren und auf eine vorgewärmte Platte legen. Mit der sehr heißen Sauce übergießen und mit Schnittlauch bestreuen.

Schwarzwurzeln mit Tomaten

Für 4 Personen
Arbeitsaufwand 15 Min.
1055 kJ = 252 kcal/Portion

1 Dose Schwarzwurzeln
2 Tomaten, ½ Zwiebel
1 Eßl. gehackte Petersilie, 1 Eßl. gehackter Schnittlauch,
1 Knoblauchzehe, 1 Teel. italienische Kräutermischung, Salz, Pfeffer
1 Eßl. Butterschmalz (Gourmetbutter)

Stangensellerie oder Fenchelgemüse läßt sich auch nach diesem Rezept zubereiten

- Die Zwiebel fein hacken. In der Butter 2–3 Minuten dünsten.
- Die Tomaten einige Sekunden in kochendes Wasser tauchen, schälen und kleinschneiden. Zur Zwiebel geben. Unter Wenden 2–3 Minuten weiterdünsten, dann die gut abgetropften Schwarzwurzeln zugeben und erhitzen.
- Italienische Kräutermischung, Knoblauch, Petersilie, Schnittlauch und wenig Salz und Pfeffer darüber geben. 1–2 Minuten unter Rühren mitdünsten.

Kartoffeln in der Folie

Für 4 Personen
Vorbereitung 10 Min.
Backzeit 40–50 Min.
419 kJ = 100 kcal/Portion

4 mittelgroße Kartoffeln
1 Teel. Öl
20 g Tafelbutter
Salz, Pfeffer

Diese Kartoffeln können auch in oder auf dem Grill zubereitet werden

- Die Kartoffeln sauberbürsten und gut abspülen. Mit einer Gabel oder einer Messerspitze die Haut einige Male einstechen, damit die Kartoffeln während des Backens nicht platzen.
- 4 entsprechend große Stücke Alufolie mit dem Öl bestreichen. Die Kartoffeln darauf legen und sorgfältig einpacken.
- Auf einen Rost oder ein Backblech legen und in den heißen Backofen schieben. Bei 220 °C 40–50 Minuten backen. Mit einer Nadel durch die Folie stechen und prüfen, ob das Innere weich ist.
- Die Kartoffeln samt der Folie kreuzweise einschneiden und von unten her das Kartoffelmark etwas nach oben drücken.
- Das Kartoffelmark mit Salz und Pfeffer bestreuen und mit einem Teelöffel Tafelbutter belegen. In der Folie auf den Tisch bringen.

Modern und bewußter kochen

Die wohltuende Welle der sogenannten neuen Küche hat uns unter anderem wieder zum Bewußtsein gebracht, daß Gemüse nicht verkocht werden sollte und daß viele empfindliche Lebensmittel, wie zum Beispiel Fisch, schonend zubereitet werden müssen. Auch die Fettzugabe ist zu drosseln, denn nicht nur die sichtbaren Fettstoffe fallen „ins Gewicht". Die versteckten Fettstoffe sind viel heimtückischer. Auch einen zu großen Verbrauch an tierischem Eiweiß sollte man vermeiden. Viele unserer Nahrungsmittel enthalten bereits pflanzliches Eiweiß, und Milchprodukte wie Quark und Joghurt ergänzen sie aufs beste. Daß Zucker meist ohne nachteilige Wirkung auf den Geschmack der Speisen durch Süßstoff ersetzt werden kann, ist kein Geheimnis mehr.

Zucchini mit Basilikum

Eine leichte, bekömmliche Beilage zu Fleischgerichten.

Für 4 Personen
Vorbereitung 10 Min.
Kochzeit 10 Min.
418 kJ = 100 kcal/Portion

Man kann auch Auberginenscheiben auf diese Art zubereiten

500 g Zucchini, 5 fleischige Tomaten
1 Knoblauchzehe, 2 Eßl. gehacktes Basilikum
Salz, Pfeffer
2 Eßl. Butterschmalz (Gourmetbutter)

- Die Zucchini waschen, trocknen und ungeschält in dünne Scheiben schneiden.
- Die Butter erhitzen und die Zucchinischeiben hineingeben. Unter Wenden leicht anbraten. Langsam knapp gar werden lassen; die Zucchinischeiben dürfen nicht zerfallen.
- Die in Scheiben geschnittenen Tomaten beigeben und mit dem durchgepreßten Knoblauch, Salz und Pfeffer würzen. 5 Minuten weiterdünsten. Mit Basilikum bestreuen.

Zucchini mit Basilikum

Äpfel mit Hüttenkäse

Für 4 Personen
Arbeitsaufwand 15 Min.
699 kJ = 167 kcal/Portion

4 mittelgroße Äpfel
4 Eßl. Zitronensaft
2 Teel. flüssiger Süßstoff
2 Teel. geröstete Mandelsplitter
50 g Hüttenkäse, 2 Eßl. Joghurt

Diese Speise läßt sich auch mit Birnen oder Beeren zubereiten

- Den Hüttenkäse mit Joghurt, Zitronensaft und Süßstoff gut mischen und luftig rühren.
- Die Äpfel waschen, entkernen und das Fruchtfleisch auf einer feinen Reibe direkt in die Sauce reiben. Immer sofort gut mischen.
- Die Creme in Dessertschalen füllen, mit gerösteten Mandelsplittern bestreuen und sehr kalt servieren.

TIP Diese Creme sollte nicht mehr als 2–3 Stunden im voraus zubereitet werden.

Äpfel mit Hüttenkäse und Mandelsplittern

Heidelbeerschale

Für 4 Personen
Arbeitsaufwand 10 Min.
657 kJ = 157 kcal/Portion

600 g Heidelbeeren
2 Eßl. Zitronensaft, 3 Teel. flüssiger Süßstoff
300 g Speisequark

- Die Heidelbeeren im Mixer pürieren oder mit einem Eßlöffel Wasser kurz aufkochen und durch ein Sieb streichen.
- Den Quark mit Zitronensaft und Süßstoff zu einer glatten Creme schlagen. (Bei Verwendung von tiefgekühlten Beeren die Süßstoffmenge etwas reduzieren.)
- Das Heidelbeermus mit dem Quark gut mischen. Wenig Quark und Heidelbeeren für die Garnierung zurückbehalten.

Heidelbeerschale, einfach zuzubereiten

Zabaione Winzerart

Für 4 Personen
Arbeitsaufwand 15 Min.
586 kJ = 140 kcal/Portion

4 Eigelb
3 Teel. flüssiger Süßstoff
1 Messerspitze Zimt, ½ Teel. Vanilleextrakt, 1 Teel. geriebene Zitronenschale
250 g Trauben
⅛ l milder Weißwein

- Süßstoff, Eigelb und einen Teelöffel Wasser im Wasserbad schaumig schlagen. Sobald die Creme sämig wird, langsam unter ständigem Rühren den Weißwein zugeben. Weiterschlagen, bis die Creme dick und schaumig ist.
- Zimt, Vanilleextrakt und Zitronenschale zugeben.
- Im letzten Moment mit gewaschenen, gut abgetropften und eventuell geschälten und halbierten Trauben mischen. Mit einigen Trauben garnieren und sofort warm servieren.

Will man die Creme kalt servieren, 2–3 Blatt Gelatine in kaltes Wasser legen, gut ausdrücken und in der noch warmen Creme auflösen. Kühl stellen.

Birnenauflauf mit Quark

Für 4 Personen
Vorbereitung 15 Min.
Backzeit 30–40 Min.
686 kJ = 164 kcal/Portion

Äpfel oder Birnen aus der Dose verwenden
Statt Süßstoff 100 g Zucker verwenden; Eigelb mit Zucker schaumig schlagen, dann weitere Zutaten beigeben

500 g Birnen
200 g Speisequark, 2 Eier, Butter für die Form
3 Teel. flüssiger Süßstoff, 1 Teel. Zitronenessenz, ½ Teel. geriebene Zitronenschale

- Die Birnen schälen, vierteln, das Kernhaus entfernen und die Birnen in Schnitze schneiden.
- Die Eigelb schaumig rühren. Süßstoff, Quark, geriebene Zitronenschale und Zitronenessenz daruntermischen. Die Eiweiß zu Schnee schlagen und ebenfalls unter die Masse ziehen.
- Die Birnenschnitze in eine gebutterte Auflaufform geben. Den Guß darüber verteilen und 30–40 Minuten bei 180 °C backen. Mit Alufolie abdecken, falls die Oberfläche zu dunkel wird.
- Warm oder kalt servieren.

Himbeerköpfchen

Für 4 Personen
Arbeitsaufwand 25 Min.
586 kJ = 140 kcal/Portion

700 g Himbeeren
2 Eßl. Zitronensaft
3 Teel. flüssiger Süßstoff
6 Blatt Gelatine
2 Becher Joghurt

Auch Erdbeeren oder Aprikosen lassen sich auf diese Weise zubereiten

- Die Gelatine in kaltes Wasser legen.
- 400 g Himbeeren durch ein Sieb streichen. Mit Süßstoff und Zitronensaft mischen.
- Die Gelatine ausdrücken. In 2 Eßlöffel heißem Wasser auflösen und unter das Himbeerpüree mischen.
- Sobald die Fruchtcreme fest zu werden beginnt, den Joghurt und 200 g ganze Himbeeren darunterziehen. Die Creme in kleine Puddingförmchen füllen und kalt stellen.
- Vor dem Servieren auf eine Platte stürzen und mit den restlichen Beeren und nach Belieben mit Quarktupfen garnieren.

Pfirsiche mit Beerenquark

Für 4 Personen
Arbeitsaufwand 15 Min.
900 kJ = 215 kcal/Portion

300 g Pfirsiche, 250 g Heidelbeeren
1 Eßl. Zitronensaft, 2 Teel. flüssiger Süßstoff
200 g Rahmquark, 4 Eßl. Milch

- Die Pfirsiche kurz in kochendes Wasser tauchen, schälen und in Würfel schneiden. Einige Tropfen Süßstoff darüber träufeln, gut mischen und etwas ziehen lassen.
- Den Rahmquark mit der Milch glattrühren.

Anstelle der Heidelbeeren eignen sich auch Himbeeren oder Brombeeren

- Die Beeren (einige für die Garnierung zurückbehalten) mit dem restlichen Süßstoff und dem Zitronensaft im Mixer pürieren und unter den Quark ziehen.
- Die Pfirsiche in Gläser oder Dessertschalen füllen. Den Beerenquark darüber verteilen und mit den restlichen Beeren garnieren.

Zimtäpfel

Für 6 Personen
Arbeitsaufwand 40 Min.
1168 kJ = 279 kcal/Portion

6 Äpfel (feste Sorte), 6 geschälte Pistazien
3½ Teel. flüssiger Süßstoff, 2 Eßl. Zitronensaft
1 Teel. Zimtpulver
3 Eßl. Calvados
¼ l Rahm, 200 g Speisequark

- Von den ungeschälten Äpfeln das obere Drittel abschneiden; dabei darauf achten, daß der Stiel daran bleibt. Das Kernhaus ausstechen. Die Äpfel sorgfältig aushöhlen; dabei einen Rand von etwa 1 cm lassen. Auch den Deckel etwas aushöhlen. Die Schnittflächen sofort mit einem Eßlöffel Zitronensaft bestreichen, damit sie sich nicht verfärben.
- Das Apfelfleisch sofort mit dem restlichen Zitronensaft und dem Calvados im Mixer pürieren.
- Die ausgehöhlten Äpfel mit einem Teelöffel Süßstoff beträufeln und samt den Deckeln in einer gut schließenden Edelstahlpfanne zugedeckt auf kleinster Stufe 30 Minuten garen. Die Äpfel dürfen nicht zerfallen! In der Pfanne erkalten lassen.

Die Äpfel mit Apfeleis füllen. Apfelpüree mit Zimt und Süßstoff abschmecken und als Sauce dazu servieren

- Den Rahm steif schlagen.
- Das Apfelpüree mit dem Quark und Zimt gut mischen, dann den Rahm darunterziehen. Mit dem Süßstoff abschmecken.
- Die Äpfel aus der Pfanne nehmen, gut abtropfen lassen und mit der Creme füllen.
- Kühl stellen und vor dem Servieren die Deckel aufsetzen. Mit je 2 Pistazienhälften garnieren.

TIP Wenn man die Äpfel schälen will, darf man sie nicht so stark aushöhlen, da sie sonst zerfallen. Die Äpfel müssen sofort nach dem Schälen mit Zitronensaft eingerieben werden, damit sie sich nicht verfärben.

Zimtäpfel, mit Pistazien garniert

Mehr Zeit für die Gäste durch kluge Vorbereitung

Die folgenden Seiten sind allen gewidmet, die nicht mehr in der Küche stehen wollen, nachdem der Besuch schon eingetroffen ist, sondern sich lieber ganz auf die Unterhaltung mit den Gästen konzentrieren möchten. Besonders für Alleinstehende ist es oft schwierig, alles aufeinander abzustimmen, also einerseits die Gäste zu empfangen und andererseits noch am Herd zu stehen.

Glücklicherweise gibt es viele schmackhafte Gerichte, die man schon im voraus kochen kann oder die unbeaufsichtigt im Ofen garen, bis man sie servieren möchte. Solche Schmorgerichte vertragen es auch meist, wenn man sie etwas länger als vorgesehen auf dem Herd oder im Backofen lassen muß. Sicher sind diese Speisen immer etwas rustikal, denn die ganz feinen Spezialitäten kann man wirklich nur in letzter Minute vollenden. Aber viele Gäste schätzen gerade deftigere Speisen. Ein Blick auf die Menüvorschläge auf der nächsten Seite zeigt außerdem, daß die Rezepte durchaus „gesellschaftsfähig" sind.

Die kalten Vorspeisen können alle im voraus zubereitet und kühl gestellt werden. Die Hauptgerichte garen, wenn man sie einmal aufgesetzt hat, ohne Aufsicht, und man muß am Schluß nur noch die Sauce fertigmachen. Die Desserts kann man entweder schon in den Kühlschrank stellen, damit sie gut durchziehen, oder sie sind in wenigen Minuten anzurichten.

Als Gastgeber hat man also die gesamte Speisenfolge schon parat, wenn die ersten Gäste an der Tür klingeln. Man kann allen nun entspannt und gelassen entgegentreten und darf die Küche ruhig außer acht lassen. Die Gäste werden für die angenehme Atmosphäre dankbar sein und den Gastgeber bewundern, dem alles so leicht von der Hand geht.

Während das Hauptgericht – hier Hähnchen spanische Art (Seite 325) – ohne Aufsicht gart, kann man sich ganz den Gästen widmen

Menüvorschläge

Menü I

Selleriesalat
im Grapefruitbecher S. 320
*
Kutteln
normannische Art S. 321
Kartoffeln
in der Folie S. 309
*
Rumtopf S. 329

Menü II

Geräucherte Forelle
mit Meerrettichrahm S. 339
Toast und Butter
*
Kalbshaxen Verona S. 327
Hausgemachte Nudeln S. 83
*
Jaffarinensalat S. 330

Menü III

Grapefruitcocktail S. 295
*
Fisch mit Tomaten
im Ofen S. 321
Zitronenreis S. 329
*
Äpfel
mit Himbeersauce S. 332

Menü IV

Rohschinken mit Melone
*
Kalbsragout
mit Schwarzwurzeln S. 328
Trockenreis S. 431
*
Zitronenmousse S. 330

Menü V

Weißkohlsalat
mit Speck
und Orangen S. 319
*
Böhmischer Braten S. 324
Semmelknödel S. 329
*
Erdbeeren mit Rahm

Menü VI

Blumenkohlsalat
Cinque Terre S. 151
*
Hähnchen
spanische Art S. 325
Weiße Bohnen
*
Pfirsiche
mit Erdbeeren S. 331

Menü VII

Käsebouillon mit Ei S. 321
*
Wiener Tafelspitz
mit Apfelkren S. 325
Bratkartoffeln
*
Brombeeren
auf Kirschbiskuit S. 333

Weißkohlsalat mit Speck und Orangen

Für 4 Personen
Arbeitsaufwand 20 Min.
1439 kJ = 344 kcal/Portion

1 kleiner Weißkohl, 2 Orangen, 2 Eßl. Orangensaft
4 dünne Scheiben magerer Speck
½ l Fleischbrühe (evtl. aus Würfeln)
4 Eßl. Öl, 1 Eßl. Weinessig
2 Teel. Senf, Salz, Pfeffer

- Den Kohl hobeln, in die kochende Fleischbrühe geben und einmal aufkochen. Gut abtropfen lassen.
- Speck in sehr feine Streifen schneiden und in einer Bratpfanne leicht anrösten.
- Öl, Essig, Orangensaft, Salz, Pfeffer und Senf zu einer Sauce rühren.
- Speck, Sauce und den noch warmen Kohl mischen.
- Die Orangen sorgfältig so schälen, daß auch die innere weiße Haut entfernt wird. Zwischen den Trennhäutchen Schnitze herausschneiden. 2 Drittel davon kleinschneiden und unter den Salat mischen. Mit den restlichen Orangenschnitzen garnieren.

Die Orangen weglassen und den Salat mit Kümmel würzen

Weißkohlsalat, mit Speck und Orangen pikant angemacht

Besonders fruchtig ist der Selleriesalat im Grapefruitbecher

Selleriesalat im Grapefruitbecher

Für 4 Personen
Arbeitsaufwand 25 Min.
1650 kJ = 395 kcal/Portion

2 Äpfel, 200 g Sellerieknolle, 8 Eßl. grüne Erbsen aus der Dose,
2 Eßl. Zitronensaft, 4 Grapefruits
6 Eßl. Mayonnaise
1 Prise Salz, 1 Prise Zucker, 1 Teel. edelsüßer Paprika
2 Eßl. geröstete Mandelblättchen

- Die Äpfel schälen und entkernen.
- Die Sellerieknolle putzen, mit den Äpfeln in sehr feine Streifen hobeln und sofort mit dem Zitronensaft mischen.
- Von den Grapefruits das obere Drittel wegschneiden. Das Fruchtfleisch aus beiden Teilen sorgfältig herauslösen und in kleine Würfel schneiden.
- Die Schnittränder des unteren Teils der Grapefruits mit einem spitzen Messer zickzackförmig einschneiden (S. 217).
- Die Mayonnaise mit Salz, Zucker und Paprika verrühren.
- Die Erbsen, Apfel- und Selleriestreifen sowie die Grapefruitwürfel mit der Sauce mischen. Den Cocktail in die vorbereiteten Fruchtschalen einfüllen und mit den Mandelblättchen bestreuen.
- Den Salat kühl servieren.

Wenn man einen Teil der Mayonnaise durch Quark ersetzt, wird das Gericht noch leichter

TIP Mit Toast und Butter serviert, eignet sich dieser Cocktail auch als kleines Abendessen.

Käsebouillon mit Ei

Für 4 Personen
Arbeitsaufwand 15 Min.
966 kJ = 231 kcal/Portion

6 dünne Scheiben Stangenweißbrot (Baguette)
4 frische Eier, 2 Eßl. Butterschmalz (Gourmetbutter),
4 Eßl. geriebener Parmesan
1 l Fleischbrühe
1 Eßl. feingehackte Petersilie oder Schnittlauch

- Die Brotscheiben halbieren und in Butterschmalz goldgelb rösten. In vorgewärmte Suppenteller legen.
- Je ein rohes Ei darauf geben und mit geriebenem Käse bestreuen.
- Siedend heiße Fleischbrühe in die Suppenteller gießen und mit Petersilie oder Schnittlauch bestreuen.

Fisch mit Tomaten im Ofen

Für 4 Personen
Vorbereitung 10 Min.
Kochzeit 20 Min.
1201 kJ = 287 kcal/Portion

800 g Fisch in Scheiben (z. B. Seehecht, Kabeljau)
500 g Tomaten, 100 g Champignons, 1 kleine gehackte Zwiebel,
40 g grobgehackte grüne Oliven
1 Eßl. Butter
2 Eßl. Weißwein
2 Eßl. Tomatenpüree, 1 Knoblauchzehe, Salz, Pfeffer aus der Mühle
Bratfolie in Schlauchform

- Tiefgekühlte Fische auftauen lassen, bis sie sich voneinander lösen. Den Backofen auf 220 °C vorheizen. Die Fischscheiben salzen und pfeffern. Beidseitig in Butter schnell anbraten.
- Die Champignons putzen und in Scheiben schneiden. Die Tomaten kurz in kochendes Wasser tauchen, schälen und kleinschneiden. Zwiebeln, Champignons, Tomaten, Tomatenpüree, Wein, Oliven und durchgepreßten Knoblauch vermischen, wenig salzen und pfeffern und mit dem Fisch in eine Bratfolie geben. Gut verschließen und etwa 20 Minuten bei 220 °C im Backofen schmoren.
- Den Fisch anrichten und die Gemüsemischung darüber verteilen.

Zur Abwechslung feingeschnittene Paprikastreifen mitdünsten

Kutteln normannische Art

Für 6 Personen
Vorbereitung 30 Min.
Kochzeit 6 Std.
1385 kJ = 331 kcal/Portion
Anleitung S. 323

1200 g rohe Kutteln am Stück, 2 in Stücke gehackte Kalbsfüße,
1 Stück Speckschwarte (etwa 100 g)
500 g Lauch, 3 Zwiebeln, 3 Karotten
¼ l Apfelwein, 2 Eßl. Calvados
½ l Fleischbrühe, 1 Eßl. Zitronensaft
4 Gewürznelken, 2 Lorbeerblätter, 1 Eßl. Wacholderbeeren,
½ Teel. Thymian, 1 Knoblauchzehe, 1 Prise Cayennepfeffer,
Salz, Pfeffer

- Die Kutteln in 4 × 4 cm große Quadrate schneiden. Den Lauch putzen, waschen, quer halbieren und mit Küchenfaden zu Bündeln von je 3 Stück zusammenbinden. Die Zwiebeln grob hacken. Die Karotten in Scheiben schneiden.
- Die Kalbsfußstücke in einen Tontopf oder Römertopf legen. Die Hälfte der Kuttelstücke, Speckschwarte, Zwiebeln, Knoblauch, Gewürznelken, Lorbeerblätter, Wacholderbeeren und Thymian darüber verteilen. Mit Salz und Pfeffer würzen und mit den restlichen Kutteln bedecken. Dann den Apfelwein und die Fleischbrühe darüber geben. Die Kutteln sollen mit Flüssigkeit bedeckt sein, damit sie sich nicht verfärben. Deshalb muß man eventuell noch etwas Wasser zufügen.
- Ein großes Stück Alufolie über den Topf legen. Mit dem Deckel gut verschließen. Topf in den Backofen stellen und bei 160 °C 3 Stunden schmoren lassen.
- Den Topf öffnen. Die Karottenscheiben und Lauchbündel rasch zugeben. Das Gemüse in die Brühe tauchen. Wenn nötig, noch etwas Flüssigkeit nachgießen, damit alles mit Sud bedeckt ist. Sofort wieder mit Folie und Deckel verschließen. 2 Stunden im Backofen weiterschmoren.
- Den Topf wieder öffnen. Das Gericht mit Salz und Pfeffer nachwürzen, den Calvados beifügen, den Topf wieder gut schließen und noch eine Stunde schmoren lassen.
- Den Topf herausnehmen. Das Fett, das sich auf der Oberfläche der Brühe gebildet hat, mit einem Löffel abschöpfen.
- Kutteln, Lauch und Karotten mit der Schaumkelle aus dem Topf nehmen und anrichten.
- Den Sud durch ein Sieb gießen. Zitronensaft und Cayennepfeffer beifügen, nach Belieben nachwürzen und stark aufkochen lassen. Kochend über die Kutteln gießen.
- In einem rustikalen Topf sehr heiß servieren; dabei darauf achten, daß – sozusagen als Farbtupfer – einige Karottenscheiben auf den Kutteln liegen.
- Am besten passen als Beilage Salzkartoffeln oder Kartoffeln in der Folie dazu.

TIP Dieses Gericht läßt sich auch im Schnellkochtopf zubereiten. In diesem Fall die Flüssigkeit auf die Hälfte reduzieren.

Garen ohne Aufsicht im Römertopf

Wenn man nicht in der Küche stehen will, ist der Römertopf ein ideales Kochgeschirr. Man kann alles rechtzeitig vorbereiten, in diesen Wundertopf geben, und es wird ohne Aufsicht gar. Doch auch der Römertopf will richtig gehandhabt sein:

- Die Form vor jedem Gebrauch 30–60 Minuten in kaltes Wasser legen (vor der ersten Benutzung sogar 2 Stunden).
- Der Römertopf darf nur im Backofen verwendet werden. Stets in den kalten Backofen schieben und nach dem Herausnehmen auf eine nicht zu kalte Unterlage stellen, am besten auf ein Küchentuch.
- Für Fischgerichte immer eine Extraform verwenden, denn der Fischgeschmack geht nicht mehr ganz weg und könnte andere Gerichte beeinträchtigen.
- Beim Garen im Römertopf bildet sich meistens sehr viel Saft, so daß es überflüssig ist, noch große Mengen Wein, Wasser oder Bouillon zuzugeben. Eine zu wässerig geratene Sauce am Schluß in einer Pfanne einkochen. Soll der Braten eine Kruste haben, nimmt man 30 Minuten vor Ende der Garzeit den Deckel ab.

Kutteln im Römertopf

Dieses klassische Kuttelgericht ist wie geschaffen für Gastgeber, die nicht in der Küche stehen wollen, wenn die Gäste da sind. Alles wird gut vorbereitet, in den Römertopf geschichtet und rechtzeitig in den Backofen geschoben. Damit die Kutteln sich nicht verfärben, wird diesem Eintopf ausreichend Flüssigkeit zugegeben. Die Sauce sollte man deshalb am Schluß durchsieben und etwas einkochen.

1. Die Kutteln in 4 × 4 cm große Quadrate schneiden; das Gemüse zurechtschneiden

2. Fleisch, Zwiebeln und Gewürze in den Topf schichten; Apfelwein und Brühe zugeben

3. Im so verschlossenen Topf im Backofen garen, zwischendurch Gemüse zufügen und würzen

4. Topf herausnehmen, Fett mit einem Löffel abschöpfen, Gemüse und Kutteln umfüllen

5. Sud durch ein Sieb gießen, nach Belieben nachwürzen und stark aufkochen lassen

Die Kutteln bringt man am besten in einem rustikalen Topf auf den Tisch

Böhmischer Braten schmeckt vor allem mit Semmelknödeln sehr gut

Böhmischer Braten

Für 6 Personen
Vorbereitung 20 Min.
Bratzeit 1 Std. 45 Min.
2272 kJ = 543 kcal/Portion

1200 g Rinderbraten, 50 g in dünne Scheiben geschnittener magerer Speck
2 Karotten, 3 Tomaten, 1 Stück Sellerieknolle, 3 Zwiebeln
2 Eßl. Butterschmalz (Gourmetbutter)
1 Eßl. Zitronensaft
3 Eßl. Rotwein
3 Eßl. Senf
½ Teel. Thymian, 1 Bund Petersilie, Salz, Pfeffer

- Das Fleisch am Vortag gut würzen, mit Senf und Butterschmalz bestreichen, in Klarsicht- oder Alufolie einwickeln und im Kühlschrank ruhenlassen.
- Vor dem Braten das Fleisch aus der Folie nehmen und in den vorher gewässerten Römertopf legen. Die Speckscheiben darüber verteilen und die Form offen in den auf 250 °C vorgeheizten Backofen schieben. 15 Minuten im offenen Topf anbraten.
- Unterdessen die Petersilie hacken, die Karotten in Scheiben, die Zwiebeln in feine Würfel und die Tomaten in Stücke schneiden. Das Gemüse zum Fleisch legen, den Zitronensaft und den Wein dazugießen und den Topf schließen.
- Die Hitze auf 200 °C reduzieren und den Braten 90 Minuten schmoren lassen.
- Das Fleisch herausnehmen, die Flüssigkeit in ein kleines Pfännchen sieben und etwas einkochen. Eventuell mit etwas klarer Sauce aus dem Beutel binden.

Wiener Tafelspitz mit Apfelkren

Für 4 Personen
Vorbereitung 20 Min.
Kochzeit 2–3 Std.
4005 kJ = 956 kcal/Portion

1 kg Rindfleisch (Hüftspitze), 500 g Rinderknochen
½ Stange Lauch, 1 Zwiebel, 3 Petersilienstengel
Salz, 6 Pfefferkörner
Apfelkren
2 Äpfel, 30 g Meerrettich, 1 Teel. Zitronensaft, ¼ Teel. Essig, 1 Teel. Zucker, 1 Eßl. Butter
Schnittlauchsauce
1 Brötchen (etwa 80 g), 4 Eßl. feingeschnittener Schnittlauch, 1 Knoblauchzehe, 1 Eßl. Zitronensaft, 1 Ei, 1 Eßl. Sauerrahm, 5 Eßl. Öl, ¼ Teel. Zucker, Salz

- 2 l kaltes Salzwasser mit den Knochen zum Kochen bringen. Fleisch, Petersilienstengel, Lauch, Zwiebel und die Pfefferkörner hineingeben. Aufkochen lassen, abschäumen und bei kleiner Hitze je nach Qualität des Fleisches 2–3 Stunden gar ziehen lassen. Ab und zu den Schaum entfernen.
- Die Suppe mit einem Stück Küchenpapier entfetten und zum Schluß nochmals abschmecken.
- Den Tafelspitz in fingerdicke Scheiben schneiden und auf einer vorgewärmten Platte anrichten. Dazu kleine, in Butter gebratene Kartoffeln, Apfelkren und Schnittlauchsauce servieren.
- Für den Apfelkren die Äpfel schälen, kleinschneiden und mit Zitronensaft beträufeln. Den Meerrettich fein reiben. Den Essig dazugießen. Die Apfelstücke in der Butter mit Zitronensaft und Zucker zugedeckt bei kleiner Hitze weich dünsten. Durch ein Sieb streichen und nach dem Erkalten den Meerrettich mit dem Essig dazugeben.
- Für die Schnittlauchsauce das Brötchen in lauwarmem Wasser einweichen. Das Ei 10 Minuten kochen, abschrecken und abkühlen lassen. Das Eigelb mit dem ausgepreßten Brötchen durch ein Sieb streichen. Mit dem durchgepreßten Knoblauch in eine Schüssel geben und das Öl tropfenweise unter ständigem Rühren dazugeben. Mit Salz, Zucker und Zitronensaft abschmecken. Erst kurz vor dem Servieren Sauerrahm und Schnittlauch beifügen.

TIP Den Fleischsud kann man später sehr gut für eine Fleischsuppe verwenden.

Hähnchen spanische Art

Für 4 Personen
Vorbereitung 20 Min.
Schmorzeit 60 Min.
3143 kJ = 751 kcal/Portion
Foto S. 316

2 Hähnchen (etwa 1600 g), 80 g Rohschinken
4 Paprikaschoten (rote, grüne und gelbe), 4 große Tomaten, 1 große Zwiebel
8 schwarze Oliven, 8 grüne Oliven, 4 Eßl. Olivenöl
2 kleine getrocknete rote Pfefferschoten, 2 Knoblauchzehen, Salz, Pfeffer
⅛ l Sherry

- Die Hähnchen in 6–8 Stücke teilen, dabei den Rückenknochen herausschneiden.
- Die Paprikaschoten halbieren, entkernen und in 2 cm breite Streifen schneiden. Die Tomaten oben kreuzweise einschneiden, einige Sekunden in kochendes Wasser tauchen, schälen, halbieren, gut auspressen und würzen. Die Oliven vierteln und entsteinen.
- Die Hähnchenteile mit Hals, Rückenknochen und Magen in Öl allseitig goldgelb anbraten.
- Die Knoblauchzehen zufügen und eine Minute mitbraten. Das Fleisch aus der Pfanne nehmen. Den Knoblauch darin belassen.
- Die Paprikaschotenstreifen, die gehackte Zwiebel und den in Streifen geschnittenen Rohschinken zufügen. Unter Wenden 10 Minuten dünsten, bis die Zwiebeln leicht Farbe angenommen haben.
- Die Tomaten und die kleingehackten Pfefferschoten zufügen. 1–2 Minuten weiterdünsten.
- Alles in einen Römertopf geben. Den Sherry dazugießen und zugedeckt im Ofen bei 200 °C 60 Minuten schmoren lassen.
- Die Oliven 10 Minuten vor Ende der Bratzeit zufügen.
- Die Sauce soll konzentriert werden, deshalb darauf achten, daß die Flüssigkeit gut einschmort.

Südländisch gewürzt sind die Kalbshaxen Verona

Kalbshaxen Verona

Für 4 Personen
Vorbereitung 20 Min.
Schmorzeit 75 Min.
1775 kJ = 424 kcal/Portion

4 Scheiben Kalbshaxe
1 Karotte, 1 kleines Stück Sellerie, 1 große Zwiebel
abgeriebene Schale von ½ Zitrone
1 Eßl. Butter
2 Eßl. Olivenöl
⅜ l Rotwein
⅛ l Fleischbrühe, ⅛ l klare Bratensauce aus Würfeln
2 Eßl. Tomatenpüree
je ½ Teel. Oregano, Rosmarin und Basilikum, 3 Eßl. gehackte Petersilie, 3 Knoblauchzehen, 1 Lorbeerblatt, Salz, schwarzer Pfeffer aus der Mühle

- Die Kalbshaxen beidseitig mit Pfeffer bestreuen. Das Olivenöl erhitzen und die Haxen darin von allen Seiten goldbraun anbraten. Das Fleisch aus der Pfanne nehmen.
- Karotte und Sellerie reiben, die Zwiebel hacken und alles Gemüse mit dem Tomatenpüree im Bratensatz 5 Minuten andünsten. Mit Wein ablöschen, stark aufkochen lassen und dann die Fleischbrühe zugeben.
- Das angebratene Fleisch, 2 durchgepreßte Knoblauchzehen, Kräuter, Lorbeerblatt, Zitronenschale, Salz und Pfeffer zugeben. 75 Minuten zugedeckt schmoren lassen.
- Prüfen, ob die Kalbshaxen weich sind, und gegebenenfalls die Schmorzeit noch etwas verlängern.
- Das Fleisch auf einer vorgewärmten Platte anrichten. Das Lorbeerblatt entfernen. Die Sauce durch ein Sieb streichen und mit der Bratensauce verdünnen. Aufkochen, nach Bedarf nachwürzen und die Kalbshaxen wieder in die Sauce legen.
- Unterdessen die Petersilie und eine durchgepreßte Knoblauchzehe in der Butter 1–2 Minuten dünsten.
- Die angerichteten Kalbshaxen mit der Sauce überziehen und das gedünstete Petersilien-Knoblauch-Gemisch darüber verteilen. Sofort servieren.

Anstelle von Oregano, Rosmarin und Basilikum kann man auch eine italienische Kräutermischung verwenden

Fleisch – richtig gekocht

Es gibt eine alte Kochregel: Setzt man Siedfleisch mit Wasser, Knochen und Gemüse kalt auf, wird die Brühe besonders gehaltvoll. Legt man das Fleisch jedoch in bereits kochendes Wasser, schließen sich die Poren sofort, und der Fleischsaft kann nicht austreten. So wird das Fleisch saftiger und besser im Geschmack. Für Gerichte wie Tafelspitz oder gekochte Ochsenbrust, bei denen das Fleischstück wichtiger ist als die Brühe, wählt man am besten letztere Methode.

Wenn man Gemüse zum Fleisch servieren will, kocht man ein Drittel oder die Hälfte davon von Anfang an mit, damit die Brühe gehaltvoller wird. Den Rest gibt man erst 20–30 Minuten vor dem Anrichten hinzu, damit es nicht verkocht.

Wenn Siedfleisch einfach nicht weich werden will, gart man es am besten im Schnellkochtopf. Es soll aber – eine Ausnahme bei dieser Kochmethode – mit Brühe bedeckt sein. Nur so wird es gleichmäßig gar.

Wird das Fleisch kalt serviert, läßt man es in der Brühe erkalten. So bleibt es hell und ansehnlich und bekommt keine vertrocknete Kruste. Das gilt auch für die Aufbewahrung von gekochten Fleischresten, die man am nächsten Tag für Fleischsalat verwenden will.

Kalbsragout mit Schwarzwurzeln, ein bekömmliches Schmorgericht

Kalbsragout mit Schwarzwurzeln

Für 4 Personen
Vorbereitung 30 Min.
Kochzeit 70 Min.
2034 kJ = 486 kcal/Portion

600 g Kalbsschulter
500 g frische Schwarzwurzeln, 1 kleine Stange Lauch, 1 Karotte,
1 gehackte Zwiebel, 2 Eßl. Zitronensaft
1 Eßl. Butter, 1 Eigelb, 1/8 l Rahm
1/8 l Weißwein, 4 Eßl. Fleischbrühe
2 Eßl. geschnittener Schnittlauch, 1/2 Lorbeerblatt, Salz, Pfeffer

Schwarzwurzeln aus der Dose verwenden; in diesem Fall erst kurz vor dem Anrichten zugeben

Verwendet man Schwarzwurzeln aus der Dose, fügt man dem Weißwein etwas von ihrem Saft bei

- Frische Schwarzwurzeln schälen; dabei Gummihandschuhe anziehen. In 3 cm lange Stücke schneiden und sofort in Zitronenwasser legen (2 Eßlöffel Zitronensaft auf 1 l Wasser).
- Das Kalbfleisch in Würfel schneiden. Die Karotte schälen und mit dem geputzten Lauch in sehr feine Streifchen schneiden.
- Das Fleisch in der Butter ganz schwach anbraten. Zwiebel und Gemüsestreifchen darüber geben. 1–2 Minuten mitdünsten. Lorbeerblatt, Weißwein, Fleischbrühe und Schwarzwurzeln zufügen. Etwa eine Stunde kochen.
- Fleisch, Schwarzwurzeln und Gemüsestreifen aus der Pfanne nehmen, abtropfen lassen und warm stellen.
- Die Kochflüssigkeit bei starker Hitze auf die Hälfte einkochen lassen. Den Rahm zufügen, nochmals etwas reduzieren.
- Das Eigelb in einer Schüssel verquirlen. Die Sauce darüber gießen, dabei ständig rühren. Die Sauce nochmals erwärmen, aber nicht kochen lassen. Mit Salz und Pfeffer nachwürzen. Die Sauce über Fleisch und Schwarzwurzeln verteilen. Mit Schnittlauch bestreut servieren.

Semmelknödel

Gibt 12 Stück
Vorbereitung 30 Min.
Kochzeit 30 Min.
686 kJ = 164 kcal/Stück

6 altbackene Brötchen
200 g geräuchertes, gekochtes Schweinefleisch, 50 g magerer Speck
1 große Zwiebel
1 Eßl. Butterschmalz (Gourmetbutter), ¼ l Milch, 2 Eier, 80 g Mehl
Salz, Pfeffer, 2 Eßl. gehackte Petersilie

- Brötchen, Schweinefleisch und Speck in kleine Würfel schneiden. Die Zwiebel hacken.
- Die Speckwürfel in einer Pfanne glasig werden lassen. Butterschmalz, Zwiebelwürfel und gehackte Petersilie zugeben und unter ständigem Wenden 1–2 Minuten mitdünsten.
- Fleisch- und Brotwürfel zufügen und einige Minuten mitrösten.
- Alles in eine Schüssel geben und mit dem Mehl vermischen.
- Die Eier mit wenig Salz und Pfeffer und der Milch verquirlen. Über die Brötchenmasse gießen. Die Masse gut mischen und 10 Minuten stehenlassen. Mit bemehlten Händen Knödel formen.
- Einen großen Kochtopf etwa zur Hälfte mit Salzwasser füllen. Sobald das Wasser kocht, 6 Knödel auf einmal hineingeben und 15 Minuten garen.
- Die fertigen Knödel in einem mit heißem Wasser gefüllten Topf warm halten. Vor dem Anrichten gut abtropfen lassen.

Zitronenreis

Für 4 Personen
Arbeitsaufwand 5 Min.
673 kJ = 161 kcal/Portion

4 Portionen körnig gekochter Reis
20 g Butter
geriebene Schale einer ungespritzten Zitrone
Saft von ½ Zitrone

- Den Reis in der Butter kurz andünsten.
- Zitronenschale und -saft zugeben und erhitzen.

Rumtopf

Den Rumtopf setzt man im Sommer an; bis zum Spätherbst fügt man laufend die jeweils gerade reifen Früchte hinzu.

Für einen Steinguttopf von 5 l Inhalt
Arbeitsaufwand 1–2 Std.

2 Flaschen Rum
500 g Erdbeeren, je 250 g Himbeeren, Kirschen und Brombeeren,
je 250 g Aprikosen, Pflaumen, Pfirsiche, Renekloden (Reineclauden),
Zwetschgen oder Mirabellen (Sorten nach Belieben wählen),
500 g Birnen,
1 frische Ananas, 250 g blaue Weintrauben
je 250 g Zucker auf 500 g Früchte

- 250 g Zucker und eine Flasche Rum in einem Steinguttopf gut mischen.
- Erdbeeren waschen, entstielen, auf Küchenpapier trocknen und zum Rum geben. Den Topf zudecken und in den Keller stellen.
- Während der ersten Woche jeden Tag mit einer Holzkelle umrühren, damit sich der Zucker ganz löst.
- Dann mit Beeren und Kirschen ergänzen. Darauf achten, daß die Früchte immer mit Rum bedeckt sind, also aus der zweiten Flasche entsprechend nachfüllen, und nach Bedarf Zucker nachgeben.
- Aprikosen und andere Steinfrüchte entsteinen und halbieren. Birnen schälen, entkernen und vierteln oder achteln. Die Ananas in kleine Fächer schneiden und zufügen. Gleichzeitig oder zuletzt die Weintrauben beigeben, die man am besten vorher einige Male mit einer dünnen Nadel einsticht.
- Den Rumtopf bis Anfang Dezember gut verschlossen im Keller stehenlassen. Erst dann hat sich das volle Aroma entfaltet.

Jaffarinensalat

Jaffarinen sind eine neue Züchtung aus Grapefruits. Sie sind in den ersten 3 Monaten des Jahres erhältlich.

Für 4 Personen
Arbeitsaufwand 10 Min.
728 kJ = 174 kcal/Portion

6 Jaffarinen
4 Eßl. Zucker
2 Eßl. Orangenlikör
1 Eßl. Pistazien

- Die Jaffarinen so schälen, daß auch die innere weiße Haut entfernt wird. Die Früchte notfalls entkernen und in etwa 5 mm dicke Scheiben schneiden.
- Mit Zucker und Orangenlikör begießen. 3–4 Stunden im Kühlschrank ziehen lassen.
- Die Pistazien kurz in heißes Wasser tauchen, die braunen Häutchen entfernen, auf Küchenpapier trocknen und hacken.
- Vor dem Servieren über den Salat streuen.

Zitronenmousse

Für 4 Personen
Arbeitsaufwand 25 Min.
1247 kJ = 298 kcal/Portion

3 Eier, 20 g Tafelbutter
150 g Zucker
1½ Eßl. Speisestärke
¼ l Weißwein
2 ungespritzte Zitronen

- Die Eier trennen und die Eigelb mit dem Zucker in einer Edelstahlpfanne sämig schlagen.
- Speisestärke und Weißwein darunterrühren.

Man kann diese Mousse auch mit Grapefruits, Jaffarinen oder Orangen zubereiten

- Die Zitronen warm waschen, trocknen und eine davon fein abreiben. Beide Zitronen auspressen; die geriebene Schale und den Saft zur Eigelbmischung geben. Die Creme unter ständigem Rühren bei kleiner Hitze eindicken lassen. Sie darf dabei nicht kochen, sonst gerinnt das Eigelb.
- Die Pfanne von der Hitze wegziehen. Die Butter zufügen und gut verrühren.
- Die Eiweiß steif schlagen und unter die inzwischen erkaltete Creme ziehen.
- Die Mousse in Gläser füllen und 2–3 Stunden kalt stellen.

TIP Die Mousse sollte nicht länger als einen halben Tag im Kühlschrank stehen.

Pfirsiche mit Erdbeeren

Für 4 Personen
Arbeitsaufwand 20 Min.
911 kJ = 217 kcal/Portion

1 kg Pfirsiche (am besten gelbe Sorte), 400 g Erdbeeren
4 Eßl. Zitronensaft
4 Eßl. Zucker
⅛ l Weißwein

Man kann auch Pfirsiche aus der Dose verwenden

- Die Pfirsiche ganz kurz in sehr heißes Wasser tauchen. Die Früchte schälen und in feine Stücke schneiden.
- Mit den halbierten Erdbeeren mischen.
- Sofort Zitronensaft, Weißwein und Zucker dazugeben.
- 2 Stunden im Kühlschrank ziehen lassen. Kühl servieren.

Sommerlich leicht sind die Pfirsiche mit Erdbeeren in Weißwein

Äpfel mit Himbeersauce

Für 4 Personen
Arbeitsaufwand 20 Min.
1675 kJ = 400 kcal/Portion

4 mittelgroße Äpfel
1 Paket Vanilleeis
¼ l Weißwein, 2 Eßl. Calvados
2 Eßl. Zitronensaft
2 Eßl. Zucker
8 Eßl. Himbeergelee
2 Eßl. geröstete Mandelblättchen

Man kann auch Birnen verwenden; dann statt Calvados Birnen- oder Orangenlikör nehmen

- Die Äpfel schälen, einen Deckel abschneiden und das Innere aushöhlen.
- 8 Eßlöffel Wasser, Wein, Zitronensaft und Zucker aufkochen. Die Äpfel 6–7 Minuten zugedeckt darin kochen. Sie sollen fest bleiben.
- Aus der Kochflüssigkeit herausheben, gut abtropfen lassen und auf eine flache Platte mit erhöhtem Rand legen. Noch warm mit Calvados beträufeln. Dann kalt stellen, damit sie ein wenig auskühlen.
- Himbeergelee erwärmen.
- Das Eis in Würfel schneiden. Einen Teil davon unmittelbar vor dem Servieren in die Äpfel füllen und den Rest um die Äpfel legen.
- Das heiße Himbeergelee über die Äpfel gießen, mit Mandelblättchen bestreuen und sofort auftragen.

Zur Abwechslung Nußeis nehmen und mit passierter Kirschmarmelade übergießen

TIP Man kann die Äpfel schon am Vortag kochen und im Sud erkalten lassen.

Die Äpfel mit Himbeersauce werden mit Vanilleeis serviert

Brombeeren auf Kirschbiskuit – nicht nur fürs Auge ein Genuß

Brombeeren auf Kirschbiskuit

Für 4 Personen
Arbeitsaufwand 10 Min.
2900 kJ = 693 kcal/Portion

300 g feiner Schokoladenbiskuitkuchen
500 g Brombeeren
2 Eßl. Kirschwasser
2 Eßl. Brombeerlikör
2 Eßl. Zucker
¼ l Rahm

- 12 Brombeeren zum Garnieren beiseite legen; die restlichen Beeren mit Zucker und Brombeerlikör mischen.
- Den Schokoladenbiskuitkuchen in 1,5 cm große Würfel schneiden, in eine Schüssel geben und nach Belieben mit Kirschwasser beträufeln.
- Den Rahm steif schlagen, ein Viertel davon zum Garnieren zurückbehalten. Den Rest lagenweise mit den Biskuitwürfeln in Gläser füllen. Die in Likör und Zucker eingelegten Brombeeren darauf verteilen.
- Den zurückbehaltenen Rahm in einen Spritzbeutel füllen und das Dessert damit garnieren. Die restlichen Beeren darauf setzen.

30 25 20 15 10

Ohne Aufwand gut gekocht und hübsch angerichtet

Auch wenn man selbst nicht gern kocht oder wenn die nötige Übung fehlt, kann man seine Gäste mit hausgemachten Gerichten überraschen, ohne daß man sich dabei sehr anstrengen muß. Die Vorschläge in diesem Kapitel sind alle so gehalten, daß man sich auch ohne Vorkenntnisse daranwagen kann.

Der Arbeitsaufwand ist bei allen Gerichten gering, ganz gleich, ob es sich um Vor-, Haupt- oder Nachspeisen handelt. Deshalb kann man diese Menüs auch dann einmal machen, wenn man vielleicht etwas müde ist oder aus irgendeinem anderen Grund keinen Aufwand treiben will.

Obwohl die einzelnen Speisen schnell zubereitet und mit wenigen Zutaten auf den Tisch gebracht werden können, haben sie doch alle einen gewissen Pfiff. So wird beispielsweise die Fleischbrühe aus Würfeln zu etwas Besonderem, indem man einige Lauchstreifen und etwas Sherry dazugibt. Auch fertig gekaufte Delikatessen wie geräucherte Forellen oder Wildpastete werden mit selbst zubereiteten Beilagen rasch zu Vorspeisen, die die persönliche Note des Gastgebers tragen. Daß selbst Hauptgerichte nicht immer einen großen Aufwand erfordern, beweisen die speziell für dieses Kapitel ausgearbeiteten Rezepte. Es ist wahrlich keine Kunst, ein paar Fischfilets mit Mandeln in Butter zu braten oder ein Zigeunerschnitzel in der Pfanne anzurichten.

Bei den Desserts kann man seiner Phantasie freien Lauf lassen. Alle süßen Rezepte in diesem Kapitel beschränken sich auf einfachste Zubereitungen, mit denen man bei den Gästen aber trotzdem Komplimente ernten wird. Wie mühelos man alle diese Köstlichkeiten auf den Tisch gezaubert hat, bleibt das Geheimnis des Gastgebers.

Mit den richtigen Zutaten dauert die Zubereitung der Gerichte in diesem Kapitel nur wenige Minuten

Menüvorschläge

Menü I

Russisches Ei
mit Toast S. 337

*

Fischfilets
mit Mandeln S. 341
Schnittlauchkartoffeln

*

Eismeringue
mit Erdbeersauce S. 346

Menü II

Geräucherte Forelle
mit Meerrettichrahm S. 339

*

Hähnchen in Bratfolie S. 344
Blattspinat
Berner Rösti S. 364

*

Himbeeren
mit Mandelguß S. 346

Menü III

Fleischbrühe
mit Lauch und Sherry S. 340

*

Schinkencurry S. 343
Trockenreis S. 429

*

Coupe Romanow S. 349

Menü IV

Wildpastete
mit Cumberlandsauce

*

Wiener Rostbraten S. 344
Kartoffeln
in der Folie S. 309
Grüne Bohnen

*

Weinäpfel S. 347

Menü V

Tomatensalat
mit Hüttenkäse S. 338

*

Spaghetti Luigi S. 340

*

Coupe Danemark S. 348

Menü VI

Schwarzwurzeln
mit Tomaten S. 309

*

Zigeunerschnitzel S. 343
Nudeln

*

Apfelmus nach
Großmutterart S. 68

Menü VII

Fischcocktail S. 339

*

Käsemakkaroni S. 342
Grüner Salat

*

Whiskeycoupe S. 348

Russisches Ei

Für 4 Personen
Vorbereitung 10 Min.
Kochzeit 6 Min.
1079 kJ = 258 kcal/Portion

4 frische Eier, 1 Eßl. Rahm
1 kleine Dose gemischtes Gemüse
4 kleine Cornichons
4 Scheiben Salami
4 Eßl. Mayonnaise und etwas Mayonnaise zum Garnieren
Majoran, Thymian, 1 Teel. gehackte Petersilie
1 Prise Cayennepfeffer, Salz, Pfeffer

- Die Eier 6 Minuten kochen, dann mit kaltem Wasser abschrekken. Abkühlen lassen und sorgfältig schälen.
- Das Gemüse abtropfen lassen.
- Die Mayonnaise mit Rahm, Salz, Pfeffer, Majoran und wenig Thymian gut verrühren. Mit Cayennepfeffer abschmecken.
- Das Gemüse unter die Sauce ziehen und auf 4 Teller verteilen. Mit je einem Ei, Cornichon und einer Scheibe Salami belegen.
- Mit Mayonnaise garnieren und mit der gehackten Petersilie bestreuen.

TIP Diese Vorspeise sieht hübsch aus, wenn man sie auf Muschelschalen anrichtet. Die Salamischeibe kann man bis zur Mitte einschneiden und dann zu einer Tüte formen.

Zu russischen Eiern paßt Toastbrot sehr gut

Tomatensalat mit Hüttenkäse, eine leichte Vorspeise

Tomatensalat mit Hüttenkäse

Für 4 Personen
Arbeitsaufwand 10 Min.
623 kJ = 149 kcal/Portion

1 Becher Joghurt, 200 g Hüttenkäse
400 g Tomaten, 1 Zwiebel, 50 g Kresse
2 Teel. gehackter Schnittlauch, Basilikum
2 Eßl. Ketchup, 2 Teel. Senf
Salz, Pfeffer

- Die Tomaten kurz in kochendes Wasser tauchen und schälen. In feine Scheiben schneiden und in einer flachen Schüssel anordnen.
- Die Zwiebel fein hacken und mit Ketchup, Senf, Joghurt und den Gewürzen zu einer pikanten Sauce verrühren. Über die Tomaten gießen.
- Die Kresse fein hacken, mit dem Schnittlauch und dem Hüttenkäse locker mischen. Den Tomatensalat damit garnieren.

Fischcocktail

Für 4 Personen
Arbeitsaufwand 15 Min.
786 kJ = 188 kcal/Portion

300 g Fischfilet (z. B. Blaufelchen, Forellen oder Seefische)
2 Grapefruits, 4 Salatblätter
300 g Rahmquark
1 Eßl. Ketchup, 1 Teel. Senf
1 Eßl. gehackter Schnittlauch
1 Prise Cayennepfeffer, Salz, Pfeffer

- Die Grapefruits mit einem scharfen Messer sorgfältig so schälen, daß auch die weiße Haut vollständig entfernt wird. Zwischen den Trennhäuten Schnitze herausschneiden. Den Saft auffangen, der dabei austritt.
- Die Fischfilets in kleine, 2–3 cm große Stücke schneiden. Mit dem aufgefangenen Grapefruitsaft und wenig Salz und Pfeffer in eine Pfanne geben. Zugedeckt 2–3 Minuten ziehen lassen, bis das Fischfleisch weiß wird.
- Quark, Ketchup und Senf zu einer Sauce verrühren. Den Fischsud dazugeben. Mit Salz und Cayennepfeffer pikant abschmecken.
- Glasschalen oder schöne Gläser mit je einem Salatblatt auslegen. Die noch lauwarmen Fischstücke und Grapefruitschnitze einfüllen und die Sauce darüber verteilen.
- Mit dem Schnittlauch bestreuen.

Geräucherte Forelle mit Meerrettichrahm

Für 4 Personen
Arbeitsaufwand 10 Min.
1092 kJ = 261 kcal/Portion

4 geräucherte Forellenfilets
1 Stück frischer Meerrettich, 1 Tomate
Salz, Pfeffer
⅛ l Rahm

- Den Rahm steif schlagen. Den Meerrettich schälen und fein direkt in den Rahm reiben. Sofort mischen und mit Salz und Pfeffer abschmecken.
- Die Forellenfilets auf Teller verteilen. Je einen Tupfer Meerrettichrahm dazugeben und mit einem Tomatenviertel garnieren.

So geht es noch einfacher

Auch mit wenig Aufwand kann man Gäste vorzüglich bewirten, denn in Feinkostläden und in den Lebensmittelabteilungen großer Kaufhäuser findet man eine Fülle von fertigen Spezialitäten, mit denen man rasch ein attraktives Menü zusammenstellen kann.

Als Vorspeisen bieten sich zum Beispiel an: Pastetenscheiben mit Cumberlandsauce, Räucherlachs, ein Salat aus Meeresfrüchten oder Tintenfisch, Rohschinken mit Melone und vieles mehr.

Für die Hauptspeise empfiehlt sich etwa ein Hähnchen oder ein Stück Fleisch, das ganz allein im Ofen schmort, oder auch ein schnelles Fischgericht.

Süßspeisen kann man im Nu mit tiefgekühlten Früchten, Eis, Baiserschalen (Meringue), Löffelbiskuits, Schlagrahm und ein bißchen Likör zubereiten.

Fleischbrühe, mit Lauch und Sherry pikant abgeschmeckt

Fleischbrühe mit Lauch und Sherry

Für 4 Personen
Arbeitsaufwand 5 Min.
230 kJ = 55 kcal/Portion

1 l Fleischbrühe aus Würfeln
1 kleines Stück Lauch
2 Eßl. Sherry

- Die Fleischbrühe nach Vorschrift zubereiten.
- Das Lauchstück putzen, in 4 cm lange Stücke und diese in Längsrichtung in feine Streifen schneiden.
- In die Brühe geben und darin einige Minuten kochen. Der Lauch soll leicht knackig bleiben.
- Vor dem Anrichten mit dem Sherry abschmecken.

Spaghetti Luigi

Für 4 Personen
Arbeitsaufwand 20 Min.
3637 kJ = 866 kcal/Portion

400 g Spaghetti
300 g Geflügelfleisch ohne Knochen, 150 g Schinken
1 Eßl. Butterschmalz (Gourmetbutter), 5 Portionen Kräuterbutter,
⅛ l Rahm, 50 g geriebener Käse
1 rote Paprikaschote, 200 g Champignons
2 Eßl. gehackte Petersilie, Salz, Pfeffer

- Die Spaghetti in viel Salzwasser *al dente,* so daß sie noch bißfest sind, kochen.

Bereits gekochtes oder gebratenes Geflügelfleisch verwenden und nur noch erhitzen

- Unterdessen das Geflügelfleisch und die entkernte Paprikaschote in kleine Würfel, den Schinken in Streifen und die Champignons in Scheiben schneiden.
- Das Butterschmalz erhitzen, die Paprikawürfelchen dazugeben und kurz dünsten.
- Die restlichen Zutaten beifügen und ebenfalls dünsten. Den Rahm dazugießen, etwas einkochen lassen. Die Kräuterbutter zugeben, schmelzen lassen und die Sauce mit Salz und Pfeffer abschmecken.
- Über die inzwischen abgetropften Spaghetti gießen und mit der Petersilie bestreuen.

Fischfilets mit Mandeln

Für 4 Personen
Arbeitsaufwand 15 Min.
1155 kJ = 276 kcal/Portion

8 Fischfilets (Seezunge, Goldbutt, Blaufelchen o. ä.)
2 Eßl. Butterschmalz (Gourmetbutter), 30 g Tafelbutter
2 Eßl. Mandelblättchen
1 Zitrone

- Die Fischfilets mit Pfeffer bestreuen. In Butterschmalz beidseitig etwa 5 Minuten braten. Wenig salzen.
- Die Butter in einer zweiten Bratpfanne zerfließen lassen. Die Mandeln hineingeben und unter Wenden hellbraun rösten.
- Die Fischfilets auf einer heißen Platte anrichten, die Mandeln und die Butter darüber verteilen und mit Zitronenschnitzen garnieren.
- Mit Schnittlauchkartoffeln servieren.

Fischfilets, mit Mandeln und Zitronen angerichtet

Käsemakkaroni

Für 4 Personen
Arbeitsaufwand 20 Min.
3842 kJ = 918 kcal/Portion

500 g Makkaroni
300 g geriebener Käse (am besten rezenter Bergkäse oder Appenzeller), 2 Eßl. Butterschmalz (Gourmetbutter)
¼ l Rahm oder Milch
2 große Zwiebeln
Salz

- Die Makkaroni in viel Salzwasser *al dente,* also bißfest, kochen und gut abtropfen lassen.
- Den Rahm oder die Milch aufkochen, 100 g Käse hineingeben und gut rühren.
- Die Teigwaren mit der Hälfte des restlichen Käses mischen und in eine Bratpfanne oder feuerfeste Form einfüllen.
- Mit der Käsesauce begießen und mit dem restlichen Käse bestreuen.
- Die in Streifen geschnittenen und in der Butter hellgelb gebratenen Zwiebeln darüber geben. Zugedeckt auf dem Herd oder im Backofen nochmals aufwärmen, bis der Käse schmilzt.

Käsemakkaroni mit hellgelb gebratenen Zwiebeln

Schinkencurry

Für 4 Personen
Arbeitsaufwand 15 Min.
862 kJ = 206 kcal/Portion

4 Scheiben Schinken (etwa 1 cm dick)
3 Eßl. Butterschmalz (Gourmetbutter), 1 Becher Joghurt
2 Bananen, 1 Apfel
2 Eßl. Mandelblättchen
1 Zwiebel
2 Eßl. Currypulver, Salz, Pfeffer
nach Belieben Mango-Chutney

- Die Mandelblättchen in einer trockenen Bratpfanne hellgelb rösten, aus der Pfanne nehmen und auf einem flachen Teller verteilen.
- Die Bananen schälen, längs halbieren und in einem Eßlöffel Butterschmalz allseitig rasch anbraten und in den Mandelblättchen wenden.
- Die Schinkenscheiben beidseitig mit wenig weichem Butterschmalz bestreichen. Auf jeder Seite 2–3 Minuten braten.
- Die Zwiebel fein hacken und in der restlichen Butter glasig dünsten. Den Apfel schälen und fein direkt zu den Zwiebeln reiben. Sofort wenden, mit dem Currypulver bestreuen und eine Minute dünsten.
- Joghurt zugeben, mit Salz, Pfeffer und nach Belieben mit wenig Mango-Chutney würzen. Alles stark erhitzen, aber nicht kochen.
- Die Currysauce auf Teller verteilen und die Schinkenscheiben darauf legen.
- Mit der halbierten Mandelbanane und eventuell etwas Mango-Chutney garnieren.

Zigeunerschnitzel

Für 4 Personen
Arbeitsaufwand 15 Min.
1017 kJ = 243 kcal/Portion

4 Kalbs- oder Schweineschnitzel, 50 g gekochte Zunge
100 g Champignons, 3 Eßl. rote und grüne Paprikaschotenstreifen
1 Salzgurke
2 Eßl. Butterschmalz (Gourmetbutter)
3 Eßl. Rotwein
1 Teel. edelsüßer Paprika, Salz, Pfeffer

Statt Zunge kann man Schinken, statt Champignons Pfifferlinge (Eierschwämme) oder Steinpilze verwenden

- Die Schnitzel mit Pfeffer bestreuen und rasch in einem Eßlöffel Butterschmalz goldbraun braten. Salzen und warm stellen.
- Die Zunge und die Salzgurke in feine Streifen, die Champignons in Scheiben schneiden. Mit den Paprikaschotenstreifen 3–4 Minuten im restlichen Butterschmalz dünsten. Mit Salz, Pfeffer und Paprika würzen.
- Das pikante Gemisch über die auf einer heißen Platte angerichteten Schnitzel verteilen.
- Den Bratensatz mit Rotwein auflösen und stark aufkochen, so daß eine sämige Sauce entsteht.
- Heiß über die Schnitzel gießen.

Hähnchen in Bratfolie

Für 4 Personen
Vorbereitung 15 Min.
Kochzeit 50–60 Min.
1452 kJ = 347 kcal/Portion
Anleitung S. 345

2 Hähnchen
½ Stange Lauch, 1 Karotte, 1 Zwiebel, 1 Stück Sellerieknolle
⅛ l Weißwein
2 Eßl. Senf
2 Teel. Rosmarinnadeln, 1 Teel. edelsüßer Paprika, Salz, Pfeffer

- Salz, Pfeffer, Paprika und Senf mischen. Die Hähnchen damit einreiben. Die Rosmarinnadeln und wenig Salz in das Innere der Hähnchen streuen.
- Das Gemüse putzen, waschen und in kleine Stücke schneiden.
- Von Bratfolie in Schlauchform zwei Stücke in doppelter Länge der Hähnchen abschneiden.
- Die Hähnchen mit je der Hälfte des Gemüses hineinlegen. Den Weißwein auf die beiden Hähnchen verteilen. Die Folienschläuche schließen und auf der Oberseite mit einer Nadel 6–7mal einstechen.
- Die Folienpakete im vorgeheizten Backofen auf dem Rost 50–60 Minuten bei 200 °C auf der untersten Einschubleiste schmoren.
- Mit einer Schere ein Loch in die Folie stechen. Den Fleischsaft in ein kleines Pfännchen geben, auf die Hälfte einkochen und, wenn nötig, etwas nachwürzen.
- Die Hähnchen am Tisch in Stücke schneiden und mit dem Bratensaft begießen.

Wiener Rostbraten

Für 4 Personen
Vorbereitung 20 Min.
Kochzeit 1 Std.
2867 kJ = 685 kcal/Portion

4 Scheiben zartes Rindfleisch (Bratenstück)
2 Eßl. Butterschmalz (Gourmetbutter), ¼ l Sauerrahm
2 Zwiebeln
1 Teel. edelsüßer Paprika, Salz, Pfeffer, Thymian
¼ l Fleischbrühe
1 Teel. Mehl

- Das Fleisch mit Salz und Pfeffer würzen. Die Fleischscheiben am Rand mit einem scharfen Messer einschneiden, damit sie sich nachher beim Braten nicht verziehen.
- Das Butterschmalz erhitzen und das Fleisch beidseitig anbraten. Aus der Pfanne nehmen und in eine Auflaufform geben.
- Die in Ringe geschnittenen Zwiebeln kurz im Bratensatz dünsten. Paprika zugeben, gut rühren und über das Fleisch verteilen.
- Den Bratensatz mit der Fleischbrühe loskochen und ebenfalls in die Auflaufform geben.
- Im vorgeheizten Backofen bei 190 °C eine Stunde schmoren. Dann das Fleisch auf einer vorgewärmten Platte anrichten.
- Den Sauerrahm mit dem Mehl verrühren und zum Fleischsaft geben. Alles gut mischen und auflösen, in ein Pfännchen geben und aufkochen lassen. Mit Salz, Pfeffer und Thymian nachwürzen und über das Fleisch gießen.

Kochen in der Bratfolie

Wer sich das Kochen leichtmachen will, packt einfach alle Zutaten in eine Schlauchfolie, schiebt das Paket rechtzeitig in den Backofen, stellt auf der Küchenuhr die entsprechende Garzeit ein und präsentiert das Resultat in der Folie seinen Gästen. Will man es noch besser machen, wird die Folie in der Küche geöffnet und der Kochsaft zu einer Sauce verfeinert.

1. Das geputzte Gemüse mit dem gewürzten Hähnchen in die vorbereitete Folie geben

2. Die gefüllte Folie in eine Schüssel oder einen Topf stellen und den Weißwein zugeben

3. Die Folie nun, wie auf der Packung angegeben, an beiden Seiten gut verschließen

4. Mit einer Nadel einstechen, damit die Folie nicht platzt. In den Backofen schieben

5. Folie aufschneiden und den Bratensaft für die Sauce durch ein Loch ausgießen

Das Hähnchen sieht nicht nur gut aus – es schmeckt auch wunderbar

Eismeringue mit Erdbeersauce

Für 4 Personen
Arbeitsaufwand 10 Min.
1913 kJ = 457 kcal/Portion

1 Packung Erdbeerrahmeis, 4 Baiserschalen (Meringue)
500 g tiefgekühlte Erdbeeren
¼ l steifgeschlagener Rahm
2 Eßl. Zucker, 1 Eßl. Kirschwasser nach Belieben

- Die aufgetauten Erdbeeren mit Zucker und Kirschwasser mischen und pürieren. Das Eis in Scheiben schneiden.
- Eis auf 4 gekühlten Tellern mit den Baiserschalen anrichten.
- Das Dessert mit aufgespritzten Rahmrosetten garnieren. Das Püree dazu servieren.

Himbeeren mit Mandelguß

Für 4 Personen
Arbeitsaufwand 10 Min.
Backzeit 10–15 Min.
1381 kJ = 330 kcal/Portion

Erdbeeren und Brombeeren (auch tiefgekühlt) eignen sich ebenfalls

500 g Himbeeren
4 Eiweiß, Butter für die Form
100 g geschälte und geriebene Mandeln, 100 g Puderzucker

- Die Beeren verlesen und in eine gebutterte Auflaufform legen.
- Die Eiweiß zu steifem Schnee schlagen, dann die Mandeln und den Puderzucker sorgfältig darunterziehen. Diese Masse über die Himbeeren geben und mit einem nassen Messer glattstreichen.
- Mit Puderzucker bestreuen und bei 150 °C leicht überbacken.

Himbeeren mit leicht überbackenem Mandelguß

Weinäpfel

Calvados, der berühmte Branntwein aus der Normandie, gibt diesem Dessert einen letzten Pfiff.

Für 4 Personen
Vorbereitung 10 Min.
Kochzeit 25–30 Min.
1268 kJ = 303 kcal/Portion

4 schöne, große Äpfel
Saft von ½ Zitrone
½ l Rotwein
nach Belieben 1 Eßl. Calvados
100 g Zucker
4 Eßl. Johannisbeergelee
1 Zimtstange, 2 Gewürznelken

- Wein, Zucker, Zimtstange und Nelken zusammen aufkochen. 10 Minuten bei großer Hitze einkochen lassen.
- Inzwischen die Äpfel schälen, dabei den Stiel stehenlassen und nur die Blüte entfernen.
- Die geschälten Früchte sofort mit Zitronensaft bestreichen, damit sie nicht braun werden.
- Zum Wein geben und zugedeckt kochen, bis sie gar, aber noch fest sind (je nach Sorte 15–20 Minuten).
- Dann die Äpfel aus der Pfanne nehmen und in hübsche Portionsschalen verteilen.
- Die Flüssigkeit in der Pfanne bis auf die Hälfte einkochen lassen.
- Das Johannisbeergelee zugeben. Unter Rühren leise köcheln lassen, bis das Gelee aufgelöst ist.
- Nach dem Erkalten mit dem Calvados mischen und über die Äpfel gießen.

Weinäpfel mit einem besonders interessanten Aroma

Whiskeycoupe

Für 4 Personen
Arbeitsaufwand 5 Min.
1247 kJ = 298 kcal/Portion

4 Teel. Zucker
½ l heißer, starker Kaffee
6 Eßl. irischer Whiskey
4 Kugeln Vanilleeis
⅛ l Rahm

- 4 Irish-Coffee-Gläser oder andere hohe Gläser mit heißem Wasser gut vorwärmen. Das Wasser ausgießen.
- Den Zucker und den Kaffee hineingeben, gut umrühren, dann in jedes Glas 1½ Eßlöffel Whiskey gießen, nochmals umrühren und pro Glas eine Kugel Vanilleeis beifügen.
- Den leichtgeschlagenen Rahm über einen umgekehrten Teelöffel langsam auf den Kaffee gießen, so daß der Rahm nicht einsinkt, sondern auf der Oberfläche bleibt.

Coupe Danemark

Für 4 Personen
Arbeitsaufwand 10 Min.
2482 kJ = 593 kcal/Portion

1 Familienpackung Vanilleeis
¼ l Rahm
1–2 Tafeln dunkle Schokolade

- Die Schokolade in Stücke brechen, mit 1–2 Eßlöffel Wasser in ein Pfännchen geben und im Wasserbad zu einer Sauce schmelzen lassen.
- Den Rahm steif schlagen.
- Das Vanilleeis in 4 vorgekühlte Dessertschalen verteilen und mit einem in heißes Wasser getauchten Löffel jeweils eine Vertiefung anbringen.
- Den Rahm in einen Spritzbeutel mit Tülle einfüllen und das Eis mit einem Kranz von Rahmrosetten garnieren.
- Die warme Schokoladensauce separat servieren.

Eiscreme – gut und praktisch

Nicht immer kann man so viel Zeit aufbringen und seinen Gästen hausgemachte Desserts auftischen. Dann ist Speiseeis eine ideale Grundlage, mit der man schnell schöne Nachspeisen zaubern kann. Da Speiseeis in vielen Geschmacksrichtungen angeboten wird, findet man leicht immer wieder neue Variationsmöglichkeiten.

Einen gewissen Eisvorrat sollte man stets im Hause haben; allerdings muß man bei dieser empfindlichen Ware auf sorgfältige und fachgerechte Behandlung beim Einkauf und bei der Lagerung achten:

- Nie durchnäßte oder fleckige Eispackungen kaufen.
- Die Eispackung im Laden gleich in Zeitungspapier einwickeln oder in einer Spezialtasche für Tiefkühlkost transportieren.
- Zu Hause sofort in die Gefriertruhe oder in das Drei- oder Viersternefach des Kühlschranks legen. Bei Temperaturen von −18 °C hält sich Speiseeis mehrere Monate.
- Wenn Eis zu hart gefroren ist, kann man es nicht portionieren, deshalb 10–15 Minuten vor dem Servieren herausnehmen.

Coupe Romanow

Für 4 Personen
Arbeitsaufwand 10 Min.
2042 kJ = 488 kcal/Portion

8 Kugeln Vanilleeis
500 g Erdbeeren, Saft von 1 Orange
1 Eßl. Zucker
1 Eßl. Orangenlikör oder Portwein
¼ l Rahm

- 300 g Erdbeeren leicht zerdrücken, mit Orangensaft, Orangenlikör oder Portwein begießen und 30 Minuten im Kühlschrank ziehen lassen.
- Je 2 Kugeln Vanilleeis in vorgekühlte Dessertschalen geben.
- Die Erdbeeren mit dem Saft darüber verteilen.
- Das Dessert mit dem steifgeschlagenen Rahm und den restlichen Erdbeeren garnieren.

Coupe Romanow, ein erfrischender Eisbecher

Schnelle Gerichte für eilige Gastgeber

Meist sind es Berufstätige, die für die Gästebewirtung am wenigsten Zeit haben, und doch sind sie genauso gute Gastgeber wie diejenigen, die alles in Ruhe vorbereiten können. Vielleicht liegt es daran, daß solche Menschen gewohnt sind, alles zu organisieren.

Nach Feierabend oder am Wochenende erleben Berufstätige das Kochen oft als Entspannung und Ausgleich. Deshalb probieren sie auch gern raffinierte Gerichte mit einer besonderen Sauce oder einer interessanten Beilage. Gäste dürfen also von diesen Gastgebern immer etwas Besonderes erwarten.

Dieses Kapitel enthält Vorschläge für Eilige, die nicht viel Zeit in der Küche verbringen können. Daher wurden bewußt Gerichte gewählt, die kurze Kochzeiten haben, aber dennoch raffiniert sind. Die Vorspeisen können durch einen Salat oder eine Spezialität aus dem Delikatessengeschäft ersetzt werden. Fehlt die Zeit, um noch etwas fürs Dessert einzukaufen, kann man auch einen guten, reifen Käse anbieten.

Als eiliger Gastgeber darf man das Tischdecken ebenfalls vereinfachen. Tischsets, rustikales Geschirr und je ein Glas für Wein und Wasser genügen vollauf – Hauptsache, das Ganze ist mit Geschmack zusammengestellt.

In der Küche sollte es an technischen Hilfsmitteln nicht fehlen. Küchenmaschine, Handrührgerät, Schnellkochtopf, Allesschneider und ähnliche Küchenutensilien erleichtern die meisten Arbeiten wesentlich. Ein Mikrowellengerät kann zwar einen Herd nicht ersetzen, erlaubt aber das Aufbereiten in Sekundenschnelle; beim Heißluftherd erübrigt sich das Wenden und Begießen von Braten, und man kann sogar auf mehreren Ebenen die unterschiedlichsten Gebäck- und Fleischarten gleichzeitig garen. Wenn man den Komfort solcher Geräte in Anspruch nimmt, bleibt mehr Zeit für die Zubereitung der restlichen Gerichte.

Kurz gesagt: Auch als termingeplagter Mensch kann man ein vorzüglicher Gastgeber sein, denn diese schnellen Gerichte werden bei den Gästen sicher genausogut ankommen wie aufwendig gekochte Spezialitäten.

Wenn alles schnell gehen muß, sind solche Pfannengerichte ideal; hier ein Tomatenomelett (Seite 354) als Vorspeise

Menüvorschläge

Menü I

Krevettencocktail S. 356

*

Schweinefilets
in Zitronensauce S. 358
Trockenreis S. 431
Grüne Erbsen

*

Weichseln in Rotwein S. 367

Menü II

Fleischbrühe
mit Mark S. 353

*

Hirschmedaillons
mit Trauben S. 363
Spätzle

*

Orangen à la russe S. 364

Menü III

Kopfsalat
mit Orangen S. 354

*

Pikante Kalbsnieren
auf Toast S. 361
Brokkoli

*

Zwetschgencreme S. 366

Menü IV

Forellen mit Mandeln S. 355

*

Kalbskoteletts
mit Roquefortsauce S. 360
Bratkartoffeln
Grüne Bohnen

*

Eisbecher Frou-Frou S. 365

Menü V

Spanischer Toast S. 353

*

Schweinekoteletts
in saurer Sauce S. 358
Spaghetti mit Butter

*

Eisbecher Mandarine S. 365

Menü VI

Tomatenomelett S. 354

*

Küken
nach Frühlingsart S. 362
Kartoffelküchlein S. 364

*

Eisbecher Elena S. 366

Menü VII

Muscheln
in Kräutersud S. 356

*

Schinken
in Weißwein S. 359
Berner Rösti S. 364

*

Quark-Zitronen-
Creme S. 366

Fleischbrühe mit Mark

Für 4 Personen
Arbeitsaufwand 5 Min.
473 kJ = 113 kcal/Portion

¾ l Fleischbrühe (evtl. aus Würfeln)
4 Markknochen
1 Eßl. feingehackter Schnittlauch, Muskat, Salz, Pfeffer

- Das Mark aus den Knochen lösen und in 5 mm dicke Scheiben schneiden.
- Die Fleischbrühe erhitzen. Die Markscheiben darin 1–2 Minuten ziehen lassen. Sie sollen noch leicht rosa bleiben.
- Die Markscheiben mit dem Schaumlöffel aus der Brühe nehmen und in vorgewärmte Suppentassen verteilen.
- Die Fleischbrühe mit Muskat, Pfeffer und, wenn nötig, mit wenig Salz abschmecken. Über die Markscheiben gießen und mit Schnittlauch bestreuen.

TIP Mark läßt sich roh einfrieren: aus den Knochen lösen, in Scheiben schneiden und lagenweise in Alufolie tiefkühlen.

Spanischer Toast

Für 4 Personen
Arbeitsaufwand 15 Min.
1113 kJ = 266 kcal/Portion

4 große Scheiben Toastbrot
200 g Geflügelfleisch ohne Knochen
1 große Paprikaschote, 1 große Zwiebel, 3 Tomaten
2 Eßl. Butterschmalz (Gourmetbutter), 1 Eßl. Butter
Salz, Pfeffer, Rosmarin

Spanischer Toast mit Geflügelfleisch, Paprikastreifen und Tomaten

- Das grobgeschnetzelte Geflügelfleisch rasch im Butterschmalz anbraten und aus der Pfanne nehmen.
- Die Paprikaschote in Streifen schneiden und die Zwiebel hacken. Im Bratensatz leicht anbraten.
- Die Tomaten einige Sekunden in heißes Wasser legen, schälen, kleinschneiden und ebenfalls in die Pfanne geben. 10 Minuten dünsten, mit Salz und Pfeffer würzen.
- Das Geflügelfleisch daruntermischen und nochmals erwärmen.
- Das Brot toasten, dann mit der Butter bestreichen.
- Die Fleisch-Gemüse-Mischung darauf häufen und eventuell noch mit wenig Salz bestreuen.

Kopfsalat mit Orangen

Für 4 Personen
Arbeitsaufwand 15 Min.
519 kJ = 124 kcal/Portion

1 Kopfsalat, 1 Selleriestange, 1 Orange
4 Eßl. Walnußkerne (Baumnußkerne)
Sauce
$\frac{1}{8}$ l Sauerrahm
1 Teel. edelsüßer Paprika, 1 Teel. Senf, Salz, Pfeffer
Saft von 1 Zitrone

- Die gewaschenen und gut abgetropften Salatblätter in eine ziemlich flache Schüssel geben.
- Mit den grobgehackten Nüssen und der feingeschnittenen Selleriestange bestreuen.
- Die Orange mit einem scharfen Messer so schälen, daß auch die innere weiße Haut entfernt wird. In dünne Scheiben schneiden und den Salat damit garnieren.
- Die Zutaten für die Sauce sämig rühren. Kurz vor dem Servieren über den Salat gießen.

Tomatenomelett

Für 4 Personen
Arbeitsaufwand 15 Min.
732 kJ = 175 kcal/Portion

2 große, feste Tomaten
4 frische Eier, 2$\frac{1}{2}$ Eßl. Butterschmalz (Gourmetbutter)
1 Prise Zucker
$\frac{1}{2}$ Teel. Kräuter der Provence, 4 frische Basilikumblätter,
2 Knoblauchzehen, Salz, Pfeffer

- Die Tomaten oben kreuzweise einschneiden, einige Sekunden in kochendes Wasser tauchen, unter kaltem Wasser abschrecken und die Haut abziehen. In 1 cm dicke Scheiben schneiden und nach Belieben die Kerne entfernen.
- 2 Basilikumblätter fein hacken.
- Die Eier sehr schaumig schlagen.
- Tomatenscheiben und gehackte Basilikumblätter in einem Eßlöffel Butterschmalz beidseitig kurz anbraten. Mit Zucker, Salz,

Pfeffer, durchgepreßtem Knoblauch und Kräutern der Provence würzen. Aus der Pfanne nehmen.

- Einen Eßlöffel Butterschmalz in die Pfanne geben, erhitzen und die Eier hineingießen. Das Omelett wenden, sobald die Eier zu stokken beginnen.
- Die Tomaten darüber verteilen und das restliche Butterschmalz darüber zerfließen lassen.
- Das Omelett zusammenklappen und auf eine vorgewärmte Platte gleiten lassen. Mit den restlichen Basilikumblättern garnieren.

Nach Belieben mit gehackten Sardellen und Petersilie bestreuen

Forellen mit Mandeln

Für 4 Personen
Vorbereitung 10 Min.
Bratzeit 15 Min.
1059 kJ = 253 kcal/Portion

4 Forellen (evtl. tiefgekühlt)
2 Eßl. Butterschmalz (Gourmetbutter), 2 Eßl. Butter
2 Eßl. Mandelblättchen
1 Zitrone
Salz, Pfeffer

- Die pfannenfertigen Forellen innen und außen mit Pfeffer würzen. Im Butterschmalz beidseitig etwa 15 Minuten braten. Mit wenig Salz bestreuen.
- Die Butter in einer zweiten Bratpfanne zerfließen lassen.
- Die Mandeln dazugeben und unter Wenden hellbraun rösten.
- Die Forellen auf einer heißen Platte anrichten, mit den Mandeln bestreuen und mit der Butter übergießen. Mit Zitronenschnitzen garnieren.

Gebratene Forellen mit Mandeln als Vorspeise

Muscheln in Kräutersud

Für 4 Personen
Vorbereitung 15 Min.
Kochzeit 4–5 Min.
493 kJ = 118 kcal/Portion
Anleitung S. 357

1 kg Miesmuscheln
4 Schalotten
2 Eßl. Butterschmalz (Gourmetbutter)
1/8 l Weißwein
2 Eßl. gehackte Petersilie, 1 Eßl. gemischte, gehackte Kräuter (Dill, Rosmarin, Salbei, Kerbel)
Salz, Pfeffer

- Die Muscheln unter fließendem Wasser abbürsten. Den Bart seitlich herauszupfen.
- Die Schalotten hacken und im Butterschmalz andünsten.
- Die Muscheln und alle anderen Zutaten zugeben. Zugedeckt aufkochen, bis sich die Schalen öffnen.
- In vorgewärmte Suppenteller verteilen, mit etwas Sud begießen und sofort servieren. Frisches Weißbrot dazu reichen.

Muscheln müssen frisch sein

Frische Miesmuscheln (Moules) werden lebend verkauft. Das bedeutet, daß sich ihre Schalen je nach Umständen und Temperatur ein wenig öffnen und schließen. Muscheln, die sich beim Kochen nicht öffnen, oder solche, die unansehnlich oder trocken aussehen, wirft man am besten weg.

Wichtig ist, daß die Muscheln nach dem Kauf so schnell wie möglich verarbeitet werden. Muß man sie dennoch einige Stunden aufbewahren, dann immer im Kühlschrank bei etwa 1–2 °C. Man kann sie einige Zeit vor dem Kochen putzen; dazu bürstet man sie mit einer Handbürste unter kaltem fließendem Wasser.

Gekochte Muscheln sollte man sofort servieren. Muß man sie für ein Gericht aus den Schalen lösen, legt man sie am besten in die Kochflüssigkeit zurück, bis die Sauce zubereitet ist, damit sie nicht austrocknen.

Krevettencocktail

Für 4 Personen
Arbeitsaufwand 10 Min.
1151 kJ = 275 kcal/Portion

1 Kopfsalat
200 g geschälte Krevetten (evtl. aus der Dose), nach Belieben
4 große Krevetten in der Schale zum Garnieren
4 Eßl. Mayonnaise
2 Eßl. Ketchup
1 Eßl. Cognac
Dill, wenig Salz, Pfeffer, Cayennepfeffer
1/8 l Rahm

- Aus Mayonnaise, Ketchup, Cognac und Gewürzen eine pikante Sauce zubereiten.
- Den Rahm steif schlagen und darunterziehen. Mit den Krevetten mischen.
- Portionsgläser mit gewaschenen Salatblättern auslegen und die Krevetten hineingeben.
- Mit je einer großen, gekochten Krevette garnieren, die in der Schale belassen wird.

Muscheln in Kräutersud

Auch wer noch nie Muscheln gekocht hat, darf sich an diese Zubereitungsart wagen. Wichtig ist nur, daß die Muscheln sehr frisch sind und gut geputzt werden. Das Putzen erfordert zwar ein wenig Geduld, die Arbeit kann aber im voraus gemacht werden.

1. Muscheln unter fließendem kaltem Wasser gut bürsten. Den Bart herauszupfen

2. Gehackte Schalotten in Butterschmalz andünsten, bis sie leicht Farbe annehmen

3. Muscheln, vorbereitete gemischte Kräuter und Weißwein in die Pfanne geben

4. Zugedeckt aufkochen, bis sich die Schalen öffnen. Das dauert nur etwa 5 Minuten

5. Die Muscheln in vorgewärmten Suppentellern anrichten, mit etwas Sud begießen und servieren

Muscheln in Kräutersud – ein köstlich duftendes Gericht

Schweinekoteletts in saurer Sauce

Für 4 Personen
Vorbereitung 15 Min.
Bratzeit 10–12 Min.
3399 kJ = 812 kcal/Portion

4 Schweinekoteletts zu je etwa 200 g
4 Eßl. feingehackte Zwiebeln
2 Eßl. Butter, ¼ l Rahm
1 Eßl. Honig
1 Eßl. gehackte Cornichons, 1 Eßl. Kapern
2 Teel. Dijonsenf, 1 Teel. grobkörniger Senf
2 Eßl. Weißweinessig
2 Teel. gehackter Estragon, Salz, Pfeffer

- Die Koteletts in der Butter beidseitig goldbraun anbraten. Mit Salz und Pfeffer würzen und halb zugedeckt 10–12 Minuten garen.
- Die Koteletts herausnehmen und warm stellen. Das überschüssige Fett aus der Pfanne abgießen. Die feingehackten Zwiebeln zugeben und 2–3 Minuten andünsten.
- Essig und Honig dazugeben und gut vermischen. Den Rahm dazugießen. Aufkochen, dann mit Salz und Pfeffer nachwürzen.
- Cornichons, einen Teelöffel Estragon und beide Senfsorten dazugeben. Gut mischen.
- Die Koteletts auf einer vorgewärmten Platte anrichten und die Sauce darüber gießen. Die Kapern mit kaltem Wasser abspülen, abtropfen lassen und mit dem restlichen Estragon über die Koteletts verteilen.

Schweinefilets in Zitronensauce

Für 4 Personen
Vorbereitung 20 Min.
Bratzeit 20–30 Min.
1289 kJ = 308 kcal/Portion

2 kleine Schweinefilets zu je 300 g
1½ Eßl. Butter
150 g Perlzwiebeln
1½ Eßl. geriebene Zitronenschale, 1 Eßl. Zitronensaft
¼ l Hühnerbrühe
⅛ l trockener Sherry
2 Teel. Mehl
1 Eßl. Senf, 1 Messerspitze Safran, 1 Teel. Zitronenpfeffer, Salz

- Einen Teelöffel Mehl, Safran, wenig Salz und Zitronenpfeffer mischen. Die rohen Filets darin wälzen.
- Je einen Teelöffel Mehl und Butter zu einer Kugel verkneten.
- Einen Eßlöffel Butter erhitzen. Das Fleisch zusammen mit den Perlzwiebeln auf allen Seiten leicht anbraten.
- Mit der Hühnerbrühe ablöschen. Zitronensaft, Zitronenschale, Salz und Sherry hineingeben und zugedeckt je nach Dicke der Filets 20–30 Minuten in der Sauce langsam schmoren. Das Fleisch sollte weich und innen noch leicht rosa sein.
- Das Fleisch aus der Pfanne nehmen. Senf und Mehlbutter unter Rühren in der Sauce auflösen. 5 Minuten eindicken lassen. Nach Bedarf nachwürzen.
- Die Filets in Scheiben schneiden und die Sauce darüber gießen.

Schweinefilets in Zitronensauce, eine aparte Kombination

Schinken in Weißwein

Für 4 Personen
Arbeitsaufwand 15 Min.
1523 kJ = 364 kcal/Portion

4 Scheiben gekochter Schinken (etwa 1 cm dick)
1 Eßl. Butter, ¼ l Rahm
¼ l Weißwein
200 g Champignons, 2 Schalotten, einige Weintrauben
2 Knoblauchzehen, Oregano, Salz, Pfeffer

- Die Schinkenscheiben in einer gebutterten Auflaufform anordnen und mit der Hälfte des Weins begießen. Im vorgeheizten Backofen 15 Minuten bei 200 °C dünsten.
- Inzwischen die Champignons waschen, in Scheiben schneiden und in der restlichen Butter andünsten.
- Die gehackten Schalotten und die durchgepreßten Knoblauchzehen zugeben. Den restlichen Weißwein beifügen und 10 Minuten einkochen lassen.
- Dann den Rahm dazugießen und wieder etwas eindicken lassen.
- Den Schinken aus dem Ofen nehmen, die Flüssigkeit abgießen und zur Sauce geben. Nochmals kurz einkochen lassen, würzen und die Sauce über dem Schinken anrichten.
- Mit Weintrauben garnieren.

Kalbskoteletts mit Roquefortsauce

Für 4 Personen
Vorbereitung 15 Min.
Bratzeit 15 Min.
1980 kJ = 456 kcal/Portion

4 Kalbskoteletts zu je etwa 200 g
1 Eßl. Butterschmalz (Gourmetbutter), 2 Eßl. Roquefort, 1/8 l Rahm
4 halbe Birnen aus der Dose, 2 Eßl. Preiselbeerkonfitüre
1/4 Teel. gerebelter Estragon, 1 Eßl. gehackte Petersilie, Salz, Pfeffer, 1 Prise Cayennepfeffer

Magere Schweinekoteletts eignen sich ebenfalls

- Die Koteletts mit Pfeffer bestreuen und beidseitig in Butterschmalz goldbraun braten. Zugedeckt 15 Minuten schmoren. Aus der Pfanne nehmen, mit Salz bestreuen und warm stellen.
- Den Roquefort mit einer Gabel zerdrücken und in den Bratensatz geben. Den Rahm zugießen und den Estragon einstreuen. Bei kleiner Hitze unter ständigem Rühren aufkochen. Etwas eindicken lassen.
- Die Birnen im Saft aus der Dose in einem kleinen Pfännchen erwärmen.
- Die Preiselbeerkonfitüre mit Cayennepfeffer mischen und jede Birnenhälfte damit füllen.
- Die gefüllten Birnenhälften mit der Wölbung nach unten auf die Koteletts setzen; die Birnen notfalls unten etwas gerade schneiden, damit sie besser stehen. Die Sauce darüber gießen. Mit Petersilie bestreuen.

Kalbskoteletts mit Roquefortsauce und gefüllten Birnen

Kalbsnieren auf Toast in einer pikanten Sauce

Pikante Kalbsnieren auf Toast

Für 4 Personen
Arbeitsaufwand 20 Min.
1297 kJ = 296 kcal/Portion

400 g Kalbsnieren ohne Fett
1 Eßl. Butterschmalz (Gourmetbutter), 20 g Butter
4 Scheiben Toastbrot
2 Eßl. Mango-Chutney
4 Eßl. klare Bratensauce
2 Teel. Dijonsenf
1 Teel. Zitronensaft
1 Teel. gehackte Petersilie, Salz, Pfeffer, wenig Cayennepfeffer

So werden Nieren zart

Nieren müssen unbedingt frisch sein. Schweine- oder Rindernieren legt man am besten einige Stunden vor dem Braten in Milch ein. Bei Kalbsnieren ist dies überflüssig.

Dann werden die Nieren je nach Rezept in Scheiben geschnitten oder geschnetzelt.

Das Butterschmalz (Gourmetbutter) erhitzen. Die Nieren hineingeben, und zwar so, daß sie nicht übereinanderliegen. Kurz anbraten und dann wenden. Nieren dürfen beim Braten keinen Saft ziehen, sonst werden sie hart. Deshalb die Temperatur so einstellen, daß die Flüssigkeit verdunstet. 2–3 Minuten weiterbraten, aus der Pfanne nehmen und warm stellen. Erst jetzt mit Salz und Pfeffer bestreuen. Schalotten oder Zwiebeln in den Bratenfond des Fleisches geben, kurz andünsten, die weiteren Zutaten beifügen und die Sauce fertigkochen.

- Die Kalbsnieren in etwa 1 cm dicke Scheiben schneiden.
- Die Brotscheiben toasten.
- Das Butterschmalz in der Bratpfanne erhitzen. Die Nierenscheiben von beiden Seiten etwa 3 Minuten langsam braten.
- Auf die Toastbrotscheiben verteilen und mit Pfeffer, Salz und etwas Cayennepfeffer würzen.
- Mango-Chutney, Senf, Zitronensaft und Bratensauce in die Pfanne geben, kurz aufkochen und, wenn nötig, noch mit Pfeffer und Salz würzen.
- Die Pfanne von der Hitze wegziehen. Die in Flocken geschnittene Butter unter die Sauce rühren und über den Nierchen verteilen. Mit Petersilie bestreuen.
- Tiefgekühlter, in Butter langsam gargedünsteter Brokkoli paßt gut dazu.

Küken nach Frühlingsart

Für 4 Personen
Vorbereitung 20 Min.
Bratzeit 20 Min.
2720 kJ = 650 kcal/Portion

4 Küken à 400 g
½ Stange Lauch, 1 Karotte, ½ Zwiebel, 200 g frische Champignons, 500 g frische oder tiefgekühlte Erbsen
2 Eßl. Butter, ¼ l Sauerrahm
4 Eßl. Hühnerbrühe
1 Eßl. Tomatenpüree
1 Eßl. Zitronensaft
1 Eßl. gehackter Kerbel, 1 Prise Zucker, Salz, Pfeffer

- Die Küken halbieren. Den Lauch in Ringe, die Karotte in Scheiben schneiden. Die Zwiebel hacken. Die Champignons putzen, in feine Scheiben schneiden und sofort mit dem Zitronensaft mischen, damit sie nicht braun werden.
- Die Küken mit Salz und Pfeffer würzen und in der Butter hellbraun anbraten.
- Dann den Lauch, die Karotte und die Zwiebel beifügen und nach wenigen Minuten die Fleischbrühe dazugeben. Halb zugedeckt 20 Minuten garen.
- Das Gemüse entfernen und eventuell für eine Suppe weiterverwenden. Die Küken herausnehmen und warm stellen.
- Erbsen mit Zucker in den Bratensatz geben und knapp gar dünsten (die Garzeit der Erbsen richtet sich nach deren Größe). Dann die Champignons zufügen und 5 Minuten mitdünsten. Die Erbsen und die Champignons herausnehmen und zu den warmgestellten Küken geben.
- Das Tomatenpüree in die Pfanne geben, leicht andünsten, dann den Sauerrahm dazugießen. Bei kleiner Hitze erwärmen und stark einkochen.
- Am Schluß den Kerbel darunterziehen.
- Die Küken mit den Champignons und Erbsen anrichten und die Sauce separat servieren.

TIP Man kann die Haut der Küken vor dem Anbraten entfernen. Das Gericht wird dadurch noch etwas feiner.

Hirschmedaillons mit Trauben

Für 4 Personen
Vorbereitung 15 Min.
Kochzeit 10 Min.
1285 kJ = 307 kcal/Portion

8 Hirschmedaillons zu je etwa 70 g
1 Eßl. Butterschmalz (Gourmetbutter), 40 g Butter
¼ l Weißwein
150 g Trauben
Salz, Pfeffer, Majoran

- Die Fleischstücke kurz im Butterschmalz beidseitig anbraten, mit Salz, Pfeffer und Majoran würzen und in der heißen Pfanne neben der Herdplatte 2–3 Minuten stehenlassen.
- Die Medaillons aus der Pfanne nehmen, auf einer vorgewärmten Platte anrichten und warm stellen.
- Den Bratensatz mit Wein lösen, stark aufkochen und auf die Hälfte einkochen lassen.
- Von der Hitze wegziehen und die Butter in kleinen Stücken unter die Sauce rühren.
- In einer kleinen Bratpfanne die Weintrauben mit wenig Butter dünsten.
- Die Sauce über das Fleisch gießen und alles mit den Weintrauben garnieren. In Butter geschwenkte Spätzle passen dazu.

Hirschmedaillons mit Trauben, eine Delikatesse für Wildliebhaber

Kartoffelküchlein

Für 4 Personen
Vorbereitung 10 Min.
Backzeit 10 Min.
711 kJ = 170 kcal/Portion

4 Kartoffeln, 1 kleine Zwiebel
1 Ei, 2 Eßl. Butterschmalz (Gourmetbutter)
Salz, Pfeffer

- Kartoffeln schälen, waschen, grob in eine Schüssel reiben.
- Das Ei gut verquirlen und mit den Kartoffeln und der feingehackten Zwiebel mischen. Mit Salz und Pfeffer würzen.
- Im Butterschmalz zu kleinen Pfannkuchen backen.

Berner Rösti

Für 4 Personen
Vorbereitung 10 Min.
Bratzeit 30 Min.
1389 kJ = 332 kcal/Portion

1 kg nicht zu weich gekochte Kartoffeln vom Vortag
4 Eßl. Butterschmalz (Gourmetbutter), 2 Eßl. Milch
1 Teel. Salz

- Die Kartoffeln schälen und grob reiben.
- Das Butterschmalz in einer Bratpfanne erhitzen. Die Kartoffeln mit dem Salz mischen und hineingeben. Mit der Bratschaufel zu einem Kuchen pressen, mit der Milch beträufeln und zudecken.
- Sobald die Kartoffeln braten, die Hitze kleinstellen und 30 Minuten lang ganz schwach braten lassen.
- Die Rösti auf einen vorgewärmten Teller oder eine Platte stürzen.

TIP Die Rösti gelingen am besten, wenn man sie von Anfang an mit einem in der Größe passenden Teller zudeckt, so daß sich zwischen Rösti und Teller fast kein Hohlraum befindet.

Orangen à la russe

Für 4 Personen
Arbeitsaufwand 15 Min.
1833 kJ = 438 kcal/Portion

4 Orangen
2 Eßl. brauner Zucker, 50–60 g Zucker
3 Eigelb, ¼ l Rahm
4 Eßl. Rum

- Die Orangen mit einem scharfen Messer so schälen, daß auch die innere weiße Haut entfernt wird.
- In dünne Scheiben schneiden, auf 4 Dessertschalen legen und mit braunem Zucker bestreuen.
- Für die Creme die Eigelb mit dem Zucker schaumig rühren, den steifgeschlagenen Rahm darunterziehen und 1–2 Stunden in den Kühlschrank stellen.
- Vor dem Servieren den Rum darunterziehen und die Creme am Tisch über die Orangen verteilen.

Orangen – mit einer raffinierten Creme – à la russe

Eisbecher Frou-Frou

Für 4 Personen
Arbeitsaufwand 10 Min.
2189 kJ = 523 kcal/Portion

250 g Pistazien- oder Nußeis, 250 g Erdbeereis
¼ l Rahm
100 g dunkle Schokolade

- Ein Viertel der Schokolade raspeln. Den Rest in Stücke brechen und mit 2 Eßlöffel Wasser im Wasserbad schmelzen.
- Den Rahm steif schlagen.
- Lagenweise Pistazien- und Erdbeereis, flüssige Schokolade und Rahm in hohe Gläser einfüllen.
- Mit Rahm und Schokoladenspänen garnieren.

Eisbecher Mandarine

Für 4 Personen
Arbeitsaufwand 10 Min.
1841 kJ = 440 kcal/Portion

1 Packung (500 g) Zitroneneis
¼ l Rahm
1 Dose Mandarinenschnitze, 4 Eßl. Mandarinensirup
1 Eßl. Orangenlikör nach Belieben

- Zitroneneis, abgetropfte Mandarinenschnitze und steifgeschlagenen Rahm schichtenweise in vorgekühlte Dessertschalen verteilen (einige Schnitze zum Garnieren zurückbehalten).
- 4 Eßlöffel Sirup aus der Mandarinendose nach Belieben mit dem Orangenlikör mischen und über das Dessert verteilen.
- Mit einer Rahmrosette und einigen Mandarinenschnitzen garnieren.

Eisbecher Elena

Für 4 Personen
Arbeitsaufwand 15 Min.
2293 kJ = 548 kcal/Portion

1 mit Konfitüre gefüllte Biskuitroulade (fertig gekauft)
200 g Wald- oder Monatserdbeeren
¼ l Muskateller oder anderer Süßwein
2 Eßl. Zucker
4 Kugeln Vanilleeis, ⅛ l steifgeschlagener Rahm

- Die Erdbeeren mit Zucker bestreuen und mit dem Wein begießen. 2 Stunden ziehen lassen.
- Die Roulade in 4 Stücke schneiden und in Dessertschalen legen.
- Die Erdbeeren darüber verteilen. Mit je einer Kugel Vanilleeis belegen; mit Erdbeersaft beträufeln und mit Rahm garnieren.

Quark-Zitronen-Creme

Für 4 Personen
Arbeitsaufwand 15 Min.
1787 kJ = 427 kcal/Portion

400 g Rahmquark, ⅛ l Rahm
1 Zitrone, 2 Eßl. Zitronensaft, 100 g Erdbeeren, Himbeeren oder Brombeeren, 5 Eßl. geriebene Haselnüsse
1 Eßl. Orangenlikör
100 g Zucker

- Den Quark mit dem Zitronensaft und dem Zucker verrühren.
- Die Beeren waschen (Erdbeeren vierteln) und zum Quark geben. Einige schöne Beeren für die Garnierung zurückbehalten.
- Die Zitrone mit einem scharfen Messer so schälen, daß auch die innere weiße Haut vollständig entfernt wird. Zwischen den Trennhäuten Schnitze herausschneiden. Die Hälfte davon klein würfeln; mit Orangenlikör und Haselnüssen zum Quark geben.
- Die Mischung in Portionsschalen füllen. Kalt stellen.
- Vor dem Servieren mit steifgeschlagenem Rahm, geschälten Zitronenschnitzen und den zurückbehaltenen Beeren garnieren.

Zwetschgencreme

Für 4 Personen
Vorbereitung 15 Min.
Kochzeit 5 Min.
1991 kJ = 475 kcal/Portion

750 g frische oder tiefgekühlte Zwetschgen, 1 Eßl. Zitronensaft, 1 Teel. geriebene Zitronenschale, 50 g gemahlene Walnüsse
⅛ l Apfelsaft
4 Eßl. Zucker
3 Eier, ¼ l Rahm

- Die Zwetschgen entsteinen, kleinschneiden, kurz im Apfelsaft aufkochen und passieren oder im Mixer pürieren.
- Mit dem Zitronensaft und der Zitronenschale mischen.
- Die Eier mit dem Zucker zu einer sämigen Creme schlagen.

- Das Zwetschgenmus nochmals aufkochen und sehr heiß unter Rühren zur Eicreme geben. Nochmals langsam erhitzen, aber nicht kochen.
- Die Zwetschgencreme erkalten lassen und mit den gemahlenen Walnüssen mischen.
- Mit dem steifgeschlagenen Rahm verfeinern und garnieren.

Weichseln in Rotwein

Für 4 Personen
Arbeitsaufwand 15 Min.
2034 kJ = 486 kcal/Portion

500 g entsteinte Weichselkirschen
4 Kugeln Schokoladenrahmeis
¼ l Rotwein
1 Gewürznelke, ½ Zimtstange, 4 Eßl. Zucker
¼ l Rahm

- Den Wein mit Nelke, Zimt und Zucker aufkochen. Die Kirschen zufügen und nochmals aufkochen lassen.
- Die Kirschen mit dem Schaumlöffel herausheben und die Flüssigkeit auf die Hälfte einkochen lassen.
- Die Kirschen in Dessertschalen verteilen. Je eine Kugel Rahmeis auf die lauwarmen Kirschen geben und mit dem steifgeschlagenen Rahm garnieren.

TIP So kann man alles vorbereiten: Die Rahmeiskugeln in vorgekühlte Gläser füllen und ins Tiefkühlfach stellen; die Kirschen schon vorkochen, vor dem Essen nur noch rasch erwärmen und über das Eis gießen. Den steifgeschlagenen Rahm bereits im Spritzbeutel im Kühlschrank bereithalten.

Weichseln in Rotwein mit Schokoladenrahmeis

Unverhoffte Gäste aus dem Stegreif bewirtet

Wenn unerwartet Gäste vor der Tür stehen, ist es für den Gastgeber heutzutage nicht schwer, schnell etwas Improvisiertes aufzutischen. Es gibt im Handel viele verschiedene Konserven- und Tiefkühlprodukte, die man auf Vorrat einkaufen kann und mit denen sich leicht ein paar schmackhafte Menüs zusammenstellen lassen.

Gastgeber, die jederzeit ein offenes Haus haben, sorgen ohnehin für entsprechende Vorräte und ergänzen sie regelmäßig. Sie kommen deshalb nie in Verlegenheit, wenn jemand unverhofft bei ihnen vorbeischaut.

Aber auch wenn man nicht so oft mit überraschenden Besuchern rechnen muß, empfiehlt es sich, einige gutsortierte Vorräte im Haus zu haben. Neben den Grundnahrungsmitteln sollten sie sich aus Konserven, Tiefkühlkost und Halbfertigprodukten zusammensetzen. Man kann sie mit etwas Geschick so verfeinern, daß sie den Gästen vorzüglich schmecken werden.

Beim Kochen für unverhoffte Gäste bleibt nicht viel Zeit zum Überlegen. Deshalb sollte man sich schon vorher einige Standardmenüs zurechtlegen, die man in solchen Fällen machen könnte, und die Vorräte dann darauf abstimmen. Die Beispiele auf den folgenden Seiten wurden unter diesen Gesichtspunkten zusammengestellt.

Wer die Rezepte studiert, wird bemerken, wie leicht man in kurzer Zeit aus einfachen Zutaten ein vollwertiges Gericht bereiten kann. So entsteht aus einfachem Zwieback, einer Dose Birnenkompott, etwas Konfitüre und Haselnüssen ein leckeres Dessert. Oder Eier werden zu pikanten Vorspeisen und Reis zu einem feinen Steinpilzrisotto.

Wenn man die Kunst des Improvisierens einmal beherrscht, wird man bald merken, daß oft die originellsten und besten Gerichte entstehen, wenn man sich mit vorhandenen Zutaten bescheiden muß.

Knackige Würstchen oder eine Suppe aus dem Vorrat passen immer, wenn man für unerwarteten Besuch improvisieren muß

Menüvorschläge

Menü I

Pikanter Eiersalat S. 371

*

Forellen im Ofen S. 372
Kleine gebratene Kartoffeln

*

Überbackene
Birnenschnitten S. 379

Menü II

Gemüsesuppe
mit Tortellini S. 371

*

Goldbuttgratin S. 374
Trockenreis S. 431

*

Brombeermousse S. 380

Menü III

Eier im Töpfchen S. 57

*

Blätterteigpasteten
mit Meeresfrüchten S. 375
Blattspinat

*

Flambierte Pfirsiche S. 256

Menü IV

Hühnersuppe
mit Curry S. 371

*

Schwarzwurzeln
im Schlafrock S. 376
Salzkartoffeln

*

Apfelmus
mit Meringuehaube S. 381

Menü V

Verlorene Eier
in Knoblauchsauce S. 372

*

Steinpilzrisotto
mit Hühnerleber S. 377

*

Götterspeise
mit Birnen S. 381

Menü VI

Roquefortoast
mit Birne S. 202

*

Geschnetzeltes
mit Gemüse S. 378
Kartoffelpüree

*

Apfelstrudel
mit Vanillesauce S. 380

Menü VII

Gefüllte Eier S. 150

*

Würste im Frack S. 377
Grüner Bohnensalat

*

Mokkarahmeis mit Rahm

Hühnersuppe mit Curry

Für 4 Personen
Vorbereitung 10 Min.
Kochzeit 10 Min.
883 kJ = 211 kcal/Portion

1 Beutel Geflügelcremesuppe
200 g Geflügelfleisch (tiefgekühlt)
1 Eßl. Butterschmalz (Gourmetbutter), 4 Eßl. steifgeschlagener Rahm
½ Eßl. Currypulver

- Das rohe Geflügelfleisch in der Butter anbraten, Currypulver beifügen und einige Sekunden mitdämpfen (vorgekochtes Fleisch nur kurz dünsten).
- Inzwischen die Geflügelcremesuppe nach Vorschrift zubereiten.
- Das Geflügelfleisch zugeben.
- In vorgewärmten Suppentassen anrichten. Jede Portion mit einem Eßlöffel Rahm garnieren und mit wenig Currypulver bestreuen.

Gemüsesuppe mit Tortellini

Für 4 Personen
Vorbereitung 10 Min.
Kochzeit 45 Min.
966 kJ = 231 kcal/Portion

500 g Gemüsemischung (tiefgekühlt), 1 Zwiebel
1 Eßl. Butterschmalz (Gourmetbutter)
200 g Tortellini (tiefgekühlt oder im Beutel)
1 l Fleischbrühe
1 Eßl. Tomatenmark, 1 Teel. italienische Kräutermischung, 1 Prise Knoblauchpulver

- Die Zwiebel fein hacken und in der Butter 5 Minuten dünsten.
- Das tiefgekühlte Gemüse zugeben. 2–3 Minuten mitdünsten und mit der Fleischbrühe ablöschen.
- Mit Tomatenmark, Kräutern und Knoblauchpulver würzen.
- 30 Minuten köcheln lassen, die Tortellini beigeben und nochmals 15 Minuten kochen.

Andere Teigwaren eignen sich genausogut

Pikanter Eiersalat

Für 4 Personen
Arbeitsaufwand 10 Min.
1247 kJ = 298 kcal/Portion

5 hartgekochte Eier
1 Eßl. Dijonsenf, 1 Glas oder 1 große Tube Mayonnaise
2 feingehackte Sardellen, 1 Eßl. gehackte Essiggurke,
½ Eßl. Kapern
1 Eßl. gehackte Petersilie
Salz, Pfeffer

- 4 Eier mit dem Eierschneider in Scheiben schneiden. Jedes Ei zu seiner ursprünglichen Form zusammensetzen und auf einem hübschen kleinen Teller anrichten. Die Scheiben etwa 1–2 mm auseinanderziehen, damit die Sauce eindringen kann.

- Senf und Mayonnaise gut verrühren, die übrigen Zutaten beigeben und alles kurz ziehen lassen. Das letzte Ei fein hacken und unter die Sauce ziehen.
- Die Eier mit der Sauce begießen.

Mit Tomaten- oder Salzgurkenscheiben garnieren

Verlorene Eier in Knoblauchsauce

Für 4 Personen
Arbeitsaufwand 15 Min.
1444 kJ = 345 kcal/Portion
Anleitung S. 373

4 sehr frische Eier, 2 Eßl. Butter
4 Scheiben Toastbrot oder Modelbrot
3 Eßl. Weißwein, 2 Eßl. weißer Essig
100 g Mayonnaise
2 Knoblauchzehen, 1 Eßl. gehackte Petersilie, 1 Prise Safran
Salz, Pfeffer aus der Mühle

- Die Mayonnaise mit Weißwein, durchgepreßtem Knoblauch, wenig Pfeffer und Safran in ein kleines Pfännchen geben und langsam erwärmen.
- Inzwischen die Eier in Essigwasser pochieren.
- Die Brotscheiben beidseitig in der Butter goldgelb backen.
- Die verlorenen Eier sehr gut abtropfen lassen und auf die Brotscheiben legen.
- Die Sauce, wenn nötig, etwas nachwürzen und über die Eier gießen. Mit Petersilie bestreuen und sofort servieren.

Forellen im Ofen

Für 4 Personen
Vorbereitung 15 Min.
Backzeit 20 Min.
992 kJ = 237 kcal/Portion

4 tiefgekühlte Forellen
3 Eßl. Butter
2 Zwiebeln
1 Eßl. gemischte Kräuter (Salbei, Majoran, Estragon, Basilikum, Dill), 1 Eßl. gehackte Petersilie, Muskat, Salz, Pfeffer
1/8 l Weißwein
1 Eßl. Zitronensaft

- Die aufgetauten Forellen in eine flache Schüssel legen.
- Salz, Pfeffer, Muskat, die Hälfte der gemischten Kräuter und den Zitronensaft mischen, über die Forellen verteilen und eine Stunde ziehen lassen.
- Die Hälfte der Butter in eine flache, feuerfeste Form geben und gut verstreichen. Die Forellen hineinlegen.
- Die Zwiebeln fein hacken und in der restlichen Butter 5 Minuten dünsten, ohne daß sie Farbe annehmen.
- Die Petersilie und die restlichen Kräuter beifügen. 2–3 Minuten mitdünsten und das Gemisch über die Forellen verteilen.
- 10 Minuten ungedeckt bei 200 °C im Backofen dünsten. Mit dem Weißwein ablöschen und weitere 10 Minuten garen.
- In der Form mit kleinen, gebratenen Dosenkartoffeln servieren.

Verlorene Eier – ein Zaubertrick?

Die Zubereitung von verlorenen Eiern – auch pochierte Eier genannt – ruft oft eine gewisse Scheu hervor. Dabei ist es so einfach! Man muß nur alle Zutaten bereitstellen und sehr frische Eier verwenden. Bei der Zubereitung geht man schrittweise vor; sie erinnert ein bißchen an das Bleigießen zu Silvester. Wenn man sich genau an die Anleitung hält, kann wirklich nichts schiefgehen.

1. Für jedes Ei eine Tasse bereitstellen und die Eier einzeln darin aufschlagen

2. Eine entsprechende Menge Essigwasser aufkochen und die Eier einzeln hineingießen

3. Das Eiweiß mit Holzlöffeln an das Ei zurückführen, damit es nicht zerfahren aussieht

4. Die Eier nach 3 Minuten einzeln mit dem Schaumlöffel vorsichtig aus dem Wasser nehmen

5. Auf einem Küchentuch abtropfen lassen und dann nach Rezept weiterverarbeiten

Verlorene Eier in Knoblauchsauce – ein schnelles Rezept

Goldbuttgratin, eine leichte Mahlzeit

Goldbuttgratin

Für 4 Personen
Vorbereitung 15 Min.
Backzeit 20 Min.
1975 kJ = 472 kcal/Portion

800 g Goldbuttfilet (tiefgekühlt)
3 Eßl. Butter, 6 Eßl. Rahm, 1 Eigelb
1 große Zwiebel
2 Eßl. gehackte Petersilie (evtl. gefriergetrocknet)
Worcestersauce
⅛ l Weißwein
Salz, Pfeffer

- Eine feuerfeste Form mit wenig Butter bestreichen. Einen Teil der feingehackten Zwiebel und der gehackten Petersilie hineinstreuen.
- Die Fischfilets mit Salz, Pfeffer und Worcestersauce würzen. In die Form legen und den Rest der Zwiebeln und der Petersilie darüber streuen. Den Wein dazugießen und einige Butterflocken darauf verteilen.
- 20 Minuten mit Alufolie zugedeckt im vorgeheizten Ofen bei 180 °C garen.
- Die dabei entstandene Flüssigkeit sorgfältig in ein Pfännchen umgießen.
- Das Eigelb mit dem Rahm verquirlen und dazugeben. Erhitzen, aber nicht kochen lassen, und nachwürzen.
- Die Sauce über den Fisch gießen und kurz im heißen Backofen überbacken.

Blätterteigpasteten mit Meeresfrüchten

Für 4 Personen
Vorbereitung 25 Min.
Backzeit 5–10 Min.
2180 kJ = 521 kcal/Portion

4 fertige Blätterteigpasteten oder selbstgemachte in Fischform (S. 100)
200 g Krevetten (tiefgekühlt oder aus dem Glas), 300 g tiefgekühlte Fischfilets, 200 g Miesmuscheln (aus dem Glas)
1 Eßl. Butterschmalz (Gourmetbutter), ⅛ l Rahm, 1 Eigelb
⅜ l Weißwein
1 Teel. Zitronensaft
2 Teel. Tomatenmark
2 Schalotten oder 1 kleine Zwiebel
1 Eßl. gefriergetrocknete Petersilie
Salz, Pfeffer, 1 Prise Cayennepfeffer

- Schalotten oder Zwiebel fein hacken. In der Butter andünsten.
- Die Krevetten und die in kleine Stücke geschnittenen Fischfilets beigeben, kurz mitdünsten und mit dem Zitronensaft beträufeln.
- Die Muscheln in ein Sieb gießen und gut abtropfen lassen.
- Den Weißwein ziemlich stark einkochen lassen.
- Das Tomatenmark mit dem Rahm verrühren, zum Weißwein geben und bei kleiner Hitze zu einer sämigen Sauce einkochen.
- Das Eigelb verquirlen, etwas heiße Sauce darunterrühren, das Gemisch wieder in die Pfanne gießen und stark erhitzen, aber nicht kochen. Mit Salz, Pfeffer und Cayennepfeffer würzen.
- Krevetten, Fischstücke und Muscheln gleichmäßig in die im Backofen erhitzten Blätterteighüllen verteilen und die Sauce darüber gießen. Mit Petersilie bestreuen.

Die Meeresfrüchte können auch auf Toasts serviert werden

Blätterteigpasteten mit Meeresfrüchten, dekorativ angerichtet

Schwarzwurzeln im Schlafrock

Für 6 Personen
Arbeitsaufwand 30 Min.
2160 kJ = 516 kcal/Portion

1 große Dose Schwarzwurzeln, 200 g gehackter Spinat (tiefgekühlt)
1 Zitrone, 2 Eßl. Zitronensaft
200 g Mehl
¼ l Apfelwein
2 Eier, 3 Eßl. Rahmquark
⅛ l Öl, Öl zum Ausbacken
½ Teel. Dijonsenf, Salz, Pfeffer, Worcestersauce

- Das Mehl sieben und mit dem Apfelwein zu einem glatten Teig rühren. Eine Stunde ruhen lassen.
- Abgetropfte Schwarzwurzeln in 5 cm lange Stücke schneiden.
- Die Eier trennen. Eigelb, Zitronensaft und Senf gut miteinander verrühren (am besten im Mixer), dann nach und nach Öl zufügen und zu einer Mayonnaise rühren.
- Eiweiß mit einer Prise Salz steif schlagen. Unter den Teig ziehen.
- Die Schwarzwurzeln trockentupfen, im Teig wenden und portionsweise im Öl ausbacken. Sie sollten nicht zu dunkel werden.
- Gut abtropfen lassen und kurz auf Küchenpapier legen.
- Die Mayonnaise mit dem sehr gut ausgepreßten Spinat und dem Quark mischen. Mit Salz, Pfeffer und Worcestersauce abschmecken.
- Eine Platte mit Tortenpapier belegen. Die Schwarzwurzeln darauf anrichten und mit Zitronenscheiben garnieren. Die Sauce separat dazu servieren.

Die Schwarzwurzeln mit je einer halben Scheibe dünngeschnittenem Schinken umwickeln, bevor man sie in den Teig taucht

Würste im Frack, auch als kleiner Imbiß geeignet

Würste im Frack

Für 4 Personen
Vorbereitung 15 Min.
Backzeit 15–20 Min.
3034 kJ = 725 kcal/Portion

4 oder 8 Würste aus der Dose (Frankfurter, Schüblinge usw.)
400 g Blätterteig (tiefgekühlt)
2 Eßl. Senf, 2 Knoblauchzehen
1 Teel. Öl
1 Ei

- Den Blätterteig 3 mm dick ausrollen und in Rechtecke schneiden, die nicht ganz so lang sind wie die Würste.
- Die durchgepreßten Knoblauchzehen mit dem Senf mischen und die Würste damit bestreichen.
- Jede Wurst in ein Teigrechteck einrollen, und zwar so, daß sie beidseitig gut 1 cm herausragen. Die Teigränder mit Eiweiß verschließen, damit das Wurstpaket beim Backen nicht platzt.
- Die Wurstrollen mit Teigstreifen kreuzweise verzieren und mit verquirltem Eigelb bestreichen.
- Ein Backblech mit Öl bestreichen, die Wurstpakete darauf legen und im vorgeheizten Ofen bei 200 °C 15–20 Minuten backen.

Die Würste mit Speck umwickeln und mit Paprika bestreuen, oder die Würste längs halbieren und mit Emmentaler füllen

Steinpilzrisotto mit Hühnerleber

Für 4 Personen
Arbeitsaufwand 20 Min.
3101 kJ = 741 kcal/Portion

250 g Hühnerleber (tiefgekühlt)
30 g getrocknete Steinpilze, 1½ Zwiebeln
3 Eßl. Butterschmalz (Gourmetbutter), 70 g Butter,
30 g geriebener Parmesan
320 g Rundkornreis
¼ l Weißwein
¾ l Fleischbrühe
1 Eßl. gefriergetrocknete Petersilie, 1 Prise gerebelter Salbei
1 Prise Safran, Salz, Pfeffer

- Die Steinpilze in warmem Wasser 15 Minuten ziehen lassen.
- Eine Zwiebel fein hacken und in 2 Eßlöffel Butterschmalz dünsten. Den Reis hinzufügen und glasig dünsten.
- Zuerst den Wein mit dem Safran, dann die abgetropften Pilze zugeben, umrühren und mit der heißen Fleischbrühe ablöschen. Bei schwacher Hitze 18 Minuten kochen. Gelegentlich rühren.
- 10 Minuten vor Ende der Kochzeit das restliche Butterschmalz in einer Bratpfanne erhitzen. Die Lebern rasch darin anbraten, bis sie nicht mehr roh sind. Aus der Pfanne nehmen und warm stellen.
- Die halbe Zwiebel hacken, in den Bratensatz geben und anbraten. 20 g Butter, Petersilie und Salbei zufügen und kurz wenden. Die Pfanne von der Hitze wegziehen, die Lebern zufügen und mit Salz und Pfeffer würzen.
- Die restliche Butter und den geriebenen Käse unter den fertiggekochten Reis mischen und mit frisch gemahlenem Pfeffer abschmecken.
- Den Risotto anrichten und die Lebern darüber verteilen.

Geschnetzeltes mit Gemüse

Für 4 Personen
Arbeitsaufwand 20 Min.
1403 kJ = 334 kcal/Portion

400 g geschnetzeltes Kalb- oder Geflügelfleisch (tiefgekühlt)
120 g Champignons in Scheiben (aus der Dose),
¼ Dose Maiskörner, ¼ Dose grüne Erbsen
3 Schalotten oder 1 kleine Zwiebel
2 Eßl. Butterschmalz (Gourmetbutter)
¼ l Weißwein
3 Eßl. Sojasauce, 2 Teel. Speisestärke
Salz, Pfeffer, Rosmarinpulver

- Die Schalotten oder die Zwiebel hacken.
- Die Butter erhitzen. Das Fleisch darin rasch anbraten, herausnehmen und warm stellen. Mit Salz, Pfeffer und Rosmarin würzen.
- Die Schalotten oder die Zwiebel in die Pfanne geben und glasig dünsten.
- Mit dem Weißwein ablöschen.
- Die Sojasauce mit der Speisestärke mischen, zum Wein geben und 1–2 Minuten aufkochen.
- Champignons, Maiskörner und Erbsen zur Sauce geben. Die Sauce abschmecken.
- Das Fleisch hineingeben, kurz erwärmen, aber nicht mehr kochen. Sofort servieren.

Geschnetzeltes mit Gemüse, eine bunte, schnelle Pfanne

Überbackene Birnenschnitten, ein Dessert aus dem Backofen

Überbackene Birnenschnitten

Für 4 Personen
Vorbereitung 4 Min.
Backzeit 15 Min.
1012 kJ = 242 kcal/Portion

4 Zwiebäcke
6 Eßl. Himbeerkonfitüre
4 Eßl. gemahlene Haselnüsse
2 Eßl. Zucker
4 halbe Birnen aus der Dose
4 Eßl. Rahm

- Die Zwiebäcke mit 2 Eßlöffel Konfitüre bestreichen.
- Die Haselnüsse mit Zucker und Rahm mischen. Auf die Zwiebäcke verteilen.
- Je eine halbe Birne mit der Wölbung nach oben darauf setzen.
- Im vorgeheizten Ofen bei 200 °C 15 Minuten überbacken. Die Nußmasse darf hellbraun werden.
- Vor dem Servieren die Birnen mit je einem Eßlöffel Himbeerkonfitüre überziehen.

Vorratshaltung für alle Fälle

Im Vorratsschrank Verschiedene Trocken- und Dosensuppen; Fischkonserven; Wurst und Würstchen in der Dose; Gemüse-, Pilz-, Kartoffel- und Obstkonserven; Gewürzgurken, Mixed Pickles, Kapern; Würzsaucen wie Ketchup, Worcestersauce usw.; Instantsaucen; Tomatenpüree, Senf, Mayonnaise; Öl, Essig; Nüsse; Rosinen; Mehl, Zucker, Salz, Vanillezucker, Backpulver; Dauerbackwaren; Teigwaren.

Im Kühlschrank oder im Gefrierfach Milch und Milchprodukte wie Rahm, Butter, Joghurt, Käse; Eier; Fisch, Fleisch, Geflügel; Fertigteig; Eis; Küchenkräuter.

Brombeermousse, in hübschen Gläsern serviert

Brombeermousse

Für 4 Personen
Arbeitsaufwand 10 Min.
1402 kJ = 335 kcal/Portion

500 g tiefgekühlte Brombeeren
¼ l Rahm
3 Eßl. Zucker, 2 Eßl. Brombeerlikör

- Einige aufgetaute Brombeeren für die Garnierung zurückbehalten; die übrigen pürieren und durch ein Sieb streichen.
- Mit dem Zucker süßen und mit dem Brombeerlikör beträufeln.
- Vor dem Servieren mit 3 Vierteln des steifgeschlagenen Rahms mischen, in Gläsern hübsch anrichten und mit dem restlichen Rahm und den Brombeeren garnieren.

Anstelle von Brombeerlikör kann man auch Kirschwasser oder Zitronensaft nehmen

Apfelstrudel mit Vanillesauce

Für 4 Personen
Vorbereitung 5 Min.
Backzeit 15–20 Min.
1657 kJ = 396 kcal/Portion

1 Apfelstrudel (tiefgekühlt)
1 Dose Vanillecreme, ⅛ l Milch
1 Teel. Vanillezucker, 1 Eßl. Zucker

- Den noch gefrorenen Apfelstrudel 15–20 Minuten aufbacken.
- Vanillecreme mit Milch, Zucker und Vanillezucker verrühren.
- Den Strudel lauwarm mit der kalten Creme servieren.

Apfelmus mit Meringuehaube schmeckt ausgezeichnet

Apfelmus mit Meringuehaube

Für 4 Personen
Vorbereitung 10 Min.
Backzeit 10 Min.
1515 kJ = 362 kcal/Portion

1 große Dose Apfelmus, 150 g Zucker
4 Eiweiß, Butter für die Form

- Das Apfelmus in eine gut gebutterte Auflaufform füllen.
- Die Eiweiß steif schlagen, dabei nach und nach den Zucker zugeben. Die Masse muß sich mit einem Messer schneiden lassen.
- Die Masse sofort in einen Spritzbeutel mit gezackter Tülle füllen und das Apfelmus damit garnieren.
- Bei 200 °C (Oberhitze) überbacken, bis das Eiweiß gelblich wird.

Götterspeise mit Birnen

Für 4 Personen
Arbeitsaufwand 10 Min.
1737 kJ = 415 kcal/Portion

1 Dose Schokoladencreme, ¼ l Rahm
1 kleine Dose Birnen, 4 Eßl. Birnenbranntwein
8 Löffelbiskuits (40 g)

- 4 Eßlöffel Birnensaft mit dem Branntwein mischen. Die Löffelbiskuits darin tränken und in Portionsschalen verteilen.
- Abwechselnd abgetropfte Birnen, Schlagrahm und Schokoladencreme einfüllen. Mit steifgeschlagenem Rahm garnieren.

Internationale Küche, zu Hause serviert

Von einer schönen Reise heimgekehrt, lädt man seine Freunde ein, um ihnen von den Erlebnissen in fremden Ländern zu berichten und die Gerichte zu beschreiben, die man dort entdeckt hat. Denn neben der Landschaft und den Baudenkmälern sagt auch die Küche viel über ein Land und seine Bewohner aus. Auf malerischen Märkten sah man die Produkte, aus denen die Spezialitäten zubereitet werden. Fotos und Filme halten die Eindrücke fest und zeigen das bunte Treiben und die Fülle des Angebots. Warum also nicht etwas auswählen, das auch hier erhältlich ist, und versuchen, sich für einen Abend wieder in das Urlaubsland zu versetzen? Eine chinesische Reistafel etwa, Spezialitäten aus einer italienischen Trattoria oder exotische Gerichte aus der Karibik bringen ganz neue Akzente in den Besuchskalender. Das Gespräch am Tisch wird anregend sein, und der kulinarische Erfolg wird nicht ausbleiben, auch wenn man vielleicht nicht die ganze Speisefolge eines marokkanischen oder indonesischen Essens originalgetreu bieten kann.

Bereits der gekonnt gewählte Aperitif wird zusammen mit den verheißungsvollen Düften aus der Küche den Appetit und die Neugier der Gäste anregen. Und beim Essen wird der Gesprächsstoff nicht ausgehen. Auch die Gäste werden von fernen Ländern berichten wollen. Und – wer weiß? – vielleicht wird aus diesem ersten Experiment eine ganze Reihe solcher Abende.

Auf den folgenden Seiten sind Menüvorschläge aus Ländern und Kontinenten zu finden, die mit Vorliebe bereist werden. Auch Hinweise für die richtige Präsentation und die passenden Getränke sowie kleine Tips, die solchen Einladungen zum Erfolg verhelfen, sind eingestreut.

Die duftende Paella (Seite 394) ruft Erinnerungen an sonnige Urlaubstage in Spanien wach

Menüvorschläge

Frankreich – Burgund

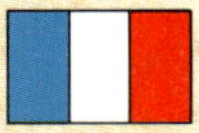

Zum Aperitif:
Gougère S. 51

*

Jambon persillé Morvan S. 386

*

Daube bourguignonne S. 387
Salzkartoffeln

*

Käse

*

Poires belle dijonnaise S. 388

Frankreich – Provence

Zum Aperitif:
Pissaladière S. 49

*

Bouillabaisse S. 389

*

Selle d'agneau aux herbes S. 390
Tian de courgettes S. 391
Petersilienkartoffeln

*

Barba jouan niçois S. 392

Spanien

Zum Aperitif:
Boquerones S. 43

*

Gazpacho andaluz S. 392

*

Paella del mar S. 394

*

Ternasco al horno S. 394
Pommes frites

*

Piña rellena S. 395

*

Café cremat S. 471

USA

Clam Chowder S. 410

*

Chicken Maryland S. 411
Kleine Maisfladen S. 87

*

Frozen Banana Cream S. 411

Mexiko

Enchiladas Manuelito S. 413

*

Pescado Mérida S. 413
Reis

*

Rollos de mango S. 414

Jamaika

Seeteufelsalat S. 414

*

Schweinebraten Kingston Town S. 415
Maisfritters S. 416

*

Bananen nach Antillenart S. 416

Menüvorschläge

Italien

Zum Aperitif:
Bruschetta S. 50
*
Melanzane
San Remo S. 396
*
Spaghetti
coi broccoli S. 397
*
Petti di pollo
al marsala S. 398
Blattspinat
Kartoffelpüree
*
Pesche allo zabaione S. 398

Griechenland

Griechischer Salat S. 400
*
Krabben
mit Schafskäse S. 401
*
Moussaka S. 402
Trockenreis S. 431
*
Orangensalat
mit Zitroneneis S. 404

Rußland

Blini S. 404
*
Borschtsch
Katharina II. S. 407
Piroschki S. 408
*
Passcha S. 408

China

Pilzsuppe S. 417
*
Frühlingsrollen S. 418
Scharfe Pfeffersauce S. 420
Gebackene
Riesenkrevetten S. 420
Chinesisches Omelett S. 422
Krevetten mit Erbsen S. 422
Fischfilets Mandarin S. 423
Geflügelfleisch
May-Lin S. 423
Chinesischer Salat S. 424
Süßsaures
Schweinefleisch S. 425
Leber Chinesischer
Frühling S. 426
Gebratener Reis S. 426
*
Gebackene Bananen S. 427

Indonesien

Gebackenes Hähnchen S. 427
Geschmorte
Riesenkrevetten S. 428
Gebackener Fisch S. 429
Süßsaure
Fleischbällchen S. 429
Rinderfilet
in Ingwersauce S. 430
Gewürzte Eier S. 431
Trockenreis S. 431
Süßsaure Gurken S. 432
Knusprige Zwiebeln S. 432
Eingelegte Ananas S. 432
Scharfe rote Sauce S. 432
Gebackene Bananen S. 432
Kroepoeck
Mandelpfirsiche S. 432
*
Gefüllte Ananas S. 433

Die herrliche Küche Burgunds

Burgund ist nicht nur eine der landschaftlich schönsten und an Kulturschätzen reichsten Provinzen Frankreichs, sondern besitzt auch eine der besten und interessantesten Küchen Frankreichs. Die Spezialitäten sind so vielseitig wie die Landschaft: In Dijon findet man Geflügelgerichte in Rahmsaucen, oft mit Senf gewürzt; das Charolais ist für die hohe Qualität seines Rindfleisches berühmt, und im Morvan, einer gebirgigen Gegend zwischen Autun und Vézelay, stehen saftige Schinken und gute Würste im Mittelpunkt vieler Menüs. Nicht vergessen darf man die Burgunder Schnecken mit der rassigen Knoblauchbutter, die vielen ausgezeichneten *Terrines* (hausgemachte Pasteten ohne Teig) und die hervorragenden Weichkäsesorten wie der Chaource, der Satigny und die kleinen Ziegenkäse aus dem Morvan, die in allen Reifestadien erhältlich sind. Oft wird der ganz frische Ziegenkäse mit dem sämigen Doppelrahm aus der Gegend serviert: eine wahre Delikatesse!

Jambon persillé Morvan

Die Schinkenterrine wird mit Petersilie und Schalotten gewürzt.

Für 8 Personen
Vorbereitung 40 Min.
Kochzeit 1 Std. 50 Min.
1234 kJ = 295 kcal/Portion

1 Milchschinken (etwa 1200 g), 2 Kalbsfüße, 500 g Kalbsknochen
2 Zwiebeln, 100 g Lauch, 200 g Karotten, 100 g Sellerieknolle, 120 g Schalotten
1 Knoblauchzehe, 5 Eßl. gehackte Petersilie, 1 Lorbeerblatt, 1 Nelke, 5 Pfefferkörner, 2 Prisen Koriander, je 1 Prise Thymian, Kerbel und Estragon, ½ Teel. Salbei, Salz, Pfeffer
1 Eßl. Butter, 1 Eiweiß
⅝ l Weißwein (Pouilly fuissé, Meursault oder Chablis), ⅛ l Portwein

- Den am Vorabend in kaltem Wasser eingelegten Schinken in einen großen Topf geben, mit Wasser bedecken und aufkochen.
- Aus dem Topf nehmen und das Wasser weggießen.
- 2 l Wasser mit dem Weißwein, einer geschälten und einer mit Lorbeerblatt und Nelke gespickten Zwiebel, den Kalbsfüßen, Kalbsknochen, Gewürzen und Kräutern 30 Minuten köcheln lassen.
- Dann den Schinken wieder hineingeben und etwa 70 Minuten bei schwacher Hitze ziehen lassen (eine Stunde Kochzeit je 1000 g).
- Den Schinken herausnehmen und den Sud stark aufkochen.
- Den in 2 cm lange Stücke geschnittenen Lauch, die Karotten und die Sellerie am Stück sowie den Portwein und das Eiweiß beifügen. Zwei- bis dreimal aufwallen lassen, dann die Hitze kleinstellen, den Schinken wieder hineingeben und nochmals 30 Minuten ganz schwach ziehen lassen (das Fleisch muß sehr weich werden). Den Schinken im Sud erkalten lassen.
- Feingehackte Schalotten, durchgepreßten Knoblauch und gehackte Petersilie in der Butter 3 Minuten dünsten und beiseite stellen.
- Den Schinken aus dem Sud nehmen und die Schwarte abziehen. 600 g davon ohne Fett in 1 cm große Würfel schneiden.
- Lagenweise abwechselnd mit der Petersilienmischung in eine Terrine oder tiefe Schüssel füllen.
- Ein Küchentuch naß machen, auswringen, in ein Sieb legen und den Sud durchpassieren. Die Terrine damit langsam auffüllen. Zugedeckt im Kühlschrank erstarren lassen.
- Gestürzt oder in der Terrine servieren.

Restlichen Schinken kalt servieren oder für ein anderes Gericht verwenden

Jambon persillé Morvan – eine Schinkenterrine nach Burgunder Art

Daube bourguignonne

Rindfleisch in Rotwein – ein deftiges Gericht aus Burgund.

Für 6 Personen
Vorbereitung 50 Min.
Kochzeit 80 Min.
3039 kJ = 726 kcal/Portion

1200 g Rindfleisch vom Bratenstück, 50 g Magerspeck
3 Eßl. Butterschmalz (Gourmetbutter)
12 Perlzwiebeln, 5 Karotten, 1 Zweig Selleriekraut, ½ Lauchstange
1 Knoblauchzehe, 1 Eßl. gehackte Petersilie, Thymian, 1 Lorbeerblatt, Salz, Pfeffer, 1 Prise Zucker, 1 Eßl. Tomatenmark
1 l Rotwein
geröstete Brotdreiecke und knusprig gebratene Speckwürfel

- Das Fleisch in mundgerechte Stücke schneiden und in der Butter anbraten. Perlzwiebeln, in Scheiben geschnittene Karotten und in kleine Würfel geschnittenen Speck zugeben und kurz mitdünsten. Die Perlzwiebeln wieder aus dem Topf nehmen und beiseite stellen.
- Sellerie, Lauchstange, Zucker, Knoblauch, die restlichen Gewürze, Tomatenmark und Wein beifügen und alles zugedeckt 1 Stunde schmoren lassen. Dann die Perlzwiebeln wieder hineingeben und das Gericht weitere 20 Minuten köcheln lassen.
- Das Fleisch aus dem Topf nehmen. Die Sauce stark einkochen (sie muß sämig und würzig sein) und über das Fleisch gießen.
- Mit Petersilie, Brotdreiecken und Speckwürfeln garnieren.

Poires belle dijonnaise

Birnen in Rotweinsauce – ein Burgunder ist für dieses Dessert besonders geeignet.

Für 4 Personen
Vorbereitung 15 Min.
Kochzeit 30 Min.
1452 kJ = 347 kcal/Portion

4 schöne Birnen (eine Sorte, die nicht leicht zerfällt)
½ l Burgunder, nach Belieben 1 Eßl. Cassis
200 g Zucker
2 Gewürznelken, 1 Zimtstange
3–4 Eßl. schwarzer Johannisbeergelee

- Den Wein mit dem Zucker in einer kleinen Pfanne aufkochen, Nelken und Zimt beigeben und 5 Minuten ziehen lassen.
- Die geschälten ganzen Birnen mit Stiel vorsichtig hineinstellen und bei kleiner Hitze etwa 30 Minuten schwach ziehen lassen; sie sollen weich werden, dürfen aber nicht zerfallen.
- Dann die Birnen aus der Pfanne nehmen und auf einer Platte anrichten.
- Den Weinsirup bis zur Hälfte einkochen lassen. Die Nelken und die Zimtstange herausnehmen und den Johannisbeergelee und nach Belieben den Johannisbeerlikör zugeben.
- Die Sauce durchrühren. Sobald sich das Gelee ganz aufgelöst hat, die Pfanne von der Hitze wegziehen. Nach dem Erkalten über die Birnen gießen.

Die Birnen nach Belieben auf Vanilleeis anrichten

Poires belle dijonnaise – ein herrliches Birnendessert aus Dijon

… à la provençale

Die Gerichte nach provenzalischer Art, die der Tourist kennenlernt, wenn er auf den Hauptstraßen in Richtung Côte d'Azur fährt, sind meist mit Kräutern, Knoblauch und Tomaten überladen. So entsteht oft der Eindruck, à la provençale sei eine genau definierte Zubereitungsart, die an diesen Zutaten erkannt werden kann.

Wer aber kleine Ausflüge abseits der Hauptstraßen unternimmt und in kleinen, gemütlichen Gaststätten versucht, die subtilen Düfte der Provence einzufangen, hat ab und zu das Glück, Gerichte zu entdecken, die herrlich schmecken und die eigentlich ganz einfach sind. Aber hier werden die nur allzu bekannten Zutaten dosiert beigefügt, nicht alle miteinander.

Oft ist es das Basilikum, das einer Suppe sein Aroma verleiht; ein andermal gibt Fenchel einem Fischgericht das gewisse Etwas. Fleischgerichte wiederum erhalten eine besondere Note durch das Bohnenkraut (*sarriette*), das wir nur zum Würzen grüner Bohnen verwenden; aber mit etwas Knoblauch und Olivenöl kombiniert, wird es bei einem einfachen Kaninchen- oder einem Schmorgericht zu einem köstlichen Würzgeheimnis.

Ähnlich verhält es sich mit der wohlbekannten Bouillabaisse. Wer Marseille hört, denkt automatisch an diese Fischsuppe, die heute jedoch fast nichts mehr mit dem ursprünglichen Gericht zu tun hat. Die echte Bouillabaisse ist ein einfaches Fischermahl, das meist auf primitive Art auf den Fischerbooten zubereitet wird und billige Fischsorten enthält, die beim Verkauf am wenigsten einbringen.

Bouillabaisse

Die berühmte Fischsuppe der französischen Mittelmeerküste.

Für 6 Personen
Vorbereitung 50 Min.
Kochzeit 80 Min.
1766 kJ = 422 kcal/Portion

3 kg verschiedene Mittelmeerfische (S. 390), 1 kg Fischgräten, -häute und -abfälle
3 große Zwiebeln, 1 Karotte, 3 Lauchstangen, 1 Stück Sellerieknolle, 3 Tomaten
1 kleines Stück scharfe rote Pfefferschote, 2 Knoblauchzehen,
2 Eßl. gehackte Petersilie, 4 Eßl. gehacktes Selleriekraut, 1 Nelke,
2 Lorbeerblätter, ¼ Teel. Thymian, ¼ Teel. Bohnenkraut,
6–7 Fenchelkörner, ¼ Teel. gemahlener Koriander, 1 Messerspitze Safranfäden oder -pulver, Salz, Pfeffer
1 Eßl. Zitronensaft
5 Eßl. Olivenöl
100 g Stangenweißbrot, in dünne Scheiben geschnitten

- Für den Sud eine Zwiebel, die Karotte, eine Lauchstange und die Sellerie schälen, zerkleinern und zusammen mit Salz, einem Lorbeerblatt, Nelke, Thymian und Bohnenkraut sowie den Fischabfällen in 3 l kaltem Wasser aufsetzen. Aufkochen lassen und sofort die Hitze reduzieren. Auf kleinem Feuer 60 Minuten ziehen lassen.
- Durch ein Sieb abgießen und das ausgekochte Gemüse und die Fischabfälle wegwerfen. Mit dem Zitronensaft verfeinern.
- Die Weißbrotscheiben im Backofen bei 190 °C hellgelb backen.
- Das Öl in einer großen Pfanne erhitzen. Die Tomaten kurz in siedendes Wasser tauchen und schälen. Restliche Zwiebeln, Lauchstangen und Tomaten kleinschneiden. Im Öl dünsten, ohne das Gemüse Farbe annehmen zu lassen. Dann Fenchelkörner, rote Pfefferschote, durchgepreßten Knoblauch, Salz, Pfeffer, Koriander, Lorbeerblatt und Selleriekraut zugeben. Mit dem Fischsud aufgießen und zum Kochen bringen.

● Die großen Fische mit festem Fleisch beifügen und kochen, bis sie halbgar sind. Die kleineren, zarten Fische dazugeben und 10 Minuten weiterkochen. Den Safran im letzten Moment beigeben.

● Suppenteller mit den Weißbrotscheiben auslegen. Die Fische auf einer Platte anrichten und die Suppe separat servieren. Jeder Gast legt Fische auf das Brot und gießt Suppe darüber.

Zur Suppe die Rouille *(siehe unten) reichen*

TIP Für eine schnelle selbstgemachte *Rouille* 100 g Mayonnaise mit 1 Messerspitze Safran, 2 durchgepreßten Knoblauchzehen, einem Eßlöffel Fischsud und wenig Sambal Oelek gut mischen.

Kleine Warenkunde

Knoblauch Am aromatischsten sind oft die kleinen, leicht rosa gefärbten Knollen, die fest anzufassen sind. Weniger aufdringlich ist Knoblauch, wenn man ihn preßt und schwach dosiert.
Olivenöl Kaltgepreßtes hat den unverfälschten, herrlichen Geschmack der Oliven und eignet sich auch ausgezeichnet zum Kochen.
Oliven Die mit Kräutern eingelegten werden kalt gegessen. Zum Mitkochen genügen einfache eingelegte Oliven. Grüne Oliven sind noch nicht ganz ausgereifte Früchte; schwarze hingen länger am Baum und sind fettreicher und voller im Aroma.
Safran wird in Fäden oder als Pulver verkauft. Er sollte nicht länger als eine Minute mitkochen, sonst wird er bitter.
Tapenade Diese schwarze Olivenpaste dient als Brotaufstrich für Appetithappen; sie ist in kleinen Gläschen erhältlich.
Soupe au pistou Diese Gemüsesuppe mit Basilikum ist bei uns in Dosen erhältlich.
Provencekräuter und -gewürze Dazu gehören Basilikum, Fenchel, Oregano, Majoran, Pfefferminze, Rosmarin, Wacholder, Lorbeer, Bohnenkraut, Salbei, Thymian, Quendel und Sandelholz, einzeln oder in ausgewogenen Mischungen erhältlich.
Rouille Die pikante Knoblauchsauce zur Bouillabaisse ist in kleinen Dosen erhältlich.
Cardons Karden sind eine Distelart, die bei uns in Dosen angeboten wird.
Fische Typische, bei uns erhältliche Mittelmeerfische sind *baudroie* (Seeteufel), *congre* (Seeaal), *dorade* (See- und Goldbrasse), *rascasse* (Drachenkopf), *rouget* (Streifen- und rote Meerbarbe), *saint-pierre* (Sonnen- oder Petersfisch), Sardellen und Sardinen.
Meeresfrüchte *Moules* (Miesmuscheln), *calmars* (Tintenfische), *seiches* (Sepia) und *poulpes* (Octopus), beides Tintenfische, *clovisses* (kleine Muscheln, nur in Dosen erhältlich), Langusten und Langustinen.

Selle d'agneau aux herbes

Lammrücken, mit grünen Kräutern überzogen.

Für 4 Personen
Vorbereitung 20 Min.
Bratzeit 25 Min.
2264 kJ = 541 kcal/Portion

1200 g Lammrücken
1 Karotte, 1 Tomate
2 ganze Knoblauchknollen, 2 Eßl. gehackte Kräuter (Basilikum, Salbei, Thymian, Majoran, Bohnenkraut), 1 Bund gehackte Petersilie, Salz, Pfeffer
4 Eßl. Butter
¼ l Marsala

● Die Knoblauchknollen ungeschält quer halbieren. Die Karotte schälen.

● 2 Eßlöffel Butter in eine Bratkasserolle geben und im Ofen erhit-

Als Schnellrezept dickgeschnittene Lammkoteletts in der Pfanne braten und mit der Kräutermischung vor dem Servieren überschmelzen

zen. Den Lammrücken darin auf allen Seiten goldbraun braten. Mit Salz und Pfeffer würzen.

- Die halbierten Knoblauchknollen mit der Schnittfläche nach unten zufügen. Karotte und ungeschälte Tomate zugeben und kurz mitdünsten. Die Kasserolle halb zudecken. 10 Minuten bei 200 °C weiterbraten. Nach und nach den Marsala beifügen.
- Den Backofen ausschalten und den Lammrücken noch 5 Minuten darin lassen. Inzwischen die Knoblauchknollen herausnehmen. Das weiche Knoblauchfleisch mit einem Mokkalöffel herauskratzen. Mit der Petersilie und den Kräutern mischen.
- 2 Eßlöffel Butter in einer Bratpfanne erwärmen. Die grüne Mischung hineingeben und kurz dünsten.
- Den Lammrücken auf einer vorgewärmten Platte anrichten und mit der Kräutermischung überziehen.

Tian de courgettes

Zucchinigratin provenzalische Art, auch als Vorspeise geeignet.

Für 4 Personen
Vorbereitung 20 Min.
Backzeit 10–15 Min.
866 kJ = 207 kcal/Portion

500 g Tomaten, 1 gehackte Zwiebel, 500 g kleine Zucchini
2 Knoblauchzehen, 1 Eßl. gehackte Petersilie, 1 Teel. Kräuter der Provence, 1 Prise Zucker, Salz, Pfeffer
2½ Eßl. Olivenöl
4 Sardellenfilets
3 Eßl. geriebenes Weißbrot
2 Eßl. geriebener Käse, 1½ Eßl. Butter

- Die Tomaten kurz in kochendes Wasser tauchen. Die Haut abziehen und die Tomaten in kleine Stücke schneiden.
- Einen halben Eßlöffel Olivenöl in einer Bratpfanne erhitzen. Die Zwiebel hineingeben und 2–3 Minuten dünsten.
- Tomaten, gehackte Sardellenfilets, Kräuter der Provence, eine durchgepreßte Knoblauchzehe, Zucker sowie wenig Salz und Pfeffer zufügen. 10 Minuten unter Wenden zu einem Mus kochen.
- Die Zucchini waschen und ungeschält in 5 mm dicke Scheiben schneiden. Einen Eßlöffel Olivenöl in einer Bratpfanne erhitzen und darin die Zucchinischeiben auf beiden Seiten hellgelb anbraten (etwa 6 Minuten).
- Auf Küchenpapier legen und mit einer Bratschaufel leicht drükken, damit überschüssiges Öl austreten kann.
- Die zweite Knoblauchzehe durchpressen, mit der Petersilie in den Bratenfond der Zucchini geben und eine Minute dünsten.
- Eine nicht zu hohe Auflaufform mit einem Teelöffel Butter bestreichen. Lagenweise Tomatenmus, Zucchini, wenig Salz und Pfeffer sowie Knoblauch und Petersilie einfüllen. Mit Tomaten abschließen.
- Das Gericht zuerst mit Käse, dann mit geriebenem Brot und zuletzt mit einem Eßlöffel Butterflocken bestreuen. Bei 220 °C 10–15 Minuten überbacken. Die Oberfläche des Gratins darf nicht zu dunkel werden; wenn nötig mit Alufolie abdecken.
- In der Form auf den Tisch bringen.

Zur Abwechslung kann dieser Gratin auch mit Auberginen zubereitet werden. In diesem Fall die Scheiben mit Salz bestreuen, 10 Minuten liegenlassen, dann spülen und trocknen, damit der braune, bittere Saft entfernt wird

Barba jouan niçois

Diese kleinen Aprikosenkrapfen kommen ursprünglich aus der Mittelmeerstadt Nizza.

Für 4 Personen
Vorbereitung 20 Min.
Backzeit 3 Min./Portion
3005 kJ = 781 kcal/Portion

300 g Blätterteig
1 Glas Aprikosenkonfitüre
100 g geschälte Mandeln
Puderzucker zum Bestreuen
Erdnußöl zum Fritieren

- Den Blätterteig etwa 2 mm dick ausrollen. Kleine Rechtecke von etwa 7 × 14 cm schneiden.
- Diese auf der einen Seite mit etwas Konfitüre und je einer Mandel belegen. Die Teigränder mit wenig Wasser befeuchten.
- Zu Taschen zusammenklappen, gut verschließen und im heißen Öl (etwa 190 °C) schwimmend ausbacken.
- Auf saugfähigem Küchenpapier abtropfen lassen.
- Die Aprikosenkrapfen noch warm mit Puderzucker bestreuen und sofort servieren.

Zu Gast in Spanien

Wer privat eingeladen wird, muß einen gesunden Appetit mitbringen, um der großzügigen Gastfreundschaft der Spanier genügend Ehre erweisen zu können. Das gilt ebenso für das einfache Haus wie für den wohlhabenderen Haushalt. Das Essen besteht aus mindestens drei bis vier Gängen. Zu Beginn gibt es *tapas*, kleine Vorspeisen wie fritierte Fischchen, Oliven, gebackene Tintenfischringe (S. 43), Tomatenbrot, Kutteln in dunkler Sauce, Sardinen oder eingelegte Sardellen (S. 43), die zum Aperitif gereicht werden. Es folgt ein Salat oder vielleicht eine Suppe, dann meist eine Paella oder ein anderes Reisgericht, danach ein Fisch, im Ofen gedünstet, fritiert oder gegrillt. Das eigentliche Hauptgericht besteht aus Fleisch, etwa einem *Estufado* (Schmorfleisch) oder Schweinsfüßen in pikanter Sauce. Den Abschluß bildet eine Süßspeise wie eine Creme, ein Karamelpudding, eine einfache regionale Spezialität oder Eis. Gekrönt wird das Ganze von einem Glas Champagner und je nach Jahreszeit von *turrón* (eine Art Nougat), Gebäck oder *buñuelos* (fritierte Küchlein).

Gazpacho andaluz

Die Tomatensuppe nach andalusischer Art wird kalt serviert.

Für 4 Personen
Arbeitsaufwand 30 Min.
561 kJ = 134 kcal/Portion

1 rote Paprikaschote, 800 g reife Tomaten, 1 mittelgroße Gurke
1 Knoblauchzehe, 1 Eßl. edelsüßer Paprika, 1 Prise Kreuzkümmel, Salz, Pfeffer
1 Teel. Weinessig
1 Teel. Tomatenpüree
1/4 l kalte Fleischbrühe
Garnierung
2 Tomaten, 1 grüne Paprikaschote, 1 Zwiebel, 1 Salatgurke
2 Scheiben getoastetes und gewürfeltes Weißbrot

Gazpacho andaluz – kalte Tomatensuppe mit Gemüsebeilagen

- Paprikaschote entkernen und kleinschneiden. Tomaten in kochendes Wasser tauchen und schälen. Tomaten und Gurke entkernen und würfeln. Alles im Mixer pürieren.
- Durchgepreßten Knoblauch, Paprika, Essig und Tomatenpüree beifügen und weitermixen. 1–2 Stunden kalt stellen.
- Das Gemüsepüree mit der Fleischbrühe gut verrühren. Mit Kümmel, Salz und Pfeffer abschmecken. In Suppentassen kühl servieren.
- Für die Garnierung die Paprikaschote auf die heiße Kochplatte legen, bis sich die Haut gut abziehen läßt. Die Tomaten schälen. Paprikaschote, Tomaten und Gurke entkernen und in kleine Würfel schneiden. Die Zwiebel hacken. Gemüse und Brotwürfel als Beilage in kleinen Schalen servieren.

Die passenden Getränke zum spanischen Essen

Als Aperitif serviert man am besten einen Sherry (Jerez), der von trocken bis süß in allen Variationen erhältlich ist.

Genügend Auswahl gibt es auch an guten Weinen, die zum Essen serviert werden und die bei uns erhältlich sind, beispielsweise Weißweine aus den verschiedensten Gegenden und ausgezeichnete Riojaweine aus dem Gebiet am Ebro südlich der Pyrenäen.

Nach dem Dessert oder etwas später kann man noch einen schwarzen Kaffee mit spanischem Cognac servieren oder, wenn es besonders festlich sein soll, einen *Café cremat* (S. 471). In Katalonien serviert man bei unkonventionellen Essen oft einen *Carajillo* (schwarzer Kaffee im kleinen Glas mit Zucker und spanischem Cognac).

Paella del mar

Die Paella – ein Reisgericht aus Valencia – gehört zu den bekanntesten Spezialitäten der spanischen Küche.

Für 4 Personen
Vorbereitung 25 Min.
Kochzeit 45 Min.
2499 kJ = 597 kcal/Portion
Foto S. 382

400 g Fisch am Stück (Seeteufel, Kabeljau oder anderer fester Meerfisch), 200 g Krevetten oder Scampi, 4 Riesenkrevetten oder Langustinen zum Garnieren, 400 g Fischgräten oder -köpfe
1 grüne Paprikaschote, 1 Karotte, 1½ Zwiebeln, 100 g grüne Oliven
2 Knoblauchzehen, 1 Prise Safran, ½ Lorbeerblatt, Salz, Pfeffer
Saft von ½ Zitrone, 4 Tropfen Tabasco, 2 Eßl. Tomatenpüree
1 Eßl. trockener Sherry
300 g Rundkornreis
3 Eßl. Olivenöl

● Zuerst eine halbe Zwiebel, das halbe Lorbeerblatt, die Karotte und die Fischabfälle 30 Minuten lang in 1 l Wasser auskochen.
● Das Öl erhitzen, eine gehackte Zwiebel und die in Streifen geschnittene Paprikaschote einige Minuten darin dünsten.
● Den Fisch entgräten, enthäuten und in kleine Würfel schneiden. Mit den ungeschälten Riesenkrevetten, Reis und Tomatenpüree in die Pfanne geben, umrühren und mit der Fischbrühe löschen.
● Die Oliven entsteinen und kleinschneiden. Oliven, Zitronensaft, Tabasco, Safran, Knoblauch sowie Salz und Pfeffer beifügen. 15 Minuten kochen, dann den Sherry daruntermischen und die geschälten Krevetten dazugeben. Noch 3–4 Minuten bei kleiner Hitze ziehen lassen. Der Reis soll nicht zu trocken sein; notfalls etwas mehr Brühe dazugießen.
● Die Riesenkrevetten an die Oberfläche bringen, damit sie als Garnierung sichtbar sind.

Ternasco al horno

Milchlamm, im Ofen geschmort – ein Genuß für Knoblauchfreunde.

Für 6 Personen
Vorbereitung 15 Min.
Bratzeit 50 Min.
1900 kJ = 454 kcal/Portion

2 kg Milchlamm, in große Stücke geschnitten
3 Eßl. Olivenöl
¼ l trockener Sherry
3 grüne Paprikaschoten
2 ganze ungeschälte Knoblauchknollen, Salz, Pfeffer
Marinade
Saft von 2 Zitronen
1 Zwiebel, 2–3 Petersilienstengel, 2 Knoblauchzehen, 1 Zweiglein Thymian, 3 Lorbeerblätter, Pfeffer aus der Mühle

Auch Kitz schmeckt, auf diese Art zubereitet, sehr gut

● Alle Zutaten für die Marinade zusammen aufkochen. Über das Fleisch gießen und 3 Stunden ziehen lassen.
● Das Öl in einem Pfännchen erhitzen und über das abgetropfte Fleisch gießen. 20 Minuten im Backofen bei 220 °C braten.

Ternasco al horno – Milchlamm, im Backofen gegart

Anstatt Sherry kann man auch Weißwein verwenden

● Mit Salz und Pfeffer gut würzen. Sherry, entkernte und halbierte Paprikaschoten und quer durchgeschnittene Knoblauchknollen zufügen. 20 Minuten weiterbraten, dann die Temperatur auf 180 °C reduzieren und noch weitere 10 Minuten schmoren.

Piña rellena

Gefüllte Ananas spanische Art – ein apartes Dessert.

Für 6 Personen
Arbeitsaufwand 20 Min.
1142 kJ = 273 kcal/Portion

1 frische Ananas, 1 Eßl. Pinienkerne
100 g Zucker
3 Eßl. spanischer Cognac oder Weinbrand
¼ l Rahm

● Den Zucker mit ¼ l Wasser aufkochen, bis er ganz aufgelöst ist. Erkalten lassen.
● Die Ananas sorgfältig aushöhlen. Das Ananasfleisch in Würfel schneiden (das harte Mark entfernen) und mit dem Zuckersirup und dem Cognac mischen. 1–2 Stunden im Kühlschrank ziehen lassen.
● Vor dem Anrichten mit dem steifgeschlagenen Rahm und den Pinienkernen mischen und in die ausgehöhlte Ananas füllen. Den Deckel mit dem Kraut wieder aufsetzen.

Das Beste aus Italiens Küche

Ganz gleich, aus welcher Gegend Italiens die typischen Gerichte stammen, sie sind unverfälscht und ohne Schnickschnack zubereitet.

Zuerst eine Liste von typischen Produkten, die man bei der Hand haben sollte: guter Rotweinessig für den Salat; Gewürze wie die italienische Kräutermischung, Rosmarin und Basilikum (gefriergetrocknet erhältlich); Knoblauch; gutes Tomatenmark, wenn möglich dreifach konzentriert; italienischer Weißwein zum Kochen (Soave) und Marsala; kaltgepreßtes Olivenöl; typische Teigwarensorten; gemischtes Gemüse (in Dosen oder tiefgekühlt) für Suppen und Saucen; italienischer Reis (Vialone oder Avorio); mittelgrob gemahlener Maisgrieß oder Instantmais; Parmesan und Mozzarella, Sardellen, Kapern, Artischockenherzen und Oliven.

Fleisch und Geflügel werden sehr oft kurz gebraten; geschmorte Bratenstücke in gehaltvollen Saucen sind ebenfalls beliebt. Eine echte Tomatensauce – besonders eine Bologneser Sauce (S. 278) – muß lange gekocht werden, damit sie richtig sämig und aromatisch wird. Gemüse wird pikant gewürzt und oft nach dem Kochen in Butter oder Öl so lange gedünstet, bis alle Flüssigkeit verdampft ist. Mit Eis, Cremes, Obst und Rahm werden bunte Desserts zusammengestellt.

Italien ist das Land der Aperitifs: Wermut, Campari und ähnliche Getränke sind sehr beliebt, besonders wenn sie von kleinen Appetithappen wie etwa *bruschette* (S. 50) begleitet werden. Zum italienischen Essen gehört auch italienischer Wein. Seit einigen Jahren gibt es bei uns eine große Auswahl guter Sorten. Nach dem Essen darf der Espresso nicht fehlen; dazu serviert man gern eine *Grappa* (Tresterbranntwein). Etwas später am Abend ist ein süßer Wein mit Gebäck stets willkommen.

Melanzane San Remo

Auberginenauflauf, mit Mozzarella überbacken.

Für 4 Personen
Vorbereitung 40 Min.
Backzeit 1 Std.
1251 kJ = 299 kcal/Portion

4 mittelgroße Auberginen, 4 Tomaten, 2 grüne Paprikaschoten
2 Knoblauchzehen, 2 Eßl. gehackte Petersilie, 2 Teel. gehacktes Basilikum, Salz, Pfeffer
2 Eßl. Olivenöl, 5 Sardellenfilets, 200 g Mozzarella

- Die Auberginen in Abständen von 5 mm so einschneiden, daß sie unten noch zusammenhängen. Mit Salz bestreuen und mit den Einschnitten nach unten in ein Salatsieb legen.
- Nach 30 Minuten mit kaltem Wasser abspülen, gut abtropfen lassen und mit Küchenpapier etwas trocknen.
- Die Tomaten in kochendes Wasser tauchen, schälen und in Scheiben schneiden. Mit Salz und Pfeffer, einem Eßlöffel Petersilie, Basilikum und dem durchgepreßten Knoblauch bestreuen. Die Paprikaschoten waschen, entkernen und in 2,5 cm große Stücke schneiden.
- Eine Auflaufform mit einem Eßlöffel Olivenöl bestreichen. Die Auberginen mit den Einschnitten nach oben hineinlegen.
- Den Mozzarella in 5 mm dicke Scheiben schneiden. Die Einschnitte in den Auberginen abwechselnd mit Tomatenscheiben, Paprikastücken und Käsescheiben füllen. Die Sardellenfilets hacken und darüber verteilen. Das restliche Olivenöl darüber träufeln.
- Die Auberginen mit Alufolie abdecken und 50 Minuten bei 200 °C im Backofen schmoren. Die Folie entfernen und den Auflauf 10 Minuten überbacken.
- Die restliche Petersilie darüber streuen und das Gericht in der Auflaufform auf den Tisch bringen.

Die Paprikastücke können durch hartgekochte Eischeiben oder Salamirädchen ersetzt werden

Melanzane San Remo – Auberginenauflauf mit typisch italienischen Zutaten

Spaghetti coi broccoli

Zu den Spaghetti eine aparte Brokkolisauce.

Für 4 Personen
Arbeitsaufwand 25 Min.
3244 kJ = 775 kcal/Portion

400 g Spaghetti
500 g Brokkoli, 1 große Dose geschälte Tomaten
50 g Rosinen, 2 Eßl. Pinienkerne
6 Eßl. Olivenöl
20 g Butter, 6 Eßl. geriebener Parmesan
3 Knoblauchzehen, 2 Eßl. gehackte Petersilie, 1 kleines Stück Pfefferschote, Salz, schwarzer Pfeffer aus der Mühle

Statt Rosinen kann man 100 g frische Trauben verwenden

- Die Pinienkerne in einer trockenen Bratpfanne hellgelb rösten.
- Die Rosinen in kaltes Wasser legen.
- Den Brokkoli in kleine Röschen teilen. Den Strunk wegschneiden und für eine Suppe verwenden. Die Röschen in Salzwasser knapp gar kochen. Der Brokkoli darf nicht zerfallen und muß seine Farbe behalten.
- Das Olivenöl erhitzen, die gut abgetropften und kleingeschnittenen Tomaten darin 10 Minuten halb zugedeckt dünsten.
- Durchgepreßten Knoblauch, abgetropfte Rosinen, Petersilie und gehackte Pfefferschote beifügen. 10 Minuten weiterkochen.
- Inzwischen die Spaghetti *al dente* kochen, abgießen und sofort mit Butter und 3 Eßlöffel Parmesan mischen.
- Die Sauce mit wenig Salz und viel Pfeffer abschmecken. Über die Spaghetti verteilen und mit Pinienkernen bestreuen.
- Den restlichen Parmesan separat dazu servieren.

Petti di pollo al marsala

Hühnerfleisch ist in Italien beliebt – hier Hühnerbrüste in Marsala.

Für 4 Personen
Vorbereitung 20 Min.
Kochzeit 10 Min.
2026 kJ = 484 kcal/Portion

8 Hühnerbrüste (800–900 g)
20 g Butter, 2 Eßl. Butterschmalz (Gourmetbutter)
12 Salbeiblätter, 1 Prise Cayennepfeffer, Salz, Pfeffer
1 Teel. Tomatenmark
¾ l Marsala

Falls erhältlich, können bereits gehäutete und entbeinte Hühnerbrüste verwendet werden; in diesem Fall den Bratensatz mit 4 Eßlöffel heißer Hühnerbrühe aus Würfeln lösen

- Die Hühnerbrüste enthäuten und entbeinen. Waagrecht so einschneiden, daß eine Tasche entsteht.
- Die Knochen mit ⅛ l Wasser im Schnellkochtopf 10 Minuten kochen.
- 4 Salbeiblätter grob hacken. Einen Eßlöffel Butterschmalz erwärmen. Den Salbei zugeben und leicht dünsten. Mit wenig Salz und Pfeffer würzen. Erkalten lassen.
- Die Hühnerbrüste mit der Salbeibutter füllen. In einem Eßlöffel Butterschmalz auf beiden Seiten rasch anbraten. Die ganzen Salbeiblätter kurz mitdünsten, dann herausnehmen.
- Das Fleisch ebenfalls aus der Pfanne nehmen, mit Salz und Pfeffer auf beiden Seiten würzen und warm stellen.
- Den Knochensud auf die Hälfte einkochen und durch ein Sieb gießen. Den Bratenfond der Hühnerbrüste damit löschen. Marsala und Tomatenmark zufügen. Stark einkochen und nachwürzen.
- Den Topf von der Hitze wegziehen. Die Butter in Flocken mit dem Schneebesen darunterrühren. Mit Cayennepfeffer nachwürzen.
- Die Hühnerbrüste mit den gedünsteten Salbeiblättern garnieren und mit der Sauce überziehen.

TIP Mit Butter aufmontierte Saucen werden rasch kalt und sollten deshalb immer in gut vorgewärmtem Geschirr angerichtet werden.

Pesche allo zabaione

Pfirsiche mit Zabaione, der berühmten italienischen Weinschaumcreme, die traditionell mit Marsala bereitet wird.

Für 4 Personen
Arbeitsaufwand 25 Min.
1435 kJ = 343 kcal/Portion

4 große Pfirsiche, 4 Eßl. Zitronensaft, 1 Teel. geriebene Zitronenschale
8 Eßl. Zucker
1 Eßl. Orangenlikör, ⅛ l trockener Marsala
1 Teel. Vanilleextrakt, 1 Gewürznelke
3 Eigelb

- Die Pfirsiche ganz kurz in sehr heißes Wasser tauchen, dann schälen, halbieren und in Schnitze schneiden. In eine Pfanne geben und sofort mit 4 Eßlöffel Zucker, Zitronensaft und Orangenlikör mischen. Den Vanilleextrakt und die Nelke zufügen.

Pesche allo zabaione – Pfirsiche mit italienischer Weinschaumsauce

- Aufkochen, von der Hitze wegziehen und zugedeckt erkalten lassen.
- Die Eigelb mit dem restlichen Zucker in einem Pfännchen schlagen, bis eine weißliche Creme entsteht.
- Unter weiterem Schlagen mit dem Rührbesen den Marsala nach und nach darunterziehen. Bei kleiner Hitze weiterschlagen, bis ein luftiger Schaum entsteht.
- Zuletzt die abgeriebene Zitronenschale beifügen.
- Die Pfirsichschnitze in Glasschalen verteilen. 2–3 Löffel Zabaione darauf geben. Die restliche Zabaione in einer Sauciere separat servieren.

Was man in Griechenland ißt

In der griechischen Küche findet man ohne Zweifel viele Einflüsse aus den Kochtöpfen der Nachbarländer. Trotzdem weist sie typische Merkmale auf, die vor allem auf einheimischen Produkten basieren, darunter insbesondere Auberginen, Zitronen, Lammfleisch, Trauben und Korinthen, Melonen, Nüsse und Mandeln, Sonnenblumen- und Pinienkerne, Wein und Honig. Auch Weinblätter werden oft verwendet. Joghurt, Früchte und Gemüse gehören zu den täglichen Mahlzeiten, ebenso Fisch, auf einfache Art zubereitet. Mit Gewürzen wird nicht gespart.

Die typischsten Spezialitäten sind: Gurkensalat mit Joghurt und viel Knoblauch, Gemüsesalat mit Schafskäse (*feta*), Lammfleischeintöpfe, Moussaka (ein Gratin aus Auberginen und Hackfleisch), Knoblauchsuppe mit Mayonnaise und Brot, Joghurtsuppe, gefüllte Weinblätter mit Reis, Zitronenkartoffeln, Zitronensuppe, *baklava* und andere mit Honig gesüßte Gebäcke.

In Griechenland beginnt das Essen mit einem Anisaperitif (*ouzo*), dann gibt es ungeharzten oder geharzten Wein (*retsina*), je nach Geschmack.

Griechischer Salat

Für 4 Personen
Arbeitsaufwand 15 Min.
1657 kJ = 396 kcal/Portion

3 Tomaten, je 1 rote und grüne Paprikaschote, 1 Zwiebel,
100 g schwarze Oliven
Saft von ½ Zitrone
150 g Schafskäse
4 Eßl. Olivenöl, 1 Eßl. Weinessig
1 Teel. Kräuter (Rosmarin, Thymian, Basilikum),
1 Knoblauchzehe, Salz, schwarzer Pfeffer, ½ Teel. Senf

Griechischer Salat als Vorspeise, mit vielen Kräutern gewürzt

- Den Käse eine halbe Stunde in kaltes Wasser legen.
- Gut abtropfen lassen und anschließend in 5 mm dicke, kleine Rechtecke schneiden.
- In eine Schüssel legen, mit den Kräutern und dem durchgepreßten Knoblauch bestreuen und mit dem Olivenöl begießen.
- Eine Stunde im Kühlschrank ziehen lassen.
- Das Olivenöl abgießen, mit Senf, Zitronensaft, Essig, Salz und Pfeffer zu einer pikanten Salatsauce verrühren.
- Die Tomaten in Schnitze und die Paprikaschoten in Streifen schneiden. Zusammen mit dünnen Zwiebelringen in eine Salatschüssel geben.
- Den Käse und die Oliven darüber verteilen. Mit der Sauce begießen.

Krabben mit Schafskäse

Für 4 Personen
Vorbereitung 25 Min.
Kochzeit 30 Min.
1733 kJ = 414 kcal/Portion

600 g große Krabben ohne Schale
100 g Schafskäse
5 Eßl. Olivenöl
6 Tomaten, 1 kleine Zwiebel
Saft von ½ Zitrone
4 Eßl. trockener Weißwein
1 Knoblauchzehe, 2 Eßl. gehackte Petersilie, Salz, Pfeffer

Krabben mit Schafskäse in einer pikanten Sauce

- Zuerst die Sauce zubereiten: 2 Eßlöffel Olivenöl erhitzen, die gehackte Zwiebel zufügen und kurz dünsten.
- Alle 5 Tomaten in kochendes Wasser tauchen und schälen. 4 Tomaten vierteln, etwas auspressen, die Kerne entfernen, dann kleinschneiden und zu der Zwiebel geben. Mit Weißwein ablöschen.
- Den Knoblauch sehr fein hacken und mit der Hälfte der Petersilie zufügen. Etwa 30 Minuten kochen, bis eine konzentrierte Sauce entsteht.

Langustinen lassen sich ebenfalls auf diese Art zubereiten

- 2 Eßlöffel Olivenöl in einer zweiten Pfanne erhitzen. Die Krabben auf beiden Seiten ganz kurz darin dünsten. Sofort mit Zitronensaft beträufeln und beiseite stellen.
- Eine nicht zu hohe Auflaufform mit Öl bestreichen. Die Tomatensauce hineingießen. Die Krabben darauf verteilen.
- Die restlichen Tomaten in feine Scheiben schneiden und darauf legen. Den Käse in sehr dünne Scheiben schneiden und darüber verteilen.
- In den vorgeheizten Backofen schieben und bei 220 °C überbacken, bis der Käse schmilzt.

Moussaka

Auberginenauflauf mit Hackfleisch – ein klassisches Gericht der griechischen Küche.

Für 6 Personen
Vorbereitung 30 Min.
Backzeit 15 Min.
3034 kJ = 425 kcal/Portion
Anleitung S. 403

3 große Auberginen, 2 Schalotten, 1 Bund Petersilie
200 g gehacktes Schweinefleisch, 200 g gehacktes Rindfleisch
6 Eßl. Olivenöl, 3 Eßl. Ketchup
1 Teel. Oregano, 1 Messerspitze Zimt, Salz, Pfeffer
40 g geriebener Parmesankäse, 20 g Butter, ⅛ l Milch, 3 Eier

- Die Auberginen schälen und in etwa 1 cm dicke Scheiben schneiden. Mit Salz bestreuen und etwa 10 Minuten ziehen lassen.
- Die Scheiben mit Haushaltspapier trockentupfen.
- 3 Eßlöffel Olivenöl erhitzen und die Auberginen portionsweise auf beiden Seiten hellgelb backen. Beim Herausnehmen die Scheiben zwischen 2 Bratschaufeln pressen, damit überschüssiges Öl herausgedrückt werden kann.
- Das Fleisch im restlichen Öl anbraten, die feingehackten Schalotten zugeben und etwas mitdünsten. Ketchup, Oregano, gehackte Petersilie, Zimt, Salz und Pfeffer beigeben.
- Den Boden einer Auflaufform mit Auberginenscheiben belegen. Die Hälfte des Fleisches darüber verteilen und mit Auberginenscheiben bedecken. Den Rest des Fleisches darüber geben.

Der Eierguß läßt sich durch Béchamelsauce ersetzen

- Die Eier mit der Milch verquirlen und leicht würzen. Die Hälfte über das Fleisch verteilen.
- Mit den letzten Auberginenscheiben zudecken und die restliche Eiermilch darüber gießen. Den geriebenen Käse und die in Flocken geschnittene Butter darüber streuen.
- Den Auflauf in den vorgeheizten Backofen schieben und bei 190 °C etwa 15 Minuten überbacken.
- Heiß mit Trockenreis oder Weißbrot auf den Tisch bringen.

Moussaka – ein gehaltvoller Auflauf

In Griechenland wird für dieses Hauptgericht vorwiegend Lammfleisch verwendet. Hier wird es mit Schweine- und Rindfleisch zubereitet, eine weniger typische Version, die aber allen Gästen bestimmt munden wird. Bei der Zubereitung ist es wichtig, daß man die Auberginen richtig behandelt und nach dem Braten das überschüssige Öl entfernt, damit der Auflauf nicht zu schwer wird.

1. Geschälte Auberginen in 1 cm dicke Scheiben schneiden, salzen und 10 Minuten ziehen lassen

2. Mit Küchenpapier trocknen. Beidseitig hellgelb backen. Überschüssiges Öl herauspressen

3. Fleischfüllung zubereiten. Lagenweise Fleisch und Auberginen in eine Auflaufform füllen

4. Die Eier mit der Milch verquirlen und den Guß über den Auflauf verteilen

5. Zum Schluß Käse und Butterflocken darüber geben und die Form in den Backofen schieben

Die fertige Moussaka – ein herzhaftes Gericht aus Griechenland

Orangensalat mit Zitroneneis

Für 4 Personen
Arbeitsaufwand 15 Min.
946 kJ = 226 kcal/Portion

5 große Orangen
2 Eßl. Sultaninen
4 Eßl. Zucker
⅛ l süßer Dessertwein
4 Kugeln Zitroneneis

- Die Sultaninen waschen und mit dem Dessertwein begießen.
- Eine Orange sehr gut waschen und die Schale abreiben. 4 Orangen so schälen, daß auch die innere weiße Haut entfernt wird. In feine Scheiben schneiden und in eine Schüssel legen.
- Sultaninen, Wein, Zucker und den Saft der letzten Orange darüber verteilen. 1–2 Stunden im Kühlschrank ziehen lassen.
- In Dessertschalen anrichten und mit je einer Eiskugel krönen.

… à la russe

Wenn von der russischen Küche die Rede ist, denkt man zuerst an Filetgulasch Stroganoff, Blini und Kaviar. Aber die wenigsten Russen konnten und können sich diese Gerichte leisten. Außer den feudalen Speisen der Zarenzeit gibt es jedoch auch eine Fülle von rustikalen Gerichten die gerade wegen ihrer Einfachheit heute wieder besonders beliebt sind. Die *Kascha* beispielsweise ist ein Brei aus gerösteter Buchweizengrütze, der aber auch aus einem anderen Getreide zubereitet werden kann. Heute wird er meist als Beilage serviert oder mit einem Ei, gedünsteten Zwiebeln, Champignons oder Fleisch als Hauptgericht.

Im alten Rußland brodelte fast immer ein Suppentopf auf dem Herd. Überwog darin der Kohl, dann war es Schtschi. War die Suppe rot, dann war es Borschtsch aus roten Rüben. Bei uns kocht man im Borschtsch meist delikates Siedfleisch mit und serviert Piroschki, kleine Pasteten mit verschiedenen Füllungen, dazu.

Zu Beginn einer Mahlzeit serviert man verschiedene *Sakuski*, russische Appetithappen, die aus vielerlei einfachen Zutaten wie marinierten Äpfeln und Birnen oder anderen Früchten, eingelegten Gemüsen oder gesalzenen Fischen bestehen.

Zum russischen Essen trinkt man natürlich Wodka, der eiskalt serviert werden muß. Die süße Krönung ist die Charlotte russe, Charlottka genannt, die von Antonin Carême, dem Küchenchef des Zaren Alexander I., erfunden wurde. Er brachte damit einen Hauch von französischer Küche nach Rußland.

Die Zutaten für die russische Küche sind bei uns leicht zu beschaffen. Es handelt sich vorwiegend um Gemüsesorten, die auch bei uns wachsen, und um Milchprodukte wie Butter, Quark und Sauerrahm. Buchweizenmehl oder Buchweizengrütze gibt es im Reformhaus zu kaufen. Kaviar in allen Qualitäten findet man in den Feinkostabteilungen. Wegen des hohen Preises wird er oft durch Seehasenrogen ersetzt. Räucherlachs ist auch, in Öl eingelegt, in Dosen erhältlich.

Blini

Hierzulande kennt man die kleinen Hefepfannkuchen als Plinsen.

Für 8 Personen
Arbeitsaufwand 30 Min.
Gehzeit 5 Std. 30 Min.
1222 kJ = 292 kcal/Portion

300 g Mehl, 25 g Hefe, ½ Teel. Zucker, ½ Teel. Salz
⅜ l Milch, 3 Eßl. Sauerrahm, 1 Eßl. Butter, Butter zum Beträufeln, Butterschmalz (Gourmetbutter) zum Backen, 3 Eier
Beilage: Sauerrahm, gehackter Hering (S. 406)

Blini – die edlen Pfannkuchen

Ein wahrhaft fürstlicher Auftakt zu einem festlichen Essen sind diese kleinen Plinsen, wenn man sie nach allen Regeln der Kunst mit Lachs, Kaviar und Sauerrahm garniert. Aber auch mit einer einfachen Beilage schmecken sie köstlich. Denn Blini sind nicht etwa gewöhnliche Pfannkuchen. Sie enthalten Hefe und oft auch Buchweizenmehl, und gerade diese Zutaten geben ihnen die besondere russische Note.

1. Die Hefe mit dem Zucker verrühren und wenig lauwarme Milch zufügen

2. 200 g Mehl in eine vorgewärmte Schüssel sieben; die in der Milch aufgelöste Hefe zufügen

3. Den Teig kräftig schlagen und zugedeckt an einem warmen Ort 3 Stunden gehen lassen

4. Den Teig mit dem restlichen gesiebten Mehl mischen und wieder 2 Stunden gehen lassen

5. Eigelb, Butter, Salz, Sauerrahm hineinrühren; Eischnee erst vor dem Backen unterziehen

Die fertiggebackenen Blini werden mit Räucherlachs, Sauerrahm und Kaviar belegt

- Die Hefe mit dem Zucker verrühren und einen Eßlöffel lauwarme Milch beifügen.
- 200 g Mehl in eine vorgewärmte Schüssel sieben und eine Vertiefung formen.
- Die Milch auf etwa 35 °C (handwarm) erwärmen und mit der Hefe-Zucker-Mischung zum Mehl geben. Langsam verrühren, dann mit einer Holzkelle kräftig schlagen, bis der Teig glatt ist und Blasen wirft.
- Zugedeckt an einem warmen Ort (maximal 35 °C) 3 Stunden aufgehen lassen.

Ein Drittel des Weißmehls durch Buchweizenmehl ersetzen

- Den Teig nochmals gründlich rühren, das restliche Mehl dazusieben und weitere 2 Stunden gehen lassen.
- Die verquirlten Eigelb, Salz, die zerlassene, lauwarme Butter und den Sauerrahm unter den Teig arbeiten und diesen nochmals eine halbe Stunde gehen lassen.
- Unmittelbar vor dem Backen die steifgeschlagenen Eiweiß darunterziehen. (Der Teig muß ziemlich fest sein. Sollte er sich beim Backen in der Pfanne nicht gut verteilen lassen, kann er mit wenig Milch etwas verdünnt werden. Um dies festzustellen, empfiehlt es sich, einen Probepfannkuchen zu backen.)
- Das Butterschmalz erhitzen und darin kleine runde Pfannkuchen backen.

Andere Beilagen: roter oder schwarzer Kaviar, Räucherlachs, feingehackte Zwiebel

- Die Blini heiß auf den Tisch bringen, mit zerlassener Butter beträufeln, mit der Beilage belegen und dicken Sauerrahm darüber gießen.

Gehackter Hering

Ein pikanter, sehr preisgünstiger Belag für die Blini.

Für etwa 12 Blini
Arbeitsaufwand 10 Min.
573 kJ = 137 kcal/Blini

6 Matjesheringe oder filetierte Salzheringe
¼ l Milch (wenn Salzheringe verwendet werden)
1 hartgekochtes Ei
1 Scheibe Pumpernickel
2 Teel. Weinessig
1 Teel. Öl
1 Teel. Zucker
Pfeffer
½ Zwiebel, ¼ Apfel

- Die Salzheringe 24 Stunden in Milch einlegen.
- Die Milch abgießen, die Heringe abtropfen lassen und mit dem Wiegemesser fein hacken.
- Den Pumpernickel zerbröckeln und mit dem Essig mischen. Ziehen lassen, bis das Brot ganz weich ist.
- Die Zwiebel fein hacken oder reiben. Den Apfel reiben. Das Ei hacken.
- Alle Zutaten gut mischen. Mit Pfeffer nachwürzen. Je nach Schärfe der Heringe noch etwas geriebenen Apfel beigeben.
- Die Blini (S. 404) mit je einem Löffel der Heringsmasse belegen und einen Löffel Sauerrahm dazugießen.

Borschtsch Katharina II., nach russischer Art mit Sauerrahm serviert

Borschtsch Katharina II.

Für 6 Personen
Vorbereitung 30 Min.
Kochzeit 1 Std. 40 Min.
3348 kJ = 800 kcal/Portion

800 g Rindfleisch (Bratenstück), 200 g geräucherte Schweinebrust,
1 geräucherte Wurst
1½ l Fleischbrühe
2 Zwiebeln, 2 Karotten, 1 kleiner Weiß- oder Rotkohl,
600 g ungekochte rote Rüben (Randen), 150 g weiße Bohnen,
1 Bund Petersilie, ½ Lauchstange, 1 Zweiglein Selleriekraut
1 Prise Zucker, Salz, Pfeffer
2 Eßl. Tomatenmark
¼ l Sauerrahm
nach Belieben geriebener Meerrettich

- Die weißen Bohnen über Nacht einweichen.
- Das Rindfleisch mit Fleischbrühe, Lauch und Selleriekraut in einen Topf geben und 1½ Stunden kochen.
- Nun das Schweinefleisch, die weißen Bohnen und die geputzten und in Stücke geschnittenen roten Rüben beifügen. Weitere 40 Minuten kochen. Dann den grobgeschnittenen Kohl, die in Scheiben geschnittenen Karotten und die grobgehackten Zwiebeln, Wurst, Gewürze, Tomatenmark und gehackte Petersilie beifügen. 25–30 Minuten ziehen lassen.
- Das Fleisch in Teller verteilen. Die Suppe darüber gießen. Mit Sauerrahm garnieren. Dazu nach Belieben Meerrettich reichen.

Piroschki

Auf deutsch nennt man diese kleinen Pasteten Piroggen. Sie werden nicht nur zum Borschtsch, sondern auch zum Aperitif gereicht.

Gibt etwa 20 Stück
Vorbereitung 40 Min.
Backzeit 15 Min.
644 kJ = 157 kcal/Stück

Teig
320 g Mehl, 1 Prise Salz
150 g Butter, 180 g Sauerrahm, 1 Eiweiß
Füllung
200 g Champignons, 1 Zwiebel
1 Eßl. gehackte Petersilie, Salz, Pfeffer
1 Eßl. Butterschmalz (Gourmetbutter), 2 Eßl. Milch, 2 Eier
5 Eßl. gekochter Reis (evtl. Rest von Risotto oder Bouillonreis)

Will man die Piroggen zum Aperitif servieren, kann man Blätterteig verwenden

Champignons durch jede andere Art von Pilzen, Fisch, Sauerkraut, Leber oder Hackfleisch ersetzen

Als Appetithappen zum Aperitif werden die Piroggen kleiner geformt

- Das Mehl und die in Flocken geschnittene Butter in eine Schüssel geben und zwischen den Fingern fein zerreiben.
- Eine Vertiefung eindrücken und Salz und Sauerrahm hineingeben. Mit dem Stiel eines Holzlöffels mischen, dann den Teig in die Hände nehmen und kneten, bis er geschmeidig ist.
- Zu einer Kugel formen, in ein Tuch wickeln und 1–2 Stunden im Kühlschrank ruhen lassen.
- Die Champignons putzen und in feine Scheiben schneiden.
- Die Zwiebel fein hacken und in der Butter glasig dünsten. Die Champignons beifügen und kurz mitdämpfen.
- Die Petersilie und den Reis zugeben; gut mischen. Die Mischung aus der Pfanne nehmen, etwas erkalten lassen und dann die verquirlten Eier darunterziehen. Salzen und pfeffern.
- Den Teig etwa 2 mm dick ausrollen; dafür sehr wenig Mehl verwenden. Kreise von 6 cm Durchmesser ausstechen. Auf die Hälfte der Teigkreise einen Teelöffel Füllung geben.
- Die Teigränder mit Eiweiß bestreichen. Die restlichen Teigkreise darauf legen und die Ränder fest andrücken. Mit Eigelb bestreichen und im vorgeheizten Backofen bei 200 °C etwa 15 Minuten backen.
- Warm servieren.

Passcha

Dieses russische Osterdessert ist sehr sättigend und wird nur in kleinen Portionen serviert.

Für 10 Personen
Arbeitsaufwand 40 Min.
Ruhezeit 15 Stunden
2093 kJ = 500 kcal/Portion

700 g Speisequark, 300 g Rahmquark, ¼ l Rahm, 100 g frische Butter, 3 Eigelb
150 g Zucker
1 Vanilleschote
5 Eßl. gemischte kandierte Früchte (Backmischung), gewürfelt, 1 Teel. Orangeatwürfel, 1 Teel. Zitronatwürfel, 75 g Rosinen, 75 g Mandelblättchen, 100 g geschälte Mandeln
40 cm nicht imprägnierte Gaze
1 Blumentopf aus Ton

- Speise- und Rahmquark in ein Küchentuch und das Tuch in ein Salatsieb geben. Die Tuchenden zusammenschlagen, einen Teller darauf legen, das Ganze beschweren, auf einen Teller stellen und 3 Stunden im Kühlschrank stehen lassen.
- Die Butter bei Küchentemperatur weich werden lassen.
- Die Eigelb mit dem Zucker zu einer sämigen Creme schlagen.
- Den Rahm mit der aufgeschlitzten Vanilleschote aufkochen, dann unter kräftigem Rühren zur Eicreme geben. In die Pfanne zurückgießen und bei kleiner Hitze so lange rühren, bis eine dicke Creme entsteht. Nicht kochen lassen, sonst gerinnt das Eigelb.
- Die Creme mit den gewaschenen Rosinen, 4 Eßlöffel kandierten Früchten, Orangeat und Zitronat mischen.
- Den Topf in eine mit kaltem Wasser gefüllte Schüssel stellen. Erkalten lassen; dabei ab und zu umrühren.
- Inzwischen den Quark gut auspressen, aus dem Tuch nehmen und mit der weichen Butter gut vermischen.
- Die erkaltete Creme darunterziehen (die Vanilleschote entfernen) und die Mandelblättchen zugeben. Die Masse gut verkneten.
- Den Blumentopf mit Klarsicht- oder Alufolie auslegen. Am Boden ein kleines Loch anbringen.
- Die Gaze längs in Streifen schneiden. Diese kreuzweise in den Topf legen, so daß die Wände ganz mit Gaze bedeckt sind. Die Masse in den Topf füllen. Die Enden der Gazestreifen nach innen schlagen, das Ganze beschweren, auf einen Teller stellen und mindestens 12 Stunden im Kühlschrank ruhen lassen.
- Vor dem Servieren stürzen, die Folie und die Gaze abziehen und die Passcha mit den restlichen kandierten Früchten und den gerösteten, ganzen Mandeln garnieren.

Passcha, ein köstliches Dessert, nach dem russischen Wort für Ostern benannt

Verlockende Farmerküche

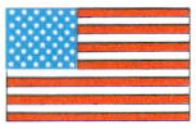

Die Amerikaner kommen nach Europa, um die klassische und die neue Küche kennenzulernen. Sie schwärmen von unseren regionalen Gerichten und besuchen die besten Restaurants. Wir unsererseits schätzen die amerikanische Unkompliziertheit, die sich auch auf die Eßgewohnheiten überträgt.

Die Farmerküche, wie man sie dort vielerorts findet, besticht durch ihre Frische. Begeistert tauchen wir Gemüsestengelchen in die verschiedensten Dips aus Quark, Sauerrahm und Kräutern und genießen die Riesensteaks oder den süßsauren, überbackenen Schinken, der nirgends so mild ist wie in Amerika. Wir lernen Mais als Beilage kennen und erfahren, wie man sinnvoll mit Konserven umgeht.

Mit dem eisgekühlten Brunnenwasser oder der eiskalten Milch zum Essen können wir uns schwerer abfinden. Dann trinken wir eben ein Bierchen dazu oder die neuen, hervorragenden kalifornischen Weine, die jetzt auch bei uns erhältlich sind.

Clam Chowder

Muschelsuppe – eine Spezialität aus New England.

Für 4 Personen
Vorbereitung 20 Min.
Kochzeit 15 Min.
1109 kJ = 265 kcal/Portion

1 Eßl. gehackter Magerspeck
1 kg Sandklaffmuscheln (Vongole)
1 kleine Zwiebel, 2 mittelgroße Kartoffeln, 100 g Lauch (weißer Teil)
2 Eßl. gehackter Schnittlauch, Salz, Pfeffer
¾ l Milch
3 Eßl. Weißwein

Clam Chowder, die berühmte Muschelsuppe der amerikanischen Atlantikküste

- Die Zwiebel fein hacken und mit dem Speck leicht andünsten.
- Die Kartoffeln schälen, in Würfel schneiden und in Salzwasser 10 Minuten kochen. Mit der Zwiebel, dem feingeschnittenen Lauch und dem Speck im Mixer pürieren.
- Die Milch aufkochen. Das Kartoffelpüree hineingeben und alles miteinander gut verrühren.
- Die geputzten Muscheln mit 2–3 Eßlöffel Wasser und dem Weißwein aufkochen. Die Muscheln abgießen; den Saft dabei auffangen und zur Suppe geben.
- Die Schalen entfernen und das Muschelfleisch zur Suppe geben.
- In Suppentassen anrichten und mit Schnittlauch bestreuen.

Trockenen weißen Wermut statt Wein verwenden
Muscheln aus dem Glas verwenden und wenig Muschelsaft zur Suppe geben

Chicken Maryland

Gebackenes Hähnchen, ein Lieblingsgericht der Amerikaner.

Für 6 Personen
Vorbereitung 15 Min.
Backzeit 10–15 Min.
2888 kJ = 690 kcal/Portion

2 Hähnchen zu je 1000 g
6 Scheiben Magerspeck
60 g Mehl, 200 g Paniermehl
2 Eier
Öl zum Fritieren

- Die Hähnchen in je 6 Stücke teilen. Mit Salz und Pfeffer würzen, mit Mehl bestäuben, durch die verquirlten Eier ziehen und im Paniermehl wenden. Das Paniermehl etwas andrücken.
- Das Öl auf 170 °C erhitzen und die Hähnchenteile darin 10–15 Minuten goldgelb ausbacken. Auf Küchenpapier abtropfen lassen.
- Inzwischen den Speck knusprig braten und mit den Hähnchenstücken anrichten.

Frozen Banana Cream

Für 6 Personen
Arbeitsaufwand 20 Min.
1791 kJ = 428 kcal/Portion

4 reife Bananen, 2 Eßl. Zitronensaft, 2 Eßl. Mandelsplitter
60 g Zucker, 1 Prise Salz
¼ l Rahm
⅛ l Ananassaft (aus der Dose), 2 Eßl. Rum

Auf dieselbe Art läßt sich auch eine Ananascreme zubereiten

- Die Bananen schälen, in Scheiben schneiden und mit dem Zitronensaft, Zucker, Salz und Ananassaft im Mixer pürieren.
- Den Rum dazugeben und nochmals kurz mixen.
- Den Rahm steif schlagen und unter das Püree ziehen. Mindestens 4 Stunden gefrieren lassen.
- 15 Minuten vor dem Servieren aus dem Gefrierfach nehmen.
- Die Mandeln in einer trockenen Bratpfanne hellgelb rösten.
- Die noch halbgefrorene Creme in eine Schüssel geben und mit dem Rührbesen gut durchrühren. Die Mandelsplitter unter die Creme ziehen und das Dessert sofort anrichten.

Die farbenprächtige Küche Mexikos

Von Mexiko bis fast zur südlichen Spitze Südamerikas liebt man Chillies, die kleinen, scharfen Pfefferschoten. Kein Wunder, daß sie in den meisten Gerichten anzutreffen sind – in scharf gewürzten Geflügel- und Fleischgerichten und in den pikanten Begleitsaucen zu riesengroßen, schmackhaften Fleischstücken. Auch Tortillas, Maispfannkuchen, findet man in vielen Variationen mit den verschiedensten Füllungen. Die bekanntesten Eintöpfe enthalten typisches Gemüse wie Paprikaschoten, Tomaten, Maiskörner, Kürbis, rote Bohnen und oft auch Reis. Exotische Früchte wie Mangos, Avocados, Ananas, Zitrusfrüchte, Kokosnüsse, Papayas, Cherimoyas sowie Bananen und Melonen sind dort so alltäglich wie bei uns Äpfel und Birnen.

Mexiko ist das Land der Schokolade. Nachmittags, bereits sehr bald nach der umfangreichen Mittagsmahlzeit, gibt es Trinkschokolade mit Kuchen. Lateinamerika ist auch die Heimat des Kaffees, den man stark und süß liebt.

Der legendäre Agavenschnaps, der Tequila, wird pur mit Salz und einer Limonenscheibe serviert – drei Geschmacksrichtungen, die miteinander verbunden werden sollen. Die Limonenscheibe wird in die linke Hand genommen; auf den Handrücken zwischen Daumen und Zeigefingeransatz streut man eine Prise Salz. Mit der rechten Hand hält man das Glas, leckt das Salz auf, trinkt darauf den Tequila und schiebt das Limonenstück anschließend in den Mund. Dies alles soll innerhalb von zwei Sekunden geschehen! Beliebt ist auch der Cocktail Margarita (S. 460), der auf Tequila basiert. Will man seine Gäste mit einem mexikanisch anmutenden Mahl verwöhnen, kann man ihn zum Aperitif servieren.

Enchiladas Manuelito, ein Auflauf aus Tortillas und Geflügelfleisch

Enchiladas Manuelito

Ein pikanter Auflauf mit Tortillas, den beliebten Maispfannkuchen Mittel- und Südamerikas.

Für 4 Personen
Vorbereitung 15 Min.
Backzeit 15 Min.
2415 kJ = 577 kcal/Portion

8 Tortillas (aus der Dose)
400 g gekochtes Geflügelfleisch
2 Eßl. Öl
4 Tomaten
⅛ l Rahm, 50 g Schafskäse

Geschälte Tomaten aus der Dose verwenden; gut abtropfen lassen

- Die Tomaten einige Sekunden in heißes Wasser tauchen, schälen und kleinschneiden.
- Einen Eßlöffel Öl erhitzen. Die Tomaten darin kurz dünsten. Zugedeckt bei kleiner Hitze kochen, bis ein sämiges Mus entsteht.
- Das restliche Öl in einer Bratpfanne erhitzen und die Tortillas auf beiden Seiten kurz darin wenden, damit sie weich werden.
- Das Geflügelfleisch in kleine Stücke zupfen. Gleichmäßig auf die Tortillas verteilen.
- Eine Auflaufform mit wenig Öl bestreichen. Die Tortillas aufrollen und nebeneinander in die Auflaufform legen. Mit den Tomaten bedecken und bei 200 °C 15 Minuten backen.
- Vor dem Servieren mit dem Rahm begießen und mit dem zerbröckelten Schafskäse bestreuen.

Pescado Mérida

Gebackener Fisch mit pikanter Sauce auf mexikanische Art.

Für 6 Personen
Vorbereitung 20 Min.
Backzeit 25 Min.
883 kJ = 211 kcal/Portion

1 ganzer ausgenommener Rotbarsch (etwa 1500 g)
2 Eßl. Olivenöl
1 Zwiebel, 1 rote Paprikaschote, 1 Bund Petersilie
100 g gefüllte Oliven
6 Eßl. Orangensaft, 4 Eßl. Zitronensaft
1 Messerspitze Sambal Oelek, Salz, Pfeffer

- Die Zwiebel grob hacken. Die Paprikaschote halbieren, entkernen und kleinschneiden. Das Olivenöl erhitzen und Zwiebel und Paprikaschote darin dünsten.
- Die Petersilie grob hacken und zusammen mit den Oliven beifügen. Unter gelegentlichem Rühren nochmals 5 Minuten dünsten.
- Orangen- und Zitronensaft beifügen und mit Salz, Pfeffer und Sambal Oelek pikant abschmecken.
- Den Fisch innen und außen mit Salz und Pfeffer würzen. Eine Auflaufform mit wenig Öl bestreichen und den Fisch hineinlegen. Mit der Sauce begießen und bei 200 °C 20–25 Minuten backen. Mit dem Finger prüfen; wenn der Fisch sich fest anfühlt, ist er gar. Aufpassen, daß er nicht zerfällt!
- In der Form auf den Tisch bringen und mit Reis servieren.

Rollos de mango

Mangoroulade – eine einfache, aber delikate Süßspeise.

Für 6 Personen
Arbeitsaufwand 30 Min.
1913 kJ = 457 kcal/Person

700 g Mangos
400 g Zucker, 200 g Hagelzucker

- Die Mangos schälen, den Kern entfernen und das Fleisch in Stücke schneiden.
- Mit dem Zucker aufsetzen und unter häufigem Rühren zu einer Paste kochen. Etwas auskühlen lassen.
- Die Hälfte des Hagelzuckers auf den Tisch streuen. Das Mangomus darauf geben und mit einem Messer 1 cm dick verstreichen.
- Wenn das Mus ganz kalt und fest geworden ist, mit dem restlichen Hagelzucker bestreuen und aufrollen.
- Die Mangoroulade kühl stellen und unmittelbar vor dem Servieren in Scheiben schneiden.

Erinnerungen an die Karibik

Auf den karibischen Inseln empfängt man seine Gäste mit exotischen Früchten. Der prächtige Früchtekorb ist gefüllt mit Mangos, Ananas, Limonen, Melonen, Passionsfrüchten, Kokos- und Cashewnüssen. Dann holt sich jeder Gast vom farbenprächtigen Buffet das, was er gerade mag. Ein Buffet lohnt sich allerdings nur, wenn mindestens zehn Personen eingeladen werden. Sind es weniger oder will man keinen allzu großen Aufwand treiben, kann man die Spezialitäten zu einem Menü zusammenstellen, wie es hier der Fall ist. Aber auch ein Buffet braucht nicht unzählige Gerichte: Ein bis zwei Salate, ein kaltes Fischgericht und ein warmes Hauptgericht, auf einem Rechaud etwas später aufgetragen, genügen vollkommen. Wichtig sind farbenprächtige Früchte und einige Desserts zum Auswählen.

Die Bewohner der karibischen Inseln haben eine Vorliebe für scharfgewürzte Speisen. Pikante Saucen stehen im Kontrast zu den exotischen Früchten, die oft auch in Fleischgerichten und Vorspeisen vorkommen. Meeresfrüchte, Fisch, Hühner- und Schweinefleisch sind sehr beliebt. So ist die Beschaffung der Grundzutaten kein Problem. Die exotischen Ingredienzen hingegen finden wir nur in großen Lebensmittelabteilungen oder in Spezialgeschäften.

Bowle (S. 447–452), Punch oder Daiquiri (S. 458) wird als Aperitif und auch nach dem Essen getrunken. Zum Essen selber trinkt man Eiswasser, Eistee oder leichtes Bier. Bei uns kann man einen gekühlten Roséwein anbieten.

Seeteufelsalat

Für 4 Personen
Vorbereitung 25 Min.
Kochzeit 30 Min.
1611 kJ = 385 kcal/Portion

800 g Seeteufel am Stück
1 Zitrone, 1 Eßl. Zitronensaft, 1 Avocado
3 Tomaten, 1 Zwiebel, 4 Pimientos morrones (in Essig eingelegte Paprikaschoten)
4 Eßl. Olivenöl, 1 Eßl. Weißweinessig
½ Teel. Majoran, Salz, Cayennepfeffer

- Den Seeteufel entgräten und enthäuten. Salzwasser zum Kochen bringen und den Fisch 30 Minuten darin ziehen lassen.
- Herausnehmen, abtropfen lassen und in kleine Würfel schneiden.

- In eine Schüssel geben, mit dem Saft einer ganzen Zitrone beträufeln und etwas ziehen lassen.
- Die Tomaten einige Sekunden in kochendes Wasser tauchen, schälen und in Würfel schneiden. Die Paprikaschoten würfeln.
- Fisch, Tomaten, Paprikaschoten, Majoran, Öl, Essig, Salz und Cayennepfeffer gut mischen.
- Die Avocado schälen, halbieren, entkernen, in Schnitze schneiden und sofort mit einem Eßlöffel Zitronensaft beträufeln.
- Den Salat mit Avocadoschnitzen und Zwiebelringen garnieren.

Schweinebraten Kingston Town

Für 6 Personen
Vorbereitung 30 Min.
Bratzeit 2 Std.
4311 kJ = 1030 kcal/Portion

1200–1500 g Schweinebraten vom Hals, 1 halbierter Schweinefuß
3 Eßl. Senf, 2 Eßl. Sojasauce
Muskat, Koriander, Cayennepfeffer, Salz, Pfeffer
3 Eßl. Honig
2 Teel. Speisestärke
2 Eßl. Butterschmalz (Gourmetbutter), 1 Eßl. Butter
¼ l herber Sherry, ¼ l Ananassaft (aus der Dose), ¼ l Fleischbrühe
Garnierung: 1 Kiwi, 1 Mango, ½ große oder 1 kleine Ananas,
3 frische Feigen, 1 kleine oder 1 Stück Papaya

- Den Senf mit dem Honig gut vermischen. Dann das Fleisch mit Salz, Pfeffer, etwas Muskat und wenig Koriander einreiben. Mit der Honig-Senf-Mischung bestreichen.

Schweinebraten Kingston Town, mit den exotischen Früchten der karibischen Inseln garniert

- Den Braten samt dem Schweinefuß in einen mit der Butter bestrichenen Bräter legen und im vorgeheizten Ofen bei 240 °C auf allen Seiten anbraten. Mit ⅛ l Sherry ablöschen und nach und nach die heiße Fleischbrühe zufügen. Nach 2 Stunden das Fleisch herausnehmen, in Alufolie einpacken und warm stellen.
- Den Bratensatz mit dem restlichen Sherry aufkochen. Die mit dem Ananassaft verrührte Speisestärke zur Sauce geben und diese so lange köcheln lassen, bis sie leicht gebunden und schön sämig ist. Mit Salz, Pfeffer und Sojasauce würzen.
- Die Früchte schälen, gegebenenfalls entkernen, in Scheiben schneiden und sehr rasch in der Butter erwärmen.
- Den Braten am Stück anrichten und mit den Früchten garnieren.

Maisfritters

Für 4 Personen
Arbeitsaufwand 30 Min.
724 kJ = 173 kcal/Portion

1 grüne Paprikaschote, 1 Selleriestange, 1 Zwiebel, 1 Dose Mais
100 g gekochte Krevetten
3 Eßl. Mehl
Salz, Pfeffer, 6–8 Tropfen Tabasco, 1 Messerspitze Korianderpulver,
1 Knoblauchzehe
2 Eier, 1 Eßl. Butterschmalz (Gourmetbutter)

- Die Paprikaschote und die Selleriestange hacken und in eine Schüssel geben. Abgetropfte Maiskörner, gehackte Krevetten, gehackte Zwiebel und durchgepreßten Knoblauch daruntermischen.
- Verquirlte Eier und Mehl zugeben. Mit Salz, Pfeffer, Tabasco und Koriander würzen. Alles zu einem festen Teig verarbeiten.
- Flache Küchlein formen und in heißer Butter golden ausbacken.

Bananen nach Antillenart

Für 4 Personen
Arbeitsaufwand 20 Min.
2269 kJ = 542 kcal/Portion

4 Bananen, 8 Eßl. grobgehackte Mandeln
3 Eßl. Zucker, 1 Teel. Mehl
100 g dunkle Schokolade, 1 Eßl. Instantkaffee
1 Eßl. Rum
1 Ei, 2 Eßl. Butter, ⅛ l Rahm

- Die Bananen schälen und der Länge nach halbieren.
- Die Mandeln mit dem Zucker mischen.
- Die Bananenhälften mit Mehl bestäuben und durch das verquirlte Ei ziehen. Im Mandel-Zucker-Gemisch wenden. Gut andrücken.
- Die Butter erhitzen und darin die Bananenhälften auf beiden Seiten goldgelb braten.
- Die Schokolade in Stücke brechen und im Wasserbad unter Rühren schmelzen lassen. Instantkaffee, Rum und Rahm beifügen.
- Die Bananen anrichten, nach Belieben mit Rahm garnieren und mit Instantkaffee bestreuen. Die warme Sauce separat servieren.

Chinas Küchengeheimnisse

- Chinesische Gerichte schmekken am besten, wenn sie aus der Pfanne direkt auf den Tisch kommen. Es lohnt sich daher, die Gäste etwas warten zu lassen.
- Die Garzeiten werden im allgemeinen sehr knapp berechnet. Vieles wird trotzdem im voraus bereitet und zum Teil sogar vorgedünstet. Die letzten Handreichungen sind dann im Nu erledigt.
- Die meisten Zutaten werden zerkleinert, das heißt, man schneidet oder teilt sie in mundgerechte Stücke, damit sie mit den Stäbchen gegessen werden können.
- Das Gemüse darf man nie gar kochen! Es muß knackig auf den Tisch kommen, damit das Aroma erhalten bleibt.
- Die chinesischen Saucen sind klar und werden, wenn nötig, mit wenig Speisestärke gebunden.
- Eine eigentliche Menüfolge gibt es nicht. Man bringt – außer den Suppen, die vorher oder nachher serviert werden können – alle Gerichte gleichzeitig auf den Tisch. Pro Gast rechnet man ein Gericht oder besser noch eines mehr, als Personen am Tisch sind.
- Zu einem chinesischen Mahl reicht man heißen Sake (Reiswein), kühlen Rosé, Bier oder Tee, beispielsweise köstlich schmeckenden Jasmintee.

Pilzsuppe

Für 2 Personen
Vorbereitung 25 Min.
Kochzeit 60 Min.
544 kJ = 130 kcal/Portion

250 g Hähnchenteile mit Knochen, 25 g gehackter Schinken
1 kleines Stück Lauchstange, 1 Schalotte, 4 Eßl. frische oder tiefgekühlte grüne Erbsen
½ Eßl. Sojasauce, 1 Prise Zucker, 1–2 Körner Szetschuanpfeffer,
½ Teel. frisch geriebener Ingwer, Glutamat, weißer Pfeffer
5 g getrocknete chinesische Pilze
nach Belieben 30 g Glasnudeln

Pilzsuppe als schmackhafter Auftakt zur chinesischen Reistafel

Je nach Jahreszeit andere Gemüsesorten verwenden

- Den Lauch in Stücke schneiden. Zusammen mit den Hähnchenteilen und 1 l Wasser 30 Minuten kochen.
- Die Brühe durch ein feines Sieb gießen. Das Hähnchenfleisch in kleine Würfel schneiden und mit etwas Brühe bedecken.
- Die Brühe aufkochen. Die Schalotte hacken und mit dem Schinken und den Pilzen in die Brühe geben. 30 Minuten kochen. Danach die Erbsen und den Szetschuanpfeffer zufügen. Noch 5 Minuten ziehen lassen, bis die Erbsen gar, aber noch knackig sind.

Frischen Ingwer durch Ingwerpulver ersetzen

- Mit Sojasauce, Glutamat, Zucker und Ingwer abschmecken. Die Hähnchenwürfel in der Suppe erwärmen. Nach Belieben die Glasnudeln beifügen und kurz ziehen lassen.
- In chinesischen Suppentassen mit Porzellanlöffeln servieren.

Typisch chinesische Gewürze

Fünfgewürzmischung Als fertige Mischung erhältlich. Sie dient zum Aromatisieren von kurzgebratenem Fleisch und Geflügel. Sparsam anwenden!
Ingwer Ingwerwurzel schmeckt frisch am besten, kann aber auch durch kandierten Ingwer ersetzt werden.
Szetschuanpfeffer Pikanter, aromatischer Pfeffer.
Sambal Oelek Scharfe Pfefferpaste aus kleinen, roten Pfefferschoten.
Glutamat (Monosodium Glutamat) Ein weißes Pulver ohne Eigengeschmack, das aber die Geschmacksintensität der Zutaten erhöht.
Reiswein Er wird aus gegärtem Reis hergestellt und ähnelt im Geschmack einem trockenen Sherry. Reiswein ist bei uns unter der Bezeichnung Sake erhältlich und stammt meist aus Japan. Sake wird heiß in kleinen Porzellangefäßen serviert, und zwar normalerweise nach dem Essen. Beim Kochen kann Sake durch Sherry ersetzt werden.
Chinesische Pilze Unter dieser Bezeichnung werden bei uns getrocknete Pilze in verschiedenen Größen und mit unterschiedlichen Aromen angeboten. Man weicht sie vor dem Kochen immer ein und schneidet sie, wenn nötig, klein. Bei großen Pilzen wird der Stiel entfernt. In Plastikbeuteln sind sie lange haltbar.

Frühlingsrollen

Für 4 Personen
Arbeitsaufwand 30 Min.
2653 kJ = 634 kcal/Portion
Anleitung S. 419

150 g Mehl
½ Eßl. Öl Erdnußöl zum Ausbacken der Hüllen
½ Teel. Salz
Füllung
250 g gehacktes Schweinefleisch
100 g geschälte Krevetten
10 g getrocknete chinesische Pilze, 150 g Bambussprossen,
1 Zwiebel, 1 Karotte
1 Eßl. Sherry, 1 Eßl. Fleischbrühe, 2 Teel. helle Sojasauce
2 Eßl. Öl
2 Teel. Speisestärke

- Die Pilze in kaltem Wasser einweichen.
- Das Mehl mit knapp ¼ l Wasser, Öl und Salz zu einem Pfannkuchenteig mischen. Der Teig darf nicht zu dickflüssig sein, damit ganz dünne Hüllen gebacken werden können.
- Einen Eßlöffel Öl in einer Bratpfanne erhitzen. Das Schweinefleisch hineingeben, kurz anbraten, mit einem halben Teelöffel Speisestärke bestäuben und mit dem Sherry ablöschen. Von der Hitze wegziehen, die Sojasauce zugeben und aus der Pfanne nehmen.

Frühlingsrollen hausgemacht

Frühlingsrollen, auch unter der englischen Bezeichnung *Spring Rolls* bekannt, gehören für Europäer unbedingt zu einem chinesischen Essen. Die Hülle gibt es fertig zu kaufen. Man kann sie aber auch selbst herstellen. Für die Füllung gibt es keine Regeln. Jedes Saisongemüse, mit Sojabohnenkeimen oder Bambussprossen vermischt, eignet sich dafür; auch Krevetten oder Hackfleisch sind darin häufig enthalten.

1. Pilze einweichen; Zwiebel hakken, Gemüse schneiden; das Fleisch bereiten

2. Abgetropfte Pilze, Bambussprossen, Zwiebel, Karotten und Krevetten halbgar dünsten

3. Gemüse zum gebratenen, mit Sojasauce und Sherry vermengten Fleisch geben. Gut mischen

4. Aus dem Teig in einer beschichteten Bratpfanne sehr dünne, kompakte Fladen backen

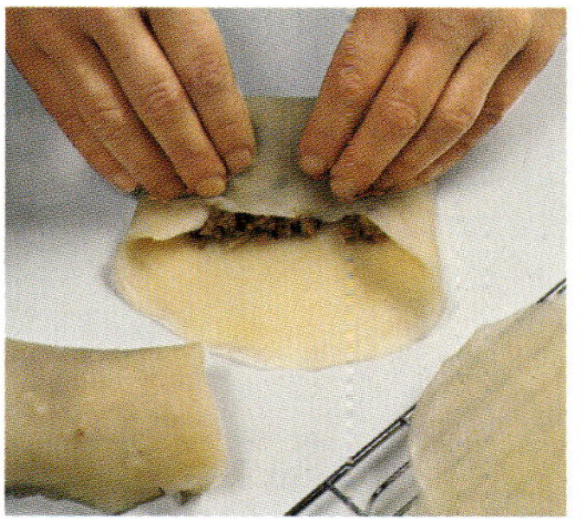

5. Je 2 Eßlöffel Füllung darauf geben, einrollen, Enden umschlagen und mit Stärkebrei festkleben

So sehen die Frühlingsrollen aus, wenn sie ausgebacken sind

- Das restliche Öl erhitzen. Die eingeweichten Pilze, die in Streifen geschnittenen Bambussprossen, die gehackte Zwiebel, die kleingeschnittene Karotte und Krevetten hineingeben und kurz dünsten. Das Gemüse darf nur halbweich werden.
- Alle Zutaten für die Füllung mischen.
- Einen Eßlöffel Fleischbrühe mit der restlichen Speisestärke mischen und beiseite stellen.
- Aus dem Teig dünne, kompakte Fladen backen. Auf jeden einen Eßlöffel Füllung geben. Einrollen, die Enden umschlagen und mit dem dicken Stärkebrei festkleben. Im heißen Öl (180 °C) 2–3 Minuten fritieren und sofort mit Sojasauce oder scharfer Pfeffersauce (siehe unten) servieren.

Hüllen für Frühlingsrollen kann man fertig kaufen

TIP So gelingen die Teighüllen immer: Eine beschichtete Bratpfanne mit wenig Öl bestreichen. Wenig Teig in die Pfanne gießen. Die Pfanne so lange drehen, bis sich der Teig ganz dünn und gleichmäßig verteilt hat. Etwaige Löcher mit sehr wenig Teig ausfüllen. Zuviel eingefüllten Teig sofort abgießen. Die Hüllen dürfen fast keine Farbe annehmen. Sobald sich der Teig seitlich leicht einrollt, die Hülle aus der Pfanne nehmen. Flach auf eine Marmorplatte oder auf ein Backblech legen und mit einem feuchten Tuch zudecken.

Scharfe Pfeffersauce

Für 4 Personen
Arbeitsaufwand 10 Min.
322 kJ = 77 kcal/Portion

½ Teel. Sambal Oelek, 1 Eßl. Sojasauce
1 Eßl. Zucker
1 Eßl. Sake oder Sherry
2 Eßl. Erdnußöl
1 Knoblauchzehe, 1 kleines Stück frische Ingwerwurzel, wenig Salz

Ingwerpulver oder kandierten Ingwer verwenden; im letzteren Fall keinen Zucker zufügen

- Den Knoblauch und die Ingwerwurzel sehr fein hacken.
- Zucker, Sambal Oelek, Sojasauce, Sherry und Salz gut verrühren.
- Das Öl erhitzen. Knoblauch und Ingwer zugeben. Etwa eine Minute unter Rühren leicht Farbe annehmen lassen.
- Die Sojamischung zugeben und unter Rühren erhitzen, aber nicht kochen lassen. Anrichten und erkalten lassen.

Gebackene Riesenkrevetten

Für 2 Personen
Arbeitsaufwand 30 Min.
3361 kJ = 803 kcal/Portion

400 g Riesenkrevetten
2 Eßl. helle Sojasauce, Salz, Pfeffer
Erdnußöl zum Ausbacken
Teig
4 Eßl. Mehl, 2 Eßl. Speisestärke, 1½ Teel. Backpulver
1 Eßl. Öl
Salz, Pfeffer, Glutamat
1 Ei

Sauce
10 g getrocknete chinesische Champignons, 1 Zwiebel, 2 Tomaten
1 Eßl. Öl
2 Knoblauchzehen, 1 Stück eingelegter Ingwer, ½ Teel. Ingwerpulver, 1½ Eßl. Zucker
2 Eßl. dunkle Sojasauce, ½ Eßl. Essig
1½ Eßl. Speisestärke

Auch Scampi eignen sich sehr gut

- Die geschälten Riesenkrevetten mit Salz und Pfeffer bestreuen und mit Sojasauce beträufeln. Eine Stunde marinieren.
- Für den Teig Mehl, Speisestärke und Backpulver mischen.
- Öl, verquirltes Ei und 2 Eßlöffel Wasser zugeben, gut würzen und ebenfalls eine Stunde stehen lassen.
- Der Teig darf nicht zu dick sein; notfalls etwas Wasser zugeben.

Die Krevetten nur mit Sojasauce servieren

- Für die Sauce die Champignons eine Stunde in etwas Wasser einweichen.
- Die Zwiebel fein hacken und den Knoblauch durchpressen. Beides zusammen im Öl dünsten.

Gebackene Riesenkrevetten, dazu eine würzige Sauce

- Speisestärke, Sojasauce, Zucker, Essig, Ingwerpulver und die geschälten, in Würfel geschnittenen Tomaten gut mischen, aufkochen und 5 Minuten köcheln lassen.
- Die abgetropften Champignons, Zwiebel und Knoblauch sowie den kleingeschnittenen Ingwer beigeben und nochmals 5 Minuten bei kleiner Hitze kochen. Eventuell nachwürzen und warm stellen.
- Inzwischen die Krevetten aus der Marinade nehmen, gut abtropfen lassen, durch den Teig ziehen und bei 170 °C Öltemperatur 2–3 Minuten fritieren. Sofort servieren; die Sauce separat reichen.

Chinesisches Omelett

Für 2 Personen
Arbeitsaufwand 25 Min.
1590 kJ = 380 kcal/Portion

1 Fenchelknolle, 1 kleine Zwiebel, 100 g Champignons, 4 Eßl. grüne Erbsen (evtl. tiefgekühlt)
2 Eßl. Öl
½ Teel. Speisestärke
frisch geriebener Ingwer, 1 Teel. Sojasauce, Salz, Pfeffer
2 Eßl. Hühnerbrühe
4 Eier

Beliebige andere Gemüsesorten verwenden

- Den Fenchel und die Zwiebel in sehr feine Streifen schneiden. Die Champignons waschen und in Scheiben schneiden.
- Einen Eßlöffel Öl und wenig Salz in eine große Bratpfanne geben und Fenchelstreifen, Zwiebel, Champignons und Erbsen unter Rühren 5 Minuten darin braten. Das Gemüse darf nicht ganz gar werden, sondern soll knackig bleiben.

Für eine pikantere Füllung 2–3 Tropfen Tabasco oder 1 Messerspitze Sambal Oelek zugeben; nach Belieben dazu noch 1 Prise Kardamom und wenig Knoblauch

- Die Speisestärke mit Sojasauce, Ingwer und Hühnerbrühe gut verrühren, über das Gemüse gießen, nochmals mit wenig Salz würzen, kurz aufkochen lassen und aus der Pfanne nehmen.
- Die Eier mit einem Eßlöffel Wasser sowie wenig Salz und Pfeffer verquirlen. Die Pfanne auswaschen und das restliche Öl darin erhitzen. Die verquirlten Eier hineingeben und stocken lassen. Sobald die Unterseite fest wird, sofort wenden.
- Die Hälfte des Omeletts mit der Füllung belegen. Fertigbacken, zuklappen und auf einer heißen Platte anrichten.

Krevetten mit Erbsen

Für 2 Personen
Arbeitsaufwand 15 Min.
912 kJ = 218 kcal/Portion

150 g gekochte, geschälte Krevetten
300 g frische Erbsen mit Schale oder 150 g tiefgefrorene, 1 Schalotte
½ Teel. frisch geriebener Ingwer, ½ Teel. Zucker, Salz
einige Tropfen Tabasco, ½ Teel. Sojasauce, 1½ Eßl. Ketchup
1 Eßl. Erdnußöl, 1 Eßl. Fleischbrühe, 1 Eßl. Sherry
½ Teel. Speisestärke

- Einen halben Eßlöffel Öl erhitzen, den Ingwer und etwas Salz beifügen und 2 Minuten lang ziehen lassen.

Erbsen durch anderes Saisongemüse wie Brokkoli, Lattich oder junge Bohnen ersetzen

- Die Erbsen enthülsen, zugeben und bei kleiner Hitze unter ständigem Rühren 5 Minuten dünsten. Aus der Pfanne nehmen.
- Die Schalotte fein hacken und im restlichen Öl 3 Minuten dünsten. Zucker, Sojasauce, Tabasco, Ketchup und Sherry zugeben und kurz aufkochen.
- Die Speisestärke mit der Fleischbrühe verrühren und die Sauce damit binden. Die Krevetten und die Erbsen zugeben, erwärmen und sofort mit Reis servieren.

Fischfilets Mandarin

Für 2 Personen
Arbeitsaufwand 10 Min.
1326 kJ = 317 kcal/Portion

4 Fischfilets (Seezunge, Zander, Rotbarsch oder Goldbutt)
2 Eßl. Zitronensaft
1 Eßl. Erdnußöl
1 Knoblauchzehe, 1 Teel. Ingwerpulver, Salz, Pfeffer
4 Eßl. trockener Sherry
1 Teel. Speisestärke
2 Eßl. Sojasauce, Tabasco

- Die Fischfilets auf beiden Seiten in Öl braten, mit Salz und Pfeffer gut würzen, aus der Pfanne nehmen und mit dem Zitronensaft beträufeln.
- Den durchgepreßten Knoblauch im Bratensatz dünsten. Mit dem Sherry ablöschen, ein wenig einkochen lassen und dann die mit der Sojasauce verrührte Speisestärke zugeben.
- Unter Rühren aufkochen, Ingwerpulver beigeben, mit Salz und Pfeffer abschmecken und die Fischfilets in der Sauce nochmals kurz erwärmen. Zum Schluß nach Belieben mit Tabasco abschmecken.

Geflügelfleisch May-Lin

Für 2 Personen
Arbeitsaufwand 20 Min.
956 kJ = 227 kcal/Portion

200 g geschnetzeltes Geflügelfleisch
1 Teel. Sojasauce
4 Eßl. Hühnerbrühe
½ Teel. Speisestärke
1 Eßl. Erdnußöl
Salz, frisch geriebener Ingwer, 1 kleine Knoblauchzehe
1 Prise Zucker
½ Teel. Tomatenmark
1 Lauchstange

Statt Lauch eignen sich auch Paprikaschoten und Tomaten, Champignons oder Zwiebeln

- Die Sojasauce mit einem Eßlöffel Hühnerbrühe und der Speisestärke gut verrühren.
- Den Lauch waschen und in 5 mm breite Scheiben schneiden.
- Einen halben Eßlöffel Öl mit dem Salz in einer großen Bratpfanne erhitzen, die Lauchscheiben zufügen und unter Rühren 5 Minuten braten. Aus der Pfanne nehmen.

Geflügelfleisch May-Lin mit Lauch und Ingwersauce

- Das restliche Öl zugießen, erhitzen, das Geflügelfleisch hineingeben und unter Rühren 2–3 Minuten braten. Das Fleisch zum Gemüse geben.
- Die angerührte Speisestärke und die restliche Hühnerbrühe zufügen, mit wenig Salz, dem durchgepreßten Knoblauch, Ingwer, Tomatenmark und Zucker abschmecken.
- Das Fleisch und den Lauch in der Sauce erwärmen, aber nicht mehr kochen lassen.

Chinesischer Salat

Für 2 Personen
Arbeitsaufwand 20 Min.
1302 kJ = 311 kcal/Portion

¼ Sellerieknolle, 1 Karotte, 50 g Blattspinat, ¼ Dose Sojabohnenkeime
100 g kaltes Geflügelfleisch (Reste von Brathähnchen o. ä.)
½ Eßl. Zitronensaft
2 Eßl. Erdnußöl
½ Eßl. Sojasauce
Glutamat, 1 Prise Ingwerpulver, Salz, Pfeffer
Garnierung: 1 Lauchstange, 1 Karotte, 2 Tomaten, 4 Radieschen, 6 Walnußkerne (Baumnußkerne)

- Sellerieknolle und Karotte schälen. In feine Stifte schneiden. Den Blattspinat waschen, gut abtropfen lassen und ebenfalls in Streifen schneiden.

Anderes kaltes Fleisch verwenden

- Die Sojabohnenkeime gut abtropfen lassen und zusammen mit dem Fleisch unter das Gemüse mischen. Turmartig auf einem Teller anrichten.

Die Sojasauce kann nach Belieben dosiert werden

- Die restlichen Zutaten zu einer Sauce mischen und über dem Salat verteilen.
- Für die Garnierung die Lauchstange in 3 cm lange Stücke schneiden. An beiden Enden in Streifen schneiden. Die Karotte schälen, in Längsrichtung einkerben und in Scheiben schneiden. Die Tomaten vorsichtig wie einen Apfel schälen, damit die Schale ganz bleibt. Die Schale dann so aufrollen, daß sie wie eine Rose aussieht. Die Radieschen zu Röschen schneiden.
- Den Salat mit dem Gemüse und den Nußkernen dekorieren.

Süßsaures Schweinefleisch

Für 2 Personen
Arbeitsaufwand 20 Min.
2381 kJ = 569 kcal/Portion

250 g mageres Schweinefleisch
1½ Eßl. Sojasauce, 3 Eßl. Ketchup
1 Eßl. Zucker, 1 Eßl. Honig
1 Stückchen kandierter Ingwer, 1 Prise Cayennepfeffer, Salz, Pfeffer
3 Eßl. Essig
1 kleines Ei
3 Eßl. Sake oder trockener Sherry
2 Scheiben Ananas (aus der Dose), 3 Eßl. Ananassaft (aus der Dose)
je 1 kleine rote und grüne Paprikaschote
3 Eßl. Speisestärke
1 Eßl. Öl, Erdnußöl zum Fritieren

- Einen halben Eßlöffel Sojasauce, einen Eßlöffel Sake oder Sherry, 2 Eßlöffel Speisestärke, Salz und Pfeffer, das verquirlte Ei und das in 2–3 cm große Stücke geschnittene Schweinefleisch gut miteinander mischen und etwa 15 Minuten stehen lassen. Die Fleischstücke sollen mit einer dünnen Teigschicht überzogen sein.
- Die Ananasscheiben in je 6 Stücke zerteilen. Den kandierten Ingwer in ganz feine Scheiben schneiden.
- Einen Eßlöffel Öl in eine Pfanne geben und die Ananasstückchen darin kurz dünsten; warm stellen.
- Essig, Zucker, Honig, den restlichen Sake oder Sherry, Ananassaft, Ketchup, Ingwer, die restliche Sojasauce, Cayennepfeffer, Salz und Pfeffer sowie die in wenig Wasser aufgelöste restliche Speisestärke zugeben. Aufkochen und auf kleinem Feuer 5 Minuten köcheln lassen, bis die Sauce etwas eingedickt ist.
- Die Paprikaschoten in Würfel schneiden. Das Fleisch und die Paprikastücke im Öl fritieren; das Fleisch soll knusprig sein, die Paprikaschoten knackig (Fleisch 5–6 Minuten, Paprikaschoten 2–3 Minuten ausbacken).
- Das Fleisch mit den Paprikaschoten und Ananasstückchen auf einer Platte anrichten. Mit der Sauce übergießen und mit Trockenreis (S. 431) servieren.

Leber Chinesischer Frühling

Für 2 Personen
Vorbereitung 20 Min.
Kochzeit 10 Min.
2005 kJ = 479 kcal/Portion

250 g Kaninchen-, Hühner- oder Kalbsleber
250 g junge, frische Schneeerbsen (Kefen), 1 kleine Zwiebel
3 Teel. Speisestärke
1 Teel. Sherry
1 Eßl. Sojasauce
3 Eßl. Öl
1 Teel. frisch geriebener Ingwer
½ Teel. Salz

- Einen Teelöffel Speisestärke mit dem Sherry und der Sojasauce mischen. Die Leber in feine Scheiben schneiden und dazugeben. 20 Minuten ziehen lassen. Ab und zu vorsichtig umrühren.
- Die Erbsen putzen und waschen. Die Zwiebel fein hacken.
- Einen Eßlöffel Öl in einer großen Bratpfanne erhitzen. Salz und Ingwer zugeben. Gut rühren, dann die gehackte Zwiebel darin kurz dünsten. Die Erbsen zugeben und bei mittlerer Hitze, möglichst ohne Wasserzugabe, halbweich dämpfen.
- Sobald es knapp gar ist, das Gemüse herausnehmen und warm stellen.
- Das restliche Öl in die Pfanne gießen und die Leber mit der Marinade hineingeben. Bei großer Hitze unter Rühren 2–3 Minuten braten.
- Die restliche Speisestärke in 3 Eßlöffel Wasser auflösen und zugeben. Die Erbsen in dieser Sauce kurz erwärmen. Anrichten und sofort mit Reis servieren.

TIP Mit Kaninchenleber bereitet, schmeckt dieses Gericht besonders gut und ist zudem noch preiswert.

Gebratener Reis

Dieser Reis wird als Beilage zu den verschiedensten chinesischen Gerichten serviert. Gibt man ihm Schinkenwürfel, kleingehackte Schalotten, Gemüse, Sojasauce und eventuell Sake oder Sherry bei, bekommt er eher den Charakter eines Hauptgerichts.

Für 4 Personen
Arbeitsaufwand 10 Min.
1369 kJ = 327 kcal/Portion

4 Portionen (4 Tassen) gekochter Reis
4 frische Eier
3 Eßl. Erdnußöl
Salz, wenig weißer Pfeffer

- Die Reiskörner mit einer Gabel vorsichtig voneinander trennen.
- Die Eier mit 1–2 Eßlöffel Wasser, Salz und Pfeffer verquirlen.
- Das Öl stark erhitzen, den Reis hineingeben und unter dauerndem Wenden braten.
- Die Eier über den Reis verteilen. Alles gut durchrühren und einige Minuten weiterbraten.

Gebackene Bananen

Für 2 Personen
Arbeitsaufwand 15 Min.
1896 kJ = 453 kcal/Portion

2 Bananen
½ verquirltes Ei
50 g Speisestärke
1 Prise Salz
3 Eßl. Honig
1½ Eßl. Erdnußöl, Erdnußöl zum Ausbacken
nach Belieben ½ Eßl. Sesamsamen

- Das halbe Ei mit der Speisestärke und so viel Wasser (etwa 4 Eßlöffel) verrühren, daß ein nicht zu flüssiger Pfannkuchenteig entsteht. Eine Stunde ruhenlassen.
- Den Honig mit dem Öl aufkochen, dann auf kleinem Feuer zu Sirup eindicken lassen. Nach Belieben die Sesamsamen zugeben.
- Die Bananen schälen, in 3 cm lange Stücke schneiden. Jedes Stück einzeln durch den Teig ziehen und im Öl ausbacken.
- Die Bananen in den heißen Sirup tunken und darin drehen.
- In einer Schüssel anrichten und mit dem restlichen Sirup begießen. Heiß servieren.
- Dazu Jasmintee reichen.

Der Reis der 1000 Überraschungen

Für die Zubereitung dieser indonesischen Köstlichkeiten braucht es viel Geduld und Liebe. Allerdings lassen sie sich weitgehend im voraus zubereiten; unmittelbar vor dem Essen müssen nur noch Fisch und Krevetten in den Ofen geschoben und das Hähnchen gebacken werden. Alles andere ist zum größten Teil bereits in Schälchen angerichtet oder wird bis zum Servieren warm gehalten.

Reis ist das Grundgericht. Oft wird es mit dem Hauptgericht garniert, etwa mit Fleischbällchen oder Hähnchenstücken. Die Beilagen und Saucen werden in kleinen Schüsseln separat aufgetragen, am besten auf einem Tablett. Praktisch ist ein rundes Holzbrett, das sich drehen läßt. Dann nimmt jeder Gast von den Zutaten und Saucen, gibt alles auf den Reis und mischt das Ganze durch. Wie in China ißt man in Indonesien mit Stäbchen, wenn man diese Kunst beherrscht.

Die Beilagen richten sich nach der Anzahl der Gäste. Ein bis drei Hauptgerichte, beispielsweise Fleisch, Fisch und eventuell Krevetten, genügen; um so reichhaltiger sollten die kleinen pikanten Zugaben sein. Kroepoeck, kleine Fladen aus Krabbenmehl, gehören dazu.

Zum Essen trinkt man am besten ein leichtes Bier oder Roséwein.

Gebackenes Hähnchen

Für 2 Personen
Arbeitsaufwand 15 Min.
2804 kJ = 670 kcal/Portion

1 kleines Hähnchen
1 Ei
3 Eßl. Speisestärke
1 Eßl. Honig
2 Eßl. Sherry
2 Eßl. Sojasauce
1 Messerspitze Sambal Oelek
1 Knoblauchzehe, 1 Teel. Ingwerpulver, Salz
Erdnußöl zum Fritieren

Die indonesische Reistafel, aus vielen verschiedenen Gerichten hübsch zusammengestellt

- Honig, Sojasauce, Sherry, Sambal Oelek, das verquirlte Ei und den durchgepreßten Knoblauch verrühren.
- Das in 4 Stücke geteilte, mit Salz und Ingwer eingeriebene Hähnchen in eine Schüssel legen, mit dieser Marinade begießen und 3–4 Stunden ziehen lassen.
- Die Speisestärke darüber sieben und alles so lange rühren, bis das Fleisch mit einer dünnen weißen Schicht überzogen ist.
- Die Hähnchenstücke 10 Minuten antrocknen lassen.
- 5 Minuten vorfritieren (bei etwa 150 °C), aus dem Öl nehmen, dann unmittelbar vor dem Servieren goldgelb fertigbacken.

Geschmorte Riesenkrevetten

Für 2 Personen
Vorbereitung 10 Min.
Bratzeit 10 Min.
414 kJ = 99 kcal/Portion

4 Riesenkrevetten
2 Eßl. Erdnußöl
1 Prise Nelkenpulver, 1 Prise Kurkuma, 3 zerstoßene Kardamomkapseln
1 Messerspitze Sambal Oelek, 3 Tropfen Worcestersauce

- Alle Zutaten zu einer Marinade rühren und die Krevetten samt Schale hineinlegen. Einige Stunden kühl stellen.
- Die Krevetten abtropfen lassen, in Alufolie wickeln und im heißen Backofen oder auf dem Grill auf beiden Seiten je 5 Minuten garen.

Gebackener Fisch

Für 2 Personen
Vorbereitung 15 Min.
Backzeit 15–20 Min.
481 kJ = 115 kcal/Portion

1 mittelgroßer Salz- oder Süßwasserfisch mit Kopf, aber küchenfertig vorbereitet
3 Eßl. Sherry
1 Eßl. brauner Zucker
3 Eßl. Sojasauce, ½ Teel. Zwiebelpulver,
½ Teel. Glutamat, 1 Messerspitze Sambal Oelek, ½ Teel. Currypulver
1 Eßl. Öl zum Braten

- Den Fisch auf beiden Seiten kreuzweise einschneiden. Alle anderen Zutaten außer dem Öl miteinander verrühren und den Fisch mehrmals darin wenden.
- Samt der Marinade in Alufolie einpacken und etwa 2 Stunden im Kühlschrank ziehen lassen.
- Eine halbe Stunde vor dem Essen aus der Marinade nehmen, mit Öl bestreichen und in eine feuerfeste Form legen.
- Im gut vorgeheizten Ofen bei 190 °C etwa 15–20 Minuten backen. Nach der halben Backzeit wenden. Von Zeit zu Zeit mit der Marinade beträufeln.

Süßsaure Fleischbällchen

Für 2 Personen
Arbeitsaufwand 30 Min.
1840 kJ = 440 kcal/Portion

200 g gehacktes Rindfleisch, 200 g gehacktes Schweinefleisch
1 Paprikaschote, 4 Tomaten
1 Eigelb
1 Eßl. Speisestärke
6 Eßl. Öl
⅛ l trockener Sherry
2 Eßl. Zucker, 1 Eßl. Honig
4 Eßl. Essig
2 Eßl. Ketchup, 2 Eßl. Sojasauce
1 Teel. Ingwerpulver, 2 Eßl. frische geschälte und in dünne Scheiben geschnittene Ingwerwurzel, ½ Teel. kleingeschnittene rote Pfefferschote, Salz, Pfeffer

- Die beiden Hackfleischsorten mit einem Eßlöffel Sojasauce, einem halben Eßlöffel Speisestärke, Ingwerpulver und Eigelb gut mischen. Mit Salz und Pfeffer würzen. Kleine runde Fleischbällchen formen.
- 5 Eßlöffel Öl in einer nicht zu großen Bratpfanne erhitzen. Die Fleischbällchen darin unter häufigem Wenden braten, bis sie schön braun sind. Aus der Pfanne nehmen und auf saugfähigem Küchenpapier abtropfen lassen.
- Restliches Öl erhitzen. Die in kleine Vierecke geschnittene Paprikaschote und die Ingwerwurzel hineingeben. 5 Minuten unter Rühren ohne Flüssigkeit dünsten. Die in Schnitze geschnittenen Tomaten beifügen. 5 Minuten weiterdünsten. Das Gemüse aus der Pfanne nehmen.

Süßsaure Fleischbällchcen in einer mit Pfefferschoten gewürzten Sauce

Die rote Pfefferschote durch einen halben Teelöffel Tabasco ersetzen

- Essig, Zucker, Honig, rote Pfefferschote, Ketchup, restliche Sojasauce und Sherry in die Pfanne geben. Einen halben Eßlöffel Speisestärke in einer halben Tasse Wasser auflösen, unter die Sauce mischen und unter Rühren kochen, bis die Sauce sämig, aber noch klar ist.
- Mit Salz und Pfeffer würzen.
- Fleischbällchen und Gemüse in der Sauce auf kleinem Feuer nochmals langsam erwärmen.
- Je 3 Fleischbällchen auf ein Holzspießchen stecken und auf dem Reis anrichten. Etwas Sauce darüber geben.

Rinderfilet in Ingwersauce

Für 2 Personen
Arbeitsaufwand 20 Min.
1444 kJ = 345 kcal/Portion

300 g Rinderfilet oder -hüfte
1 große Zwiebel, 2 Tomaten
2 Eßl. Erdnußöl
1 Teel. Speisestärke
1 Knoblauchzehe, 2 Teel. geriebene Ingwerwurzel oder
½ Teel. Ingwerpulver, 1 Messerspitze Chilipulver, Salz, Pfeffer

- Die Zwiebel hacken und mit durchgepreßtem Knoblauch, Ingwer, Salz und Chilipulver mischen.
- Das Fleisch in 2 cm große Würfel schneiden und zur Gewürzmischung geben. 3–4 Stunden stehenlassen. Das Fleisch von Zeit zu Zeit wenden.
- Die Tomaten kreuzweise einschneiden und kurz in kochendes Wasser tauchen. Schälen und in kleine Stücke schneiden.
- Das Öl erhitzen und die Fleischmischung in die Pfanne geben. Unter ständigem Wenden hellbraun werden lassen.
- Die Tomaten beifügen und mit der Speisestärke bestäuben. Kurz dünsten.
- Mit Salz und Pfeffer abschmecken.

Gewürzte Eier

Für 4 Personen
Vorbereitung 15 Min.
Kochzeit 20 Min.
1033 kJ = 247 kcal/Portion

8 Eier
1 Kokosnuß
1 Stück Ingwerwurzel, 1 Teel. Kümmel, 1 Teel. Korianderkapseln,
2 Knoblauchzehen
1 große Zwiebel
2 Eßl. Erdnußöl

- Die Eier 8 Minuten kochen, kalt abspülen und schälen.
- Die Ingwerwurzel schälen und fein reiben.
- Die Zwiebel hacken, mit Ingwer, Gewürzen und feingehacktem Knoblauch mischen.
- Das Öl erhitzen und die Zwiebel-Knoblauch-Mischung darin 10 Minuten dünsten.
- Die Kokosnuß öffnen, die Milch zu den Zwiebeln gießen, aufkochen lassen und die halbierten Eier zufügen.
- 5–10 Minuten ziehen lassen.

Statt der Kokosnußmilch 100 g Kokosflocken in ¼ l Milch einlegen und nach einer Stunde abgießen

Trockenreis

Für 6 Personen
Kochzeit 20 Min.
1925 kJ = 460 kcal/Portion

500 g Langkornreis
1½ l Wasser
Salz

- Den gründlich gewaschenen Reis in einem hohen Topf mit 1½ l Wasser zum Kochen bringen.
- 15–20 Minuten bei kleiner Hitze unter zwei- bis dreimaligem Rühren ziehen lassen. Als Beilage für die indonesische Reistafel kein oder nur sehr wenig Salz beigeben, da alle anderen Zutaten stark gewürzt sind. Sonst nach Belieben salzen.
- Eventuell während des Kochens noch etwas Wasser zugeben.
- Den fertigen Reis in ein Sieb gießen, den Dampf entweichen lassen und hübsch garnieren.

Beilagen zur indonesischen Reistafel

Süßsaure Gurken
Für 4 Personen
Arbeitsaufwand 10 Min.
87 kJ = 21 kcal/Portion

1 mittelgroße Salatgurke
1 Eßl. milder Weinessig
1 Eßl. brauner Zucker, wenig Salz, 1 Messerspitze Sambal Oelek

- Die Gurke der Länge nach so schälen, daß zentimeterbreite Hautstreifen stehenbleiben. Fein reiben, mit wenig Salz bestreuen und einige Minuten ziehen lassen.
- Essig, Zucker, Salz und Sambal Oelek vermischen und über die Gurkenscheiben gießen. Vor dem Servieren eine Stunde kühl stellen.

Knusprige Zwiebeln
Für 4 Personen
Arbeitsaufwand 10 Min.
Backzeit 5 Min.
326 kJ = 78 kcal/Portion

3 Zwiebeln
2 Teel. Sojasauce, 2 Eßl. Sherry
½ Teel. Glutamat, 1 Messerspitze Pfeffer
2 Eßl. Speisestärke
1 Ei
Erdnußöl zum Ausbacken

- Ei, Sherry und Sojasauce mit Glutamat und Pfeffer verrühren.
- Die Zwiebeln in feine Streifen schneiden und in die Marinade legen. Die Speisestärke beifügen und so lange rühren, bis die Zwiebeln leicht damit überzogen sind.
- Die Streifen im heißen Öl portionsweise ausbacken.

Eingelegte Ananas
Für 4 Personen
Arbeitsaufwand 10 Min.
209 kJ = 50 kcal/Portion

2–3 Ananasscheiben, ⅛ l Ananassaft
1 Eßl. Mango-Chutney
1 Eßl. Currypulver, 1 Messerspitze Sambal Oelek, 1 Knoblauchzehe
1 Teel. Sesam- oder Erdnußöl

- Ananassaft, Currypulver, Sambal Oelek und Öl gut mischen.
- Die Ananasringe in kleine Fächer schneiden und zusammen mit dem grob gehackten Chutney unter die Sauce ziehen.

Scharfe rote Sauce
Für 4 Personen
Arbeitsaufwand 10 Min.
104 kJ = 25 kcal/Portion

4 Eßl. Ketchup, ½ Teel. Sambal Oelek, 1 Teel. Senf,
½ Teel. Glutamat, 4 Tropfen Tabasco
½ Teel. Ingwerpulver, 1 Knoblauchzehe

- Alle Zutaten mit dem durchgepreßten Knoblauch gut mischen und mindestens eine Stunde ziehen lassen.

Gebackene Bananen
Für 4 Personen
Arbeitsaufwand 10 Min.
673 kJ = 161 kcal/Portion

2 Bananen
2 Eßl. brauner Zucker
Erdnußöl zum Ausbacken

- Die Bananen schälen, jede quer halbieren und im Zucker wenden.
- Kurz vor dem Anrichten in Erdnußöl ausbacken.

Mandelpfirsiche
Für 4 Personen
Arbeitsaufwand 5 Min.
397 kJ = 95 kcal/Portion

8 halbe Pfirsiche (aus der Dose), 2 Eßl. Mandelblättchen

- Die Mandeln in einer trockenen Bratpfanne hellbraun rösten.
- Die Pfirsiche im eigenen Saft erwärmen, aus dem Sirup nehmen, auf dem Reis anrichten und mit Mandelblättchen bestreuen.

Gefüllte Ananas

Für 4 Personen
Arbeitsaufwand 15 Min.
828 kJ = 198 kcal/Portion

1 frische Ananas
1 Dose Litschis, 1 Dose Kumquats, 1 kleine Dose rote Kirschen

- Das obere Viertel der Ananas wegschneiden, das Fruchtfleisch sorgfältig aus der Schale lösen und den mittleren, meist etwas holzigen Teil entfernen.
- Das kleingeschnittene Fruchtfleisch wieder in die Schale füllen.
- Die Litschis abtropfen lassen, mit je einer Kirsche füllen und mit den Kumquats auf die Ananaswürfel verteilen.
- Den Deckel der Ananas wieder aufsetzen und auf der einen Seite mit einem Stäbchen fixieren, damit er nicht herunterfällt.

Gefüllte Ananas, ein dekorativer Abschluß zu jedem Essen

Von Wein und anderen Getränken

An Sommertagen, zur „blauen Stunde", als Auftakt zum Essen – Longdrinks, Cocktails und Aperitifs sind immer willkommen (Seite 458–467)

Der Wein – ein wichtiges Kapitel

Das Thema Wein ist beinahe unerschöpflich. Wer sich bis ins letzte Detail dafür interessiert, findet Literatur in Hülle und Fülle. Aber nicht jeder Gastgeber möchte sich mit dicken Wälzern herumschlagen, um herauszufinden, wie man Wein richtig einkauft, auswählt, lagert und kredenzt. Ein Buch über Gastfreundschaft sollte deshalb vor allem praktische Informationen über den Wein enthalten, damit man auf einen Blick sieht, auf was es dabei ankommt.

Der Weineinkauf

Man kann sich mit den Jahren systematisch einen privaten Weinkeller aufbauen. Das ist allerdings nur sinnvoll, wenn man einen geeigneten Kellerraum besitzt (S. 447). Sonst muß man von Fall zu Fall einkaufen. Das macht Spaß, wenn man bereit ist, etwas Zeit dafür aufzuwenden, und Vertrauenslieferanten hat. Dann kann man, noch besser als aus dem eigenen Keller, genau den passenden Wein zum gewählten Menü aussuchen. Im Idealfall hat man zu Hause einen Grundstock von guten Weinen und kauft je nach Fest einfachere Weine dazu. Zum Zechen sind kostbare Weine zu schade.

Wo soll man einkaufen? Beim Weinhändler, direkt beim Weinbauer oder im Selbstbedienungsladen? Ein guter Weinhändler ist ein Fachmann, der den Ehrgeiz hat, seine Kunden seriös zu beraten. Bei ihm kann man die Weine probieren, bevor man sich zum Kauf entschließt. Er schenkt vielleicht auch Weine zum Probieren ein, die man noch nicht kennt. Das ist sicher einen etwas höheren Preis wert. Denn hat man die Weine selber getestet, weiß man, was man seinen Gästen vorsetzt.

Das Einkaufen bei Weinbauern ist ebenfalls Vertrauenssache; außerdem muß man Weinkenner sein. Nicht immer ist die direkte Quelle eine Garantie für hohe Qualität. Oft muß man relativ junge Weine einkaufen, die sich dann in der Flasche gut oder auch weniger gut entwikkeln können.

Im Selbstbedienungsladen oder im Großmarkt ist der Weineinkauf nicht ganz problemlos. Das Riesenangebot kann verwirrend sein. Da gilt es, die Rosinen herauszupicken. Dazu sind wiederum einige Kenntnisse notwendig. Man muß Etiketten lesen können (S. 438–445), wenn man hochwertige Weine auswählen will. Bei Landweinen ist das Risiko viel kleiner. Es gibt ausgezeichnete Alltagsweine zu günstigen Preisen, die zu einfachen und rustikalen Gerichten wunderbar passen. Aber auch hier sollte man auf die Herkunftsbezeichnung achten und das Etikett etwas näher anschauen.

Kostbaren Wein sollte man nach dem Einkauf behutsam nach Hause fahren und mindestens vier Wochen im Keller ruhenlassen, bevor die erste Flasche geöffnet wird. Weinflaschen werden immer liegend gelagert.

Auch bei Landweinen empfiehlt es sich, sie vor dem Verbrauch eine Woche liegen zu lassen. Eine Ausnahme bilden Tischweine in Literqualität; sie sind für den sofortigen Verbrauch bestimmt.

Französische Weine

Dank seinem Klima hat Frankreich eine außerordentliche Vielfalt von Weinen. Es gibt 16 Hauptanbaugebiete; in zwei von ihnen, Cognac und Armagnac, werden die Weine fast ausschließlich zur Destillation der gleichnamigen Spirituosen verwendet und kaum als Trinkweine verkauft. Über die restlichen 14 Anbaugebiete hier eine kurze Übersicht:

Burgund Die Weine dieses Gebiets sind schon seit Jahrhunderten berühmt.

Im Norden gedeihen die Chablis, sehr trockene, leichte Weißweine. Die Côte d'Or, das größte Weinbaugebiet Burgunds, erstreckt sich von Dijon bis Santenay. Die Côte de Nuits hat samtige, feurige Spitzenweine, für lange Lagerung geeignet. Rot- und Weißweine edelster Sorte findet man an der Côte de Beaune. Als Weißweine seien der Meursault und die Montrachets erwähnt; sie gehören zu den Spitzenweinen Frankreichs. Das Chalonnais liefert aromatische, vollmundige Rotweine (Mercurey, Givry).

Von Tournus bis Crèches erstreckt sich die Bresse. Aus den weißen Trauben des Pinot Chardonnay werden der weiße Mâcon und der berühmte Pouilly-Fuissé gewonnen. Auf den Kalkböden im Norden gedeihen der aus schwarzen Gamaytrauben gewonnene rote Mâcon und der Mâcon rosé.

Der Beaujolais aus dem großen Gebiet gleichen Namens ist ein erstklassiger offener Rotwein, der jung und frisch getrunken wird. Entlang der

Saône wachsen die Beaujolais-Villages, die sich nach bestimmten Weinorten nennen. Weiter nördlich kann man auch Spitzenweine finden.

Côtes du Rhône Aus der Vielfalt von Weinen dieses Gebiets wären einige Weißweine des nördlichen Teils wie der Condrieu und der Château Grillet zu erwähnen. Im Süden zeichnen sich nur die Weißweine von sandigen und anderen leichten Böden aus, etwa der Laudun. Die Roséweine sind weit zahlreicher; besonders erwähnenswert der Tavel.

Die Rotweine sind kräftig, rund und von hohem Alkoholgehalt. Die Côte-Rôtie im Norden hat bouquetreiche Weine, die zur Lagerung geeignet sind. Aus der Nähe von Tournon kommen Weine, die mit zunehmendem Alter die Vollendung der großen Burgunder erreichen. Im Süden gibt es leichtere Rotweine, die länger gelagert werden können. Sie zeichnen sich durch ihr feines Aroma und ein reiches Bouquet aus. Der berühmteste ist der Châteauneuf-du-Pape.

Bordeaux Aus diesem Gebiet kommen körperreiche Weine mit zartem Bouquet und schöner Farbe. Sie werden aus Sortenmischungen gekeltert. Die Spitzenqualitäten sind zur langen Aufbewahrung geeignet.

Zu den bedeutendsten Rotweinen zählen Médoc, Saint-Julien, Graves rouges, Saint-Émilion, Côtes-de-Canon-Fronsac, Pomerol und Blayais-Bourgeais. Trockene Weißweine sind Graves und Entre-Deux-Mers; voll und mild sind Saint-Macaire, Graves-de-Vayres und Sainte-Foy; Sauternes, Barsac und Sainte-Croix-du-Mont sind süß und lieblich.

Provence Hier findet man einen großen Reichtum an Weinen. Die weißen und die Roséweine werden jung getrunken. Von den Sorten mit dem Prädikat A. O. C. (S. 438) seien Cassis, Bandol, Bellet de Nice und Palette d'Aix genannt. Unter den Weinen mit der Bezeichnung V. D. Q. S. (S. 438) zeichnen sich die Côtes-de-Provence aus.

Languedoc-Roussillon, Cahors Diese Gebiete liefern ein-

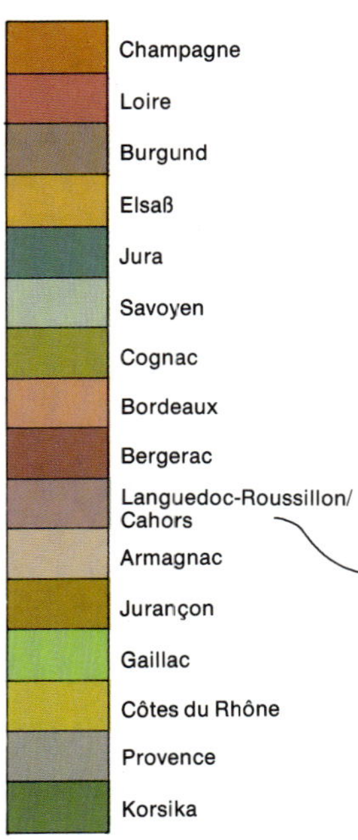

Französische Etikettaufschriften

Vin de table Tafelwein, meist Verschnitt, unterste Güteklasse
Vin de pays Landwein, höchste Stufe der Tafelweine
V.D.Q.S. (Vin délimité de qualité supérieure) Qualitätswein mittlerer Klasse
A.O.C. (Appellation d'origine contrôlée) Spitzenweine, die strengen Kontrollen unterliegen
cave Keller oder Lagerraum für Wein
cépage Rebsorte
château Weingut, muß nicht unbedingt ein Schloß sein
climat Weinberg, Lage
clos Weinberg, ursprünglich von Mauern umgeben
cru Gewächs, bezeichnet Weine höherer Güteklassen
cuvée Qualitätsbezeichnung in Burgund
mise en bouteille par ... abgefüllt von ...

fache Tischweine; alle, ob rot, weiß oder rosé, sind ehrlich. Bekannt sind vor allem die Weine des Languedoc. Neben den Weinen von Hérault, Aude und Gard sind die Clairettes von Bellegarde (trockene weiße), Corbières, Minervois und Costières (rot) und Blanquette de Limoux (moussierend) zu nennen.

Loire Dieses Gebiet umfaßt etwa 15 Weingegenden von der Auvergne bis zur Bretagne. Besonders mild und geschmeidig sind die süßlichen Weißweine von Anjou. Die leichteren Rotweine aus der Touraine duften nach Himbeeren und Veilchen. Von den moussierenden Weinen ist der Vouvray berühmt. Zu den trockenen Weißweinen der Gegend um Nantes gehört der süffige Muscadet. Die Roséweine aus der Touraine und Anjou überzeugen durch ihre Qualität.

Der Südwesten Die Gebiete Bergerac, Jurançon und Gaillac haben zwar wenig bekannte, doch ausgezeichnete Weine. Besonders zu empfehlen sind die Weißweine Montravel, Côtes-du-Haut-Montravel, Bergerac, La Rosette; die Rosés de Béarn; die Rotweine Bergerac, Côtes-de-Bergerac, Côtes-de-Duras, Pécharmant, Madiran; die süßen Weißweine Montbazillac, Pacherenc du Vic-Bilh und Jurançon; die moussierenden Weine von Gaillac.

Elsaß Die Weißweine dieses Gebiets, meist trocken und bouquetreich, werden mit dem Namen der Traube bezeichnet. Die offenen Tafelweine wie Zwicker, Silvaner, Pinot und Clevner sind leicht und aromatisch. Unter den großen, rassigen Weinen zeichnen sich der Riesling, der Traminer oder Gewürztraminer, der Tokay und die Muscats (Muskateller) aus.

Jura Die Rotweine dieser Gegend eignen sich gut zur langen Lagerung. Die Roséweine sind lebendig und frisch und nehmen mit der Zeit einen rotgoldenen Schimmer an. Die blaßgoldenen Weißweine sind ausgeglichen, fruchtig und zart. Für ihre gleichbleibende Qualität und Feinheit sind die schäumenden Weine bekannt. Der Gelbwein *(vin jaune)*, nach einem besonderen Verfahren hergestellt, kann in seiner Spezialflasche 100 Jahre alt werden.

Savoyen Diese Weine scheinen von der reinen Luft des Gebirges geprägt zu sein. Die großen Namen der Weißweine sind Crépy, Seyssel, Apremont, Abymes, Chautagne, Marignan. Die Rot- und Roséweine sind durch die Namen Mondeuse, Montmélian, Arbin, Cruet und andere bekannt geworden.

Champagne Hier findet man gute Roséweine aus Burgundertrauben, das Gebiet ist jedoch hauptsächlich für die großen Champagner (S. 451) berühmt.

Korsika In den letzten Jahren hat sich die Weinwirtschaft stark entwickelt. Heute liefert sie kräftige, bouquetreiche Weine mit dem Prädikat A. O. C.

Etikett eines Burgunderweines der Spitzenqualität

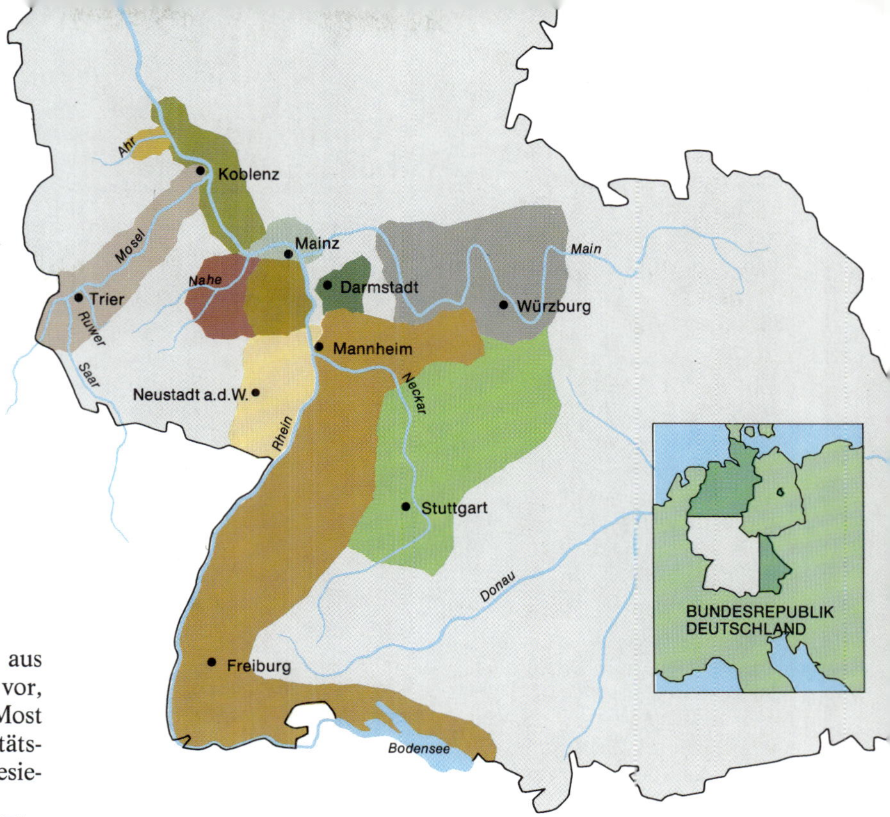

Deutsche Weine

Das deutsche Weingesetz aus dem Jahr 1971 schreibt vor, welchen Zuckergehalt der Most für die verschiedenen Qualitätsstufen haben darf. Ein Gütesiegel garantiert dafür.

Das Etikett gibt über den Flascheninhalt wichtige Auskünfte; hier einige Fachausdrücke:

Tafelwein: einfacher Tischwein der unteren Qualitätsstufe; nicht lange haltbar.

Qualitätswein bestimmter Anbaugebiete (Q.b.A.): amtlich geprüfte Weine, die aus einem der unten aufgeführten elf Gebiete stammen müssen; sie dürfen nicht gemischt werden.

Qualitätswein mit Prädikat: kontrollierter Spitzenwein mit einer Zusatzbezeichnung.

Kabinett: Grundstufe des Qualitätsweins mit Prädikat.

Spätlese: Wein aus spät gelesenen Trauben mit höherem Mostgehalt.

Auslese: Spätlese nach Aussonderung nicht einwandfreier Trauben.

Beerenauslese: Wein aus überreifen oder edelfaulen Beeren.

Trockenbeerenauslese: Wein aus spät gelesenen, edelfaulen und eingeschrumpften Beeren.

Weißherbst: blaßroter Wein, aus Spätburgunder gekeltert.

Rotling oder Schiller: aus roten und weißen Trauben gekelterter Roséwein.

Eiswein: aus Trauben, die bei Lese und Kelterung gefroren sind.

Perlwein: moussierender Wein.

Mosel–Saar–Ruwer Hauptsächlich werden weiße Rebsorten angebaut. Die großen Weine der Mosel stammen aus dem mittleren Abschnitt des Flußlaufs. Dort ist die Sonneneinstrahlung auf dem Schieferboden maximal. Die Anbaugebiete von Ruwer und Saar sind klein, liefern jedoch ganz hervorragende Weine mit hochfeinem Bouquet. Die wichtigste Sorte ist der Riesling. Die grüngelblichen Weine sind leicht und spritzig.

Nahe Die Weinberge liegen an der Nahe zwischen dem Soonwald und dem Rhein. Hier gibt es große, fruchtige Rieslingweine. In Bad Kreuznach befinden sich die bekanntesten Kellereien, die Produkte aus den besten Lagen bergen.

Mittelrhein In diesem Anbaugebiet, das von den deutschen Weinlandschaften am weitesten nach Norden reicht, findet man meist Weißweinreben. Wichtigste Sorte ist der Riesling mit blumigem, kernigem Bouquet; der Müller-Thurgau mit spritzig-eleganter Note hat an Bedeutung gewonnen.

Ahr Hier ist der Rotwein besonders bekannt, vor allem der elegante Blaue Spätburgunder und der rassige Portugieser. Auch die frischen Roséweine verdienen Beachtung.

Rheingau Die Rebe dieses Gebiets ist der Riesling. Je nach Lage ergibt sie edle Weine mit duftiger Blume oder herzhaft-rassigem Bouquet. Viele Spätlesen sind weltberühmt. Aus Assmannshausen kommen Spätburgunder der Spitzenqualität.

Rheinhessen Im zweitgrößten Weingebiet Deutschlands findet man in erster Linie Müller-Thurgau und Silvaner. Der im Ausland wohl bekannteste deutsche Wein, die Liebfrauenmilch, kam ursprünglich aus dieser Gegend. Außer dem Ingelheimer

Spätburgunder sind Rotweine von geringer Bedeutung.

Rheinpfalz Die Pfalz, das größte Weinbaugebiet Deutschlands, erstreckt sich entlang der Deutschen Weinstraße über 80 km vom Elsaß fast bis nach Worms. Auf fast drei Vierteln der Fläche werden Müller-Thurgau, Silvaner und Riesling angebaut, daneben Muskat und Kerner. Rote Rebsorten sind kaum vertreten. Die Weine der Pfalz sind dank günstigen Boden- und Klimaverhältnissen kernig und süffig. Nördlich von Neustadt findet man Rieslingweine aus allerbesten Lagen.

Hessische Bergstraße Aus dem kleinsten der deutschen Weinanbaugebiete kommen hauptsächlich Weißweine. Hier liefert der Riesling zarte Weine von feiner Säure. Daneben werden Silvaner und Müller-Thurgau angebaut. Außerhalb des Gebiets sind die Weine relativ selten zu finden.

Franken Dieses Anbaugebiet besteht aus vielen kleinen Weingegenden, die in den Maintälern und an den Ausläufern des Steigerwalds liegen. Müller-Thurgau und Silvaner sind die Hauptrebsorten; der Riesling ist nur von untergeordneter Bedeutung. Rotweine sind in diesem Gebiet kaum zu finden. Je nach Bodenbeschaffenheit reichen die meist trockenen, aber gehaltvollen Frankenweine von leicht und spritzig über kernig bis zu würzig; sie gelten als besonders bekömmlich. Sie sind mit wenigen Ausnahmen die einzigen Weine, die in die unverwechselbaren Bocksbeutelflaschen abgefüllt werden dürfen.

Baden Vom Bodensee bis zur Mündung der Tauber in den Main erstreckt sich das klimatisch sehr günstige Gebiet über etwa 300 km. Die unterschiedlichen Böden liefern eine große Vielfalt an Weinen, die fast alle körperreich sind. Am häufigsten angebaut wird der Müller-Thurgau; am Kaiserstuhl, wo die besten Lagen sind, findet man den Ruländer, im Bühler Land den Riesling und im Markgräfler Land den Gutedel. Wichtigster Rotwein ist der Blaue Spätburgunder, der vor allem in Südbaden angebaut wird. Der Seewein vom Bodensee ist meist ein heller Weißherbst, aus roten Trauben gekeltert.

Württemberg Wie Franken ist dieses Anbaugebiet aus vielen kleinen Gebieten zusammengesetzt. Diese sind im Neckartal und an den Nebenflüssen Rems, Murr, Enz, Bottwar, Kocher, Zaber und Jagst in geschützten Lagen zu finden. Kräftige, oft herbe Rotweine und Weißweine von hoher Qualität halten sich hier die Waage. Die wichtigsten Rotweinsorten sind Trollinger, Lemberger und Schwarzriesling; weiße Rebsorten werden hauptsächlich vom Riesling, aber auch vom Müller-Thurgau, Silvaner und in Weinsberg vom Kerner vertreten.

Waldmeisterbowle

Für 10 Personen
Arbeitsaufwand 15 Min.
1251 kJ = 299 kcal/Person

3 l Weißwein, 1 Fl. Rotwein
200 g feiner Zucker
2 Büschel Waldmeister
1 Zitrone

- Zucker im Weißwein auflösen.
- Waldmeister hineinhängen; die Stiele dürfen nicht naß werden. Nach 30 Minuten entfernen.
- Die Bowle kühl stellen. Vor dem Servieren den Rotwein und die spiralförmig abgeschnittene Zitronenschale beifügen.

Bowle – das ideale Getränk für Parties

Eine Bowle – der Name kommt vom englischen *bowl* = Schale – ist eine Mischung aus Wein, Schaumwein, Sekt oder Champagner mit Früchten oder Aromaten und oft Spirituosen wie Rum, Arrak oder Kirschwasser. Sie ist leicht, löscht den Durst und wirkt außerdem sehr festlich, wenn man ein hübsches Gefäß benutzt. Auch einfache Glasbehälter sehen hübsch aus, wenn die Bowle Früchte enthält.

Für die Kalte Ente gibt es Karaffen mit Glasröhren, die mit Eisstückchen gefüllt und eingesetzt werden. So wird das Getränk gekühlt, ohne verwässert zu werden. Man kann auch kleine, mit Wasser gefüllte Plastikkugeln oder -würfel verwenden, die man im Tiefkühlfach gefrieren läßt und die ebenfalls kein Wasser an das Getränk abgeben. Sonst setzt man die Bowle auf zerhacktes Eis.

Bowlen dürfen nicht zu lange ziehen, sonst zerfallen die Früchte und verlieren die Farbe.

Die Zuckermenge richtet sich nach dem verwendeten Wein oder Fruchtsaft und ist außerdem Geschmacksache. Zuviel kann aber einen Kater verursachen!

Italienische Weine

Das günstige Klima und die guten, sehr verschiedenartigen Böden haben Italien zum „unsterblichen Land des Weins“ (Sophokles) gemacht. Fast alle italienischen Weine – die roten machen insgesamt drei Viertel der Produktion aus – sind einfachere Landweine, die jung getrunken werden und außerhalb des jeweiligen Anbaugebiets kaum bekannt sind.

Piemont und Aostatal Die meisten Rotweine aus dem südlichen Piemont sind kräftig, körperreich und haben ein typisches Veilchenbouquet. Aus dem Aostatal stammen der lagerfähige rote Donnaz sowie trockene Weißweine. Die wichtigsten sind Barbaresco, Barolo, Barbera, Grignolino und Nebbiolo (rot) sowie Cortese di Gavi und Erbaluce (weiß).

Italienische Etikettaufschriften

Vino di tavola einfacher Wein, meist nicht abgefüllt
D.O.S. (Denominazione di origine semplice) Tafelweine mit einfacher Herkunftsbezeichnung, für die keine Qualitätsmerkmale festgelegt sind
D.O.C. (Denominazione di origine controllata) Weine aus genau umgrenzten Anbaugebieten, die gewissen Qualitätsnormen entsprechen müssen
D.O.C.G. (Denominazione di origine controllata e garantita) Bezeichnung für Spitzenweine einzelner Produzenten, beim Erzeuger abgefüllt und mit einem staatlichen Siegel verschlossen
cantina Weinkellerei
cantina sociale Winzergenossenschaft
classico aus dem Zentrum und der besten Gegend des Gebiets
fattoria Besitz oder Weingut
imbottigliato, messo in bottiglia, infiascato abgefüllt
riserva Wein besserer Qualität
vendemmia bedeutet Jahrgang

Ligurien Diese Gegend ist für ausgezeichnete Weine bekannt, die auf Felsterrassen über dem Meer wachsen. Es sind in der Hauptsache trockene Weißweine mit delikatem Bouquet wie etwa der strohgelbe Cinque Terre.

Lombardei Die bekanntesten und beliebtesten Weine dieses Gebiets sind die Veltliner (Valtellina), kräftige Rotweine, die vorzüglich zu Fleischgerichten aller Art passen. Weniger bekannt, aber nicht minder gut sind die Weine aus dem Oltrepo Pavese und die leichteren Chiaretto.

Trentino-Oberetsch (Südtirol) Die Weine dieses Gebiets sind im Ausland stark vertreten. Bekannt sind vor allem der Kalterer See mit leichtem Mandelgeschmack, der fruchtige Sankt Magdalener, der nach Vanille schmeckende Lagrein (alle rot) sowie der milde Terlaner und der bouquetreiche Traminer (weiß).

Venetien In diesem Gebiet werden einige im Ausland besonders bekannte und beliebte Weine produziert, darunter der milde Valpolicella und der leicht bittere Bardolino (rot) sowie der weiße Soave mit Mandelgeschmack.

Friaul–Julisch-Venetien Das Gebiet ist für seine trockenen Weißweine und ausgezeichneten Rotweine bekannt. Zu erwähnen wären die Rotweine Pinot nero, Cabernet, Merlot, Refosco sowie die weißen Bianco del Collio, Pinot bianco, Pinot grigio, Sauvignon, Tocai und Traminer.

Emilien Hier wird vor allem der moussierende trockene bis süße Lambrusco produziert. Im Süden gibt es den trockenen, delikaten Sangiovese (rot) und den aromatischen Trebbiano (weiß).

Toskana Dieses Gebiet ist die Heimat des kräftigen, herben Chianti, der durch Altern sehr gewinnt. Daneben gibt es weitere hervorragende Weine wie Carmignano, Brunello, Vin nobile di Montepulciano (alle rot) sowie die weißen Vernaccia di San Gimignano, Vino Santo Toscano und die weißen und roten Weine der Insel Elba.

Marken Aus diesem Gebiet kommen der trockene Weißwein Verdicchio dei Castelli di Jesi sowie die Rotweine Sangiovese dei Colli Pesaresi (trocken) und der Vernaccia di Serrapetrona (halbsüß bis süß).

Abruzzen und Molise Von den Weinen dieser Gebiete wären der trockene Montepulciano d'Abruzzo (rot) und der ebenfalls trockene weiße Trebbiano d'Abruzzo zu nennen.

Umbrien Am bekanntesten ist wohl der strohgelbe Orvieto (trocken oder halbsüß). Der rote Torgiano ist trocken, der weiße fruchtig.

Latium In der Nähe von Rom findet man berühmte trockene bis süße Weißweine. Den delikaten Frascati gibt es trocken, halbtrocken und süß (*dolce* oder *cannellino*), den zartblumigen Est! Est!! Est!!! trocken oder halbsüß.

Kampanien Hier gibt es gehaltvolle Weine wie den trockenen Greco di Tufo (weiß), den Ischia (rot und weiß) und den körperreichen Taurasi (rot). Neapelbesucher kennen vor allem den Lacrimae Christi.

Apulien Von den stark alkoholhaltigen Weinen dieses Gebiets sind der vollmundige Aleatico di Puglia (rot), der Castel del Monte und der San Severo (beide rot, rosé und weiß) erwähnenswert.

Lukanien (Basilicata) Erwähnenswert ist nur der Aglianico del Vulture, ein trockener Rotwein, der durch Altern gewinnt.

Kalabrien Der bekannteste Wein dieses Gebiets ist der Ciró. Rot und Rosé sind schwer, der weiße ist aromatisch und feinblumig.

Sardinien und Sizilien Die Süd- oder Dessertweine Marsala und Malvasier sind hier beheimatet. Berühmt ist der trockene weiße Vernaccia di Oristano aus Sardinien. Gute Tischweine sind der weiße Malvasia di Lipari und die roten Faro, Corvo und Etna aus Sizilien.

Schweizer Weine

Das Etikett der meisten Schweizer Weine enthält nur wenige Angaben, die je nach Gegend variieren. Immer sind die Art des Weines, die Anbaugegend, der Jahrgang sowie der Erzeuger oder zumindest der Händler darauf vermerkt. Die französischsprachigen Ausdrücke wurden bereits auf Seite 438 erklärt.

Die wichtigsten Anbaugebiete befinden sich am Genfer See und im Wallis (Rhonetal). Im Waadtland werden hauptsächlich fruchtige, trockene Weißweine gekeltert: die Dorins aus Chasselastrauben. Die Rotweine werden aus Pinot- oder Gamaytrauben gewonnen. Die Begriffe Salvagnin und Dorin garantieren kontrollierte Ursprungsbezeichnungen.

Waadtland Man unterscheidet drei Rebgebiete. Die Region La Côte (Nyon bis Lausanne) mit den Spitzenweinen Mont-sur-Rolle, Féchy, Vinzel und Luins. Dann die Weine des Lavaux, östlich von Lausanne. Von hier stammen ausgezeichnete Spitzenweine wie Saint-Saphorin, Epesses und Dézaley. Die weißen des Chablais wie Villeneuve, Aigle und Yvorne haben ein besonders gehaltvol-

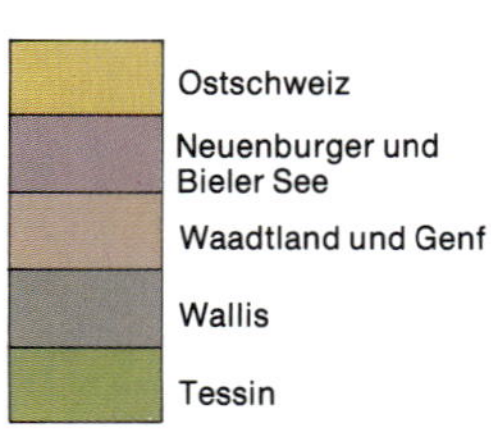

les Bouquet. In dieser Gegend findet man auch ausgezeichnete Gamay, Salvagnin und Pinot noir.

Genf Aus dem Kanton Genf kommen milde, leichte Weißweine, genannt Perlans, und einige rote Sorten (Gamay und Pinot noir).

Wallis Die besondere Bodenbeschaffenheit und das Klima ergeben hervorragende kräftige, fruchtige Weine. Der Fendant (Walliser Bezeichnung für Chasselas) ist ein frischer, feuriger Weißwein; der Johannisberg (aus deutschen Silvanertrauben) ist eine Spur weicher; der Hermitage ist in guten Jahren ein Spitzenwein. Ferner gibt es hervorragende Spezialitäten wie den leicht süßlichen Malvoisie (Pinot gris), die aus uralten Rebsorten gekelterten Amigne und Arvine, den weißen und roten Humagne. Aus dem Val d'Anniviers stammt der Gletscherwein, Rèze genannt, der bis zu 15 Jahren in Eichenfässern gelagert wird. Interessant ist auch der Heidenwein, der nur in der Gegend von Visperterminen in einer Höhe von 1200 m gedeiht. Die bekanntesten roten Sorten sind Dôle aus Burgunder- und Gamaytrauben sowie Pinot noir.

Neuenburger und Bieler See An den Ufern dieser Seen wachsen hauptsächlich weiße Rebsorten, die trockene, spritzige Weine ergeben. Es gibt auch gehaltvolle Rotweine wie den Cortaillod. Sehr geschätzt wird der Œil-de-Perdrix, ein ausgezeichneter trockener Roséwein aus Neuenburg. Zu erwähnen sind noch die Weine des Vuilly am Murtensee und die Bonvillars am Neuenburger See, die zum Waadtland gehören.

Ostschweiz Hier werden überwiegend Rotweine aus Blauburgunderreben produziert, die meist gehaltvoll und fruchtig sind. Die Weißweine sind Kreuzungen von Riesling × Silvaner. Am Zürichsee findet man Räuschlinge. Eine weitere Spezialität ist der Ostschweizer Tokayer. Aus dem Rheintal, der Bündner Herrschaft, kommen ausgezeichnete Rotweine aus Burgundertrauben.

Tessin 97 % der Produktion sind Rotweine, von denen der bekannteste der Merlot ist. Sie sind feurig und vollmundig. Die besten Lagen sind in der Gegend von Locarno und Bellinzona, zwischen dem Lago Maggiore und dem Luganer See und im Mendrisiotto zu finden.

Österreichische Weine

Kennzeichnend für die Weine Österreichs ist das vielfältige Angebot an verschiedenen Qualitäten. Sie reichen vom einfachsten Schankwein über Tafelwein und Landwein bis zu Spitzenerzeugnissen, die mit den besten Weinen anderer europäischer Länder konkurrieren können.

Burgenland Die meisten Weine des Burgenlandes kommen aus dem Gebiet Rust–Neusiedler See. Berühmt sind die natursüßen Ausbruchweine aus edelfaulen, auf natürliche Weise eingetrockneten Trauben. Im Seewinkel findet man die milden Sandweine und, wie auch um Eisenstadt, ausgezeichnete Welschrieslinge. Von den Rotweinen dieses Gebiets sind die Blaufränkischen besonders erwähnenswert.

Im kleinen Weingebiet Eisenberg im Pinkatal und an den Hängen des Geschriebensteins südlich vom Neusiedler See wachsen kräftige Blaufränkische und Welschrieslinge.

Niederösterreich (Donauland) Unmittelbar vor den Toren Wiens liegt das Gebiet Gumpoldskirchen; seine Weine, die zu den besten Österreichs gehören, sind auch im Ausland besonders bekannt und beliebt. Die roten sind gehaltvoll mit feinem Bouquet, die weißen Rheinrieslinge sind ebenfalls vollmundig mit zartem, feinblumigem Aroma.

Im Gebiet Krems werden viele Qualitätsweine produziert, die würzig, fruchtig und angenehm säuerlich im Geschmack sind. Hier findet man Grüne Veltliner der Spitzenqualität.

Um Langenlois gibt es sehr gute Grüne Veltliner, Rheinrieslinge und als Besonderheit den Roten Veltliner. In den Lagen um Klosterneuburg wie auch im Gebiet Retz werden Spitzenweine produziert, vor allem Grüner Veltliner, Rheinriesling und Weißer Burgunder. Auf den Terrassen der Wachau wachsen hervorragende Rieslinge, Neuburger und Grüne Veltliner.

Steiermark Hier reifen hochwertige Weißweine heran; zu erwähnen wären vor allem die Traminer des Klöcherberges. Im Süden sind ausgezeichnete Muskat-Silvaner, Gewürztraminer und Weiße Burgunder zu finden und in der Weststeiermark als Spezialität der Schilcher, ein Roséwein, der nur aus den Trauben des Blauen Wildbachers gekeltert werden darf.

Wien An den Ausläufern des Wienerwalds gedeihen die gleichen Rebsorten wie in den anderen Anbaugebieten Österreichs. Am Nußberg und am Kahlenberg erreichen vor allem Riesling, Veltliner und Burgunder Spitzenqualität.

Sangria

Für 8 Personen
Arbeitsaufwand 15 Min.
858 kJ = 205 kcal/Person

2 l trockener spanischer Rotwein
4 Eßl. spanischer Cognac
¼ l Mineralwasser
100 g Zucker
1 Zimtstange
1½ Orangen
1 Zitrone
nach Belieben 1 Apfel

- Orangen und eine halbe Zitrone ungeschält in Scheiben schneiden. Apfel halbieren, entkernen, in Scheiben schneiden.
- Früchte mit Zimt und Zucker im Glaskrug ziehen lassen, bis der Zucker aufgelöst ist.
- Eisgekühlten Wein, Mineralwasser, Cognac und einige Eiswürfel zufügen.
- Krug mit der halben geschälten Zitrone und der Schale garnieren.

Spanien und Portugal

Spanien, der drittgrößte Weinproduzent Europas, hat einzelne Weine der Spitzenqualität, die meisten sind jedoch gute Konsumweine, sehr körperreich und trocken bis süß.

Katalonien Das Gebiet Ampurdan im Norden liefert vor allem trockenen Weißwein. An der Küste bis Barcelona findet man weiße und rote Landweine sowie den hervorragenden Alella (weiß und rosé). Südlich davon gibt es Weiß-, Rosé- und Rotweine aus den Gebieten Priorato und Panadés, wo man auch sehr guten Schaumwein nach der Champagnermethode (S. 451) herstellt. Die Süßweine aus Tarragona sind im Ausland besonders bekannt.

Valencia Hier werden sehr dunkle Rotweine mit hohem Alkoholgehalt produziert.

Navarra und Rioja Hochrioja (Rioja Alta) hat leichte

Die Weinsprache in Kürze

Weinkenner pflegen in einer sehr blumigen Sprache über den Wein zu reden. Beim Degustieren, das heißt Verkosten, vergleichen sie das Bouquet eines edlen Tropfens oft mit dem Geruch von Beeren, Blumen, Pflanzen, sogar von Mineralien und mit den verschiedensten Aromen, die bis zum Tiergeruch reichen. Sie verwenden Ausdrücke wie robust, wuchtig, vollmundig, lieblich, süffig, körperreich, leicht und zart. Mit diesen Ausdrücken ließe sich ein Büchlein füllen. Hier die gebräuchlichsten:

Abgang anhaltender Nachgeschmack im Gaumen
Aroma Traubengeruch eines jungen Weines; gibt oft Aufschluß über die Rebsorte
Blume Duftstoffe eines Weines, der zu jung ist, um ein Bouquet zu haben
Bouquet Gesamtheit der Düfte, die ein Wein nach dem Einschenken ausströmt
Charakter die unverwechselbaren Merkmale eines Weines
fruchtig nach frischen Trauben duftend
Körper Substanz, unabhängig vom Alkoholgehalt
körperreich mit angenehmer Säure und reichlich Extraktstoffen (Gerb- und Farbstoffen usw.)
leicht Gegenteil von körperreich
lieblich angenehm, ohne viel Charakter
maderisiert oxidiert, bräunlich, mit Nebengeschmack, eine Folge unsachgemäßer Behandlung oder Überalterung
müde ohne Frische, überaltert
mundig zum Trinken einladend
nervig kräftig, doch fein
reif voll entwickelt
rund harmonisch und körperreich
spritzig frisch, leicht kohlensäurehaltig
süffig leicht, frisch, leicht trinkbar
vornehm vollkommen harmonisch
weich mit wenig Säure
wuchtig alkohol- und körperreich

Weine, die besten Spaniens. Die Riojas aus dem Alavesa sind meist kräftiger, aber weniger gut. Im Niederrioja (Rioja Baja) werden hauptsächlich Landweine produziert.

Gute Riojaweine werden wie Bordeauxweine, mit denen sie oft durchaus konkurrieren können, gekeltert und mehrere Jahre in Eichenfässern gelagert. Erwähnenswert sind Marques de Murrieta-Ygay, Rioja Bordón, Lanciano und Marques de Riscal. Es gibt auch weiße Riojas und Rosés, die aber oft zu lange gelagert werden.

Sehr gut sind auch die Weißweine aus Navarra, die meist etwas jünger verkauft werden.

La Mancha In diesem Anbaugebiet, dem größten Spaniens, gibt es trockene Weißweine guter Qualität, herbe Rosés sowie rote Landweine und Konsumweine mit kräftigem Geschmack. Zu nennen wären Valdepeñas und Ciudad Real.

Málaga und Jerez Der bekannte süße Málaga stammt aus der gleichnamigen Gegend. Aus der Umgebung von Jerez de la Frontera kommen die verschiedenen Sherryarten. *Fino,* die wertvollste Sorte, ist trocken mit zartem Geschmack und wird als Aperitif getrunken. *Manzanilla* ist weicher, *Amontillado* kräftiger im Geschmack. *Olorosos* sind süße, schwere Dessertweine ebenso wie die *Dulces* oder *Cream Sherrys.*

Montilla Hier findet man Aperitifweine, die den Sherry sehr ähnlich sind, und süße Dessertweine. Im Ausland sind sie kaum bekannt.

Portugal Die Konsumweine aus den fünf Anbaugebieten Minho, Douro, Dão, Estremadura und Algarve werden kaum exportiert. Die Rotweine sind den Riojaweinen Spaniens ähnlich. Beliebt sind die Weißweine, die *Vinhos verdes.*

Portugal ist vor allem für die dunkelroten, rubinroten und weißen Portweine und für den Dessertwein Madeira bekannt.

Die Weinprobe

Weder das Etikett noch der Jahrgang kann alles über einen Wein aussagen. Das Wichtigste bei der Beurteilung ist die Degustation, das Kosten. Die erste Weinprobe kann man bei einem Fachmann machen, der einen in diese Kunst einführt.

Für die Weinprobe muß der Wein unbedingt die richtige Temperatur haben (S. 448). Man reicht dazu nur Brot und Mineralwasser.

Mit dem Auge prüft man, indem man etwas Wein einschenkt und das Glas vor einem hellen Hintergrund hochhält. Der Wein soll völlig klar sein.

Junge, frische Weißweine sind meist hell oder haben einen grünlichen Schimmer. Gehaltvolle oder etwas ältere variieren von Gelb bis zum Goldton.

Besonders stimmungsvoll, aber auch lehrreich ist die Weinprobe im Keller des Fachmanns

Junge Rotweine haben in der Regel eine intensive Farbe, die je nach Sorte von Rosa bis zum leuchtenden Rubinrot reicht. Etwas ältere, gut gelagerte Weine sind satter in der Farbe, die von Kirsch- bis Ziegelrot reicht. Blasse Weine haben meist weniger Gehalt. Bräunlicher Wein ist bereits überlagert. Ein schwärzlicher oder violetter Ton deutet auf gerbstoffreiche Weine, die noch reifen müssen.

Mit der Nase beurteilt man das Bouquet. Die Geruchstoffe werden in der oberen Nasenhöhle aufgenommen und an das Gehirn weitergeleitet. Das Geruchsgedächtnis läßt sich trainieren, und mit der Zeit kann man neue mit bereits früher probierten Weinen vergleichen.

Am Geruch des Weines kann man Alter und eventuelle Fehler erkennen. Ein junger Wein hat noch kein ausgesprochenes Bouquet, sondern ein Aroma, das oft einen leichten Hefegeruch aufweist. Reifere Weine sind blumig und duftig. Fehlerhafte verraten sich durch Korkgeruch, Schimmelgeruch oder Essigstich. Ein eventuell vorhandener Schwefelgeruch verflüchtigt sich in kurzer Zeit. Mit der Nase erkennt man auch viele Rebsorten wie Riesling, Silvaner oder Muskat.

Mit dem Gaumen erfolgt die wichtigste Prüfung. Man nimmt einen großen Schluck und bewegt ihn im Mund hin und her. Mit der Zungenspitze stellt man fest, ob der Wein sauer oder leicht bitter ist. Dann wird der Geschmack beurteilt (*Die Weinsprache in Kürze,* S. 445). Jetzt wird der Wein meist ausgespuckt, vor allem wenn mehrere Sorten nacheinander degustiert werden. Danach kann man feststellen, ob der Nachgeschmack kurz oder lang anhält. Je länger, desto gehaltvoller der Wein.

Der private Weinkeller

Um Weine lange lagern zu können, braucht man einen guten Keller. Er sollte einen Naturboden haben, den man mit Kies bedeckt. Die Temperatur im Keller darf nicht unter 8 °C sinken oder 14 °C übersteigen; große Schwankungen schaden den guten Weinen. Die Feuchtigkeit sollte nicht zu groß sein.

Hier ein paar Hinweise: Die Flaschen immer liegend aufbewahren; im Handel gibt es eine große Auswahl an Regalen. Die Weine systematisch einkellern; was zuerst getrunken wird, liegt oben oder für sich. Der Wein braucht Ruhe; eingeordnete Flaschen nicht mehr verrücken. Den Keller gut lüften, damit der Wein atmen kann; dort weder Essig noch Zwiebeln, noch andere stark riechende Produkte aufbewahren. Der Wein liegt gern im Halbdunkel; oft genügt ein Vorhang oder ein Karton, der das Fenster teilweise abdeckt.

Hat man genug Kenntnisse oder einen guten Berater, kann man junge Weine preisgünstig kaufen. Richtig gelagert, können sie sich hervorragend entwickeln. Man erkundigt sich beim Kauf, wann der Wein seinen Höhepunkt erreichen wird, damit er rechtzeitig getrunken wird. Auch einfache Rotweine können durch Lagerung gewinnen; nach einem Jahr ist man oft positiv überrascht.

Bei größeren Weinbeständen lohnt es sich, ein Kellerbuch zu führen. Um Auskunft über einen länger gelagerten Wein zu bekommen, muß man nur nachschlagen. Man trägt folgende Punkte ein: genaue Bezeichnung und Jahrgang; Kaufdatum; Herkunft; Preis; Buchführung über getrunkene Weine; Bemerkungen. Es gibt Kellerbücher zu kaufen, die alle möglichen vorgedruckten Rubriken enthalten.

Orangenbowle

Für 6 Personen
Arbeitsaufwand 15 Min.
954 kJ = 228 kcal/Person

1 l Weißwein
6 Spritzer Angostura
80 g feiner Zucker oder Puderzucker
1 Glas Cocktailkirschen
5 Orangen

- 2 Orangen gründlich waschen und ungeschält in feine Scheiben schneiden.
- Mit dem Zucker oder Puderzucker in ein hübsches Bowlengefäß geben.
- Weißwein, Saft der übrigen Orangen und Angostura darüber gießen.
- 2 Stunden kühl stellen.
- Alles samt Orangenscheiben in Burgundergläser oder hohe Wasser- oder Whiskygläser verteilen.
- In jedes Glas einen Eiswürfel und einige Cocktailkirschen geben.

Für Kinder und Autofahrer kann der Weißwein durch Traubensaft und Mineralwasser ersetzt werden. In diesem Fall kann man den Zucker nach Belieben weglassen.

Kalter Bischof

Für 8 Personen
Arbeitsaufwand 10 Min.
904 kJ = 216 kcal/Person

2 l gehaltvoller Weißwein
4 Eßl. Weinbrand
½ l leichter schwarzer Tee
150–250 g Puderzucker
3 Gewürznelken, ⅓ Teel. Zimtpulver
Schale von je 2 Orangen und Zitronen

- Den abgesiebten schwarzen Tee mit dem Puderzucker, den Gewürznelken, dem Zimtpulver und der geriebenen Schale von den Orangen und Zitronen aufsetzen.
- Aufkochen und 7–8 Minuten kochen lassen.
- Etwas abkühlen lassen.
- Den Wein dazugießen und kalt stellen.
- Vor dem Servieren den Weinbrand zufügen.

Cassis- oder Brombeerbowle

Für 10 Personen
Arbeitsaufwand 5 Min.
803 kJ = 192 kcal/Person

3 Fl. leichter Rotwein
1 Fl. Champagner oder Sekt
⅛ l Cassis- oder Brombeersirup
1 Zitrone

- Alle Zutaten ein paar Stunden vor dem Servieren kühl stellen.
- Wein, Champagner oder Sekt und Sirup zusammen in ein ebenfalls vorgekühltes Bowlengefäß gießen.
- Die Zitrone gründlich waschen und ungeschält in hauchdünne Scheiben schneiden. Zur Bowle geben.
- Nur 15 Minuten ziehen lassen.
- Kühl, aber nicht eisgekühlt servieren.

Die Weintemperatur

Über die richtigen Weintemperaturen sind sich nicht alle einig. Manche servieren jeden Rotwein chambriert, das heißt bei Zimmertemperatur. Vor dem Zeitalter der Zentralheizung hatten Wohnräume selten mehr als 18 °C, heute bedeutet Zimmertemperatur 20 °C und mehr, was nach Ansicht von Kennern bei kostbaren Rotweinen eine Sünde ist.

Junge Weine servierte man in Frankreich schon immer bei Kellertemperatur; ein Paradebeispiel ist der Beaujolais. Bei einem lagerfähigen Wein läßt sich bereits diskutieren. In vielen südlichen Ländern werden zumindest die Landweine kühl getrunken. Weißweine werden oft zu sehr gekühlt. Besonders trockene Weißweine können, wenn sie zu kalt sind, ihre Blume nicht entfalten. Hier ein paar Tips, die helfen werden, die richtigen Temperaturen zu erreichen:

Selten ist der Keller kalt genug, um Weißweine und Roséweine ohne Zwischenkühlung zu servieren. Man legt sie am besten kurz ins Gemüsefach des Kühlschranks. Am Tisch stellt man sie in den Weinkühler mit Wasser und etwas Eis.

Wer einen richtigen Weinkeller hat (etwa 12 °C), holt junge Rotweine unmittelbar vor dem Servieren. Sonst kühlt man sie bei 8–10 °C. Bis der Wein im Glas ist, hat er etwa 12 °C. Danach erwärmt er sich rasch um noch 1–2 °C.

Einen reifen Rotwein holt man am Vorabend aus dem Keller und chambriert ihn im kühlsten Teil der Wohnung (bei höchstens 18 °C). Ist dies nicht möglich, holt man ihn kurz vor dem Essen, ohne ihn zu schütteln. Kostbare alte Weine, die Satz gebildet haben, werden dekantiert (S. 449). Ein bei 16 °C eingeschenkter Wein erwärmt sich rasch um 1–2 °C; wenn das Glas umfaßt wird, erhöht sich die Temperatur um weitere 1–2 °C. Nie sollte man einen Rotwein mit Gewalt erwärmen, etwa indem man die Flasche in heißes Wasser taucht; lieber serviert man ihn zu kühl. Durch den langsamen Vorgang des Chambrierens wird der Wein bis zur idealen Temperatur erwärmt, bei der seine Aromastoffe zu verdunsten beginnen. Je schwerer der Wein, desto mehr Wärme braucht er. Wird er zu warm, verflüchtigt sich der Alkohol; dadurch werden sowohl das Bouquet als auch der Geschmack beeinträchtigt.

Hier die Richtlinien für die idealen Weintemperaturen:

Weißweine	
Leicht, spritzig	8–12 °C
gehaltvoll, würzig	10–12 °C
schwer, süß	8–10 °C
Roséweine	
trocken	8–12 °C
leicht süßlich	8–10 °C
Rotweine	
leichte Landweine, junge Weine	12–13 °C
mittelschwer	15–16 °C
schwer (alte Jahrgänge)	16–18 °C

Melonenbowle

Für 10 Personen
Arbeitsaufwand 15 Min.
853 kJ = 204 kcal/Person

⅛ l Portwein, 3 Fl. Weißwein, 1 Fl. Champagner, 2 Eßl. Zucker, 1 Honigmelone, 2 Eßl. Zitronensaft

- Melone schälen, würfeln, mit Zucker, Zitronensaft und Portwein 30 Minuten ziehen lassen.
- Mit gekühltem Weißwein und Champagner auffüllen.

Pfirsichbowle

Für 8 Personen
Arbeitsaufwand 15 Min.
975 kJ = 233 kcal/Person

1½ l Weißwein, 1 Flasche Sekt oder Champagner, 5 cl Kirschwasser
2 Eßl. Zucker
½ Teel. Vanillezucker
1 kg gelbe Pfirsiche, 1 Glas Herzkirschen

- Die Pfirsiche schälen, in Schnitze schneiden, in einem gekühlten Bowlengefäß mit dem Zucker und Vanillezucker kurz ziehen lassen.
- Eine Flasche Weißwein dazugießen und kühl stellen.
- Nach einer Stunde den restlichen Weißwein und das Kirschwasser hineingeben.
- Mindestens 30 Minuten ziehen lassen. Mit gekühltem Sekt oder Champagner auffüllen.
- Vor dem Servieren einige Kirschen pro Person beifügen.

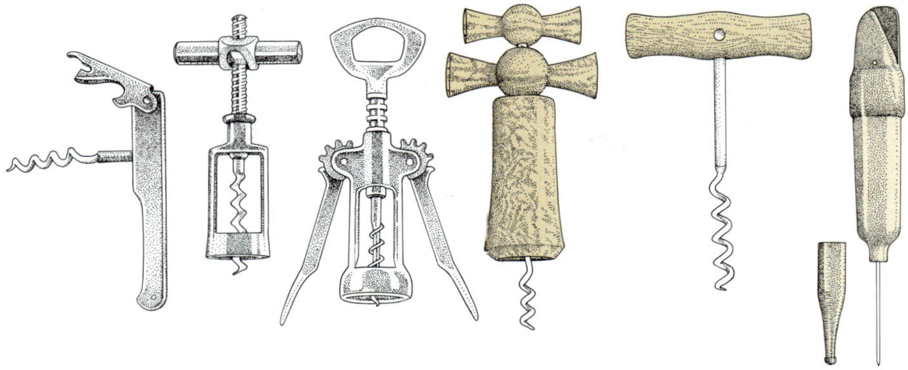

Heute gibt es neben der herkömmlichen Art viele verschiedene Korkenzieher, die das Entkorken sehr erleichtern

Die Flasche öffnen und den Wein dekantieren

Besonders wichtig ist der Korkenzieher. Nur der beste ist gut genug, wenn man kostbare Flaschen sorgsam öffnen will. Kräftige Männer bringen es mit dem einfachsten Korkenzieher fertig, heute gibt es jedoch raffinierte Instrumente, die keinen Kraftaufwand erfordern.

Rotweine, die durch das Altern Satz gebildet haben, sollten dekantiert, das heißt in einen anderen Behälter umgefüllt werden, damit sie vom Bodensatz abgetrennt werden. Der Dekantierkorb dient in erster Linie dazu, die kostbaren Flaschen aus dem Weinkeller zu tragen, denn ein Wein, der Satz gebildet hat, darf nie geschüttelt oder hochgestellt werden. Falls man den Wein nicht dekantieren möchte, kann man ihn vorsichtig aus dem Korb eingießen. Auf diese Weise bleibt der größte Teil des Satzes in der Weinflasche zurück.

Das Dekantieren kann auch für andere, etwas weniger reife Weine von Vorteil sein, denn dadurch kommt der Sauerstoff im Wein zur Wirkung, und der Wein entfaltet in sehr kurzer Zeit viel mehr Bouquet und Geschmack. Junge, aber körperreiche Weine können bereits am Vorabend geöffnet und dekantiert werden.

Die Originalflasche mit dem Korken wird immer aufbewahrt, damit die Gäste sehen, welchen Wein man ihnen kredenzt.

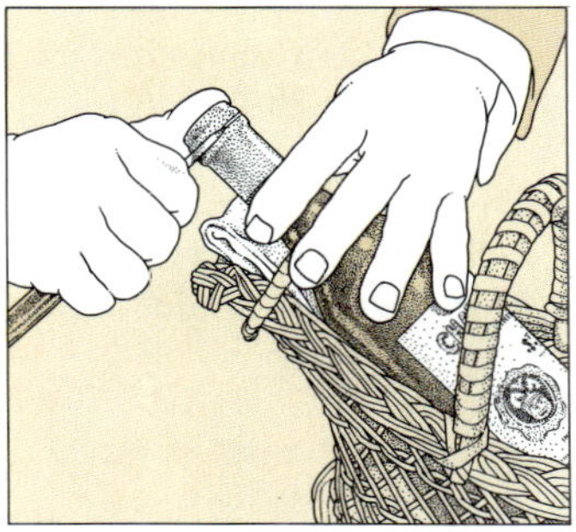

1. Flaschenkappe mit einem kleinen Messer wegschneiden

2. Flasche vorsichtig öffnen, ohne sie zu schütteln

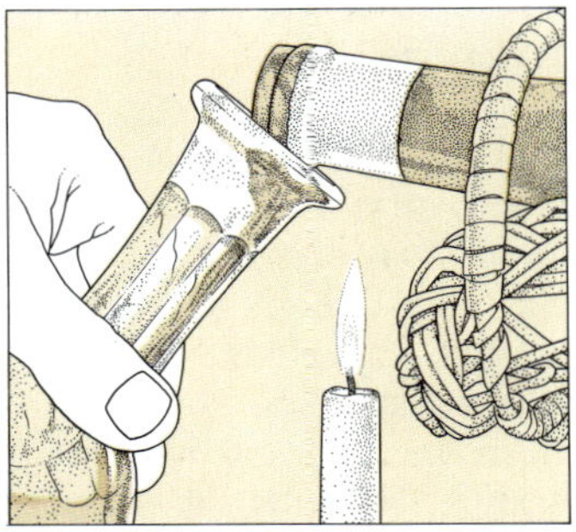

3. Den Wein über einer Kerze in eine Karaffe dekantieren

4. Die Klarheit des Weins vor der Kerze prüfen

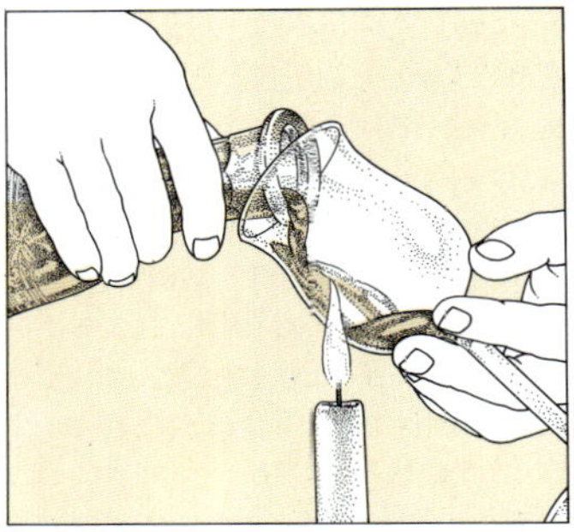

5. Etwas Wein zur Probe in ein Glas geben

6. Prüfen, ob der Wein Korkengeschmack hat

Obere Reihe von links nach rechts: für Bordeauxweine ein Tulpenglas oder ein sogenanntes Degustationsglas, das sich nach oben verjüngt; für Burgunder ein Tulpenglas oder die traditionelle Kugelform. Untere Reihe von links nach rechts: zwei Gläser für weiße Burgunder und Bordeauxweine; kleine, kugelförmige Gläser auf hohem Stiel für Rhein-, Mosel- und Elsässer Weine; Sektglas

Das richtige Glas

Der Wein kommt in einfachen Kristallgläsern am besten zur Geltung. Verzierungen sind unnötig, und farbiges Glas verdeckt die funkelnde Transparenz des Getränkes. Wenn man sich auf einen Glastyp beschränken muß, wählt man das sogenannte Tulpenglas oder ein kugelförmiges Glas, das nach oben etwas enger wird. Für jene, die jeden Wein im richtigen Glas kredenzen möchten, oben eine kleine Übersicht.

Chemische Spülmittel sind für Gläser nicht zu empfehlen; sie können den Geschmack des Weines verderben. Man spült die Gläser am besten handwarm und trocknet sie mit einem Leinentuch (Küchentücher hinterlassen oft Fusseln). Vor dem Gebrauch werden sie nochmals ausgerieben. Wenn man konzentrierte Salzlösung in den Karaffen vor dem Spülen etwas stehenläßt, werden sie tadellos sauber.

Den Wein kredenzen

Der Hausherr übernimmt meist die Rolle des Mundschenks. Einer alleinstehenden Dame kann ein Gast diese Aufgabe abnehmen. Zuerst gibt man etwas Wein ins eigene Glas, um ihn zu prüfen. Man schenkt von rechts ein und bedient die Gäste gegen den Uhrzeigersinn, die Damen zuerst. Bei ungezwungenen Einladungen nimmt man diese Vorschrift nicht so genau.

Weißweingläser werden zu zwei Dritteln gefüllt, Rotweingläser bis zu einem Drittel oder höchstens bis zur Hälfte, je nach Form des Glases, damit der Wein sein Bouquet im oberen Teil des Glases entfalten kann.

Weißwein darf man senkrecht ins Glas gießen. Das Rotweinglas faßt man am Fuß an, neigt es der Flaschenöffnung zu und gießt den Wein behutsam ein. Bei jeder neuen Weinsorte muß das Glas gewechselt werden, auch wenn der Weintyp derselbe ist.

Wieviel Wein pro Person?

Bei großen Parties mit Selbstbedienung oder ungezwungenen Einladungen rechnet man eine halbe Flasche oder 0,5 l offenen Wein pro Person.

Bei gepflegten Essen, wo meist zuerst Weiß-, dann Rotwein serviert wird, genügen für mäßige Trinker 0,25 l pro Person; für Weinliebhaber rechnet man bis zu 0,5 l.

Auf jeden Fall sollte genug Wein als Reserve da sein. Bei kostbaren Weinen muß man allerdings vorsichtig sein: Einmal chambriert, dürfen sie nicht mehr in den Keller.

Champagner

Nur der aus der Champagne stammende Schaumwein darf die Bezeichnung Champagner tragen. Er wird zu etwa drei Vierteln aus Pinottrauben (Blauburgunder) und zu einem Viertel aus weißen Chardonnaytrauben gepreßt und nach der sogenannten *méthode champenoise* hergestellt.

Die erste Gärung verleiht ihm seine blaßgoldene Klarheit. Die jeweilige *cuvée* (Mischung der verschiedenen Lagen oder Jahrgänge) gibt ihm seine Eigenart. Die zweite Gärung geschieht in der Flasche unter Druck; dabei entsteht die Kohlensäure.

Mehrere Wochen lang werden nun die Flaschen, die auf dem Kopf in besonderen Gestellen oder Rüttelpulten stehen, von Hand gedreht und gerüttelt. Dies bewirkt, daß der Satz sich am Flaschenhals absetzt, und gewährleistet die Klarheit und Leichtheit des Champagners. Danach wird der Satz entfernt.

Wenn diese Verfahren abgeschlossen sind, wird dem Champagner eine Mischung aus altem Wein, Zucker und oft auch Weinbrand oder Likör zugesetzt. Dadurch entstehen die verschiedenen Typen:

brut	naturherb, extra trocken
extra-sec	sehr trocken (extra dry)
sec	trocken (dry)
demi-sec	halbtrocken
doux	süß

Champagnes millésimés (mit Jahrgang versehen) sind ausgezeichnete Champagner, die allerdings teurer sind als die normalen Sorten. *Champagnes blancs de blancs* werden ausschließlich aus weißen Trauben hergestellt; sie sind besonders delikat im Geschmack und haben oft einen grünlichen Schimmer. *Champagnes rosés* sind exklusive Champagner und die einzigen französischen Roséweine, die aus einer Mischung von Rot- und Weißweinen gekeltert werden; die Herstellungsart ist sonst gesetzlich verboten. Der dazu verwendete Rotwein muß aus der Champagne stammen. Roséchampagner sind eher selten, haben einen kräftigen Geschmack, sind Modegetränke und teuer.

Champagnes natures oder *Vins tranquilles de la Champagne* (stille Champagner) sind normale Weißweine aus diesem Anbaugebiet.

Einkauf und Lagerung Ein hoher Preis ist nicht unbedingt eine Garantie für die Qualität eines Champagners. Es gibt weniger bekannte und billigere Marken, die sehr gut sein können. Der persönliche Geschmack spielt eine Rolle, und es empfiehlt sich, den Rat eines Fachmanns einzuholen.

Die Flaschengröße ist für die Qualität des Champagners von Bedeutung. Die halben Flaschen und die Babyflaschen werden aus großen Flaschen abgefüllt, und bei dieser Prozedur leidet der empfindliche Schaumwein. Aus diesem Grund sollte man sich, wenn möglich, an die normalgroßen Flaschen halten. Besonders gut ist der Champagner in der Doppelflasche (Magnum).

Es ist unnötig, den Champagner lang zu lagern; er ist bereits beim Kauf trinkfertig. Nach zehn Jahren besteht die Gefahr, daß er maderisiert, das heißt, daß sein Geschmack sich verändert und die Kohlensäure – trotz gut verschlossener Flasche – langsam entweicht. Champagner sollte in einem dunklen Keller bei 10–12 °C aufbewahrt werden. Die Flaschen müssen so liegen, daß der Korken ganz vom Inhalt befeuchtet wird.

So wird Champagner serviert Champagner wird auf 6–8 °C gekühlt. Ist er kälter, verliert er an Geschmack; serviert man ihn zu warm, schmeckt er nicht und schäumt entweder zuviel oder zuwenig. Man sollte den Champagner nicht allzu lang im Kühlschrank lassen. Man holt ihn am besten rechtzeitig aus dem Keller und stellt ihn in einen Weinkühler mit Wasser und Eis.

Beim Öffnen der Flaschen müssen die Korken nicht knallen oder herumfliegen; das meinen nur Anfänger im Champagnertrinken. Ein Glas muß sofort bereitgehalten werden, damit nichts vom kostbaren Naß verlorengeht. Bevor man weiter einschenkt, hält man den Korken schnell an die Nase, um zu prüfen, ob er einen starken Korkgeruch hat; wenn ja, dann hat der Flascheninhalt ebenfalls diesen Geschmack angenommen und ist untrinkbar geworden. Hat man mal Pech, kann man die Flasche durch eine neue ersetzen lassen, wenn der Champagner von einem guten Weinhändler stammt.

Champagner wird nie mit einem Quirl serviert – das ist bei Kennern verpönt. Wenn man weiß, wieviel Arbeit es kostet, die kleinen Schaumperlen zu erzeugen, wird man sie nicht mit diesem unnötigen kleinen Instrument zerstören wollen!

Das passende Glas Das traditionelle Champagnerglas, die *Coupe* oder flache Schale, ist nicht mehr gefragt, weil die ausladende Form das Bouquet sofort entweichen läßt. Ideal ist die Flöte, ein hohes, schmales, sich nach oben verjüngendes Glas, oder auch ein Sektkelch.

Champagner zum Essen Champagner ist der ideale festliche Aperitif. Besonders gut schmeckt er zu Lachs, Kaviar und Gänse- oder Entenleber sowie zu vielen Fischgerichten.

Zu jeder Speise der passende Wein

Speise		Wein
Aperitifhappen	Salzgebäck, Blätterteiggebäck	trockene Weißweine
	gefülltes Gebäck	spritzige junge Weißweine
	Tatarbrötchen	Riesling, Loireweine, Johannisberg, Fendant
	Canapés	trockene Weißweine und Roséweine
	Canapés mit Räucherlachs, Kaviar	Champagner, Sekt, Schaumweine
Horsd'œuvres, kalte Vorspeisen	gemischte Horsd'œuvres	gehaltvolle Weißweine, weiße Burgunder, Fendant, Johannisberg, Riesling, Elsässer Weine, Pinot gris
	Horsd'œuvres vorwiegend mit Fisch	weiße Bordeaux, Riesling, trockene badische Weißweine, Traminer, Orvieto secco, weißer Rioja
	Kaviar, Austern, Hummer, Langusten	Champagner, Sekt, weiße Burgunder, Traminer, Johannisberg, trockene Rheingau- und Frankenweine, weiße Bordeaux
	Gänse- und Entenleberpasteten und -terrinen	Champagner, Elsässer Weißweine, Sauternes, Moselweine
	Fleisch- und Wildpasteten und -terrinen	Beaujolais, Burgunder, Spätburgunder, trockener junger Bordeaux, Rioja
	Räucherlachs	Meursault, Chablis, Sekt, trockene, gehaltvolle Weißweine
	Melone	alter Porto, Sherry, Sauternes, Muscat
	Rohschinken, Bündner Fleisch	Dôle, Pinot noir, Veltliner, Merlot
	kaltes Fleisch, Wurstwaren	Fendant, Beaujolais, Bodenseeweine
	Pastetchen, Pilze, Kalbsbries, Hirn	weiße Burgunder, Rheingau- und Frankenweine
Suppen	pikante Suppen, Käsesuppen	trockene junge Weißweine, Waadtländer, Neuenburger
	Gemüsesuppen, diverse Suppen	leichte Weiß- oder Rotweine
	Consommés	trockener Sherry
Fisch	als Suppe	leichte Weißweine, trockene Roséweine
	gebraten, gegrillt	weiße Waadtländer, Neuenburger, trockene italienische Weine, Rioja
	gratiniert und fritiert	trockene Weiß- und Roséweine
	in milder Sauce	für die Sauce verwendeter Wein, weiße Burgunder, trockene weiße Bordeaux, gehaltvolle Schweizer Weine, trockene badische Weißweine
	in scharfer Sauce	leichte junge trockene Weißweine, Côtes de Provence, trockene Roséweine, einfache weiße und rote Landweine
	im Sud gekocht	gehaltvolle Weißweine, vor allem zu Seefisch
	Meeresfrüchte, Muscheln	Elsässer Weine, Rheinweine, Frankenweine, Côtes de Provence, Entre-Deux-Mers (Bordeaux)
	Krevetten, Scampi, Langustinen	weiße Burgunder, gehaltvolle Schweizer Weißweine, Rheinweine, italienische und spanische Weißweine
Eiergerichte	ohne Sauce	weiße Elsässer Weine, trockene Rheinweine, Schweizer Weißweine, junge Beaujolais, weißer Mâcon, grüner Veltliner
	mit Sauce	für die Sauce verwendeter Wein, trockene Weißweine

Teigwaren, Reis	alle Arten	Merlot, italienische Rotweine (Bardolino, Valpolicella)
Würste	alle Sorten	weiße und rote Landweine, italienische Rotweine, Merlot
Gemüse	als selbständiges Gericht, z. B. Gratin	Fendant, Johannisberg, trockene Rheinweine, hellrote Weine
	Sauerkraut	je nach Zutaten Elsässer Weine, Frankenweine, Spätburgunder, Beaujolais, Burgunderweine
Käsegerichte	Fondue, Raclette	trockene Weißweine
	Gratins, Soufflés, Kuchen	trockene Weißweine, leichte trockene Rotweine
	mit Käse überbackenes Fleisch	leichte Landweine, Beaujolais
Currygerichte	alle Arten	trockene Roséweine, hellrote Weine, Sake (Reiswein); am besten ist allerdings ein leichtes Bier
Helles Geflügel und Kalbfleisch	gebraten	Côtes du Rhône, Beaujolais, hellrote trockene Weine, Roséweine, badische Weine
	in brauner Sauce	Bordeaux, Rioja, Chianti, rote Waadtländer Weine, Spätburgunder
	in heller Sauce	Fendant, Waadtländer Weißweine, sehr leichte Rotweine
Fleisch	Rind- und Schweinefleisch, gebraten oder in Sauce	Dôle, Spätburgunder, Beaujolais, Rioja, italienische Rotweine, kräftige Landweine
	Rinderfilet, gebraten oder gegrillt	französische Rotweine älterer Jahrgänge, Nebbiolo, Barbaresco
	Kalbsnieren, gebraten oder in Sauce	Chianti classico
	Lamm- und Hammelfleisch	Bordeaux, Côtes du Rhône, Rioja
	Ente, Gans	Pinot noir, Spätburgunder, Côtes du Rhône, Bordeaux, Barolo
	Huhn in Weinsauce	für die Sauce verwendeter Wein: Chambertin, Beaujolais, Rioja, Côtes du Rhône
	Sauerbraten	Spätburgunder, Beaujolais, Rioja, kräftige Landweine, Chianti
	Kutteln	trockene junge Weißweine, hellrote Weine
Wild	Haarwild	alte Burgunder und Bordeaux, Veltliner, Barolo, Rioja
	Wildgeflügel	Riesling, Traminer, Châteauneuf-du-Pape, Dôle
Käse	milde Sorten wie Emmentaler, rahmige Weichkäse	Côte de Nuits, Médoc, Dôle, Spätburgunder
	Weichkäse wie Brie, Camembert, Carré de l'Est	Côtes de Beaune, Beaujolais, Côtes du Rhône, Bordeaux, Dôle
	pikanter Käse wie Roquefort, Münster, Limburger	kräftige Landweine, Spätburgunder, Riesling
	Gorgonzola und anderer italienischer Käse	Chianti, Merlot, Côtes de Provence
Dessert	Charlottes, Puddings, Cremes, gefüllte Crêpes, delikate Früchtekuchen, feine Biskuits	Johannisberg, Portwein, Muscat, Sauternes, Malvasier, Rhein- und Moselweine, Champagner, Sekt und Schaumweine (halbtrocken oder süß)

In Frankreich begleitet er oft die ganze Speisenfolge eines Menüs, wobei die Sorten den verschiedenen Gerichten angepaßt werden: Zu Aperitif, Hors-d'œuvre, Fisch oder Meeresfrüchten serviert man *brut* ohne Jahrgang; zu Fleisch, Geflügel und Wild *brut*, eventuell mit Jahrgang, von einer gehaltvollen Sorte; zu Desserts *sec* oder *demi-sec*. Zu Käse paßt Champagner eigentlich nicht; es gibt jedoch Gourmets, die ihn zu Brie empfehlen, weil dieser Käse aus derselben Gegend stammt.

Sekt

Sekt ist die Bezeichnung für deutschen Qualitätsschaumwein. Er wird zum Teil nach der Champagnermethode der Flaschengärung, meist jedoch in Großbehältern hergestellt. Wie beim Champagner gibt es Babyflaschen (Pikkolo), halbe und ganze Flaschen sowie Magnum und Jeroboam.

Sekt hat den Vorteil, etwas preisgünstiger als Champagner zu sein. Beim Einkauf hält man sich am besten an die bekannten Marken. Gelagert und serviert wird er wie Champagner.

Schaumweine

Schaumweine werden in verschiedenen Ländern hergestellt. Bekannt sind die spanischen, die zum Teil auch nach der Champagnermethode erzeugt werden. Es gibt einige Schweizer Schaumweine, und im Kommen sind die italienischen Erzeugnisse, die – im Gegensatz zum gewöhnlichen *Asti spumante* – auch trocken und naturherb zu haben sind. Die französischen Schaumweine, die nach der Champagnermethode hergestellt werden, aber aus einer anderen Gegend stammen, heißen *vins mousseux*.

Erdbeer-Ananas-Bowle

Für 8 Personen
Arbeitsaufwand 20 Min.
1247 kJ = 298 kcal/Person

3 Fl. Weißwein, 1 Fl. Champagner oder Sekt, 150 g Zucker, 1 mittlere Dose Ananasstücke, 500 g halbierte Erdbeeren, 1 Stück Orangenschale

- Eine Flasche Wein, Orangenschale, Zucker, Beeren und Ananas 2 Stunden stehenlassen.
- Mit Wein auffüllen, kühl stellen. Champagner zugeben.

Kalte Ente

Für 8 Personen
Arbeitsaufwand 10 Min.
883 kJ = 211 kcal/Person

3 Fl. Sekt, 20 Zuckerwürfel, 3 Zitronen

- Zucker an den gewaschenen und getrockneten Zitronen abreiben.
- Mit Zitronensaft begießen.
- Wenn der Zucker weich ist, mit Sekt aufgießen.
- Einige Eiswürfel dazugeben und in Sektgläsern servieren.

Erdbeer-Kiwi-Bowle

Für 10 Personen
Arbeitsaufwand 20 Min.
1059 kJ = 253 kcal/Person

3 Fl. Weißwein, 1 Fl. Sekt oder Champagner, 150 g Zucker, 500 g Erdbeeren, 3 Orangen, 4 Kiwis

- Erdbeeren waschen und entstielen; größere halbieren. Orangen und Kiwis schälen. Orangen in hauchdünne, Kiwis in dünne Scheiben schneiden.
- Eine Flasche Weißwein mit dem Zucker mischen; die Früchte beifügen. 2 Stunden kalt stellen.
- Den restlichen Weißwein dazugießen und alles wieder 2 Stunden kalt stellen.
- Vor dem Servieren den gekühlten Champagner oder Sekt zugeben.

Kleine Bierkunde

Bier ist ein wichtiges Partygetränk, denn es paßt zu fast jeder Einladung. Bei ungezwungenen fröhlichen Abenden begleitet es deftige Gerichte. Vor dem Essen ist es, besonders im Sommer, als durstlöschender Aperitif ideal, und selbst nach dem feinsten Menü kann man noch gut ein Bier als Schlummertrunk anbieten.

Bei den vielen Sorten, die es im Handel gibt, ist es nicht schwer, für jede Gelegenheit das passende Bier zu finden. Für die Gästebewirtung kann es nicht schaden, wenn man verschiedene Biere zur Auswahl bereithält.

Bier richtig servieren

Nicht nur im Bierlokal, sondern auch zu Hause sollte Bier mit Sorgfalt serviert werden. Hier ein paar Tips dazu:

In der Regel trinkt man Bier kühl; es sollte eine Temperatur von etwa 10 °C haben. Wenn man einen entsprechenden Keller hat, kann man im Winter das Bier darin aufbewahren. Im Kühlschrank lagert man es am besten im unteren Bereich. Wünscht ein Gast ein temperiertes Bier, stellt man die Flasche oder das Glas in ein Gefäß mit etwa 25 °C warmem Wasser. Wenn das Bier schon eingeschenkt ist, muß man im letzten Moment noch etwas nachgießen, damit sich Schaum bildet.

Das Einschenken ist eine Kunst, die man üben muß, wenn man Wert auf eine schöne Schaumkrone legt. Gießt man einfach von einer gewissen Höhe Bier ins Glas, gibt es viel zuviel Schaum. Am besten hält man das Glas leicht schräg und schenkt dann sorgfältig und langsam das Bier ein. Zum Schluß kann man die Höhe der Schaumkrone korrigieren. Eine besonders schöne Krone erhält man übrigens, wenn man das Glas vorher mit kaltem Wasser ausspült und dann nicht mehr abtrocknet.

Wenn sich zuwenig Schaum bildet oder er sehr rasch zusammenfällt, liegt das möglicherweise an der Qualität des Bieres, meist jedoch daran, wie die Gläser gewaschen werden. Spülmittel hinterlassen einen Film, der die Schaumentwicklung hemmt. Deshalb sollte man Biergläser am besten nur mit klarem Wasser spülen und, umgekehrt auf ein Tuch gestellt, trocknen lassen.

Bier muß frisch sein, daher sollte man es erst unmittelbar vor der Einladung kaufen und nicht allzu lange aufbewahren.

Bier vom Faß zu Hause

Für größere Parties, zum Beispiel für Garten- und Balkonfeste, ist Bier vom Faß ein großer Spaß. Es schmeckt herrlich, und jeder Gast kann nach Lust und Laune sein Bier selbst zapfen. Die Gastgeber werden dadurch entlastet, und es gibt kein Problem mit leeren Flaschen.

Kleinere Bierfäßchen kann man in manchen Lebensmittelgeschäften kaufen; größere (meistens ab 30 Liter) werden von Brauereien geliefert, bei denen man auch Gläser und Sitzbänke mieten kann. Man sollte allerdings wissen, wie man das Bierfaß fachmännisch ansticht. Die Abbildungen rechts zeigen, wie es gemacht wird.

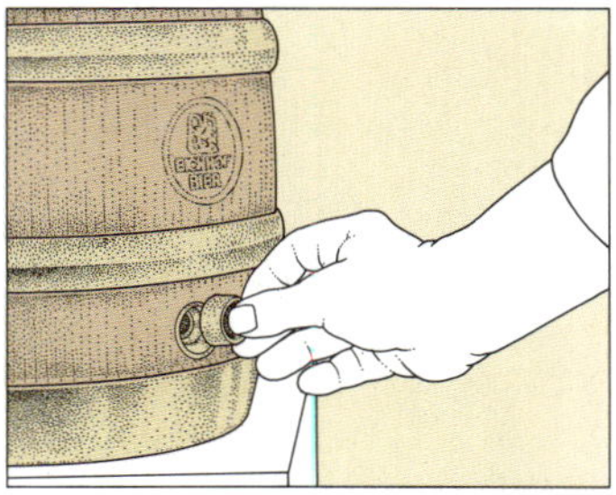

1. Gummidichtung bis zum Anschlag ins Zapfloch drücken

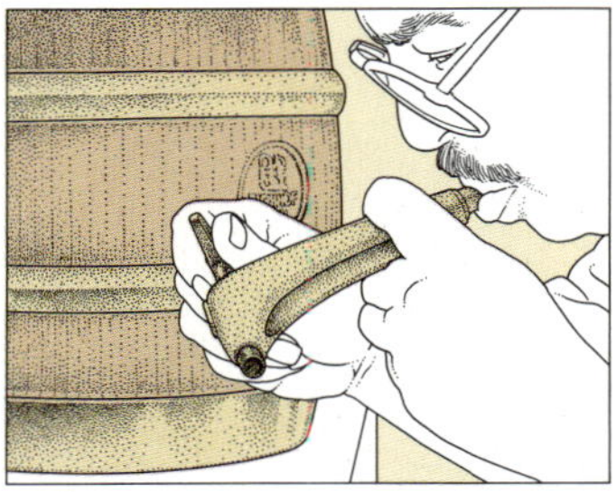

2. Kontrollieren, ob der Hahn richtig dicht ist

3. Den Hahn bis zum Anschlag ins Zapfloch drücken und zapfen

4. Wenn kein Bier mehr kommt, einen Entlüftungshahn anbringen

Mixgetränke mit Bier

Für die Puristen unter den Biertrinkern ist allein schon die Vorstellung, man könnte ihr Lieblingsgetränk mit anderen Zutaten mischen, ein Greuel. Weniger Konservative finden vielleicht unter den folgenden altbewährten Rezepten das eine oder andere, das zum Probieren reizt.

Radlermaß Für dieses erfrischende Getränk, das besonders in Bayern bekannt ist, gibt man zu gleichen Teilen Bier und eine beliebige Limonade in einen Bierkrug.

Russ' Weizenbier und Zitronenlimonade gibt man zu gleichen Teilen in einen Bierkrug – auch eine bayerische Erfindung.

Lager mit Lime Man gibt etwas Lime-Juice in ein Bierglas und gießt helles Bier dazu. Diese Mischung wird besonders gern in England getrunken.

Bier mit Sekt Einen Teil Sekt und zwei Teile helles Bier gibt man in ein hohes Glas.

Black Velvet Man füllt zu gleichen Teilen dunkles Bier und Sekt in ein großes Kelchglas.

Berliner Weiße mit Schuß Man gibt etwas Waldmeister- oder Himbeersirup in ein breites, schalenförmiges Glas und füllt dann vorsichtig mit sehr kalter Berliner Weiße auf. Dazu wird ein Trinkhalm serviert.

Berliner Weiße mit Strippe Einen Korn gießt man in ein breites, schalenförmiges Glas und füllt dann mit kalter Weiße auf.

Die Biersorten

Je nach dem Gärverfahren und der eingesetzten Hefe unterscheidet man untergärige und obergärige Biere. Bei den untergärigen Arten setzt sich der größte Teil der Hefe am Ende der Gärung auf dem Boden des Gärgefäßes ab, bei den obergärigen steigt die Hefe am Schluß an die Oberfläche, was diese Biere oft aromareicher macht. Hier nun die wichtigsten und bekanntesten Sorten:

Pilsener Ein helles, stark gehopftes untergäriges Bier, das ursprünglich eine Spezialität aus der böhmischen Stadt Pilsen war, heute jedoch ein allgemeiner Vollbiertyp ist. Das echte Pilsener aus Pilsen führt die Bezeichnung Urquell und hat weniger Stammwürze als das deutsche Pils.

Export Ein schwächer gehopftes, untergäriges helles Vollbier; auch die Handelsbezeichnung für speziell für den Export zubereitetes, also länger haltbares Bier.

Dortmunder Mildes untergäriges Vollbier von goldgelber Farbe, das mit hartem Wasser gebraut werden muß. Der Exportbiertyp wurde vom Dortmunder Bier geprägt.

Bock Helles und dunkles alkoholreiches Starkbier untergäriger Brauart. Im Handel findet man es oft unter speziellen Bezeichnungen mit der Endung *-ator*. Außer dem normalen Bockbier gibt es noch den besonders starken dunkelbraunen Doppelbock und den Eisbock, ein ebenfalls sehr starkes Bier, das nach dem Brauen gefroren wird, wobei ein Teil des Wassers ausfällt. Dadurch entsteht ein sehr konzentriertes Bier.

Lager Ein untergäriges mildes Vollbier, das nach der Hauptgärung mehrere Wochen in Tanks gelagert wird. Es gibt helles und dunkles Lagerbier; es ist nicht so bitter wie Pilsener und weniger stark als Export.

Märzen Ein schwach gehopftes untergäriges Vollbier mit leichtem Malzgeschmack. Für das Oktoberfest in München wird das sogenannte Wies'n-Märzen gebraut, das nur in Einliterkrügen ausgeschenkt wird.

Münchner Malzig und etwas süß schmeckt dieses untergärige dunkle Vollbier aus München, das nur schwach gehopft wird.

Rauchbier Dieses obergärige Bier ist eine Bamberger Spezialität. Es hat einen starken Rauchgeschmack, da das Malz beim Darren – so nennt man das Trocknen mit Heißluft – leicht geräuchert wird.

Alt Ein besonders im Rheinland beliebtes obergäriges Vollbier, das aus kleinen zylindrischen Gläsern, den Stangen, getrunken wird. Besonders bekannt sind Kölsch und Düssel. Altbier hat mit Ausnahme des hellen Kölsch eine rotbraune Farbe und schmeckt kräftig hopfenbitter.

Weizenbier Ein aus Weizenmalz gebrautes, helles obergäriges Vollbier, das auch Weißbier genannt wird. Es enthält viel Kohlensäure und entwickelt starken Schaum.

Malzbier Ein alkoholarmes dunkles obergäriges Vollbier, das süß und malzig schmeckt.

Berliner Weiße Ein schwach säuerliches helles Bier, das zu den Sonderbieren zählt und meist mit einem Schuß Himbeer- oder Waldmeistersirup getrunken wird; dazu siehe die Rezepte oben.

Frisch vom Faß im zünftigen Krug serviert, so schmeckt Bier besonders gut

Spirituosen von A bis Z

Über Wein wird sehr viel geschrieben: wie man ihn degustiert, das heißt kostet, wie man ihn kredenzt und ihn behandelt. Für Branntweine und Liköre dagegen gibt es weniger Nachschlagemöglichkeiten. Hier also ein paar Hinweise und Tips für interessierte Gastgeber.

Einkauf und Lagerung

Branntweine und Liköre trinkt man in kleinen Mengen; man genießt sie. Deshalb ist hier in viel stärkerem Maße als bei den meisten anderen Getränken die Qualität ausschlaggebend. Am besten hält man sich an gute Marken. So riskiert man nicht, minderwertige Sorten zu kaufen.

Die Aufbewahrung von Spirituosen bietet keine Schwierigkeiten. So kann man gut auf Vorrat kaufen, falls man ein günstiges Sonderangebot findet. Über längere Zeit lagert man Spirituosen am besten bei Kellertemperatur, und zwar – im Gegensatz zu Wein – stehend. Wenn die Flaschen liegend aufbewahrt werden, kann der Inhalt mit der Zeit einen Korkengeschmack annehmen.

Helle Flaschen müssen vor Licht geschützt werden, sonst verliert der Inhalt an Geschmack. Auch angebrochene Flaschen sollten im Dunkeln stehen und spätestens nach ein paar Monaten ausgetrunken werden.

Wie man Spirituosen serviert

Fast überall gilt die Meinung, alle Branntweine mit Ausnahme von Cognac, Weinbrand und Likör müßten eiskalt serviert werden. Dies ist eine grobe Vereinfachung und stimmt nur zum Teil. Hier einige genauere Anhaltspunkte:

Bei Zimmertemperatur serviert man Cognac, guten Weinbrand (Brandy) und Armagnac. Man gießt diese Alkoholsorten in ein sich nach oben verjüngendes Kugelglas – solche Cognacschwenker sind in verschiedenen Größen zu haben – und umspannt das Glas mit der Hand, damit die Körperwärme sich auf den Inhalt überträgt. So können sich die Aromastoffe richtig entfalten. Dies gilt auch für Spirituosen wie Orangenlikör und Calvados. Ab und zu wird der Cognac im Glas noch auf einem kleinen Spezialrechaud mit Kerzenflamme zusätzlich erwärmt. Das ist ein beliebter, aber unnötiger Scherz. Die Gefahr besteht, daß der Cognac dabei zu warm wird, was dem Bouquet abträglich ist.

Leicht gekühlt serviert man Edelbranntweine von sehr guter Qualität, beispielsweise Kirschwasser, Zwetschgenwasser und

Calvadoscocktail

Für 1 Cocktail
1193 kJ = 285 kcal

1 Teil Calvados, 1 Teil Orangenlikör, 1 Teil Orangensaft, Eiswürfel

- Alles mit 1–2 Eiswürfeln in den Shaker geben, gut schütteln und in ein Cocktailglas sieben.

Martini dry

Für 1 Cocktail
569 kJ = 136 kcal

3 Teile Gin
1 Teil trockener Wermut
1 grüne Olive, Eiswürfel

- 2–3 Eiswürfel, Gin und Wermut in ein Barglas geben, gut umrühren und in ein vorgekühltes Cocktailglas sieben.
- Die Olive mit einem Zahnstocher aufspießen und ins Glas geben.

Prünelle; wenn sie zu kalt serviert werden, können sie ihr Bouquet nicht entfalten. Am besten kühlt man die Schwenker im Kühlschrank vor oder legt sie ganz kurz ins Tiefkühlfach und gießt dann den Branntwein bei Zimmertemperatur hinein, damit er nur ein wenig abgekühlt wird.

Sehr kalt werden klare Schnäpse wie Gin, Wodka, Korn und Tequila getrunken, und zwar werden sie im Kühlschrank vorgekühlt. Auch hochprozentige Obstbranntweine mit wenig Bouquet trinkt man am besten eisgekühlt, weil die Kälte den Alkoholgeschmack und eventuelle Fehler weniger stark hervortreten läßt. Dadurch kratzt der Branntwein nicht mehr in der Kehle. Auch hier kann man die Gläser im Tiefkühlfach vorkühlen, und zwar so lange, bis sie sich bei Zimmertemperatur beschlagen.

Einschenken und Degustieren

Auch Edelbranntweine lassen sich degustieren. Bei sorgfältiger Prüfung kann man erkennen, ob es sich um ein Qualitätsprodukt handelt.

Einschenken Der Schwenker wird nur bis zu einem Drittel gefüllt. Dann läßt man ihn ein bis zwei Minuten stehen, damit sich die Aromastoffe entfalten können.

Farbe und Klarheit Das Glas hält man gegen das Licht. Jeder gebrannte Alkohol ist ursprünglich farblos und muß absolut klar sein. Cognac, Weinbrand, Armagnac und Marc erhalten die typische bräunliche Farbe durch die Lagerung in Eichenfässern oder oft auch durch Nachbehandlung. Eine Trübung bedeutet, daß der Branntwein fehlerhaft ist.

Das Bouquet Das Glas führt man an die Nase und atmet

Gin and Tonic

Für 1 Longdrink
606 kJ = 145 kcal

1 Gläschen Gin, 1 Fläschchen Tonic-Water, 1 Zitronenscheibe

- 1–2 Eiswürfel, den Gin und die Zitronenscheibe in ein hohes Glas geben.
- Nach Geschmack mit Tonic-Water auffüllen.

Lemon Squash

Für 1 Longdrink
414 kJ = 99 kcal

1/8 l gekühltes Mineralwasser
1 Eßl. feiner Zucker
Saft von 1 großen Zitrone
1 Zitronenscheibe, Eiswürfel
nach Belieben 1 Schuß Gin

- Zitronensaft mit dem Zucker in einem hohen Glas verrühren.
- Mineralwasser und eventuell Gin zugießen. Glasrand mit der Zitronenscheibe garnieren.
- Eiswürfel separat servieren.

Gin-Fizz

Für 1 Longdrink
590 kJ = 141 kcal

1 Gläschen Gin
Sodawasser
2 Barlöffel Zucker
Saft von 1 Zitrone
Eiswürfel

- Den Gin mit dem Zucker, dem Zitronensaft und 2–3 Eiswürfeln in einen Shaker geben.
- Alles gut schütteln und dann durch ein Barsieb in ein hohes Glas gießen.
- Mit dem kalten Sodawasser nach Geschmack auffüllen.
- Den Longdrink mit einem Trinkhalm servieren.

Omnibus

Für 1 Longdrink
1029 kJ = 246 kcal

4 Eßl. Himbeersirup oder Weichselsaft, 1 Gläschen Kirschwasser, Sodawasser, zerstoßenes Eis

- Den Himbeersirup oder Weichselsaft mit dem Kirschwasser in einem hohen Longdrinkglas mischen.
- Etwas fein zerstoßenes Eis zufügen.
- Mit Sodawasser auffüllen.

mehrmals tief ein. Dadurch wird das typische Bouquet des jeweiligen Branntweins klar erkennbar.

Der Geschmack Nun nimmt man einen kleinen Schluck. Gut gealterte Cognacs und Edelbranntweine sind weich, mild, gehaltvoll und geben ihren vollen Geschmack ab. Gute Edelbranntweine sind fruchtig. Fehlerhafte oder zu junge Spirituosen kratzen oft in der Kehle, sind häufig fast geschmacklos oder haben einen herben Beigeschmack.

Die wichtigsten Spirituosen

Alpenbitter Schweizer Bitter aus vielen Alpenkräutern, unter anderem Enzian, und auch Anis.

Angostura Ein Bitter aus Trinidad, aus Angosturabaumrinde sowie verschiedenen Kräuter- und Pflanzenextrakten hergestellt. Er wird verwendet, um Drinks und Cocktails zu aromatisieren.

Anislikör Auch als Anisette bekannt. Er ist relativ süß und farblos. Es heißt, eine Armenschwester habe das Rezept dafür von einem Sterbenden als Dank für aufopfernde Pflege erhalten.

Anisschnaps Die bekanntesten stammen aus Frankreich und Griechenland und werden gern verdünnt als Aperitif getrunken.

Aprikosengeist Obstbranntwein; besonders bekannt ist der *Barack* aus Ungarn. In Österreich heißt er Marillenbrand.

Aquavit Kartoffel- oder Kornbranntwein mit leichtem Kümmelgeschmack; ursprünglich aus Dänemark.

Armagnac Weltbekannter Weinbrand aus der Gascogne im Südwesten Frankreichs. Der Name darf nur für Erzeugnisse aus einem genau umgrenzten Gebiet verwendet werden.

Planter's Punch

Für 2 Longdrinks
2595 kJ = 620 kcal/Drink

¼ l weißer Rum
2–3 Spritzer Angostura
4 Eßl. Limonen- oder Zitronensaft
2 frische Ananasscheiben
4 Orangen- oder Limonenscheiben, 1 Banane
2 Teel. Zucker
1 Prise Muskat, Eiswürfel

- Die Ananasscheiben in kleine Stücke schneiden.
- Die Banane schälen und in dünne Scheiben schneiden.
- Den Rum, Limonen- oder Zitronensaft, Zucker und Angostura in einem Barglas miteinander gut mischen.
- Alles mit Eiswürfeln in 2 vorgekühlte hohe Gläser verteilen.
- Mit dem Muskat bestäuben und servieren.

Charlie Collins

Für 1 Longdrink
544 kJ = 130 kcal

1 Eßl. Kirschwasser
1 Eßl. Cassissirup
Saft von 1 Zitrone, gekühltes Mineralwasser, Eiswürfel

- Zitronensaft, Cassissirup und Kirschwasser in ein vorgekühltes hohes Longdrinkglas geben, alles gut mischen und mit Mineralwasser auffüllen.
- Separat Eiswürfel servieren.

Daiquiri

Für 2 Cocktails
1100 kJ = 263 kcal/Cocktail

6 Eßl. weißer Rum
1 Eßl. Orangenlikör
2 Eßl. Limonen- oder Zitronensaft
1 großer gelber Pfirsich

- Für den Pfirsichdaiquiri den reifen Pfirsich einige Sekunden in heißes Wasser tauchen, dann schälen, entkernen und in Stükke schneiden.
- Die Pfirsichstücke sofort mit dem Limonen- oder Zitronensaft und dem Rum in den Mixer füllen und pürieren.
- Den Orangenlikör hineinrühren und alles bis zur Verwendung kalt stellen.
- Mit Eiswürfeln in Cocktailgläsern servieren.

Variante: Für den **Frozen Daiquiri** statt der Pfirsichstücke eine dreiviertel Tasse mit den anderen Zutaten im Mixer kurz vermischen. Dann alles in Gläser verteilen und mit kurzen Strohhalmen servieren.

So serviert man die bekanntesten Aperitifs

Aperitif	Glas	Servierart	Temperatur
Amer Picon pur Longdrink	Südweinglas Aperitifglas	 mit Sodawasser	normal kühl
Campari, Rossi usw.	Aperitifglas	mit Orangen- oder Zitronenschale und Wasser	kühl
Cynar	Aperitifglas	mit Orangenschnitz und Wasser	kühl
Fruchtsäfte, frisch gepreßt	einfaches Weinglas; Südweinglas, wenn süß		kühl, aber nicht unter 8 °C
Gemüsecocktails	einfaches Weinglas oder Südweinglas		kühl
Málaga	Südweinglas		etwa 8 °C
Pernod, Ricard und andere mit Anisgeschmack	Aperitifglas	1 Teil Pernod o. a., 5 Teile frisches Wasser	kühl, aber nicht unter 10 °C
Portwein	Südweinglas		etwa 14 °C
Sake (Reiswein)	kleine Porzellanschalen		etwa 40 °C
Sherry dry sack	klassisches Sherryglas Südweinglas		etwa 8 °C etwa 8 °C
Suze	Aperitifglas	kleines Stück Zitronenschale, Wasser	6 °C
Tomatensaft	Aperitifglas	Salz, Pfeffer, Worcestersauce, Zitronenschnitz, Sticker	etwa 10 °C
Wermut süß trocken als Longdrink	Südweinglas Südweinglas Aperitifglas	 Sodawasser	etwa 16 °C kühl etwa 8 °C
Whisky pur mit Wasser mit Soda on the rocks Sour	Whiskyglas Whiskyglas Whiskyglas Whiskyglas Whiskyglas	 frisches Wasser Sodawasser Eiswürfel siehe Seite 464	normal normal bis kühl normal bis kühl sehr kühl sehr kühl

Arrak Dieser Bruder des Rums stammt aus Indonesien. Er wird aus Reis, Pflanzensäften, Blumen und Zuckerrohrsirup gebrannt. Man verwendet ihn vor allem für Bowlen.

Beerenbranntwein Siehe Himbeergeist.

Bitter Ungezuckerte Liköre aus verschiedenen Pflanzen und Wurzeln, Rinden, Orangen- und Zitronenschalen sowie gewissen Kräutern mit magenstärkender, appetitanregender Wirkung.

Brandy Destillationsprodukt von Wein (Weinbrand), im angelsächsischen Sprachgebrauch der Sammelbegriff für jede Art von Weinbrand, Cognac und so weiter; in Deutschland oft auch für Fruchtsaftliköre verwendet (Cherry Brandy).

Calvados Apfelbranntwein aus der Normandie, in Eichenfässern gereift.

Cassis Likör aus schwarzen Johannisbeeren, eine Spezialität aus Burgund; wird häufig für Mixgetränke verwendet.

Cherry Brandy Likör aus Kirschen, Cognac oder Kirschwasser, Zucker und aromatischen Substanzen.

Cognac Edelbranntwein, durch Destillation von Wein gewonnen. Cognac stammt aus einem genau umgrenzten Gebiet der Charente.

Es gibt folgende Altersbezeichnungen: ein Stern = zwei bis fünf Jahre; zwei Sterne = drei bis acht Jahre; drei Sterne = fünf bis zehn Jahre; VO *(very old)* = sehr alt (10–15 Jahre); VOP *(very old product)* = sehr alter Brand (mindestens 15 Jahre); VSOP *(very superior old product)* = sehr alter, ausgezeichneter Brand (mindestens 20 Jahre); VVSOP *(very, very superior old product)* = sehr, sehr alter, ausgezeichneter Brand (mindestens 25 Jahre); XO *(extra old)* = außergewöhnlich alt (mindestens 30 Jahre); EXTRA = außergewöhnlich (mindestens 50 Jahre).

Curaçao Destillat aus den getrockneten Schalen unreifer Pomeranzen (bitterer Orangen). Für Drinks und Desserts.

Danziger Goldwasser Ein nach alter Alchimistenformel hergestellter Likör aus Gewürzen, Rosenblättern und winzigen Blattgoldpartikeln.

Drusenbranntwein Wird durch die Destillation von Weinhefen (Drusen) erzeugt. Er ist in Frankreich und der Schweiz unter der Bezeichnung *lie* bekannt.

Enzian Schnaps, aus der Wurzel des gelb- oder purpurblühenden Enzians gewonnen; in Oberbayern, Österreich und der Schweiz heimisch.

Genever Wacholderbranntwein, eine niederländische Spezialität.

Gin Englischer Wacholderbranntwein.

Grappa Ein italienisches oder Tessiner Destillat aus vergorenem Traubentrester (siehe auch Tresterbranntwein). Grappaflaschen enthalten oft einen Rautenzweig *(erba ruga)*.

Caracas

Für 1 Cocktail
540 kJ = 129 kcal

1 Gläschen weißer Rum
1 Spritzer Angostura
3 Spritzer Grenadinesirup
1 Gläschen Grapefruitsaft
3–4 Ananasstücke
1 Orangenscheibe
3 Eßl. zerstoßenes Eis (S. 467)

- Alle Zutaten zusammen mit dem zerstoßenen Eis in einen Shaker füllen. Gut schütteln.
- Durch ein Barsieb in ein Glas seihen.

Yellow-Bird-Bowle

Für 6 Personen
1553 kJ = 371 kcal/Person

¼ l weißer Rum
⅛ l Bananenlikör
¾ l Ananassaft
¼ frische Ananas
Eiswürfel

- Die geschälte Ananas in Scheiben und anschließend in kleine Würfel schneiden.
- Mit dem Ananassaft, dem Rum und dem Bananenlikör in ein Bowlengefäß geben und alles gut mischen.
- Einige Stunden kalt stellen.
- Vor dem Servieren ein paar Eiswürfel beigeben.

Cuba libre

Für 1 Longdrink
732 kJ = 175 kcal

1 Gläschen weißer Rum
1 Flasche Coca-Cola
1 Zitrone
Eiswürfel

- Die Zitrone auspressen.
- Den Zitronensaft mit 2–3 Eiswürfeln und dem Rum in ein hohes Glas geben und miteinander verrühren.
- Nach Geschmack mit sehr kaltem Coca-Cola auffüllen.

Margarita

Für 1 Cocktail
531 kJ = 127 kcal

1 Gläschen Tequila
2 Barlöffel Orangenlikör
2 Barlöffel Lime Juice
1 Zitronenschnitz
Salz
Eiswürfel

- Ein Cocktailglas mit einem Salzrand versehen (man geht dabei vor, wie für den Zuckerrand auf der gegenüberliegenden Seite gezeigt).
- Den Tequila, den Orangenlikör und den Lime Juice zusammen mit 2–3 Eiswürfeln in einen Shaker geben und alles gut schütteln. In das mit dem Salzrand versehene Cocktailglas durch ein Barsieb gießen. Dabei darauf achten, daß das Salz nicht weggespült wird.

Cocktails und Longdrinks

Cocktail heißt, wörtlich übersetzt, Hahnenschwanz. Diese Art Drink verdankt ihren Namen angeblich den amerikanischen Hahnenkämpfen. Der Besitzer des siegreichen Hahns hatte das Recht, dem getöteten Hahn den bunten Schwanz auszureißen, und darauf trank man ein Gläschen *„on the cock's tail"*.

In der Barsprache ist ein Cocktail ein kurzer, aus verschiedenen Ingredienzen gemischter Drink, der gerührt oder geschüttelt und aus einem speziellen Cocktailglas manchmal mit Zuckerrand, Crusta genannt (rechts), getrunken wird.

Für einen Longdrink gibt man einen Aperitif oder ein Spirituosengemisch, das auf dieselbe Art wie ein Cocktail hergestellt wird, in ein hohes Glas (Tumbler) und füllt mit frischem Wasser, Soda- oder Mineralwasser auf. Ein Longdrink wird meist mit einem Trinkhalm serviert. Sind Früchte oder Fruchtschnitze darin enthalten, wird ein Sticker ins Glas gegeben.

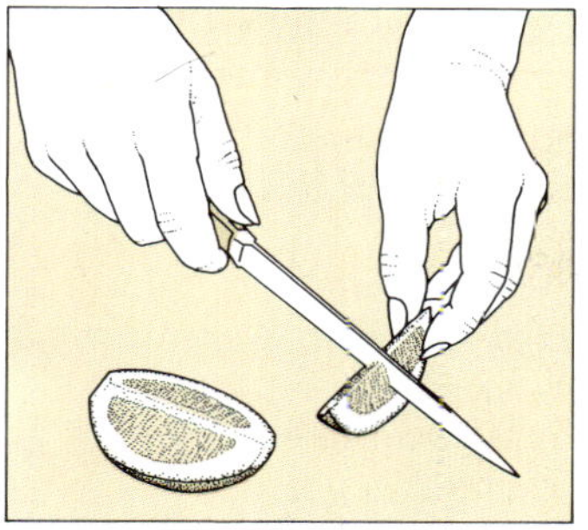

1. Zitronenviertel in der Mitte bis zur Schale einschneiden

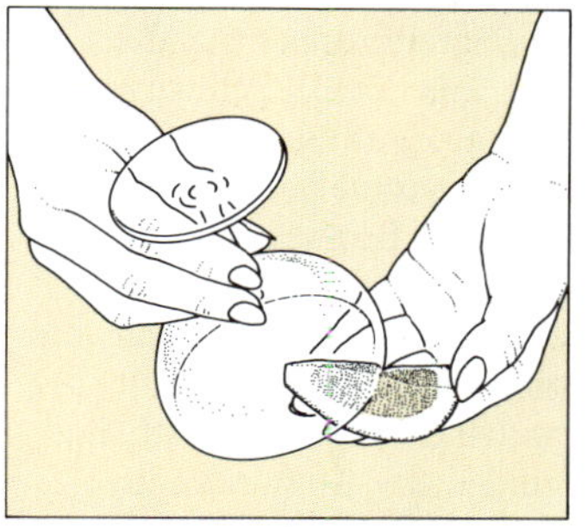

2. Glasrand in den Einschnitt stekken; Glas langsam drehen

3. Einen Teller mit Zucker bestreuen; Glasrand hineintauchen

4. Vorsichtig eingießen, damit Zukkerrand nicht weggespült wird

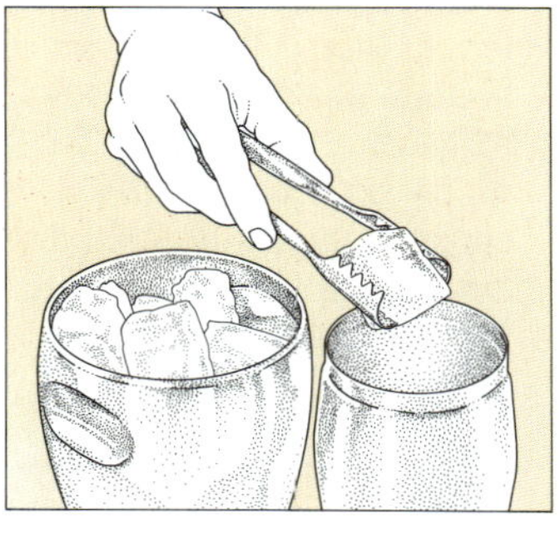

1. Das Eis in den Shaker geben; kurz stehenlassen

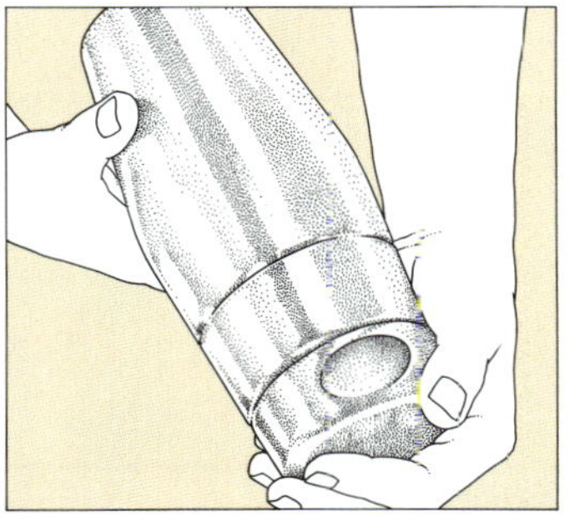

2. Das angesammelte Wasser abgießen und den Shaker schütteln

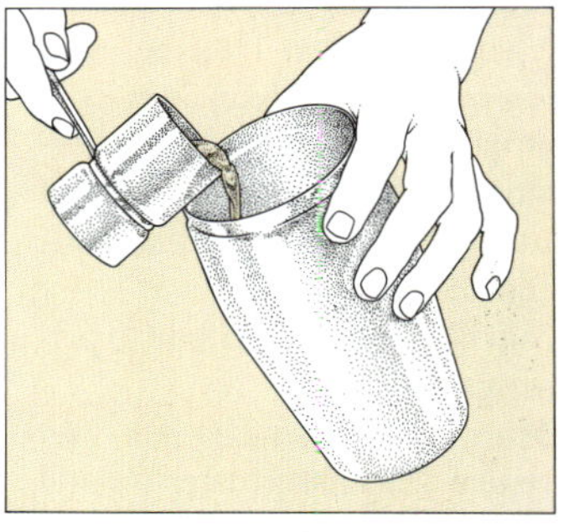

3. Spirituosen abmessen, in den Shaker geben, gut verschließen

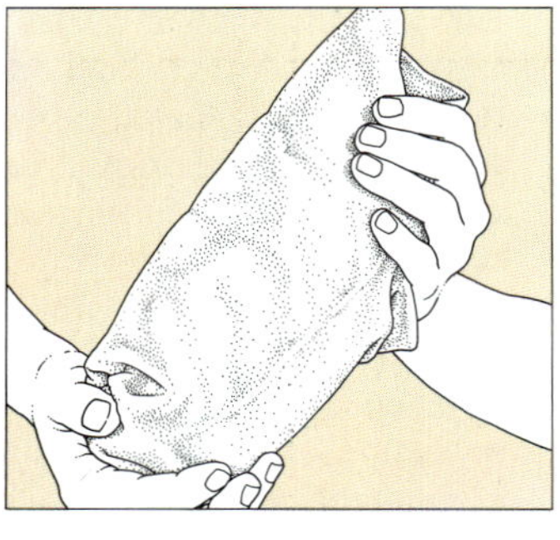

4. Mit Serviette umwickelt, waagrecht in Schulterhöhe halten

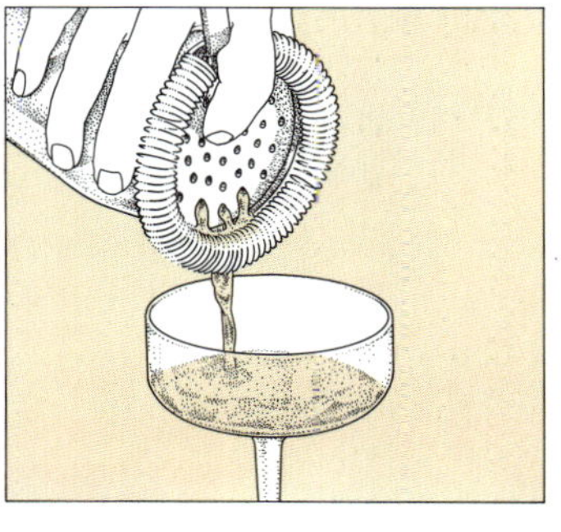

5. Nach kurzem, kräftigem Schütteln durch Barsieb ins Glas gießen

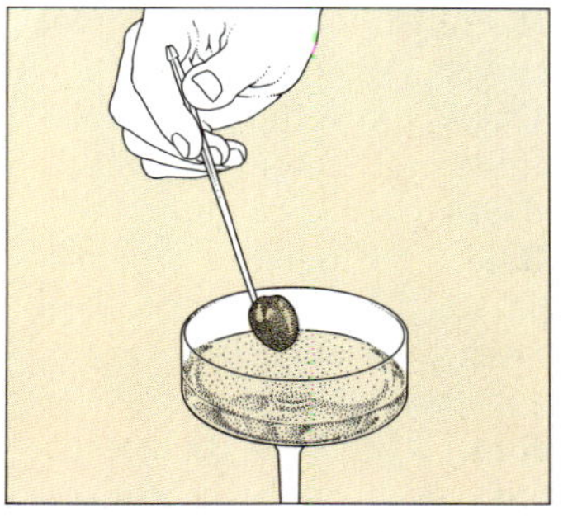

6. Den Cocktail je nach Rezept garnieren

Himbeergeist Der bekannteste Beerenbranntwein, der vor allem aus dem Schwarzwald und dem Elsaß kommt. Weitere Beerenbranntweine sind Heidelbeergeist, Brombeergeist und Vogelbeergeist.

Kirschwasser Destillat aus vergorenen Kirschen. Sehr bekannt sind Schwarzwälder, Basler und Zuger Kirschwasser.

Korn Branntwein aus Roggen, Gerste, Weizen, Buchweizen oder Hafer.

Kümmel Destillat aus Kümmelsamen.

Likör Spirituosen, denen Zucker, Aromastoffe sowie Pflanzen- und Fruchtextrakte zugesetzt werden. Es gibt Liköre mit Kaffee- und Teegeschmack, mit Schokolade, Sahne, Milch, Eigelb und Honig. Kräuter werden ebenso verwendet wie auch exotische Früchte. Die Vielfalt ist besonders bei dieser Spirituosenart sehr groß.

Maraschino Likör aus Zuckersirup und dem Destillat von wildwachsenden Kirschen aus Dalmatien. Er wird dazu verwendet, Fruchtsalat und verschiedene Drinks zu aromatisieren.

Marillenbrand Siehe Aprikosengeist.

Marc Branntwein aus vergorenem Traubentrester (siehe auch Tresterbranntwein).

Obstbranntwein Entsteht durch das Brennen von Kernobst (Äpfel und Birnen) oder Obstwein (Most).

Ouzo Griechisches Weindestillat mit Zusatz von Anis und Gewürzen.

Raki Türkischer Branntwein aus Trauben- oder Rosinenwein, oft auch aus Feigen, mit Zusatz von Anis.

Rum Ergebnis der Destillation von vergorener Zuckerrohrmelasse; oft für Mixgetränke verwendet. Er stammt hauptsächlich von den Antilleninseln.

Country Club Cooler

Für 1 Longdrink
669 kJ = 160 kcal

4 Eßl. weißer, trockener Wermut
⅛ l Kirschsaft
⅛ l Mineralwasser
Eiswürfel

- Ein hohes Glas vorkühlen und den Kirschsaft hineinfüllen.
- Den Wermut beifügen und gut verrühren.
- Mit Mineralwasser nach Geschmack auffüllen.
- Einige Eiswürfel hineingeben und das Getränk mit einem Trinkhalm servieren.
- Für Autofahrer und andere, die auf Alkohol verzichten wollen, kann man den Wermut durch Tonic-Water ersetzen.

Peach Drink

Für 4 Longdrinks
1059 kJ = 253 kcal/Drink

1 Gläschen Orangenlikör,
1 Fl. Weißwein, 2 Eßl. Zucker,
4 schöne gelbe Pfirsiche, Eiswürfel

- Die Pfirsiche vorsichtig schälen, in kleine Würfel schneiden und mit dem Saft in eine Schüssel geben.
- Zucker, Orangenlikör und ein paar kleine Eiswürfel daruntermischen. Eine gute Stunde kühl stellen. Kalt servieren.

Whisky Sour

Für 1 Longdrink
452 kJ = 108 kcal

1 Gläschen Whisky
1–2 Barlöffel Zucker
¼ Zitrone
¼ Orange
1 Zitronenschnitz
1 Orangenschnitz
2–3 Cocktailkirschen
Sodawasser
Eiswürfel

- Die Zitronen- und Orangenviertel auspressen.
- Den Zitronen- und Orangensaft zusammen mit 2–3 Eiswürfeln, dem Zucker und dem Whisky in einen Shaker geben.
- Sehr gut schütteln und dann durch ein Barsieb in ein hohes Glas abseihen.
- Die Zitronen- und Orangenschnitze sowie die Cocktailkirschen zugeben.
- Nach Geschmack mit etwas gekühltem Sodawasser auffüllen.

Variante: Nach Belieben kann man auch mit wenig Sekt oder Ginger-Ale auffüllen.

Sake Reisschnaps aus China und Japan, der heiß vor dem Essen oder zu den Mahlzeiten getrunken wird.

Slibovitz Branntwein aus jugoslawischen Pflaumen *(šljiva)* mit ausgesprochen kräftigem Bouquet.

Steinhäger Ein Kornschnaps aus Westfalen mit Wacholdergeschmack, der an Gin erinnert.

Tequila Mexikanischer Schnaps aus Agaven und amerikanischer Aloe, in Eichenfässern gelagert.

Tresterbranntwein Alkohol aus Trester, das heißt aus den vergorenen Preßrückständen von Trauben. Siehe auch Marc und Grappa.

Whisky wird erzeugt durch die Destillation der Maische von Gerste, Weizen und Darrmalz (Schottland und Irland) oder von Getreide und Mais oder nur von Mais, Weizen oder Roggen allein (USA und Kanada). In Irland und den USA schreibt man Whiskey. Die Bezeichnung Scotch darf nur für den schottischen Whisky verwendet werden.

Whiskyliköre werden aus Whisky, Honig und Kräutern hergestellt; sie sind in Irland und Schottland beheimatet.

Williams Christ Dieser Brand darf nur aus Williams-Christ-Birnen hergestellt werden. Die Flasche enthält oft eine Birne, die das Aroma verstärkt. Um dies zu erreichen, muß die Flasche bereits über die noch sehr kleine Birne am Baum gestülpt werden.

Wodka Russischer Branntwein aus Getreide oder Kartoffeln, der durch Aktivkohle filtriert wird.

Zwetschgenwasser Branntwein aus Zwetschgen, im Elsaß Quetsche genannt. Andere Steinobstbranntweine: Pflümli, Mirabelle, Prünelle.

Highball

Für 1 Longdrink
552 kJ = 132 kcal

1 Gläschen Whisky
1 Fläschchen Ginger-Ale
1 Stück Zitronenschale (Spirale)
Eiswürfel

- Einen Eiswürfel mit dem Whisky in ein hohes Glas geben.
- Mit Ginger-Ale auffüllen; mit Zitronenschale garnieren.

Mint Julep I

Für 1 Longdrink
506 kJ = 121 kcal

1 Gläschen Whisky
1 Eßl. feiner Zucker
4 frische Pfefferminzblätter
Eiswürfel

- Den Zucker in sehr wenig Wasser auflösen.
- Die Pfefferminzblätter fein hacken und der Zuckerlösung beifügen.
- Das Gemisch in ein hohes Glas geben und den Whisky daruntermischen.
- Mit etwa ⅛ l frischem, kaltem Wasser nach Geschmack auffüllen und mit einem Eiswürfel kühlen.

Mint Julep II

Für 1 Longdrink
1130 kJ = 270 kcal

⅛ l Champagner oder Sekt,
2 Spritzer Grenadinesirup,

2 Teel. Zucker, Saft von
½ Zitrone, ½ Pfirsich,
1 Ananasscheibe aus der Dose,
2 Maraschinokirschen,
7 frische Pfefferminzblätter,
2 Eßl. zerstoßenes Eis

- Den Zucker im Zitronensaft auflösen und mit 4 feingehackten Pfefferminzblättern in ein hohes Glas geben.
- Das Eis beifügen.
- Geschälte Pfirsichhälfte in feine Scheiben, Ananasscheibe in kleine Stücke schneiden. Beides in das Glas geben.
- Den Sirup darüber spritzen. Mit Champagner oder Sekt auffüllen. 3 Pfefferminzblätter ins Glas stecken.

Zur komplett ausgestatteten Hausbar gehören einige besondere Utensilien

Die Hausbar

Wer sich zu Hause eine kleine Bar einrichten will, benötigt einige Utensilien. Man erhält sie in Spezialgeschäften, die das Gastgewerbe beliefern. Hier werden sie kurz vorgestellt; auf dem Bild oben sind sie leicht zu identifizieren.

Flaschenöffner und Korkenzieher Unnötig zu sagen, daß man ohne sie nichts anfangen kann.

Shaker (Schüttelbecher oder Mixbecher) Er besteht aus Unterteil und Deckel und hat manchmal einen Siebeinsatz, der allerdings nicht erforderlich ist, wenn man einen Strainer (Barsieb) hat.

Strainer (Barsieb) Die daran befestigte Drahtspirale wird nach dem Mixen in den Schüttelbecher oder das Barglas gedrückt, dann gießt man den Drink durch das Sieb ab, damit Eisstücke Zitronenkerne und andere feste Bestandteile zurückgehalten werden.

Tumbler (Barglas, Rührglas) Diese Gläser gibt es in verschiedenen Größen. Man sollte beim Kauf darauf achten, daß sie einen Gießrand oder eine Tülle haben.

Barlöffel Er faßt die gleiche Menge wie ein Teelöffel, hat aber einen langen Stiel, damit man Drinks im Barglas umrühren kann.

Dash Bottle (Spritzflasche) Diese Spezialflasche benötigt man nur, wenn man viel mixt und alles besonders korrekt machen will.

Eisbehälter Meist mit passender Zange angeboten.

Meßbecher und Meßglas Sie sind nützlich, da bei Cocktails und Mixgetränken die Zutaten häufig in einem bestimmten Verhältnis gemixt werden müssen.

Kleine Küchengeräte wie eine Zitronenpresse, eine Muskatreibe, kleine Messer und Brettchen, auf denen man schneiden kann, leisten gute Dienste in der Hausbar.

Gläser braucht man in genügender Auswahl. Für Spirituosen kann man sich gut auf zwei oder drei Gläsertypen beschränken: das Cognacglas in Form eines großen Schwenkers; das kleinere Cognacglas oder Kugelglas, das für alle Digestifs (auch Obstbranntweine) geeignet ist; der kleine Stiefel für klare Schnäpse. In der Hausbar braucht man weiter hohe zylin-

drische Gläser für alle Getränke, die mit viel Flüssigkeit aufgefüllt werden; dann mittelhohe Longdrinkgläser oder Whiskygläser für Drinks, die mit Tonic-Water oder Sodawasser serviert werden; kleine Cocktailgläser, die meist breit und relativ flach sind und einen Stiel haben; und schließlich Sektschalen, die für Sektcocktails verwendet werden.

Eis für die Hausbar

Bei Parties muß man dafür sorgen, daß immer genügend Eiswürfel vorhanden sind. Man kauft am besten zusätzliche Eiswürfelschalen für den Kühlschrank.

Für Cocktails und viele Drinks benötigt man auch zerkleinertes oder zerstoßenes Eis. Die Anschaffung eines Spezialgeräts lohnt sich für den Privathaushalt kaum, denn man kann auch gut improvisieren:

Die Eiswürfel füllt man in einen Leinensack oder ein Küchenhandtuch. Je nach gewünschter Feinheit des Eises drückt oder schlägt man mit dem Nudelholz oder einem hölzernen Fleischhammer auf das Tuch.

Bunte Eiswürfel stellt man her, indem man in jedes Fach der Eiswürfelschale eine Kirsche oder Beere legt, sie mit Wasser oder Fruchtsaft übergießt und gefrieren läßt.

Barmaße

Bei vielen Rezepten für Cocktails und Longdrinks werden die üblichen Barmaße verwendet, um die Flüssigkeitsmengen anzugeben. Wer viel mixt, wird sich die entsprechenden Gerätschaften besorgen, sonst kann man mit Hilfe der folgenden Tabelle alles in Haushaltsmaße umrechnen.

1 Meßbecher	50 g	3 Eßlöffel
¾ Meßbecher	etwa 37 g	2½ Eßlöffel
½ Meßbecher	25 g	1½ Eßlöffel
⅓ Meßbecher	etwa 17 g	1 großer Eßlöffel
1 Barlöffel	5 g	1 Teelöffel
1 dash		1 Spritzer
1 Whiskymaß	40 g	gut 2½ Eßlöffel
1 Likörglas	25 g	1½ Eßlöffel

Heiße Getränke mit und ohne Alkohol

Heiße Getränke lassen immer eine ganz besondere Stimmung aufkommen. Ein duftender Kaffee zu selbstgebackenem Kuchen, ein Glühwein nach einem Spaziergang im Winter, eine besondere Teesorte als Muntermacher zum Frühstück, heiße Schokolade für die Kinder, flambierte Getränke am späten Abend – alles Dinge, mit denen die Gastgeber ihren Gästen eine Freude bereiten können.

Kaffee

Kaffee gehört zu den beliebtesten heißen Getränken überhaupt. Die Antwort auf die Frage, welche Sorte die beste ist, muß jeder für sich herausfinden, denn das ist wirklich Geschmacksache. Für Milchkaffee ist eine gute Mischung etwa nach Wiener Art meist sehr angenehm. Für schwarzen Kaffee oder Espresso gibt es ausgezeichnete südamerikanische Mischungen von mildem bis bitterem Aroma, je nach Röstverfahren. Zur Probe kauft man drei bis vier Sorten ein und macht mit der Familie einen Blindtest. Hat man dann seine Lieblingssorte gefunden, bleibt man ihr am besten treu.

Wie wird Kaffee aufbewahrt? Es ist bekannt, daß der noch ungemahlene Bohnenkaffee sein Aroma am längsten behält. Allerdings muß man ihn sofort nach dem Einkauf in eine gut schließende Dose geben und nur so viel mahlen, wie man jeweils braucht.

Bereits gemahlener Kaffee verliert sein Aroma sehr schnell, auch wenn er in einer luftdicht schließenden Dose aufbewahrt wird. Will man aber trotzdem fertiggemahlenen Kaffee zur Hand haben, kauft man ihn am besten vakuumverpackt. Einmal geöffnet, muß die Packung möglichst rasch verbraucht werden.

Instantkaffee ist als Vorrat für den Notfall sehr praktisch, kann aber nie einen frischgemahlenen Kaffee ersetzen.

Die Kaffeemühle ist wichtiger, als man vielleicht denkt. Kaffeebohnen können im gemahlenen Zustand ihr Aroma erst richtig entfalten. Schon deshalb lohnt es sich, bei der Anschaffung auf die Qualität der Mühle zu achten und eine zu kaufen, die den Kaffee wirklich mahlt. Sie muß mit einem hochwertigen Mahlwerk ausgerüstet sein und kostet in der Regel etwas mehr als die billigen Mühlen, welche die Kaffeebohnen mit einem Schlagwerk zerkleinern.

Immer noch empfehlenswert, wenn auch mühsamer zu bedienen als die elektrischen, sind die alten, von Hand betriebenen Kaffeemühlen. Und es gibt darunter auch schöne Exemplare, die im Küchenregal sehr dekorativ aussehen.

Die Kaffeemaschine Heutzutage gibt es die raffiniertesten Espressomaschinen für den Privathaushalt. Mit ihnen kann

Einspänner

Für 4 Personen
502 kJ = 120 kcal/Person

½ l starker Kaffee, ½ Teel. Kakaopulver, 4 Teel. Zucker, ⅛ l Rahm

- Den heißen Kaffee süßen und in 4 Tassen verteilen.
- Den Rahm steif schlagen und auf den Kaffee geben.
- Mit Kakaopulver bestäuben und servieren.

Café Orange

Für 4 Personen
847 kJ = 202 kcal/Person

½ l heißer Espresso, 4 Gläschen Orangenlikör, 4 braune Zuckerwürfel, ½ Teel. geriebene Orangenschale, ⅛ l Rahm, halbsteif geschlagen

- Zucker und Likör in vorgewärmte Tassen geben. Mit Kaffee auffüllen.
- Rahm darüber geben. Mit Orangenschale bestreuen.

man einen genausoguten Kaffee zubereiten wie in der besten Kaffeebar, sie sind aber in der Anschaffung relativ teuer.

Für die Zubereitung von schwarzem Kaffee oder Espresso gibt es nichts Besseres als eine kleine Kolbenmaschine. Damit kann man meist zwei Tassen auf einmal machen. Das geht verhältnismäßig schnell, aber bei einer größeren Anzahl Gäste müssen einige eben ein wenig Geduld haben. Am besten wärmt man die Tassen gut vor und serviert den Kaffee, sobald er fertig wird, und zwar mit der Bitte, man möge ihn sofort trinken, bevor er kalt wird, sonst meinen manche vielleicht, sie müßten ihre Tassen stehenlassen, bis alle bedient werden.

Ohne Probleme ist die Zubereitung von Kaffee in einer kleinen, meist preisgünstigen Kaffeemaschine mit Papierfilter. Allerdings erhält man damit nicht den Espresso mit der berühmten kleinen Schaumkrone, doch immerhin einen durchschnittlich guten Kaffee, der auch für das Frühstück ideal ist.

Sehr gut ist auch der altbewährte Metallfilter. Dazu gibt es zylinderförmige Krüge aus Glas, in denen der Kaffee überbrüht wird. Der Satz wird anschließend mit dem Metallfilter abgetrennt – eine gute Methode und einfacher als jede Maschine.

Kaffee für große Parties
Es empfiehlt sich, den Kaffee im voraus zu machen und in Warmhaltekannen aufzubewahren. Aber Achtung: Wenn solche Behälter für Kaffee verwendet wurden, kann man sie nicht für etwas anderes benutzen, denn das Kaffeearoma läßt sich nie mehr entfernen.

Man sollte auch weder Rahm noch Milch in den Kaffee geben, wenn man ihn warmhalten will. Diese beiden Produkte mögen die Wärme auf Dauer nicht.

Marokkanischer Pfefferminztee

Für 1 l Tee

3 Eßl. Pfefferminzblätter
1 Teel. grüner Tee
Pfeffer aus der Mühle
1 Messerspitze Kardamompulver, 3–4 Eßl. Honig

- Pfefferminz und Tee mit 1 l kochendem Wasser übergießen und 5 Minuten ziehen lassen.
- Wenig Pfeffer aus der Mühle, Kardamompulver und Honig beifügen und gut mischen.

Entlebucher Kaffee

Für 4 Personen
506 kJ = 121 kcal/Person

2 Teel. gemahlener Kaffee
12 Zuckerwürfel
⅛ l Obstbranntwein
1 Stück Tannenreisig

- Den gemahlenen Kaffee und das Tannenreisig mit ½ l Wasser in einem Topf erhitzen, aber nicht kochen lassen.
- Den Topf beiseite stellen, bis der Kaffee sich setzt.
- In jedes Glas 3 Zuckerwürfel geben und den Kaffee, der so dünn wie Tee sein muß, darüber gießen.
- In jedes Glas einen kräftigen Schuß Obstbranntwein gießen.
- Heiß trinken.

Wenn man das Reisig wegläßt und Tresterbranntwein aus Birnen verwendet, erhält man **Kaffee Spezial**. Auch hier muß der Kaffee so dünn sein, daß eine Münze auf dem Boden des Glases deutlich zu erkennen ist.

Ingwertee

Für 4 Personen
263 kJ = 63 kcal/Person

1 l schwarzer Tee
50 g Honig
50 g kandierter Ingwer
2 ungespritzte Zitronen

- Den Tee 5 Minuten ziehen lassen, dann abseihen.
- Den feingehackten Ingwer und den Honig darunterrühren.
- Zitronenscheibe ins Glas geben. Tee darüber gießen.

Tee für Kenner

Wenn man nicht nur an die enorme Vielfalt der Sorten, sondern auch an die verschiedenen Anwendungsmöglichkeiten denkt, muß man den Tee als das vielseitigste Getränk überhaupt bezeichnen. Obwohl der Tee ein ausgeprägtes Eigenaroma besitzt, ist er doch so geschmacksneutral, daß er sich jeder Mahlzeit anpaßt. Und wer keinen Alkohol trinken will, zieht ihn oft dem Mineralwasser vor als Getränk zu einem guten Essen.

Aus demselben Grund eignet sich Tee auch als Basis für die verschiedensten Getränkemischungen. Je nach Jahreszeit kann man kalte oder heiße Drinks anbieten, die dank dem Tee anregend und wohlschmeckend zugleich sind.

Welche Teesorte zu welchem Gericht? Will man einen kleinen Teevorrat für jede Gelegenheit anlegen, geht man mit folgenden Sorten nie fehl: English Breakfast, Orange Pekoe, Darjeeling und Prince of Wales.

Ist man ein Teefan, wird man immer wieder neue Sorten ausprobieren, denn die eigene bevorzugte Richtung ist – genau wie beim Kaffee – Geschmacksache. Es gibt jedoch Sorten, die ganz eindeutig zu bestimmten Gerichten passen, zum Beispiel zu fernöstlichen Gerichten der Jasmintee, der grüne Chinatee (Green Gunpowder) und der Formosa Oolong; zu Käsegerichten der kräftige Lapsang Souchong mit Rauchgeschmack; zu Süßspeisen der exotisch anmutende Earl Grey; zu Lebkuchen, Spekulatius, Früchtebrot und ähnlichem Gebäck der Spice Tea. Näheres ist in der Tabelle auf Seite 472 enthalten.

Wie man Tee korrekt zubereitet, ist auf Seite 268 nachzulesen.

Exotischer Teepunsch

Für 10 Personen
841 kJ = 201 kcal/Person

1 l schwarzer Tee, 1 Gläschen Kirschwasser, 1 Gläschen Arrak, 2 Fl. gehaltvoller Weißwein, 1 kleine Dose Litschis, Saft von 2 Orangen, 1 Vanilleschote, 150 g brauner Kandiszucker

- Orangensaft, Litschis, Kandiszucker Kirschwasser und Arrak zusammen mit der längs aufgeschlitzten Vanilleschote in ein Gefäß geben, mit Klarsichtfolie verschließen und 1–2 Stunden ziehen lassen. Der Kandiszucker soll sich ganz auflösen.
- Unmittelbar vor dem Servieren den Tee aufbrühen, 5 Minuten ziehen lassen und abseihen.
- Mit dem erwärmten Wein und der vorbereiteten Mischung in ein großes Gefäß geben.
- Heiß in Punschgläsern (mit Henkeln) servieren.

Apfelglühwein

Für 4 Personen
883 kJ = 211 kcal/Person

½ l Rotwein oder roter Traubensaft
100 g Zucker
2 Äpfel
1 Zitrone
1 Orange
2 Prisen Muskat

- Äpfel, Orange und Zitrone schälen und in kleine Scheiben schneiden.
- Mit Zucker und Muskat bestreuen und 3 Stunden ziehen lassen.
- Die Früchte in einen Topf geben, den Rotwein darüber gießen und aufkochen lassen, bis die Flüssigkeit schäumt.
- 1–2 Stunden stehenlassen.
- Vor dem Servieren absieben, nochmals erhitzen und in Punschgläsern servieren.

Kaffeepunsch

Für 4 Personen
310 kJ = 74 kcal/Person

¼ l Rotwein
½ l heißer Kaffee
Zimtpulver
2 Eßl. Honig

- Den Rotwein erhitzen und in 4 Kaffeegläser verteilen.
- Jeweils mit einer Prise Zimt würzen.
- Den Rotwein mit heißem Kaffee aufgießen.
- Den Kaffeepunsch mit je einem halben Eßlöffel Honig süßen.

Kräutertees Spät am Abend sind viele Übernachtungsgäste für einen sanften Schlummertrunk dankbar. Es gibt beruhigende und schlaffördernde Kräutertees, die, in einer hübschen Kräuterteetasse serviert, vor dem Schlafengehen eine wohltuende Wirkung haben. Kräuterteetassen sind mit Dekkel und Siebeinsatz versehen, damit der Tee darin ziehen kann.

Besonders geeignete Sorten sind Eisenkraut (Verbena), Goldmelisse, Pfefferminze, Hagebutte, Erdbeerblätter und Kamille.

Kräutertees kauft man am besten im Fachgeschäft. Da hat man die Garantie, daß sie fachmännisch getrocknet und nicht zu lange aufbewahrt wurden. Zur Not tut es auch ein Beutel, vor allem dann, wenn keine Kräuterteetassen vorhanden sind.

Feuerzangenbowle

Für 10 Personen
1896 kJ = 453 kcal/Person

¼ l Rum
3 Fl. guter Rotwein
1 kleiner Zuckerhut
2 Orangen
2 Zitronen
½ Teel. gemahlener Ingwer
1 Zimtstange
5 Gewürznelken

- Die Orangen und Zitronen heiß waschen, trocknen und hauchdünn schälen.
- Den Wein mit 2 Dritteln der Schalen, der Zimtstange und den Nelken erhitzen und durch ein Sieb in einen vorgewärmten Kupferkessel oder feuerfesten Topf gießen.
- Die Orangen und Zitronen auspressen und den Saft zusammen mit den restlichen Schalen zum Wein geben.
- Den halben Teelöffel Ingwerpulver darüber streuen.
- Die Feuerzange mit dem Zuckerhut über das Gefäß legen und mit der Hälfte des Rums langsam beträufeln.
- Das Gefäß auf eine feuerfeste Unterlage auf den Tisch stellen, das Licht auslöschen und den Zuckerhut anzünden.
- Den restlichen Rum nach und nach mit einem Schöpflöffel, den man vorher in heißes Wasser getaucht hat, über den brennenden Zucker gießen.
- Wenn die Flammen erloschen sind, wird die Bowle in vorgewärmte Gläser verteilt.

Heiße Getränke, ob mit oder ohne Alkohol, sind zum Abschluß eines schönen Abends immer willkommen

Die bekanntesten Teesorten

Sorte	Herkunft und Eigenart	Geschmack
English Breakfast	Ceylon; Indien Brokentee*	typisch englische Mischung, rassig und herb
Ceylon Breakfast	Ceylon, Uva Brokentee	kräftig und dunkel, sehr aromatisch
Irish Breakfast	Indien, Assam Brokentee	herb, dunkel, mit vollem Aroma
Assam	Indien, Assam	kräftig und dunkel
Orange Pekoe	Ceylon Brokentee	weich und lieblich, für jede Gelegenheit geeignet
Earl Grey	China; Indien Blatt-Tee*	exotisch, mit dem Aroma von Bergamotte (Zitrusfrucht)
Darjeeling	Indien Brokentee	kräftig, aromatisch, ideal zum Fünf-Uhr-Tee
Queen Mary	Indien Brokentee	mit herrlichem Muskatelleraroma
Lemon Tea	Ceylon Brokentee	mit dem erfrischenden Duft von Zitronen
Lapsang Souchong	China, Fukien Blatt-Tee	mit ausgeprägtem Rauchgeschmack
Prince of Wales	China, Anhwei	leicht, herb und trocken, ideal zum Abendessen
Formosa Oolong	Taiwan Blatt-Tee	heller, delikater Tee mit dem Aroma reifer Pfirsiche
China Black	China, Anhwei Blatt-Tee	kräftig, vollkommen harmonisch
Jasmin	China, Kwangtung Blatt-Tee	grüner Tee mit ganzen Jasminblüten
Green Gunpowder	China, Taiwan Blatt-Tee, gerollt	grüner, unfermentierter Tee, trocken, eher bitter
Russian Caravan	China, Taiwan Blatt-Tee	weich und sehr bekömmlich
Vintage Darjeeling	Indien, Hochland Blatt-Tee	exquisit im Aroma, nobel im Charakter
Spice Tea	Ceylon Brokentee	mit Gewürznelken, Zimt, Muskat und getrockneten Orangenschalen

* Handelsübliche Blattgrade; die Blätter werden durch mechanische Rüttelsiebe sortiert.

Feuerzauber gibt Stimmung

Brennende Getränke verfehlen ihre Wirkung nie. Bevor man beginnt, dämpft man am besten die Beleuchtung, damit das zauberhafte Spiel der Flammen richtig sichtbar wird.

Die flammenden Getränke passen am besten zur Mitternachtsstimmung, vielleicht nach einem kleinen Imbiß oder einer Suppe, die man zum Abschluß eines Festes gereicht hat. Wichtig ist, daß man alles bereitstellt und gewisse Vorsichtsmaßnahmen nicht vergißt:

Immer feuerfeste und völlig intakte Gefäße verwenden.

Unbedingt für eine stabile, feuerfeste Unterlage sorgen.

Nie Spirituosen direkt aus der Flasche nachgießen; am besten einen vorgewärmten Schöpflöffel verwenden.

Die Getränke ziemlich lange brennen lassen, damit der größte Teil des Alkohols verbrennt; flammende Getränke, die zuviel Alkohol enthalten, können heimtückisch sein.

Wenn Gäste da sind, die mit dem Auto nach Hause fahren wollen, am besten auf den Feuerzauber verzichten.

Die guten Seelenwärmer

Zum Abschluß eines rustikalen Essens, nach einem Winterspaziergang oder bevor die Gäste sich bei naßkaltem Wetter auf den Heimweg begeben, ist ein Glühwein oder ein Kaffee mit einem Schuß Branntwein gerade richtig. Kunstgerecht serviert man diese Seelenwärmer in speziellen Tee- oder Kaffeegläsern.

Aber so köstlich sie auch schmecken, als guter Gastgeber sollte man für die Autofahrer unter den Gästen einen alkoholfreien Ersatz parat haben; entsprechende Rezepte sind auf den nächsten Seiten zu finden.

Irish Coffee

Für 1 Person
837 kJ = 200 kcal

1 Gläschen irischer Whiskey
2 Teel. Zucker, heißer Kaffee
2 Eßl. leichtgeschlagener Rahm

- Whiskey mit Zucker im hohen, feuerfesten Glas erhitzen und anzünden.
- Mit heißem Kaffee löschen.
- Den Rahm langsam über einen Löffelrücken ins Glas fließen lassen, so daß er als Haube oben schwimmt.

Pharisäer

Für 1 Person
971 kJ = 232 kcal

1 Gläschen Jamaikarum
1 Tasse Kaffee
2 Teel. Zucker
2 Eßl. steifgeschlagener Rahm

- Den Rum und den Zucker in eine große Tasse geben und miteinander verrühren.
- Mit sehr heißem Kaffee auffüllen.
- Den Schlagrahm vorsichtig darauf geben.

Café cremat

Für 6 kleine Tassen
435 kJ = 104 kcal/Tasse

¾ l heißer Kaffee
3 Eßl. Zucker
5 Eßl. spanischer Cognac
4 Eßl. Rum
1 Zimtstange
2 Gewürznelken
1 Stück Orangenschale

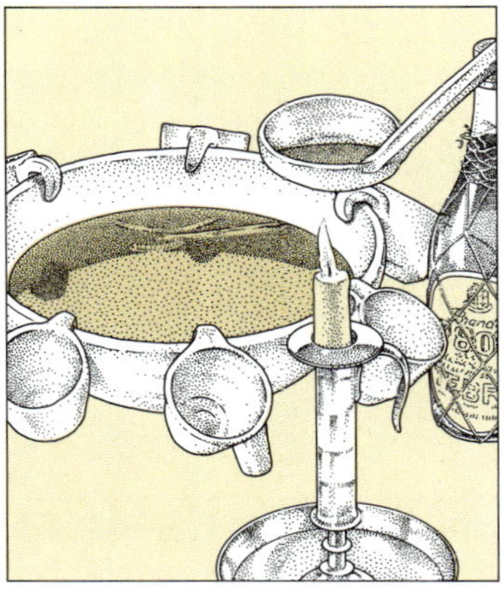

- Zimtstange, hauchfein abgeschnittene Orangenschale und Gewürznelken in eine feuerfeste glasierte Tonschüssel geben.
- Kaffee süßen und am Tisch ins Gefäß gießen. Die Hälfte des Cognacs und den Rum beifügen.
- Restlichen Cognac in einem Schöpflöffel über eine brennende Kerze halten, bis er Feuer fängt. In den Kaffee gießen und rühren, bis die Flamme nur noch schwach züngelt.
- In kleine Tassen verteilen.

Alkoholfreie Getränke

Für Gäste, die mit dem Auto nach Hause fahren müssen, und für Kinder müssen alkoholfreie Getränke bereitstehen. Wenn man sie mit Phantasie zubereitet und wie gewöhnliche Longdrinks präsentiert, können Getränke ohne Alkohol so attraktiv sein, daß man den „Geist" gar nicht vermißt.

Milch und Milchprodukte

Milchdrinks passen am besten zu einer Party im Freien. Besonders Kinder und Jugendliche lieben Shakes, die aus Früchten mit Milch, Joghurt, Quark, Eiscreme oder Rahm zubereitet werden. Man serviert diese Getränke in Milchgläsern oder wie Longdrinks.

Milch ist vollwertige Nahrung. Sie enthält so gut wie alle für den Organismus lebensnotwendigen Nährstoffe. Die Zahl dieser in der Milch vorhandenen Stoffe wird auf etwa 90 geschätzt; deren physiologische Wirkung ist zum Teil noch unbekannt. Nicht nur die vielen Nährstoffe machen die Milch so wertvoll, sondern auch das Mengenverhältnis dieser Nährstoffe und der Nährstoffgruppen untereinander.

Milch ist ein vollkommenes Naturprodukt, das als Teil unserer Ernährung Krankheiten vorbeugen hilft. Sie ist – im Vergleich zu ihrem Nährwert – unser preisgünstigster Durstlöscher und Nahrungsspender. Pro Liter enthält Vollmilch 2760 kJ = 660 kcal.

Rohmilch wird offen abgegeben. Im Kühlschrank und vor Licht geschützt, bleibt sie etwa einen Tag frisch. Man sollte sie in einem Glas- oder Porzellangefäß aufbewahren, denn Plastikbehälter sind dem zarten Milcharoma auf die Dauer nicht zuträglich.

Rohmilch muß unbedingt vor dem Verzehr erhitzt werden. Man erwärmt sie auf 75 °C und läßt sie dann unter ständigem Rühren im Wasserbad abkühlen.

Pasteurisierte Milch Die Rohmilch wird 15 Sekunden lang auf 75 °C oder ganz kurz auf 85 °C erhitzt und sofort gekühlt. So wird sie keimfrei gemacht, und man braucht sie nicht mehr aufzukochen. Bei diesem Verfahren treten keine Veränderungen im Geschmack oder in der Konsistenz der Milch auf; außerdem ist die pasteurisierte Milch, wenn man sie ungeöffnet im Kühlschrank aufbewahrt, zwei bis drei Tage über das auf der Verpackung aufgedruckte Verkaufsdatum hinaus haltbar.

Uperisierte Milch (H-Milch) wird in speziellen Apparaten einige Sekunden lang ultrahoch erhitzt (auf 130–150 °C) und

Sangria ohne Alkohol

Für 4 Personen
1054 kJ = 252 kcal/Person

1 l roter Traubensaft
Saft von ½ Zitrone
Saft von 2 Orangen
3 geschälte, in kleine Stücke geschnittene Pfirsiche
Orangen- und Zitronenschnitze

- Alle Zutaten in ein großes Bowlengefäß geben und so lange umrühren, bis der Zucker sich aufgelöst hat.
- 1–2 Stunden an einem kühlen Ort zugedeckt ziehen lassen.
- Nach Belieben vor dem Servieren mit ½ l Mineralwasser aufgießen.

Früchtebowle

Für 4 Personen
724 kJ = 173 kcal/Person

250 g Beeren
Saft von ½ Zitrone
2 Eßl. Zucker
¼ Zimtstange
¼ Vanilleschote
1 Gewürznelke
1 l Apfelsaft
¼ l Mineralwasser

- Beeren mit Zitronensaft und Zucker mischen und eine Stunde zugedeckt kühl stellen.
- Zimtstange, Gewürznelke und Vanilleschote zusammen mit ½ l Apfelsaft zugeben und die Bowle nochmals eine halbe Stunde ziehen lassen.
- Gewürze herausnehmen, mit Mineralwasser und dem restlichen Apfelsaft auffüllen.
- Sofort servieren.

Eine bunte Palette alkoholfreier Getränke für jede Gelegenheit

anschließend sofort abgekühlt. Die Milch ist keimfrei und bleibt, in sterile und lichtundurchlässige Packungen gefüllt, bis zu vier Monate ohne Kühlung frisch. Für die Vorratshaltung ist sie sehr gut geeignet. Einmal geöffnet, ist ultrahoch erhitzte Milch sehr empfindlich und muß rasch verbraucht werden.

Magermilch ist entrahmte Milch mit einem Fettgehalt von maximal 0,3%. Sie enthält jedoch alle anderen Nährstoffe der unbehandelten Milch.

Magermilch wird pasteurisiert oder uperisiert und in sterilen Packungen verkauft. Die Haltbarkeit entspricht der von pasteurisierter oder uperisierter Vollmilch.

Da die entrahmte Milch nur 1507 kJ = 360 kcal/l enthält, ist sie ein sehr wertvolles Nahrungsmittel, das nicht nur für Diät- und Schlankheitskost unentbehrlich ist, sondern auch bei der Zubereitung von Käse, Backwaren, Schokolade und so weiter verwendet wird.

Buttermilch ist ein Nebenprodukt der Verbutterung von Rahm. Sie enthält nur einen geringen Fettanteil, ist durch ihren hohen Gehalt an Milchsäuren und Phosphorlipoiden sehr wertvoll und wirkt zudem durststillend und erfrischend. Ihre Haltbarkeit entspricht der von der pasteurisierten Milch.

Als Schonkost und bei der Säuglingsernährung ist Buttermilch besonders beliebt. Sie ist auch in Form von Buttermilchgetränken mit Fruchtgeschmack erhältlich.

Als **Sauermilch** werden Milchzubereitungen von 3 bis 12% Fettgehalt bezeichnet. Bei der Herstellung wird erhitzte Vollmilch durch Zusatz von Bakterienkulturen gesäuert; je nach Zubereitungsart erhält man eine feste oder flüssige

Gespritzter Weißer

Für 4 Personen
533 kJ = 127 kcal/Person

1 Fl. gekühlter Apfelsaft
3/8 l gekühltes Mineralwasser
1 Eßl. Lime-Juice
1 Prise Muskat

- Den Apfelsaft und das Mineralwasser in einen vorgekühlten Krug füllen.
- Den Lime-Juice und den Muskat beifügen und alles gut miteinander mischen.
- Eiswürfel separat servieren.

Persica

Für 1 Person
330 kJ = 79 kcal

1/8 l dickflüssiger Pfirsichsaft
2 Eßl. Zitronensaft
2 Tropfen Angostura
6 Eßl. Mineralwasser

- Pfirsichsaft mit Zitronensaft und Angostura mischen.
- 1–2 Eiswürfel in ein hohes Glas geben, die Saftmischung darüber gießen und mit Mineralwasser auffüllen.

Rosé Montmorency

Für 4 Personen
330 kJ = 79 kcal/Person

2 Fläschchen roter Kirschsaft
1 Eßl. Lime-Juice
2 Fläschchen Tonic-Water

- Den Kirschsaft mit dem Lime-Juice mischen.
- In 4 große Rotweingläser verteilen.
- Mit Tonic-Water auffüllen. Eiswürfel separat servieren.

Kinderpunsch

Für 4 Personen
686 kJ = 164 kcal/Person

2 Teel. Schwarzteeblätter
150 g Würfelzucker
2 Zitronen, 1 Orange
1 Zimtstange, 3 Gewürznelken

- Schwarztee, Zimtstange und Nelken mit 1 l kochendem Wasser aufgießen und 10 Minuten ziehen lassen. Absieben.
- Die Zuckerwürfel an den gewaschenen Früchten abreiben und zum Tee geben.
- Zitronen und Orange auspressen und den Saft beigeben.
- Im Winter warm, im Sommer gekühlt mit Eiswürfeln servieren.

Konsistenz. Durch die Anwendung spezieller Bakterienkulturen kann das Aroma beeinflußt werden.

Die Bedeutung der Sauermilch liegt vor allem darin, daß sie auch von Menschen verzehrt werden kann, die gewöhnliche Milch nicht vertragen; das Eiweiß ist feinflockig und daher besser verdaulich.

Joghurt wird aus pasteurisierter Milch hergestellt. Nach dem Pasteurisieren wird sie auf 45 °C abgekühlt und durch den Zusatz von Milchsäurebakterien gesäuert. Nach einiger Zeit wird die Milch dick.

Joghurt gibt es aus Vollmilch, teilweise entrahmter Milch mit 2% Fettgehalt oder aus Magermilch.

Die Ernährungswissenschaftler haben festgestellt, daß Joghurt besonders günstig auf die Verdauung wirkt. Die Eiweißfäulnis im Darm, die durch Kolibakterien entsteht, wird durch die Milchsäurebakterien des Joghurts gebremst; sie bauen den Milchzucker ab und erzeugen Milchsäure. Diesen komplizierten Vorgang kann man als Vorverdauung und Verwertung aller guten Nährstoffe bezeichnen.

Kefir wird ähnlich wie Joghurt, aber mit anderen Bakterienkulturen zubereitet. Dieses prickelnde und spritzige Milchprodukt gilt nicht nur im Kaukasus als Getränk mit besonderen diätetischen Eigenschaften. Es enthält sehr wenig Kalorien und ist selbst für empfindliche Mägen sehr bekömmlich.

Fruchtsäfte

Wichtiger Bestandteil vieler attraktiver Drinks sind Fruchtsäfte. Sie geben den Getränken das gute Aroma, und aus diesem Grund ist die Qualität der verwendeten Säfte von großer Be-

Lime-Cocktail

Für 1 Person
615 kJ = 147 kcal

2 Eßl. Lime-Juice, 1 Fläschchen Ginger-Ale, 3 rote Herzkirschen aus der Dose

- Lime-Juice mit Ginger-Ale auffüllen. Mit den aufgespießten Kirschen garnieren.

Grenadino

Für 1 Person
1020 kJ = 243 kcal

6 Eßl. Grenadinesirup
½ Teel. Ingwerpulver
1 Stück Zitronenschale
⅛ l Mineralwasser

- Grenadinesirup mit Ingwerpulver und einem Eiswürfel gut durchschütteln.
- In ein hohes Aperitifglas gießen und mit eisgekühltem Mineralwasser auffüllen. Mit Zitronenschale garnieren.

Königscassis

Für 1 Person
552 kJ = 132 kcal

1 Eßl. Cassissirup
⅛ l weißer oder roter Traubensaft

- Den Cassissirup in ein Champagnerglas geben.
- Mit dem eisgekühlten Traubensaft aufgießen.
- Eiswürfel separat servieren.

Colabier

Für 4 Personen
484 kJ = 115 kcal/Person

8 Eßl. starker, kalter Kaffee
1 Teel. Schokoladenpulver
1 l Cola
Eiswürfel

- Das Schokoladenpulver in den Kaffee geben und gut durchschütteln.
- In 4 Biergläser verteilen.
- Je einen Eiswürfel beifügen und mit Cola auffüllen.
- Sofort servieren, solange die Schaumkrone erhalten ist.

Milchmixgetränke in allen Variationen – für Kinderparties besonders geeignet

deutung. Am besten schmecken frische Säfte. Es gibt aber auch pasteurisierte oder tiefgekühlte, die keinen oder nur wenig Zukker enthalten und die für die Zubereitung von Drinks sehr geeignet sind.

Besonders wichtig ist die Qualität der Säfte, wenn sie ohne Zusatz als Aperitif serviert werden. Vor allem beim Orangensaft merkt man, ob es sich um ein frisches Naturprodukt oder um ein nachträglich verdünntes Konzentrat handelt.

Ein Fruchtsaft, den man oft vergißt, ist der Apfelsaft. Mit etwas Mineralwasser verdünnt, ist er besonders erfrischend.

Fruchtsäfte darf man erst kurz vor dem Servieren auspressen, damit ihre Nährstoffe und Vitamine voll ausgenutzt werden können. Sie dürfen nur in gut verschlossenen Flaschen

Frappé

Für 4 Personen
828 kJ = 198 kcal/Person

200 g Beeren oder Saisonfrüchte
Saft von 1 Zitrone
2 Eßl. Zucker
½ l Milch, 1 Becher Joghurt
nach Belieben 2 Kugeln Vanilleeis

- Die Beeren pürieren.
- Alle Zutaten eine Minute lang im Mixer schaumig rühren.
- Sofort in hohe Longdrinkgläser gießen.
- Mit einem Trinkhalm servieren.
- Anstelle von Beeren können auch Bananen oder Schokoladenpulver verwendet werden.

Heidelbeermilch

Für 1 Person
1213 kJ = 290 kcal

50 g Heidelbeeren
1 Apfel
¼ l Milch
½ Teel. Zimt

- Die Heidelbeeren mit dem Zimt im Mixer pürieren.
- Den geschälten, entkernten und in Stücke geschnittenen Apfel beifügen und kurz mixen.
- Mit der kalten Milch mischen und kühl servieren.

in den Kühlschrank gestellt werden, denn sie nehmen sehr leicht fremde Gerüche an. Fruchtsäfte sollte man, wenn möglich, nicht süßen; ohne Zucker sind sie bekömmlicher. Beerensäfte haben mehr Aroma, wenn man ihnen etwas Zitronensaft zufügt.

Mineralwasser

Zu einem gut gedeckten Tisch gehört Mineralwasser. In der Regel trinken Durstige davon bereits zum Salat, zu dem ja in den meisten Fällen kein Wein serviert wird. Viele Gäste trinken zwischen den Weinen gern ein Glas Wasser. Hat man gutes Quellwasser, kann es, in einem Krug mit Eiswürfeln serviert, das Mineralwasser ersetzen.

Mineralwasser ist ein natürliches, Mineralien enthaltendes Quellwasser, das gelegentlich mit Kohlensäure angereichert wird. Je nach den darin enthaltenen Substanzen hat Mineralwasser einen Eigengeschmack, der in gewissen Drinks störend wirkt. Für die Bar hat man sogenannte Siphonflaschen. Man füllt Wasser hinein, das mittels Patronen mit Kohlensäure versetzt wird. Siphonflaschen müssen aus Edelstahl sein, damit sie nicht explodieren.

In jedem Land gibt es unzählige Sorten Mineralwasser. Für Gäste wählt man zum Essen am besten die neutralste mit wenig Kohlensäuregehalt.

Der Sauerstoff in der Luft läßt Mineralwasser sehr rasch flau werden. Angebrochene Flaschen sollte man schnell aufbrauchen, denn abgestandenes Mineralwasser schmeckt nicht mehr gut. Für Einladungen mit wenig Gästen kauft man am besten nur kleine Flaschen.

Einige Gäste mögen das Mineralwasser kalt, andere nicht. Deshalb immer beides parat halten.

Papageno-Mix

Für 1 Person
795 kJ = 190 kcal

¼ l Milch, 1 Teel. Instantkaffee, ½ Teel. Vanillezucker

1 Teel. feiner Zucker, 1 kleines Stück Orangenschale

- Alles mit einem Eiswürfel im Schüttelbecher mischen.

Bananendrink

Für 1 Person
1335 kJ = 319 kcal

½ Banane
¼ l Milch
1 Eigelb
2 Teel. Zucker
1 Eiswürfel

- Banane kleinschneiden; mit Zucker im Mixer pürieren.
- Die Milch, einen zerkleinerten Eiswürfel und das Eigelb beifügen. Kurz weitermixen.

Goldmelissenmilch

Für 1 Person
623 kJ = 149 kcal

½ Teel. Goldmelisse, 1 Teel. Honig, 1 Tasse heiße Milch

- Goldmelisse mit 5 Eßlöffel Wasser überbrühen, 5 Minuten ziehen lassen; absieben.
- Mit Milch und Honig mischen.

Tomatenmilch

Für 1 Person
636 kJ = 152 kcal

⅛ l Milch, 1 Eßl. Rahm, ⅛ l Tomatensaft, je ½ Teel. gehackte Petersilie und Schnittlauch, Salz, Pfeffer

- Milch, Tomatensaft, Rahm, Salz und Pfeffer verquirlen. Kühl stellen.
- Mit Petersilie und Schnittlauch garniert servieren.

Muntermacher zum Katerfrühstück

Wenn die Gäste über Nacht bleiben oder das Fest bis in die Morgenstunden dauert, braucht man am nächsten Tag etwas Erfrischendes, um wieder einen klaren Kopf zu bekommen. Mineralwasser und auch Fruchtsäfte können dann Wunder wirken. Besonders anregend ist Orangensaft mit etwas Sekt oder Champagner. Auch ein pikant gewürzter Tomatensaft weckt die Lebensgeister.

Für starke Männer gibt es sogenannte Aufsteller mit Alkohol, die zugleich als Aperitif dienen können. Am bekanntesten und beliebtesten sind wohl Bloody Mary, ein besonders erfrischender Cocktail, und der stärkende Eggnog, ein Eierlikör auf Whiskybasis. Hat man am Abend vorher zuviel gegessen, beruhigt der originelle Nikolaschka die strapazierten Magennerven.

Für den ersten Hunger

Der eine oder andere verspürt auch vielleicht schon wieder Appetit, dann wird ein kleiner Imbiß zu den Muntermachern gereicht. Vielleicht ist auch für den nächsten Morgen ein Katerfrühstück vorgesehen. Das kann man am Vortag bereits gut vorbereiten.

Nach einer durchzechten Nacht werden vor allem leicht säuerliche Gerichte geschätzt, zum Beispiel Rollmöpse oder eingelegte Heringe in jeder Form. Delikat sind in Sauerrahm und Gewürzen marinierte Matjesheringe. Dazu paßt kräftiges Bauernbrot.

Auch Eier eignen sich zur Stärkung am Morgen. Man serviert sie nicht nur weich- oder hartgekocht, sondern auch als verlorene Eier, Rührei oder Omelett mit Tomaten oder anderen frischen Beilagen.

Zum Frühstück kann man sehr gut Milchmixgetränke reichen. Je nach Saison eignen sich dafür Bananen, Orangen oder Beeren. Wer Süßes nicht mag, versucht es mit einer gewürzten Kräutermilch oder gibt einen Schuß Whisky in die Milch.

Ganz besonders festlich ist ein Sekt- oder Champagnerfrühstück. Dazu serviert man Räucherlachs, Kaviar, Toast und Butter.

Bloody Mary

Für 1 Person
393 kJ = 94 kcal

1 Gläschen Wodka, 1 Glas Tomatensaft, 3 Barlöffel Zitronensaft, 1 Spritzer Worcestersauce, Salz, Paprika, 3 Eiswürfel

- Alle Zutaten in einem Barglas gut mischen und in ein hohes Glas sieben.
- Mit Salz und wenig Paprika abschmecken.
- Einen langstieligen Löffel dazureichen.

Nikolaschka

Für 1 Person
435 kJ = 104 kcal

1 Glas guter Cognac
1 Barlöffel Grießzucker
1 Zitronenscheibe

- Cognac in ein Likörglas geben, Zitronenscheibe aufs Glas legen und Zucker darauf häufen.
- Man nimmt die Zitronenscheibe in den Mund, saugt sie aus und trinkt danach den Cognac.

Eggnog

Für 1 Person
1017 kJ = 243 kcal

1 Gläschen Whisky, 1 Barlöffel Whiskylikör, 1 Ei, ⅛ l Milch
2 Barlöffel zerstoßenes Eis

- Whisky, Likör, Ei und Eis im Shaker gut durchschütteln.
- In ein hohes Glas gießen und mit der Milch auffüllen.
- Der Eggnog wird oft mit etwas Zuckersirup gesüßt. Er läßt sich auch mit Weinbrand oder Cognac, Gin oder Rum zubereiten.

Nach einer durchzechten Nacht machen stärkende Getränke wieder munter

Küchenlatein

ablöschen	angebratenem Fleisch, Gemüse usw. Flüssigkeit zugießen
abschäumen	den eiweißhaltigen Schaum, der sich nach dem Aufkochen auf Suppen bildet, mit dem Schaumlöffel abnehmen
al dente	bißfest, d. h. körnig gekocht (z. B. Teigwaren, Risotto)
à point	siehe Entrecôte – richtig gebraten, S. 167
aromatisieren	siehe parfümieren
aufmontieren, montieren	eine Sauce oder Suppe mit Butter verfeinern, die in Flocken mit dem Schneebesen hineingerührt wird
bien cuit	siehe Entrecôte – richtig gebraten, S. 167
binden	eine Sauce oder Suppe durch Einrühren von Speisestärke, Mehlbutter (s. d.), Eigelb oder Rahm etwas dickflüssig machen
bleu	siehe Entrecôte – richtig gebraten, S. 167
blind backen	Torten- oder Kuchenböden leer backen; ein Stück Alufolie wird auf den Teig gelegt und mit Trockenerbsen o. ä. beschwert
Consommé	besonders kräftige klare Fleischbrühe
Crêpes	hauchdünne Pfannkuchen
Croutons	in Butter gebackene Weißbrotscheiben beliebiger Form zum Garnieren und als Unterlage von Filets, Eiern usw.
Farce	Füllung für Gemüse, Fleisch oder Pasteten
flambieren	ein Gericht mit Alkohol übergießen und anzünden
Fleurons	Kleingebäck aus Blätterteig zum Garnieren
Fond	Saft (Jus), der nach dem Anbraten von Fleisch oder Knochen zurückbleibt; Grundsauce. *Kalbsfond:* 1200 g Kalbsknochen in 2 Eßlöffel Butterschmalz (Gourmetbutter) stark anbraten. Einen Eßlöffel Tomatenmark zugeben. 100 g Karotten, 80 g Sellerie und eine Zwiebel kleinschneiden und mitbraten. Eine geschälte, kleingeschnittene Tomate und eine ungeschälte Knoblauchzehe zufügen. Sobald das Gemüse Farbe annimmt, überschüssiges Fett abgießen und 4 l Wasser zugießen. Salz, Pfeffer, Thymian, Salbei und Rosmarin zugeben. Auf kleiner Hitze kochen. Ab und zu abschäumen. Auf ein Viertel einkochen, durch ein Haarsieb gießen und nochmals einkochen. *Wildfond:* 1250 g kleingehackte Wildknochen und Wildabfälle in 2 Eßlöffel Butterschmalz anbraten. 100 g Gemüse (Sellerie, Karotte, Zwiebel) kleinschneiden, beifügen und andünsten. Wacholderbeeren, Nelke, Thymian, Oregano, Rosmarin, eine viertel Zimtstange und einen halben Eßlöffel Tomatenmark beigeben und mit ⅛ l Weißwein ablöschen. Dünsten, bis die Flüssigkeit leicht bindet. Mit 4 l Wasser auffüllen und unter häufigem Entfetten 3–4 Stunden langsam kochen. Durch ein Sieb gießen, notfalls auf 1 l einkochen und abschmecken. *Fischfond:* 100 g Zwiebeln hacken und mit 1500–2000 g Fischgräten und -köpfen, 2–3 Petersilienzweigen, Saft einer halben Zitrone, ¼ l Weißwein und 2 l Wasser 15 Minuten kochen. Einen halben Teelöffel weiße Pfefferkörner zugeben und 5 Minuten weiterkochen.
fritieren	in Öl schwimmend ausbacken

glasieren	mit Sülze, konzentriertem Fleischsaft oder (beim Kuchen) mit Zuckerguß überziehen
Gratin	Gericht, das mit Reibkäse, Butterflöckchen o. ä. überzogen und überbakken wird, so daß eine Kruste entsteht
gratinieren	bei Oberhitze backen, bis eine Kruste entsteht
Julienne	Gemüse, Fleisch oder Zitrusschalen, in feine Streifen geschnitten
Jus	nicht gebundener Bratensaft, der nach dem Erkalten geliert
karamelisieren	Zucker bei 250–300 °C schmelzen und bräunen
legieren	eine Sauce oder Suppe mit Eigelb und Rahm oder nur mit Eigelb binden; Saucen und Gemüse mit Butter binden
Marinade	Beize aus Rotwein, Essig o. ä. mit Gewürzen
marinieren	Fleisch, Fisch oder Gemüse in einer Beize einlegen
Mehlbutter	Butter und Mehl zu gleichen Teilen, mit einer Gabel verknetet, zum Binden von Saucen
Mousse	Schaum
parfümieren	einem Gericht durch Zugabe von Aromaten wie Likör oder Branntwein einen bestimmten Geschmack verleihen
passieren	Suppen, Gemüse, Beeren usw. durch ein Sieb streichen
pochieren	aufgeschlagene Eier in kochendem Essigwasser garen; Fisch im Sud langsam garen
Quiche	großer oder kleiner Kuchen mit pikanter Füllung
Ramequin	Auflauf mit Käse und Weißbrot; Schweizer Spezialität
reduzieren	Flüssigkeit auf die gewünschte Konzentration einkochen
Sabayon	Weinschaumcreme oder -sauce
saignant	siehe Entrecôte – richtig gebraten, S. 167
Saucenspiegel	Sauce, auf dem Teller angerichtet
Sorbet	auch Sorbett oder Scherbett, Eis aus Fruchtsaft oder -mark, Zucker und Zitronensaft oder Wein, Likör, Champagner oder Sekt
Soufflé	delikater Auflauf, pikant oder süß
spicken	Fleisch mit einer Spezialnadel mit Speckstreifen durchziehen
Sud	Kochwasser für Fleisch oder Fisch
Terrine	Pastete ohne Teigkruste, in einer Terrinenform im Wasserbad gegart
Timbale	kleine Form; auch das Gericht, das darin gemacht wird
tranchieren	Geflügel, Fleisch oder Fisch fachgerecht zerlegen
unterheben	geschlagenes Eiweiß, Rahm o. ä. vorsichtig mit einem Teig, einer Süßspeise oder einer Sauce vermengen, ohne stark zu rühren, damit die Masse besonders luftig wird
Zabaione	siehe Sabayon
ziehen lassen	Eier, Würste, Klöße o. a. in Flüssigkeit bei sehr kleiner Hitze langsam gar werden lassen

Mengen pro Person

	Vorspeise	Hauptgericht
Fleisch		
Filet, Steak usw.		150–200 g
Fleisch am Stück ohne Knochen		150 g
Fleisch am Stück mit Knochen		250 g
Fleisch für Spieße		100–150 g
Hackfleisch		100–120 g
Geflügel mit Knochen		400–450 g
Würste		150–200 g
Fisch		
Filet	80 g	180 g
Scheiben mit Hauptgräte	100 g	220 g
ganz	150 g	250–300 g
Gemüse		
Bohnen		200 g
Karotten		250 g
Spargel	250 g	500 g
Spinat		250 g
Beilagen		
Kartoffeln	100 g	150–200 g
Nudeln	50 g	100–125 g
Reis	50–60 g	100 g

Maße und Mengen

	Teelöffel	Eßlöffel
Butter	5 g	15 g
Ei, verquirlt		60 g
Joghurt	7 g	20 g
Käse, gerieben:		
Greyerzer, Emmentaler	1,5 g	4 g
Parmesan, Sbrinz	2 g	7 g
Mandeln, gemahlen	2 g	5 g
Mehl	2,5 g	10 g
Öl	4 g	12 g
Petersilie, gehackt	1,5 g	4 g
Quark	5 g	15 g
Rahm, flüssig	5 g	15 g
geschlagen	3 g	7 g
Salz	6 g	15 g
Speisestärke	4 g	10 g
Tomatenmark, -püree	5 g	15 g
Zucker	5 g	15 g
Zwiebel, gehackt	3 g	10 g

Kleines Wörterbuch der deutschen, schweizerischen und österreichischen Küchensprache

Deutsch	Schweizerisch	Österreichisch
Aprikosen	Aprikosen	Marillen
Blumenkohl	Blumenkohl	Karfiol
Bohnen	Bohnen	Fisolen
Brandteig	Brühteig	Brandteig
Eierkuchen, Pfannkuchen	Omeletten	Palatschinken, Omeletten
Eierkuchen, dünne	Omeletten	Frittaten
Eiweiß	Eiweiß	Eiklar
Eisbecher	Coupe	Eisbecher
Eisbein	Eisbein	Stelze
Feldsalat, Rapunzel	Nüßlisalat	Vogerlsalat
Fleischbrühe	Bouillon	klare Suppe
Grieben	Grieben	Grammeln
Hackfleisch	Hackfleisch	Faschiertes
Hammelfleisch	Schaffleisch	Schöpsernes
Hefe	Hefe	Germ
Hörnchen	Gipfeli	Kipfel
Johannisbeeren	Johannisbeeren	Ribisel
Kalbsmilch, -bries	Milken	Bries
Karotten	Rüebli	gelbe Rüben
Kartoffeln	Kartoffeln	Erdäpfel
Kartoffelpüree	Kartoffelstock	Kartoffelpüree
Kasseler Rippchen	Rippli	Selchkarree
Kastenform	Cakeform	Kastenform
Klößchen	Knöpfli	Nockerln
Klöße	Knödel	Knödel
Kopfsalat	Kopfsalat	Häuptelsalat
Lende	Filet	Lungenbraten
Lunge	Lunge	Beuschel
Mais	Mais	Kukuruz
Meerrettich	Meerrettich	Kren
Mehlschwitze	Mehlschwitze	Einbrenn
Mohrenköpfe	Mohrenköpfe	Indianerkrapfen
Napfkuchen	Gugelhupf, -hopf	Gugelhupf
Paprikaschoten	Peperoni	Paprikaschoten
Pellkartoffeln	Geschwellte	Kartoffeln in der Schale
Pflaumenmus	Pflaumenmus	Powidl
Pilze	Pilze	Schwammerln
Pökelfleisch	Fleisch aus dem Salz	Surfleisch
Puter, Truthahn	Truthahn	Indian
Quark	Quark	Topfen
Radicchio	Ciccorino rosso	Radicchio, Zichoriensalat
Ragout	Voressen	eingemachtes Fleisch
Räucherspeck	Räucherspeck	Selchspeck
Rosenkohl	Rosenkohl	Kohlsprossen
rote Beete	Randen	rote Rüben
Saft	Jus	Saft
Sahne, Schlagsahne	Rahm, Schlagrahm	Obers, Schlagobers
Sahne, saure	Sauerrahm	Rahm, saurer
Salatkartoffeln	Kartoffeln	Kipfler
Speiseeis	Glace	Gefrorenes
Tomaten	Tomaten	Paradeiser
Vorteig	Vorteig	Dampfl
Schnee-Erbsen	Kefen	Schnee-Erbsen
Walnuß	Baumnuß	Walnuß
Weißkohl	Kabis	Weißkraut
Zander	Zander	Fogosch
Zopf	Zopf	Strietzel
Zucchini	Zucchetti	Zucchini

Verzeichnis der Rezepte nach Sachgruppen

Die Umlaute ä, ö und ü sind wie a, o und u behandelt, während ae, oe und ue unter a-e, o-e und u-e eingeordnet wurden. Die halbfett gedruckten Seitenzahlen beziehen sich auf die Illustrationen.

Beilagen

Desserts

Eierspeisen

Eisspezialitäten

Fischgerichte und Meeresfrüchte

Fleischgerichte

Geflügel

Gemüse

Getränke

Käsegerichte

Kuchen und Gebäck

Pasteten und Terrinen

Pikante Happen und Snacks

Reis und Teigwaren

Salate

Saucen und Dips

Suppen

Vorspeisen

Wild und Wildgeflügel

Register

Die Umlaute ä, ö und ü sind wie a, o und u behandelt, während ae, oe und ue unter a-e, o-e und u-e eingeordnet wurden. Die halbfett gedruckten Seitenzahlen beziehen sich auf die Illustrationen. Die kursiv gedruckten Zahlen verweisen auf Seiten, auf denen die Gerichte in einem Menüvorschlag enthalten sind.

A

B

C

D

E

F

G

H

I

J

K

L

M

N

O

P

Q

R

S

T

V

W

Y

Z